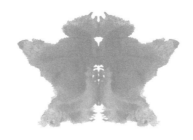

EXNER가 설명하는

{ 사례를 통한
로르샤흐 해석 }

3판

John E. Exner Jr. · Philip Erdberg 공저
김도연 · 김은경 · 김현미 · 옥정 · 이혜란 공역

{ The Rorschach }

Advanced Interpretation

3RD
EDITION

학지사

역자 서문

여러 해 동안 심리평가를 강의하거나, 슈퍼비전을 해 오면서 가장 많이 듣는 호소 가운데 한 가지는 '로르샤흐 검사는 너무 어렵다'는 것이었다. 많은 사람이 실시, 채점, 해석 그어느 한 가지도 녹록하지 않는 검사가 로르샤흐라며 어려움을 토로했으며, 필자 역시 로르샤흐 검사의 해석 과정이 쉽지 않지만 가장 애착을 가지는 검사이다. 우리 모두의 생김새가 다르듯이 피검자들의 제각기 다른 로르샤흐 반응을 통해, 인간 내면의 복잡성과 성격 그리고 적응을 파악하기 위해 노력하는 과정은 발견과 깨달음의 시간이기 때문이다.

이 책의 저자들은 중요한 21개 사례에 대해 로르샤흐 검사를 해석하는 방식을 구체적으로 제시하고 있다. 각 사례에 대한 해석적 근거를 제시하기 위해 의뢰 사유와 관련된 로르샤흐 관련 문헌 검토가 포함되어 있으며, 개인의 강점과 취약점을 현실적으로 평가하면서도 각 개인의 특징을 밝히기 위해 로르샤흐 검사를 어떻게 응용하는지 보여 주고 있다. 로르샤흐 해석 과정은 세부 사항에 많은 주의를 기울여야 하는 느린 과정이라는 점도 강조하고 있다.

그리고 바로 이러한 점들 때문에 역자들은 이 책에 매료되어 많은 사람과 함께 공유하고 싶다는 생각에 번역 작업을 시작하게 되었다. 각 장은 다양한 임상 및 법의학 환경에서 검사에 의뢰된 아동, 청소년 및 성인의 사례로 시작되며, 실시된 로르샤흐 검사의 반응과 Exner 종합체계에 따른 해석 절차와 내용이 상세히 기술되어 있다. 따라서 이 책을 접하는 대학원생이나 수련생들은 장애나 문제영역에 따른 실제 사례를 공부할 수 있으며, 임상가들에게는 매우 유용한 해석의 길잡이가 될 수 있을 것으로 기대된다.

끝으로, 이 책을 출판할 수 있도록 도움을 주신 학지사의 김진환 사장님과 부족한 역서를 꼼꼼히 점검해 주신 이세희 선생님께 깊은 감사를 드린다.

역자 대표
김도연 드림

　서문에는 책에 어떤 내용이 들어 있는지 힌트를 제공함으로써 책을 소개한다. 여기에서 이를 시도하는 것은 고급 해석이라는 부제가 충분하기 때문에 유용한 목적은 없어 보이지만, 이 책이 왜 존재하는지에 대해 설명하는 것은 가치가 있다. 제2권이라고 불리지만, 실제로는 종합체계 시리즈의 제9권이다. 5개의 주요 로르샤흐 체계의 경험적으로 옹호할 만한 구성 요소들을 로르샤흐 검사에 대한 하나의 표준화된 접근 방식으로 통합하기로 결정한 지 35년이 지났다. 1930년대 중반과 1950년대 중반 사이에 발전한 5개 체계 각각의 요소들을 통합하려는 노력이 있었기 때문에 새로운 접근법을 종합체계(comprehensive system)라 부르는 것이 바람직하다. 1978년 발간된 제2권 초판은 제1권 초판을 단순히 확장한 것에 불과하다. 1973년 말에 원고가 완성되었을 때 얼마나 불완전한지는 깨닫지 못했지만, 1권이 불완전했기 때문에 필요했던 것이다.

　통합체계를 만들겠다는 당초의 결정은 신속하게, 그리고 쉽게 내려지지 않았다. 이를 하기로 한 실제 결정은 약 35년 전이지만, 그 생각은 그 이전에도 존재했다. 내가 처음으로 한 세트의 로르샤흐를 손에 넣은 것은 50여 년 전의 일이었다. 임상심리학의 내부 성소에 허용될 것이라는 전망에 놀랐기 때문에 나는 그것을 생생하게 기억한다. 그 후 2년 동안, 처음에는 Samuel Beck과 함께, 그다음에는 Bruno Klopfer와 함께 여름 인턴으로 일하면서 나는 검사에 더욱 흥분하게 되었다. 그들이 소수의 로르샤흐 대답으로부터 사람들에 대한 정보를 수집한 것 같은 마술처럼 보이는 방식에 대한 나의 감탄에는 한계가 없었다. 그들은 놀랍게도 로르샤흐를 수행할 수 있을 뿐 아니라 사람들에 대해 매우 민감하기 때문에 나의 전문 모델 중 2명이 되었다. 그 당시 나는 검사를 통해 나 자신의 미래에 대해 전혀 알지 못했지만, 로르샤흐의 세계에서 뭔가 잘못되었다는 것을 직감했다. 이는 Beck과 Kloper가 서로에게 전달하는 상당한 적대감과 검사의 자료와 내용을 다룰 때 사용한 접근법이 현저히 다르기 때문이었다. 나는 1939년 이후 그들이 서로 의사소통하지 않았다는 것을 알았을 때 정말 당황했다. 1950년대 중후반 동안 그들의 의견 불일치를 연구하면서, 로르샤흐에 대한 표준적인 접근의 필요성에 대한 나의 인식이 발전하기 시작했을 것이다.

1960년에 나는 Beck과 Kloper에게 다가가서 그들이 토론하고 그들의 많은 차이점들 중 일부를 해결할 수 있는 모니터 역할을 하도록 그들을 유인하는 거창한 개념을 가지고 있었다. 그들은 둘 다 친절했지만 거절에는 단호했다. Beck이 내가 그와 Kloper의 차이점을 설명하는 논문을 써야 한다는 제안을 덧붙이지 않았다면 이 아이디어는 사장되었을 것이다. Kloper의 신중함이 자신과 Beck의 작업을 비교하는 개념을 지지하자, 그 씨앗은 새로운 차원을 갖게 되었다.

1961년에 비교 분석을 시작했을 때, 나는 2가지 접근법과 대조되는 상당히 긴 글을 구상했지만, Zygmunt Piotrowski가 Kloper의 접근 방식에 기여한 내용을 언급하지 않고서는 Kloper에 대한 글을 쓰는 것이 어렵다는 것을 알았다. 결과적으로, 나는 Piotrowski가 왜 Kloper 그룹에서 이탈하여 궁극적으로 검사에 대한 자신만의 접근법을 만들어 냈는지 이해하기 위해 Piotrowski와 만나기 시작했다. 또한 나는 David Rapaport와 Roy Schafer의 공헌을 잘 알고 있었고 Marguerite Hertz의 작업에 대해 잘 알고 있었다. 따라서 1962년 말에 이르러 명백한 논리적인 결론이 나왔다. 이 프로젝트는 Beck과 Kloper에게만 초점을 맞추기보다는 5가지 접근 방식의 작업을 모두 비교하도록 확장해야 한다는 것이다.

그 후 6년 동안, 나는 가능한 한 많은 시간을 이 프로젝트에 바쳤는데, 각각의 분류자들이 종종 같은 개념이나 채점 기호를 사용하지만 정의나 해석이 다르기 때문에 매우 난해하다는 것을 알게 되었다. 비록 고된 작업이었지만 노력을 상쇄하는 것 이상의 2가지 보상이 있었다. 우선, 나는 검사의 개발과 사용에 관한 방대한 지식 은행을 발견했다. 둘째, 더 중요한 것은 로르샤흐의 전설과 함께 맺었던 즐거운 개인적 인간관계였다. 프로젝트 초기에 Rapaport가 죽었기 때문에 그의 개인적인 의견은 많지 않았지만, Beck, Hertz, Kloper, Piotrowski 등은 아낌없이 헌신했다. 그들은 자신들의 입장을 분명히 밝히기를 열망했을 뿐만 아니라, 내가 검사를 통해 그들의 일을 더 완벽히 이해할 수 있도록 돕기 위해 많은 개인적, 사적인 역사의 일부도 공유했다.

점점 더 많은 정보가 축적됨에 따라, 검사에 대한 비판이 얼마나 많이 생겨났는지, 그리고 일부가 어떻게 명확하게 정당화되었는지를 이해하기 쉬워졌다. 1969년 Grune과 Stratton이 『로르샤흐 체계』로 출판한 원고가 완성되었을 때, 나는 역사적으로 부정확한 자료가 없음을 확인하고 내가 그들의 입장을 공정하고 객관적으로 제시했다는 어느 정도의 확신을 얻기 위해서 그것을 Beck, Hertz, Kloper, Piotrowski, Schafer에게 보내도록 했다. Kloper가 가장 먼저 응답했다. 그는 한두 가지 사소한 변경을 제안하며 칭찬했지만, 내가 체계들의 각각의 장점에 대해 결론을 내리지 않았다는 사실에 약간의 실망감을 표시했다. 이틀 후 Beck을 만나 거의 똑같은 논평을 들었는데, 그중에는 결론을 도출하지 못했다는 실망감도 숨어 있었다.

몇 주 후, 원래 생각이 다시 나타나기 시작했다. Kloper를 방문했는데, 그는 평소와 다름없는 놀라운 감수성으로 그 책에 있는 결론의 결여에 대한 우리의 상호 실망에 대한 문제를 제기했다. 그는 "하지만 아마도 더 멀리 봐야 할 거야."라고 말했다. 며칠 후 사무실로 돌아왔을 때 Beck으로부터 편지를 받았다. 편지에서 그는 내게 '결여된 결론'에 도달하기 위해 여러 체계를 더 조사할 계획이 있느냐고 물었다. 그 후 얼마 지나지 않아, Piotowski는 내가 결여된 결론의 문제를 더 취하기로 결정한다면, 그의 파일에 접근할 수 있도록 해 주겠다고 했고, Hertz는 관례적으로 다른 체계들에 관한 철저한 연구가 그들 모두가 같은 결론에 도달한다는 것을 보여 줄 것이라는 주장을 하면서 더욱더 도전했다.

이들 로르샤흐 대부(그리고 대모)의 다정하고 진심 어린 격려를 무시할 수 없었으며, 1968년에는 로르샤흐 워크숍으로 빠르게 알려지게 된 로르샤흐 연구 재단이 설립되었다. 그것의 목적은 통합이 아니라 결여된 결론을 찾는 것이었다. 어떤 체계가 가장 강력한 견고성을 가졌는가? 어떤 체계가 가장 큰 임상적 효능을 가지고 있는가? 이것들은 씨앗에 영양을 공급하고 마침내 싹을 돋우게 한 질문들이었다. 거의 3년간 상당한 연구가 이루어졌고, 1970년 후반에 이러한 초기 조사의 결과는 피할 수 없는 3가지 결론을 강조하였다. 첫째, 매우 다양한 5가지 로르샤흐 검사가 있다. 둘째, 비록 각각 매우 가치 있는 요소들을 포함하였지만, 각각의 요소들은 심각한 골칫거리를 가지고 있었다. 다른 사람들보다 한결같이 우월한 것은 없었다. 한 영역에서는 우수하지만 다른 영역에서는 열등할 수 있다. 셋째, 전문 로르샤흐 커뮤니티는 거대한 체계 간 차이를 무시하고 마치 하나의 검사만이 존재하는 것처럼 로르샤흐에 찬사나 비판을 하는 경향이 있었다. 이리하여 마침내 씨앗이 꽃피어 하나의 결실이 되었다. 로르샤흐의 검사의 무결성이 확립되기 위해 각 접근 방식의 최선의 통합은 현명할 뿐만 아니라 필요한 것이었다.

최종 결정을 내리기 전에 2주 동안 나는 Kloper, Piotowski, Beck, Hertz와 차례로 만났다. 나는 우리의 결과에 관한 서면 의사소통을 통해 방문하기 전에 내 의도에 대한 설명을 하였다. Kloper는 건강이 좋지 않아 그의 아내 Erna가 정성스럽게 준비한 오찬 시간 동안만 짧게 이야기하였다. 그는 "진실을 찾기 위해 당신의 뜻대로 일하라"고 말했다. 그는 1년이 채 지나지 않아 죽었고, 나는 언제나 그와 결론을 나눌 수 없었던 것을 후회해 왔다. Piotowski는 통합체계의 개념에 대해 상당히 열성적이고 낙관적이었다. 그는 우리 작업의 처음 10년 동안 Rorschach 워크숍에서 검사를 위한 제안과 가설을 계속해서 제시했다.

Beck 역시 이 프로젝트에 상당히 호의적이었는데, 이 프로젝트가 새로운 로르샤흐 연구를 불러일으킬 것이라는 사실에 기뻐하는 듯했다. Hertz는 처음에는 회의적이었지만 통합적 접근에 대한 가장 큰 정서적 지지를 제공했다. 체계에 관한 우리의 연구 결과를 검토한 후, 그녀는 성격이 아마도 검사 개발에서 그랬던 것보다 훨씬 더 중요한 역할을 했을 것이라는 것을 인정했고, 따뜻하고 직설적인 태도로 "더 잘할 수 있다면 최선을 다하라."고 말했다.

Hertz의 조언은 통합체계 개발을 위한 지침이 되어 왔다. 처음에, 나는 퍼즐의 모든 조각들이 이미 제자리에 있다고 가정했으며, 완전한 검사를 위해 깔끔하게 서로 맞는 조각들을 선택하는 것이 과제라고 생각했다. 그것은 원래 1권의 대부분을 구성하는 선택 처리의 결과였다. 그러나 원고가 완성되었음에도 불구하고 정보의 많은 공백은 명백하게 남아 있었다. 비환자에 대한 자료는 드물었고, 새로운 접근 방식은 특수점수를 포함하지 않았으며, 형태질 정의에 제대로 맞지 않았으며, 발달질 분포의 요소들이 겹쳤다. 따라서 연구 노력이 계속되어 추가와 변화가 발생했으며, 제2권 제1판은 작업의 자연스러운 부산물이었다.

그러나 제2권 역시 헌신적이고 열정적인 프로젝트 책임자, 워크숍 조교, 현장 검사자들의 노력의 결과로 새로운 발견들이 축적되면서 시대에 뒤떨어진 것이 되었다. 그들의 수는 1977년부터 1981년까지 몇 년 동안 그 체계의 첫 조각이 만들어졌을 때 10여 개에 불과했는데 거의 100개에 이르기까지 매년 다양해졌다. 대부분 시간제 저임금을 받으며 일했지만, 그들의 생산성은 예상한 것보다 훨씬 높았다. 1982년까지 원자료 입력은 데이터 분석을 훨씬 능가했다. 비환자 청소년들로부터 2,000개 이상의 기록을 수집하는 것을 포함하여 아동들에 관한 많은 연구가 완료된 후, 그 체계에 관한 시리즈 3권이 발매되었다. 그 직후, 자료 수집 프로젝트의 수는 축소되었고, 1971년 이후 수십 개의 그룹에서 축적된 많은 수의 기록을 통해 보다 신중하고 체계적인 선택으로 초점이 옮겨졌다.

체계의 변경과 추가가 자주 발생하여 1986년, 1993년, 2003년 제1권의 주요 개정이 요구되었다. 이러한 변경과 추가는 검사 자료가 해석되고 결과가 통합됨에 따라 관련된 개념, 전략 및 절차에 직접적인 영향을 미쳤다. 따라서 주로 해석에 중점을 둔 제2권 2판이 1991년에 발매되었으며, 이 책에서 다시 한번 업데이트된다. 이 새로운 작업의 대부분은 21개의 사례의 제시를 포함한다. 각 사례에 대한 해석적 근거를 넓히기 위한 노력의 일환으로, 검사 해석 전에 다양한 의뢰에서 제기된 문제와 관련된 발견에 대한 간략한 문헌 검토도 이 사례와 관련된 이슈에 대한 일반적인 공식과 함께 포함되었다.

각 사례는 개인을 설명하기 위해 다양한 결과들이 어떻게 결합되어 있는지 설명하기 위해 선택되었다. 때때로, 단일 자료에서 도출된 해석적 가설이나 개념 중 일부는 구체적으로 중복되거나 기계적으로 보일 수 있지만, 결과가 전개됨에 따라 그 결과는 해석이 일련의 비교적 단순한 가설에서 개인에 대한 의미 있고 타당한 관용적 서술로 어떻게 구성되는지를 보여 준다. 결국, 그 심리적인 그림은 그 사람과 관련된 문제들을 다루는 데 사용된다.

바라건대, 이 작업이 개인의 강점과 개선점을 현실적으로 평가하면서 개인의 고유한 특징을 강조하기 위해 이 주목할 만한 검사를 어떻게 사용하는지를 보여 주기를 바란다. 경험이 풍부한 로르샤흐 검사자는 해석이 세부 사항에 많은 주의를 기울여야 하는 느린 과정이라는 것을 잘 알고 있다. 해석적 결과를 구체적이거나 지나치게 일반화되지 않고 의미 있는 진술로 번역하고 엮어내기 것은 끊임없는 투쟁이기 때문에 어렵다. 때로는 자료가 불완전하고 다른 출처에서 해결해야 하는 질문만 제기하기 때문에 해석이 좌절될 수 있다.

본 작업은 해석에 초점을 맞추고 있기 때문에, 비환자 응답률에 관한 새로운 자료가 마지막 두 장에 포함되어 있다. 제22장은 1999년에 새로운 비환자 표본을 수집하기 위해 시작된 프로젝트에 관한 진행 보고서를 나타낸다. 프로젝트가 여전히 진행되는 동안, 새로운 기록(450)의 수는 새로운 표본의 자료와 600명의 비환자 표본에 대해 이전에 발표된 자료와 비교하는 것을 포함하여, 일부 의미 있는 분석을 허용하는 수준에 도달했다. 제23장은 주로 비환자(위치 선택, DQ, FQ, 결정인, 혼합 및 내용)가 제공하는 다양한 반응 구성 요소에 대해 카드와 위치영역별 빈도와 비례 자료를 포함하는 많은 수의 표로 구성된다. 한 세트의 표는 450명의 새로운 표본에 대해 이러한 자료를 제공하고, 두 번째 세트의 표는 450명의 비환자 표본과 600명의 비환자 표본에 대한 유사한 자료를 포함하고 있다. 이러한 자료 세트는 10개의 그림의 윤곽적 특징과 특히 10개의 장(field) 각각에 존재하는 것으로 보이는 일부 결정적 자극에 대한 상당한 정보를 제공한다.

감사의 글

여기에 나열하기에는 너무 많은 사람들이 지난 수십 년 동안 로르샤흐 워크숍의 연구에 기여해 왔다. 그들에게 감사와 애정을 표한다. 지금까지 새로운 비환자 기록 수집에 참여한 29명의 검사자들의 노력에 대해 특별한 감사를 표한다. 그들은 피험자를 모집하고 이 힘든 프로젝트와 고군분투하면서 매우 헌신적이며 창의적이었다.

마지막으로, 1978년 제2권 서문에서 나는 "검사에 대해 많은 의문이 제기되며 계속되는 연구는 끝이 보이지 않는다."고 이야기했다. 그러한 궁금증 가운데 일부는 해결되었고, 많은 연구자들이 검사의 다양한 측면을 연구하는 데 많은 시간과 노력을 투자했지만, 그 이야기는 오늘날에도 여전히 유효하다. 검사와 그 유용성에 대한 새로운 지식을 계속 추구하고자 하는 사람들에게, 나는 Kloper와 Hertz가 오래전에 내게 해 준 조언을 제시하고자 한다.

"당신이 할 수 있는 최선을 다해 진실을 찾고, 결코 걷고 있는 길에 안주하지 말라."

John E, Exner JR.

Asheville, North Carolina
April 2005

제**1**부 개관

제3장   최근 연구 결과와 해석 전략 19

제2장   로르샤흐 평가: 자문모델 41

제**2**부 로르샤흐를 활용한 임상적 자문과 치료계획

제3장   스트레스 관리 53

제4장   우울 및 자살 위험 85

제5장 공황 발작 121

제6장 망상적 사고 147

제7장 해리 문제 175

제8장 불안과 수면 문제 209

제9장 급성 정신병적 삽화 237

제11장 약물남용 치료에 대한 동기의 문제 295

제10장 약물남용 평가 265

제12장 충동 통제 문제 323

제13장 대인관계 문제 349

제**3**부 법적 자문에 로르샤흐의 활용

제14장 자해 및 타해 관련 문제 379

제15장 법적 분별력 및 능력 문제 409

제16장 개인 상해 소송과정에서의 통증 문제 435

제4부 로르샤흐를 활용한 아동 및 청소년 자문

제17장 학업 수행 부진 문제 467

제18장 공격성 문제 491

제19장 청소년기 약물과다 복용 521

제5부 로르샤흐 검사와 인상 관리

제6부 최신 비환자 규준 자료

제1부

개관

제1장

최근 연구 결과와 해석 전략

종합체계(comprehensive system)는 1971년 후반에 형태를 갖추기 시작했다. 1967년에서 1970년 사이에 수행된 연구에서 축적된 결과는 5가지의 현저하게 다른 로르샤흐 체계(Beck, Hertz, Klopfer, Piotrowski, & Rapaport-Schafer)가 각각 상당한 장점을 지녔음에도 불구하고, 각 체계의 특성이 경험적으로 지지되지 않는다는 것을 보여 주었다. 따라서 각각의 로르샤흐 체계에서 경험적으로 지지되는 특성을 과학적 조사를 통해 통합하고, 신뢰도 및 타당도와 관련한 연구를 진행하는 계획이 수립되었다.

첫 번째 종합체계 원고는 1973년 후반에 완성되었고 1974년에 출판되었다. 그러나 그 과업은 끝나지 않았고, 1977년까지 수행되었다. 1973년부터 1977년에 이루어진 연구에서 1973년 일부 결정의 수정 및 확장의 필요성이 제안되었다. 그리고 많은 연구로 명료화와 정교화가 더해졌지만, 더 많은 조사가 요구되는 영역이 강조되었다. 2권의 초판은 1977년 후반에 완성되어 1978년에 출판되었다. 최신 연구 결과, 확장된 참고 자료, 다양한 임상 및 법정 장면에서의 아동, 청소년, 성인의 로르샤흐를 사용하여 설명하는 21사례가 2권에 포함되었다.

그 후 25년간 이와 같은 과정을 반복해서 거쳤으며, 현재 세 번째이다. 1권의 개정판은 1986년에 출판되었고, 2권의 2판 작업은 1990년에 이루어졌다. 1권의 추가적인 개정이 1993년과 2003년에 이루어졌고, 이 새로운 작업은 2권의 3판이다. 이러한 절차에 따라 이 책에서는 가장 최신 정보를 제공한다. 지난 수년간 종합체계에 추가되었던 특성, 새로운 비환자 기준 자료, 그리고 모든 카드의 각 영역별 발달질과 형태질, 복합반응, 결정인, 내용반응에 대한 빈도와 비율 자료를 열거하는 광범위한 새로운 표들, 그리고 광범위한 사례들이 포함되었다. 현재 종합체계에 반영된 축적된 연구와 경험을 통합하여 심리학자들이 일하는 임상 및 법정 장면에서 어떻게 실용적 가치가 있는 경험적인 성격 기술을 가능하게 하는지 설명하고자 한다. 2권의 2판에서는 군집 접근법을 소개하였고, 해석에 유용한 구조적 자료와 내용 자료의 조직화를 위한 전략을 부연 설명한다. 3판인 이 책의 2장에서는 해석에 도움이 되는 2개의 예비 단계를 서술하는 모델을 소개한다. 첫 번째는 구체적인 의뢰 사유의 측면에서 사례를 개념화하는 것이다. 두 번째는 임상가가 의뢰 사유에 대한 구체적인 답을 할 수 있도록 로르샤흐 자료와 관련된 연구논문들을 검토한다. 지난 수년간 새로운 내용들이 종합체계에 추가되었고, 이 장에서는 이러한 발달과 해석적 함축성을 서두로 로르샤흐 자료를 조직화하기 위한 업데이트된 군집 접근법을 요약하고자 한다.

새로운 변인들과 지표들

XA%와 WDA%

*XA%*는 +, *o* 및 *u* 반응의 총합을 전체 반응수(*R*)로 나눈 값이다. 형태질이 +, *o* 및 *u* 반응이라는 것은 선택한 위치의 특징에 적합한 형태를 가진 대상으로 파악한다는 것이다. *XA%*는 사용자의 자료 출처에 대한 정보를 제공하는데, 잉크 반점의 윤곽을 얼마나 적절하게 사용하여 반응하였는지에 대한 비율을 나타낸다. 형태질이 +, *o* 또는 *u*인 반응의 70~75%는 카드 I의 전체 윤곽(contour distal)을 나비라고 반응하거나, 카드 III의 *D9*영역을 두 사람이라고 반응하거나, 카드 IV의 *D3*영역을 토템 기둥(totem pole)으로 반응하는 것처럼 대상의 형태가 선택한 위치영역의 윤곽과 일반적으로 일치한다. +, *o* 또는 *u* 반응의 나머지 25~30%는 보고된 대상에 적절한 색채 등이 포함된 또 다른 윤곽을 반영하며, 선택한 위치영역의 형태에 큰 왜곡이나 무시가 없음을 나타낸다. 또한 늘 그런 것은 아니지만 대부분의 경우에 카드 II의 *D3*영역에서 피, 카드 VII의 전체 영역에서 구름, 카드 VIII의 *D5*영역에서 물, 카드 X의 *D1*영역에서 섬과 같은 반응은 *DQv*로 채점된다.

전체(*W*) 또는 부분(*D*)영역에서 나타나는 +, *o* 또는 *u* 반응을 포함하는 *WDA%*는 쉽게 선택할 수 있는 두드러진 윤곽이 포함된 영역에서 잉크 반점 특징의 적절한 사용을 평가하므로 더욱 정확한 측정을 제공한다. *XA%*와 *WDA%*는 외부 자극을 완전히 또는 부분적으로 무시하는 반응의 비율이자 개인의 내적 심리로 나타난 *X-%*와 대조적이다.

XA% 및 *WDA%*가 형태의 윤곽을 이용하여 얼마나 적절하게 반응하였는지에 대한 광범위한 개요를 나타내는 변인이라면, *X+%*는 보다 구체적인 문제를 다룬다. *X+%*는 + 및 *o* 반응만을 전체 반응수(*R*)로 나누어 계산한다. *X+%*는 형태질의 표를 구성하기 위하여

사용된 9,500개의 프로토콜 중에서, 적어도 190개(2%)의 프로토콜에서 나타난 *W*와 *D*영역에서의 +와 *o* 반응, 특정한 *Dd* 반응을 보인 50개의 프로토콜 중 최소 2/3 이상이 +와 *o* 반응을 보인 표본을 이용하여 구성하였기 때문에 대다수의 사람들이 보고한 것과 유사한 방식으로 대상의 윤곽을 식별하는 정도를 나타낸다. *X*+%는 관습적인 척도이므로 *Xu*%와 대비해 보는 것이 유용하다. *Xu*%도 윤곽을 사용하여 적절한 반응을 보이는 비율이긴 하지만 대부분의 프로토콜에서 매우 낮은 빈도로 나타나는 특이하고 독특한 반응이다.

지각-사고 지표

지각-사고 지표(Perceptual-Thinking Inde: PTI)가 Schizophernia Index(SCZI)를 대체하면서 심리측정과 개념에 관한 개선을 가져왔다. PTI를 구성하는 9가지 변인과 5가지 준거는 다음과 같다.

1. *XA*% < .70 and *WDA*% < .75	
2. *X*-% > .29	
3. LVL2 > 2 and FAB2 > 0	
4. *R* < 17 and *WSUM6* > 12 or *R* > 16 and *WSUM6* > 17*	*13세 이하의 아동은 다음과 같은 교정점수를 적용 *R* > 16이면 5~7세=20, 8~10세=19, 11~13세=18
5. *M*- > 1 or *X*-% > .40	*R* < 17이면 5~7세=16, 8~10세=15, 11~13세=14

PTI는 SCZI에서 사용되었던 *X*+% 및 *FQ*- 변인을 *XA*%와 *WDA*%로 대체하고, 인지적 실수를 나타내는 특수점수(*WSUM6*) 기준에 연령과 반응 수를 고려하여 조정했다. 이러한 변경으로, 특히 어린 연령에서 SCZI 특성을 보인 피검자들에서 상대적으로 높게 나타났던 긍정오류의 비율을 감소시켰다.

급성 단기치료를 전문으로 하는 개인 정신과 병원에서 42명의 입원 아동과 청소년을 대상으로 PTI를 조사한 연구가 있다(Smith, Baity, Knowles, & Hilsenroth, 2001). PTI의 5개 항목에서 절단점 '> 2'를 사용하여 조사한 결과, PTI점수가 높은 환자는 부모 보고(Basic Assessment System for Children-Parent Report Form: BASC-PRF; Renolds & Kamhaus, 1992)와 자기보고식 평가(personality Inventory for Youth: PIY; Lachar & Gruber, 1995)에서 비전형성(atypicality), 현실 왜곡, 환각과 망상, 소외감, 사회적 철수 등이 유의하게 높게 나타났

다. 저자들은 "……PTI가 SCZI보다 아동 및 청소년의 사고장애를 파악할 수 있는 더 적절한 척도가 될 수 있으며…… 인지적 실수의 특성뿐만 아니라 행동장애로도 나타나는 심각한 사고장애를 평가할 수 있다(p. 458)"고 하였다.

Ritsher(2004)는 임상적으로 심각한 정신적 손상을 입은 러시아 성인 환자 180명을 대상으로 PTI의 '>2' 절단점수를 사용하여 우울증으로 진단받은 환자들 가운데 조현병 환자를 분류해 내는 데에 48%의 정확성을 보고하였다. 긍정오류 비율은 3%로 매우 낮게 나타났다.

개념적인 관점에서 볼 때 'Schizophrenia Index'에서 'Perceptual-Thinking Index'라는 명칭으로의 변화는 PTI가 진단을 위한 척도가 아님을 강조한다. 오히려, PTI는 심리적 기능의 2가지 중요한 영역인 현실 검증력(reality testing)과 관념적 명료성(ideational clarity)에서 나타날 수 있는 잠재적인 문제를 지적하기 위하여 고안되었다. 따라서 PTI의 절단점보다는 지각과 관념적 요인을 알 수 있는 차원적 개념으로 보는 것이 중요하겠다.

GHR:PHR

좋은 인간표상 반응 대 나쁜 인간표상 반응 변인(GHR:PHR)은 Perry Viglione(1991)이 수행한 대인관계 기능에 대한 로르샤흐 문헌 검토가 바탕이 되었다. 그들은 인간표상 반응을 긍정적/비손상 또는 부정적/문제가 있는 두 범주 중 하나로 분류할 수 있는 알고리즘(algorithm)을 만들었다. 이 알고리즘은 관계에서 잘 기능하는 사람들을 덜 효과적으로 기능하는 사람들과 구분할 수 있는 실질적인 준거 타당성을 보여 주었다(Burns & Viglione, 1996).

이후 Viglione, Perry, Jansak, Meyer와 Exner(2003)의 연구에서는 인간표상 반응의 알고리즘을 수정하였다. 인간내용이 포함된 반응인지[H, (H), Hd, (Hd), Hx], COP 또는 AG가 있고 결정인이 M 또는 FM인 반응인지에 따라 GHR 또는 PHR을 분류하기 위한 단계적 알고리즘이 〈표 1-1〉에 제시되어 있다.

〈표 1-1〉 인간표상 반응에 GHR 혹은 PHR의 결정 단계

1. 순수 인간 반응이고 아래의 조건에 모두 해당할 때 GHR로 채점한다. 　(a) 형태질이 FQ+, FQo 혹은 FQu일 것 　(b) DV를 제외한 인지적 특수점수가 없을 것 　(c) AG 혹은 MOR 같은 특수점수가 없을 것 2. PHR은 다음의 경우에 채점된다. 　(a) FQ- 또는 FQnone(형태가 없는 반응)

(b) *FQ+*, *FQo*, *FQu* 반응이면서 *ALOG*, *CONTAM* 혹은 수준 2의 인지적 특수점수를 가지고 있는 경우

3. *GHR*은 인간표상 반응 중 특수점수 *COP*를 채점한 모든 반응에 채점된다. 하지만 *AG*가 있는 경우는 채점하지 않는다.

4. 다음의 인간표상 반응에는 *PHR*을 채점한다.

(a) 특수점수가 *FABCOM*이거나 *MOR*인 경우

(b) 내용 채점이 *An*인 경우

5. 카드 III, IV, VII, IX에서 평범 반응으로 채점되는 인간표상 반응이 있는 경우 *GHR*로 채점한다.

6. 다음에 해당할 경우 모두 *PHR*로 채점한다.

(a) *AG*, *INCOM*, *DR*과 같은 특수점수에 해당하는 경우

(b) *Hd* 채점을 하는 경우[주의할 점은 (*Hd*)는 해당되지 않음]

7. 그 외의 인간표상 반응에는 모두 *GHR*를 채점하게 된다.

알고리즘의 2, 4, 6단계에서는 나쁜 인간표상 반응 채점과 관련된 대인관계 기능의 측면을 강조한다. 여기에는 왜곡, 인지적 실수, 다양한 공격성, 병적 및 신체적 문제 등이 포함된다. 반대로 1, 3, 5단계는 대인관계에서 정확하고 논리적이며 손상되지 않은 기능을 보여 주는 좋은 인간표상의 채점을 정의한다.

프로토콜에 적어도 3개의 인간표상 반응이 포함된 경우, 좋은 인간표상 반응과 나쁜 인간표상 반응의 관계(GHR:PHR)는 개인의 대인관계 기능의 효율성에 대한 광범위하고 일반적인 설명을 제공한다. *GHR*이 *PHR* 반응보다 많은 사람은 대인관계에서 상황에 적절하게 대처할 가능성이 높고 다른 사람들에게 긍정적으로 보일 수 있다. *PHR*이 *GHR*과 같거나 그 이상인 경우에는 대인관계에서 적응능력이 떨어져서 다른 사람들에게 덜 우호적인 사람으로 보일 수 있다.

로르샤흐 자료의 군집화

로르샤흐 프로토콜의 해석에서는 모든 자료를 신중하게 고려해야 하지만, 해석이 진행되는 단계는 항상 동일하지는 않다. 검사 자료는 일반적으로 구조적 요약(Structural Summary), 점수 계열(Sequence of Scores) 및 언어표현(Verbalizations) 3가지로 분류된다. 유

감스럽게도 3가지 자료의 출처는 해석에 기초한 경험적 근원의 폭과 강도에 따라서 상당히 다양하다. 심리측정의 현실적 맥락에서 각각을 면밀히 살펴볼 때, 전형적으로 로르샤흐의 '하드 자료(hard data)'를 구성하는 것은 구조적 요약으로 볼 수 있다.

비록 구조적 요약 자료가 해석적인 가설을 형성하는 데 있어서 가장 유용하긴 하지만, 가설이 때로는 너무 광범위하거나 편협해서 오류를 범할 수 있다. 따라서 구조적 요약에서 도출된 결과의 맥락 내에서 다른 자료를 현명하게 검토하는 것이 매우 중요하다. 점수계열 자료는 구조적 요약에서 도출된 가설을 명확히 하거나 확장시키는 정보를 제공하고, 경우에 따라서는 비일반적인 계열에 대한 새로운 가설을 세울 수 있다. 마찬가지로, 언어적 표현에서 생성된 새로운 가설도 최대한 주의를 기울여야 하는데, 기민한 해석자는 내용이나 언어표현에서 나타난 동질적인 응답들을 종합하여 타당성이 높은 구두 자료로부터 중요한 정보를 추출할 수 있어야 한다.

모든 자료를 다 살펴볼 때까지 해석은 군집별로 진행해야 한다. 군집을 다루는 첫 번째 단계는 구조적 요약 자료에 초점을 맞추지만 구조적 자료를 통해 모든 가설이 형성될 때까지 점수 계열이나 언어적 표현 자료를 무시하라는 의미는 아니다. 오히려 문제는 다른 구조적 요약의 자료로 넘어가기 전에 점수 계열과 언어 자료로 전환이 필요한 변인의 검토 중에 발생한다.

한 자료에서 다른 자료로 이동하는 유연성은 검사 결과의 정교한 해석을 위해 매우 중요하다. 이는 구조적 요약의 자료가 오용될 수 있기 때문이다. 초보 해석자는 단일 변인에 의미를 두고 조기에 결론을 내리는 일은 흔하다. 이러한 오류는 매우 적은 수의 변인만이 다른 변인으로부터 독립적이라는 사실을 무시한 잘못된 개념에 기인한다. 숙련된 해석가도 성격의 기능적 특성과 관련된 군집의 구조적 변인에 대한 자료를 한번 검토하고 나면 더 이상 추가 입력이 필요하거나 가능하지 않다고 가정하는 오류를 범할 수 있다. 어느 것이든 이러한 오류는 개인의 조직과 기능에 관련된 풍부하고 유용한 정보를 무시하고 뜻밖의 문제를 초래할 수 있는 간단하고 단순한 검토로 그칠 수 있다.

논리적인 해석 과정에서 어떻게 오류가 발생하는지 이해하는 것은 쉽다. 각 변인에 대한 다수의 연구들이 각 변인이 개별적인 의미를 갖는다는 개념을 장려한다. 이러한 연구들은 각 변인이 독립적으로 해석될 수 있다는 개념을 갖도록 한다. 불행하게도 이런 식의 접근은, 최악의 경우 개인의 구성 요인들을 포착하지 못하고 고정적이며 단절된 이미지를 유도한다. 심지어 동일 군집에 속하는 변인들의 판별함수 기능과 상관 및 요인 연구들에서도 군집의 변인들이 별개로 해석되기도 한다. 불행히도 이러한 해석 방법은 한 개인에 대해 조각난 묘사를 하게 된다. 해석은 개념적으로 발전해 나가야 한다. 각각의 결과는 다른 결과에 통합되어야 하며, 궁극적으로 가설이나 결론은 전체적인 가용 정보에서 도출되어야 한다. 이렇게 도출된 가설과 결론들은 개인의 수많은 심리적 특징들 간의 관계를 주의 깊게 관찰하면서 논리적으로 통합되어야 한다. 모든 기록에는 관념, 인지적 중재, 정보처리, 정동, 문제해결 대처 방식 및 반응 유형, 통제능력, 자기 지각 및 대인관계 지각 등에 대한 정보가 포함되어 있다. 또한 대부분의 프로토콜에는 개인이 일상적으로 사용하는 방어 전략에 대한 정보도 포함되어 있다. 따라서 해석가는, 첫째, 각 구성 요소와 관련된 모든 자료를 체계적으로 꼼꼼하게 탐색하고, 둘째, 결과물을 통합하여 사람의 전체를 묘사하도록 하는 방식이 추천된다.

해석의 다양한 전략

프로토콜이 해석적으로 유효하다고 판단되면 다음으로는 해석 순서에 대한 결정이 필요하다. 각 자료의 군집이 평가되는 순서는 기록마다 다양하지만 임의적이지는 않다. 순서에 관한 결정은 간단하지 않다. 종합체계(Exner, 1978)의 초기 개발 단계에서 모든 해석 과정은 Four Square로 불린 4개 변인(*EB*, *EA*, *eb* 및 *es*)의 검토로 시작되었다. Four Square의 검토로 시작하는 규칙은 이 4개 변인이 개인의 대처 유형과 통제능력의 핵심적인 성격 특징에 관한 기본적인 정보의 원천을 구성한다는 논리에 근거한다. 이와 같은 정보는 새로운 문제가 제기될 때, 해석 과정에 자연스럽게 통합되어 해석이 전개될 수 있게 하는 핵심이다.

Four Square의 해석 방법은 많은 기록에서 유용하나, 해석 초기에 가설의 수정이 요구되거나, 다른 검사 결과가 밝혀지면서 경우에 따라서는 유용하지 않다. 가설을 역추적하고 재조직해야 하는 예기치 않은 작업이 요구되면서 해석가들은 의구심이 들었다. 종종 자료의 변경과 결과의 재통합이 요구되었고, 전체 그림에서 도출된 결과를 어떻게 가늠할 수 있을지 혼란이 생겼다. 이러한 문제들을 적절하게 다루지 않으면 풍부한 해석이 희생당하는 위험에 처해진다.

Four Square의 자료로 생성된 가설의 수정이 요구된 수많은 프로토콜이 연구되면서 해석의 초기 전략이 2가지 사실을 이해하지 못하고 있음이 밝혀졌다. 첫째, EB가 문제해결을 위한 대처 방법의 선호도에 대한 정보를 제공하지만, 이런 선호를 대체하거나 의사결정과 행동에 더 많은 영향을 미치는 다른 성격적 특징이 있다. 둘째, 어떤 경우에는 Four Square의 자료가 정확하지 않은 그림을 제시하였는데, 대개 병리적 특징과 같은 심리적 특징들이 개인의 조직과 기능을 크게 변화시켰기 때문이다.

이 문제는 비조현병 환자 집단의 프로토콜 300개를 확인함으로써 해결되었다. Four Square에서 도출된 가설들이 포함되어 있는 150개의 기록은 이후에 다른 검사 자료로 인해 수정되거나 반려되었다. 나머지 150개의 통제 집단의 기록에서는, Four Square에서 생성된 가설이 해석 과정 전반에 걸쳐서 유용하였다. 컴퓨터에서 생성된 241개의 해석 지문의 빈도 자료가 300개의 기록에서 집계되었다.

기록들은 어떤 변인들이 기록을 위한 가장 많은 진술(statement)을 산출했는지에 따라 7개 군집(통제 또는 상황적 스트레스, 정동, 관념, 인지적 중재, 정보처리, 자기 지각, 대인관계 지각)으로 분류되었다. 150개의 통제 집단 기록 중 143개는 통제 및 스트레스 군집($N=69$), 관념 군집($N=36$), 정동 군집($N=38$), 이렇게 세 그룹으로 분류되었다. 흥미롭게도 이 세 그룹은 Four Square의 자료를 광범위하게 사용했다. 나머지 7개의 프로토콜 중 5개는 인지적 중재 군집, 자기 지각 군집, 정보처리 군집으로 분류되었다. 실험 집단 150개에 대한 기록의 종류는 훨씬 더 다양했다(통제 및 스트레스, $N=33$; 관념, $N=21$; 인지적 중재, $N=27$; 정보처리, $N=13$; 정동, $N=22$; 자기 지각, $N=25$; 대인관계 지각, $N=9$).

그런 다음 검색 프로그램을 적용하여 각 집단 내에 다른 집단과의 구분이 가능한 동질적인 자료가 있는지 확인하였다. 그 결과는 매우 인상적이었다. 예를 들어, 관념 집단으로 분류된 기록에는 내향적 양식의 *EB*나 뚜렷하게 이상한 사고의 근거가 포함되었다. 통제 또는 스트레스 집단으로 분류된 기록에는 조정된 *D*점수보다 낮은 *D*점수(D < Adj D), 마이너스 범위의 Adj D점수(Adj D < 0)나 매우 낮은 *EA*가 포함되었다. 자기 지각 집단으로 분류된 기록에는 반사반응이 모두 포함되어 있었고, 정보처리 집단으로 분류된 기록에는 *Lambda*가 1.0 이상으로 나타났다.

연구 결과에서 300개 중 282개 기록에 대한 우선적이거나 지배적인 서열로 순서를 예측한 10개의 핵심 변인들을 도출하였다. 다시 말해, 기록에 유의한 핵심 변인이 하나만 포함되어 있으면, 가장 많은 진술이 이루어질 군집이 예측될 수 있다. 기록에 유의한 핵심 변인이 2개 이상 포함된 경우, 하나는 서열을 결정하는 데에 있어서 우선순위를 명확하게 결정하고 예측 변인으로도 사용될 수 있다. 지배력의 순서에 따른 10가지 핵심 변인은 다음과 같다. ① 우울 지표가 5보다 큰 경우, ② D점수가 Adj D점수보다 작은 경우, ③ 유의한 CDI, ④ Adj D점수가 – 범위인 경우, ⑤ *Lambda*가 .99보다 큰 경우, ⑥ 적어도 하나 이상의 반사반응, ⑦ 내향적 양식의 *EB*, ⑧ 외향적 양식의 *EB*, ⑨ 수동운동 반응이 능동 운동 반응보다 1점 이상으로 높은 경우, 그리고 ⑩ 유의한 HVI.

각 군집의 일관된 특성은 2개의 추가적 분류 후, 다시 각 군집에서 형성되는 진술 수를 바탕으로 군집들을 차별화하는 기초로 사용되었다. 두 번째 및 세 번째 분류는 첫 번째 군집에 의해 예측 가능하다는 것이 입증되었다. 예를 들어, 첫 번째로 관념 군집으로 분류되는 경우, 두 번째 및 세 번째 분류는 거의 항상 인지적 중재 및 정보처리 군집으로 나타났다. 반대로, 초기에 정동 군집으로 분류되면, 자기 지각과 대인관계 지각 군집이 다음으로 가장 많은 진술을 형성했다.

실제 핵심 변인의 존재는 2개 또는 3개의 군집 자료의 조합이 241개의 진술문 자료에서 가장 많은 수의 진술문을 산출할 것이라고 예측하였다. 다르게 말해, 핵심 변인은 개인의 핵심적인 심리적 특징에 대한 가장 중요한 정보를 제공하는 출처가 된다는 것이다. 일반적으로 개인의 성격을 기술할 때에 상당히 강조되는 기능들이 있다. 이러한 기능들은 심리적 조직에 중대한 영향을 미치는 성격 구조의 우세하고 지배적인 요소로, 다른 특징의 표현 방식에 지대한 영향을 미친다.

해석 전략의 선택

핵심 변인에 대한 연구 결과는 모든 프로토콜의 해석 탐색 과정이 동일하게 진행되는 것은 아니라는 견해를 재확인시켜 주었다. 이것은 가설의 역추적 및 재구성을 피하게 하고 해석 순서를 체계적으로 진행할 수 있는 고유한 검색 전략 개발이 가능할 수 있음을 분명히 한다. 이러한 관점에서 첫 번째로 보아야 할 요소는 개인의 성격 구조와 반응 스타일의 주된 측면에 관한 정보들이다. 해석의 시작점으로 사용할 군집의 결정은 궁극적으로 생성될 진술문의 전체적인 네트워크에 대한 맥락을 제공하기 때문에 매우 중요하다. 또한 선택된 첫 번째 군집은 전형적으로 나머지 군집을 검토하는 순서에 대한 지침을 제공한다.

탐색 전략의 세부 사항은 수년간 발전해 왔으며 〈표 1-2〉에서 제시하는 해석 전략 순서는 개념적으로 두 그룹으로 나누어지는 12가지 핵심 변인을 포함하고 있다. 6개의 변인 (PTI > 3, DEPI > 5, D < Adj D, CDI > 3, Adj D < 0)은 잠재적인 정신병리의 가능성에 더 초점을 두고 있고, 나머지 6개의 변인(*Lamda* > .99, *FR+RF* > 0, *EB* 내향적 양식, *EB* 외향적 양식, *p* > *a*+1 및 유의한 HVI)은 성격의 조직과 기능의 핵심이 되는 성격 유형을 보여 준다.

〈표 1-2〉 핵심 변인에 기초한 해석적 탐색 전략

의미 있는 변인 값	군집 탐색 순서
PTI > 3	정보처리 > 인지적 중재 > 관념 > 통제 > 정동 > 자기 지각 > 대인관계 지각
DEPI > 5 and CDI > 3	대인관계 지각 > 자기 지각 > 통제 > 정동 > 정보처리 > 인지적 중재 > 관념
DEPI > 5	정동 > 통제 > 자기 지각 > 대인관계 지각 > 정보처리 > 인지적 중재 > 관념
D < Adj D	통제 > 상황적 스트레스 > (다음의 정적인 핵심 변인이나 제3변인의 목록에 따라 탐색 계열 결정)
CDI > 3	통제 > 대인관계 지각 > 자기 지각 > 정동 > 정보처리 > 인지적 중재 > 관념
Adj D가 마이너스	통제 > (다음의 정적인 핵심 변인이나 제3변인의 목록에 따라 탐색 계열 결정)
Lambda > 0.99	정보처리 > 인지적 중재 > 관념 > 통제 > 정동 > 자기 지각 > 대인관계 지각
FR + RF > 0	자기 지각 > 대인관계 지각 > 통제 (다음의 정적인 핵심 변인이나 제3변인의 목록에 따라 탐색 계열 결정)
EB가 내향 유형	관념 > 정보처리 > 인지적 중재 > 통제 > 정동 > 자기 지각 > 대인관계 지각
EB가 외향 유형	정동 > 자기 지각 > 대인관계 지각 > 통제 외향 유형 > 정보처리 > 인지적 중재 > 관념
p > a + 1	관념 > 정보처리 > 인지적 중재 > 통제 > 자기 지각 > 대인관계 지각 > 정동
HVI Positive	관념 > 정보처리 > 인지적 중재 > 통제 > 자기 지각 > 대인관계 지각 > 정동

〈표 1-2〉에서는 핵심 변인에 따라 우선적으로 해석해야 하는 군집을 순서대로 나열하고 있다. 즉, 첫 번째 유의한 핵심 변인은 해석해야 할 군집의 순서를 규정한다. 대부분의 해석 순서는 규정대로 나아가지만 첫 번째 핵심 변인으로 전체 순서를 결정할 수 없는 경우도 있다. 이러한 경우에는 다음으로 나타나는 핵심 변인이나 제3의 변인을 사용해서 탐색 순서를 결정해야 한다. 탐색 순서는 새로이 나타나는 결과들이 이미 도출되어 있는 선행 결과에 통합되게 하는 경로를 제공하는 것이다.

〈표 1-2〉에 제시된 탐색 순서는 경험적이고 논리적으로 발전되어 왔다. 처음 검토되는 두세 개의 군집이 개개인의 핵심적 특징에 대해 가장 많은 양의 정보를 제공한다는 점에서 경험적이다. 각각의 새로운 결과가 선행하는 결과들과 통합되도록 계열이 설계되었다는 점에서 논리적이다. 다만 12가지의 탐색 전략이 전적으로 독립적일 수 없다는 점에 유의해야 한다. 인지 기능의 다양한 측면을 설명하는 관념, 인지적 중재, 정보처리의 세 군집은

항상 연계해서 함께 해석되어야 한다. 마찬가지로, 자기 지각과 대인관계 지각 군집도 상호 관계가 있으므로 항상 나란히 해석되어야 한다.

〈표 1-3〉 제3변인에 기초한 해석적 탐색 전략

의미 있는 변인 값	군집 탐색 순서
OBS Positive	정보처리 > 인지적 중재 > 관념 > 통제 > 정동 > 자기 지각 > 대인관계 지각
DEPI＝5	정동 > 통제 > 자기 지각 > 대인관계 지각 > 정보처리 > 인지적 중재 > 관념
EA > 12	통제 > 관념 > 정보처리 > 인지적 중재 > 정동 > 자기 지각 > 대인관계 지각
M->O or Mp > Ma or Sum6 Sp Sc > 5	관념 > 인지적 중재 > 정보처리 > 통제 > 정동 > 자기 지각 > 대인관계 지각
Sum Shad > FM+m or CF+C > FC+1 or Afr < 0.46	정동 > 통제 > 자기 지각 > 대인관계 지각 > 정보처리 > 인지적 중재 > 관념
X-% > 20% or Zd > +3.0 or < -3.0	정보처리 > 인지적 중재 > 관념 > 통제 > 정동 > 자기 지각 > 대인관계 지각
3r+(2)/R < .33	자기 지각 > 대인관계 지각 > 정동 > 통제 > 정보처리 > 인지적 중재 > 관념
MOR > 2 or AG > 2	자기 지각 > 대인관계 지각 > 통제 > 관념 > 정보처리
T＝0 or > 1	자기 지각 > 대인관계 지각 > 정동 > 통제 > 정보처리 > 인지적 중재

핵심 변인에 의해 지정된 해석 순서가 대개 가장 논리적인 경로이지만 예외도 있다. 예를 들어, 사례 17(제19장)을 보면, 해석 초기에, 내담자의 현실 검증력과 사고과정에서 정서적 요소가 중요하다는 점이 시사되었다. 결국 마지막 해석 순서였던 정동 군집(affect)을 초기에 탐색하는 것으로 해석 순서를 변경하였다.

프로토콜에 유의한 핵심 변인이 포함되어 있지 않은 경우도 있다. 이런 경우 〈표 1-3〉에 나열된 제3의 변인들 중에서 유의한 결과를 나타내는 변인을 선택하여 해석 과정의 출발점으로 삼을 수 있다. 한편, 제3의 변인들은 어떤 군집이 개인에 대한 가장 의미 있는 정보를 포함하고 있는지를 밝혀 주긴 하지만, 가장 유용한 부가적 정보를 제공하는 군집을 변별하는 핵심 변인에 비해 예측력이 높지는 않다.

탐색 순서를 안내하는 변인의 검토

앞에서 언급하였듯이, 탐색 순서는 심리학자의 관심을 해석과 관련된 가장 중요한 자료영역으로 유도하기 위함이다. 이러한 이유로 피검자가 15세 이상인 경우에 자살 지표(Suicide Constellation: S-CON)는 첫 번째 유의한 핵심 변인이 제시하는 해석 과정으로 들어가기 전에 우선적으로 검토되어야 한다. 이러한 탐색 순서를 지시하는 변인에 대한 검토는 개인의 성격에 대한 통합된 설명을 가능하게 하는 조직화된 원칙을 제안하기 위하여 매우 강조된다.

자살 지표

피검자가 15세 이상인 경우 S-CON은 해석 과정을 시작하기 전에 언제나 우선적으로 검토되어야 한다. 원칙적으로 말하자면, 이것은 군집이라기보다는 자살과 관련된 행위를 한 사람들과 유사한 특징을 가진 개인을 식별할 수 있게 해 주는 통계적으로 유의한 몇몇 군집의 변인들을 나열한 집합으로 볼 수 있다. S-CON의 일부 항목은 개념상 유사점을 가지고 있지만 경험적으로 개발되어 전체 목록은 그렇지 않다.

S-CON에 대한 예비연구(Exner, Martin, & Mason, 1984; Exner & Wylie, 1977)에서는 S-CON이 8 이상인 사람들이, 로르샤흐 검사 이후 비교적 짧은 기간 내에 자살한 사람들이 나타내는 특징과 유사한 특징을 가지고 있다고 결론지었다. Fowler, Piers, Hilsenroth, Holdwick와 Padawer(2001)의 연구에서는 S-CON의 7개 이상의 항목에 체크되는 경우에 대한 우려를 제시하였다. 연구자들은 로르샤흐 검사 후 최대 60일까지 기록된 상세한 의료 문서를 활용하여 입원해 있는 여성 입원환자의 자기파괴적 행동을 자살의사가 없는(nonsuicidal), 자살의사가 있는(parasuicidal), 치명적인(near-lethal)의 3가지 범주로 분류했다. 연구자들은 7점 이상으로 나타난 S-CON 점수가 치명적인 범주가 아닌 다른 두 그룹의 환자들과 치명적인 자살시도를 하는 환자를 구분해 낸다는 것을 발견하였다. S-CON 점수의 절단점이 7점 이상일 경우, 치명적인 자살시도를 하는 81%의 환자와 그렇지 않은 환자 78%를 식별해 내었고 전체적인 변별 정확도는 79%였다. S-CON 점수가 7점 또는 8점 미만이라고 해서 자기파괴적 성향이 없는 것으로 해석해서는 안 된다. 자살한 표본에서 약 25%의 부정오류(false negative) 사례가 있었고, 모든 활용 가능한 개인력, 면담 및 검사 결과에 대한 검토가 자기파괴적 가능성 평가 시 언제나 중요하다.

지각-사고 지표

앞에서 언급하였듯이, 지각-사고 지표(Perceptual-Thinking Index: PTI)는 진단 지표가 아니라 개인의 성격 구조 전체에 영향을 미칠 수 있는 관념과 사고의 문제를 나타내는 지표이다. PTI가 4이거나 5이면, 지각의 정확성이나 사고에 문제가 있을 수 있음을 시사하여 사실상 개인 기능의 거의 모든 측면을 설명하는 데 중요한 역할을 하는 정보처리, 인지적 중재, 관념 군집의 결과를 살펴볼 것을 제안한다.

우울 지표

우울 지표(Depression Index: DEPI)는 일반적으로 관찰 가능한 행동과 직접적인 관련이 없으므로, Meyer와 Archer(2001)는 "심리학자들이 자체적으로 DEPI를 사용하여 DSM에서 제시하는 주요우울장애를 진단해서는 안 된다(p. 499)"고 언급하였다. 대신에 DEPI는 정서적으로 혼란스럽고, 인지적으로 비관적이거나, 무기력하거나, 자기파괴적인 사람들을 식별해 낼 수 있다.

대응 손상 지표

대응 손상 지표(Coping Deficit Index: CDI)에서 4개 또는 5개 항목이 체크된다는 것은 유의한 결과이다. CDI의 11개 변인 중 7개 변인은 대인관계적 욕구나 결함과 연관되며, 나머지 4개 변인 중 2개는 정서적 회피 또는 결핍과 관련 있다. 다른 2개 변인은 저하된 통제 능력과 제한적인 대처 자원을 나타낸다. 따라서 CDI가 4점 이상인 사람은 예상치 않은 비일상적인 스트레스 상황이나 사회적, 대인관계적 차원에서 기능적으로 대처하는 데 어려움을 보인다.

2가지 치료 결과에 대한 연구에서(Exner & Andronikof-Sanglade, 1992; Weiner & Exmer, 1991), 정신건강에 대한 개입 시 상대적으로 긴 기간(8~14개월)에 걸친 개입은 CDI를 낮출 수 있었다. 그러나 짧은 기간의 개입(2~3개월)은 CDI에 거의 영향을 미치지 않았다.

Adjusted D > D

Adj D가 D보다 클 때 *m*과 *SumY*의 상승에 기인된 것이라면 현재 상황적 스트레스가 있음을 시사한다. D와 Adj D의 차이가 클수록 스트레스의 영향은 커져서 개인의 일상적인 과업 수행을 더욱 방해할 수 있다. *m*이 *SumY*보다 3배 이상 크다면, 스트레스는 개인의 주의력과 집중력에 더 큰 영향을 미칠 수 있다. 반대로 *SumY*이 *m*보다 3배 이상 크다면 스트레스는 개인의 불안, 긴장감, 무력감 등 정서적인 경험을 확산시킬 가능성이 있다.

Adjusted D

Adj D가 마이너스 범위, 특히 −2 이하로 떨어지면 개인의 심리적 기능을 효율적으로 작동하지 못하게 하는 잠재적인 문제가 있음을 시사한다. 이러한 일상적인 문제들은 미성숙한 성격 구조를 만들어 낸 발달상의 어려움에 기인하기도 한다. 다른 경우, 마이너스 범위의 Adj D는 개인이 만성적인 자극에 의해 과부화되어 심리적 붕괴 상태에 있음을 나타낸다. 두 경우 모두 충동적인 행동을 야기하는 관념이나 정서조절 능력에 문제가 있음을 시사한다.

마이너스 범위에 있는 Adj D는 핵심 변인으로서 통제 군집 이외에 다른 군집들이 중요한 정보를 제공할 수 있음을 예측하지 못한다. 그래서 이후의 해석 탐색 과정은 다음에 나타나는 유의한 핵심 변인이나 제3변인에 근거해야 한다.

Lambda

*Lambda*가 1.0 이상이라는 것은 자극 상황을 가장 쉽게 관리되는 수준으로 단순화시키는 회피 경향이 있음을 알리는 신호이다. 이는 전형적으로 복잡하거나 모호한 양상을 무시함으로써 자극에 압도당할 가능성을 줄이거나 간소화시킨다. 이러한 회피 유형은 과부하의 가능성을 감소시킴으로써 통제감을 제공하는데, 예를 들어 오랜 기간 동안 재입원을 피할 수 있었던 조현병 환자들과 연관 지어 볼 수 있다(Exner & Murillo, 1977). 그러나 상황이 본질적으로 복잡하거나 애매한 경우에는 일부 관련 요인만을 회피한다면 비효율적인 대처의 가능성이 높아질 수 있다.

회피 유형 사람들은 입력 수준에서 단순화가 발생한다는 인상을 준다. 그러나 이 설명은 *Lambda*가 높은 집단이 *Zf* 또는 *DQv*에서 비정상적인 분포를 보이지 않고, 과소통합 (underincorporation)의 빈도가 *Lambda*가 1.0 미만인 사람에 비해 약간만 더 높은 편이라는 사실에 비추어 볼 때 적절하지 않다. 좀 더 논리적인 설명에서는 단순화를 일종의 방어 과정으로 보는데, 개인의 필요성과 상황의 요구에 입각하여 상황을 지각할 때, 어떤 사람에게는 주요 요소 중 일부가 중요하지 않은 요소로 보일 수 있다. 이러한 요소들은 반응의 형성에 거의 또는 전혀 영향을 미치지 않는다.

　*Lambda*가 1.0 이상인 경우는 개인적인 반응 스타일을 시사하므로 문제해결 시 선호하는 접근방법에 대한 정보를 제공하는 *EB*와 어떻게 연관되는지 고려하는 것이 매우 중요하다. 높은 *Lambda*는 문제가 복잡하게 되는 것을 단순화시키는 경향을 나타낸다. 예를 들어, 외향형 사람은 일반적으로 시행착오를 통해 가능한 해결책을 시험해 보고 다른 해결책에서 발생할 수 있는 정서적 피드백을 신중하게 구분한다. 그러나 회피적 외향형은 복잡한 정서적 피드백을 구분하는 데 시간을 할애하지 않으며 그 결과 행동은 비효율적이고 충동적으로 보일 수 있다. 내향형인 사람은 일반적으로 다양한 해결책에서 소요되는 비용과 이점을 매우 신중하게 '요모조모 생각한다'. 그러나 회피적 내향형은 시간이 많이 걸리는 과정을 생략하고 해결책을 단순화하여 적응적이지 못한 결론에 도달할 수 있다. 2차적으로 내향적 양식이나 외향적 양식 중 어느 한쪽도 아닌 회피적 양가형(avoidant ambitent)은 상황이 복잡하고 애매하다고 느낄수록 점점 더 비효율적인 행동을 나타낼 수 있다.

반사반응

　반사반응(Reflection Responses)이 하나 이상 있으면 앞에서 언급한 해석 순서와는 다르게, 우선적 초점이 자기 지각과 대인관계 지각에 관련된 이슈가 된다. 성인에게 반사반응은 성격의 안정적인 핵심 특징과 관련이 있다. 반사반응은 자신의 가치를 현저히 과대평가하는 경향을 시사한다. 어린 아동들에게서 나타나는 것은 드물지 않지만 연령이 높은 청소년이나 성인에게 나타나는 것은 일반적이지 않다. 반사반응을 보이는 사람은 과장된 자기감을 드러내고 심리적 수행에 중요한 영향을 미칠 것이다.

　게다가, 과장된 자기감은 대인관계에 직접적인 영향을 미칠 수밖에 없다. 어느 정도 타인으로부터의 인정과 지지를 받는다면 병리 발생의 가능성이 감소될 수 있다. 그러나 타인으로부터 인정받지 못하면 비난의 외현화, 합리화, 부인 등의 방어기제가 작동하게 될 것이다.

내향형 혹은 외향형 양식

핵심 변인으로 해석 순서가 결정되지 않는다면 *EB*를 재검토해 보아야 한다. 우세한 대처 양식이 외향형 혹은 내향형 중에 하나로 나타난다면 해석을 위한 군집의 순서는 명확해진다.

내향적 양식을 가지고 있다면 관념 군집에서 시작해서 인지적 3요소(cognitive triad)에 해당하는 정보처리, 인지적 중재 군집의 변인들을 차례대로 살펴본다. 내향형은 의사를 결정하기 전에 시간을 갖고 대안을 고려하는 심사숙고를 선호한다. 인지적 3요소 자료는 일반적으로 이러한 유형의 효율성과 효과에 관한 중요한 정보를 제공한다. 해석은 통제와 정동 군집을 이어서 자기 지각 및 대인관계 지각에 대한 자료 검토의 순서로 시행한다.

*EB*가 외향적인 양식을 나타내는 경우, 초기에 해석을 위해 어디에 초점을 두는지는 내향적인 양식과는 상당히 다르다. 이 유형은 결정을 내릴 때 감정이 중요한 역할을 하기 때문에 정동 군집부터 해석한다. 외향형은 다양한 해결책을 시도해 보면서 감정적인 반응을 평가함으로써 문제를 해결한다. 이 유형에서는 감정 표현의 적절한 조절이 매우 중요하다.

*p*가 *a*보다 1개 이상 많거나 과경계 지표(HVI)가 유의한 경우

이러한 2개의 핵심 변인이 탐색 전략을 결정하는 근거를 제공하는 경우, 두 핵심 변인 모두 가장 유용한 초기 자료는 관념이다. 수동적 운동 반응 값이 능동적 운동 반응 값보다 1점 이상 많을 때 개인의 사고와 행동에 관여하는 핵심적인 심리적 유형은 대체로 수동성이다. 수동적 유형은 일반적으로 여러 가지 복잡한 일 가운데 어느 하나만 하거나 그것들을 섞어버리는 경향이 있다. 이는 복잡성과 책임을 피하기 위한 간단한 방법으로, 교묘하게 공격적이거나, 의존심을 영속시키는 편리한 방법이다. 유의한 HVI 또한 기본적인 성격 유형을 나타낸다. 유의한 HVI 반응을 보인 사람은 자신이 취약하다고 생각하는 상황에서 쉽게 고통스러워하는 경향이 있다. 결과적으로 이들은 과경계 상태를 유지하기 위하여 2가지 측면에서 대가를 치른다. 첫째, 과잉 경계를 지속하기 위해 상당한 에너지를 소모한다. 둘째, 과잉 경계를 초래하는 원인에 대비하기 위하여 다른 사람들을 조심하고 경계해서 대인 간의 상호작용 관계에 영향을 미칠 수 있다. 과잉 경계적인 사람들은 일반적으로 다른 사람들을 신뢰하지 않으며 사적 공간을 매우 중요시한다.

군집 내 분석

앞에서 언급하였듯이 로르샤흐의 요소인 구조적 요약, 점수 계열, 언어적 표현 등은 궁극적으로 해석에 중요하며 어떤 것도 소홀히 다루어져서는 안 된다. 각각의 로르샤흐 프로토콜 모두 유일하며 각각이 피검자의 명확하고 독특한 특성으로 전체가 구성되어 다른 로르샤흐 프로토콜과 차별화된다. 따라서 해석 절차에서는 새로 나타난 결과들을 이전에 조사된 모든 결과의 맥락에서 단계별로 꼼꼼하게 검토해야 한다. 이때 귀납적이면서도 연역적인 추론이 요구된다. 가설들은 군집 전체를 걸쳐 또는 군집 내의 거의 모든 단계에서 검토되고, 확인, 수정되거나 기각된다. 이는 대부분 군집 내 변인들의 분석 중에 이루어진다.

군집을 통한 해석적인 탐색이 시작되면 다른 군집으로 넘어가기 전에 군집의 모든 자료를 검토해야 한다. 이는 피검자의 특성에 대해 설정된 가설과 결론이 가능한 완전한 결론에 도달하기 위한 것으로, 무엇보다 피검자에 대한 오해의 소지가 있는 설정이나 조기 결론이 만들어지지는 않았는지 확인하는 과정이다. 군집들은 개인의 성격 구조와 기능에 대해 제공할 수 있는 정보의 깊이가 매우 다양하다. 따라서 도출된 제안과 결론 역시 다양한 특이성을 보인다.

예를 들어, 통제 및 스트레스 내성에 직접 연관된 변인은 단지 5개이다[the D Scores(D Adj D)(EA, es, CDI)]. 때로는 이 군집의 결과가 상당히 구체적일 수 있지만 대부분의 경우 자원의 가용성과 통제능력에 대한 일반적인 진술 정도이다. 한편, 7개의 구조적 변인들 [3r+(2)/R, $Fr+rf$, FD, $SumV$, MOR, $An+Xy$, H:(H)+Hd+(Hd)]에 잠재적으로 많이 나타날 수 있는 반응들(운동 반응, MOR, − 형태질)이 합쳐져서 자기 지각에 대한 정보를 제공하므로 이 기능에 대한 정보의 통합은 더욱 구체적이며 독특한 기술을 가능하게 한다. 이는 군집 내 변인의 수가 해석적 특수성과 연관된다는 것을 의미하는 것은 아니다. 오히려, 한 군집 내 변인들에서 축적된 결과는 결과 정보가 특정한 연속 과정 중 어디에 해당될지를 좌우한다.

군집 내의 분석은 언제나 군집 내의 구조적 변인의 검토에서 시작되는데 구조적 변인들이 경험적으로 도출되었기 때문이다. 36페이지의 〈표 1-4〉는 각 군집 내에서 변인을 검토하는 단계를 보여 준다. 이를 통해 도출된 제안들이 더 일반적이지만, 그것들의 타당성은 전형적으로 군집 탐색의 나머지 순서에 초점을 둔 가설 형성으로 이어진다.

〈표 1-4〉 각 군집 내 변인 검토 순서

통제와 스트레스 내성

　　단계 1. Adjusted D점수와 CDI

　　단계 2. EA

　　단계 3. EB와 *Lambda*

　　단계 4. es와 Adj es

　　단계 5. eb

상황적 스트레스

　　단계 1. es와 Adj es와 관련된 D 점수

　　단계 2. D와 Adj D 점수 차이

　　단계 3. m과 Y

　　단계 4. T, V 개인력과 관련된 3r+(2)/R

　　단계 5. D점수(순수 C, M −, 형태 없는 M 점검)

　　단계 6. 혼합반응

　　단계 7. 유채색 음영혼합 반응과 음영혼합 반응

정동

　　단계 1. DEPI와 CDI

　　단계 2. EB와 *Lambda*

　　단계 3. EBPer

　　단계 4. eb와 우항과 관련 변인

　　단계 5. SumC':WSumC

　　단계 6. 정동 비율

　　단계 7. 주지화 지표

　　단계 8. 색채 투사

　　단계 9. FC:CF+C

　　단계 10. 순수색채 반응

　　단계 11. 공간반응(S)

　　단계 12. 혼합반응(*Lambda*와 EB)

　　단계 13. m과 Y 혼합반응

　　단계 14. 혼합반응의 복잡성

　　단계 15. 유채색 음영혼합 반응

　　단계 16. 음영혼합 반응

정보처리

> 먼저 검토할 변인(L, EB, OBS, HVI)
>
> 단계 1. Zf
>
> 단계 2. W:D:Dd
>
> 단계 3. 반응영역 위계
>
> 단계 4. W:M
>
> 단계 5. Zd
>
> 단계 6. PSV
>
> 단계 7. DQ
>
> 단계 8. DQ 위계

인지적 중재

> 먼저 검토할 변인(R, OBS, L)
>
> 단계 1. XA%와 WDA%
>
> 단계 2. 형태질 채점이 안 되는 변인(FQnone)
>
> 단계 3. X−%, FQ−빈도, S−빈도
>
>> 단계 3a. 동일한 주제
>>
>> 단계 3b. −반응의 왜곡 수준
>
> 단계 4. 평범 반응
>
> 단계 5. FQ+ 빈도
>
> 단계 6. X+%와 Xu%

관념

> 단계 1. EB와 *Lambda*
>
> 단계 2. EBPer
>
> 단계 3. a:p
>
> 단계 4. HVI, OBS, MOR
>
> 단계 5. eb의 좌항
>
> 단계 6. Ma:Mp
>
> 단계 7. 주지화 지표
>
> 단계 8. Sum6와 WSum6
>
> 단계 9. 특수점수 6개의 질
>
> 단계 10. M 형태질
>
> 단계 11. M 반응의 질

자기 지각

    단계 1. OBS와 HVI

    단계 2. 반사반응

    단계 3. 자아중심성 지표

    단계 4. FD와 음영 차원(개인력과 관련된)

    단계 5. An+Xy

    단계 6. MOR합

    단계 7. H: (H)+Hd+(Hd)와 인간내용 반응 점검

    단계 8. Search for projections in:

        a. – 반응

        b. MOR 반응

        c. M과 인간내용 반응

        d. FM과 m 반응

        e. 그 외 반응에 나타난 윤색에서 투사 점검

대인관계 지각

    단계 1. CDI

    단계 2. HVI

    단계 3. a:p

    단계 4. 음식반응

    단계 5. SumT

    단계 6. 인간내용의 합과 순수 인간 H 반응 합

    단계 7. GHR:PHR

    단계 8. COP와 AG 빈도와 채점

    단계 9. PER

    단계 10. 소외 지표

    단계 11. M 반응내용과 FM 반응 중 쌍 반응내용

요약

프로토콜 접근에 사용되는 해석적 전략의 세심한 계획은 종합체계에서 매우 중요하다. 해석에는 엄청난 수의 변인이 개입되며 이 변인들을 무작위로 또는 우연한 방법으로 다루

어서는 안 된다. 이렇게 하면 실수로 중요한 발견을 놓치거나 자료를 적절하게 통합하지 못할 위험이 발생한다. 개인은 매우 복잡한 존재로 다른 사람들과 차별화된다. 마찬가지로 각 로르샤흐 결과는 복잡하며 다른 모든 로르샤흐 결과와 차별화된다. 로르샤흐 검사 자료가 체계적인 방식으로 다루어진다면 해석의 과정이 진행되면서 각 개인의 고유한 독특성이 명백하게 드러날 것이다.

참고문헌

Burns, B., & Viglione, D. (1996). The Rorschach human experience variable, interpersonal relatedness, and object representation in nonpatients. *Psychological Assessment, 8*(1), 92–99.

Exner, J. E. (1978). *The Rorschach: A comprehensive system: Vol. 2. Current research and advanced interpretation.* New York: Wiley.

Exner, J. E., & Andronikof-Sanglade, A. (1992). Rorschach changes following brief and short-term therapy. *Journal of Personality Assessment, 59*(1), 59–71.

Exner, J. E., Martin, L. S., & Mason, B. (1984). A review of the Rorschach suicide constellation. Paper presented at the 11th International Congress of Rorschach and Projective Techniques, Barcelona, Spain.

Exner, J. E., & Murillo, L. G. (1977). A long-term follow-up of schizophrenics treated with regressive ECT. *Diseases of the Nervous System, 38*, 162–168.

Exner, J. E., & Wylie, J. (1977). Some Rorschach data concerning suicide. *Journal of Personality Assessment, 41*(4), 339–348.

Fowler, J. C., Piers, C., Hilsenroth, M. J., Holdwick, D. J., & Padawer, J. R. (2001). The Rorschach Suicide Constellation: Assessing various degrees of lethality. *Journal of Personality Assessment, 76*(2), 333–351.

Lachar, D., & Gruber, C. P. (1995). *Personality Inventory for Youth: Technical guide.* Los Angeles: Western Psychological Services.

Meyer, G. J., & Archer, R. P. (2001). The hard science of Rorschach research: What do we know and where do we go? *Psychological Assessment, 13*(4), 486–502.

Perry, W., & Viglione, D. (1991). The Ego Impairment Index as a predictor of outcome in melancholic depressed patients treated with tricyclic antidepressants. *Journal of Personality Assessment, 56*(3), 487–501.

Reynolds, C. R., & Kamphaus, R. W. (1992). *Behavior assessment system for children.* Circle

Pines, MN: American Guidance Service.

Ritsher, J. B. (2004). Association of Rorschach and MMPI psychosis indicators and schizophrenia spectrum diagnoses in a Russian clinical sample. *Journal of Personality Assessment, 83*(1), 46–63.

Smith, S. R., Baity, M. R., Knowles, E. S., & Hilsenroth, M. J. (2001). Assessment of disordered thinking in children and adolescents: The Rorschach Perceptual-Thinking Index. *Journal of Personality Assessment, 77*(3), 447–463.

Viglione, D., Perry, W., Jansak, D., Meyer, G. J., & Exner, J. E. (2003). Modifying the Rorschach Human Experience Variable to create the Human Representational Variable. *Journal of Personality Assessment, 81*(1), 64–73.

Weiner, I. B., & Exner, J. E. (1991). Rorschach changes in long-term and short-term psychotherapy. *Journal of Personality Assessment, 56*(3), 453–465.

제2장

로르샤흐 평가: 자문모델

Hermann Rorschach는 지각과 현실 검증, 더불어 간접적으로는 문제해결 능력을 시사하는 실험을 고안하였다. 이 과정에서, 그는 실험 결과를 통해 사람들이 일상생활에서 마주하는 모호하고 복잡한 지각-인지적 요구들을 어떻게 다루는지 설명할 수 있는 연구로 확장하였다. Rorschach는 "이것은 무엇인가?"라는 질문에 대한 사람들의 대답을 신중하게 코딩하여 로르샤흐라는 도구가 가지는 실제 세상에서의 기능(instrument's ability)을 연구하였다. 그는 "주제가 있는 응답 채점 시, 내용은 나중에 고려되어야 할 부분이다. 지각(perception)과 통각(apperception) 기능을 연구하는 것이 더욱 중요하다. 실험은 형태에 좌우된다(1942/1981, p. 19)"고 설명하며, 해결방안의 구조적인 측면을 강조하였다. '형태(Pattern)'는 독일어로 'formale'라고 하는데 Rorschach는 결정인과 위치 등의 요소들을 참조했으므로 '구조(structure)'로 번역하였다.

Rorschach는 경험적 연구들을 통해 실제 행동을 구조적 요인으로 상세히 묘사했고, 로르샤흐 검사는 소개된 후 수십 년간 많은 연구자들에게 큰 반향을 불러일으켰다. The PsychINFO(American Psychological Association, 2004) 데이터베이스에는 7,300개가 넘는 로르샤흐의 인용이 포함되어 있으며, 이는 실제 평가 상황에서 도출된 질문을 해결하기 위한 풍부한 자원이다.

초기 연구자들은(예: Rybakow, 1910; Whipple, 1910) 잉크 반점으로 상상을 연구했지만, Rorschach는 다양한 가능성을 설명해 주는 구조를 강조하였다. 그는 사람들이 잉크 반점 반응에서 사용한 전략들을 기록하여 한 사람이 실제 상황을 다루는 방식에 대해 알 수 있다고 생각하였다. Rorschach를 체계화했던 Zygmunt Piotrowski(1957)는 다음과 같이 정리하였다. "매우 의미 있는 성격적 특질(trait)이 잉크 반점의 형식적인 측면에서 추론 가능하다는 점을 발견하였고, 어떤 특질이 어떤 형식적인 측면에 의해 드러나는가를 보여 주었다는 점에서 Rorschach의 천재성을 엿볼 수 있다."

전직 신문기자였던 Rorschach 연구가 Samuel Beck(1976)은 로르샤흐 구조와 실제 행동 방식과의 관계를 도식적 접근을 통해 설명하였다. 그는 정확한 형태질(*F*+)은 "……일상생활에서의 견고한 요소, 만약 우리가 사회적 존재로 지내야 한다면 우리가 정확히 이해해야 하는 것, 예를 들면, 길을 건너기 전에 달려오는 자동차의 속도를 판단하는 것처럼, 결과적으로 우리가 살아남을 것인지와 관련되는 것"이라고 보았다.

Bruno Klopfer(Klopfer, Ainsworth, Klopfer, & Holt, 1954) 역시 로르샤흐를 실제 세상에서의 기능과 관련된 구조적 특징을 가진 문제해결 과제로 보았으며 "이러한 가정은 제한된 행동 표본에 근거하지만, 다른 상황에서의 주요한 행동들을 예측할 수 있다"고 기술하였다 (p. 3).

Klopfer는 검사가 제공하는 다른 유형의 자료들을 기술하였다. "투사적 기법으로서 로르샤흐 검사는 모호한 자극 상황에서 피검자가 가지고 있는 기능의 개별성을 가장 잘 드러내는 주제를 제시하는 추가적인 특성을 갖고 있다(1954, p. 3)." David Rapport 또한 로르샤흐는 다면적인 정보 자원으로 "때로는 지각적 조직화의 관점에서, 때로는 연상 과정의 관점에서 살펴보는 것이 주제에 관한 더 많은 것을 알 수 있도록 해 준다(Rapaport, Gill, & Schafer, 1968, p. 274)"고 보았다.

축적된 연구들을 통해 Rorshach와 초기 연구자들은 로르샤흐 검사의 도구적 속성을 개념화하였다. 로르샤흐 검사는 경험적 지지가 많든 적든 간에 구조적, 내용적 결과가 연결된 다면적 정보의 자원으로 내면 상태와 관찰되는 행동 간의 스펙트럼을 연결한다. 로르샤흐 검사는 제1장에서 소개된 대처 전략과 통제, 정동, 대인관계, 자기 개념, 정보처리 등의 다양한 용어로 피검자를 기술한다. 로르샤흐의 요소들은 시간이 지나도 안정적이기 때문에 과거뿐만 아니라 미래의 기능을 예측하게 해 준다.

로르샤흐 검사는 진단과 관련된 정보를 제공하지만(예를 들면, 현실 검증력), 진단 검사는 아니다. 로르샤흐 검사의 목적은 '1개인의 다양한 측면들이 합쳐져 어떻게 독특한 성격이 형성되는가를 기술하는 것'으로 진단을 목적으로 하는 도구는 아니다. DSM-IV-TR(APA, 2000)에서는 이러한 차이를 뚜렷하게 보여 준다. "사람들의 장애를 분류할 때 흔한 일반적인 오해는 정신장애의 분류로 사람을 분류하는 것이다"(p. xxxi). 로르샤흐 검사는 개인의 일상적인 기능을 묘사하는 것인 반면, DSM-IV 축 1 장애에 관한 구조화된 임상적 면담(SCID-I; First, Spitzer, Gibbon, & Williams, 1997)은 1개인이 DSM 진단에 필요한 관찰 가능한 특성을 가지고 있는지 결정하는 것이다.

진단보다는 일상생활 기능과 관련된 평가 의뢰 시, 로르샤흐 검사 시행은 많은 도움이 된다. 이 책의 사례들은 의사, 심리치료사, 변호사, 판사, 프로그램 관리자, 교사, 상담사 등 각 분야의 전문가들이 의뢰한 사례들이다. 전문 분야는 다양하지만 개입 계획을 세우고 내담자에 대한 의사결정을 내리는 일은 유사하다. 심리평가는 각 전문가들이 내원한 내담자에 대한 의사결정을 내리고, 개입 계획을 수립할 때 매우 유용하다. 이 같은 과정을 다음의 예시들을 통해 살펴볼 수 있다.

Rubin과 Arceneaux(2001)은 지난 50년간 시행된 다양한 치료가 효과적이지 못했던 67세의 우울증 여성 내담자의 사례를 소개하고 있다. 법률 사무소에서 근무하고 있는 내담자는 친숙하지 않거나 모호한 과제 처리를 힘들어하였고 대인관계가 갈등적이고 서툴렀다. 심리치료와 항우울제 그리고 항불안제가 처방되었지만 피검자의 우울, 불안, 대인관계 문제에 효과적이지 못했다. 로르샤흐 평가를 통해 현실 검증력과 인지저하 문제가 밝혀졌고 이와 관련하여 저용량의 비전형 항정신병약물(resperidone) 처방이 권고되었다. 그 후한 달이 채 지나지 않았지만 내담자는 "내 마음속에 안경을 씌워 모든 것들을 명확하게 이해할 수 있게 되었다.", "내 인생에서 처음으로 기분이 좋다."라고 보고하였다(p. 404).

Rubin과 Arceneaux(2001)은 DSM-IV의 조현병, 달리 분류되지 않는 정신증(Psychosis NOS), 또는 정신증적 양상을 동반한 주요우울장애로 진단되지 않는 미묘한 정신장애가 있다고 보았으며 "…… 로르샤흐 검사는 다른 어떤 평가도구들(예: SCL-90, MMPI-2)보다 이러한 장애들을 확인하는 데 효과적인 도구이다(p. 404)"라고 설명하였다.

Mortimer와 Smith(1983)는 심리치료사는 회기가 진행되는 동안 내담자의 문제를 이해하기 위한 적절한 도구를 결정해야 한다고 지적하면서, 입원치료 후 3년간 자조 기능은 개선되었지만 정신증적 증상으로 재입원했던 여성의 사례를 소개하였다. 심리평가에서 그녀는 조직화의 어려움으로 복잡한 과제를 처리하는 능력, 특히 한 번에 한 가지 이상을 처리하는 능력에 한계가 있는 것으로 나타났다. 퇴원 후 잘 적응했던 것이 내담자에게는 더 많은 일을 해야 한다는 압박으로 다가왔고 결국 혼란과 실패로 인한 우울증이 그녀를 압도했다.

Mortimer와 Smith(1983)은 심리평가를 실시한 심리학자의 자문을 통해 내담자의 이야기에 집중하게 되었다고 설명한다. "치료시간에 제시된 자료들을 개인화(individuation)의 두려움으로 이해했던 심리치료사는 심리평가 보고서를 통해 새로운 치료 방향을 세울 수 있었다. 치료사는 평가를 통해 알게 된 환자의 인지적 제한을 고려하면서 치료시간의 내용을 들을 수 있게 되었다"(p. 135). 이같이 새로운 관점으로 치료에서 보상작용의 상실을 초래하는 과부하를 방지하도록 강조할 수 있었다. 예컨대, 내재된 스트레스 상황을 조기에 확인하고, 스케줄을 계획하고 단순화시키고, 내담자 스스로 광범위한 결점이 있는 것이 아니라 보완할 수 있는 약점을 가진 것으로 이해하도록 하였다.

Stewart와 Golding(1985)은 광범위한 의학 검사를 실시했으나, 계속해서 가슴에 '바위가 얹힌 것' 같은 원인을 알 수 없는 고통을 겪었던 45세의 남자 내담자의 사례를 통해 종합병원의 자문(consultation-liaison) 서비스를 통해 심리평가를 활용한 예를 소개하였다. 내담자는 예민하기는 했으나 구조화된 임상적 면담에서 우울이나 무기력 증후들이 발견되지 않았다. 그러나 로르샤흐 검사와 TAT 검사 결과, 현실 검증력의 부재와 인지저하가 동반된 유의한 수준의 우울증상이 드러났다. "……자문의는 심리치료와 항우울제 처방을 제시했으며 신경이완제(neuroleptics)는 권고하지 않았다. 이전에 부인했던 상실 경험이 내담자가 인식했던 것보다 더 크게 그에게 영향을 미치고 있었다(p. 153)."

심리평가 자문모델

다음의 예들은 심리평가에 관한 기본 전제들이다. 이를 통해 의뢰한 전문가가 정확한 의사결정을 하고 효과적인 개입 방안을 제시할 수 있도록 자문에 활용할 수 있다. 이러한 전제들을 통해 4단계 심리평가 자문모델(consultation-oriented model)을 이끌어 내었다.

1. 사례 개념화(Case formulation): 사례 개념화는 의뢰된 개인의 과거력과 배경을 정리한 것이다. 자문이 제공되는 사람들을 위하여 개인의 모든 신상 정보와 논의 중인 의사결정이나 개입계획 등을 포함한다.

2. 문헌 고찰(Literature review): 이 단계에서는 의뢰 사유(예: 우울, 재판 참여 가능 여부) 및 의뢰 사유를 설명하기에 적절한 도구와 관련된 문헌을 고찰한다. 이를 통해 의뢰 사유에 가장 적절한 심리평가 배터리를 결정하게 된다.

3. 심리평가(Psychological assessment): 이 단계에서 전문가는 의뢰된 내담자에게 심리평가와 그 목적을 설명해 주는 것으로 시작한다. 또한 피드백이 어떻게 제공될 것인지와 관련된 결정도 전달해 준다.

4. 자문(Consultation): 심리평가가 완료되면, 이 단계에서는 의뢰 사유에 대한 답변을 제공할 수 있도록 결과를 통합하고, 내담자의 환경 속에서 전체 성격 기능이라는 광범위한 맥락 속에서 결과를 강조한다.

각 사례의 특수성이 있지만, 이 같은 일반적인 모델을 심리평가가 시행되는 대부분의 상황에 적용할 수 있다. 각각의 단계에 대해서 자세히 살펴볼 것이다.

사례 개념화

심리평가자는 내담자의 과거력을 검토하여 의뢰 사유에서 언급되지 않은 중요한 사안에도 주의를 기울여야 한다. 예를 들어, 의뢰 사유로 언급되지 않았지만 약물남용 과거력이 있다면 인지평가를 시행하는 것이 필요하다. 이전에 병원이나 정신건강센터를 방문하여 평가나 치료를 받았다면, 이에 관한 기록을 검토하고 현재 결과와 유용한 비교를 제공하며 질문을 제기한다.

심리평가 결과에 대해 많은 사람들이 관심을 가질 수 있다. 예를 들어, 학교 적응 문제로 의뢰된 아동의 경우 부모, 교사, 심리상담가, 학교 관계자들이 심리평가 결과에 주목하고 있다. 그리고 사실상, 어른이든 아이든 평가받은 모든 내담자들은 결과에 가장 큰 관심을 가질 것이다.

일단 모든 관련자들이 확인되었다면, 그들이 평가를 통해 알고자 하는 의뢰 사유에 답변하는 것이 매우 중요하다. 의뢰한 전문가들의 의뢰 사유는 그들이 내려야 했던 결정, 계획하고 있는 개입 또는 그들이 제공하는 개입과 관련된 문제 등이 될 수 있으며 이에 따라 개념화한다.

문헌 고찰

광범위한 온라인 데이터베이스는 다양한 장면에서 평가를 시행한 심리학자들이 의뢰받은 질문과 관련된 적절한 문헌을 고찰하는 데 유용하다. 이러한 고찰에는 2가지 접근이 있다. 첫 번째 접근은 의뢰 사유 또는 증후군와 관련된 고찰, 두 번째 접근은 의뢰 사유와 증후군을 심리평가에서 어떻게 다루는가를 목표로 하는 고찰이다. 이를 통해 전체적 시야에서 의뢰 사유를 살펴보고, 가장 종합적인 자문이 가능한 심리평가 배터리를 결정한다.

종합평가에는 다양한 방법이 있다. 심리평가에 대한 주요 쟁점을 살펴보면, Meyer와 동료들은(Meyer et al., 2001) "특정한 측정 방법과 변인의 단일한 조작적인 개념은 완벽하지 않다는 것을 보여 주는 연구를 주지하고, 심리평가가 한 사람 인생의 현상들을 측정하는 데 제약이 있다는 것을 인정하는 것이 중요하다"고 설명한다. 그들은 "단일한 방법으로 환자에게 정보를 얻는 것은 불완전하며 환자에 대한 편향된 이해를 하게 된다"고 주장하며, "단일 방법으로 내담자에게 정보를 얻은 평가자는 증거에 대해 잘못된 결론을 도출할 수 있다"고 결론지었다(p. 150).

문헌고찰을 통해 의뢰 사유와 관련된 다양한 기법과 평가도구를 파악할 수 있다. 이러한 고찰은 타당성과 관련된 문제들을 다루기 적합한 방법이기도 하다. Meyer와 Archer(2001) 은 "…… 타당성은 조건적이며, 이는 예측인자의 기능과 규준에 의해 달라질 수 있다(p. 492)" 고 설명한다. 문헌고찰은 고려하고 있는 의뢰 사유(규준)와 경험적으로 연관된 요인들(예측인자)로 구성된 검사 배터리를 파악할 수 있도록 돕는다.

이 책은 로르샤흐 검사에 대한 해석을 다루고 있기 때문에, 다양한 사례에 대한 문헌고찰을 통해 각 사례의 의뢰 사유와 관련된 로르샤흐 검사의 실증연구에 주안점을 두었다. 그러나 로르샤흐 검사는 다양한 기법 가운데 하나이며, 의뢰 사유에 따라 로르샤흐 검사를 통해 상당히 구체적인 결과부터 보다 일반적인 결과까지 도출할 수 있다. 몇 가지 예시들을 통해 의뢰 사유에 대한 로르샤흐 검사 결과의 특수성을 살펴볼 수 있다.

Fowler, Piers, Hilsenroth, Holdwick과 Padawer(2001)은 자살 지표(S-CON)와 자해행동의 관련성을 알아보기 위해 로르샤흐 검사를 시행하고 60일이 경과한 정신과 입원환자들을 추적하였다. 이들은 S-CON 점수가 심각한 약물 과다복용이나 응급실 내원과는 유의한 관련이 있으나, 가벼운 손목 자해와는 관련 없다는 것을 밝혀냈다. 저자들은 "…… S-CON점수는 일반적인 충동성이나 자기파괴적 행동보다는 심각한 자살시도와 생태적 타당성(ecologically valid)이 있다(p. 347)"고 결론 내렸다.

문헌 고찰을 통해 의뢰 사유와 관련된 여타의 심리평가 도구들을 비교해 볼 수 있다. 예를 들어, Blais, Hilsenroth, Castlebury, Fowler와 Baity(2001)는 로르샤흐 검사는 DSM-IV 연극성 성격장애 진단 규준을 가장 잘 예측하며, MMPI-2는 반사회성 성격장애 진단을 가장 잘 예측한다는 것을 밝혀냈다. 또한, 이 논문은 의뢰 사유와 관련하여 한 가지 도구만 사용하는 것은 경험적으로 지지되지 않는다는 것을 보여 준다. 예를 들어, 로르샤흐 검사를 통해 내담자가 재판에 임할 수 있는 언어능력을 가지고 있는가를 변호사에게 자문할 수는 있지만 이와 관련된 문제를 다루는 우선적인 도구는 될 수 없다.

심리평가

평가과정에서 내담자를 의뢰하기 위해 어떠한 준비를 해야 하는가에 관한 전문가 교육은 종종 간과하기 쉽다. 2가지 요소를 준비해야 한다. 심리평가 의뢰 사유 및 검사 결과를 어떠한 방식으로 전달할 것인가. 이 2가지 기능이 이행되는 방식은 다양하다.

Fischer(1994), Finn(예: Finn & Tonsager, 1997)과 Engelman과 Frankel(2002)은 내담자와 치료자가 심리평가에서 알고 싶은 문의 사항을 함께 생각해 보는 협력적인 접근 방식을 제안한다. 결과에 대한 피드백은 평가과정에서나 내담자와 치료자가 함께하는 회기에서 이루어져야 한다.

또 다른 접근 방식은 평가를 의뢰한 전문가가 평가 사유를 설명하고 피드백이 이루어지는 방법을 설명하는 것이다. 예를 들어, 고등학교 상담사는 학생에게 다음과 같은 방식으로 절차에 대해 설명할 수 있다. "나는 네가 과제를 제시간에 마치는 것이 어려운 이유를 이해하도록 돕기 위해서 스미스 선생님을 만나 뵐 수 있도록 시간을 정해 놓았단다."

형식과 상관없이, 신중하게 작성된 의뢰서는 심리평가를 수월하게 해 준다. 만약 검사 의뢰 사유가 무엇인지, 결과를 어떻게 사용할 것인지 이해한다면 심리평가자는 내담자와의 첫 만남에서 이러한 사안들을 확인하고 적절한 검사를 시행할 수 있다.

자문

효과적인 자문의 목표는 평가 결과를 통합하여 의뢰 사유에 대한 종합적인 의견을 제시하는 것이다. 앞서 소개했듯이, 자문의 형태는 사례회의 발표 보고서 작성부터 피드백 회기를 통해 평가를 의뢰한 전문가와 상의하는 것 등 다양하다. 방식은 차이가 있지만 유용한 몇 가지 접근과 기억해야 할 평가 결과 제시 절차가 있다.

평가 결과는 내담자의 과거와 미래의 맥락에서 고려되어야 한다(Caldwell, 2001). 예를 들어, Lamda는 1.33이고 Afr은 .38로 단순화 및 감정회피 유형이 나타난 결과에서 심리학자는 내담자가 혼란스러운 가족관계에서 성장하면서 이 같은 유형이 적응적으로 발달되었다는 것을 추측할 수 있었다. 복잡성과 정서에 대한 편안함이 요구되는 직업적, 대인관계적 상황에서 이 같은 유형은 불리하며 내담자와 치료사가 이와 관련하여 발생 가능한 문제에 대한 개입 범위를 결정할 수 있다.

심리평가는 광범위한 맥락 내에서 이루어지며, 때로는 개인의 성격 문제만으로는 예측되는 대부분의 변인들을 설명할 수는 없다는 점을 인지하고 있는 것이 매우 중요하다. 일례로 Exner와 Murillo(1975)는 개인 정신병원의 148명 환자들을 1년 이상 추적하였다. 7~9주 후 각 환자들에게 10가지 정신병리점수를 측정하는 Inpatient Multidimensional

Psychiatric Scale(IMPS; Lorr et al., 1966)을 시행하여 점수를 매기고, 면담을 실시하였다. 환자와 주변 사람들에게 Katz Adjustment Scale(KAS; Katz & Lyerly, 1963)을 실시하였다. Exner와 Murillo(1975)는 IMPS에 의해 측정된 정신병리의 수준이 1년 후 재발한 환자들과 그렇지 않은 환자 간의 유의미한 차이가 없다는 것을 밝혀냈다. KAS 척도(사회적으로 기대되는 행동, 여가 활동)의 환자 점수와 환자의 주변 사람들이 평정한 것을 비교한 차이점수에서, 대략 90%의 재발환자들을 확인할 수 있었다. 오긍정 비율은 조현병 환자의 15%, 조현병을 나타내지 않은 환자의 25%로 전반적으로 낮았다. 이러한 결과는 퇴원 후 재발여부의 예측은 개인의 정신병리보다는 대인관계 변인이 더욱 중요하다는 것을 보여 준다.

또한, 평가자는 개입이 이루어질 개인 내적 맥락에 대해 이해하는 것은 유용하다. Bihlar와 Carlsson(2000)의 연구에서는 심리평가에서 나타난 내담자의 호소 문제와 치료자의 치료목표 간의 관련성에 대해 탐색하였다. 이들은 84명의 치료자로부터 치료받은 130명의 외래환자들의 초기 치료계획과 로르샤흐 검사 결과를 비교하였다. 그 결과, $Lamda > .99$, Isolation index $> .24$, $AG+COP < 3$, $Fr+rF > 0$, Popular < 4, $Sum6 > 6$, $WSum6 > 17$, $M- > 1$, Intell > 5 지표를 나타내는 환자들의 로르샤흐 검사에서 확인된 문제와 치료자가 정한 치료 목표의 일치도가 낮았다. 저자는 "로르샤흐 검사는 환자가 치료자에게 이야기하지 않았거나, 주의를 기울이지 않았던 심리적 기능에 대한 정보를 제공한다(p. 196)"고 제시한다. 이러한 결과는 심리평가 결과를 활용한 계획 수립이 중요하다는 것을 보여 준다. 만약 내담자의 로르샤흐 결과가 이러한 특징들 가운데 일부를 나타낸다면 자문을 의뢰받았던 평가자는 평가를 의뢰했던 치료사의 초기 인상과 일치하지 않는 놀라운 정보를 제공하기도 한다.

요약

심리평가의 주요 기능은 의뢰된 개인에 대한 개입 방법을 결정하고 계획 수립에 관한 전문적인 정보를 제공해 준다는 것이다. 4단계 모델은 자문이 이루어지는 과정을 설명한다. ① 자문 대상자인 내담자의 의뢰 사유와 개인 정보가 포함된 사례 개념화, ② 의뢰된 문제와 경험적으로 입증된 평가 절차에 관한 문헌 고찰, ③ 의뢰된 내담자에게 평가 사유에 대한 설명 및 결과를 전달하는 방법에 대한 결정, ④ 의뢰 사유와 내담자의 환경과 전반적인 기능이라는 광범위한 맥락 속에서 의뢰 사유를 다룰 수 있도록 설명해 주는 자문.

이 책은 5개의 영역으로 나누어져 있다. 전반부 4개 영역에서는 자문모델을 설명할 수 있는 다양한 사람들과 상황에 관한 사례가 제시되어 있다. 초반부에는 개인의 과거력과 심리평가가 의뢰된 사유를 기술하였다. 관련 문헌 개관에는 각 사례에서 드러난 특정 문제를 설명해 줄 수 있는 경험적 결과들을 소개하였다. 제1장에서 소개된 탐색 전략에서는 로르샤흐 해석과 관련된 체계적 접근을 소개한 후 이를 종합적인 자문에 통합하였다.

이 책의 후반부에서는 새로운 정상군 자료에 초점을 맞추어 이전에 출판되었던 자료와 새로운 표본에서 나타난 자료들을 종합체계를 사용해서 비교하였다. 또한 각 카드의 반응에 대한 빈도와 비율 지표와 함께 각 카드의 위치영역의 반응 빈도 자료가 제시되어 있다. 이러한 자료들은 카드 난이도와 10개 카드의 다양한 영역의 윤곽 특징이 미치는 영향을 고려하여 논의되었다.

참고문헌

American Psychiatric Association. (2000). *Diagnostic and statistical manual of mental disorders* (4th ed., text rev.). Washington, DC: Author.

American Psychological Association. (2004). *PsycINFO*. Washington, DC: Author.

Beck, S. J. (1976). *The Rorschach Test exemplified in classics of drama and fiction*. New York: Stratton.

Bihlar, B., & Carlsson, A. M. (2000). An exploratory study of agreement between therapists'goals and patients'problems revealed by the Rorschach. *Psychotherapy Research, 10*(2), 196-214.

Blais, M. A., Hilsenroth, M. J., Castlebury, F., Fowler, J. C., & Baity, M. R. (2001). Predicting *DSM-IV* Cluster B personality disorder criteria from MMPI-2 and Rorschach data: A test of incremental validity. *Journal of Personality Assessment, 76*(1), 150-168.

Caldwell, A. B. (2001). What do the MMPI scales fundamentally measure? Some hypotheses. *Journal of Personality Assessment, 76*(1), 1-17.

Engelman, D. H., & Frankel, S. A. (2002). The three person field: Collaborative consultation to psychotherapy. *Humanistic Psychologist, 30*, 49-62.

Exner, J. E., & Murillo, L. (1975). Early prediction of post-hospitalization relapse. *Journal of Psychiatric Research, 12*, 231-237.

Finn, S. E., & Tonsager, M. E. (1997). Information gathering and therapeutic models of assessment: Complementary paradigms. *Psychological Assessment, 9*, 374-385.

First, M. B., Spitzer, R. L., Gibbon, M., & Williams, J. B. (1997). *Structured Clinical Interview for* DSM-IV *Axis I Disorders (SCID-I)*. Washington, DC: American Psychiatric Publishing.

Fischer, C. T. (1994). *Individualizing psychological assessment*. Mahwah, NJ: Erlbaum.

Fowler, J. C., Piers, C., Hilsenroth, M. J., Holdwick, D. J., & Padawer, J. R. (2001). The Rorschach suicide constellation: Assessing various degrees of lethality. *Journal of Personality Assessment, 76*(2), 333-351.

Katz, M., & Lyerly, S. (1963). Methods for measuring adjustment and social behavior in the community. *Psychological Reports, 13,* 503.

Klopfer, B., Ainsworth, M. D., Klopfer, W. G., & Holt, R. R. (1954). *Developments in the Rorschach technique: Vol. I. Technique and theory*. New York: Harcourt, Brace, & World.

Lorr, M., McNair, D., & Klett, C. J. (1966). *Inpatient Multidimensional Psychiatric Scale.* Palo Alto, CA: Consulting Psychologists Press.

Meyer, G. J., & Archer, R. P. (2001). The hard science of Rorschach research: What do we know and where do we go? *Psychological Assessment, 13*(4), 486-502.

Meyer, G. J., Finn, S. E., Eyde, L., Kay, G. G., Moreland, K. L., Dies, R. R., et al. (2001). Psychological testing and psychological assessment: A review of evidence and issues. *American Psychologist, 56,* 128-165.

Mortimer, R. L., & Smith, W. H. (1983). The use of the psychological test report in setting the focus of psychotherapy. *Journal of Personality Assessment, 47*(2), 134-138.

Piotrowski, Z. A. (1957). *Perceptanalysis: A fundamentally reworked, expanded, and systematized Rorschach method.* New York: Macmillan.

Rapaport, D., Gill, M., & Schafer, R. (1968). *Diagnostic psychological testing* (rev. ed.). New York: International Universities Press.

Rorschach, H. (1981). *Psychodiagnostics* (9th ed.). Berne: Hans Huber. (Original work published 1942)

Rubin, N. I., & Arceneaux, J. M. (2001). Intractable depression or psychosis. *Acta Psychiatrica Scandinavica, 104*(5), 402-405.

Rybakow, T. (1910). *Atlas for experimental research on personality.* Moscow: University of Moscow.

Stewart, T. D., & Golding, E. R. (1985). Use of projective testing on a consultation-liaison service. *Psychotherapy and Psychosomatics, 43*(3), 151-155.

Whipple, G. M. (1910). *Manual of mental and physical tests*. Baltimore: Warwick and York.

제2부

로르샤흐를 활용한 임상적 자문과 치료계획

제3장

스트레스 관리

사례 1

과민성 대장 증후군(spastic colon problem)으로 내과에서 7개월간 치료를 받은 23세 피검자는 의사의 권유로 정신건강 기관에서 평가를 받았다. 의사는 증상이 스트레스 관리 문제와 관련 있다고 생각하여 스트레스 관리 개입을 받으라고 제안했다. 담당치료사는 치료계획을 수립하기 위해 심리평가를 요청했다.

피검자는 2녀 가운데 둘째이다. 언니는 25세로, 전문대학을 졸업했고 3년 전에 결혼했다. 아버지는 50세로 제조사 임원이고, 어머니는 48세 가정주부이다. 피검자와 언니는 매우 친하다. 다른 주에 살지만 자주 통화한다. 특히, 언니가 18개월 전 쌍둥이 딸을 출산한 이후 더 빈번히 통화를 한다. 언니와 통화하는 것이 아주 중요한 삶의 일부이고 '안정감을 준다'고 한다.

피검자는 18세에 상위 20%의 성적으로 고등학교를 졸업하였고, 초등교육 전공으로 대학에 입학했다. 하지만 2학년 학기말에 교직 전망에 대한 환상이 깨졌고, 적어도 2년간은 현장 경험을 하면서 관심사를 탐색해 보려고 자퇴했다. 피검자는 법률 보조원으로 일하면서 자신의 일에 흥미가 생겼다. 피검자는 다시 학교로 돌아가서 법대를 졸업하고 이후 법학 전문 대학원으로 진학할까 생각 중이다. 현재 일이 보수는 좋지만, 삶에 만족감을 주지 못한다고 한다. 취업 후 아파트 월세를 자가 부담하고 있으며, 약 2년 전에는 학생인 애인과 동거하기도 했다. 하지만 4개월 후 그 관계는 끝났는데, 이에 대해 피검자는 "내가 사람을 잘못 봤어요. 그는 항상 요구적이었고, 아무것도 도와주지 않았어요. 시간이 좀 지나니 내가 하녀 같다는 생각이 들었지만 그에게 나가 달라고 말하기까지 한 달이 걸렸어요."라고 말한다.

그다음 해 피검자는 자주 데이트를 했고, 성관계를 많이 했는데, 이에 대해 "나한테 위험할 수 있는 아주 어리석은 행동이었어요."라고 말했다. 1년 전에는 별거 중으로 이혼하겠다는 37세의 남성과 교제했다. 사귄 지 3개월 후 3개월가량 동거했는데, 상대 남자가 부인과 재결합할 것 같다고 고백하면서 관계는 끝났다.

지난 6개월에 대해 "삶이 엉망진창이었어요."라고 한다. 일할 때 주의가 쉽게 분산되고, 수면 문제와 빈번하게 극심한 통증을 겪었다. 몇몇 지인들이 있지만, 자신의 고통을 진정으로 공유할 수 있는 사람은 오직 언니뿐이라고 한다. 피검자는 "나아질 수 있다면 어떤 일이라도 할 거예요."라고 말하며 치료적 개입이 필요하다고 생각한다. 평가를 의뢰한 치료사는 피검자의 성격 구조의 탐색과 함께, 심도 깊은 치료와 단순하게 현재에 초점을 맞춘 스트레스 관리 프로그램 중 어느 것이 더 적합한지 알고 싶어 했다. 또한 집단치료와 개인 심리치료를 병행하는 것이 어떠한지에 대해서도 질의했다.

사례 개념화 및 관련 문헌

임상심리학자는 다양한 질문에 대해 자문해 줄 수 있다. 과민성 대장 증후군과 수면 문제가 스트레스와 관련된 것 같다고 추측한 내과의가 정신건강 의학과에 피검자를 처음 의뢰했다. 그녀는 관심 있는 업무에도 주의집중이 어렵다고 한다. 두 차례의 부정적인 이성 관계를 경험한 이후, 피검자는 자신의 판단이 정확한지와 대인관계를 충동적으로 맺고 있지 않은지 등을 걱정한다. 임상심리학자는 자료를 살펴보고, 가설을 설정하고, 치료사가 의뢰한 문제에 답변해 주기 위해, 먼저 불안과 스트레스, 신체화 문제, 대인관계 능력에 초점을 맞춰서 로르샤흐 문헌들을 검토하고자 한다.

불안과 스트레스 평가

스트레스와 만성 불안은 정신건강 문제들 가운데 가장 흔하다. 치료사들은 이와 관련하여 자문 요청을 빈번히 하며 평가 시 로르샤흐 해석은 중요한 부분을 차지한다. 문헌들을 살펴보면, 임상가들이 불안과 스트레스를 평가하는 것은 상당히 복잡한 것을 알 수 있다. 불안이 일시적인 상황 때문인지 혹은 만성적인 성격 특성 때문인지를 결정하는 것은 치료 개입에서 시사하는 바가 크다. 개인이 스트레스 요인을 자신의 통제 밖이라고 생각하는지를 아는 것 역시 치료계획을 수립하는 데 중요하다. 따라서 이 2가지 질문에 대해 불안 및 스트레스와 관련된 로르샤흐 연구 문헌에서 심도 있게 다루어져 왔다.

스트레스와 불안 평가에서 가장 중요한 로르샤흐 종합 채점체계의 변인은 음영확산 반응(*FY, YF, Y*), *m*, D와 Adjusted D(Adj D)이다. Elizur(1949)는 반응 내용에서 불안 분석에 관한 체계적인 접근을 개념화했다. 의뢰 사유에 대한 답변을 위해, 구조적 접근과 내용적 접근에 대한 검토가 유용하다.

흑백 음영 변화에 관한 지각이 불안과 관련될 수 있다는 가능성은 Rorschach의 사후 출판 논문까지 거슬러 올라간다(Rorschach, 1942; Rorschach & Oberholzer, 1923). 그는 '빛과 그림자'의 사용은 정동의 유연성과 관련되며, "적응할 때 겁이 많고 조심스럽고, 적응을 방해하는 것을 시사할 수 있다(p. 195)"고 보았다. 10여 년 후, Binder(1937) 역시 음영반응이 '환경 적응에서 겪는 불안, 조심스러움, 극도의 양심'을 반영한다고 주장했다.

초기에 로르샤흐를 체계적으로 분석한 학자들 가운데, Beck(1945)은 음영확산 반응이 무기력하여 행동하기 어려운 상태를 나타낸다고 보았다. 음영확산 반응에 대해, Rapaport, Gill과 Schafer(1946)는 행동을 강제하는 불안 수준과 관련된다고 보았고, Klopfer(Klopfer, Ainsworth, Klopfer, & Holt, 1954)는 부동 불안(free-floating anxiety)을 의미한다고 제안했다. Piotrowski(1957)는 무생물운동 반응이 일반적인 좌절과 긴장을 나타낸다고 보았다. 현재 문헌들에서 무생물운동 반응은 외적 스트레스에 대한 일반적 경험을 나타내고, 음영확산 반응은 개인의 통제 밖에 있는 상황에 대한 무력감을 나타내는 것으로, 두 반응의 의미를 구별하는 경향이 있다.

Rozensky, Tovian, Stiles, Fridkin과 Holland(1987)는 50명의 학부생들을 학습된 무력감 집단과 통제 집단으로 무선 할당하여 로르샤흐 검사 결과를 비교했다. 학습된 무력감 집단의 참가자들은 복잡한 문제해결 과제에서 정답 여부와 관계없이 부정적 피드백을 받았다. 통제 집단의 참가자들은 과제를 풀면서 정/오답의 정확한 피드백을 받았다. 그 결과, 학습된 무력감 집단에서 *eb* 우항(음영확산 반응, 재질반응, 음영차원 반응과 무채색 반응의 합)이 유의하게 높았고, 특히 무채색 반응(*FC'*)과 음영확산 반응(*FY, YF*)이 많았다.

McCown, Fink, Galina와 Johnson(1992)은 75명의 남자 대학생들에게 통제할 수 있는 스트레스와 통제할 수 없는 스트레스의 차별적 효과를 살펴보기 위해 스트레스 유발 소음에 3분 동안 노출 후 쉬운 난이도에서 풀 수 없는 수준의 문제까지 포함된 10개의 철자 맞추기 과제를 실시했다. 참가자들을 세 그룹으로 무선 할당하였다. 첫 번째 집단은 스트레스 자극은 없지만 철자 맞추기 과제를 더 해야 한다고 설명하였다(스트레스에 노출되지 않은 집단). 두 번째 집단에는 철자 맞추기 과제 결과에 따라 스트레스 소음을 듣게 될 것인지 경미한 전기 충격을 받게 될 것인지 결정된다고 설명하였다(스트레스 통제 가능 집단). 세 번째 집단에는 철자 맞추기 과제를 얼마나 잘했는지와 관계없이 스트레스 소음을 듣고 경미한 전기 충격을 받을 것이라고 설명하였다(스트레스 통제 불가능 집단). 그 후 로르샤흐 검사를 실시하여 분석하였다.

McCown 등(1992)의 연구에서 스트레스 통제 가능 집단과 스트레스 통제 불가능 집단 모두 스트레스를 받지 않았던 집단보다 유의하게 m 반응 수가 증가하였다. 또한 스트레스 통제 불가능 집단은 스트레스가 없는 집단과 스트레스 통제 가능 집단보다 음영확산 반응(FY, YF, Y)이 유의하게 많았다. 연구자들은 신경과학 연구에서 통제하기 어려운 스트레스와 관련되는 신경화학적 반응이 존재하는 점에 주목하였다. 그들은 로르샤흐의 음영확산 반응이 통제 불가능한 스트레스 경험과 관련되는 반면, 무생물운동 반응은 일반적인 스트레스와 관련된다고 잠정적으로 가정하였다.

일상생활에서 스트레스를 경험할 때 참가자들이 어떠한지를 평가한 공존 타당도 연구들을 살펴보면, 음영확산 반응과 무생물운동 반응을 더 잘 이해할 수 있다. Berger(1953)는 40명의 결핵 피검자들을 대상으로 입원 첫날과 6주 후에 로르샤흐 검사를 실시했다. 그 결과, 6개월 이상 입원한 통제 집단보다 입원한 지 6주 된 집단에서, 음영확산 반응이 유의하게 적은 것으로 나타났다.

Shalit(1965)은 폭풍우가 몰아칠 때 작은 배에 탑승한 20명의 젊은 항해사들을 대상으로 로르샤흐 검사를 했다. 그리고 1년 전 이스라엘 해군에 갓 입대했을 때 실시했던 로르샤흐 검사 결과와 비교했다. 그 결과, 폭풍 조건에서 무생물운동 반응이 유의하게 증가한 것으로 나타났다.

이러한 연구들로 음영확산 반응(FY, YF, Y)이 특히 통제할 수 없는 스트레스 경험에 민감하며 무생물운동 반응은 일반적인 스트레스 지표이나, 둘 다 불안 수준이 시간의 흐름에 따라 변하는 상태 변인임을 알 수 있다. 상태 불안과 특성 불안의 변별은 로르샤흐 평가 문헌에서 중요한 주제이다.

Auerbach와 Spielberger는 1972년에 상태 불안을 "긴장과 두려움이 특징적이며 자율신경계가 활성화되는 일시적 정서적 반응"으로 정의했다. 특성 불안은 "다양한 자극 상황을 위험하고 위협적으로 지각하는" 기질과 함께 "불안 성향에서 개인차는 상대적으로 안정적"이라고 개념화되었다.

Auerbach와 Spielberger(1972)는 검사-재검사 신뢰도가 상황적 요인에 민감하다고 언급하면서, 음영확산 반응이 상태 불안을 반영한다고 결론지었다. 그들은 로르샤흐의 불안 내용과 적대감 내용에 대한 Elizur(1949)의 채점체계인 로르샤흐 내용 검사(Rorschach

Content Test: RCT)를 검토하였다. 이 채점체계에서는, 두려움이나 공포와 같이 불안 정서를 명시적이거나 암묵적으로 표현한 반응내용, 뱀이나 마녀와 같이 두려움이 함축된 반응내용, 재앙을 예상하게 하는 먹구름과 같은 명확하게 불안을 상징하는 반응내용이 불안으로 채점된다. Auerbach와 Spielberger는 RCT가 상태 불안과 특성 불안을 모두 측정할 수 있음에도 불구하고, 특성 불안과 더 밀접하게 관련된다고 주장하였다.

Aron(1982)의 연구에서도 불안 평가에 대한 반응 내용적 접근은 만성적 스트레스를 더 잘 측정한다는 입장을 지지하는 결과가 나타났다. 전년의 일상생활에서 부정적인 스트레스 사건의 빈도와 강도를 측정해서 극단치(상/하위 25%ile) 점수를 기준으로, 56명의 남/녀 대학생을 선발했다. 상위 25%ile 집단은 RCT 불안 점수가 더 높았다. Aron은 "불행하고 스트레스를 야기하는 사건의 지속적 경험은 로르샤흐의 주제 내용에서 현저하게 드러난다"고 결론 내렸다(p. 584).

Exner(2003)는 D와 Adjusted D(Adj D)로 스트레스에 대한 인내를 평가하면서 상태 불안과 특성 불안을 설명했다. 두 변인은 개인의 대처자원과 개인이 경험하는 내/외적 요구량에 대한 관계의 측정치를 제공하는 표준화된 점수들이다. Adj D는 구성 요소들 가운데 m과 Y의 검사–재검사 신뢰도가 낮다는 점을 고려하여 조정한다(각각의 1년 검사–재검사 신뢰도 .26, .31). 그것은 두 변인의 규준을 제거하여 조정한다. 따라서 Adj D는 스트레스에 대한 인내에 대한 특성 수준의 측정치라 할 수 있다. m과 Y를 개인의 현재 결과물에 포함한 D는 평가 시점에서의 이용 가능한 자원에 대한 정보를 제공한다.

D가 0이나 플러스일 경우 개인이 반드시 적응적인 것은 아닐지라도 자원이 충분함을 의미한다. 마이너스(–) 점수는 현재(D) 또는 만성적으로(Adj D) 요구되는 것이 자신이 이용 가능한 대처 전략으로 처리할 수 있는 수준 이상임을 나타낸다.

D와 Adj D가 마이너스(–)로 산출된 이유를 탐색해 보면 스트레스 특성에 대한 특정한 가정을 세울 수 있다(Exner, 2003, pp. 247–255). 동물운동 반응(FM)의 상승은 충족되지 않는 추동(drive) 상태, 재질반응($SumT$)의 상승은 대인관계 욕구, 통경반응($SumV$)의 상승은 자신의 부정적 측면 지각에 초점을 맞춰 고통스럽게 내성하는 경험, 무채색 반응($SumC'$)의 상승은 정동의 내재화 경향과 관련된다. 앞서 언급했듯이, 무생물운동 반응(m)은 스트레스 상황에서 일반적으로 경험할 수 있는 것과 관련된다면, 상승된 음영확산 반응($SumY$)은 개인의 통제 밖에 있다고 여겨지는 스트레스 경험들과 관련된다.

Greenway와 Milne(2001)의 연구는 D와 Adj D의 관계에 대한 정보를 제공한다. 129명의 남성과 여성 일반 참가자들에게 내적 상태를 통제할 수 있는 능력과 부정적 사건에 대한 정서적 영향을 최소화하는 능력에 대해 질문했다. D＝0이고 Adj D＝0인 참가자들은 효과적인 통제 전략들을 이용할 수 있다고 믿는 경향이 있었다. D < Adj D인 참가자들은 D와 Adj D의 절댓값과 관계없이, 이런 전략들을 이용할 수 있다고 더 적게 느끼는 경향이 있었다. 이러한 결과에 따르면 D < Adj D의 조건은, 특히 개인이 스트레스 상황에 대한 통제감을 유지할 수 있다는 믿음을 상쇄하는 과부화된 문제 상황에 있음을 시사한다.

요약하자면, 스트레스와 불안 문제 평가가 의뢰되었을 때, 문제에 대한 정의를 명확히 하는 데 유용한 로르샤흐 변인 군집이 있다. m과 Y의 합과 D와 Adj D의 관계는 개인이 현재 스트레스를 통제 가능하다고 보는 정도에 대한 정보를 제공한다. 어떤 요인으로 D와 Adj D가 마이너스(-) 점수로 산출되었는지 탐색하면, 스트레스의 만성성과 특성에 대한 특정한 가설을 세울 수 있다. 내용 분석은 개인의 세계관이 만성 불안을 유발하는지 판단하는 데 유용하다.

신체적 문제의 평가

신체 증상이 의뢰 사유에 포함된다면 로르샤흐 평가는 상당한 가치가 있다. 현재 사례에서, 피검자의 과민성 대장 증후군을 7개월간 치료했던 내과 의사는 정서적 요인으로 인해 위장 문제가 발생한 것은 아닌지 의문을 제기하였다. 관련 문헌 고찰은 신체화 문제에 대한 추가적 정보를 제공한다.

Rapaport, Gill과 Schafer(1946)는 로르샤흐의 해부 반응이 신체에 몰두하는 것과 관련된다고 제안했다. Ihanus(1984)는 정신신체 피검자 4집단과 정상 집단을 비교한 결과, 정상군(6.2%)보다 인공항문형성수술결장루(colostomy) 환자군(17.5%)에서 해부 반응이 더 많은 것을 밝혀냈다.

Bash(1986, 1995)는 로르샤흐 프로파일이 정신신체 질환과 독특한 관련이 없음에도 불구하고, 많은 정신신체 질환 피검자들에게 반응 수와 M 반응이 적고 낮은 EA를 포함한 반응의 제한이 특징적이었다. Leavitt와 Garron(1982)이 기질적 요통 피검자와 기능적 요통 피검자들을 비교한 결과, 기능적 요통 피검자들이 유채색 반응($SumC$)은 더 적었고 순수형태 반응(F)은 더 많았다. Krall, Szajnberg, Hyams, Treem과 Davis(1995)는 염증성 장 질환(inflammatory bowel disease) 진단을 받은 5～15세 아동과 청소년 15명을 검사했다. 이들은 심각한 정신병리가 시사되지 않았음에도 불구하고, 로르샤흐 결과에서 정서 비가 낮고, $Lambda$는 높으며, 반응 수는 적었다.

인지 및 정서적 제한과 관련된 로르샤흐 변인 군집에 대한 결과는 감정표현불능증 (alexithymia)과 정신신체 질병의 관계에 대한 연구 결과와 일치한다. 감정표현불능증 (Sifneos, 1973; Taylor, Bagby, & Parker, 1997)은 정서를 파악하고 표현하기 어렵고, 정서적 감각과 신체적 감각을 혼동하고, 구체적이고 현재에 초점화된 인지적 조작 이상을 발휘하지 못하는 특징이 있는 증후군이다.

Acklin과 Alexander(1988)의 연구에서 감정표현불능증 피검자들이 반응 수와 *M* 반응이 적고, *WSumC* 역시 낮은데 특히 *FC*가 적고, 혼합반응 빈도가 적고, *Lambda*가 높으며, *EA* 가 낮은 등 로르샤흐의 통제 변인 군집에서 어려움이 있다고 보고했다. 그들은 요통, 위장 질환, 피부질환, 편두통이 있는 정신신체 피검자들을 검사했고, 그 결과 모든 피검자 집단이 로르샤흐 감정표현불능증 변인 7개에서 정상 통제 집단과 차이가 있었다. 정신신체 피검자 집단 간의 차이도 유의했는데, 위장질환 집단이 우울 지표(Depression Index)가 더 유의하고, 더 내향적이고, 정서적 및 인지적으로 더 통제적이고 조심스러운 것으로 나타났다.

최근 연구(Porcelli & Meyer, 2002)에서 염증성 장 질환 진단을 받은 92명의 피검자를 검사하였다. 이 피검자들은 감정표현불능증의 정도가 달랐는데, 6개월 이상의 간격으로 2회 실시한 토론토 감정표현불능증 척도(Toronto Alexithymia Scale)상에서 감정표현불능증 32명, 경계선 15명, 해당 없음 45명으로 나타났다(Bagby, Parker, & Taylor, 1994). 연구자들은 감정표현불능증에 특징적인 공상, 정동, 적응 기능, 인지, 사회적 적응, 지각의 윤색의 문제가 개념적으로 연결된 6개의 로르샤흐 변인 세트를 제안했다.

Porcelli와 Meyer(2002)는 감정표현불능증과 여러 측면에서 개념적으로 관련된다고 가정한 27개의 로르샤흐 변인들 중 24개가 유의하다고 보고했다. 특히, 염증성 장 질환이 있는 감정표현불능증 피검자들은 순수형태 반응(*F*)의 비율이 높고 혼합반응 비율은 낮았다. 그들은 보속증이 더 많고, 평범반응(P)이 더 많으며, 대응결함 지표(CDI)가 더 높고, 재질 반응이 없는 경우가 훨씬 많았다(비감정표현불능증 집단은 20%였는데 염증성 장 질환이 있는 감정표현불능증 피검자들은 91%). 연구자들은 이러한 결과가 감정표현불능증 피검자들의 핵심 요소인 복잡성 부족, 사회적 순응성과 적응 자원의 제한을 시사한다고 주장했다.

요약하면, 의뢰 사유에 신체적 증상의 원인과 관련된 질의가 포함될 때, 로르샤흐의 복잡성 수준을 평가하는 것이 유용하다. 흔히 동반되는 제한성과 감정표현불능증이 두드러질수록, 스트레스 관리와 효과적인 대처 전략을 강조하는 더욱 구조화되고 기술 중심적인 치료적 접근법이 더 적절할 수 있다(Acklin & Alexander, 1988).

대인관계 능력 평가

대인관계와 사람에 대한 개인의 이해를 설명하는 데 로르샤흐의 유용성을 지지하는 문헌들이 있다(Blatt & Lerner, 1983; Mayman, 1967; Stricker & Healey, 1990). 이 사례의 피검자는 대인관계에서의 판단력과 만족스러운 관계를 유지하는 능력에 대해 염려하고 있다. 관련 로르샤흐 변인들의 검토를 통해 의뢰 사유 중 일부를 자문하는 데 방향성을 제시할 수 있다.

대인관계 능력에 대한 누적된 방대한 로르샤흐 문헌 고찰을 토대로, Perry와 Viglione(1991)는 긍정적/온전한 혹은 부정적/문제적의 두 범주 중 하나로 인간 반응을 분류할 수 있는 알고리즘으로 종합 채점체계의 관련 변인들을 묶었다. 긍정적/온전한 지각은 정확하고, 관습적이고, 논리적인 것이 특징적이라면, 부정적/문제적 반응은 왜곡, 손상, 공격성, 혼란이 포함된다. 알고리즘에서 깊이 있고 안정적인 관계를 형성하는 사람과 효과적인 대인관계 능력이 빈약한 사람을 변별하는 데 있어 공준 타당도가 인상적이었다(예: Burns & Viglione, 1996).

합리적인 경험적 접근을 사용하여, Viglione, Perry, Jansak, Meyer와 Exner(2003)는 좋은인간표상(Good Human Representation: *GHR*)이나 나쁜인간표상(Poor Human Representation: *PHR*)으로 분류하고 두 반응을 직접적으로 비교할(GHR:PHR) 수 있도록 인간표상 변인(Human Representational Variable: HRV)을 구성하기 위해 알고리즘을 수정했다. 연구자들은 이와 관련하여 다음과 같은 해석의 기초를 제공한다. *GHR*은 정확하고, 현실적이고, 논리적이고, 온전한 인간 반응과 호의적이거나 협력적 상호작용이 두드러지는 자기, 타인과 관계에 대한 긍정적인 지각이나 표상이다. *PHR*은 왜곡되고, 비현실적이고, 손상되고, 혼란스럽고, 비논리적이고, 공격적이거나 악의적인 표상이나 지각이 두드러지는 부정적이거나 문제적인 지각이나 표상이다(p. 71).

GHR:PHR은 대인관계 능력을 평가하는 데 유용한 자료이다. 심리학자는 대인관계 군집과 대응결함 지표(CDI) 변인, 내용 분석, 면담과 부수적 정보, 다른 검사 자료를 종합하여, 심리학자가 더 상세한 그림을 그리고 개인의 해석 기능에 대한 종합적인 자문을 제공할 수 있다(Viglione et al., 2003).

사례 1. 23세 여성

카드	반응	질문
I	1. 어떤 야생동물, 내가 보기로는 늑대, 얼굴, 화났어요.	평가자: (반응 반복) 피검자: 음…… 으르렁하는 것 같아요. 입 모양이 위로 올라가 있는 걸 보니까요. 눈은 여기 있고, 볼, 귀, 눈은 아래를 보고 있어요. 확실히 화나 보이네요. 평가자: 좀 더 오래 보면 다른 것이 보일 수 있어요. 피검자: 꼭 뭐 다른 걸 찾아야 하나요? 평가자: 해 보세요. 모든 사람들이 1개 이상을 찾을 수 있어요.
	<2. 당나귀, 여기 아래로 반사되었어요.	평가자: (반응 반복) 피검자: 이게 수위선(water line)이에요(가운데 선). 당나귀가 지탱하여 서 있는 바위, 뒷다리와 앞다리, 귀가 올라가 있어요. 여기 밑에 모두 반사되어 있어요.
II	3. 다친 사람의 얼굴.	평가자: (반응 반복) 피검자: 저는 이런 것은 안 좋아하는데, 남자의 얼굴인데 다쳤어요. 턱과 수염에 피가 있잖아요. 수염이 아주 덥수룩해요. 이건 피고 머리에도 피가 있어요. 여기 위에 빨간색을 보세요. 고통스러운 것처럼 입을 벌리고 있어요. 평가자: 수염이 아주 덥수룩하다고요? 피검자: 어둡고 두껍고, 아주 크게 보여요. 제가 그런 수염이 있는 사람이랑 사귄 적이 있어요.
	<4. 이렇게 보는 게 더 좋아요. 토끼 같아요. 영화 〈밤비(Bambi)〉에 나오는 토끼 같은데, 얼음에 미끄러지고 있어요. 그 토끼 이름이 썸퍼(Thumper)예요.	평가자: (반응 반복) 피검자: 여기에 코와 꼬리가 있고, 이 하얀색은 얼음, 미끄러지고 있는 얼음이고, 얼음에 반사되었어요. 여기(테두리) 아래예요. 빨간색은 빼고요.
III	5. 디스코를 같이 추고 있는 2명의 댄서.	평가자: (반응 반복) 피검자: 여기하고 여기는 머리하고 목, 아니면 재킷이나 블라우스의 옷깃이 삐져나와 있고, 팔과 다리, 서로 기대고 있어요. 둘 다 하이힐을 신고 있어요.
	6. 아니면 식탁을 치우는 2명의 웨이터.	평가자: (반응 반복) 피검자: 검은색 옷을 입고 여기 하얀 앞치마를 입은 똑같은 몸이 있고, 식탁을 치우기 위해서 구부리고 있어요.

IV	7. 다람쥐 같은데, 다람쥐를 올려다 본 것 같은. 다람쥐가 거기 서 있고 우리가 올려다봐요. 큰 발과 꼬리.	평가자: (반응 반복)
		피검자: 머리, 꼬리, 배, 다람쥐들이 그렇듯이 쪼그리고 앉아 있는 것 같고, 아래쪽에서 그렇게 볼 수 있고, 더 밝은색이 털이고 원근법처럼 발이 위로 올라간 것으로 보여요.
		평가자: 왜 털 같이 보이는지 좀 더 자세히 설명해 주세요.
		피검자: 선에서 질감이 느껴져요(문지르면서).
	8. 혹은 서로 반대 방향으로 오리 두 마리가 덤불 밖을 엿보고 있어요.	평가자: (반응 반복)
		피검자: 검고 흰 오리의 머리, 서로 반대 방향으로 내다보고 있어요.
		평가자: 그리고 덤불은요?
		피검자: 여기, 음영이 달라서 두꺼워 보였고, 둥근 덤불같이 생겼고, 오리들이 거기 안에 숨어 있고 엿보고 있어요.
V	9. 끝부분을 제외하면 날아다니는 곤충같이 생겼어요.	평가자: (반응 반복)
		피검자: 여기 더듬이가 있고, 날개와 꼬리. 다 회색이어서, 나방 같아요. 맞아요. 나방. 나방처럼 날개를 펄럭거려요.
	10. 아니면 쇼를 하는 여자, 길게 끌리는 의상을 입고 있어요.	평가자: (반응 반복)
		피검자: 여자의 다리, 머리장식을 했어요. 팔은 들고 있어요. 라스베이거스 쇼의 쇼걸처럼 걸을 때마다 의상이 아래로 흘러내리고 있어요. 뒷모습인데, 엄청 큰 깃털 같은 것이 있어요.
		평가자: 깃털에 대해 좀 더 설명해 주세요.
		피검자: 걸어 다니면 바닥에 끌리는 쇼 의상처럼 아주 커요.
VI	11. 바위에 앉아 있는 독수리, 날개를 펴고 있어요.	평가자: (반응 반복)
		피검자: 여기 위에 있어요. 머리, 날개는 펴고 있고, 이게 돌이에요.
	12. 이 부분은 커다란 모피인데 인디언 옷 아니면 담요.	평가자: (반응 반복)
		피검자: 이 부분(D1 테두리)은 커다란 모피인데, 인디언 옷 아니면 담요 같아요. 특별한 모양은 별로 없어요. 그냥 털로 만들어진 옷 같아요 (그 영역을 문지르면서). 선생님도 그렇게 느껴질 거예요.

VII	13. 작은 소녀가 거울을 보면서 꾸미고 있는데, 쿠션 위에 쪼그리고 앉아 있어요.	평가자: (반응 반복) 피검자: 다리를 접고 있어서 안 보여요. 여기 머리, 코, 턱, 포니테일로 머리를 묶었어요. 이건 쿠션이고, 큰 나비 모양 리본을 하고 앉아 있어요. 피검자: 거꾸로 봐도 돼요? 평가자: 마음대로 하세요.
	∨14. 전등인데, 주위에 그림자가 있어요.	평가자: (반응 반복) 피검자: 여기 음영이 상자 모양으로 아주 넓은데, 이것(잉크 반점)이 모두 전등 주위에 그림자예요. 그냥 회색인데 빛에서 멀어질수록 다른 회색들로 어두워져요.
VIII	15. 국새(國璽) 같은 깃발 같아요. 어떤 나라나 주의 관인(官印) 같은.	평가자: (반응 반복) 피검자: 양쪽에 곰 같은 동물 두 마리가 있어요. 대칭인데, 야생동물 문장(紋章)이나 어떤 문장(紋章) 같아요. 여기 위에 산처럼 꼭대기에 봉우리가 있고, 가운데 있는 파란색 네모난 부분은 물이고, 밑에 있는 주황색은 돌이에요.
IX	16. 빨간 병에 꽂힌 큰 초록색 잎이 있는 이국적인 주황색 꽃과 하얀색 꽃.	평가자: (반응 반복) 피검자: 윗부분 중앙에 꽃이 있고, 가운데가 하얀 꽃잎이고 여기 위가(가리키며) 주황색 꽃잎이고, 여기 줄기가 중앙에서 위로 길게 있고, 여기 큰 초록색 잎이 있어요. 병은 여기 아래에 있고, 이 빨간색, 항아리 전체는 안 보이고, 위쪽만 보여요.
X	17. 이 부분은 요정이 2명 있는 것 같아요. 머리에 취침용 모자를 쓰고 서로 바라보고 있어요.	평가자: (반응 반복) 피검자: 여기 분홍색 위에 머리가 2개 있는데 진짜는 아니고 어떤 동화에 나오는 요정 같아요. 그 요정들은 뾰족한 모자를 쓰고, 턱과 코가 있고, 여기는 모자의 뾰족한 부분이에요.
	18. 이 작은 부분은 워크맨의 헤드셋 같아요. 내가 조깅할 때 써요.	평가자: (반응 반복) 피검자: 바로 여기는 이어피스(earpiece)고, 이쪽은 연결하는 부분이에요.
	∨19. 이 부분에 아주 예쁜 분홍색 꽃이 두 송이 있고, 줄기는 하나인데 꽃이 두 송이에요.	평가자: (반응 반복) 피검자: 이(D11) 부분은 줄기고, 다 보이는 것은 아니지만 분홍 꽃이에요. 엄청 커요. 거의 똑같이 생겼고, 아주 예뻐요. 이런 꽃은 못 본 것 같아요.

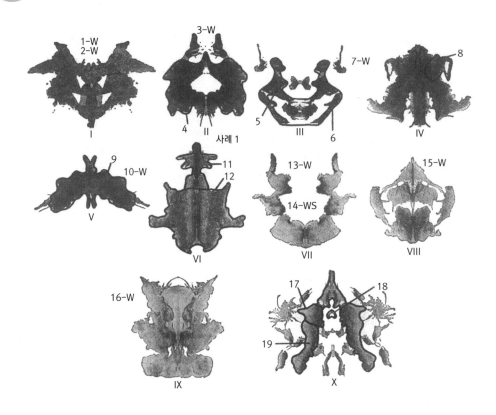

사례 1. 점수 계열

카드	반응 번호	위치	영역 번호	결정인	(2)	내용	평범 반응	Z	특수 점수
I	1	WSo	1	FMao		Ad		3.5	AG,PHR
	2	W+	1	FMp.Fro		A,Na		4.0	
II	3	WS+	1	CF.FT.Mp−		Hd,Bl		4.5	MOR,PER,PHR
	4	DS+	6	FMp.Fro		(A),Na		4.5	
III	5	D+	9	Ma+	2	H,Cg	P	4.0	COP,GHR
	6	DS+	1	Ma.FC'o	2	H,Cg,Hh	P	4.5	COP,GHR
IV	7	Wo	1	FD.FMp.FTu		A		2.0	
	8	DdS+	99	FMp.FC'.FV−	2	Ad,Bt		5.0	
V	9	Ddo	99	FMa.FC'o		A			
	10	W+	1	Ma.mpo		H,Cg		2.5	GHR
VI	11	D+	8	FMpo		A,Ls		2.5	
	12	Dv	1	TFo		Ad	P		
VII	13	W+	1	Mp.Fr+		H,Hh,Cg	P	2.5	GHR
	14	WS+	1	FYo		Hh,Na		4.0	
VIII	15	Wo	1	FC+	2	Art,A,Na	P	4.5	
IX	16	WS+	1	CF.C'F+		Bt,Hh		5.5	
X	17	Dd+	99	Mpo	2	(Hd),Cg		4.5	GHR
	18	Do	3	Fu		Sc			PER
	19	Ddo	21	CFo		Bt			

사례 1. 구조적 요약

구조적 요약(상단부)					

결정인

반응영역	혼합	단일	반응내용	자살 지표	
				NO … FV+VF+V+FD > 2	
			H = 4	YES.. Col−Shd Bl > 0	
Zf = 15	FM.Fr	M = 2	(H) = 0	YES.. Ego < .31, > .44	
ZSum = 58.0	CF.FT.M	FM = 2	Hd = 1	NO … MOR > 3	
ZEst = 49.0	FM.Fr	m = 0	(Hd) = 1	YES.. Zd > +−3.5	
	M.FC′	FC = 1	Hx = 0	YES.. es > EA	
W = 9	FD.FM.FT	CF = 1	A = 5	YES.. CF+C > FC	
D = 6	FM.FC′FV	C = 0	(A) = 1	NO … X+% < .70	
W+D = 15	FM.FC′	Cn = 0	Ad = 3	YES.. S > 3	
Dd = 4	M.m	FC′ = 0	(Ad) = 0	NO … P < 3 or > 8	
S = 7	M.Fr	C′F = 0	An = 0	NO … Pure H < 2	
	CF.C′F	C′ = 0	Art = 1	NO … R < 17	
		FT = 0	Ay = 0	6 …… TOTAL	

발달질 / 특수점수

발달질		단일	반응내용	특수점수	
		TF = 1	Bl = 1		Lv1 Lv2
+ = 12		T = 0	Bt = 3	DV = 0x1 0x2	
o = 6		FV = 0	Cg = 5	INC = 0x2 0x4	
v/+ = 0		VF = 0	Cl = 0	DR = 0x3 0x6	
v = 1		V = 0	Ex = 0	FAB = 0x4 0x7	
		FY = 1	Fd = 0	ALOG = 0x5	
		YF = 0	Fi = 0	CON = 0x7	
		Y = 0	Ge = 0	Raw Sum6 = 0	

형태질

	FQx	MQual	W+D	단일	반응내용	특수점수	
				Fr = 0	Hh = 4	Wgtd Sum6 = 0	
+	= 4	= 2	= 4	rF = 0	Ls = 1		
o	= 11	= 3	= 8	FD = 0	Na = 4	AB = 0	GHR = 5
u	= 2	= 0	= 2	F = 1	Sc = 1	AG = 1	PHR = 2
−	= 2	= 1	= 1		Sx = 0	COP = 2	MOR = 1
none	= 0	= 0	= 0		Xy = 0	CP = 0	PER = 2
				(2) = 5	Id = 0		PSV = 0

구조적 요약(하단부)							

비율, 백분율, 산출한 점수

R = 19	L	= 0.06		FC:CF+C	= 1:3	COP = 2 AG = 1	
				Pure C	= 0	GHR:PHR = 5:2	
EB = 6:3.5	EA	= 9.5	EBPer = 1.7	SumC′:WSumC	= 4:3.5	a:p = 5:9	
eb = 8:9	es	= 17	D = −2	Afr	= 0.36	Food = 0	
	Adj es	= 17	Adj D = −2	S	= 7	SumT = 3	
				Blends:R	= 10:19	Hum Con = 6	
FM = 7	SumC′	= 4	SumT = 3	CP	= 0	Pure H = 4	
m = 1	SumV	= 1	SumY = 1			PER = 2	
						Iso Indx = 0.63	

a:p	= 5:9	Sum6	= 0	XA%	= 0.89	Zf	= 15.0	3r+(2)/R	= 0.74
Ma:Mp	= 3:3	Lv2	= 0	WDA%	= 0.93	W:D:Dd	= 9:6:4	Fr+rF	= 3
2AB+Art+Ay	= 1	WSum6	= 0	X−%	= 0.11	W:M	= 9:6	SumV	= 1
MOR	= 1	M−	= 1	S−	= 2	Zd	= +9.0	FD	= 1
		Mnone	= 0	P	= 5	PSV	= 0	An+Xy	= 0
				X+%	= 0.79	DQ+	= 12	MOR	= 1
				Xu%	= 0.11	DQv	= 1	H:(H)Hd(Hd)	= 4:2

PTI = 0	DEPI = 5*	CDI = 4*	S−CON = 6	HVI = NO	OBS = YES

S-CON과 핵심 변인

이 사례에서, S-CON(6)은 유의하지 않다. 첫 번째 유의한 핵심 변인으로 CDI가 4이므로, 통제와 관련된 자료 검토로 해석을 시작하는 것이 적절하다. 대인관계 지각, 자기 지각, 정동을 먼저 검토하고 정보처리, 인지적 중재와 관념의 인지적 3요소를 마지막으로 살펴볼 것이다.

통제

사례 1. 23세 여성의 통제 관련 변인

EB	=6:3.5	EA	=9.5			D	=-2	CDI	=4
eb	=8:9	es	=17	Adj es	=17	Adj D	=-2	L	=0.06
FM	=7 m=1	SumC′	=4	SumT	=3	SumV	=1	SumY	=1

Adj D(-2)와 CDI(4)는 피검자가 통제와 스트레스에 대한 인내에 어려움이 있을 가능성을 시사한다. 유의한 CDI는 그녀의 성격 구조가 젊은 성인, 특히 지적 능력이 평균 이상인 성인에게 기대되는 수준에 비해 미성숙함을 시사한다. 이러한 미성숙함으로 일상생활에서 흔히 접하는 상황을 적절히 대처하는 데 어려움을 겪을 수 있는데, CDI가 유의하지 않더라도, Adj D가 -2인 것은 스트레스 상황에서 혼란스럽고 통제력을 잃을 취약성이 높음을 강하게 시사한다. *EA*(8.5)는 성인의 평균 수준이고, *EB*(6:3.5)의 어느 쪽에도 0은 없다.

낮은 Adj D는 높은 Adj *es*(17) 때문이다. 이는 심리적 복잡성이 높고 상당한 내적 고통감을 겪고 있음을 나타낸다. Adj *es*의 비전형적인 상승은 *FM, SumC′*과 *SumT*, 세 변인이 기대 이상으로 높기 때문이다. *FM*(7)의 상승은 그녀가 충족되지 못한 욕구로 인해 사고가 침습적으로 떠오르거나 비연속적으로 경험한다는 것을 의미한다. 이는 상승된 *SumT*(3)와 관련되는 것으로 이는 현저한 상실감이나 외로움을 시사한다. 가장 중요한 것은 *SumC′*(4)인데, 이는 피검자가 외적으로 표현한다면 더 효율적으로 다룰 수 있는 많은 감정이 내재되어 있다는 것을 내포한다. 이러한 내재화는 신체적 불편감을 쉽게 경험할 수 있는 불안, 슬픔, 긴장과 같은 주관적 불편감을 유발할 수 있다. *eb*(8:9)의 좌항에 비해 우항이 더 크다는 것은 현저한 심리적 고통감을 경험하고 있음을 강하게 시사한다.

피검자의 무질서한 사회생활을 고려할 때, 이러한 결과들은 예상 가능한데, 특히 피검자가 고통스러워하는 비구조화되거나 모호한 상황에서 통제력이 제한되고 상당히 혼란스러워할 것이다. 이는 피검자의 치료 목표를 정할 때, 감정에 대한 정보가 상당히 중요하다는 것을 의미한다.

대인관계 지각

사례 1. 23세 여성의 대인관계 지각 자료

R = 19	CDI = 4	HVI = NO	**COP & AG Responses**
a:p = 5:9	SumT = 3	Fd = 0	I 1. Wso Fmao Ad 3.5 AG,PHR
	[eb = 8:9]		II 5. D+ Ma+ 2 H,Cg P 4.0 COP.GHR
Sum Human Contents = 6	H = 4		II 6. DS+ MA.FC′o 2 H,Cg,Hh P 4.5 COP,GHR
[Style = Introversive]			
GHR:PHR = 5:2			
COP = 2	AG = 1	PER = 2	
Isolation Indx = 0.63			

유의한 CDI는 피검자가 성숙한 대인관계를 맺고 유지하는 데 중요한 사회적 기술이 부족하다는 것을 시사한다. *a:p*(5:9)로 볼 때, 타인과 상호작용 시 수동적인 역할을 선호할 것으로 여겨진다. 피검자는 의사결정과 책임을 회피하려 할 것이다. 그러나 수동성은 타인을 조종하기 위한 책략일 수도 있다. *SumT*(3)는 통제 관련 자료에서 언급했듯이, 상당한 상실감이나 외로움을 경험하고 있음을 시사한다. 혼란된 대인관계와 더불어 과거의 대인관계의 실패 문제를 고려할 때, 이러한 결과는 놀랍지 않다.

4개의 *H*를 포함한 6개의 인간내용 반응들은 내향형인 사람에게 특이한 것은 아니다. 피검자가 타인에게 관심이 있고 현실에 근거하여 타인을 지각할 것을 의미한다. 이러한 타인에 대한 관심과 지각은 꾸준히 대인 간 활동을 하고, GHR:PHR(5:2)은 대인관계 행동이 적응적임을 시사한다. 그러나 현저한 수동성은 적응에 다소 부정적 영향을 미칠 수 있다. 타인과 수동적으로 상호작용하면서 욕구를 충족하고 의사결정할 때 의존적일 경우, 그녀의 행동은 타인에게 덜 호의적으로 비춰질 수 있다.

그럼에도 불구하고, *H*와 *GHR* 결과는 피검자가 사회적 상호작용에 매우 개방적이며 사회적 상호작용을 긍정적으로 기대함을 의미한다. 이러한 가정은 2개의 COP 반응과 1개의 AG 반응을 통해 지지된다. 하지만 이 3개의 반응 중 2개(1개의 COP와 AG)에 *S*가 포함되어 있음을 생각해 볼 필요가 있다. 이는 피검자가 사람들을 통해 자신의 대인관계에 대한 기대를 충족하지 못하면서 지속적으로 분개하고 있음을 보여 준다. 또한 2개의 PER은 피검자가 대인 상황에서 방어적이며 자신이 안심하고 타인의 도전을 피하거나 맞서기 위한 방법으로 지식을 표출하는 것에 의존하고 있음을 시사한다.

소외 지표(Isolation Index)(.63)가 매우 높은데, 이는 피검자가 타인에게 관심은 있지만, 대인관계가 피상적이고 제한적임을 보여 준다. 이는 실패한 대인관계를 보여 주는 과거력과 지인이 있지만, 문제를 상의할 수 있는 유일한 사람이 주로 전화로 의사소통하는 언니라는 보고와 일치한다.

쌍반응을 포함한 각각 2개의 *M*반응과 *FM*반응 가운데 3개(반응 6, 8, 17)는 수동적이거나 복종적인 특징을 나타낸다. 대인관계에 마지못해 응하거나 피상적이며, 피검자는 무심한 관찰자라기보다는 사회적으로 고립되어 있는 사람일 가능성을 지지한다.

종합해 보면, 대인관계 지각 결과는 심각한 사회적 문제를 보여 준다. 타인에 대해 관심이 있고 친밀해지고 싶어 하는 욕구는 분명하지만, 깊이 있고 지속적인 관계를 맺는 데 요구되는 대인관계 기술이 부족할 수 있다. 대인관계에서 수동적인 역할을 취하는 것이 피검자의 주요 문제가 될 수 있다. 하지만 피검자가 자신의 사회생활을 '엉망진창'이라고 인식하고 있다는 것은 치료계획을 세우는 데 중요한 이점이다.

자기 지각

강박성향 지표(Obsessive Style Index)가 유의한 것은, 피검자가 자신의 능력을 걱정하고 완벽주의 경향이 있음을 시사한다. 이러한 특징이 있는 사람들은 기대하는 것보다 더 불안정하게 느끼는 경향이 있다. 프로토콜에서 반사반응이 3개인데, 이는 상당히 자기중심적이며 자기애적 자기가치감을 시사한다. 상당히 높은 자아중심성 지표(Egocentricity Index)(.74) 역시 두드러진 자기관여 특성을 나타낸다. 이러한 특징은 의사결정과 행동에 많은 영향을 미치고 타인과 성숙한 관계를 맺는 데 어려움을 야기한다. 또한 높은 자아중심성으로 원하지 않는 스트레스에 대해 주변을 탓하거나 스트레스를 부정할 가능성이 높다.

사례 1. 23세 여성의 자기 지각 관련 자료

					Human Content Response
R	=19	OBS	=YES	HVI=NO	
					II 3. WS+ CF.FT.Mp− Hd,Bl 4.5 MOR, PER, PHR
Fr+rF	=3	3r+(2)/R	=0.74		III 5. D+ Ma+ 2 H,Cg P 4.0 COP, GHR
					III 6. DS+ Ma.FC'o 2 H,Cg,Hh P 4.5 COP, GHR
FD	=1	SumV	=1		V 10. W+ Ma.mpo 2 H,Cg 2.5 GHR
					VII 13. W+ Mp.Fr+ H,Hh,Cg P 2.5 GHR
An+Xy	=0	MOR	=1		X 17. Dd+ Mpo 2 (Hd),Cg 4.5 GHR

H:(H)+Hd+(Hd)=4:2

[EB=6:3.5]

 강박적인 사람들은 스스로 불안정하다고 생각하는 경향이 있기 때문에, 자존감이 높은 경우는 드물다. 이 경우, 정확성을 중요하게 여기는 것은 높은 자존감을 정당화하기 위한 논리적 전략일 수 있다. 이것이 사실이라면, 피검자는 삶에서 겪는 부정적 사건들을 주변 탓으로 합리화할 가능성이 크다. 다른 한편으로, 합리화 경향성은 그녀 자신에게는 잘 적용되지 않을 수 있다. 그녀의 반응에 V 반응과 FD 반응이 포함되었다. FD 반응은 최근 대인관계에 대한 죄책감이나 후회에 관련될 수 있지만, 실패한 대인관계와 높은 수준의 자존감을 조율하려고 애쓰고 있음을 의미한다. 만약 그렇다면, 피검자는 자책하는 자신의 특성에 초점을 둘 것이다. 이러한 내성으로 자기가치에 대해 고통스럽고 혼란스러운 갈등이 유발되며 신체화 증상이 표출될 수 있다.

 대인관계 자료에서 언급했듯이, 4개의 H를 비롯한 6개의 인간내용 반응이 있는데, 이는 내향적인 사람에게도 나타난다. 6개 반응 모두 M을 포함하고, 4개는 혼합반응이다. 6개의 반응 대다수 W이나 D, M과 같은 긍정적 특징이 있지만, 일부 부정적 특징도 포함한다. 4개의 혼합반응의 추가 결정인(CF, FT, FC', mp, Fr)은 긍정적이지 않다. 6개의 인간내용 반응 중 2개는 S를 포함하고, 하나는 형태질이 $FQ-$이다. Hd에 특수점수로 채점되는 병적인 반응도 포함된다. 결론적으로, 6개 반응의 채점 결과, 피검자가 자기상을 불편해한다는 것을 알 수 있다. 이는 팽창된 자기가치의 견지에서 볼 때 중요하다.

 투사 자료의 탐색이 매우 중요하다. 2개의 마이너스(−) 반응이 있다. 첫 번째 마이너스(−) 반응(카드 II, 반응 3)은 "다친 사람의 얼굴"로, 투사가 극적으로 잘 나타난다. 흥미롭게도, 질문 단계에서 자신과 좀 더 직접적인 연결을 피하기 위해 '사람'을 남자로 명명했으나, "남자가 다쳤어요……. 턱과 수염에 피가 있어요……. 수염이 아주 덥수룩하지만 피예요……. 머리에도…… 고통스러운 것 같아요."와 같이 내용은 대인관계에 관한 피검자의 과거력과 일치한다. 수염은 재질반응으로, 이는 상실감이나 외로움과 관련될 수 있다. MOR는 고통감과 자신의 상황에 대한 부정적인 태도를 반영한다. 두 번째 마이너스(-) 반응(카드 IV, 반응 8)로, "서로 반대 방향으로 오리 두 마리가 덤불 밖을 엿보는 것 같아요." 인데, 이는 덜 극적이지만 대개 *o*로 채점될 수 있는 것이 마이너스(-)로 채점된 점이 흥미롭다. *D4*영역을 목이 긴 새로만 본다면 형태질은 *FQo*이다. 그러나 덤불을 만들어 내기 위해서 안쪽 반점(*Dd22*)의 넓은 부분으로 반응을 확장하여 기본적인 속성을 넘어서서 반응하고, '검고 흰' 오리 머리로 설명하기 위해 *D4*의 흰 영역을 포함시켰다. 덤불은 보호하는 역할을 하고, 오리는 "서로 반대 방향으로…… 엿보고" 있다. 이것은 공백과 음영-차원을 포함한 소심하고 위축된 반응이며 고립과 후회를 의미할 수 있다. 결론적으로, 2개의 마이너스(-) 반응은 피검자가 정신건강의학과로 의뢰된 기본적 상황을 설명하는 것으로 보인다.

6개의 인간내용 반응 중 첫 번째 반응(카드 II)은 이미 살펴보았다. 두 번째 반응은 카드 III이다. 반응 5는 "디스코를 같이 추고 있는 두 댄서"이다. 긍정적인 반응으로 "재킷이나 블라우스의 옷깃이 빠져나온 것 같아요…… 모두 하이힐을 신었어요."라고 정교화했다. 세 번째 반응은 동일한 D1에 공간을 추가해서, "아니면 두 웨이터가 식탁을 치우고 있어요…… 검은색 옷을 입고 흰색 앞치마를 했어요."이다. 첫 반응은 긍정적인 행동을 하는 인물이었지만, 두 번째는 복종적인 행동을 하는 대상이다. 카드 III의 두 번째 반응에 포함된 공간반응은 복종적 행동에 대한 거부적인 태도를 의미한다. 네 번째 반응은 카드 V의, "쇼하는 여자…… 라스베이거스 쇼에 나오는 쇼걸 같은, 걸을 때마다 의상이 흘러내리고 있어요…… 뒷모습이에요."로, 자기애적 특성과 관련되어 보인다. 과시적인 반응이지만, 흥미롭게도 그 대상은 뒷모습만 보인다. 전형적으로 이는 방어성을 의미하고, 과장된 자기가치와 자책에 몰두하는 특성 간의 갈등을 겪을 수 있다는 초기 추정과 관련될 수 있다. 다섯 번째 반응은 카드 VII의 "거울을 보면서 꾸미고 있는 작은 소녀"로, 이는 세 번째 반사반응이다. 그것은 분명한 자기중심적 반응이다. 여섯 번째 인간내용 반응은, 카드 X의 (*Hd*)로, "2명의 요정…… 취침용 모자를 쓰고, 서로를 바라보는……동화에 나오는 요정 같은"이다. 요정들은 작지만, 마법의 힘이 있다.

이러한 반응들을 종합해 볼 때, 절반은 수동적이며, 자기상과 상반된 인상을 준다. 첫 번째는 상처, 고통, 복종을 포함하여 매우 부정적이나, 다른 이미지는 자신을 찬미하는 경향성을 나타낸다. 흥미로운 것은, 후반부의 3개의 M 반응에서 나타난 자기상은 공상적 표상을 보여 준다(쇼걸, 꾸미고 있는, 요정).

7개의 FM 반응과 1개의 m 반응이 있다. 카드 V의 쇼걸 반응인 "걸을 때마다 의상이 흘러내리고 있어요…… 의상이 바닥에 끌리네요."에 포함된 m 결정인은 분명하지는 않지만, 앞서 언급한 차폐를 촉진하는 기능을 한다. 7개의 FM 반응은 처음 11개 반응에서 나왔다. 5개는 혼합반응이고 3개는 S를 포함하며, 투사가 잘 이루어졌다. 처음 두 반응은 카드 I에 있었다. 첫 반응은 "야생동물…… 얼굴…… 화가 나 있어요…… 으르렁거려요…… 확실히 화가 나 보여요."이다. 이것은 평가받는 것에 대한 반응일 수 있지만, 좀 더 만성적인 기질(disposition)을 나타낼 수 있다. 두 번째 반응은 "당나귀, 여기 아래로 반사되어 있어요…… 당나귀가 밟고 있는 바위…… 모두 반사되어 있어요."로, 첫 반사반응이며 수동적 반응이다. 당나귀는 때때로 완고함으로 알려져 있지만, 더 중요한 것은 분노 표현 후 자기관여(반사반응)가 나타난다는 점이다.

세 번째 FM은 카드 II의 반응 4에 있다. 처음으로 카드를 회전했고, 다친 얼굴반응 이후 "이렇게 보는 게 더 좋아요. 영화에서처럼 얼음에서 미끄러지는 토끼…… 얼음에 반사되어 있어요."라고 반응한다. 요정반응처럼, 이것은 공상반응이고, 카드 I의 순서처럼 부정적 정서반응 이후 자기관여를 나타낸다. 다음 2개의 FM은 카드 IV에 있다. 먼저, 반응 7은 차원적이고, 수동적이며, 3개의 재질반응 중 두 번째 반응이다. "다람쥐 같아요…… 다람쥐가 거기 서 있는데 다람쥐를 올려다보는 것처럼…… 더 밝은색은 털 같고"이다. 다람쥐는 작은 동물로 종종 포식자에 의해 희생된다. 다음 FM은 덤불에서 엿보는 오리로, 앞에서 살펴보았다. 이 역시 수동적이다.

여섯 번째 FM은 카드 V의 첫 반응으로, "날아다니는 곤충…… 나방. 나방처럼 날개를 펄럭거리고 있어요."이다. 나방은 좋은 반응은 아니고 날개를 펄럭거리는 것은 때론 목적 없는 빠른 동작을 의미할 수 있다. 아마 그녀는 자신이 원하는 수준만큼 좋지 않다고 느끼고 자신의 행동이 결국 이렇다 할 목적이 없는 것인지 의아해할 것이다. 마지막 FM은 카드 VI의 반응 11로, "바위에 앉아 있는 독수리, 날개를 펴고 있어요."이다. 독수리는 힘 있는 새이고 흔히 높은 지위를 상징한다. 그러나 이 역시 '독수리가 앉아 있고 날개를 펴고 있는' 수동적인 반응이다.

FM과 m 반응에서 가장 두드러진 특징 중 하나는, 이 8개의 결정인 중 6개가 수동적이라는 것이다. 6개의 M 반응 중 3개 역시 수동적이고, 이 모두를 고려할 때, 수동성은 피검자의 기본 특성이다. 어떤 사람들은 의사결정에 책임지는 것을 두려워해 수동적일 수 있고,

어떤 사람들은 타인의 행동을 조종하기 위해 수동성을 사용한다. 동물반응 중 2개는 화난 늑대와 독수리로, 포식자이다. 나머지는 당나귀, 토끼, 다람쥐, 오리, 나방으로 더 겁이 많고 흔히 희생물이다. 이러한 불일치를 고려할 때, 자신을 드러내는 역할에서 불일치가 있지는 않을까에 의문이 생긴다.

나머지 6개의 반응은 뒤의 4장의 카드에서 나왔다. 먼저, 반응 12는 "커다란 모피로 된 인디언 옷이나 담요, 큰 모피"이다. 평범반응이지만, 질문과정에서 "선생님도 그렇게 느껴질 거예요."와 같은 촉감을 강조한 표현은 시사하는 바가 있다. 옷이나 담요는 그 순간 피검자가 부족해 보이는 보호적인 엄호, 즉 안도감의 원천이 된다. 다음은 카드 VII의 반응 14로, "전등인데 주위에 그림자가 있어요."이다. 어떤 면에서, 그것은 자신의 세상에 대한 인상을 반영할 수 있다. 즉, 자신은 빛이지만, 자신을 둘러싼 모든 것이 어둡고 불확실하다. 6개의 반응 중 세 번째는 카드 VIII의 유일한 반응인, "국새(國璽) 같은 깃발…… 야생동물이나 문장(紋章) 어떤 문장(紋章) 같은"이다. 이것은 높은 지위반응이다. 네 번째는 카드 IX의 "이국적인 주황색 꽃과 흰색 꽃"으로, 이 역시 특별하다. 평범한 꽃이 아니라 이국적인 꽃으로, 이는 특별한 매력이나 미를 내포한다. 다섯 번째는, 카드 X의 두 번째 반응으로, "조깅할 때 제가 쓰는" 헤드셋이다. 헤드셋은 무엇을 들을지를 통제한다. 여섯 번째 반응은 마지막 반응으로, "분홍색 꽃 두 송이, 아주 예쁘고, 두 송이 다 같은 줄기에서 나왔어요…… 저는 줄기가 더 길어야 한다고 생각했어요."이다. 이것은 긍정적 반응이나, 꽃을 고정하고 있는 줄기를 강조했다는 점이 흥미롭다.

이 6개의 반응 모두 긍정적이고 바람직한 특징, 높은 지위와 특별한 특성을 강조한다. 첫째, 옷이나 담요는 보호받고 싶은 욕구를 시사하고, 둘째, 전등은 주변 세상이 다소 명확하지 않다는 것을 의미한다. 헤드셋 반응은 자신이 무엇을 들을지에 관한 통제를 나타내기 때문에 흥미롭다.

전반적으로 볼 때, 반응에서 투사된 내용들은 상반된 두 주제를 포함한다. 하나는 부정적으로, 상처, 고통, 분노와 위협감을 포함한다. 다른 하나는, 자아중심성을 나타내고, 긍정적이고 때로는 과시적인 특징이 두드러진다. 이 모순된 주제는 피검자가 팽창된 자기감과 대조적으로 그녀가 부정적으로 여기는 특징과 경험에 몰두하여 갈등을 겪는다는 것을 의미한다. 그녀는 부정적 느낌이나 외적 위협을 경험할 때, 대피할 수 있는 '피난처'로써 자기관여를 바탕으로 하는 공상에 매달릴 것으로 보인다. 또한 피검자는 매우 수동적으로 보이는데, 이는 책임을 회피하고 자신을 위해 타인의 행동을 조종하기 위해서일 수 있다. 그녀는 높은 지위에 아주 관심이 많고 온전함이 위협받거나 손상될 때 화를 낼 것이다.

정동

사례 1. 23세 여성의 정동 관련 자료

EB	=6:3.5			EBPer	=1.7	**Blends**	
eb	=8:9	L	=0.06	FC: CF+C	=1:3	M.FC′	=1
DEPI	=5	CDI	=4	Pure C	=0	M.m	=1
						M.Fr	=1
SumC′=4	SumT=3			SumC′:WSumC	=4:3.5	CF.FT.M	=1
SumV =1	SumY=1			Afr	=0.36	CF.C′F	=1
						FM.FC′.FV	=1
Intellect	=1	CP	=0	S =7 (S to I, II, III	=4)	FM.FC′	=1
Blends:R	=10:19			Col-Shad Bl	=2	FM.Fr	=1
m+y Bl	=1			Shading Bl	=1	FD.FM.FT	=1

DEPI가 5일 경우, 정서 문제를 빈번히 경험할 가능성이 높다. 그러나 이 사례와 같이 CDI(4)가 유의할 때, 정서 문제는 사회 적응 문제와 더 직접적으로 관련됨을 시사한다.

EB(6:3.5) 결과, 피검자는 내향적이다. 결론을 내리기 위해서 모든 대안을 심사숙고하며 정서에 의해 과도하게 영향을 받는 것을 피한다. 동시에, *EBPer*(1.7)로 의사결정 접근 방식이 경직되어 있지는 않다. 이는 때때로 주변 상황이 직관적이고 시행착오적 전략의 적절성을 보장한다면 의사결정 시 이러한 접근을 할 수 있음을 시사한다.

*eb*의 우항(9)이 좌항(8)보다 큰데, 이는 내적 문제가 상당히 악화되었거나 심리적 고통감을 겪고 있음을 보여 준다. 문제의 악화는 여러 형태로 나타날 수 있다. 슬픔, 우울이나 불안과 같이 좀 더 명백하게 나타나거나 긴장, 두려움이나 불면증, 무기력 등과 같이 분명치 않은 다양한 신체적 이상으로 나타날 수 있다. 이 사례에서는 잘 치료되지 않는 대장 문제와 관련될 수 있다.

eb 우항은 비일상적으로 상승했는데, 이는 3개의 재질반응, 1개의 기대하지 않은 음영-차원 반응, 4개의 무채색 반응 때문이다. 재질반응은 극도의 외로움이나 결핍감을 의미하는데 피검자의 과거력을 고려한다면 놀랍지 않다. 피검자는 자신이 기만당하고, 조종되고, 유기되었다고 본다. 음영-차원은 앞서 자기 지각과 관련하여 살펴보았다. 분명히 피검자는 부정적이거나 불안하다고 지각하는 자신의 특성에 대해 반추하고, 원치 않는 감정을 유발하고 있다. 무채색 반응은 설명하기 쉽지 않다. 이는 부정적 감정과 같은 감정 표출의 영

향을 피하기 위해 감정 표출을 억압하는 경향이 두드러짐을 시사한다. 사람들이 때로는 그럴 수 있으나, 피검자의 경우 과도하다. *SumC'*: *WSumC*(4:3.5)는 특이하게 좌항이 크다. 이러한 경우, 만성적으로 정서 표현을 과도하게 억압하는 경향이 있다.

감정을 과도하게 억압하는 이유는 다양하다. 어떤 사람들은 자신의 통제를 신뢰하지 못한다. 어떤 사람들은 감정에 쉽게 동요되어 이를 회피하고자 하며, 또 다른 사람들은 타인과 감정을 공유하는 것을 불안정하다고 생각한다. 하나의 이유든 2가지 이유든 간에, 이 사례에 적용될 수 있다. *Afr*(.36)이 매우 낮은데, 이는 정서 자극 회피 경향을 나타낸다. 정서비가 아주 낮은 사람들은 대개 정서를 다루는 데 불편해하고 사회적으로 억제되어 있다. *FC:CF+C*(1:3)는 피검자가 조절되지 않은 정서를 표출하며, 정서가 분명하고 상당히 강렬할 수 있다. 이러한 통제력 부족은 많은 사람들에게서 나타나며 대개 문제가 되지 않는다. 그러나 내향적인 사람에게는 흔치 않고, 특히 매우 낮은 *Afr*은 드물다. 게다가 통제나 사회성 문제가 있는 사람에게, 강렬한 감정 표출은 때로는 상황에 부적절할 수 있고 다른 사람들이 이 사람을 멀리하게 할 수 있다. 따라서 피검자의 감정 표현의 과도한 억제는 통제력 상실을 회피하고 타인에게 자신의 진술한 감정을 숨기기 위한 방안처럼 보인다.

또 다른 변인의 결과 역시 감정을 억압하거나 숨기는 것이 피검자에게 중요하다는 것을 보여 준다. 전체 19개의 반응 중 7개의 공간반응이 포함된다. *S*가 4개 이상이고 프로토콜 전반에서 나타난다면, 상당한 분노가 내재되어 있다고 추정할 수 있다. 분명히, 이 중 일부는 실패한 대인관계와 관련될 수 있지만, 성격적 특성으로 보인다. 다만, 직접 표출하기보다는 미묘하고 간접적으로 분노를 드러내며, 감정 표현을 억제하기 때문에, 분노는 속에서 들끓을 것이다. 피검자의 수동적인 면을 고려할 때, 의도치 않은 수동 공격성이 나타나 다른 사람들이 그녀를 멀리할 수 있다.

피검자는 매우 복잡한 사람이다. 프로토콜에 10개의 혼합반응이 있는데, 1개의 혼합반응은 상황과 관련된 것으로 보인다(*M.m*). 나머지 9개의 혼합반응 중 3개는 3개의 결정인이 포함되어 있고, 6개는 *eb* 우항의 상승과 관련된다. 3개의 결정인이 포함된 반응 중 2개는 감정의 혼란을 시사하는 색채음영 혼합반응(*CF.TF.M, CF.C'F*)이고, 상당한 고통감이 내재되어 있음을 의미하는 음영반응(*FM.FC'.FV*)이 1개 있다.

분명히, 피검자는 통제 문제를 가지고 있으며 이를 악화시키는 상당한 정서적 동요를 경험하는 것으로 보인다. 이러한 동요의 일부는 그녀의 팽창된 자기감에 대한 혼란과 관련되지만, 대다수는 반복적인 대인관계 문제에 봉착하게 하는 사회적 미성숙의 결과와 이에 동반되는 정서적 고통감에서 기인된 것으로 보인다. 불행하게도, 피검자는 자신의 감정을 다루는 방법을 알지 못하여 회피하거나, 부정하거나, 억제할 것으로 보인다. 이는 치료계획을 세울 때 중요한 사안으로 면밀히 고려해야 할 것이다.

정보처리

사례 1. 23세 여성의 정보처리 변인

EB	= 6:3.5	Zf	= 15	Zd	= +9.0	DQ+	= 12
L	= 0.06	W:D:Dd	= 9:6:4	PSV	= 0	DQv/+	= 0
HVI	= NO	W:M	= 9:6			DQv	= 1
OBS	= YES						

Location & DQ Sequencing

I: WSo.W+	VI: D+.Dv
II: WS+.DS+	VII: W+.WS+
III: D+.DS+	VIII: Wo
IV: Wo.DdS+	IX: WS+
V: Ddo.W+	X: Dd+.Do.Ddo

Zf(15), *W:D:Dd*(9:6:4)와 *W:M*(9:6)는 피검자가 새로운 정보를 처리할 때 상당한 노력을 기울이고 있음을 시사한다. *Dd* 반응이 4개인 것은 그녀의 강박 성향과 일치한다. 반응영역과 *DQ* 계열을 살펴보면, 카드 I에서 VII까지 반응을 2개씩 하고 그 가운데 적어도 하나는 *DQ*+를 포함하는 것이 규칙적이다. 모두 *W* 반응이지만 카드 VIII와 IX의 반응은 하나로, 노력을 덜 기울인 것으로 보인다. 피검자는 카드 X를 가장 힘들어했지만 반응을 3개했고, 반응 가운데 2개가 *Dd*영역이다. 그럼에도 불구하고, 노력은 두드러진다.

Zd(+9.0)은 재검토를 많이 하고 있음을 보여 준다. 과다통합은 대개 부주의함을 피하려는 욕구와 연관되며 이를 위해 필요 이상의 노력을 하고 있음을 보여 준다. 이는 모든 단서들을 고려한다는 점에서 자원일 수 있지만, 의사결정 시 우유부단해진다. 이 사례에서, 정보처리 노력의 질은 매우 좋아 보인다. 19개의 반응 중 12개가 혼합반응으로, 전형적인 내향형 사람들에게 기대되는 것에 비해서 다소 높다. 이는 전반적인 복잡성에 영향을 미치며 강박적인 성향을 시사한다. 피검자는 목표를 성취하기 위해 매우 열심히 노력한다. 흥미롭게도, 12개의 혼합반응 중 10개가 처음 7개의 카드에 나타난다. 이는 정서적 자극이

인지적 조작에 부정적인 영향을 미침을 의미한다. 정서적 자극으로 인해 피검자는 와해되기보다는 더욱 보수적이 된다.

사실상, 정보처리 자료에서 문제점은 시사되지 않는다. 실제로, 피검자의 정보처리 노력과 질은 치료적 개입에서 분명한 자산이 된다.

인지적 중재

사례 1. 23세 여성의 인지적 중재 변인

R = 19		L = 0.06	OBS = Pos	**Minus & NoForm Features**
FQx+	= 4	XA%	= .89	II 3. WS+ CF.FT.Mp− Hd,Bl 4.5 MOR, PER, PHR
FQxo	= 11	WDA%	= .93	IV 8. DdS+ FMp.FC′.FV− Ad, Bt 5.0
FQxu	= 2	X−%	= .11	
FQx−	= 2	S−	= 2	
FQxnone	= 0			
(W+D	= 15)	P	= 5	
WD+	= 4	X+%	= .79	
WDo	= 8	Xu%	= .11	
WDu	= 2			
WD−	= 1			
WDnone	= 0			

$XA\%$(.89)는 기대되는 범위의 상단 값이고, $WDA\%$(.93)은 기대되는 수준보다 다소 높다. 이는 새롭게 입력된 정보의 해석이 상황에 적절함을 시사한다. $X-\%$가 .11인 것은 흔한 수준이지만, 마이너스(−) 반응들 모두 S영역을 포함하고 있음을 주목해야 한다. 이는 앞서 정서에 대한 탐색에서 언급된 상당한 분노를 의미한다. 그 결과는, 때때로 그러한 부정적 감정이 유의한 OBS가 시사하는 완벽주의 경향보다 중요하게 되어 현실을 왜곡하는 원인이 될 것으로 여겨진다.

예를 들어, 마이너스(−) 반응들은 회색-검정색 특징을 포함한다. 하나는 색채음영 혼합 반응이고 다른 하나는 음영혼합 반응인데, 복합반응으로서 그 반응들은 부정적 정서들, 특히 분노가 현실 검증력을 손상시킬 가능성을 시사한다. 그러나 어떤 마이너스(−) 반응들도(카드 II, 반응 3, 다친 사람의 얼굴; 카드 IV, 반응 8, 반대 방향으로 덤불에서 엿보고 있는 오리 두 마리) 자극 장의 극단적인 왜곡은 아니다. 실제로, 카드 IV의 마이너스(-) 반응은 피검자의 완벽주의 때문에 존재하지 않는 윤곽을 설명하기 위해 영역을 확장하지 않았더라면 일반적인 반응으로 채점되었을 것이다. 따라서 왜곡이 있다 하더라도, 그것은 경미할 것이다.

카드 III에서 2개, 카드 VI, VII과 VIII에서 각각 1개씩, 평범반응이 5개만 있다는 것이 더 놀라워 보인다. 5개의 평범반응은 기대되는 수준이지만, 강박적 성향의 사람들은 보통 더 많이 반응한다. 이러한 결과는 4개의 플러스 반응을 했음에도 불구하고 맹목적으로 완벽주의적이지 않음을 시사한다. $X+\%(.79)$와 $Xu\%(.11)$은 일반적 범위로, 관습에 과도하게 순응하거나 두드러지게 거부하지 않을 것이다. 전반적으로 볼 때, 인지적 중재영역에서 두드러진 문제는 없고 이는 치료적 개입에 좋은 징조이다.

관념

사례 1. 23세 여성의 관념 변인

						Critical Special Scores			
L	= 0.06	OBS	= Pos	HVI	= NO				
						DV	= 0	DV2	= 0
EB	= 6:3.5	EBPer	= 1.7	a:p	= 5:9	INC	= 0	INC2	= 0
				Ma:Mp	= 3:3	DR	= 0	DR2	= 0
eb	= 8:9	[FM = 7 m	= 1]			FAB	= 0	FAB2	= 0
				M-	= 1	ALOG	= 0	CON	= 0
Intell Indx	= 1	MOR	= 1	Mnone = 0 Sum6 = 0		WSum6 = 0			

(R = 19)

M Response Features

II 3. WS+ CF.FT.Mp- Hd,Bl 4.5 MOR,PER,PHR

III 5. D+ Ma+ 2 H,Cg P 4.0 COP, GHR

III 6. DS+ Ma.FC'o 2 H,Cg,Hh P 4.5 COP, GHR

V 10. W+ Ma.mpo H,Cg 2.5 GHR

VII 13. W+ Mp.Fr+ H,Hh,Cg P 2.5 GHR

X 17. Dd+ Mpo 2 (Hd),Cg 4.5 GHR

앞서 살펴보았듯이, *EB*(6:3.5)는 피검자가 관념적인 사람임을 시사한다. 그녀는 자신의 개념적 사고에 의존하고 외부의 피드백보다는 내적 평가를 더 신뢰한다. 자신의 논리로 심사숙고하길 선호하고 정확성을 기하고자 한다. *EBPer*(1.7)는 그녀가 의사결정 시 융통성 있게 이러한 접근법을 사용하고 직관적이거나 시행착오 접근이 확실히 유용한 상황이라면 그 전략을 적용할 것이다.

*a:p*는 유의하지 않으며 사고에 대한 정보가 없다. 유의한 **OBS**는 정확성 추구와 같은 개념적 사고의 복잡성을 강조하기 때문에 다시 한번 살펴볼 필요가 있다. 통제 관련 자료 검토에서 간단히 언급했듯이, *eb*의 좌항(8)은 부가적으로 생각해 보아야 한다. 7개의 *FM*과 1개의 *m*은 거의 *FM*으로 구성되므로, 욕구가 주변적 정신 활동에 크게 영향을 미침을 시사한다. 이는 경고 기능(alert functioning)으로 자연스런 현상이나, 주변적 사고의 침습으로 인해 주의집중이 어려운 경우가 빈번해지면, 지향적인 개념적 사고(directed conceptual thinking)가 방해받기 쉽다. 피검자는 근무할 때 자주 주의가 분산된다고 보고했으며 지향적 사고를 하는 데 잦은 침습은 상당한 불편감을 야기할 것이다.

*Ma:Mp*와 주지화 지표(Intellectualization Index)는 두드러지지 않으며 프로토콜에 6개의 특수점수가 포함되지 않는다는 것은 의외이며 매우 긍정적인 결과이다. 대개 상당한 고통감은 사고의 명료성에 영향을 준다. 그러나 이 사례에 해당되지 않아 보인다. 1개의 *M−*는 고통과 분노에 의해 촉진된 사고의 혼란을 나타내지만 경미하다. 다른 *M* 반응의 질은 정교하고 창의적이다.

전반적으로 볼 때, 피검자는 의사결정 방식이 합리적으로 일관되고, 때때로 주의집중이 어렵겠지만 사고는 명료해 보인다. 이는 피검자에게 분명한 자산이고 다양한 형태의 개입에 긍정적인 영향을 미칠 것이다.

요약

피검자는 상당한 혼란을 겪고 있다. 그녀는 충족되지 못한 많은 욕구와 현저한 정서적 불편감을 겪고 있는데, 어느 것도 적절히 다루기 어렵겠다. 종합해 볼 때, 이는 통제력과 스트레스에 대처하는 능력을 극도로 저하시키는 심리적 과부하를 야기한다. 이런 상황에서 그녀는 사고나 행동을 충동적으로 표출할 취약성이 높아진다. 과부하로 인한 정서적 혼란감을 자주 겪으며, 슬픔이나 우울감, 혹은 간접적으로 긴장, 불안이나 신체적 증상으로 나타날 수 있다.

성숙한 대인관계 형성을 위해 필요한 사회성 기술의 부족이 이러한 상황을 촉진시켰다. 사회적 미성숙은 일상적 관계에서 문제를 유발하기 쉬우며 그 영향으로 많은 부정적 감정이 누적되고 형성되는 경향이 있다. 피검자가 자신의 실패에 대해 주변을 비난하기 쉬운 매우 자기중심적인 사람이라는 점에서 이러한 상황은 더 복잡해진다. 자아중심성과 방어성이 합쳐져 대인관계 실패 가능성과 그 결과로 인한 부정적 감정이 증가된다. 이러한 상황이 누적되면서 현저한 외로움을 느끼고 상당한 분노가 점차 쌓이게 되는 것이다. 그녀는 정서에 대해 혼란스러워하며 가능하다면 감정을 회피하거나 숨기려 적극적으로 노력한다.

개인적으로 그리고 대인관계에서 보상받지 못한 경험으로 인해 피검자는 부정적으로 생각하는 성격 특성을 반추하기 시작했다. 이는 원치 않는 감정을 경험하게 하고 자기 자신을 높이 평가했던 것들에 대해 의심하게 한다. 이는 처리하기 힘든 갈등을 야기하며 피검자가 개방적으로 표현하면 좋을 감정을 억누르는 경향성을 발달시킨다.

게다가 피검자는 다른 사람들을 다룰 때 최고의 방법으로 수동적 역할이라는 개념이 발달된 것으로 보인다. 수동성은 책임을 회피하고, 감정 공유를 제한하고, 욕구 충족을 위해 취해야 할 행동을 다른 사람들에게 의존할 수 있는 편리한 방법이다. 한편으로, 이것이 지나치면 다른 사람들에게 이용당하거나 심지어 거절되는 취약성을 야기한다. 피검자가 이에 해당하며, 그런 일이 발생하면, 쉬이 분노를 유발하는 모욕감을 느끼며, 특히 그녀가 높이 평가했던 사람들에게 더 그러하다. 따라서 사람들에게 아주 관심이 많고 관계에서 보상적 관계를 기대하는 것으로 보이지만, 과도한 자기관여, 수동성, 혼란감, 감정 표현을 회피하거나 억제하는 경향성이 혼합되어 관계들이 지속되지 않을 가능성이 높아진다.

긍정적인 면에서, 피검자는 새로운 정보를 아주 열심히 처리하는 매우 영리한 사람이다. 실제로, 그녀는 완벽주의자고 이는 심리적 복잡성에 상당한 영향을 준다. 전반적인 현실 검증력이 적절하며, 특히 분노와 같은 정서가 아주 강렬해지는 상황에서만 취약성이 나타날 것으로 보인다. 그러나 일반적으로 피검자의 사고는 명료하고 특이한 몰입은 나타나지 않는다. 그녀는 방안들을 모두 고려할 때까지 의사결정을 미루는 관념적인 사람이지만, 이 접근법은 유연하다. 효과적인 관념적 스타일에 있을 수 있는 가장 큰 단점은 상당한 주변적이거나 잠재의식적 사고의 존재로, 이는 대개 충족되지 못한 욕구와 관련된다. 그것은 통상적인 수준보다 지향적인 사고 패턴을 빈번하게 방해하고 그녀가 보고하는 업무 시 주의산만을 겪게 할 것이다.

제언

의사는 대장 질환의 재발이 스트레스 처리의 어려움과 관련될 수 있다고 생각하였고, 치료사는 심층치료와 덜 복잡한 스트레스 관리 개입 중 어느 것이 적합할지에 자문을 하였다. 집단치료를 병행하여 심리치료를 보완하는 것에 대해서도 궁금해한다. 자문을 할 때, 치료 선택과 제언을 논의하기 전에 대장과 스트레스의 관계에 대한 가정에 대해 충분히 설명하는 것이 중요할 것이다.

스트레스와 대장 질환이 관련되는데, 특히 피검자는 스트레스 상황에서 상당히 과부하되어 압도되기 쉽기 때문에 그러하다. 그러나 더 근본적인 문제는 2가지 측면에 있다. 그것은 정서 및 대인관계와 함께 이 두 요소가 서로 관련된다는 점이다. 각각은 스트레스의 원인이고, 피검자가 경험하는 과부하에 영향을 미친다. 따라서 치료계획은 일반적인 스트레스 대처에 초점을 맞추기보다 정서와 대인관계 문제에 대해 구체적으로 세워야 한다.

치료 초기에는 심층치료가 좋은 기법이다. 효과적인 사회적 기술의 습득은 치료사가 적극적이고 때로는 직접적인 역할을 할 때 빠르게 진전된다. 이는 피검자의 수동성 때문에 중요하다. 전형적으로, 이러한 접근은 대인 간 교류와 다양한 상황에서 존재하는 선택의 범위 문제에 집중한다. 장기치료가 필요하지 않고 '심층' 과정은 좀 더 부수적이지만, 이 사례에서 2개의 다른 요소들이 그 과정을 방해할 수 있다. 그 요소들은 정서 문제들로, 특히 분노 및 감정 억압 경향성과 두드러진 수동성이다.

정서 문제는 비효과적인 사회적 기술의 직접적인 결과일 수도 있고, 수동성에 의한 것일 수 있다. 각각이 대인관계와 어느 정도 관련이 있지만, 그것들은 정교한(exquisite) 자아중심성과 높은 자기가치감을 유지하기 위해 겪게 되는 갈등과 직접적으로 관련된다. 자아중심성은 어떤 개입 형태에서든 초기에 혹은 쉽게 접근할 수 있는 문제가 아니다. 대부분의 자기중심적인 내담자들에게 이는 매우 위협적인 주제이고, 가볍게 또는 초기에 다루면 적절히 치료를 하지 못한 채 종결될 수 있다. 따라서 정서와 수동성 문제의 일부는 인지모델이나 역동모델로 접근할 수 있지만, 확고한 치료적 관계가 형성되기 전까지 개인적 가치문제를 직접 다루는 것은 피해야 한다.

결론적으로, 집단치료를 추가하는 것은 권장하지 않는데, 특히 개입 초기에는 그러하다. 효과적인 사회적 기술 증진을 목표로 하는 것은 유용하지만, 온전함(integrity)을 다루는 것은 위험할 수 있다. 이는 합리화하는 경향을 악화시켜 더욱 수동적이 되게 할 수 있다. 집단 참여는 피검자의 사회적 기술과 정서 문제들이 호전된 후에 고려되어야 하며, 현재는 무리수이다.

에필로그

피검자에 관한 추후 정보는 11개월 동안 67회기의 개별치료를 시행한 치료사를 통해 들을 수 있었다. 피검자는 매달 첫째와 셋째 주에 1회, 둘째와 넷째 주에는 주 2회 치료를 받았다. 치료 3개월 무렵 집단치료를 권하였으나, 그녀는 거절했다.

치료사에 따르면, 첫 6개월은 이성관계와 더불어 여성 지인들과의 긴밀한 관계 형성에 초점을 맞춰서 주로 대인관계 문제를 다루었다고 한다. 치료사는 이 두 주제에서 큰 진전이 있었다고 생각한다. 피검자는 언니와 통화를 줄이고, 최소 2명의 동성 친구와 친해졌으며 이들에게 조언을 구한다. 꾸준히 데이트를 하지만, 너무 깊이 사귀지 않고, 성관계에 대해서 더 나은 결정을 하고자 한다.

완벽주의 추구는 두드러지나, 의사결정에 있어 훨씬 편안해 보인다고 한다. 치료 시작한 지 4개월 후 과민성 대장 증후군 삽화가 상당히 감소되었고 그 후 단 두 번만 재발하였다. 야간 학교에서 예비법학 과정을 수강하기 시작했으나, 치료사는 피검자의 진정한 동기에서 기인한 것인지 혹은 통제 욕구 때문인지 궁금하다고 한다. 피검자는 직접적으로 감정을 표현하는 것을 회피하고 피상적으로 다루려 하는 일이 잦다고 한다. 치료사는 치료 초기보다 감소되었지만, 중요한 문제가 지속되고 있는 점을 우려한다. 이 문제에 관련하여, 치료사는 호전 정도를 평가하고, 정서적 방어 문제를 살펴보고, 향후 치료 전략과 목표에 대한 가이드를 얻고자 2차 심리평가를 요청하였다.

참고문헌

Acklin, M. W., & Alexander, G. (1988). Alexithymia and somatization: A Rorschach study of four psychosomatic groups. *Journal of Nervous and Mental Diseases, 176*(6), 343-350.

Aron, L. (1982). Stressful life events and Rorschach content. *Journal of Personality Assessment, 46*(6), 582-585.

Auerbach, S. N., & Spielberger, C. D. (1972). The assessment of state and trait anxiety with the Rorschach Test. *Journal of Personality Assessment, 36*(4), 314-335.

Bagby, R. M., Parker, J. D., & Taylor, G. J. (1994). The twenty-item Toronto Alexithymia Scale: II. convergent, discriminant, and concurrent validity. *Journal of Psychosomatic Research, 38,* 33–40.

Bash, K. W. (1986). Psychosomatic diseases and the Rorschach test. *Journal of Personality Assessment, 50*(3), 350–357.

Bash, K. W. (1995). Psychosomatic diseases and the Rorschach Test. *Rorschachiana XX: Yearbook of the International Rorschach Society,* 16–26.

Beck, S. J. (1945). *Rorschach's test: Vol. II. A variety of personality pictures.* New York: Grune and Stratton.

Berger, D. (1953). The Rorschach as a measure of real-life stress. *Journal of Consulting Psychology, 17,* 355–358.

Binder, H. (1937). The "light-dark" interpretations in Rorschach's experiment. *Rorschach Research Exchange, 2*(2), 37–42.

Blatt, S. J., & Lerner, H. (1983). The psychological assessment of object representation. *Journal of Personality Assessment, 47*(1), 7–28.

Burns, B., & Viglione, D. J. (1996). The Rorschach Human Experience Variable, interpersonal relatedness, and object representation in nonpatients. *Psychological Assessment, 8*(1), 92.

Elizur, A. (1949). Content analysis of the Rorschach with regard to anxiety and hostility. *Rorschach Research Exchange, 13,* 247–284.

Exner, J. E. (2003). *The Rorschach: A comprehensive system: Vol. 1. Basic foundations* (4th ed.). New York: Wiley.

Greenway, P., & Milne, L. C. (2001). Rorschach tolerance and control of stress measures, D and Adj D: Beliefs about how well subjective states and reactions can be controlled. *European Journal of Psychological Assessment, 17*(2), 137–144.

Ihanus, J. (1984). Anatomical Rorschach responses of gravely psychosomatic patients. *Perceptual and Motor Skills, 59*(1), 337–338.

Klopfer, B., Ainsworth, M. D., Klopfer, W. G., & Holt, R. R. (1954). *Developments in the Rorschach technique: Vol. I. Technique and theory.* Yonkers-on-Hudson, NY: World Books Co.

Krall, V., Szajnberg, N. M., Hyams, J. S., Treem, W. P., & Davis, P. (1995). Projective personality tests of children with inflammatory bowel disease. *Perceptual and Motor Skills, 80*(3), 1341–1342.

Leavitt, F., & Garron, D. C. (1982). Rorschach and pain characteristics of patients with low back pain and "conversion V" MMPI profiles. *Journal of Personality Assessment, 46*(1), 18-25.

Mayman, M. (1967). Object-representations and object-relationships in Rorschach responses. *Journal of Projective Techniques and Personality Assessment, 31*(4), 17-24.

McCown, W., Fink, A. D., Galina, H., & Johnson, J. (1992). Effects of laboratory-induced controllable and uncontrollable stress on Rorschach variables *m* and *Y*. *Journal of Personality Assessment, 59*(3), 564-573.

Perry, W., & Viglione, D. J. (1991). The Ego Impairment Index as a predictor of outcome in melancholic depressed patients treated with tricyclic antidepressants. *Journal of Personality Assessment, 56*(3), 487-501.

Piotrowski, Z. A. (1957). *Perceptanalysis.* New York: Macmillan.

Porcelli, P., & Meyer, G. J. (2002). Construct validity of Rorschach variables for alexithymia. *Psychosomatics: Journal of Consultation Liaison Psychiatry, 45*(5), 360-369.

Rapaport, D., Gill, M., & Schafer, R. (1946). *Diagnostic psychological testing: The theory, statistical evaluation, and diagnostic application of a battery of tests: Vol. II.* Chicago: Year Book.

Rorschach, H. (1942). *Psychodiagnostics.* Bern: Hans Huber.

Rorschach, H., & Oberholzer, E. (1923). The application of the form interpretation test to psychoanalysis. *Zeitschrift fur die gesamte Neurologie und Psychiatrie, 87,* 240-274.

Rozensky, R. H., Tovian, S. M., Stiles, P. G., Fridkin, K., & Holland, M. (1987). Effects of learned helplessness on Rorschach responses. *Psychological Reports, 60*(3), 1011-1016.

Shalit, B. (1965). Effects of environmental stimulation on the, M., FM, and m responses in the Rorschach. *Journal of Projective Techniques and Personality Assessment, 29*(2), 228-231.

Sifneos, P. E. (1973). The prevalence of alexithymic characteristics in psychosomatic patients. *Psychotherapy and Psychosomatics, 22,* 255-262.

Stricker, G., & Healey, B. J. (1990). Projective assessment of object relations: A review of the empirical literature. *Psychological Assessment, 2*(3), 219-230.

Taylor, G. J., Bagby, R. M., & Parker, J. D. (1997). *Disorders of affect regulation.* New York, Cambridge University Press.

Viglione, D. J., Perry, W., Jansak, D., Meyer, G., & Exner, J. E. (2003). Modifying the Rorschach human experience variable to create the human representational variable. *Journal of Personality Assessment, 81*(1), 64-73.

제4장

우울 및 자살 위험

피검자는 36세 여성으로 개인 정신과에 자의로 입원하여 4일 후 평가를 받았다. 외래에서 5주 동안 우울증 치료를 담당했던 정신과 주치의가 입원 처리를 진행하였다. 정신과 치료는 피검자의 세번째 결혼생활이 종결된 지 약 3주 후 주 1회 치료와 병행하여 항우울제 치료가 시작되었다. 피검자는 우울증이 몇 달 동안 지속되어 왔다고 보고하였다. 외래치료를 6회기 받은 후 입원하였는데, 피검자는 당시 자살사고가 빈번하고 살고 싶지 않지만, 자살할 용기도 없다고 말하였다. 정신과 의사는 치료 회기의 빈도를 늘이고, 문제를 자세히 규명하여 피검자가 현재 처한 위기에 대처하기 위해 입원을 주선하였다.

피검자는 20대로 보일 만큼 젊고 매력적인 외모였다. 입원 후 매우 협조적인 태도로 주변 사람들의 비위를 맞추려 노력하였다. 피검자는 1남 1녀 중 첫째이며, 33세인 남동생은 지적 장애로 15세 이후 보호시설에서 생활하고 있다. 어머니는 67세 주부이고, 의붓아버지는 66세로 우편집배원이었으나 현재 퇴직한 상태이다. 친아버지는 피검자가 9세 때 심장발작으로 사망하였다. 피검자는 친아버지가 살아계실 때 부모와 친밀하게 지냈으며, 14세경 어머니의 재혼 전까지 어머니와 친하게 지냈다고 한다. "제가 의붓아버지를 좋아하지 않아 그 이후 어머니와 소원해졌어요." 그녀는 18세에 고등학교를 졸업하였으며, 2년제 비서학교 졸업 후 정부기관에 비서직으로 취직하였다.

피검자는 22세경 첫 번째 결혼을 하였다. 당시 남편은 24세로 판매직에 종사하였고, 피검자는 선임 비서로 승진하였다. 그녀는 첫 남편과 결혼하기 1년 전쯤부터 알고 지냈으며 두 사람은 관심사와 목표가 상당히 비슷하다고 느꼈다. 성관계도 '매우 좋았으나', 결혼 2년 차에 피검자가 임신하면서 문제가 발생하였다고 한다. 그녀는 임신 중 건강이 좋지 않았고, 주치의의 권유로 임신 7개월경 출산휴가를 받았다. 남편은 피검자의 출산휴가로 가계 수입이 줄어서 출산휴가를 지지하지 않았다. 남편은 많은 시간을 일했으나, "남편은 제가 임신 때 적절히 관리하지 못했다며 저에게 화가 나 있는 듯했어요. 결국 임신 8개월경 서로 대화도 할 수 없는 지경이었어요. 저는 통증에 계속 시달렸고 집안일을 할 수 없었지만, 남편은 식사준비도 하기 싫어했어요." 피검자는 임신 9개월경 예정보다 빨리 제왕절개로 아들을 출산하였고, 이후 회복은 더딘 편이었다. 출산 후 6개월간 시어머니가 주로 아이를 돌보았다.

피검자는 출산하고 3개월 이후 복직하였으며, 시어머니가 주로 아이를 돌보았다. 남편은 이를 반대하였고 피검자가 아이를 돌보지 않는 문제로 부부는 자주 다투었다. 피검자는 자신이 엄마가 되는 것을 진심으로 원하지 않았다는 것을 깨달았고, 남편의 불평에 '지겨울 정도'라고 말하였다. 그 즈음 남편과 별거하였고, 남편은 이혼소송을 제기하였으며, 피검자도 아들의 양육권 전부를 남편이 갖는 것에 동의하였다. 아들은 현재 13세로 자주 만나지 않는 편이었다. "남편은 재혼했고, 새 부인은 좋은 엄마인 것 같아요. 제가 끼어들지 않는 것이 더 나은 것 같아요."

26세경 이혼 절차가 마무리되었다. 피검자는 전적으로 일에만 몰두했고, 데이트는 가끔 하는 정도였다. 27세에 41세인 상사와 사귀었다. 1년 뒤 두 사람은 동거를 하였고, 3개월 후 결혼하였다. 그녀는 "그 당시, 저의 삶 전부가 긍정적으로 변했어요. 우리는 진심으로 사랑했고, 처음으로 제가 사랑받는다고 느꼈어요."그 후 3년 동안, 두 사람은 함께 일하며 승진도 하였다. 결혼 4년 차에 음주운전자의 과실로 인한 정면충돌 차량사고로 남편이 사망하였다. 피검자는 보험금으로 500,000달러를 받았고, 그중 100,000달러는 아들의 교육자금으로 신탁계좌에 예치하였다.

피검자는 남편의 사망 후 우울하여 거의 한 달 동안 일을 하지 못할 지경이었다. 그때 피검자는 다시 일에 전념하기로 결심하였고, 지역 대학에서 경영관리 영역의 교육과정을 수강하였다. 이후 그녀는 관리자로 승진하여 17명의 직원을 관리하는 직책을 맡게 되었다. 약 1년 후 피검자는 다시 데이트를 시작할 수 있었다. "대부분 부담 없이 만났어요." 그녀가 32세경에 30세의 건축업자를 만났는데, 그는 5년간의 결혼생활 후 최근 이혼한 상태였다. "우리는 서로 잘 맞았어요. 물론 거의 성적인 부분이지만." 6개월간 사귄 후 두 사람은 동거하였고 1개월 후 결혼하였다. 피검자는 "이내 제 실수라는 것을 깨달았어요. 제가 외롭고 삶이 불만족스러워서 결혼으로 변화의 기회를 갖고 싶었나 봐요. 성생활은 좋았지만, 6개월도 채 지나지 않아 모든 것이 힘들었어요. 우리는 일치하는 게 없어 매사에 다툼이 일었어요. 마치 첫 번째 결혼생활이 반복되는 것 같았어요." 피검자는 결혼 2년 차에 남편의 외도로 결혼생활을 끝내기로 결심하였다. "그때는 정말 아무것도 상관하지 않았어요."

두 번째 이혼은 약 2개월 후 마무리되었으나, 18개월 전 별거 이후 피검자는 일에 집중하기 어렵고, 몸무게가 11kg이나 감소하였으며, 허무하게 느껴졌다고 하였다. 그녀는 친구가 몇 명 있으나 자주 만나지 않았다. "밤에 혼자 가만히 앉아 아무 이유 없이 울기도 했어요. 몇 개월간 나는 모든 것을 등한시했어요. 지금 나의 가장 친한 친구는 고양이에요." 피검자는 이직을 고민하고 있지만 현재의 직위를 잃고 싶지는 않았다.

의뢰 사유는 (1) 피검자의 자살 위험의 수준은 어느 정도인가? (2) 현재의 우울증은 반응성인가, 또는 내인성인가? (3) 약물치료가 필요한 내재된 정신증적 또는 경계선적 상태의 증거가 있는가? (4) 적절한 치료계획과 치료 목표를 위한 제언은 무엇인가?와 같다.

사례 개념화 및 관련 문헌

자기파괴적 위험은 이 사례에서 가장 시급하게 다루어야 하는 자문의 주제이다. 정신과 주치의는 피검자가 반추적 자살사고(suicidal rumination)를 보고하여 입원을 권유했는데, 피검자는 직업 수행의 어려움을 호소하며 사회적으로 고립된 상태이다. 피검자의 우울증이 반응성인지 또는 내인성인지에 대한 두 번째 질문 역시 치료계획에 중요한 함의를 지닌다. 이 2가지 질문과 관련된 로르샤흐 문헌을 검토하는 것은 심리학자가 검사 결과를 통합하고 자문을 준비하는 데 도움이 될 것이다.

자살 위험에 대한 평가

자살 가능성은 반드시 주목해야 하는 임상 주제로, 자살 위험의 평가는 로르샤흐 연구자들이 연구했던 첫 번째 주제 중 하나이다(Fisher, 1951; Hertz, 1948). 초기에는 로르샤흐 검사의 단일 자살 지표를 확인하려는 시도가 있었다. Appelbaum과 Colson(1968)은 색채음영 혼합반응이 자살시도를 했던 입원환자들에게서 빈번하다는 연구 결과를 제시하였다. Blatt과 Ritzler(1974)의 연구 결과 자살한 사람들은 투영 및 단면-지각반응이 많았고, Rierdan, Lang과 Eddy(1978)도 동일한 후속연구 결과를 제시하였다.

Exner와 Wylie(1977)는 단일지표 접근을 넘어서, 11개의 로르샤흐 변인의 군집을 실증적으로 확인하였다. 11개의 로르샤흐 변인 군집은 로르샤흐 검사를 받은 후 60일 이내에 자살했던 사람들을, 우울장애 및 조현병 입원환자 중 자살하지 않은 통제집단, 그리고 비환자 집단과 변별하였다. 8개 변인 이상을 절단점으로 할 때, 자살 지표는 자살 행동의 75%를 식별하였다. 흥미롭게도 실증적으로 개발된 자살 지표(S-CON)에 Blatt과

Ritzler(1974)가 기술한 투영반응과 유사한 통경반응, Appelbaum과 Colson(1968)이 확인했던 색채음영 혼합반응이 더 포괄적인 형태로 포함되었다.

현재 S-CON(Exner, 1986)은 12개의 변인이 포함되었으며, Fowler, Piers, Hilsenroth, Holdwick과 Padawer(2001)가 S-CON의 예측타당도를 종합평가체계에 제시하였다. 저자들은 로르샤흐 검사 시행 후 60일간 환자들에 대한 병원 기록을 자세히 검토하여, 주로 여성이 우세한 입원환자 표본을 자살시도하지 않은 집단(nonsuicidal), 치명적이지 않은 자살시도 집단(parasuicidal), 치명적인 자살시도 집단(near-lethal suicidal) 등 세 집단으로 분류하였다. 이러한 3개의 임상군은 연령, 교육수준, 전체 지능, 진단명이 유의하게 다르지 않았지만 로르샤흐 S-CON 총점은 상당히 유의미한 차이를 보였다.

Fowler와 Piers 등(2001)은 7점 이상의 S-CON 점수는 이후 치명적인 자살시도 집단을 치명적이지 않은 자살시도 집단 및 비자살 집단과 변별할 수 있다는 것을 밝혀내었다. 치명적 자살시도 집단과 다른 두 집단을 비교할 때, 7점 이상의 S-CON 절단점은 치명적 자살시도 집단의 81%를 변별하였고, 다른 두 집단의 78%를 변별하여, 전체적으로 분류 정확률이 79%였다.

Fowler와 Piers 등(2001)은 환자들의 진료 차트를 검토하여 S-CON과 자기파괴적 행동의 치명률 간 관련성을 연구하였고, 그 과정에서의 주관적인 개입 요인을 제거하였다. S-CON 총점은 심각한 (약물)과다복용 시도 및 병원 응급이송 빈도와 유의한 상관관계가 나타났다. S-CON 점수는 가벼운 손목 긋기와 유의한 상관을 보이지 않았고, 잠재적인 치명적 자기파괴적 행동의 예측 변인으로서 변별타당도를 제공하였다. 저자들은 "⋯⋯ S-CON 총점은 일반적인 충동성이나 자기파괴적 경향성을 평가하기보다는, 생태학적으로 타당하고 실재 존재하는 심각한 자살시도 행동과 관련된다(p. 347)"고 결론 내렸다.

동일한 연구에서 Fowler와 동료들(Fowler, Hilsenroth, & Piers, 2001)은 자살 위험에 대한 로르샤흐 평가에 대해 다른 접근을 시도하였다. 즉, 자기파괴적 행동의 의식적 및 무의식적 요소를 정신분석적 관점과 일치하는 로르샤흐 변인으로 확인하고자 하였다. 저자들은 병적 내용은 로르샤흐에 나타난 자기-증오와 죽음에 대한 환상이며, 투영 및 단면-지각 반응은 경계의 혼란(boundary confusion)으로, 유채색 영역에서 음영반응이 나타나는 색채음영 혼합반응(Appelbaum & Colson, 1968)은 효과적인 방어를 유지하지 못하고 심리적 갈등과 고통에 강하게 몰입되어 있음을 의미한다고 가정하였다.

Fowler와 Hilsenroth 등(2001)의 연구에서 심각한 정신과적 장애의 입원환자 중 로르샤흐 시행 후 60일 동안의 광범위한 진료기록을 근거로 분류한 비자살 집단, 치명적이지 않은 자살시도 집단, 치명적인 자살시도 집단 간 각각 로르샤흐 변인의 가설은 기대했던 방향으로 유의한 차이가 나타났다. 당시 저자들은 색채음영 혼합반응, 투영반응, 병적 내용, 그리고 단면-지각반응을 모두 더한 총합으로 특정 조합 지표(Riggs 지표)를 구성하였다. 이 지표의 총점이 5점 이상인 경우 치명적인 자살시도 집단과 치명적이지 않은 자살시도 집단 간 비교에서 전반적인 분류 정확률이 80%로 나타났으며 치명적 자살시도 집단과 비자살 집단 간 비교에서는 분류 정확률이 81%로 보고되었다.

Fowler와 Hilsenroth 등(2001)은 Riggs 지표가 실증적으로 고안된 자살 지표(Suicide Constellation: S-CON)의 타당성을 증가시킬 수 있는지 검증하였다. 자살 지표는 치명적 자살시도 집단과 비자살 집단을 변별하는데 정확률이 75%이었다. Riggs 지표를 방정식에 투입했을 때 치명적인 자살시도 집단과 비자살 집단 간의 예측력이 80%까지 상승하였다. 사후분석 결과, Appelbaum's 색채음영 혼합 변인(명-암 차이가 유채색 영역에서 나타날 때만 채점되는)이 종합평가체계의 더 광범위한 정의(명-암 차이가 유채색 또는 무채색 영역 둘 중 하나에 나타날 수 있는)보다 치명적인 자살시도의 단일-징후 지표로는 더 민감하였다. 저자들은 Riggs 지표는 S-CON의 보조 지표로 자살 위험에 대한 종합 임상평가의 한 요소로서 유용하다고 평가했다.

우울증 평가

이 사례의 의뢰 사유 중 하나는 피검자의 우울증이 반응성인지 혹은 오랜 기간 지속된 내인성인지에 대한 것이다. 내인성 우울증과 반응성 우울증을 대비한 로르샤흐 문헌은 유일하다. Modestin, Gruden과 Spielmann(1990)은 37명의 우울한 스위스 입원환자를 내인성 대 비내인성 우울로 분류하고자 하였다. 분류하기 위해 로르샤흐 검사, 덱사메타손(알레르기) 억제검사와 2개의 구조화된 면담이 활용되었다. 저자들은 2개의 진단준거 면담에서만 유일하게 일치된 결과를 얻었고, 결국 "우울장애의 내인성이라는 임상적 개념은 비임상적 방법을 통해 확인하는 것은 어렵다(p. 300)"는 결론에 이르렀다.

그러나 우울증 관련 변인에 대한 로르샤흐 문헌을 통해 시사점을 얻을 수 있다. Hartmann과 동료들(Hartmann, Wang, Berg, & Saether, 2003)은 노르웨이 표본을 우울 집단, 과거 우울했으나 현재 우울하지 않은 집단, 우울을 경험한 적이 없는 집단으로 분류하여 이론적으로 선별된 14개 로르샤흐 변인과 Beck 우울척도(BDI; Beck, Rush, Shaw, & Emery, 1979)를 비교하였다. 로르샤흐 변인은 우울장애에서 저하될 것으로 가정되는 인지, 정동 및 대처과정까지 포함하였다.

Hartmann 등(2003)은 현재 우울한 환자 집단은 과거 우울했거나 우울한 적이 없는 집단 조합과는 13개의 변인 중 8개에서 유의한 병리적 특성을 나타냈다. 이들 8개 변인은 인지적 오류로 인한 특별점수 가중치의 합(*WSum6*), *X+%*, *X-%*, *C*, *SumY*, *AG*, MOR와 *EBper*이었다. 현재 우울 집단과 과거 우울 집단의 조합과 결코 우울한 적이 없었던 집단을 비교했을 때, *SumY*, MOR와 *EBper*가 유의하게 다르게 나타났다. BDI는 위의 2가지 비교에서 모두 유의한 차이를 보였다.

저자들은 로르샤흐 변인을 통해 BDI 이상의 변별타당도(incremental validity)가 있는지 평가하기 위해 로지스틱 회귀분석을 시행하였다. 전체 BDI의 정확성은 70%이었다. 회귀분석 시 BDI 후 로르샤흐 변인을 단계적으로 투입하였을 때, 전체적인 분류 정확도가 85%까지 증가했으며 *SumY*, *WSum6*는 예측 정확성을 높였다. 저자들은 "…… 로르샤흐 검사를 통해 BDI로 측정되지 않는 주요우울장애와 관련된 인지, 정동, 대처손상에 대한 정보를 상당히 많이 얻을 수 있는 반면, BDI는 주요우울장애의 분류 시 예측력은 제한적이다(p. 252)"라고 결론지었다.

흥미롭게도 Hartmann 등(2003)의 연구에서 우울 지표(DEPI, Exner, 1991)는 집단 등을 유의하게 변별하지 못하였다. 이러한 결과는 DEPI가 우울장애 진단에 제한적이라고 밝힌 여러 연구들과 일치하는 결과이다(Carlson, Kula, & St. Laurent, 1997; Greenwald, 1997; Ritsher, Slivko-Kolchick, & Oleichik, 2001). 우울장애를 진단할 때 DEPI의 실효성을 종합적으로 검토한 결과(Jorgensen, Andersen, & Dam, 2000), DEPI가 정신증적 증상과 양극성 양상보다는 비정신증적 증상과 단극성 우울을 더 정확하게 감별할 수 있으며 "…… DEPI는 진단 목적으로 사용할 때 매우 신중하게 해석해야 한다(p. 278)"고 결론 내렸다. 이러한 결론은 Meyer와 Archer(2001) 연구와도 유사한데, DEPI가 진단을 위해 요구되는 관찰 가능한 행동과는 직접적인 관련성이 적다고 지적하였다. DEPI는 암묵적 우울 소인의 평가 지표로 개념화되었지만, 이러한 증거를 고려할 때, "심리학자들은 DSM의 주요우울장애 진단 목적으로 DEPI를 사용해서는 안 된다"라고 명확히 했다. Exner(2003)는 "유의한 DEPI는 특정한 진단 범주와 일치하기보다는 정서적 문제가 있다고 해석하는 것이 최선이다"라고 제언하였다(p. 312).

우울증 평가 시 로르샤흐는 DSM 진단을 위해 고안된 군집보다는 개별 변인 수준에서 다루어야 한다. 예를 들어, Khouri와 Greenway(1996) 연구에서 로르샤흐 변인 중 Blends < 4와 MMPI-2의 Harris-Lingoes Mental Dullness and Subjective Depression 소척도 간 유

의한 연관성이 발견되었다.

사례 2. 36세 여성

카드	반응	질문
I	1. 박쥐.	평가자: (반응 반복) 피검자: 박쥐 같이 보여요. 날개, 몸, 모두 박쥐같이 어두운 색이에요.
	시간을 가지고 더 보세요. 다른 것도 볼 수 있을 거예요.	
	2. 내 생각에는 나비도 될 수 있을 것 같아요.	평가자: (반응 반복) 피검자: 역시 전체 다요. 만약 색깔을 무시한다면, 이건 날고 있는 것처럼, 날개를 쫙 펼치고 있는 나비도 될 수 있어요.
II	3. 두 마리의 동물인데, 함께 코를 잡고 있는 작은 곰.	평가자: (반응 반복) 피검자: 이건 두 마리의 작은 검정색 곰이에요. 머리와 목, 이건 귀예요(가리키며). 그리고 이건 곰들이 함께 코를 잡고 있는 것처럼 보여요. 왜 그런지는 모르겠지만, 곰들이 놀 때, 때때로 그러는 것 같아요.
	4. 가운데가 램프 같아요.	평가자: (반응 반복) 피검자: 램프 전체가 아니고, 전구만 있어요. 문 옆 기둥이나 사무실 천장에 있는 것과 같은 하얀 전구요.
III	5. 두 사람이 무언가 위로 구부리고 있어요. 어항 같아요.	평가자: (반응 반복) 피검자: 여기가 사람들인데, 머리, 몸, 다리, 신발, 그리고 제 생각에, 어항 위로 구부려서 물고기를 찾고 있네요. 평가자: 사람은 보이는데, 어항은 잘 모르겠어요. 피검자: 저도 잘 모르겠어요. 그냥 어항일 수도 있어요. 생긴 모양이…… 그러니까 양 끝이 둥글게 생기고. 그런데 물고기는 볼 수 없네요.

	6. 이것은 높이 달려 있는 빨간 랜턴 같아요.	평가자: (반응 반복) 피검자: 글쎄요, 빨간 게 보트나 기차에 있는 랜턴 같아요. 아래는 둥글고, 긴 부분도 있어요. 아마도 안에 있는 긴 심지인 것 같아요. 이것들은 벽 아래쪽으로 매달려 있는 것 같아요. 평가자: 벽에요? 피검자: 네, 벽에 걸려 있는 거 같고, 하얀 부분이 벽 같아요. 그런데 사람들은 무시하고요.
	7. 리본 같아요, 유행 지난 머리 리본 같아요.	평가자: (반응 반복) 피검자: 빨갛고요, 옛날 영화에서 여자들이 사용하는데, 요즘은 더 이상 볼 수 없어요. 리본, 요즈음은 포장할 때 사용하는 것 같아요.
IV	8. 발이 크고 팔은 짧은 선사시대의 괴물.	평가자: (반응 반복) 피검자: 그냥 저기에 괴물이 서 있는 것 같이 보여요. 작고 게슴츠레한 눈, 짧은 팔, 큰 다리와 발, 중앙에 뒤쪽으로 큰 꼬리가 있어요. 평가자: 중앙에 뒤쪽으로요? 피검자: 여기(D1) 두 다리 사이에 꼬리가 있어요. 꼬리는 몸의 나머지 부분 뒤쪽에 있어요. 평가자: 작고 게슴츠레한 눈들이라고 했는데요? 피검자: 네, 여기 위쪽에(Dd25) 이런 작은 자국들이 괴물 눈일 수 있어요.
	<9. 여기 뱀인 것 같아요. 다른 쪽도요.	평가자: (반응 반복) 피검자: 뱀이 둥글게 똬리를 틀고, 무언가를 공격하기 위해 준비를 하는 것처럼 목을 세우고 있는 것 같이 보여요. 평가자: 똬리를 틀고 있다고요? 피검자: 글쎄요, 단지 목과 머리만 보는데, 여기가 뱀의 나머지 부분일 수 있는데, 그건 둥근 부분이나 똬리 같아요. 다른 쪽에도 똑같아요.

V	10. 아까처럼 박쥐요.	평가자: (반응 반복) 피검자: 날개가 퍼져 있고, 어떤 박쥐처럼 뿔 같은 게 있어요. 그리고 이것도 역시 온통 검은색이고요. 평가자: 날개를 펴고 있다고요? 피검자: 날고 있는 거 같아요.
	11. 잘 보면 중앙에 벌레가 있어요.	평가자: (반응 반복) 피검자: 무슨 종류인지는 모르겠지만 큰 더듬이와 작은 뒷다리를 가지고 있는 것, 그냥 벌레요.
VI	12. 이게 무엇인지 잘 모르겠어요, 제일 윗부분은 뱀의 머리 같아요.	평가자: (반응 반복) 피검자: 그냥 뱀의 머리요. 선생님도 눈이 보일 텐데요……. 평가자: 내가 제대로 보고 있는지 잘 모르겠어요. 피검자: 이 윗부분(D23)과 이런 작은 점들이 눈이에요.
	13. 잘 보면 중앙에, 강에 보트나 뗏목이 떠 있는 것 같아요.	평가자: (반응 반복) 피검자: 가운데 부분이, 완전 위쪽(D5)이, 선생님이 높은 곳에서 강을 내려다보고 있는 것 같은 효과를 보이는데, 마치 어둡고 깊은 협곡 같아요. 평가자: 보트나 뗏목이 있다고 했는데요. 피검자: 이 부분(Dd32)이 뗏목이고, 강 아래로 떠내려가고 있어요. 보트라기보다는 뗏목 같아 보이네요.
VII	14. 일종의 구름 형성물.	평가자: (반응 반복) 피검자: 왜냐하면 때때로 구름들이 이렇게 소용돌이치는 것 같이 보여요. 이건 가득 차게 많고 높이 올라가 있는 것 같아요. 평가자: 무엇 때문에 그렇게 보였는지 잘 모르겠어요. 피검자: 글쎄요, 가장 자리가 쌓아올린 것처럼 올라가 있고, 채색되어 있는 방식이 가득 차게 많고, 두텁게 보여요. 평가자: 채색되어 있는 방식이요? 피검자: 가장자리는 어둡고 중간은 좀 더 밝고, 안쪽은 공간이 있어요. 그런데 마치 접히듯 층을 만들어 가는 것 같아요.

	15. 두 얼굴이요. 어린 소녀들이 서로 쳐다보며 얼굴을 찌푸리고 있어요.	평가자: (반응 반복) 피검자: 여기와 여기요(D1). 소녀들이 머리카락에 빗을 꽂고 있어요. 눈 그리고 턱. 평가자: 소녀들이 서로 찌푸리고 있다고 했죠? 피검자: 턱이 내밀고 있어 두 소녀가 "아니야, 아니야"라고 서로에게 말하는 것처럼 보여요.
	16. 2명의 악마 얼굴, 연필로 스케치한 거 같아요.	평가자: (반응 반복) 피검자: 예술가가 연필로 스케치한 악마 얼굴 같아요. 무언가 동물 얼굴 같은. 이빨과 코, 눈이 보이네요. 한쪽에 하나씩 있어요. 평가자: 연필로 스케치를 했다고요? 피검자: 연필 스케치 같이 회색으로 했잖아요.
VIII	17. 두 마리 도마뱀이 바깥쪽에 있어요. 어딘가 기어오르고 있는 거 같아요.	평가자: (반응 반복) 피검자: 나는 그런 색깔을 좋아해요. 핑크색 도마뱀이요. 여기 다리, 머리가 있어요. 도마뱀들이 이 식물 꼭대기를 향해 기어오르고 있는 것처럼 보여요. 평가자: 식물이요? 피검자: 이건(D2) 받침대나 화분이라고 할 수 있어요. 이 분홍색도요. 그리고 이건(D5) 나뭇잎들이고, 아마도 여기는(D4) 꽃일 수도 있어요.
IX	18. 2명의 우주인, 온통 오렌지색의 뾰족 모자와 코트를 입고 있어요.	평가자: (반응 반복) 피검자: 머리에 커다란 뾰족 모자를 쓰고 있어요. 윤곽이 사람이 코트를 입고 모자를 쓰고 있는 것 같아요. 웃긴 것 같은데, 다 오렌지색이에요. 제 생각에 우주를 나타내기 위한 것 같아요. 선생님은 머리, 모자, 그리고 몸의 위쪽 부분만 볼 수 있어요. 나머지는 거기 없어요.

	19. 유리 양초 받침 안에 있는 양초.	평가자: (반응 반복)
		피검자: 이건 양초이고(D5 in D8), 이건(D8) 유리같이 보여요. 바닥에는 공기가 순환할 수 있도록 구멍이 있어요. 촛불이 켜졌어요.
		평가자: 켜졌다고요?
		피검자: 네, 꼭대기는 양초 불같이 노란 것 같이 보이고요. 이 유리 안에서 빛나는 것 같아요.
		평가자: 좀 더 자세히 설명해 주세요.
		피검자: 녹색을 띤 파란색이에요. 양초로부터 나오는 불빛 효과 같아요.
X	20. 공상 과학 생명체 두 마리가 나무를 밀고 있어요.	평가자: (반응 반복)
		피검자: 두 마리 생명체가 있어요. 나무의 한쪽에 한 마리씩. 작은 다리, 꼬리, 더듬이, 그리고 이 나무를 밀어 쓰러뜨리려고 하는 것처럼 보여요.
	21. 두 마리의 메뚜기가 거미에게 사로잡혀 있어요.	평가자: (반응 반복)
		피검자: 양쪽에 한 마리씩 있어요(D12). 거미는 메뚜기를 잡고, 메뚜기는 도망가려는 것 같아요.
		평가자: 무엇 때문에 메뚜기로 보였나요?
		피검자: 더듬이가 있는 전체 모양이 그렇고, 메뚜기는 초록색이잖아요.
		평가자: 그리고 거미는요?
		피검자: 파란색이지만 색깔은 달라요. 거미들은 다리가 많고, 각각 거미 한 마리가 메뚜기 한 마리씩 잡고 있어요.
	22. 양쪽 분홍색은 핏자국 같아요.	평가자: (반응 반복)
		피검자: 그냥 핏자국 같아요.
		평가자: 어떤 것 때문에 그렇게 보였죠?
		피검자: 글쎄요…… 빨간데, 어떤 부분이 마른 것처럼 더 어두워서 마치 얼룩 같아요.

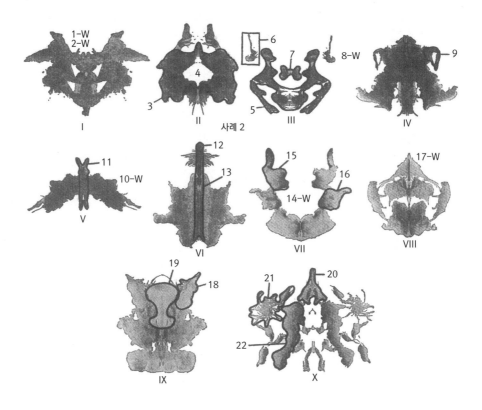

사례 2

사례 2. 점수 계열

카드	반응 번호	위치	영역 번호	결정인	(2)	내용	평범 반응	Z	특수 점수
I	1	Wo	1	FC'o		A	P	1.0	
	2	Wo	1	FMao		A	P	1.0	
II	3	D+	6	FMp.FC'o	2	Ad	P	3.0	COP,GHR
	4	DSo	5	FC'o		Hh			
III	5	D+	1	Mpo	2	H,Cg,Hh	P	3.0	GHR
	6	DdS+	99	CF.mpu	2	Hh		4.5	
	7	Do	3	FCo		Cg			PER
IV	8	Wo	1	Mp.FDo		(H)	P	2.0	GHR
	9	Do+	4	FMao	2	A			AG,PHR
V	10	Wo	1	FMa.FC'o		A	P	1.0	INC
	11	Do	7	Fu		A			
VI	12	Ddo	23	Fu		Ad			
	13	D+	5	FV.mpo		Na,Sc		2.5	
VII	14	WSv/+	1	mp.VFo		Cl		4.0	
	15	D+	1	Mao	2	Hd,Cg	P	3.0	AG,GHR
	16	Do	3	FC'o	2	(Ad),Art			
VIII	17	W+	1	FMa.FCu	2	A,Bt		4.5	INC
IX	18	D+	3	CFo	2	(Hd),Cg	P	2.5	GHR
	19	DS+	8	FV.mp.CFo		Fi,Hh		5.0	
X	20	D+	11	Mau	2	(A),Bt		4.0	COP,AG,PHR
	21	D+	12	FMa.FCu	2	A	P	4.0	AG,PHR
	22	Dv	9	C.Y	2	Bl			MOR

사례 2. 구조적 요약

		구조적 요약(상단부)			
반응영역	**혼합**	**결정인** **단일**	**반응내용**	**자살 지표**	
				YES..FV+VF+V+FD>2	
			H =1	YES..Col-Shd Bl>0	
Zf =15	FM.FC′	M =3	(H) =1	YES..Ego<.31, >.44	
ZSum =45.0	CF.m	FM=2	Hd =1	NO ...MOR>3	
ZEst =49.0	M.FD	m =0	(Hd)=1	YES..Zd>+-3.5	
	FM.FC′	FC =1	Hx =0	YES..es>EA	
W =6	FV.m	CF =1	A =7	YES..CF+C>FC	
D =14	m.VF	C =0	(A) =1	YES..X+%<.70	
W+D=20	FM.FC	Cn =0	Ad =2	YES..S>3	
Dd =2	FV.m.CF	FC′=3	(Ad)=1	YES..P<3 or >8	
S =4	FM.FC	C′F=0	An =0	YES..Pure H<2	
	C.Y	C′ =0	Art =1	YES..R<17	
		FT =0	Ay =0	10 ....TOTAL	

				특수점수	
발달질		TF =0	Bl =1		Lv1 Lv2
+ =10		T =0	Bt =2	DV =0x1 0x2	
o =10		FV =0	Cg =4	INC =2x2 0x4	
v/+ =1		VF =0	Cl =1	DR =0x3 0x6	
v =1		V =0	Ex =0	FAB =0x4 0x7	
		FY =0	Fd =0	ALOG =0x5	
		YF =0	Fi =1	CON =0x7	
		Y =0	Ge =0	Raw Sum6 =2	
형태질		Fr =0	Hh =4	Wgtd Sum6 =4	
	FQx MQual W+D	rF =0	Ls =0		
+ =0 =0 =0		FD =0	Na =1		
o =15 =3 =15		F =2	Sc =1	AB =0	GHR =5
u =6 =1 =4			Sx =0	AG =4	PHR =3
− =0 =0 =0			Xy =0	COP =2	MOR =1
none =1 =0 =1		(2) =11	Id =0	CP =0	PER =1
					PSV =0

		구조적 요약(하단부)			
		비율, 백분율, 산출한 점수			
R =22	L =0.10		FC:CF+C =3:4		COP=2 AG =4
			Pure C =1		GHR:PHR =5:3
EB =4:6.0	EA =10.0	EBPer =1.5	SumC′:WSumC =5:6.0		a:p =7:7
eb =10:9	es =19	D =−3	Afr =0.38		Food =0
	Adj es =16	Adj D =−2	S =4		SumT =0
			Blends:R =10:22		Hum Con =4
FM =6	C′ =5	T =0	CP =0		Pure H =1
m =4	V =3	Y =1			PER =1
					Iso Indx =0.27
a:p =7:7	Sum6 =2	XA% =0.95	Zf =15.0		3r+(2)/R =0.50
Ma:Mp =2:2	Lv2 =0	WDA%=0.95	W:D:Dd =6:14:2		Fr+rF =0
2AB+Art+Ay =1	WSum6=4	X−% =0.00	W:M =6:4		SumV =3
MOR =1	M− =0	S− =0	Zd =−4.0		FD =1
	Mnone =0	P =9	PSV =0		An+Xy =0
		X+% =0.68	DQ+ =10		MOR =1
		Xu% =0.27	DQv =1		H:(H)Hd(Hd)=1:3
PTI=0	DEPI=6*	CDI=4*	S-CON=10*	HVI=YES	OBS=NO

S-CON과 핵심 변인

자살 지표(S-CON)가 10점으로 유의하여 우려할 만하다. 피검자는 죽음에 몰두되어 있다고 보고하였고, 이로 인해 즉각적으로 입원하게 되었다. 자문 과정에서 피검자가 자살한 사람들의 특성과 일치하는 특징이 많다는 것이 강조되어야 한다. 자살 위험에 대한 주의 조치가 취해져야 하며, 입원치료는 우선 자살 예방에 집중되어야 한다. 이러한 개입을 통해 대개 피검자는 치료자를 포함한 의료진들과 친밀하고 지지적인 관계 형성을 하게 될 것이다.

첫 번째 유의한 핵심 변인은 DEPI(6)로 5보다 더 크며, CDI(4)는 3보다 더 크다. 이는 군집 자료의 해석이 대인관계 지각에서 시작하여, 자기 지각, 통제, 정동, 정보처리, 인지적 중재, 관념 순으로 진행되어야 함을 의미한다.

대인관계 지각

사례 2. 36세 여성의 대인관계 지각 자료

R	=22	OBS	=NO	HVI	=YES	**COP & AG Responses**
a:p	=7:7	SumT	=0	Fd	=0	II 6. D+ FMp.FC'o 2 Ad P 3.0 COP,GHR
		[eb	=10:9]			IV 9. Do FMao 2 A AG,PHR
Sum Human Contents	=4			H	=1	VII 15. D+ Mao 2 Hd,Cg P 3.0 AG,PHR
[Style =Extratensive]						X 20. D+ Mau 2 (A),Bt 4.0 COP,AG,PHR
GHR:PHR	=5:3					X 21. D+ FMa.FCu 2 A P 4.0 AG,PHR
COP	=2	AG	=4	PER	=1	
Isolation Indx	=0.27					

유의한 CDI(4)는 피검자가 다른 사람들과 성숙한 관계를 형성하고 유지하는 데 필요한 사회적 기술이 부족할 가능성을 나타낸다. 사회적 기술이 부족한 사람들은 피상적인 관계를 형성할 가능성이 크며, 흔히 다른 사람들을 대할 때 거리감을 느끼거나 부적절하다고 여긴다. 이러한 문제의 결과로 거절에 대한 취약성 및 삶에 대한 불만족 경향성이 유발되고, 대인관계 실패가 누적되면서 특히 우울과 같은 일시적인 정서적 혼란이 발생된다. 이

는 피검자의 대인관계 과거력과 상당히 일치하는 것 같다. 그녀의 제한적인 사회적 기술은 과경계의 부산물일 수 있다. 과경계는 기질적 특징으로 대개 초기 성인기까지 발달한다. 이러한 특징이 있는 사람들은 대개 스스로 취약하다고 느끼며 환경에 대해 부정적이거나 불신하는 태도가 있다. 그 결과, 다른 사람들과의 관계에서 지나치게 조심스럽고 보수적인 경향이 있다. 이러한 사람들은 전형적으로 관계에 대하여 흥미를 보이지 않으며, 대개 자신이 상호작용을 통제한다고 느끼지 않는 경우 친밀한 관계를 허용하지 않는다. 그들은 친밀감을 기대하지 않으며 다른 사람들이 보이는 친밀감의 제스처에 대해 불안해한다.

피검자의 22개 반응 프로토콜에 4개의 인간내용 반응이 포함된다. 이러한 결과는 외향적 유형의 사람에게 특이하지 않다. 그러나 4개의 인간내용 반응 중 1개만이 순수 H이다. 이는 피검자가 타인에 대한 관심이 있다 하더라도 그녀가 타인들을 잘 이해하지 못한다는 것을 의미한다. 사회적 상황을 오해석하기도 하는데, 과경계로 인해 오해석 가능성이 높아진다. 이는 긍정적인 인간표상 응답이 더 많다는 GHR:PHR(5:3)의 해석과 다소 모순적일 수 있다. 채점 계열을 살펴보면, 5개의 GHR 가운데 2개는 (H)이며, 세 번째 GHR은 Hd, 네 번째는 Ad 내용반응이다. GHR 반응 가운데 부정적인 반응은 없으며 4개의 GHR은 대인관계에 관한 관심을 시사하지만, 대인관계 적응능력과는 그다지 관련되지 않는다.

피검자의 기록에서 2개의 COP 반응과 4개의 AG 반응이 함께 나타나고 있는 점은 특이하다. COP 반응은 사람들 간의 긍정적 상호작용을 기대한다는 의미지만, 많은 AG는 상호작용에서 강요적이고 공격적인 경향이 있으며 대인관계에서 이러한 행동들을 자연스러운 것으로 지각한다는 것을 나타낸다. 이처럼 특이한 COP와 AG 반응 조합을 지닌 사람은 대개 다른 사람들을 잘 이해하지 못하며 대인관계 행동이 비일관적일 수 있다. 때로는 이러한 사람들이 표면적으로 협동적이고 사교적인 면모를 보이는데, 내재된 공격적인 태도를 숨기는 데 유용하다.

인간내용 반응의 특징, 특이한 COP와 AG 조합, 유의한 HVI 결과와 소외 지표(.27)는 관련되어 보인다. 소외 지표는 다소 상승되어 있는데 일상적인 사회적 상호작용에 참여하는 데 약간 주저하는 태도를 반영한다.

피검자의 프로토콜에 쌍반응을 포함한 7개의 M 또는 FM 반응이 있다. 이 반응에는 작은 곰이 함께 코를 잡고 놀고 있다(반응 3), 두 사람이 어항 위로 구부리고 있다(반응 5), 뱀이 똬리를 틀어 공격할 준비를 한다(반응 9), 어린 소녀들이 서로 쳐다보며 얼굴을 찌푸리고 있다(반응 15), 도마뱀이 어딘가 기어오르고 있다(반응 17), 공상 과학 생명체가 나무를 밀고 있다(반응 20), 메뚜기가 거미에게 사로잡혀 있다(반응 21) 등이 있다. 첫 번째 반응은 긍정적 특징이 있으나 나머지 6개는 그렇지 않다. 사실 이 반응들 중 4개는 공격성을 포함하고 있는데 이는 타인과의 관계에 대한 피검자의 기본적인 태도나 기대를 반영한다.

전체적으로 피검자는 대인관계에서 노련하지 않는데, 그녀가 대인관계에서 조심스럽고 신뢰하지 못하며 신중한 경향이 있기 때문이다. 그녀는 사람들에게 관심은 있지만, 다른 사람들을 적절히 이해하지는 못하고 있다. 피검자는 상호작용의 욕구보다는 방어에 관심 있으며, 많은 대인관계에서 공격성 또는 피상성의 특징이 두드러진 것으로 보인다.

자기 지각

사례 2. 36세 여성의 자기 지각 관련 자료

R	=22	OBS	=NO	HVI =YES	**Human Content Response**
					III 5. D+ Mpo 2 H,Cg,Hh P 3.0 GHR
Fr+rF	=0	3r+(2)/R	=0.50		IV 8. Wo Mp.Fdo (H) P 2.0 GHR
					VII 15. D+ Mao 2 Hd,Cg P 3.0 AG, GHR
FD	=1	SumV	=3		IX 18. D+ CFo 2 (Hd),Cg, P 2.5 GHR
An+Xy	=0	MOR	=1		

H:(H)+Hd+(Hd) =1 : 3
[EB=4: 6.0]

유의한 HVI는 이미 논의되었으나, 추가적인 검토가 필요하다. 과경계적인 사람들은 자신의 온전함(integrity)을 보호하는 데 관심 있으며 상황적 현실과는 상관없이 어려움이나 실패의 원인을 외부로 귀인하려는 경향이 있다. 과경계적인 사람들은 자신이 모욕당하거나 조종당하는 상황을 회피하는 데 지나치게 몰입한다. 이러한 자기관여 특징은 이 사례의 자기중심성 지표(0.50)처럼 평균보다 높게 나타난다. 이는 반드시 긍정적인 자존감을 의미하지 않지만, 분명히 높은 자기관여를 시사한다.

HVI와 자기중심성 지표에 관한 결과는 피검자의 프로토콜에서 3개의 통경반응과 1개의 *FD* 반응도 나타나므로 상당히 중요하다. 그녀의 빈번한 자기검열 행동은 상당 부분이 자신의 부정적 특징에 대해 반추하는 것을 의미하는 것으로 그녀에게는 고통스러운 것이다. 이는 과경계적인 사람에게는 지극히 특이한 결과로, 과경계적 유형이 피검자에게 적절히 기능하지 못한다는 것을 의미하며, 피검자의 과거력에서도 확인된다. 즉, 타인에 대해 조심스럽고 경계함에도 불구하고, 그녀는 두 번의 결혼 실패로 자신을 내몰았고 그녀의 삶에서 지지를 얻지 못했다. 이러한 파국적 상황으로 정서적 혼동과 혼란이 유발되기 쉽다.

흥미롭게도 로르샤흐 기록에서 MOR 반응이 하나만 나타나는데, 이는 피검자의 자기상이 그다지 부정적이지 않음을 시사한다. 그러나 $H:(H)+Hd+(Hd)$(1:3)는 피검자의 자기상이 상상적 인상이나 왜곡된 경험에 더 기반을 두고 있음을 의미한다. 그녀의 인간내용 반응은 전체적으로는 긍정적이다. 그중 평범반응 3개 모두 GHR으로 채점된다. 적어도 피상적 수준에서 이러한 결과들은 비교적 긍정적 자기상을 시사한다. 하지만 투사된 내용은 이와 다르다.

투사된 내용을 탐색할 때는 윤색반응뿐 아니라, 마이너스 형태질 반응, MOR, 운동반응 등에 초점을 둔다. 프로토콜에서는 마이너스 형태질 반응은 없지만 1개의 MOR 반응이 극적이다. 즉, 마지막 반응(카드 X, 22)에서 "양쪽에 핏자국…… 마치 말라서, 얼룩처럼"이라고 답했다. 일반적으로 얼룩은 제거하기 어렵다. 이러한 경우, 손상이나 자기비하의 느낌이 확고하다는 것을 의미하는 것 같다. 이는 외상적 과거 사건, 즉 피검자의 결혼 또는 자녀와의 결핍된 관계와 관련되거나 또는 단순히 그녀 자신이나 상황에 대한 무가치감을 반영할 수도 있다.

첫 번째 M 반응(카드 III, 5)은 "두 사람이 무언가 위로 몸을 구부리고 있다. 어항 같아요."이다. 질문 단계에서 "물고기를 찾고 있다."고 말했으나, 연이은 재질문에서 피검자는 "어항 같은데…… 하지만 물고기는 보이지 않아요."라며 조심스러워졌다. 이는 수동적이며 관음증적 반응일 수 있다. 두 번째 M 반응(카드 IV, 8)은 "선사시대 괴물"로, "서 있는데, 작고 게슴츠레한 눈과 짧은 팔, 큰 다리와 발, 그리고 가운데에 큰 꼬리가 있어요."라고 정교화하였다. 평범반응이지만 게슴츠레한 눈을 추가하여 설명한 것은 피검자의 경계심과 관련될 수 있다. 세 번째 M 반응(카드 VII, 15)은 "어린 소녀들이 서로 쳐다보며 얼굴을 찌푸리고 있다."로 공격적인 반응이다. 마지막 M 반응(카드 X, 20)은 "공상 과학 생명체 둘이 나무를…… 마치 이 나무를 밀어 쓰러뜨리려 하는 것 같아요."로, 역시 공격적이다. 전체적으로 이상의 4개 반응은 자기에 대한 긍정적인 특징을 묘사하고 있지 않다. 2개 반응은 비현실적이고 2개 반응은 공격적이며 2개 반응은 수동적이다. '큰 꼬리'와 '나무'는 성적 관심의 단서일 수 있으나, 증거는 충분하지 않다.

피검자의 로르샤흐 기록에 6개의 *FM* 반응이 있다. 첫 번째 반응(카드 I, 2)은 "나비……날고 있는"으로 평범반응이다. 그러나 "만약 색깔을 무시한다면"이라는 언급은 보편적이지 않다. 정확성에 대한 걱정을 반영하는 것 같다. 두 번째 *FM* 반응(카드 II, 3)은 "작은 곰두 마리가 함께 코를 잡고 있어요."이며, 이후 질문 단계에서 "왜 그런지는 잘 모르겠어요. 아마도 곰이 놀 때 때때로 그러는 것 같아요."라고 답하였다. 이것은 조심스러운 COP 반응이다. 세 번째 *FM* 반응(카드 IV, 9)은 "뱀…… 똬리를 틀어…… 뭔가를 공격하려 해요."로, 명백한 *AG* 반응이며 그 내용은 그다지 긍정적이지 않다. 네 번째 *FM* 반응(카드 V, 10)은 "박쥐"이다. 일반적 반응이지만 그녀는 "어떤 박쥐처럼 뿔 같은 게 있어요. 그리고 역시온통 검은색이고요."라고 설명하였다. 뿔을 부연설명함으로써(INCOM) 그녀는 위협적이고 공격적인 특성을 추가하였다.

다섯 번째 *FM* 반응(카드 VIII, 17)은 "두 마리 도마뱀…… 어딘가 기어오르고 있어요."이다. 비록 그녀가 "이 색깔을 좋아해요. 핑크색 도마뱀……."이라고 반응했지만 도마뱀도그다지 긍정적이지는 않다. 마지막 *FM* 반응(카드 X, 21)도 "두 마리의 메뚜기가 거미에게사로잡혔어요…… 거미는 메뚜기를 잡고 메뚜기는 도망가려고 하는 것 같아요."로 공격적이다. 이 반응은 악의(malevolence)와 희생을 의미한다. 6개의 *FM* 반응 중 적어도 4개는방어적, 부정적, 또는 공격적 특징을 포함한다. 이러한 반응으로 볼 때 피검자의 자기개념이 긍정적이기보다 부정적이며, 방어적이거나 공격적임을 의미한다. 피검자의 과경계적특징과 일치하며 과경계의 기저를 이루는 불안정성이 강조된다.

4개의 *m* 반응 중 3개는 공백반응이며, 3개의 *m* 반응에 통경반응 결정인이 포함되어 있다. 첫 번째 반응(카드 III, 6)은 3개의 공백반응 중 하나로, "높이 달려 있는 랜턴…… 보트나 기차에 있는…… 벽 아래쪽으로 매달려 있어요."이다. 보트나 기차의 랜턴은 전형적으로 공간을 규정하는 신호로 사용되며, 사실상 경고이다. 두 번째 반응(카드 VI, 13)은 통경반응으로, "강 위의 보트나 뗏목…… 마치 어둡고 깊은 협곡 같고…… 뗏목이 강 아래로 떠내려가고 있어요."이다. 이 반응은 통제 부족과 무기력감을 표현한다. 세 번째 *m* 반응은공백반응과 통경반응 모두 포함한다. "일종의 구름 형성물"로 질문 단계에서 부풀어 오르며, 가득 차고 두텁다고 묘사하였고 "마치 접히듯 층을 만들어 가는 것 같아요." 구름이 만들어져 합쳐지며 '접히듯' 평평한 정상을 형성할 때, 변덕스러운 폭풍우 구름이 만들어진다. 네 번째 *m* 반응 역시 공백반응과 통경반응 모두 포함한다(카드 XI, 19). "유리로 된 양초 받침 안의 양초…… 공기가 순환할 수 있도록 구멍이 있고…… 양초가 유리 안에서 타고 있어요." 양초는 불을 밝힐 수 있고, 유리로 된 양초 받침 안에서 보호받으며 그 안에 구멍(S)이 있어 공기 순환이 가능하다. 이는 취약성을 드러내는 방어적인 반응으로 보이나, 이러한 해석은 추정하는 수준이다. 전체적으로 위에서 기술한 반응들은 무기력과 초조함을 시사한다. 또한 방어성과 통제의 결여 또는 상실을 의미하지만, 중요한 것은 현저한 취약성 역시 드러난다는 점이다. 이를 통해 자살행동의 가능성을 엿볼 수 있다.

아직 검토하지 않은 7개 반응 중 일부는 정교화 반응을 포함하고 있어 피검자의 자기상을 이해하는 데 필요하다. 첫 번째(카드 I, 1)는 "박쥐"로 특별한 내용은 없으나, 두 번째(카드 II, 4) 반응은 흥미롭다. "램프 같아요…… 문 옆 기둥이나 사무실 천장에 있는 것과 같은 하얀 전구요." 이는 앞서 다루었던 랜턴이나 양초 반응과도 연관된다. 이들은 빛을 내어 주목을 끌 수 있는 것들로, 이 사례에서는 모두 공백영역에서 나타난다. 이는 피검자의 분노에 이목을 집중시키는 미묘하고 무의식적인 방식을 의미한다.

세 번째(카드 III, 7)는 "리본, 유행 지난 헤어 리본…… 요즘은 더 이상 볼 수 없어요. 요즘은 포장할 때 사용하는 것 같아요." 이는 긍정적인 반응으로 보이지만, 명확하지는 않다. 네 번째(카드 V, 11)와 다섯 번째(카드 VI, 12)는 정교화 내용을 포함하지 않지만, 벌레와 뱀의 머리 모두 그다지 긍정적이지 않은 반응이기 때문에 연관되어 보인다.

이 중에서도 여섯 번째(카드 VII, 16)는 "악마 얼굴…… 예술가가 연필로 스케치한 악마 얼굴 같아요. 이빨, 코, 눈이 보이네요."라는 흥미로운 반응이다. 악마를 묘사하고 있으나, 악마는 실존하지 않는 존재이다. 연필로 스케치된 그림은 물감으로 그린 그림보다 오래가지 않는다. 마지막 반응(카드 IX, 8)은 "2명의 우주인이 뾰족 모자를 쓰고 코트를 입고 있어요…… 웃긴 것 같은데, 다 오렌지색이에요. 제 생각에 우주를 나타내기 위한 것 같아요……."로 이 역시 비현실적이다.

이들 7개의 반응 모두 명백하게 자기상이 부정적이라는 것을 드러내지는 않지만, 피검자의 자기상이 긍정적이기보다 부정적이라는 가설을 지지한다. 더불어 3개 반응은 머리, 얼굴, 상반신을 포함한다. 그중 하나는 이빨과 눈을 포함한 악마 얼굴이며, 두 번째는 역시 눈을 강조한 뱀의 머리이다. M 반응 중 하나(15번)는 사람 얼굴을 포함하는 일반적인 반응이지만, 흔하지 않게 턱을 강조하였다. 두 번째 M 반응(8번) 또한 일반적인 반응이지만 게슴츠레한 눈이라는 흔하지 않은 부연설명을 하고 있다. 추가적으로, FM 반응 중 2개(3번과 9번) 반응에서는 머리와 목을 세밀하게 묘사한다.

프로토콜에서 머리나 얼굴에 제한된 반응이 상당히 많거나, 눈, 턱, 귀 등 얼굴 특징을 강조하는 반응이 기대되는 빈도보다 높을 때, 편집증과 유사한 관념(paranoid-like ideation) 가능성을 고려해야 한다. 편집증과 유사한 관념이 이 사례에 해당되는지 확인하기는 어렵다. 이 같은 특징이 나타나는 빈도는 주목할 만하지만, 상당히 높은 수준이라고 할 수 없다. 게다가 특이한 정교화 반응 중 약 절반은 관습적인 반응 범위 내에서 표현되고 있다. 다른 한편으로, 피검자가 과경계적이며, 상당한 스트레스나 정신병리가 조심성을 악화시킴으로써 편집증과 유사한 사고가 촉발되는 것으로 보인다.

전반적으로 피검자의 자기 지각은 일반 성인들에게 기대되는 수준보다 덜 견고하며, 현실에 기반을 두고 있지 않다. 피검자는 자신에 대해 긍정적이기보다 부정적인 관점으로 바라보는 경향이 있으며, 자신의 단점에 대해 반추적 사고가 많은 것 같다. 그녀는 자신에 대한 무가치함도 경험하고 있다. 피검자는 확실히 스스로 쉽게 손상되고 취약하다고 느낀다. 이에 대해 피검자는 방어적이나, 통제에 대한 자신감은 그다지 높지 않다. 그녀는 주변의 위협을 막기 위해 공격적으로 대처하는 경향이 있는데, 이런 방식은 그다지 효과적이지 않다. 이러한 대처 방식은 오랫동안 유지되어 왔던 피검자의 세상에 대한 불신감과 방어성을 악화시킬 뿐이다.

통제

사례 2. 36세 여성의 통제 관련 변인

EB =4:6.0	EA =10.0		D =−3	CDI =4
eb =10:9	es =19	Adj es =16	Adj D =−2	L =0.10
FM =6 m =4	SumC′ =5	SumT =0	SumV =3	SumY =1

Adj D가 −2로 피검자가 통제를 상실할 정도로 매우 취약하다는 것을 의미한다. 이런 경우 구조화되고 일상적인 환경에서는 적절히 기능하지만, 구조화가 부족하거나 일상이 무너지면 혼란에 빠지기 쉽다. 이러한 피검자의 취약성은 제한된 사회적 기술(CDI=4)로 인해 더욱 악화된다. 이러한 결핍으로 인해 대인관계 문제의 가능성이 증가하며, 스트레스가 커져 피검자가 대처하기 어렵게 된다.

통제의 문제는 대처자원의 부족에 기인하는 것은 아니다. 피검자의 *EA*(10)는 평균 범위 내에 있고, *EB*(4:6)와 *Lamda*(0.1) 결과도 *EA*의 타당도를 저해할 요인이 되지 않는다. 근본적인 원인은 높은 Adj *es*(16)이며, 이는 자극 과부하를 유발하는 피검자의 심리적 복잡성을 의미한다. 이러한 심리적 복잡성은 높은 *eb*(10:9), 특히 3가지 변인에 의해 설명될 수 있다. 피검자의 프로토콜에는 6개의 *FM*이 포함되는데, 이는 전형적으로 기대되는 수준보다 충족되지 못한 욕구가 높다는 뜻이며, 결국 이로 인해 주의집중을 저해하는 일관성 없거나 혼란스러운 사고 양상을 초래한다. 더욱 중요한 변인은, *eb*의 우항값으로 5개의 무채색 반응과 3개의 통경 결정인이다. 이 같은 조합은 상당한 스트레스를 의미하는데, 일부는 억제되고 내재화된 감정에 의해 형성되며, 일부는 이미 살펴본 자기비하적 반추로 유발된 것이다. 이러한 손상은 정동과 관념영역에서 다시 살펴볼 것이다.

피검자의 자극 과부하 상태와 그 결과로 나타난 제한된 통제능력은 치료계획에 필수적으로 고려해야 하는 특성이며, 특히 자살 가능성에 대해 중요하게 평가되어야 한다. 피검자가 상황적 스트레스로 인해 더욱 부담스러운 상태가 되어 이러한 문제들은 증폭되는 것 같다.

상황적 스트레스

사례 2. 36세 여성의 상황적 스트레스 자료

EB	=4:6.0	EA	=10			D	=−3	**Blends**	
eb	=10:9	es	=19	Adj es	=16	Adj D	=−2	M.FD	=1
								FM.FC	=2
								FM.FC′	=2
FM	=6 m=4	C′=5	T=0	V=3	Y=1			m.VF	=1
				(3r+(2)/R=.50)				C.Y	=1
								CF.m	=1
Pure C=1	M−=0	MQnone=1				Blends=10		FV.m.CF	=1
								FV.m	=1

D(−3)가 Adj D보다 1점 적다는 것은 가벼운 또는 중간 수준의 상황적 스트레스가 있다는 것을 나타낸다. 상황적 스트레스가 중간 또는 가벼운 수준일지라도, 피검자의 통제능력 자체가 제한적이므로 스트레스의 영향은 더욱 심각한 손상을 초래한다. 이 같은 D점수를 고려하다면 피검자가 의사결정하고 행동으로 옮길 때 충분히 심사숙고하지 못할 것으로 보인다.

4개의 *m* 반응에 비해 단 1개의 음영확산(*Y*) 반응이 나타났는데, 이는 스트레스가 피검자의 사고에 상당한 영향을 주고 있음을 시사한다. 이는 앞서 *FM* 반응에서 다루었듯이, 충족되지 못한 욕구와 관련하여 주의집중의 어려움을 겪게 되는데, 4개의 *m* 반응으로 이러한 가능성이 매우 커진다. 사람이 통제밖에 벗어나 있거나 무기력감을 느낄 때 일관성 없고 혼란스러운 사고 양상이 나타날 수 있다. 이러한 사고들이 대개 잠재의식의 수준으로 나타날지라도 때때로 의식에 침습되는 경향이 있다. 최상의 상황에서는 이러한 방해가 행동의 필요성을 일깨워 주지만, 반복해서 나타난다면 혼란스럽고, 주의가 분산되며, 집중력과 주의폭이 상당히 감소하게 된다. 이러한 일이 일어난다면 그것은 심리적인 작용에 광범위한 영향을 미치게 된다.

상황적 스트레스가 주로 피검자의 사고에 영향을 미치고 있으나, 정서에도 영향을 미치고 있다. 자기비하적 반추는 3개의 *V* 반응을 통해 살펴볼 수 있으며, 앞서 언급되었던 과정들이 지속되고 있다는 것을 시사한다. 이것은 최근에 있었던 결혼 실패에 대한 죄책감과 후회로 가중되었을 것이다. 이러한 가정이 맞다면, 이처럼 가중된 부정적 정서는 결국 통제문제에 대한 피검자의 취약성을 악화시키게 된다.

관련된 맥락에서 순수 *C* 반응이 존재하므로, 피검자의 통제문제는 관념적인 활동 또는 정서적 활동 중 충동적인 에피소드로 나타나기 쉽다. 이는 현재 피검자가 보이는 현저한 심리적 복잡성에 의해 지지될 수 있다. 22개 전체 반응 중 10개가 혼합반응이며, 이 중 4개는 *m*, *Y*의 변인이고, 2개는 V 결정인이 포함되어 있으며, 2개의 색채음영 반응 중 두 번째 반응은 *C.Y* 반응이다. 이 같은 결과는 평소보다 피검자의 스트레스가 증가되어 있을 뿐 아니라, 이전부터 지속되어 온 자신의 감정에 대한 혼란감도 커지고 있음을 의미한다.

상황적 요소를 고려하지 않아도 피검자는 과부하로 인해 통제 문제에 취약한 상태이다. 현재의 스트레스가 이러한 통제 문제를 더 악화시키고, 피검자가 행동을 할 때 통제력을 유지하기 어려운 불안정한 상황이라고 결론짓는 것이 타당하다. 상황적 스트레스가 명확하지는 않으나, 최근 결혼생활의 종결, 업무상 어려움과 전반적인 외부 지지체계 부족에 기인한 것으로 보인다.

정동

유의한 DEPI(6) 및 CDI(4)의 조합은 명백하게 장애를 초래할 만한 정서적 문제가 존재한다는 것을 나타낸다. 이러한 특정은 이미 논의되었다. 예를 들어, 사회적 기술이 제한된 사람들은 대인관계가 비일관적이고, 관계 내에서 긍정적 보상을 덜 받기 때문에 정신적 고통감이나 우울을 경험하기 쉽다. 이는 피검자에게도 적용되며, 더불어 피검자의 자기상과 과부하된 상태 관련 결과들은 정서 문제를 유발하는 몇 가지 원인이 있음을 암시한다. 따라서 정서적 구조와 기능의 측면을 광범위하게 포함하여 피검자 심리의 전체 맥락을 검토한 후, 정서적 문제와 관련된 결론을 내리거나 치료에 대한 제언이 제시될 수 있다.

사례 2. 36세 여성의 정동 관련 자료

EB	=4:6.0			EBPer	=1.5	**Blends**		
eb	=10:9	L	=0.10	FC: CF+C	=3:4	M.FD	=1	
DEPI	=6	CDI	=4	Pure C	=1	FM.FC	=2	
						FM.FC′	=2	
SumC′=5	SumT =0			SumC′:WSumC	=5:6.0	m.VF	=1	
SumV=3	SumY =1			Afr	=0.38	C.Y	=1	
						CF.m	=1	
Intellect	=1	CP	=0	S=4 (S to I, II, III	=2)	FV.m	=1	
Blends:R	=10:22			Col-Shad Bl	=2	FV.m.CF	=1	
m+y Bl	=4			Shading Bl	=0			

EB(4:6)는 외향적 유형을 시사하며, 피검자가 문제해결이나 의사결정 시 감정을 사고와 통합하는 경향이 있음을 의미한다. 결과적으로 피검자는 감정의 영향을 쉽게 받으며 무엇인가를 결정할 때 직관적인 접근 방식에 의존하는 것을 편안하게 느낄 것이다. 외향형의 사람들은 시행착오적인 행동을 통해 가정과 추측을 검증하며, 외부 피드백에 상당히 의존하는 경향이 있다. *EBper*(1.5)를 고려할 때 피검자의 의사결정 방식은 경직되어 있지 않으므로, 판단을 미루고 심사숙고하는 것이 효과적이라는 것이 명백하다면 피검자는 기꺼이 자신의 감정을 밀어두고 다른 접근 방식을 사용할 가능성이 높다.

상당히 높은 *eb* 우항값은 이미 논의되었으나, 여기서 추가적으로 고려되어야 한다. 5개의 무채색 반응은 피검자의 외향적인 방식과 다소 대조되는 징후이므로 특히 중요하게 살

퍼보아야 한다. 외향적인 사람들은 자신의 감정을 개방적으로 드러내지만, 드러낸 감정을 주의 깊게 조절하는 것에는 다른 사람들보다 관심이 적은 편이다. 현저하게 상승되어 있는 무채색 반응은 피검자가 때때로 감정을 억제하며, 감정을 억제함으로써 상당한 불편감을 느끼고 있음을 보여 준다. 이에 3개의 V 반응에 의해 반영되듯 빈번한 자기비하적 반추로 유발된 불안한 감정이 추가된다.

$SumC':WSumC$(5:6.0)는 정서를 과도하게 통제한다고 볼 수 없지만, 낮은 Afr(.38)은 정서적인 상황을 회피하는 두드러진 경향성을 나타낸다. 이는 외향형 사람들에게 특이한 양상으로, 정서적 억제 가능성을 시사하며, 적어도 정서적 교류가 요구되는 상황을 회피하려는 방어적 태도가 명백하다.

$FC:CF+C$(3:4)는 C' 반응과 낮은 Afr 관련 결과와 상반되어 보이지만 아닐 수도 있다. 피검자 역시 대부분의 외향형 사람들처럼 정서표출을 조절하는 것에 그다지 엄격하지 않다는 것을 시사한다. 피검자가 나타내는 감정은 분명하거나 강렬하고, 때로는 표현의 정도가 상황에 부적절할 수도 있다. 이것은 통제 문제가 없고 사회적으로 적절한 사람들의 경우 반드시 부담이 되지는 않는다. 그러나 통제 문제가 있거나 사회적 능력이 제한되어 있다면(이 사례에서는 2가지 문제가 동시에 있다), 감정을 과도하게 강렬하게 표현하는 경향성으로 인해 타인에게 부정적인 인상을 줄 수 있다. 피검자가 이에 대해 인식하고 있다면, 외향형의 감정 표현과 상반될지라도 정서적 교류를 회피하고 통제하는 양상은 정상적인 방어적 결과이다. 감정을 통제하고 회피하는 특성은 피검자의 과경계적인 특성과는 일치하며, 이러한 양상은 치료계획 시 신중하게 고려되어야 한다.

순수 C 반응이 단 하나인 MOR 반응에서 나타난다는 사실에도 주의를 기울일 필요가 있다. 피검자의 통제 문제에 비추어 볼 때, 원초적이고 부정적인 반응인 '핏자국'은 일부 정서조절이 안 되는 상황에서 부적절하고 부적응적인 행동이 쉽게 나타날 수 있음을 의미한다. 이러한 가능성은 프로토콜에서 4개의 S 반응이 나타난 것 때문에 더 중요하게 다루어져야 한다. 이러한 결과는 피검자가 환경에 대한 부정적 관점을 지니고 있으며, 명백한 분노를 품고 있다는 것을 나타낸다. 이는 과경계적인 사람들에게 드문 일이 아니며 과경계적인 사람이 품고 있는 세상에 대한 태도를 반영하고 있다. 따라서 피검자의 정서적 표출이 강렬해지면, 부정적 태도와 적대감으로 표현되는 경향이 있다.

혼합반응(10)이 기대되는 수준보다 많다고 이미 언급되었는데, 혼합반응 수는 상황적 요인들에 의해 상당히 증가되었다. 10개의 혼합반응 중에는 2개의 색채음영 혼합반응이 포함되어 있다. 또한 3개의 V 반응, 7개의 유채색 결정인 반응 가운데 5개도 포함되어 있다.

전체적으로 이러한 결과들은 피검자가 경험하고 있는 혼란의 복잡성을 잘 설명하고 있다. 피검자는 명백히 정서적으로 혼란스러운 상황이다. 피검자의 우울은 실재하며 강렬해 보인다. 피검자의 우울은 반응성 특성이기보다 내인성 특성이 훨씬 더 두드러지는데, 사회적 실패로 인한 상당한 불만족이 누적되어 있는 것도 포함된다. 피검자는 자신의 감정에 대해 혼란스러워하며, 감정을 억제하거나 혼란을 악화시키는 상황을 회피하려고 무척 애쓰는 것 같다. 피검자는 보통 사람들보다 자신을 비하하는 경향이 있으며, 이는 정서적 부담을 가중시키고 있다. 또한 피검자는 자기 자신과 신뢰할 수 없는 세상에 대해 분노하고 있으며, 이러한 혼란으로 인해 자기파괴적 사고가 쉽게 촉진될 수 있다.

정보처리

사례 2. 36세 여성의 정보처리 변인

EB $=4:6.0$	Zf $=15$	Zd $=-4.0$	DQ+ $=10$
L $=0.10$	W:D:Dd $=6:14:2$	PSV $=0$	DQv/+ $=1$
HVI $=$YES	W:M $=6:4$		DQv $=1$
OBS $=$NO			

Location & DQ Sequencing

I: Wo.Wo	VI: Ddo.D+
II: D+.DSo	VII: WSv/+.D+.Do
III: D+.DdS+Do	VIII: W+
IV: Wo.Do	IX: D+.DS+
V: Wo.Do	X: D+.D+.Dv

과경계성은 대개 새로운 정보를 처리할 때 더 많은 노력과 주의를 기울이게 한다. Zf(15)는 피검자가 새로운 정보를 조직할 때 상당한 노력을 투입한다는 것을 시사하나, 이 군집의 다른 지표들과는 상반된다. $W:D:Dd$(6:14:2)에 따르면 피검자는 매우 경제적인 정보처리 접근을 취하고 있으며, 반응위치 계열을 검토한 결과도 일관적이다. 6개 W 반응 중 4개는 일반적으로 전체 반응을 보이기 쉬운 I, IV, V번 카드에서 나타난다. 분리되거나 복잡한 대상에 대한 반응은 주로 D와 Dd 반응에서 나타난다. 유사하게 $W:M$(6:4)은 외향형의 사람들에게 기대되는 수준보다 더 보수적으로 나타났는데, 이는 피검자가 정보처리 목표

를 설정할 때 신중하다는 것을 의미한다. 그럼에도 불구하고, 피검자의 정보처리 접근 방식은 상당히 일관적이어서 하나를 제외한 모든 W 반응은 카드의 첫 번째 반응이다.

이 사례에서 가장 놀라운 결과는 Zd(-4.0)로, 피검자가 과소통합한다는 것을 시사한다. 분명히 피검자는 새로운 정보를 다소 성급하고 무계획적으로 조사하며, 종종 자극 상황의 중요한 단서를 무시하고 있다. 이러한 성향은 과경계적인 특성과 일치하지 않은 결과로, 피검자가 경험하는 상황적 스트레스나 만성적인 정신병리로 인해 피검자의 전형적인 정보처리 습관이 손상되었을 가능성이 제기된다. 다른 한편으로는 DQ+ 채점된 반응이 10개로, 피검자의 정보처리 양식이 때로는 복잡하다는 것을 의미한다. 대부분의 DQ+반응은 분리되어 있는 대상(카드 II, III, VII, VIII, X)에서 나타나고 있으며, 이처럼 분리된 대상들은 +반응을 형성하기 쉽다. 그럼에도 불구하고 (DQ+반응의) 양과 규칙성을 고려할 때, 피검자의 전반적인 정보처리의 질은 상당히 양호한 편이다.

사실 정보처리와 관련된 자료들은 다소 모순적이다. 피검자는 정보처리 시 상당한 노력을 기울이는 것 같지만, 노력을 투입할 때 매우 경제적이고 보수적이기도 하여, 대개 자극장에서 분명한 외형적 특징을 선호하는 편이다. 이러한 노력은 종종 복잡하지만, 긍정적이기도 하다. 이러한 특징은 과경계적인 사람들에게 흔하지만, 간혹 자극을 성급하게 처리하거나 중요한 부분을 빠트리는 것처럼 보이는 결과는 과경계적인 사람에게 흔치 않다. 현재 피검자의 정보처리 습관이 적절한 수준이나, 이전에는 더 세련된 수준으로 정보처리했을 것으로 보인다. 이러한 맥락에서, 피검자의 정보처리 습관에 일부 손상이 일어났음을 가정하는 것이 논리적이며, 이러한 손상은 상황적 요인에 의한 것이며 더 실질적으로는 상당 기간 피검자가 경험해 왔던 혼란에 기인한 것으로 보인다.

인지적 중재

XA%(.95)와 WDA%(.95) 모두 기대되는 것보다 높게 나타나는데, 이는 피검자가 상황에 적절한 방식으로 자극 단서를 이해하는 데 특별한 노력을 기울이고 있다는 것을 뜻한다. 피검자는 정확한 것을 선호하며, 프로토콜에서 마이너스 반응이 나타나지 않은 사실을 통해서도 알 수 있다.

그러나 NoForm 반응($C.Y$) 하나가 나타나고 있다. 외향형 사람들에게서 C 반응은 다른 유형에 비해 흔하며, 대개 이러한 반응에서 정확성에 대한 우려할 만한 명확한 증거는 나타나지 않는다. 따라서 피검자 프로토콜의 *C*반응은 피검자의 현실 검증력이 대체로 적절하지만, 강렬한 감정 때문에 간혹 손상될 수 있음을 나타낸다.

사례 2. 36세 여성의 인지적 중재 변인

R = 22		L = 0.10		OBS = NO	Minus & NoForm Features
FQx+	= 0	XA%	= .95		X 22. Dv C.Y 2 Bl MOR
FQxo	= 15	WDA%	= .95		
FQxu	= 6	X-%	= .00		
FQx-	= 0	S-	= 0		
FQxnone	= 1				
(W+D	= 20)	P	= 9		
WD+	= 0	X+%	= .68		
WDo	= 15	Xu%	= .27		
WDu	= 4				
WD-	= 0				
WDnone	= 1				

평균을 상회하는 9개의 평범반응은 피검자가 관습적이고 정확하게 지각하기 위해 애쓰고 있음을 보여 준다. 높은 *XA%*, *WDA%*에 비추어 볼 때, 완벽주의적인 경향이 있는지 의문이 제기된다. 그러나 *FQ*+반응의 부재와 다분히 무계획적으로 조사하는(scanning) 특성을 통해 반박할 수 있다. *X*+%(.68)는 높지 않으며, *Xu*%(.27)는 꽤 높은 수준으로, 역시 위의 가정이 잘못되었다고 주장할 수 있다. 이러한 결과들은 피검자의 인지적 중재 결정이 일반 사람들에게 기대되는 수준보다 사회적 요구나 기대를 무시할 수 있음을 시사한다. 따라서 피검자가 정확하게 보려는 노력은 과경계적인 성향으로 야기된 방어적 특성과 관련된다고 가정하는 것이 타당하다. 피검자가 사건을 정확하게 해석한다면, 예기치 않게 품위가 실추되거나 위협을 당할 가능성이 감소된다. 앞의 내용과 상관없이 피검자의 인지적 중재과정은 대체로 적절하며, 양호한 현실 검증이 이루어질 수 있는 기반을 형성하고 있다고 결론 내릴 수 있다.

관념

이미 언급한 것처럼, *EB*(4:6.0)는 피검자의 사고가 감정의 영향을 받고 있음을 나타낸다. 이것이 일관성이 덜하거나 비논리적이라는 것을 뜻하는 것은 아니며, 이 사례에서도 그러하다. 단지 피검자는 의사결정 시 자신의 직관에 의존하는 경향이 있음을 의미한다. 그러나 *EBper*(1.5) 결과에 따르면 피검자는 문제해결 시 융통성이 있으므로, 상황에 논리적으로 접근하기 위해 가끔은 감정을 미루어 두기도 한다.

사례 2. 36세 여성의 관념 변인

L	=0.10	OBS	=NO	HVI	=YES	**Critical Special Scores**			
						DV	=0	DV2	=0
EB	=4:6.0	EBPer	=1.5	a:p	=7:7	INC	=2	INC2	=0
				Ma:Mp	=2:2	DR	=0	DR2	=0
eb	=10:9	[FM=6	m=4]			FAB	=0	FAB2	=0
				M−	=0	ALOG	=0	CON	=0
Intell Indx	=1	MOR	=1	Mnone	=0	Sum6	=2	WSum6	=4
							(R=22)		

M Response Features

III 5. D+ Mpo 2 H,Cg,Hh P 3.0 GHR

IV 8. Wo Mp.FDo (H) P 2.0 GHR

VII 15. D+ Mao 2 (Hd),Cg P 3.0 AG,GHR

X 20. D+ Mau (A),Bt 4.0 COP,AG,PHR

피검자의 의사결정 접근의 규칙성은 강점이지만, 다른 요인으로 인해 의사소통의 효율성이 감소되는 것 같다. 의사소통의 효율성을 저하시키는 것은 바로 피검자의 과경계성이다. 주변 환경에 대해 불신하고 부정적 태도를 보이는 것이 과경계적인 피검자의 핵심 특성이며, 이는 피검자의 사고에 광범위하게 영향을 미치고 있다. 피검자는 불안전하고 취약하다고 느끼고 있으며, 이러한 감정으로 의사결정하거나 행동으로 실행할 때 즉각적으로 경계한다. 이러한 과경계적인 특성은 덜 명확하고, 덜 유연하며, 때로는 비논리적인 사고 패턴으로 이끄는 경향이 있다. 따라서 피검자의 감정이 의사결정하고 행동을 형성하는 데 영향을 줄지라도, 지속적인 경계와 불신의 보이지 않은 흐름이 역시 피검자의 감정과 의사결정에 영향을 미치며, 특히 사회적인 상황에서 효과적으로 행동하는 데 방해가 된다. 피검자에게 크게 영향을 미치는 정서가 때로는 혼란스럽기 때문에 효과적인 의사결정이 어렵고, 이로 인해 결함이 있을 수 있는 직관적 판단을 내리게 된다.

보통 1개의 MOR 반응은 피검자의 관념 유형에 대해 추가적으로 유용한 정보를 제공하지 않지만, 피검자의 MOR 반응에서 극적인 내용인 '핏자국'은 주의를 기울여야 한다. 이는 무가치함을 의미하며, 때로는 피검자의 사고가 비관적이 되어 이러한 경향이 판단에 영향을 미치고 있다. 이러한 과정은 순식간에 나타나지만 한번 나타났을 때 피검자의 사고에 현저하게 영향을 미치게 된다. 이것은 이미 논의된 2가지의 다른 요인들 때문에 특히 중요해 보인다.

첫 번째는 자살에 몰두되어 있을 가능성이다. 심지어 극심한 비관주의와 관련된 단기 삽화도 자기파괴에 대한 내재적 우려가 존재한다면 매우 위험할 수 있다. 두 번째 요소는 eb 좌항(10)으로 주변적 사고가 상당히 많음을 반영하며, 이는 상황적 요인에 의해 현저히 증가된 것으로 보인다($m=4$). 잠재의식 또는 무의식적 사고는 욕구 상태와 관련되지만, 무력감에 의해 촉발되는 많은 관념 활동도 명백하게 포함된다. 이는 주의집중력을 상당히 저해할 수 있으며, 개념적 사고에 영향을 미침으로써 심각하게 우울하고 자신을 둘러싼 세상에 대해 불신하는 사람에게 더욱 크게 나타나 비관주의적 삽화에 빠지게 되는 경향이 있다.

긍정적인 측면으로는 피검자의 사고와 관련된 다른 자료들이 적절하다는 것이다. $Ma{:}Mp$(2:2)는 공상에 지나치게 몰두해 있지 않음을 나타내며, 주지화 지표(1) 역시 관념을 통해 정서의 중요성을 최소화하는 방식으로 정서를 부정하지 않음을 의미한다. 특수점수가 상대적으로 낮고(INCOM=2) 4개의 M 반응 모두 왜곡되지 않았다는 것은 피검자의 사고가 현실에서 크게 이탈되어 있지 않다는 의미이다. 더불어 피검자의 M 반응이 세련되지는 않지만, 간결하고 정확하다.

사고의 명확성은 피검자의 자원으로 보인지만, 관념의 어떤 측면은 취약성으로 치료계획 시 신중하게 고려해야 한다. 그중 하나는 피검자의 과경계적인 특성에 기인하는 것으로, 세상에 대해 경계하고 불신하는 태도를 보인다. 이는 상황을 개념화하는 방식에 영향을 미칠 수밖에 없으며, 결함이 있는 의사결정과 비효율적인 행동으로 이끌 수 있다. 더 직접적으로 중요하게 다루어야 할 것은 상황과 관련된 무력감이다. 이로 인해 관습적이기보다 주변적 관념이 많이 촉발되며, 주의집중력이 심각하게 저하될 것이다. 또한 무력감은 무가치감을 낳고 비관적 관념을 강화시키며, 의사결정과 행동에 영향을 미칠 위험성이 있다.

요약

피검자는 명백히 심각한 심리적 어려움에 처해 있고 자살에 몰두되어 있다. 피검자는 큰 혼란에 빠져 있고 자살한 사람들이 흔히 나타내는 특성을 다수 지니고 있다. 몇 가지 요인들이 혼란을 야기했는데, 일부 요인은 오랜 시간에 걸쳐 진전되어 왔으며, 일부는 최근의 요인으로 보인다.

그 상황이 오랜 기간 지속된 피검자의 성격 특성과 함께 피검자의 행동과 사고에 영향을 미쳤다. 과경계적 상태는 환경에 대한 불안하고 방어적인 태도를 반영한다. 이는 피검자의 심리에 광범위한 영향을 미치며, 타인에 대해 경계적이고 불신하는 만성적인 경향도 이에 포함된다. 과경계적 특성은 만족스러운 사회적·정서적 관계를 맺거나 유지하는 데 어려움을 초래하므로, 피검자가 형성한 대부분의 대인관계는 피상적이고 만족스럽지 못했다. 피검자의 대인관계는 그녀의 욕구를 충족시켜 주지 못하였고, 세상에 대한 불신은 강화되었으며, 피검자는 그 상황에 소극적이거나 분노를 표출해 왔다. 그 결과, 피검자는 대인관계에서 일반 성인들에게 기대되는 수준보다 높은 공격성을 나타내는 경향이 있으며, 이러한 패턴은 대인관계가 만족스럽지 못할 것이라고 예상하게 한다.

피검자의 과경계적 특성으로 야기되는 또 다른 결과는, 다른 사람들을 적절히 이해하지 못하며, 자신에 대한 이해도 부족하다는 것이다. 피검자의 자기상은 그다지 견고하지 못하다. 피검자의 자기상은 긍정적이기보다 부정적이며, 자신의 단점에 대해 상당히 많이 반추하는 경향이 있다. 또한 자신을 손상되기 쉽고 취약하다고 지각하고 있으므로 타인에 대한 방어성이 증가되어 있다. 피검자가 의사결정 시 대개 감정에 의존하는 직관적인 사람일지라도, 감정에 대해 점차 혼란스러워하며 경계하게 된다. 그 결과, 정서를 억제함으로써 감정을 애써 감추려하고, 정서를 촉발하는 상황을 피하고자 노력한다. 이로 인해 불편감이 생겨나며, 불편감은 자기비하적 반추와 사회적 실패에 의해 유발된 누적된 분노와 고통감에 의해 증가된다.

결국 피검자의 충족되지 못한 욕구와 파괴적인 정서로 인해 일반 성인보다 더 많은 내적 자극이 형성된다. 이러한 자극의 과부하로 인해 피검자가 행동을 통제하고 스트레스를 효과적으로 다루는 능력이 급격히 저하된다. 피검자의 사고 또는 행동의 충동성이 증가될 가능성이 있으며 피검자의 허약성과 취약성에 대한 느낌이 유의하게 증가된다. 게다가 이러한 과부하 상태는 현재 상황적 스트레스에 의해 가중되어, 피검자의 충동적인 사고와 행동 가능성을 높일 수 있다.

결과적으로 피검자는 상당한 우울을 경험하고 있다. 그 우울은 최근에 강렬하게 나타났지만, 우울 삽화는 상당 기간 존재했던 것으로 보인다. 현재의 강렬한 정서적 혼란이 장애 수준이나, 놀랍게도 일상적인 행동에서 명백한 와해는 나타나지 않은데 이는 피검자의 인지처리과정이 근본적으로는 양호하기 때문이다.

피검자는 새로운 정보처리 시 많은 노력을 기울이고 있으나 이를 적용하는 것은 보수적인 편이다. 전반적인 결과는 대개 적절하지만, 환경에 대해 경계하고 불신하는 특성의 사람들과 유사한 결과이다. 한편 정보처리과정은 기대되는 수준보다 무계획적이며 이는 정보처리과정에서 때때로 손상이 나타날 수 있음을 의미한다. 정보처리의 손상은 주변적 관념에 의해 유발되며, 상당히 많은 부분이 상황적 요인과 관련되어 보인다. 이러한 잠재의식이나 무의식적 사고는 때로는 지향적 사고를 방해하며 주의집중력을 유의하게 저하시킨다.

사건을 정확하고 적절하게 해석하기 위한 습관적인 노력은 심각한 와해를 막는 데 도움이 되는 또 다른 요인이다. 이 역시 과경계적인 특성에 기인하는 것으로 보인다. 피검자가 사건을 적절하게 해석한다면 예상치 못하게 비난받을 가능성이 감소된다. 비록 과경계적 특성이 타인과 지속적인 관계를 맺는 능력을 손상시키는 경향이 있지만, 이러한 지향성은 비교적 적절한 현실 검증력의 기반이 된다. 전반적으로 피검자의 사고는 명확하며 이는 피검자의 자원이다. 때로는 피검자가 품고 있는 비관주의나, 강렬할 감정으로 인해 사고가 손상될 수 있지만, 그다지 자주 발생하지는 않을 것이다.

적절한 정보처리 및 새로운 자극을 해석하는 능력, 합리적인 사고 등은 피검자가 타인과 겉으로는 안정적인 상호작용을 유지할 수 있도록 하는 요인이다. 그러나 이러한 겉모습은 피검자가 경험하고 있는 강렬한 정서적 혼란 및 무력감과 피검자가 보고하는 무가치감을 은폐하고 있을 뿐이다.

제언

피검자에게 가장 중요한 이슈는 자살 가능성과 위기개입 필요성으로, 피검자가 위협적으로 오해석하지 않도록 광범위한 지지체계를 형성하도록 돕는 것이다. 현재의 상황적 스트레스는 정의하기 쉽지 않다. 별거가 18개월 전에 시작되었지만, 최근 법적 이혼은 그간 누적되었던 사회적 실패에 대해 인식하게 하는 촉발사건이었다. 하지만 명확하지 않은 다른 요인들도 영향을 미쳤을 것이다. 피검자가 드러낸 것보다 직장 문제는 더 심각할 수 있고, 아들과의 관계에 대한 피검자의 정보 제공도 매우 빈약하다. 2가지 문제 모두 철저하게 탐색되어야 하며, 특히 아들과의 관계 문제로 인해 최근 관계에 대한 내재된 죄책감이 증가되었는지 깊이 탐색해야 한다.

일단 지지체계가 형성된다면, 정서적 혼란, 특히 우울 문제를 더 직접적으로 다룰 수 있지만, 지지체계 형성이 쉽게 이루어지기는 어려울 것이다. 본질적인 요소는 오랫동안 지속되어 왔으며, 피검자는 이를 애써 은폐해 왔다. 개입 전략을 결정할 때, 과경계적인 특성과 과경계적 특성이 불러일으키는 강한 경계심과 불신을 고려하는 것이 중요하다. 피검자가 자발적으로 치료에 참여한다 하더라도 타인의 지지적인 제스처를 불안한 시선으로 바라볼 수 있으며, 감정을 공유하지 않으려 할 수 있다. 이러한 맥락에서 치료 접근은 초기 몇 회기 동안만이라도 가능한 명확하게 구조화되어야 한다.

약물개입이 어느 정도 도움이 되었겠지만 외래치료 시 그다지 효과적이지 않았다. 약물치료에 대한 피검자의 의견을 충분히 고려해야 한다. 잘 구조화된 인지적 접근을 통해 피검자의 사회적 정서적 문제들을 다루는 것이 가장 성공적일 것으로 보이지만, 2가지 이슈 모두 피검자가 위협적으로 지각되는 감정들을 촉발시키지 않도록 조심스럽게 접근되어야 한다. 현재의 정서적 혼란이 확연히 안정되고 지속적인 외래치료가 가능할 때까지 지속적인 입원치료가 요구된다.

최적의 상태로 입원치료에서 외래치료로 전환된다면, 치료과정이나 치료과정에서 제공되는 지지에 대해 피검자가 달리 지각하는 문제는 발생하지 않을 것이다. 피검자와 같은 유형의 사람들은 정확하게 확인하려 하므로, 구조화된 개입 형식을 유지하는 것이 중요하다. 사회적 · 정서적 문제 모두 입원기간 동안 다루어야 하며 치료사는 외래치료의 초기 회기 동안 균형을 잘 잡고 다루어야 한다. 피검자의 자기상과 지각된 취약성은 개입이 진전됨에 따라 맥락 내에서 다루어질 수 있다.

에필로그

피검자는 17일 동안 입원하였으며, 그동안 여성 정신과 의사와 14번, 치료자와 4번 만났다. 정신과 의사는 초기에 자기파괴적 문제를 다루었고, 피검자는 지난 3개월간 자살 가능성을 생각해 왔다고 선선히 인정하였다. 또한 두 번째 남편의 죽음과 아들의 여덟 번째 생일날이 겹친 시기에도 자살 관련된 생각을 했다고 털어놓았다. 그녀는 자신이 엄마로서 '실패'한 것에 대해 상당한 회한을 표현하였고, 두 번째 남편의 죽음이 이와 관련되어 있다는 생각을 잠깐 동안 했다고 말하였다.

치료사와 네 번째 회기 시, 피검자는 퇴원 후 치료사와 치료를 중단하고 전임 정신과 의사와 치료를 계속할 수 있는지에 대해서 질문하였다. 퇴원 후 피검자는 이후 6개월 동안 개별치료를 위해 주 2회 병원을 방문하였다. 항우울제 약물치료는 6개월 동안 계속되었고, 치료회기에서는 주로 효과적인 사회성 기술 훈련에 집중하였다. 치료사에 따르면, 그녀는 치료 시작 3개월 후에 자신의 감정에 대해 개방적으로 공유하기 시작했고, 주로 결혼 실패와 제한적인 아들과의 만남에 대한 감정에 초점을 두었다고 한다.

치료사의 보고에 따르면 치료과정에서 타인에 대한 불신의 문제가 더욱더 명백하게 나타나기는 하였으나, 만족스러운 대인관계를 발달시키려는 피검자의 노력이 어느 정도 성공적이었다고 보고하였다. 또한 전남편과 재혼한 부인에게는 다소 힘들겠지만, 아들과 더 자주 만나려고 시도하였고 이는 피검자에게 보상이 되었다. 그들은 점차 만족할 만한 방문 계획을 세울 수 있었다. 치료가 6개월 후반에 접어들었을 때, 피검자는 더욱 독립적이고 의사결정 시 자율적이기 원하여, 치료사와 합의하에 정신과 방문을 월 6회로 줄였다.

치료사는 여러 가지 정신 내적 문제가 아직도 충분히, 또는 전혀 다루어지지 않았음을 시인하지만, 현재까지 피검자가 보인 진전은 긍정적이라고 보았고, 피검자의 미래에 대해 낙관적으로 표현하였다.

참고문헌

Appelbaum, S. A., & Colson, D. B. (1968). A reexamination of the color-shading Rorschach test response and suicide attempts. *Journal of Projective Techniques and Personality Assessment, 32*(2), 160-164.

Beck, A. T., Rush, A. J., Shaw, B. F., & Emery, G. (1979). *Cognitive therapy of depression.* New York: Guilford Press.

Blatt, S. J., & Ritzler, B. A. (1974). Suicide and the representation of transparency and cross-sections on the Rorschach. *Journal of Consulting and Clinical Psychology, 42*(2), 280-287.

Carlson, C. F., Kula, M. L., & St. Laurent, C. M. (1997). Rorschach revised DEPI and CDI with inpatient major depressives and borderline personality disorder with major depression: Validity issues. *Journal of Clinical Psychology, 53*(1), 51-58.

Exner, J. E. (1986). *The Rorschach: A comprehensive system: Vol. 1. Basic foundations* (2nd ed.). New York: Wiley.

Exner, J. E. (1991). *The Rorschach: A comprehensive system: Vol. 2. Interpretation* (2nd ed.). New York: Wiley.

Exner, J. E. (2003). *The Rorschach: A comprehensive system: Vol. 1. Basic foundations* (4th ed.). Hoboken, NJ: Wiley.

Exner, J. E., & Wylie, J. (1977). Some Rorschach data concerning suicide. *Journal of Personality Assessment, 41*(4), 339–348.

Fisher, S. (1951). The value of the Rorschach for detecting suicidal trends. *Journal of Projective Techniques, 15,* 250–254.

Fowler, J. C., Hilsenroth, M. J., & Piers, C. (2001). An empirical study of seriously disturbed suicidal patients. *Journal of the American Psychoanalytic Association, 49*(1), 161–186.

Fowler, J. C., Piers, C., Hilsenroth, M. J., Holdwick, D. J., Jr., & Padawer, J. R. (2001). The Rorschach suicide constellation: Assessing various degrees of lethality. *Journal of Personality Assessment, 76*(2), 333–351.

Greenwald, D. F. (1997). Comparison between the Rorschach depression index and depression-related measures in a nonpatient sample. *Psychological Reports, 80*(Pt. 2, 3), 1151–1154.

Hartmann, E., Wang, C. E., Berg, M., & Saether, L. (2003). Depression and vulnerability as assessed by the Rorschach method. *Journal of Personality Assessment, 81*(3), 242–255.

Hertz, M. R. (1948). Further study of suicidal configurations in Rorschach records. *American Psychologist, 3,* 283–284.

Jorgensen, K., Andersen, T. J., & Dam, H. (2000). The diagnostic efficiency of the Rorschach depression index and the schizophrenia index: A review. *Assessment, 7*(3), 259–280.

Khouri, S., & Greenway, A. P. (1996). Exner's depression index and the Harris-Lingoes MMPI-2 subscales for depression. *Perceptual and Motor Skills, 82*(1), 27–30.

Meyer, G. J., & Archer, R. P. (2001). The hard science of Rorschach research: What do we know and where do we go? *Psychological Assessment, 13*(4), 486–502.

Modestin, J., Gruden, D., & Spielmann, D. (1990). Identification of endogenous depression: A comparison of three diagnostic approaches. *Journal of Clinical Psychology, 46*(3), 300–305.

Rierdan, J., Lang, E., & Eddy, S. (1978). Suicide and transparency responses on the Rorschach: A replication. *Journal of Consulting and Clinical Psychology, 46*(5), 1162–1163.

Ritsher, J. B., Slivko-Kolchik, E. B., & Oleichik, I. V. (2001). Assessing depression in Russian psychiatric patients: Validity of MMPI and Rorschach. *Assessment, 8*(4), 373–389.

제5장

공황 발작

사례 3

피검자는 23세 남성으로, 내과의사의 조언을 받아 정신건강 클리닉에 자의로 내원했다. 현기증, 열 감과 시야 흐림의 삽화를 겪은 후, 지난 30개월 동안 두 차례 심장혈관 정밀 검사를 받았다고 한다. 고혈압을 포함한 다양한 가능성이 고려되었으나, 모든 것이 배제되었다. 그럼에도 불구하고 지난 6개월 동안 과호흡을 동반한 극도의 불안 발작을 네 차례 겪었다. 이 중 두 번은 직장에서, 두 번은 집에서 일어났는데, 어떠한 공통 요인도 찾을 수 없었다. 당시 가슴 통증이 심했는데, "기절할까 봐 아주 두려웠어요."라고 한다. 주치의는 스트레스와 관련된다고 보았고, 스트레스 관리에 초점을 둔 심리치료를 권했다.

피검자는 결혼한 지 18개월 되었고, 아내도 23세이다. 피검자는 2년 전부터 은행 직원으로 근무하고 있으며, 아내는 치과에서 접수를 담당한다. 부부는 주립 대학을 2년 반 다녔는데, 결혼을 계획하면서 5학기에 자퇴를 결심했다. 대학 1학년 때 서로 알게 되면서 교제를 시작하였다. 둘 다 야간 대학을 다니면서 학위를 취득할 계획이다. 그는 경영에 관심이 있고, 아내는 환경 과학에 관심이 있다. 아내는 현재 야간 강의 2과목을 수강하고 있지만, 피검자의 불안 발작이 사라지거나 적어도 조절이 가능해질 때까지 강의 등록을 연기했다.

결혼 후, 부부는 피검자의 어머니 집에서 생활하면서 미래를 위해 금전적으로 절약할 수 있는 좋은 기회라고 생각한다. 어머니는 47세로 사무실 관리자로 근무하고 있으며, 아버지는 판매직으로 근무했지만 40세에 심장마비로 사망하였다. 피검자는 특별한 건강 문제없이 정상 발달했다. 외아들로, 성적은 반에서 상위 20%ile였으며 18세에 고등학교를 졸업했다. 그는 고등학교 때 데이트를 자주 했는데, 17세에 동갑내기 여학생과 첫 성관계를 가졌다. "제가 다 잘못했던 것 같아요. 저는 성관계를 좋아하지 않았어요. 그래서 성관계를 했을 때 아주 불편했어요."라고 첫 성경험의 혼란스러움에 대해 말했다.

피검자의 부부관계는 좋은 편으로, "우리는 정말 좋은 파트너예요."라며 의견 대립이 거의 없다고 한다. 현기증을 처음 경험하고 고혈압을 의심할 때, 아버지의 관상동맥 문제가 유전은 아닌지 걱정하였지만 무관한 것으로 밝혀지자 안심했다. 아버지가 사망 당시 피검자는 15세였는데, "아주 친했고, 몇 달 동안은 너무 우울했지만, 괜찮아졌어요. 하지만 여전히 아버지가 그리워요."라고 한다. 피검자는 자신의 업무에 대해서 "아주 반복적인 일과이지만 가끔 좌절할 때가 있어요."라고 했다. "1년 후 은행에서 관리직으로 승진할 것을 기대하지만, 실제 그 자리는 대학 학위를 요구하기 때문에 승진하지 못할 거예요. 결혼을 위해 학교를 중퇴한 것에 대해 다시 생각해 보게 되었지만, 그래도 그럴 만한 가치가 있어요. 언젠가는 관리직으로 승진할 거예요."라고 한다. 어머니와 아내 모두 피검자의 문제에 대해 상당히 지지적이며 아내는 피검자의 치료 결정을 많이 격려하고 있다.

평가에 (1) 심각한 정신과적 문제의 근거가 있는가?, (2) 우울증의 근거가 있는가?, (3) 스트레스에 대한 인내가 부족한가?, (4) 공황 발작에 논리적으로 선행하는 사건을 시사할 만한 결과가 있는가?, (5) 검자에게 인지적 접근을 하는 스트레스 관리가 적합한가?를 포함해야 한다.

사례 개념화 및 관련 문헌

피검자가 정신건강 클리닉에 내원한 문제는 과호흡을 동반한 극심한 공황 발작과 관련된다. DSM-IV-TR(American Psychiatric Association, 2000)에서는 발작이 일어난 맥락을 고려하는 것이 중요하다고 강조한다. 그의 발작은 반복되었고, 예상치 못하게 일어났으며, 상황 특정적이지 않다(집과 직장에서 발생했다). 심각성과 관련하여 긍정적인 점은, 이 삽화가 광장공포증이나 다른 행동적 변화를 동반하지 않았다는 것이다. De Ruiter 등(de Ruiter, Rijken, Garssen, & Kraaimaat, 1989)은 과호흡을 "심박 수 증가와 피부 전도성 변동과 같은 일종의 과각성 증상과 비슷하게, 공황의 부수적인 증상으로 흔히 고려된다"고 보았다 (p. 654).

공황장애에 대한 로르샤흐 문헌 검토를 통해 심리학자가 중요한 변인과 구성(configuration)에 주의를 두어 평가할 때 방향성을 제시할 수 있다. 다른 의뢰 사유는 제3장의 사례 1과 4장의 사례 2에서 논의되었던 주제인 스트레스에 대한 인내와 우울이다. 마지막 의뢰 사유는 스트레스 관리에 대한 인지적 접근의 적합성에 관한 것이다. 연관된 치료 문헌은 자문에 유용할 것이다.

공황장애에 대한 평가

1990년의 덴마크 연구에서 공황장애 외래환자 집단, 주요우울장애 집단, 범불안장애 집단과 통제 집단을 비교했다(Rosenberg & Andersen, 1990). 당시 종합 채점체계에서 Z점수와 혼합반응을 수정했고, 로르샤흐의 Rapaport/Gill/Schafer 채점 방식을 사용했다(Rapaport, Gill, & Schafer, 1984). 비교 결과, 공황장애 외래환자들은 개념 형성과 결합에 어려움을 보였다.

De Ruiter와 Cohen(1992)은 22명의 네덜란드 공황장애 피검자를 대상으로 종합 채점체계를 사용하여 연구하였고, 그중 18명은 광장공포증을 동반했다. 연구자들은 정동의 제한, 정서 자극에 대한 낮은 수용성과 복잡성 회피가 나타날 것이라고 가정했다. 다른 임상 집단과 비환자 집단을 비교했을 때, 공황장애 피검자들은 *WSumC*의 평균이 가장 낮았다(1.55). *Afr* 평균은 .51이었고, 22명 중 19명의 피검자는 *Lambda*가 .99보다 높았다(de Ruiter & Cohen, 1992).

공황 발작을 경험하는 사람들을 위한 치료계획을 수립할 때, 공존하는 성격 문제를 고려해야 한다(Mavissakalian & Hamann, 1987). 33명의 광장공포증을 동반한 공황장애 피검자를 대상으로 16주간 약물치료와 구조화된 행동치료의 병합 요법을 실시하기 전에 성격장애 진단질문지(Hyler, Rider, & Spitzer, 1978)를 실시했다. 초기에 성격장애 질문지에서 낮은 점수를 받은 피검자들의 75%가 치료에 반응적이었으나, 높은 점수를 받은 피검자들의 25%만이 치료에 반응적이었다(Mavissakalian & Hamann, 1987).

사례 3. 23세 남성

카드	반응	질문
I	1. 날개를 활짝 편 박쥐.	평가자: (반응 반복) 피검자: 글쎄요. 전체적으로 보면, 날고 있는 것처럼 날개를 펴고 있어요. 더듬이가 있어요. 가운데 부분(D4)이 몸이에요.

	2. 한 사람이 말뚝에 묶여 있고 다른 사람들이 주변에서 춤을 추고 있어요.	평가자: (반응 반복)
		피검자: 가운데 여자는 두 손을 올리고 있어요. 옆에 무대의상을 입고 가운데 여자 주위에서 춤을 추고 있는 사람들이에요. 그녀 주위에 연기가 가득해서 그들이 잘 보이지 않아요.
		평가자: 무대의상을 입고 있다고요?
		피검자: 네, 동물 같아요. 그런데 날개가 있어요. 연극 공연처럼요. 한 여자가 말뚝에 매여 있고, 여기 사람들이 그녀 주변에서 춤을 추고 연기가 있고, 온통 어두운데 그게 뭔가를 나타내요. 그런데 무엇인지 모르겠어요. 연기가 온통 짙고 흐릿한데, 불이 보이지는 않아요.
II	3. 가운데가 델타 모양의 날개가 있는 비행기 같아요.	평가자: (반응 반복)
		피검자: 이륙하는 것처럼 아래에 불이 있으니까 비행기가 아니라 로켓이에요.
		평가자: 그렇게 보이는지 잘 모르겠어요.
		피검자: 글쎄요. 모양은 로켓치고 조금 두툼한데요. 선생님이 상상력을 발휘하면 로켓이 될 수 있어요. 특히, 여기에 불이 있기 때문이에요. 붉은 부분은 화염과 배기가스 같아요.
III	4. 두 여자가 무언가를 잡아 찢고 있는 것 같아요.	평가자: (반응 반복)
		피검자: 글쎄요. 여기 양쪽에 여자들이 가운데 앉아서 싸우고 있는 것처럼 보여요. 가슴이 있고 하이힐을 신은 걸 보니 여자가 확실해요. 그들이 이걸 잡아 찢고 있어요.
		평가자: 그걸 잡아 찢고 있다고요?
		피검자: 그게 뭔지는 잘 모르겠어요. 아마도 음식 바구니인 것 같아요. 그들은 그것 때문에 싸우고 있어요.
	5. 가운데 부분이 폐 같아요.	평가자: (반응 반복)
		피검자: 폐 모양이고, 색깔 때문에도 그렇게 보이는 것 같아요.
		평가자: 색깔이 그렇게 보인다고요?
		피검자: 글쎄요. 신체 내부처럼 빨간데요. 전 폐도 빨갛다고 생각해요.

Ⅳ	6. 공상 과학 소설에 나오는 큰 괴물이 나무 그루터기에 앉아 있고, 저는 그를 올려다보고 있어요.	평가자: (반응 반복) 피검자: 전체적으로 그렇게 보이고요. 이 부분(D1)이 나무 그루터기예요. 나머지는 괴물이고요. 평가자: 당신처럼 저도 볼 수 있게 좀 더 설명해 주세요. 피검자: 글쎄요. 기괴한 모양인데 털로 온통 덮여져 있어요. 뚜렷하지는 않지만 공상 과학에 나올 것처럼 생겼고 부츠를 신고 있어요. 평가자: 털 같다고요? 피검자: 네. 제가 바닥에 앉아 있거나 누워서 바라보는 것 같아요. 색깔 때문에 털 난 괴물처럼 생각돼요.
	7. 이건 거위나 무언가의 머리처럼 보여요.	평가자: (반응 반복) 피검자: 글쎄요. 거위 머리처럼 보이는데요. 정육점에서 집으로 가져갈 때처럼 바구니 밖으로 머리가 매달려 있어요. 평가자: 저도 그렇게 볼 수 있게 좀 더 설명해 주세요. 피검자: 머리랑 부리고(가리키면서), 목이고, 여기가 바구니가 되겠네요. 도축되어서 누군가 그걸 집으로 가져가는 것 같아요. 평가자: 누군가 그걸 가져간다고요? 피검자: 사람은 없고요. 거위와 바구니만요.
Ⅴ	8. 등을 맞대고 앉아 있는 두 여자 같아요.	평가자: (반응 반복) 피검자: 그들은 다리를 쭉 펴고 서로 등을 맞대고 기대어 있어요. 우스꽝스러운 술이 달린 모자를 쓰고 있고요. 윤곽이 뚜렷하지는 않지만 가슴이 있으니깐 여자라고 할 수 있어요.
	9. 전체적으로 나비일 수 있겠어요.	평가자: (반응 반복) 피검자: 날개가 미끄러지듯(gliding) 펼쳐지고, 몸이 가운데에 있고요. 딱 나비네요.
Ⅵ	10. 윗부분이 곤봉 같아요.	평가자: (반응 반복) 피검자: 글쎄요. 곤봉이 떠올라요(D6). 옆에 이 부분(Dd22)을 빼면요. 원시인이 사용했을 것 같은 곤봉 모양이에요.

	V 11. 작은 새 두 마리가 있는 새 둥지 같아요.	평가자: (반응 반복)
		피검자: 글쎄요. 새 둥지 모양 같고요. 선생님도 작은 새 두 마리가 어미 새가 먹여 주기를 기다리면서 입을 벌리고 머리를 내미는 것을 볼 수 있어요.
VII	12. 두 소녀가 대화하고 있어요. 일란성 쌍둥이 같아요.	평가자: (반응 반복)
		피검자: 포니테일을 하고 있고 대화하는 것처럼 보여요. 선생님도 머리와 어깨를 볼 수 있어요. 입이 여기고, 여기가 어깨예요. 나머지는 보이지 않아요.
VIII	13. 이건 사람의 신체 내부 같아요.	평가자: (반응 반복)
		피검자: 글쎄요, 여러 장기들을 보여 주는 의학책에서 본 적 있는 것 같아요.
		평가자: 전 그렇게 보이지 않아요. 좀 더 설명해 주세요.
		피검자: 옆에 이 부분들은 폐고, 여기는 갈비뼈(D3)이고, 여기 중앙에 식도 같은 관이고요. 색깔과 모양 때문에 인체 내부를 그려 놓은 의학책에서 본 그림 같아 보여요.
IX	< 14. 옆으로 돌려 보면 저기 아기 머리가 있어요.	평가자: (반응 반복)
		피검자: 글쎄요. 여기 분홍색 부분이 아기 머리 같아요.
		평가자: 아기 머리요?
		피검자: 색깔 때문에 신생아 같아요. 신생아들은 모두 이렇게 분홍색이잖아요. 그리고 아기 머리 모양이에요.
	> 15. 오렌지색과 녹색은 폭풍이 오고 있을 때, 해질녘의 구름 같아요.	평가자: (반응 반복)
		피검자: 햇빛으로 빛나는 구름이고, 녹색은 굽이치면서 다가오는 듯한데 음영이 있어서 먹구름 같고, 오렌지색은 멀리 있는, 보다 가벼운 구름 같아요. 맞아요. 녹색 부분보다 더 멀리 떨어져 있어요.
		평가자: 녹색 구름이 굽이치고 다가오고 있다고요?
		피검자: 색깔과 모양 때문에요. 대부분은 색 때문인데, 왜냐하면 가벼운 구름과 먹구름을 구분되거든요. 먹구름의 색은 농도가 달라요. 저는 확실히 먹구름처럼 보여요.

X	16. 또 신체 내부요.	평가자: (반응 반복) 피검자: 글쎄요. 책에 삽화로 그려진 내부 장기의 부분들처럼 보여요. 색깔과 모양 보니까 그래요. 어떤 기관인지 정확히 이름을 말할 수는 없지만요.
	17. 분홍색 부분은 페인트 같네요.	평가자: (반응 반복) 피검자: 페인트가 떨어져서 이런 모양이 됐어요. 평가자: 왜 페인트 같은지 잘 모르겠어요. 피검자: 저도 모르겠어요. 화가가 사용하는 팔레트에 떨어진 것 같아요. 그냥 빨간색이고요. 저는 페인트로 보여요.

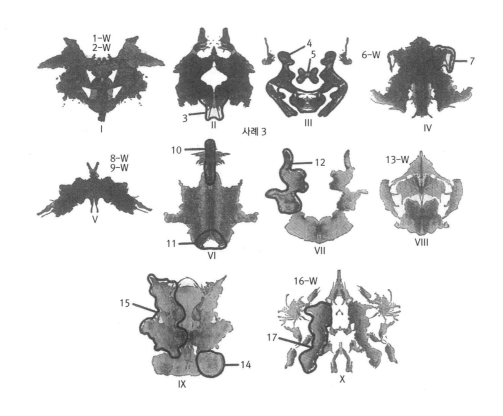

사례 3

사례 3. 점수 계열

카드	반응번호	위치	영역번호	결정인	(2)	내용	평범반응	Z	특수점수
I	1	Wo	1	FMao		A	P	1.0	
	2	W+	1	Ma-p.YFo	2	H,Cg,Fi		4.0	COP,AG,PHR
II	3	DS+	5	ma.CFo		Sc,Fi		4.5	
III	4	D+	1	Mao	2	H,Cg,Fd	P	3.0	AG,MOR,PHR
	5	Do	3	FCo		An			
IV	6	W+	1	Mp.FD.FTo		(H),Bt,Cg	P	4.0	GHR
	7	Dd+	99	mpo		Ad,Hh		4.0	MOR
V	8	W+	1	Mpo	2	H,Cg		2.5	COP,GHR
	9	Wo	1	FMpo		A	P	1.0	
VI	10	Do	6	Fu		Ay			
	11	Dd+	33	FMpo	2	A,Bt		2.5	
VII	12	D+	2	Mpo	2	Hd	P	3.0	GHR
VIII	13	W+	1	FC-		An,Art		4.5	PER
IX	14	Do	4	FCo		Hd			PHR
	15	Dv/+	12	mp.CF.VFu		Cl,Na		2.5	
X	16	Wv	1	CFu		An,Art			
	17	Dv	9	C		Art			

사례 3. 구조적 요약

구조적 요약(상단부)					

반응영역	결정인 혼합	결정인 단일	반응내용	자살 지표	

반응영역	혼합	단일	반응내용	자살 지표
				NO … FV+VF+V+FD > 2
		M = 3	H = 3	YES .. Col-Shd Bl > 0
Zf = 12	M.YF		(H) = 1	YES .. Ego < .31, > .44
ZSum = 36.5	m.CF	FM = 3	Hd = 2	NO … MOR > 3
ZEst = 38.0	M.FD.FT	m = 1	(Hd) = 0	NO … Zd > +−3.5
	m.CF.VF	FC = 3	Hx = 0	NO … es > EA
W = 7		CF = 1	A = 3	YES .. CF+C > FC
D = 8		C = 1	(A) = 0	NO … X+% < .70
W+D = 15		Cn = 0	Ad = 1	NO … S > 3
Dd = 2		FC′ = 0	(Ad) = 0	NO … P < 3 or > 8
S = 1		C′F = 0	An = 3	NO … Pure H < 2
		C′ = 0	Art = 3	NO … R < 17
		FT = 0	Ay = 1	3 …… TOTAL

발달질

		단일	반응내용	특수점수		
		TF = 0	Bl = 0		Lv1	Lv2
+ = 9		T = 0	Bt = 2	DV = 0x1		0x2
o = 5		FV = 0	Cg = 4	INC = 0x2		0x4
v/+ = 1		VF = 0	Cl = 1	DR = 0x3		0x6
v = 2		V = 0	Ex = 0	FAB = 0x4		0x7
		FY = 0	Fd = 1	ALOG = 0x5		
		YF = 0	Fi = 2	CON = 0x7		
		Y = 0	Ge = 0	Raw Sum6 = 0		
		Fr = 0	Hh = 1	Wgtd Sum6 = 0		

형태질

	FQx	MQual	W+D					
				rF = 0	Ls = 0			
+	= 0	= 0	= 0	FD = 0	Na = 1	AB = 0	GHR = 3	
o	= 12	= 5	= 10	F = 1	Sc = 1	AG = 2	PHR = 3	
u	= 3	= 0	= 3	Sx = 0		COP = 2	MOR = 2	
−	= 1	= 0	= 1	Xy = 0		CP = 0	PER = 1	
none	= 1	= 0	= 1	Id = 1			PSV = 0	
				(2) = 5				

구조적 요약(하단부)				

비율, 백분율, 산출한 점수

R = 17	L	= 0.06		FC:CF+C = 3:4		COP = 2　AG = 2	
				Pure C = 1		GHR:PHR = 3:3	
EB = 5:6.0	EA	= 11.0	EBPer = N/A	SumC′:WSumC = 0:6.0		a:p = 4:8	
eb = 6:3	es	= 9	D = 0	Afr = 0.42		Food = 1	
	Adj es	= 7	Adj D = +1	S = 1		SumT = 1	
				Blends:R = 4:17		Hum Cont = 6	
FM = 3	C′ = 0	T = 1		CP = 0		Pure H = 3	
m = 3	V = 1	Y = 1				PER = 1	
						Iso Indx = 0.35	

a:p	= 4:8	Sum6	= 0	XA% = 0.88	Zf = 12.0		3r+(2)/R = 0.29			
Ma:Mp	= 2:4	Lv2	= 0	WDA% = 0.87	W:D:Dd = 7:8:2		Fr+rF = 0			
2AB+Art+Ay = 4		WSum6 = 0		X−% = 0.06	W:M = 7:5		SumV = 1			
MOR	= 2	M−	= 0	S− = 0	Zd = −1.5		FD = 1			
		Mnone	= 0	P = 5	PSV = 0		An+Xy = 3			
				X+% = 0.71	DQ+ = 9		MOR = 2			
				Xu% = 0.18	DQv = 2		H:(H)Hd(Hd) = 3:3			

PTI = 0	DEPI = 5*	CDI = 3	S-CON = 3	HVI = NO	OBS = NO

S-CON과 핵심 변인

S-CON(3)은 유의하지 않다. 첫 번째 핵심 변인은 $D < \text{Adj D}$로, 해석 시 통제와 상황적 스트레스에 대한 자료 검토부터 시작해야 한다. 이 변인은 전체적인 해석 순서를 제공하지 않으므로, 군집을 해석하는 순서는 두 번째 핵심 변인이나 세 번째 핵심 변인을 토대로 결정된다. 두 번째 핵심 변인인 $p > a+1$이 유의하므로, 전체적인 해석 순서는 관념, 정보처리, 인지적 중재, 자기 지각, 대인관계 지각 순이며, 정동을 가장 마지막으로 살펴본다.

통제

사례 3. 23세 남성의 통제 관련 변인

EB $=5{:}6.0$	EA $=11.0$		D $=0$	CDI $=3$
eb $=6{:}3$	es $=9$	Adj es $=7$	Adj D $=+1$	L $=0.06$
FM $=3$ m $=3$	SumC$'=0$	SumT $=1$	SumV $=1$	SumY $=1$

Adj D는 +1로, 피검자는 스트레스에 대한 인내가 높고 다른 사람들보다 통제 문제를 적게 경험할 것으로 보인다. 또한 EA(11)는 상당한 자원이 있음을, EB(5:6.0)과 $Lambda$(0.06)는 EA가 신뢰롭다는 것을 시사한다. 아울러 Adj es(7)는 성인에게 기대되는 범위 내에 있고, 이 역시 EA가 신뢰롭다는 것을 나타낸다. eb(6:3)는 상황적 스트레스 관련 결과들을 중요하게 다루어야 한다는 것을 의미한다.

상황적 스트레스

D(0)가 Adj D(+1)보다 작다는 것은 피검자의 높은 통제능력에 해를 끼치는 경도~중등도 수준의 상황적 스트레스가 있음을 시사한다. 이는 와해나 기능 저하는 아니지만, 원치 않는 심리적 부담을 야기한다. m과 $SumY$(3:1)는 스트레스의 영향력이 광범위하지만, 사고 처리과정에 더 큰 영향을 미치고 주의집중에도 영향을 미치고 있음을 의미한다.

스트레스 특성에 대한 명확한 정보는 없다. 단순히 피검자의 문제가 심리적인 것과 관련

사례 3. 23세 남성의 상황적 스트레스 자료

EB	=5:6.0	EA	=11.0			D=0		**Blends**	
eb	=6:3	es	=9	Adj es=7		Adj D=+1		M.FD.FT	=1
								M.YF	=1
FM	=3	m =3	C′ =0	T=1	V=1	Y=1		M.CF.VF	=1
				(3r+(2)/R=.24)				m.CF	=1
Pure C=1	M−=0	MQnone=0				Blends=4			

된다는 주치의의 의견과 관련될 수 있다. V는 상황과 관련될 수 있으나, 자아중심성 지표가 낮아서 가능성은 낮아 보인다. 스트레스는 심리적 복잡성을 증가시킬 수 있다. 4개의 혼합반응 중 2개가 스트레스 관련 변인이다(*M.YF, m.CF*). 그럼에도 불구하고 과부화된 상태를 시사하는 지표는 없으며, 피검자의 결정이나 행동이 스트레스로 인해 상당한 영향을 받을 것이라는 근거는 없다.

관념

사례 3. 23세 남성의 관념 변인

L	=0.06	OBS	=NO	HVI	=NO	**Critical Special Scores**			
						DV	=0	DV2	=0
EB	=5:6.0	EBPer	=N/A	a:p	=4:8	INC	=0	INC2	=0
				Ma:Mp=2:4		DR	=0	DR2	=0
eb	=6:3	[FM=3, m=3]				FAB	=0	FAB2	=0
				M−	=0	ALOG	=0	CON	=0
Intell Indx	=4	MOR	=2	Mnone	=0	Sum6	=0	WSum6	=0
							(R=17)		

M Response Features

I 2. W+ Ma-p.YFo 2 H,Cg,Fi P 4.0 COP,AG,PHR

III 4. D+ Mao 2 H,Cg,Fd P 3.0 AG,MOR,PHR

IV 6. W+ Mp.FD.FTo 2 (H),Bt,Cg P 4.0 GHR

V 8. W+ Mpo 2 H,Cg 2.5 COP,PHR

VII 12. D+ Mpo 2 Hd P 3.0 GHR

EB(5:6.0)는 피검자가 의사결정 시 일관되게 개념적 사고를 사용하지 않음을 나타낸다. 그는 어떤 경우에는 정서적인 영향을 배제한 채 합리적인 판단과 결정을 하지만, 때로는 상당히 직관적으로 판단하고 정서에 매우 큰 영향을 받을 것이다. 이러한 비일관성은 효율성을 저하시키고 문제가 될 수 있는데, 이는 일상생활의 문제를 다루는 데 많은 시간과 노력을 필요로 하기 때문이다.

대인관계 관점에서 특이성이 있지만, *a*:*p*(4:8)은 사고와 가치관이 다른 사람들에 비해 덜 유연하고 경직되어 보이지 않는다. HVI, OBS, MOR 중 어떤 것도 개념적 사고에 영향을 미칠 만큼 두드러지지 않는다. *eb*의 좌항(6)은 기대되는 범위 내에 있으나, 3개의 *m* 반응은 상황적인 스트레스가 지엽적인 사고 활동을 증가시킬 것으로 보인다. 앞서 언급했듯이, 이는 주의집중에 부정적인 영향을 미칠 수 있으나, 피검자는 이에 대해 보고하지 않는다.

Ma:*Mp*(2:4) 정보가 더 중요하다. 심리적인 불편감을 다루는 전형적인 방법이 공상으로 도피하는 경향임을 시사한다. 이처럼 현실을 부인하거나 무시하는 방어 전략으로 공상을 과도하게 사용하는 사람들은 의사결정 시 책임 회피적이다. 대처 방법으로 타인에게 의존적이며 자신을 무력하게 한다. 이러한 방법이 단기적으로는 안도감을 줄 수 있으나, 개인의 욕구를 장기적으로 충족시키는 데에는 역효과가 발생한다.

피검자가 일상적으로 사용하는 또 다른 방어 전략은 주지화 지표(Intellectualization Index)(4)에서 나타난다. 그는 감정의 중요성을 부인하는 방식으로 주지화를 사용하는 경향이 있다. 이 과정에서 상황의 정서적 영향력을 왜곡시키거나 부인하는 가성-주지화(pseudo-intellectual) 형태의 개념적 사고를 하게 한다.

긍정적인 면을 살펴보면, 결정적인 특수점수가 없는데(*WSum6*=0), 이는 개념적 사고가 명료함을 나타낸다. 5개의 *M*의 형태질이 모두 *o*이고, 3개는 평범반응이다. 4개는 개념적 특성이 평범하며(반응 4, 6, 8, 12), 1개(반응 2)는 다소 복잡하고 정교하다.

전반적으로 볼 때, 피검자는 의사결정 시 효율성이 부족할 수 있으나, 사고는 명료해 보인다. 그는 쉽게 해결하기 어려운 문제를 회피하기 위해 과도하게 공상을 사용한다. 가성 주지화로 감정을 처리하여 감정의 영향력을 부인하려 한다. 이는 피검자가 수긍하는 것보다 감정에 더 많은 문제가 있음을 의미한다.

정보처리

사례 3. 23세 남성의 정보처리 변인

EB $=5{:}6.0$	Zf $=12$	Zd $=-1.5$	DQ+ $=9$
L $=0.06$	W:D:Dd $=7{:}8{:}2$	PSV $=0$	DQv/+ $=1$
HVI $=$ NO	W:M $=7{:}5$		DQv $=2$
OBS $=$ NO			

Locations & DQ Sequencing

I: Wo.W+	VI: Do.Dd+
II: DS+	VII: D
III: D+.Do	VIII: W+
IV: W+.Dd+	IX: Do.Dv/+
V: W+.Wo	X: Wv.Dv

Zf(12), *W:D:Dd*(7:8:2)는 모두 기대 범위로, 피검자가 대개 새로운 정보를 처리하기 위해 충분한 노력을 기울이는 것을 시사한다. 반응 순서에서 특이점은 없다. 7개의 *W* 가운데 5개가 첫 반응이며, *Dd*는 마지막 반응이다. *W:M*(7:5)은 양가형에서 기대되는 것보다는 다소 보수적이지만, 반응 수가 17개로 비교적 적다. 피검자는 정보처리에 크게 노력을 기울이지는 않아 보이나, 정보처리 과제를 회피하지 않는 것으로 보인다.

Zd(-1.5)는 평균 범위로 정보 탐색의 효율성은 적절하지만, *DQ*의 분포는 기대 수준과 다르다. *DQ*+는 9개로 다소 많은데 처리의 질이 양호하고 다소 복잡함을 보여 준다. 하지만 *DQv*가 2개이고, *DQv/+*는 1개이다. 긴 프로토콜이라도 3개의 모호한 반응은 우려할 정도로 많은데, 이는 피검자의 정보처리 활동에 간혹 문제가 있으며 성숙한 정보처리 형태가 적다는 것을 의미한다. 반응 수가 17개이므로 이러한 가정의 의미는 더 크다.

피검자의 미성숙한 정보처리 형태는 카드 IX와 X의 유채색 카드에 나타난다. 흥미롭게도, 카드 VIII에서는 하나인 *W*+ 반응이 *FQ*-였고, 카드 X의 반응 16에 있는 *Wv* 반응내용과 동일하다(*An, Art*). 즉, 마지막 세 카드에 나타난 특이한 반응 계열을 살펴볼 때, 정서 자극이 주된 상황에서는 정서와 관련된 혼란스러움으로 인해 피검자가 평상시 보이던 양호한 정보처리 활동이 다소 손상된다. 피검자는 다른 사람들보다 감정을 주지화한다. 이는 정서로 초래된 정보처리 활동의 손상이 피검자의 인지적 중재에 유의한 영향을 미치는지 판단하기 위해 중요하다.

인지적 중재

사례 3. 23세 남성의 인지적 중재 변인

R =17	L =0.06	OBS =NO	Minus & NoForm Features
FQx+	=0	XA% =.88	VIII 13. W+ FC− An,Art 4.5 PER
FQxo	=12	WDA% =.87	X 17. Dv C Art
FQxu	=3	X−% =.06	
FQx−	=1	S− =0	
FQxnone	=1		
(W+D	=20)	P =5	
WD+	=0	X+% =.71	
WDo	=10	Xu% =.18	
WDu	=3		
WD−	=1		
WDnone	=1		

XA%(0.88), *WDA%*(0.87)은 기대 범위 내이므로, 피검자의 입력된 자극에 대한 해석이 대개는 상황에 적절함을 의미한다. 이는 현실 검증력의 기본 요소이다. 하지만 마지막 반응이 NoForm 반응(C)이다.

대개 1개의 NoForm은 인지적 중재와 관련하여 특별한 정보가 없으나, 반응 계열과 정보처리 결과를 고려할 때, 이 사례에서는 중요하다. 카드 VII까지 12개 반응의 형태질은 11개가 보통(o) 반응이고 1개는 드문(u) 반응이다. 하지만 후반부 3장의 카드의 5개 반응에서는 보통(o) 반응이 1개(카드 IX), 마이너스(−) 반응이 1개(카드 VIII), 드문(u) 반응이 2개(카드 IX, X), NoForm(카드 X)가 1개이다. 이러한 조합은 피검자가 정서 자극을 직면한 상황에서는 현실 검증력이 제한적이라는 가정을 지지한다. 또한 카드 VIII, IX, X의 5개 반응 가운데 3개는 주지화 노력이 내포되어 있다(*Art*).

X−%(0.06)는 인지적 중재에서 심각한 역기능 문제가 대부분의 사람들보다 적음을 시사한다. '누군가의 신체 내부(반응 13)'인 유일한 마이너스(−) 반응은 심각한 왜곡이 나타나지 않는다. 5개의 평범 반응도 기대되는 범위 내에 있으며, 기대되는 반응에 대한 실마리가 쉽게 파악되면 관례적이고 관습적인 반응을 한다는 것을 의미한다. 또한 *X+%*(0.71)와 *Xu%*(0.18) 역시 사회적 요구 및 기대와 일치하는 행동을 하려는 성향이 뚜렷함을 시사한다.

피검자의 인지적 중재와 관련된 기본 자료들은 현실 검증력의 손상을 배제하지만, 정서 처리와 인지적 중재의 결과를 보면 정서가 인지적 조작에 부정적으로 작용하고 있음을 보여 준다. 이러한 상황에서는 피검자가 관습적이거나 수용 가능한 행동을 위한 정상적인 인지적 중재 노력을 기울이지 못할 것으로 보인다. 따라서 자기 지각과 대인관계 지각을 살펴보기 이전에 정동 결과를 먼저 살펴보는 것이 타당해 보인다.

정동

사례 3. 23세 남성의 정동 관련 자료

EB	=5:6.0			EBPer	=N/A	**Blends**	
eb	=6:3	L	=0.06	FC:CF+C	=3:4	M.FD.FT	=1
DEPI	=5	CDI	=3	Pure C	=1	M.YF	=1
						m.CF.VF	=1
SumC′=0	SumT=1			SumC′:WSumC	=0:6.0	m.CF	=1
SumV=1	SumY=1			Afr	=0.42		
Intellect	=4	CP	=0	S=1 (S to I, II, III=1)			
Blends:R	=4:17			Col-Shd Bl	=1		
m+y Bl	=2			Shading Bl	=0		

DEPI(5)는 피검자의 심리적 특성이 빈번한 정서적 혼란 경험을 유발하도록 조직화되어 있음을 나타낸다. 이러한 삽화가 있을 때, 슬픔과 침울함 등 명백한 정서적 고통감의 형태로 드러날 수 있다는 것이다. 하지만 동일하게 정서 혼란 삽화 시, 긴장, 불안, 주의산만과 신체화 문제와 같이 정서와 모호하게 관련된 방식으로 드러나기도 한다. 피검자가 보고한 과거의 어지러움, 열감, 시야 흐림 증상과 현재의 불안과 과호흡 증상은 이러한 특징과 관련된다.

관념에서도 살펴보았지만, *EB*(5:6.0)는 문제해결이나 의사결정 시 일관된 방식이 없음을 의미한다. 때로는 감정을 제쳐두고 논리적인 방식으로 사고하려고 하지만, 비슷한 상황에서 감정에 따라 직관적으로 판단하기도 한다. 이렇듯 비일관적인 감정 사용은 혼란의 가능성을 증가시켜 감정을 드러내는 방식이 비일관적이다.

eb(3)의 우항값 자체가 특이하지는 않으나, 통경반응이 1개 있다. 앞서 살펴보았듯 죄책 감이나 회한과 같은 감정이 상황과 관련된다는 근거는 없다. 그보다는 피검자가 부정적으로 판단하는 개인적인 특징에 대한 반추와 연관된다. 선행사건과 관계없이 V는 자기 검열 행동으로 상당한 불편감이 야기됨을 시사한다. 무채색 반응이 나타나지 않는 결과는, 정서적 억제가 두드러지지 않음을 의미한다. 다만, *Afr*(0.42)는 양가형 중에서도 상당히 낮은데 이는 정서 자극을 회피하려는 경향이 두드러지는 것을 의미한다. 이러한 사람들은 전형적으로 정서 다루는 것을 불편해하고 때로는 사회적으로 고립되고 부자연스럽다.

앞서 제시했듯, 주지화 지표(4)는 피검자가 다른 사람들에 비해 지적인 수준에서 감정을 다루는 경향을 시사한다. 이러한 처리는 정서의 영향력을 감소시키거나 상쇄시키지만, 정서적인 상황의 전체적인 의미를 왜곡시킨다. 또한 *FC:CF+C*(3:4)는 정서 표현을 조절하는 것이 덜 엄격하다는 것을 의미한다. 즉, 감정을 표현함에 있어 종종 명백하거나 강렬할 수 있겠다.

FC:CF+C(3:4)는 우항이 좌항에 비해 1점 높은데, 대개의 경우 이는 문제가 되지 않으나, 이 사례에서는 부정적이다. 유일한 C(반응 17)인 "분홍색 부분은 페인트일 수 있겠어요." (질문) "페인트가 떨어져서 이런 모양이 됐어요. (평가자: 좀 더 자세히 말씀해 주시겠어요) 저도 모르겠어요. 화가가 사용하는 팔레트에 떨어진 것 같아요. 빨간색이고요, 저는 페인트로 보여요."를 고려해 보자. 검사의 마지막 반응으로 매우 비효율적이며 방어적이고 미숙하다. S에 특이점은 없고, 혼합반응(4)도 보통 길이의 프로토콜에서는 기대되는 수준이다. 그러나 2개의 혼합반응(*M.FY, m.CF*)은 상황과 연관되며, 현재 스트레스가 낮다면 나타나지 않았을 것으로 보인다. 따라서 피검자의 평소 심리적 복잡성의 수준은 성인에게 기대되는 수준일 것이다. 색채음영 혼합반응(*m.CF.VF*)은 정서나 정서 관련 상황에 대한 확신이 없고 혼란스러울 때가 빈번함을 시사한다.

정서는 피검자에게 문제가 되고 있다. 피검자는 정서를 일관되게 사용하지 않고 정서 혼란 삽화를 경험한다. 피검자는 정서적 상황을 회피하려는 경향이 두드러지는데, 이는 정서가 불편감을 야기하기 때문일 것이다. 아울러 대부분의 사람들에 비해 지적인 수준에서 정서를 다루면서 감정의 영향력을 상쇄시키려는 경향이 있다. 피검자는 감정 표현을 조절하는 데에도 다소 어려움이 있어 보인다. 그는 때로는 강렬한 감정 때문에 판단이 흐려질 것으로 보인다. 이는 정서적 상황을 회피하고 주지화하려는 경향과도 관련될 수 있다. 또한 자기 검열 행동으로 인해 상당한 불편감을 경험하며, 피검자는 다른 성인들에 비해 심리적으로 덜 복잡함에도 불구하고, 감정은 복잡성을 증가시키고 혼란을 야기한다.

자기 지각

사례 3. 23세 남성의 자기 지각 관련 자료

					Human Content, Hx, An & Xy Responses
R	=17	OBS	=NO	HVI=NO	I　2. W+ Ma-p.YFo 2 H,Cg,Fi 4.0 COP,AG,PHR
Fr+rF	=0	3r+(2)/R	=0.29		III　4. D+ Mao 2 H,Cg,Fd P 3.0 AG,MOR,PHR
					III　5. Do FCo An
FD	=1	SumV	=1		IV　6. W+ Mp.FD.FTo 2 (H),Bt,Cg 4.0 GHR
					V　8. W+ Mpo 2 H,Cg 2.5 COP,GHR
An+Xy	=3	MOR	=2		VII　12. D+ Mpo 2 Hd P 3.0 GHR
					VIII　13. W+ FC− An,Art 4.5 PER
H:(H)+Hd+(Hd)=3:3					IX　14. Do FCo Hd PHR
[EB=5:6.0]					X　16. Wv CFu An,Art

　자아중심성 지표(.29)는 자기가치에 대한 평가가 부정적이고 다른 사람들보다 자신을 덜 호의적으로 지각하는 경향이 있음을 시사한다. 이는 통경반응과도 일치한다. 피검자는 부정적으로 지각된 특징을 반추하며, 앞서 언급했듯이 고통스러운 감정을 경험한다.

　3개의 *An*은 지난 3년간 고통스러웠던 신체에 대한 염려를 보여 준다. 3개 반응 모두 유채색을 포함하고 그 가운데 하나에 유일한 마이너스(−) 반응이 있다. 이는 신체에 대한 걱정과 관련된 내재된 감정을 강조한다. 또한 증상의 변화가 상당히 중요해 보인다. 피검자는 기존에 현기증, 열감과 시야 흐림 등의 증상이 있었는데, 심혈관 문제가 배제되자 과호흡과 가슴 통증을 비롯한 불안 발작을 경험하기 시작했다. 이는 그에게 신체적 증상의 유무가 중요하고, 이는 신체 증상과 정서 문제가 연결되어 있음을 의미한다. 따라서 신체 증상의 목적을 살펴보는 것이 중요하다.

　자기개념을 살펴보면, 자신에 대한 비관적 관점을 촉진시키는 부정적 특징이 있음을 시사하는 2개의 MOR가 있다. *H:(H)+Hd+(Hd)*(3:3)은 양가형의 기대 범위로, 사회적 상호작용이 피검자의 인상에 좌우됨을 의미한다. 6개의 인간내용 반응에서, 부정적인 특징들이 두드러지지 않는다. 6개 가운데 4개는 자기개념에 부정적인 의미를 갖는 수동적인 내용이 포함되어 있지만, 반응의 본질에 대해서 신중하게 검토해야 한다.

　투사된 내용을 살펴보면 흥미로운 점이 있다. 유일한 마이너스(−) 반응(반응 13)은 "누군가의 내부예요."로 질문 단계에서 "여러 장기를 보여 주는 의학 책에서 본 것 같아요."이다. '내부(inside)' 반응은 기본적으로 취약성을 나타내지만, 이를 주지화하여 다룸으로써 강도를 상쇄시키고자 하는 경향이 있다(Art). 첫 번째 MOR(반응 4) 반응의 형태질은 양호하지만, "두 여자가 무언가를 잡아 찢고 있어요."로 내용은 부정적이다. 질문 단계에서, '싸우는 것'으로 설명하고, '무언가'를 음식 바구니라고 했다. 음식은 대개 의존 욕구와 관련된다. 두 여자는 아내나 어머니를 나타낼 수도 있지만, 엄격히 보자면, 단지 독립과 의존에 대한 내적 갈등을 반영할 수 있다.

두 번째 MOR 반응은 "거위나 무언가의 머리(반응 7)"로, 음식으로 채점되지 않았으나 이와 관련성이 있다. 질문 단계에서, "그것을 정육점에서 집으로 가져갈 때처럼 바구니 밖으로 매달려 있어요. 도축되어서 누군가가 집으로 가져가고 있어요."라고 했다. 2개의 MOR 반응 모두 의존 욕구와 관련된 대상이 손상되었는데, 이는 피검자가 의존할 수 있는 근원을 유지하기 어렵다는 시사점을 준다.

5개의 M 가운데 4개는 수동적이다. 첫 번째(반응 2)는 "한 사람이 말뚝에 묶여 있고 다른 사람들이 주변에서 춤을 추고 있어요."이다. MOR로 채점될 가능성이 있고, "그녀 주위에 연기가 가득해요."라고 했지만, 질문 단계에서 그 가능성이 사라진다. "옆에 무대의상을 입은 사람들이 있어요…… 연극처럼요. 연기가 짙고 흐릿한데 불은 보이지 않아요."라고 했다. 두 번째 M(반응 4)은 "여자들이 무언가 잡아당기고 있어요."라고 설명했다. 세 번째 (반응 6)는 "공상 과학 소설에 나오는 큰 괴물이 나무 그루터기에 앉아 있고 저는 그를 올려다보고 있어요."이다. 질문 단계에서 "털이 온통 덮여져 있는 기괴한 모양"이라고 응답했는데, 평범반응이지만 해석 시 주의해야 한다. '기괴한', '털로 덮인'의 단어는 중요한데, 이는 모순적인 자신에 대한 인상을 반영하는 것일 수 있기 때문이다.

네 번째 M(반응 8)은 "등을 맞대고 앉아 있는 두 여자"로, 질문 단계에서 "다리를 쭉 펴고 서로에게 기대고 있어요."(반응 8)라고 정교화한 단순히 수동적이고 의존적인 반응이다. 마지막 M(반응 12)은 "서로 대화하는 소녀요. 일란성 쌍둥이인 것 같아요."(반응 12)는 평범반응으로 해석 시 주의해야 한다. 수동성이 포함된 것이 중요한 점이다. 특히, 카드 IV의 괴물을 제외하고, 모든 인물이 여성이라는 점이 흥미롭지만, 피검자의 정체성이 여성스럽다고 해석해서는 안 된다. 대개 여성이라고 보고한 4개의 반응 가운데 3개(카드 I, III, VII)는 여성 형태로 지각되기 때문이다. 이러한 결과를 통해 해석적 의미를 찾고자 한다면, 그의 인생에서 여성이 중요다고 볼 수 있다.

3개의 FM 반응 중 첫 번째(반응 1)는 "날개를 활짝 편 박쥐…… 날고 있는 것 같아요."로 평범반응이며 특이점이 없다. "나비, 날고 있는 것 같아요."(반응 9)도 평범반응으로 수동적인 운동을 묘사하는 '미끄러지는(gliding)' 것을 제외하고 두드러진 특징은 없다. 세 번째 *FM* 반응(반응 11)은 "작은 새 두 마리가 있는 둥지"로, 질문 단계에서 "어미 새가 먹여 주길 기다리면서 입을 벌리고 있는 것처럼 두 마리 새의 머리가 나와 있어요."라고 정교화되고 특이한 반응이다. 여기에서 피검자의 수동-의존적 특징이 두드러진다. 또한 이 반응이 *Dd*에 해당된다는 것은, 그것이 직접적인 자기-표상이라는 견해에 신빙성을 준다.

　첫 번째 *m* 반응(반응 3) "델타 모양의 날개가 있는 비행기…… 아래에 불이 있으니까 비행기가 아니라 로켓이에요……."는 평범한 반응이다. 두 번째 *m*(반응 7), "거위 머리"로 앞서 설명하였다. 세 번째 *m*(반응 15)은 흥미롭다. "오렌지와 녹색이 폭풍이 오고 있을 때의 해질녘 구름 같아요." 그것은 질문 단계에서 "햇빛으로 빛나고 있는 구름, 녹색은 굽이치면서 다가오는 듯한데 음영이 져 있어서 먹구름 같고, 오렌지색은 멀리 있는, 보다 가벼운 구름 같아요…… 먹구름은 색의 농도가 달라요. 저는 확실히 먹구름처럼 보여요."라고 설명한 *V* 반응이다. 먹구름이 더 가까이 있고 '다가온다는(looming)' 사실이 중요한데, 피검자의 표현처럼 농도가 다르다. 그 반응은 뭔가 비관적인 기대를 나타내는 것 같다.

　5개의 나머지 반응은 검토되지 않았다. 둘(반응 5, 16)은 *An*(폐, 내부)으로 특이한 윤색은 없었다. 반응 17은 C로, 특이한 윤색이 나타나지 않았다. 나머지 두 반응(반응 10, 14)은 흥미로운 내용을 포함한다. 반응 10은 "곤봉이요…… 원시인이 사용했을 것 같은"으로, 생각해 보면 성적인 의미를 포함할 수 있다. 반응 14는 "아기 머리요…… 색깔 때문에 신생아처럼 보여요."이다.

　종합하면, 피검자의 자기상은 견고하지 않다. 그는 자신을 긍정적으로 여기지 않으며 자신이 지각한 부정적인 특징들을 반추할 것으로 보인다. 자신감이 부족하고, 책임지는 것에 대해 주저한다는 강한 단서가 있다. 결과적으로 피검자는 현실에서는 수동-의존적인 역할을 할 것이다. 사실 그의 증상은 의존적인 역할을 유지하는 방법을 반영한다. 이를 인식하면서 의존과 독립의 갈등을 겪고 있다.

대인관계 지각

　CDI와 HVI 모두 유의하지 않지만, *a:p*(4:8)로 피검자가 대인관계에서 순응적일 필요가 없음에도 수동적인 역할을 선호한다는 것을 보여 준다. 의사결정 시 책임을 회피하고, 스스로 해결책을 찾거나 새로운 행동을 취하기 꺼려 할 것으로 보인다. 음식반응은 결정을

사례 3. 23세 남성의 대인관계 지각 자료

R =17	CDI =3	HVI =NO	**COP & AG Responses**	
a:p =4:8	SumT =1	Fd =1	I 2. W+ Ma-p.YFo 2 H,Cg,Fi 4.0 COP,AG,PHR	
	[eb =6:3]		III 4. D+ Mao 2 H,Cg,Fd P 3.0 AG,MOR,PHR	
Sum Human Contents=6	H =3		V 8. W+ Mpo 2 H,Cg 2.5 COP,GHR	
[Style=Ambitent]				
GHR:PHR=3:3				
COP=2	AG =2	PER =1		
Isolation Indx=0.35				

내리고 책임을 지는데 타인 의존적 경향을 시사한다. 이러한 가정은 자기 지각영역에서 다루었던 2개의 음식 관련 반응들(반응 7- 바구니에 매달린 거위, 반응 11- 어미 새가 먹여 주기를 기다리는 아기 새)로 상당히 강화된다.

1개의 재질반응은 대부분의 사람들과 유사하게 친밀감에 대한 욕구를 인식하고 솔직히 표현함을 나타내며, 6개의 인간내용 반응 중 *H*가 3개로, 이는 피검자가 타인에게 관심이 있고 현실적으로 개념화하고 있음을 의미한다. GHR:PHR(3:3)로 값이 같은데, 피검자는 바람직하기보다 상황에 적응적이지 않은 대인행동에 관여하는 경향이 있을 수 있음을 시사한다.

2개의 COP와 AG는 긍정적인 상호작용에 개방적이고 관심 있음을 의미하나, 대부분 강압적이고 공격적인 특징을 내포한다. 이는 그가 공격성을 사람들과의 자연스러운 교류 방식으로 지각하기 때문이다. 이는 수동적이고 의존적인 사람과는 모순되는 것처럼 보이지만, 그렇지만은 않다. 공격성은 미묘한 방식으로도 표출될 수 있다. 소외 지표(Isolation Index)(0.35)도 높은데, 이는 사회적 고립을 의미한다. 피검자는 다른 사람들과 원만한 관계를 유지하는 것을 어려워하기 때문일 수 있다. 수동적이고 의존적인 면은 다른 사람들과 친밀한 관계를 형성하는 데 장애가 되며 유익한 관계의 폭을 제한할 수 있다.

5개의 *M*과 *FM*에 쌍반응이 포함되어 있다. 첫 번째(반응 2)는 말뚝에 묶인 세 번째 사람 주위에서 무대의상을 입고 춤을 추고 있는 두 사람이다. 두 번째(반응 4)는 음식 바구니를 놓고 싸우면서 서로 바구니를 당기고 있는 두 여자이다. 세 번째(반응 8)는 서로 등을 맞대고 앉아 있는 두 여자이다. 네 번째(반응 11)는 "어미 새가 먹여 주기를 기다리는 두 마리 작은 새가 있는 둥지"이고, 다섯 번째(반응 12)는 "서로 이야기하는 두 소녀"이다. 다섯 번째 반응의 상호작용이 가장 긍정적이며, 나머지는 수동적이거나 공격적이다.

전반적으로 볼 때, 피검자의 대인관계는 그가 원하는 것보다는 협소하고 피상적일 것이다. 그는 매우 수동-의존적인 사람이다. 사람들에게 환영받지 못하는 것은 아니나 인기가 많은 것도 아니다.

요약

피검자에 대한 설명과 증상을 고려해 보면, 피검자가 수동적이고 의존적이라는 점을 강조해야 한다. 그것들은 피검자의 성격의 핵심 요소이고 대부분 다른 특징의 원인이기도 하다. 그가 다른 사람에게 의존하지 않고 의사결정에 있어서 보다 자기주장을 내세우는 것을 꺼리는 성향은 얼마간 지속되어 왔다.

이를 지지하는 과거력은 없지만, 피검자의 과거력을 보면 다른 사람들과의 관계와 부모와의 관계는 다소 빈약하다. 따라서 피검자가 성장과정에서 방향성과 안심을 얻기 위해 다른 사람들에게 의지하는 것이 이득이 된다는 것을 알게 되었을 것이라고 추측해 볼 수 있다. 그 결과, 중요한 타인이 허락하지 않은 생각을 표현하거나 행동하는 것을 피하거나 억제하는 성향을 갖게 된 것으로 보인다. 결과적으로 피검자는 많은 장점이 있지만 심리적인 소심함 때문에 충분히 활용하지 못하는 사람이다.

피검자는 자신감이 부족하고 자신의 가치를 긍정적이기보다 부정적으로 판단하는 경향이 있다. 확실히, 그는 자신이 지각한 단점을 반추하고 있으며, 이는 그에게 상당한 불편감을 야기한다. 그가 독립적이고 책임을 지는 것을 꺼려 하면서 그가 실생활에서 수동적이고 의존적인 역할을 하도록 강화되었을 수 있다. 피검자가 이를 인식하고 있고 이 문제로 내적 갈등을 겪고 있음을 보여 주는 지표가 있다. 그럼에도 불구하고, 수동성의 직접적인 결과로 피검자가 원하는 것보다 협소하고 피상적인 인간관계를 맺을 것이다.

수동-의존 성향의 결과로 정서 문제가 뒤따른다. 피검자는 정서적으로 혼란스러우며, 피검자는 정서를 일관되지 않은 방식으로 다룬다. 실제로, 피검자의 성격 구조의 조직화 방식으로 인해 정서적 혼란 에피소드가 나타날 가능성이 있다. 피검자는 정서적인 상황을 회피하려는 경향이 뚜렷한데, 정서가 그를 불편하게 하기 때문일 것이다. 그는 다른 사람들에 비해 감정을 가성-주지화 수준(pseudo intellectual level)에서 다룸으로써 상쇄시키려고 노력한다. 사실 이러한 전략은 정서나 정서 상황의 실제적 영향을 상쇄시키고 부인하는 데 효과적이다. 또한 감정 표현을 조절하기가 어렵고, 때로는 감정의 강도가 그의 판단력을 현저히 제한할 수 있다.

실제로, 피검자는 상당한 가용 자원을 가지고 있으므로 다른 사람들보다 스트레스를 다루는 데 어려움이 적다. 현재 피검자는 신체적 어려움에 심리적 관련성이 있다는 상황적 스트레스하에 있으나, 심각한 장애나 와해를 야기하지는 않는다. 피검자의 심리적 활동은 더 복잡해지고 주의력과 집중력에 영향을 주겠으나, 피검자는 이러한 문제를 보고하지는 않는다.

피검자는 의사결정 방식이 매우 일관적이지 않다. 어떤 때는 감정을 제쳐두고 철저하게 생각하고, 다른 때는 감정이 사고에 융합되고 감정이 판단에 영향을 준다. 이러한 불일치가 특이한 것은 아니나, 결정을 내리는 데 종종 더 많은 시간과 노력이 요구되기 때문에 골칫거리가 될 수 있다. 그럼에도, 그의 사고는 명료하고 합리적이며 복잡한 방식으로 개념화한다. 다른 한편, 사고를 사용하는 방식에 부정적이다. 현실의 지각된 고통을 회피하기 위해 과도하게 공상에 몰입한다. 이러한 방어는 부인 또는 현실에 대한 무관심이 포함되며 문제해결에 있어 책임 회피와 의존을 수반한다.

피검자는 일반적으로 새로운 정보를 처리하고 조직화하는 데 적절한 노력을 한다. 하지만 정서가 결부되면, 정보처리가 미숙해지고 혼란스러워진다. 피검자는 투입된 자극을 관습적인 방식으로 해석하려고 노력하고, 그의 현실 검증에 의구심을 가질 이유는 없다. 하지만 정서와 관련될 때 입력된 자극의 처리와 해석이 손상되는 경향이 있다는 명확한 단서가 있다.

제언

피검자의 타인에 대한 수동성과 의존성은 아동기와 청소년기에서는 중요한 문제가 아니었고, 때로는 보상을 받았다. 그러나 학생 역할에서 벗어나 성인기로 접어들면서, 수동성과 의존성은 수용되지 못하고 이로 인한 혼란을 경험한 것으로 보인다.

첫 번째 증상은 대학을 자퇴하고 결혼 몇 달 전에 나타났다. 이는 덜 수동적이고 보다 독립적인 역할이 필요한 것에 대한 심리적 반응으로 보인다.

피검자가 영원히 수동-의존적 역할에 머무르고 싶어 한다는 것을 의미하지 않는다. 이는 사실이 아니다. 그가 결혼과 직업 선택에 있어 성공하고 싶어 한다는 동기의 진정성을 의심을 할 근거는 없다. 하지만 보다 독립성을 요구하는 성인기의 요구가 그의 예상을 한

참 넘어선 것 같다.

현기증, 열감, 시야 흐림으로 나타난 에피소드의 시작은 성인기의 요구에 대한 반응으로 나타나는 것이고, 이런 증상들이 심혈관 문제로 설명되지 않자, 불안, 과호흡, 흉통의 새로운 증상이 생겨났다. 그리고 이러한 증상들이 피검자가 수동적이고 의존적인 역할을 유지하는 데 기여한다.

전반적 치료계획에서 스트레스 관리에 대한 인지적 접근 전략이 유용할 수도 있지만, 피검자는 단순한 스트레스 관리 사례가 아니다. 주요 치료 목표는 보다 성숙하고 자신감 있는 자기상 형성과 동시에 의사결정에 있어서 보다 독립적이고 자기주장성을 수반한 대인관계에서의 행동 패턴 개발이 필요하다. 이러한 맥락에서 초기 치료 회기는, 집과 직장에서 일상적 결정들이 어떻게 이루어지고 그 결과는 어떠한지와 같은 실제적인 것에 초점을 맞추어야 한다. 또한 피검자의 수동성과 감정을 직접적으로 다루는 것을 회피하는 경향성에 개입하는 방안을 제공해야 한다.

또한 조속히 부부관계를 자세히 평가하고, 궁극적으로 그와 아내가 시어머니와 형성한 관계를 탐색해야 한다. 아내와 함께하는 회기를 진행하는 것이 가장 바람직하지만, 그 결정은 피검자가 내려야 한다. 이러한 회기는 현재 관계에 대한 명확한 그림을 제공해 줄 것이다. 어머니 집에서 사는 것이 경제적인 장점이 있지만, 그 자신, 그의 결혼, 미래의 성장을 저해할 수 있다.

에필로그

주 치료사가 7개월 동안 치료를 시행한 이후 추후 정보를 제공받았다. 초기에, 피검자는 평가 결과에 대하여 클리닉의 치료사에게 피드백을 받았다. 그는 자신의 결정에 대해 자신이 없어 다른 사람이 확신시켜 주기를 바란다는 것을 선뜻 수긍하였다. 하지만 이러한 불안정성이 신체적 어려움을 야기한다는 것에는 의구심을 가지며 당황스러워했다. 그럼에도, 그는 처음 한두 달간 매주 개인치료 회기를 갖고, 동료 및 상사의 관계, 일과 관련된 스트레스 등 일에 초점을 맞출 것이라는 것에 동의하였다.

그 후 8주 동안, 치료과정에서 피검자는 직장에서 보다 편안해졌지만, 승진 가능성이 제한되어 초조하다고 했다. 동시에, 부인이 그를 부정적으로 생각할지 모른다고 걱정했다. 부인은 야간 강의를 듣고 있고, 환경과학 학위 취득을 위해 다음 학기에 2~3개 과목을 더

들을 예정이다. 부인이 피검자에게 다음 학기 야간 학교 등록을 위해 은행의 평생교육 지원 프로그램을 알아보라고 했다고 하였다. 이러한 불만은 치료사가 부부관계와 그와 어머니와의 관계를 광범위하게 탐색하도록 길을 열었다.

치료를 시작한 지 3개월 동안, 피검자는 부부치료를 꺼려 하여, 그가 개인치료를 계속하는 동안 아내는 매주 다른 치료사와 작업하도록 조정되었다. 세 번째, 네 번째 치료 회기 때, 부인은 시어머니와의 불화에 초점을 맞추었다. 부인은 시어머니를 통제하고 군림하는 사람으로 묘사하였다. 부인은 그들이 경제적으로 자립할 수 있을 때까지 약 6개월 정도만 시어머니와 살 줄 알았다고 했다. 피검자는 그것이 그들의 계획이었으나, 그의 신체적 문제 때문에 분가하지 못하게 되었다는 것을 마지못해 인정하였다. 부부치료에서 이러한 직면이 있은 직후, 피검자는 집에서 가벼운 공황발작이 있었다. 극도의 긴장, 현기증, 흉통이 있었으나, 과호흡은 없었다.

부부치료에서 피검자와 어머니와의 관계와 더불어 어머니와 아내 사이에서 겪는 '분열된 충성(torn allegiance)'의 감정을 개인치료 회기에서 더 다루었다. 치료 5개월 끝 무렵, 시어머니는 내켜 하지 않았지만, 피검자와 아내는 아파트를 구하여 분가하였다. 부부치료는 그 후 중단되었다. 또한 피검자는 아내가 다니는 같은 대학의 야간 수업을 등록하였다. 치료사는 치료 7개월째에 상당한 진전이 있었다고 하였다. 신체적 증상 에피소드는 없었고, 부부관계는 상당히 안정되었다. 하지만 자존감과 관련된 몇 가지 문제들은 해결되지 않은 채 남아 있고, 분가에 대한 죄책감이 지속된다고 하였다.

참고문헌

American Psychiatric Association. (2000). *Diagnostic and statistical manual of mental disorders* (4th ed., text rev.). Washington, DC: Author.

de Ruiter, C., & Cohen, L. (1992). Personality in panic disorder with agoraphobia: A Rorschach study. *Journal of Personality Assessment, 59*(2), 304-316.

de Ruiter, C., Rijken, H., Garssen, B., & Kraaimaat, F. (1989). Breathing retraining, exposure and a combination of both, in the treatment of panic disorder with agoraphobia. *Behaviour Research and Therapy, 27*(6), 647-655.

Hyler, S. E., Rider, S. O., & Spitzer, R. L. (1978). *Personality diagnostic questionnaire.* New York: New York State Psychiatric Institute.

Mavissakalian, M., & Hamann, M. S. (1987). *DSM-III* personality disorder in agoraphobia. II.

Changes with treatment. *Comprehensive Psychiatry, 28*(4), 356–361.

Rapaport, D., Gill, M. M., & Schafer, R. (1984). *Diagnostic Psychological Testing.* New York: International Universities Press.

Rosenberg, N. K., & Andersen, R. (1990). Rorschach-profile in panic disorder. *Scandinavian Journal of Psychology, 31*(2), 99–109.

제6장

망상적 사고

사례 4

피검자는 31세 남성으로, 쌍둥이 형이 정신과 평가를 권유하여 이에 동의하였다. 그는 형제들과 매우 친한데, 최근 형에게 이상하게 생각되는 사건들에 대해 털어놓았고 형제들은 피검자의 정신 상태에 대해 의문이 들었다. 변호사인 형과는 이란성 쌍둥이로, 7형제 중 둘째이다.

형제는 가족들과 친하지만, 형은 피검자에 대해 "고등학교 진학 후 다소 외톨이로 과묵했고, 수학과 공부에 빠져 있었으며, 거의 언제나 모든 과목에서 A를 받았어요. 저는 농구와 여자에 빠져 있어서 우리가 같이 들었던 몇몇 버거운 과목들을 따라가기 위해 동생에게 의존했어요. 제가 같이 나가자고 하기도 하고 데이트 상대도 붙여 주었지만, 그건 아주 힘든 일이었어요. 동생이 원하지 않았어요."라고 말했다.

형제는 서로 다른 대학에 진학했지만 한 달에 2~3번 통화를 했다. "저는 부정행위를 한다는 룸메이트에 대해 동생이 강박관념이 있다고 몇 번 생각했었지만, 실제 동생에게 뭔가 잘못되었다고 생각해 본 적은 없어요. 4년 전 제가 결혼할 때, 그는 들러리였고, 한 달에 두어 차례 저녁식사를 해요. 동생은 단지 말이 없을 뿐이에요."

피검자는 회사 동료들이 자신을 퇴사하게 하려고 하고, 이 일에 매부가 개입되었다고 주장하였고, 이에 형제들은 의논한 끝에 정신과 평가를 의뢰하였다. 피검자는 몰두하고 있는 생각이 망상일 수 있음을 인식하고 형에게 자신이 현실감을 상실할까 봐 두렵다고 하였다.

정신과 의사는 신체적·신경학적·심리적 평가를 위해 5일간 종합병원에 입원하게 하였다. 피검자는 "자신이 미치지 않았다는 것을 확인하기 위해" 마지못해 입원에 동의했다. 그는 가족, 상사, 회사 동료와 여자친구에게 알리지 않는다는 사생활 보호를 보장받는 조건으로 입원하였다.

피검자의 양친은 살아계시는데, 아버지는 60세로 관리직 공무원으로 근무하다 퇴직했다. 어머니는 59세로, 막내 동생이 학교에 입학 후 11년 동안 법률 비서로 재직 중이다. 바로 아래 남동생은 28세로 자동차 판매 영업을 하며 기혼으로 자녀가 1명 있다. 또 다른 남동생은 27세로 미혼이고 조경사이다. 막내 남동생은 20세로, 대학교 1학년을 마치고 해군에 입대했으며 청소년기에 행동 문제로 치료를 받은 적이 있다. 여동생은 22세로, 대학교 1학년을 마치고 약 1년 전 결혼하였다. 소문에 의하면 그녀의 남편은 범죄 조직이 소유하고 있다는 해산물 물류창고를 운영하고 있다. 부모와 다른 형제들 모두 이 결혼을 반대했지만, 여동생은 결혼하였다. 이로 인해 가족과 매부 사이에 감정이 나빠졌고, 현재 이 부부와 가족은 거의 연락을 하지 않는다. 막내 여동생은 16세로, 고등학교에 재학 중이다.

피검자는 18세에 고등학교를 졸업하고 명문 대학에 전액 장학생으로 입학하여 21세에 컴퓨터공학 학사학위를 취득했다. 이후 같은 대학의 석사과정에 입학하여 2년 후 컴퓨터 이론과 커뮤니케이션 석사학위를 취득했다. 피검자는 마이크로칩 디자인을 전문으로 하는 회사에 입사했고 첫 5, 6년간 그의 일에 상당히 만족했는데, 창의적인 자유성을 상당히 보장받았기 때문이다.

약 10개월 전, 피검자는 회사에서 좀 더 구조화된 부서로 인사 이동을 했고, 그의 업무는 7명의 팀원들과 정기적으로 공유되고 평가된다. 피검자는 이번 인사가 마음에 들지 않았고, 이 팀에 배정된 것 때문에 우울하다고 한다. 그는 다른 팀원들이 지나치게 비판적이고, 비협조적이라고 느끼며, "가끔 그들은 정말 멍청해요."라고 했다. 그는 혼자서 일하는 동안 매년 많은 보너스를 받았으나, 최근에는 과거의 창의적 노력이 업무에서 보이지 않아 보너스는 힘들 것이라는 주의를 받았다. 피검자는 "소위 동료라는 사람들이 고의로 제 삶을 힘들게 하는 게 분명해요. 그들은 제가 퇴사하거나 해고되도록 노력하고 있어요. 저도 이게 편집증적이라고 들릴 수 있다는 것은 알지만, 편집증은 진짜 아니에요. 그들은 제 아이디어를 도용하려고 해요."라고 했다.

평가자가 회사 동료들과의 갈등에 대해 자세히 묻자, 피검자는 "저는 매 순간 매부나 마피아 사람들이 연루된 느낌이 들어요. 매부는 저를 좋아하지 않는데, 그가 회사 사람들에게 영향력을 행사할 수 있다고 생각해요. 선생님도 알다시피 그들은 그럴 수 있잖아요. 미친 소리 같겠지만, 저는 그런 느낌이 들어요."라고 했다.

피검자는 혼자 살고, "형과 여자친구를 제외하고 사람들과 함께 어울릴 필요성을 느껴 본 적이 없어요. 저는 사람들의 관심사를 이해하지 못하고, 사람들도 제 관심사를 이해하지 못해요. 저는 우주에 관심 있지만, 다른 사람들은 자신들의 좁은 세계에 빠져 있어요."라며 친한 친구가 적다는 것에 대하여 주저 없이 말했다. 쌍둥이 형과의 관계에 대해, "지금까지 만난 사람들 중에서 가장 친해요. 그는 가장 소중한 친구예요."라고 했다. 피검자는 고등학교 때 이성친구와 데이트를 하지 않았는데, 이에 대해 "전 그냥 데이트를 하고 싶지 않았어요. 형이 꼭 하라고 해서 대학 들어가서 몇 번 데이트 해 볼까 했지만, 무슨 말을 해야 할지 모르겠더라고요. 그녀들 모두 저를 찌질이(nerd)라고 생각했을 거고, 그들과 별일 없었어요. 형한테 등 떠밀려서 서너 번 만났어요."라고 했다. 첫 성경험은 22세에 했는데, "룸메이트의 성화에 못 이겨 성매매 업소에 갔었어요. 괜찮았지만, 저는 다시 가지는 않았어요."라고 했다.

대략 5개월 전쯤, 피검자는 함께 일하는 기술 보조에게 호감을 느꼈다. "커피타임을 가지며 호감을 갖게 되었어요. 그녀는 스스럼없이 말을 걸었고, 점심을 같이 먹기 시작했어요."라고 했다. 한 달 후 그들은 데이트를 시작했는데 그 이후로 사귀는 사이가 되었다. 그는 그들의 관계에 대해, "아주 친밀하고, 때로는 살짝 소름끼치기도 해요. 그녀는 일을 포함한 저의 모든 생각을 아주 잘 이해해요. 그래서 저는 그녀와 쉽게 이야기할 수 있어요."라고 한다. 그녀는 33세로, 3개월 전 그와 관계를 맺기 전 성경험이 없었다고 한다. 피검자는 평가와 관련하여 그녀와의 면담에 대해 거부적이었다.

피검자는 수면과 식욕은 양호하나, 때때로 상당히 심각한 수준의 우울 삽화를 경험한다고 한다. "우울할 때 결국 끝날 거라는 걸 알아요. 대개 일을 하면서 어떤 문제로 좌절될 때 그래요."라며, 피검자는 자살시도와 약물 사용에 대해 부인했다. 정신건강의학과 의사는 성격에 대한 자문을 요청하며, (1) 조현양상장애(schizophreniform problem)의 가능성, (2) 우울증의 정도, (3) 자살 가능성, (4) 그의 업무 환경과 매부의 개입과 관련된 한 망상이 편집증을 시사하는지 아니면 현실에 기반한 것인지에 대한 견해, (5) 필요하다면 치료와 관련된 권고사항을 문의했다.

사례 개념화 및 관련 문헌

피검자와 정신건강의학과 주치의가 피검자가 가지고 있는 직장동료의 의도에 관한 집착에 대해 의뢰하였다. 피검자는 자신의 염려가 피해망상일 수 있다고 어느 정도 인식하며, 자신이 '현실감을 상실하게 된 것은 아닌지' 걱정하고 있다. 로르샤흐는 망상적 사고를 평가하는 데 유용하며, 문헌 검토에서 이 피검자의 프로토콜을 분석하기 위해 심리학자가 중점 두어야 할 사항에 대해 다룰 것이다. 정신건강의학과 의사가 제기한 우울감과 자살 위험을 포함한 다른 문제는 사례 2(제4장)에서 살펴보았다.

피해망상적 사고의 평가

Kleiger(1999)는 망상적 사고와 강박적 사고가 중요한 구조적인 특징을 공유한다고 지적했다. 둘 다 세부 사항에 세심한 주의를 기울이고, 삶의 일부 다른 영역에서는 적절히 기능하는 사람들에게도 발생할 수 있고, 전형적으로 극도로 와해된 사고과정이 없이도 나타날수 있다. 그 결과, 정신증일지라도 망상 체계를 중심으로 사고가 조직화되어 있는 사람들의 로르샤흐는 낮은 현실 검증력과 심각한 수준의 인지적 실수(cognitive slippage) 지표가적을 것으로 기대되며, 실제 많은 연구들이 이러한 가정을 지지한다.

Auslander, Perry와 Jeste(2002)는 의학적으로 안정적인 편집형 조현병 외래 피검자 27명과 편집형이 아닌 조현병 외래 피검자 17명, 그리고 45명의 정상 비교 집단을 비교하였다. 편집형 피검자들은 로르샤흐의 지각적인 부정확성과 인지적 실수[자아 손상 지표(Ego Impairment Index: EII); Perry & Viglione, 1991] 측정치에서 손상이 유의하게 적었고, 정상비교 집단과 유사한 수행을 보였다. 연령이 어린 조현병 피검자를 대상으로 한 초기 연구(Perry, Viglione, & Braff, 1992)에서도 편집형 피검자들과 편집형이 아닌 조현병 피검자 집단(와해형과 감별불능형)을 비교했을 때, 유사한 결과가 나타났다.

Belyi(1991)는 체계적 망상이 있는 피검자들의 로르샤흐는 정상 대조군들과 유사하고, 세부적인 요소에 더욱 주의를 기울이는 면에서만 차이가 있다고 했다. Kleiger(1999)는 망상을 인정하는 한 여성의 로르샤흐에서 "이유는 모르겠지만, 로르샤흐의 자극 요구(stimulus demand)가 그녀의 망상을 드러내지 못했다(p. 310)"라며, 지각적 부정확성이나 인지적 왜곡의 지표가 나타나지 않은 사례를 보고하였다.

잘 조직화된 편집증적 망상 체계에서 우리가 기대하는 것은 신중하고 세부 사항에 초점을 둔 로르샤흐의 정보처리 양식이다. Rapaport, Gill과 Schafer(1968)은 이러한 신중함은적은 수의 반응, 카드 거부, 적은 수의 색채 결정인으로 나타날 수 있다고 제안했다. Exner의 과경계 지표(Hypervigilance Index, 2003)는 세부 사항을 중시하는 접근 방식을 시사하는다양한 변수들이 포함되어 있다. 그 변수들은 높은 Zf, 과다 통합한 Zd, 동물과 인간부분반응의 불균형($H+A:Hd+Ad < 4 : 1$)이다.

사례 4. 31세 남성

카드	반응	질문
I	1. 박쥐요. 그거요. 오늘 검사가 내키질 않아요.	평가자: (반응 반복) 피검자: 전체적인 형태가(테두리), 단지 이 전체 모양이. 날개(손가락으로 가리킴)와 몸통이 보여요. 평가자: 좀 더 보면, 다른 것들도 찾을 수 있을 거예요.
	2. 스카이다이빙을 하는 남자처럼 보여요.	평가자: (반응 반복) 피검자: 이 가운데 부분이요. 평가자: 당신이 보는 것처럼 저도 볼 수 있게 해 주세요. 피검자: 형태가, 스카이다이빙할 때 자유 낙하하는 것 같아요. 남자가 팔을 위로 들고, 낙하산은 아직 퍼지지 않았지만 자유낙하하는 것처럼 보여요.
	3. 악마의 얼굴. 그게 다예요.	평가자: (반응 반복) 피검자: 바로 여기에(가운데 동그라미를 그리며), 바로 여기가 눈 모양이에요. 평가자: 눈 모양이요? 피검자: 악마의 눈처럼 삐죽 위로 올라갔어요. 피검자: 해야 할 카드가 많이 있나요? 평가자: 그렇게 많지는 않아요.
II	4. 상처, 피로 물든 상처.	평가자: (반응 반복) 피검자: 피와 상처, 상처처럼 모두 붉고 피 같아요. 피가 흐르는 걸 보니깐 상처가 맞아요. 평가자: 상처처럼 보인다고요? 피검자: 중간에 밝은 부분이 피부 같고(Dd24), 상처는 중간에 이쪽 부분인데, 여기 약간 하얀 선이 피부를 자른 것 같고, 그 주변에서 피가 나요.
	5. 적들의 싸움. 그게 다예요.	평가자: (반응 반복) 피검자: 두 사람이 싸우고 있어요. 상대방에게 손을 뻗고 있고, 붉은색은 피고, 머리와 발에 피가 있어요.

III	6. 남자와 여자가 포옹하려 해요.	평가자: (반응 반복)
		피검자: 여기는 남자고(왼쪽 D9), 여기는 여자예요 (오른쪽 D9). 모양이 그렇고, 머리와 다리가 있어요.
		평가자: 포옹하려 한다고요?
		피검자: 포옹할 것처럼 서로를 향해 구부리고 있어요. 포옹하려고 팔을 뻗는 것같이.
	7. 2개의 심장이 합쳐지려고 해요. 그게 다예요.	평가자: (반응 반복)
		피검자: 바로 여기(D3), 심장 모양이고 심장처럼 빨개요.
		평가자: 합쳐진다고 하셨나요?
		피검자: 네, 그들은 합쳐지려고 해요. 서로를 바라보고 있고, 합쳐지길 원해요. 2개의 심장이 하나가 될 것처럼요.
IV	8. 큰 괴물이 길에 있는 모든 것들을 부수고 있어요. 그게 다예요.	평가자: (반응 반복)
		피검자: 전체 반점이 압도적인 크기에 검정색이라 괴물처럼 보여요. 그것은 불길하게 걷고 있고, 선생님 쪽으로 걸어가는 것처럼 한 발이 다른 발 앞에 있어요(손으로 보여 주면서).
V	9. 나비. 자유롭고 편안한 나비. 그게 다예요.	평가자: (반응 반복)
		피검자: 전체적인 반점이 날개와 더듬이 모양이요.
		평가자: 자유롭고 편안해 보인다고요?
		피검자: 나비처럼 우아해 보여요.
VI	10. 곰 매트. 곰 가죽을 반으로 갈랐을 때 알죠? 그게 다예요.	평가자: (반응 반복)
		피검자: 곰 가죽, 팔, 다리, 꼬리가 있고, 오프 그레이(off gray) 색이고요.
		평가자: 오프 그레이(off gray) 색이요?
		피검자: 완전 곰 가죽 색깔 같은 거 있잖아요.
VII	11. 터치다운을 선언하는 심판.	평가자: (반응 반복)
		피검자: 여기 위에서부터(D2) 두 손을 올리고, 누군가가 점수를 내고 심판이 득점 선언을 위해 손을 올리고 있어요.
	12. U 글자 모양. 그게 다예요.	평가자: (반응 반복)
		피검자: 전체 반점, 모양이 저한테는 알파벳 U로 보여요.

VIII	13. 불.	평가자: (반응 반복) 피검자: 여기(D2), 불 색이고, 불이 타오르는 것 같아요. 불처럼 위로 치솟아요. 평가자: 치솟는다고요? 피검자: 불이 올라가요. 불이 올라가고 있는 것 같아요.
	14. 두 마리의 죽은 쥐.	평가자: (반응 반복) 피검자: 옆에 보면, 죽은 쥐 모양이요. 다리와 머리가 보여요. 평가자: 죽었다고요? 피검자: 죽은 쥐의 피부처럼, 피부가 있는데 분홍색이에요.
	15. 우울한 손 같이 보여요. 그게 다예요.	평가자: (반응 반복) 피검자: 우울한 손…… 의미 없이 쭉 뻗은, 우울한 사람이 아무것도 잡지 않고 단지, 절망적으로 손을 뻗고 있는 것 같아요. 평가자: 우울한 사람이요? 피검자: 맞아요. 근데 사람은 없고, 그냥 팔만 쭉 뻗어 있어.
IX	16. 맙소사, 이거 완전히 엉망인데? 혼란. 거대한 혼란. 그게 다예요.	평가자: (반응 반복) 피검자: 전체 반점이 이상하고, 색이 다르고, 혼란스럽고, 형태가 없어 보여요. 마치 화나고 분노가 들끓는 사람의 속 모습처럼 뒤죽박죽이네요. 그는 혼란스럽고 분노에 가득 차 있어요. 평가자: 저는 잘 모르겠어서 그런데 좀 더 설명해 주세요. 피검자: 분노로 들끓을 때 선생님 속에서 일어나는 것을 생각해 보세요. 이것은 분노를 느낄 때, 일어나는 것과 같아요. 모든 것이 끓고 있고, 차분한 것이 없어요. 모두 혼란스러운 것 같아요.

| X | 17. 결혼, 두 개체가 결혼했어요. 그 게 다예요. | 평가자: (반응 반복)

피검자: 두 개체가 여기(D9) 있고, 손을 잡고 행복을 향해 움직여요.

평가자: 행복이요?

피검자: 빨강, 노랑, 파랑, 녹색은 모두 행복을 나타 내는 색이에요. 두 개체가 그것들을 찾아냈 고 지금 서로 결합하고 있어요. 목사가 그들 을 서로 융합시켰어요.

평가자: 그들이 융합된다고요?

피검자: 이것은(D6) 연골조직처럼 둘을 뭉쳐 놓은 것 같아요. |

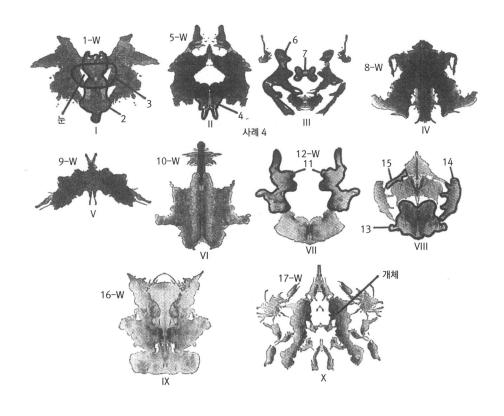

사례 4. 점수 계열

카드	반응번호	위치	영역번호	결정인	(2)	내용	평범반응	Z	특수점수
I	1	Wo	1	Fo		A	P	1.0	
	2	Do	4	Mpu		H			GHR
	3	DdSo	99	F–		(Hd)		3.5	PHR
II	4	Dv	3	CF.mp.VFu		Bl.An			MOR
	5	W+	1	Ma.CFo	2	H.Bl		4.5	AG.MOR.PHR
III	6	D+	9	Mpo		H	P	4.0	COP,GHR
	7	D+	3	Mp.FC–	2	An		3.0	FAB2,COP,PHR
IV	8	Wo	1	FC'.Ma.FDo		(H)	P	2.0	AG,GHR
V	9	Wo	1	Fo		A	P	1.0	
VI	10	Wo	1	FC'o		Ad	P	2.5	MOR.INC
VII	11	Do	2	Ma–		Hd			PHR
	12	Wo	1	Fu		Art		2.5	
VIII	13	Dv	2	CF.mau		Fi			
	14	Do	1	FCo	2	Ad	P		MOR
	15	Ddo	22	Mau		Hd.Hx			DR2,MOR,PHR
IX	16	Wv	1	Ma.C		Hx			AB,DR2,PHR
X	17	W+	1	Ma.C–	2	H		5.5	AB,COP,FAB2,PHR

사례 4. 구조적 요약

구조적 요약(상단부)				

반응영역	결정인 혼합	단일	반응내용	자살 지표
				NO ... FV+VF+V+FD > 2
			H = 4	YES .. Col-Shd Bl > 0
Zf = 10	CF.m.VF	M = 4	(H) = 1	YES .. Ego < .31, > .44
ZSum = 29.5	M.CF	FM = 0	Hd = 2	YES .. MOR > 3
ZEst = 31.0	M.FC	m = 0	(Hd) = 1	NO ... Zd > +−3.5
	FD′.M.FD	FC = 1	Hx = 2	NO ... es > EA
W = 8	CF.m	CF = 0	A = 2	YES .. CF+C > FC
D = 7	M.C	C = 0	(A) = 0	YES .. X+% < .70
W+D = 15	M.C	Cn = 0	Ad = 2	NO ... S > 3
Dd = 2		FC′ = 1	(Ad) = 0	NO ... P < 3 or > 8
S = 1		C′F = 0	An = 2	NO ... Pure H < 2
		C′ = 0	Art = 1	NO ... R < 17
		FT = 0	Ay = 0	5 ...... TOTAL

발달질		단일	반응내용	특수점수
		TF = 0	Bl = 2		Lv1	Lv2
+ = 4		T = 0	Bt = 0	DV = 0x1 0x2
o = 10		FV = 0	Cg = 0	INC = 0x2 0x4
v/+ = 0		VF = 0	Cl = 0	DR = 0x3 0x6
v = 3		V = 0	Ex = 0	FAB = 0x4 0x7
YF = 0		FY = 0	Fd = 0	ALOG = 0x5
		Fi = 1		CON = 0x7
		Y = 0	Ge = 0	Raw Sum6 = 5
형태질		Fr = 0	Hh = 0	Wgtd Sum6 = 28

	FQx	MQual	W+D		
				Ls = 0	
				Na = 0	
+	= 0	= 0	= 0	Sc = 0	AB = 2	GHR = 3
o	= 7	= 3	= 7	Sx = 0	AG = 2	PHR = 7
u	= 5	= 2	= 4	Xy = 0	COP = 3	MOR = 5
−	= 4	= 3	= 3	Id = 0	CP = 0	PER = 0
none	= 1	= 1	= 1			PSV = 0
		(2) = 4				

구조적 요약(하단부)					
비율, 백분율, 산출한 점수					

R = 17	L = 0.31		FC:CF+C = 2:5		COP = 3 AG = 2
			Pure C = 2		GHR:PHR = 3:7
EB = 9:7.0	EA = 16.0	EBPer = N/A	SumC′:WSumC = 2:7.0		a:p = 7:4
eb = 2:3	es = 5	D = +4	Afr = 0.42		Food = 0
	Adj es = 4	Adj D = +4	S = 1		SumT = 0
			Blends:R = 7:17		Human Cont = 8
FM = 0	C′ = 2	T = 0	CP = 0		Pure H = 4
m = 2	V = 1	Y = 0			PER = 0
					Iso Indx = 0.00

a:p	= 7:4	Sum6	= 5	XA%	= 0.71	Zf	= 10.0	3r+(2)/R	= 0.24
Ma:Mp	= 6:3	Lv2	= 4	WDA%	= 0.73	W:D:Dd	= 8:7:2	Fr+rF	= 0
2AB+Art+Ay	= 5	WSum6	= 28	X−%	= 0.24	W:M	= 8:9	SumV	= 1
MOR	= 5	M−	= 3	S−	= 1	Zd	= −1.5	FD	= 1
		Mnone	= 1	P	= 6	PSV	= 0	An+Xy	= 2
				X+%	= 0.41	DQ+	= 4	MOR	= 5
				Xu%	= 0.29	DQv	= 3	H:(H)Hd(Hd)	= 4:4

PTI = 3	DEPI = 6*	CDI = 1	S-CON = 5	HVI = NO	OBS = NO

S-CON과 핵심 변인

S-CON(5)은 유의하지 않다. 첫 번째 유의한 핵심 변인은 DEPI로 6이다. 이는 해석 시 정동에 관한 자료부터 검토해야 함을 시사한다. 그 후, 통제, 자기 지각, 대인관계 지각과 인지적 3요소로 구성된 세 군집인 정보처리, 인지적 중재, 관념 순서로 검토해야 한다.

정동

사례 4. 31세 남성의 정동 관련 자료

EB	=9:7.0			EBPer	=N/A	**Blends**	
eb	=2:3	L	=0.31	FC: CF+C	=2:5	M.CF	=1
DEPI	=6	CDI	=1	Pure C	=2	M.C	=2
						M.FC	=1
SumC'=2	SumT =0			SumC':WSumC	=2:7.0	CF.m.VF	=1
SumV=1	SumY =0			Afr	=0.42	CF.m	=1
						FC'.M.FD	=1
Intellect	=5	CP	=0	S=1 (S to I, II, III	=1)		
Blends:R	=7:17			Col-Shad Bl	=1		
m+y Bl	=2			Shading Bl	=0		

DEPI가 6인 것은 피검자가 잠재적으로 역기능적인 정서 문제를 경험할 가능성을 나타낸다. 실제, 피검자가 '가끔', '심각한' 수준의 우울 삽화를 겪었다고 보고한다. *EB*(9:7.0)는 그가 양가형임을 시사한다. 피검자는 의사결정에 대한 접근법이 비일관적이다. 때로는 감정을 배제하고 심사숙고하여 의사결정하지만, 다른 경우에는 감정에 과도하게 치우쳐 결론 내릴 수 있다. 감정을 사용하는데 일관성 부족은 양가형 사람들에게 혼란감을 야기한다. 양가형 사람들은 변덕스럽게 감정을 표출하고 관념의 비효율성을 야기해 판단 오류의 가능성이 높아진다.

EB 결과는 양가형임을 시사하지만, 이 사례의 *EB* 결과는 오해의 소지가 있다. 보통 수준의 반응 수(R=17)에서 *M* 반응이 9개인 사람은 드물다. 구조적 요약과 계열점수를 살펴보면, *EB*의 큰 우항값(7)은 유채색 사용을 조절하는 데 현저한 어려움이 있음을 나타낸다.

17개 반응 중 7개 반응이 유채색을 포함한다. 7개 중 2개는 C 반응이고, 3개는 CF 반응이다. 2개의 C를 포함하여, 색채반응 7개 중 4개는 M 반응이기도 하다. 5개의 C와 CF 반응 중 적어도 하나에서 유채색의 사용을 조절할 수 있다면, EB의 우항은 적어도 0.5점 낮아졌을 것이다. 따라서 피검자는 의사결정에 있어 대체로 일관되게 관념(내향형)을 사용하나, 심리적 혼란감을 경험하는 경우 이러한 일관성이 방해되고 우유부단함과 비효율적인 경향을 보인다고 가정하는 것이 타당해 보인다.

eb의 우항 값(3)은 일반적이나, 감정을 탐색해야 하는 하나의 변인이 포함되어 있다. 그것은 통경 변인으로, 스스로를 질책하고 비하하는 경향 때문에 감정 탐색이 필요한 변인이다. 피검자는 부정적인 감정을 빈번히 경험할 것으로 보인다. 그가 양가형이거나 내향형인 것과 무관하게 Afr(.42)는 기대치보다 낮다. 이는 정서 자극을 회피하고 정서를 다루는 것이 편안하지 않음을 시사한다. 대부분의 사람들보다 지적인 수준에서 감정을 다루어 감정의 영향력을 감소시키거나 상쇄하려는 경향이 높은 주지화 지표(5) 역시 이 가정을 지지한다. 이는 실제 정서 경험이나 정서 상황을 왜곡하는 경향이 있는 부인(denial)의 한 형태이다.

$FC:CF+C$(2:5)는 Afr과 주지화 지표(Intellectualization Index)의 가정과 상반되어 보인다. 이 비율은 감정 조절이나 표현이 통제적이지 않음을 의미하고, 2개의 C 반응은 문제점으로 고려된다. 다른 사람들은 이러한 특성을 지닌 사람들을 충동적이거나 정서적으로 미성숙하다고 여긴다. 자료에서 내포된 조절 실패는 사회적 적응에 부정적인 영향을 미친다. 피검자가 내향형이라면, 이러한 결과는 그의 관념 양식의 효율성에 관한 심각한 문제를 시사한다.

C 반응에서 원초적인 특징을 지닌 것은 없다. 모두 M 반응을 포함하며 가성-주지화(pseudo-intellectual)의 특징이 있다. 일례로, 반응 16에 "혼란…… 사람 안에 분노와 증오가 들끓고 있는 것 같아요."라는 표현이 있다. 반응 17에서 색채는 "행복을 나타내는 색(Signal happiness)"으로 사용된다. 이러한 반응에서 색채가 사용된 방식은 정서 조절의 실패가 행동에서 명확하게 나타나지는 않지만 관념 활동에서는 뚜렷하다는 것을 내포한다.

혼합반응은 7개로 전체 반응의 40%를 상회하는데, 이는 양가적인 사람들에게 흔하고 내향형의 사람에 비하면 훨씬 더 많다. 심리적 구조는 드문 수준으로 복잡하고, 이는 7개의 혼합반응 중 2개가 3가지 결정인을 포함하는 것으로 나타나는데 내담자의 심리구조가 매우 복잡해 보인다. 그중 하나는 음영혼합 반응($CF.m.VF$)으로, 감정이 혼란스러울 수 있다.

종합해 보면, 피검자에게 감정은 골치 아프고 다소 혼란스럽다. 그는 오래전부터 두려운 감정으로 인해 위협감을 느꼈던 것으로 보인다. 그는 세상에 대한 논리적이고 관념적인 접근에 의존해서 감정의 영향을 회피하거나 통제하고자 했던 것으로 보인다. 하지만 어느 순간 불분명해지면서, 그 접근법이 불안정해진다. 결과적으로, 그의 감정은 강렬해지고 심한 혼란감을 야기하며 우울 성향이 두드러지고 우울과 유사한 경험을 하게 된다.

통제

사례 4. 31세 남성의 통제 관련 변인

EB =9:7.0	EA =16.0		D =+4	CDI =1
eb =2:3	es =5	Adj es =4	Adj D =+4	L =0.31
FM=0 m=2	SumC′=2	SumT =0	SumV =1	SumY =0

Adj D는 +4로 피검자는 다른 사람들보다 스트레스에 대한 인내가 높고 통제 문제가 적을 것이다. EA(16.0)도 평균보다 매우 높아 피검자는 상당한 자원을 보유하고 있으며 Adj D 점수가 타당함을 보여 준다. EB(9:7.0)와 Lambda(0.31)도 Adj D의 타당성을 지지한다.

한편, Adj es(4)는 기대보다 작은데, 이는 FM 반응의 부재에 기인한다. FM 반응의 부재는 관념영역에서 상세하게 논의될 것이다. FM 부재로 Adj D가 매우 커진 것은 아닌지 다룰 필요가 있다. 이 프로토콜에서 FM이 3~5개가 포함되었다고 가정하면, Adj es는 7~9 정도로 증가하고, Adj D는 +3이나 +2가 산출될 것이다. Adj D의 절대값이 1점이나 2점 정도 낮아지겠으나, 결과 값은 여전히 플러스(+) 범위이므로, 피검자의 통제 및 스트레스에 대한 인내에 대한 가정은 변함없을 것이다.

하지만 주의가 필요하다. 스트레스에 대한 인내, 강한 통제력, 상당한 자원의 보유가 적절한 적응과 병리가 없음을 보장하는 것은 아니다. 단지 행동에 대한 의지적 통제력이 더 크다는 것을 시사한다.

자기 지각

자아중심성 지표(.24)는 평균 미만으로, 피검자는 자신의 가치를 부정적으로 보고, 다른

사례 4. 31세 남성의 자기 지각 관련 자료

					Human Content, Hx, An & Xy Response
R	=17	OBS	=NO	HVI=NO	I 2. Do Mpu H GHR
					I 3. DdSo F- (Hd) 3.5 PHR
Fr+rF	=0	3r+(2)/R =0.24			II 4. Dv CF.mp.VFu Bl,An MOR
					II 5. W+ Ma.CFo 2 H,Bl 4.5 AG,MOR,PHR
FD	=1	SumV	=1		III 6. D+ Mpo 2 H P 4.0 COP,PHR
					III 7. D+ Mp.FC- 2 An 3.0 FAB2,COP,PHR
An+Xy =2		MOR	=5		IV 8. Wo FC'.Ma.FDo (H) P 2.0 COP,GHR
					VII 11. Do Ma- Hd PHR
H:(H)+Hd+(Hd)=4:4					VIII 15. Ddo Mau Hd,Hx DR2,MOR,PHR
[EB=9:7.0]					IX 16. Wv Ma.C Hx AB,DR2,PHR
					X 17. W+ Ma.C- 2 H 5.5 AB,COP,FAB2,PHR

사람과 비교할 때 자기 자신에 대해 비호의적이다. 통경반응은, 자신이 부정적으로 여기는 특징에 몰두되어 있으며, 이는 고통감을 야기한다는 것을 시사한다.

2개의 *An* 중 하나는 MOR가 채점되었고, 두 번째는 형태질이 마이너스(-)이다. 이는 피검자에게 중요하고 특이한 신체적 염려가 있음을 의미한다. 5개의 MOR 반응은 많은 편으로, 특히 보통 수준의 반응 수를 보인 사람에게는 많다. 이는 자기상이 매우 심각하게 부정적으로 귀인을 하여 형성되고 이것이 피검자의 생각에 영향을 미쳐서 자신에 대하여 비관적 관점을 취하게 된다는 것을 시사한다.

8개의 인간 또는 인간과 유사한 형태의 반응이 보고되었다. 8개 중 4개가 *H* 반응이다. 피검자가 내향형이라면, 자아상은 가상의 대상에 대한 인상이나 현실 경험의 왜곡으로 형성되었음을 나타낸다. 인간이나 인간과 유사한 형태의 반응을 포함한 8개 반응의 점수는 부정적인 경향이 있다. *H*가 포함된 4개의 반응 가운데 2개는 형태질이 *FQo*이고(반응 5, 6), 1개는 *FQu*(반응 2), 나머지 1개는 *FQ*-이다(반응 17). *FQo*로 채점된 반응 중 하나(반응 5)는 특수점수 MOR과 *AG*도 채점된다. (*H*), *Hd*, (*Hd*) 내용이 포함된 4개 중 2개는 마이너스(-) 반응이다(반응 3, 11). 8개 중 2개는 심각한 특수점수인 *DR2*와 FAB2도 포함한다. 게다가 2개의 반응(반응 15, 16)은 *Hx* 내용이 포함되는데, 이는 피검자가 현실을 무시하는 상당히 주지화된 방식으로 자기개념 문제를 다루고 있음을 시사한다. 종합해 보면, 최근 피검자의 자아상은 부정적이라는 것을 의미한다.

피검자의 자아상이 매우 부정적이라는 가설은 프로토콜의 투사 대상에서 상당한 지지를 얻는다. 4개의 마이너스(-) 반응은 홍미로운 내용을 포함한다. 첫 번째(카드 I, 반응 3)는 "악마의 얼굴"로, "눈 모양, 악마의 눈처럼 삐죽 올라가 있어요."이다. 이와 같은 마이너스(-) 반응은 내적 구성개념(internal sets)을 나타내며, 그가 자신에 대해 불길하거나 악마 같다는 느낌을 받는다는 것을 암시한다.

두 번째(카드 III, 반응 7) 마이너스(-) 반응은, "2개의 심장같이…… 그것들은 서로를 바라보고, 서로 합쳐지길 원하고, 2개의 심장이 하나가 될 것 같아요."로, 더 극적이고 기괴하다. 이는 정서적인 친밀감에 대한 강한 갈망이나 투쟁을 의미한다. 세 번째(카드 VII, 반응 11)는 "터치다운을 선언하는 심판…… 누군가 점수를 내고 심판이 득점 선언을 위해 손을 올리고 있어요."이다. 이는 윤곽이 상당히 왜곡된 이상한 반응으로, 확인할 필요가 있다. 이러한 대답은 그의 특이한 성적 발달사와 어느 정도 연관된 것으로 추측된다.

네 번째 마이너스(-) 반응(카드 X, 반응 17)은 "결혼, 두 개체가 결혼했어요. 행복을 향해 가고…… 서로 결합되고…… 목사가 그들을 서로 융합되게 하고…… 뭉쳐 놓은 연골 조직(cartilage)처럼요."로, 어떤 면에서는 카드 III의 반응(심장)과 유사하다. 이는 7번 반응처럼 기괴하지만, COP 반응이 포함되어 있다. 이것은 친밀감에 대한 갈망과 연관된 종결감(a sense of closure)을 포함한다. 마이너스(-) 반응들 가운데 최소 2개, 아니면 모든 반응들은 피검자가 33세의 여자친구와 새로운 관계에서 경험하는 정서적 혼란감을 반영한다.

5개의 MOR는 훨씬 부정적인 모습을 보여 준다. 첫 번째(카드 II, 반응 4)는 "피로 물든 상처…… 살이 베이고 피가 나는 것처럼."이다. 이는 상당히 직접적인 응답으로, 외상 경험과 관련되었을 수 있다. 두 번째(카드 II, 반응 5)는 "두 적의 싸움…… 사람들이 싸우고 있어요…… 피, 그들의 머리와 발에 있어요."이다. 앞선 반응과 마찬가지로, 손상을 포함한다. 이 경우, 사람들 간의 싸움 때문에 손상이 있는데, 이것이 피검자와 환경 간 싸움인지 정신내적인 싸움인지에 대한 의문이 생긴다.

세 번째(카드 VI, 반응 10)는 "곰 매트, 선생님도 보다시피 곰 가죽을 반으로 잘랐을 때."로 극적이지 않으며, 뚜렷한 의미는 없다. 하지만 네 번째와 다섯 번째 MOR는 자기개념을 훨씬 잘 드러낸다. 네 번째는 "죽은 쥐…… 죽은 쥐의 피부 같아요."이다. 이는 손상감과 무가치감을 나타낸다. 다섯 번째 MOR(카드 VIII, 반응 15)는 손상감과 무가치감을 가장 직접적으로 드러내는데, "우울한 손…… 의미 없이 쭉 뻗은, 우울한 사람이 아무것도 잡지 않은 채 단지, 절망적으로 손을 뻗고 있는 것 같아요."이다.

일련의 MOR 반응은 손상감, 무가치감과 자신에 대한 비관주의가 뚜렷한 자기개념을 보여 준다. 부정적 특징을 갖는 MOR의 형태질을 살펴보는 것이 홍미롭다. 5개 중 4개는

*FQo*이고 1개가 *FQu*이다. 이에 반해서, 4개의 마이너스(-) 반응 중 3개(합쳐지는 심장, 터치다운, 결혼)는 긍정적인 특징이나 경험과 연관된다. 이는 자신 그리고 세계와 자신과의 관계에 대한 긍정적인 관점이 현실의 왜곡이나 편향에 기반을 두고 있을 것으로 추정되고, 따라서 *M* 반응의 검토가 필요하다.

첫 번째 *M* 반응(카드 I, 반응 2)은 "스카이다이빙을 하는 남자⋯⋯ 낙하산은 아직 펴지지 않았지만, 자유낙하하고 있어요."로, 낙관적인 무기력감(낙하산이 퍼질 것이다)을 암시한다. 두 번째 *M*(카드 II, 반응 5)은 "두 적의 싸움"으로, 앞서 논의되었는데, 위협적인 특징이 있다. 세 번째 *M*(카드 III, 반응 6)은 긍정적으로, "남자와 여자가 포옹하려고 해요."나, 이역시 대상을 구별하기 때문에 드문 반응이다. 질문 단계에서 평가자가 질문을 더 하지 않은 것이 유감이다. 이 반응은 반응 2의 낙관주의와 같은 유형일 수 있고, 긍정적이다. 이와같은 주제는 네 번째 *M*(카드 III, 반응 7)인 "2개의 심장⋯⋯ 합쳐지려고 하는"에서도 앞서 논의되었다.

반응 5에서 언급했던 것과 같이, 다섯 번째 *M*(카드 IV, 반응 8)은, "큰 괴물, 길에 있는 모든 것들을 부수고 있어요." 위협적이며 강렬한 공격성을 드러낸다. 나머지 4개의 *M* 반응 가운데 3개는 앞서 논의했지만, 4개 모두 계열 효과(sequencing effect) 때문에 다시 검토하는 것이 의미가 있다. 첫째(카드 VII, 반응 11)는 득점을 알리는 심판이 포함된 긍정적인 내용이다. 다음 2개의 *M*은 매우 부정적인데 하나(카드 VIII, 반응 15)는 "절망적으로 뻗고 있는 우울한 사람의 손이에요." 두 번째(카드 IX, 반응 16)는 "거대한 혼란⋯⋯ 사람의 마음속에 분노와 증오가 들끓고 있어요. 차분한 게 없고⋯⋯ 혼란스러워 보여요."이다. 이는 통제가 상실된 불안정한 반응이다. 흥미롭게도, 긍정적 특징의 *M* 반응(카드 X, 반응 17) "두 개체가 결혼했어요⋯⋯ 행복을 향해서 가고⋯⋯ 서로 결합되어 있고"가 그 이후에 나타난다.

전체 9개의 *M* 반응 중 4개는 사람이 포옹을 하고, 심장이 합쳐지려 하고, 심판이 터치다운을 선언하고, 개체가 결혼을 하고 행복을 향해 움직인다와 같이 긍정적인 감정 교류나 사건에 초점이 맞춰져 있다. 이는 자신에 대한 긍정적인 느낌을 보여 주지만, 불행하게도 모두 현실을 왜곡하거나 현실로부터 동떨어져 있다. 남은 5개의 *M* 반응 가운데 4개는 적들이 싸우고, 거인이 길에 모든 걸 부수고, 우울한 손이 절망적으로 뻗고, 어떤 사람의 내면에 분노와 증오가 들끓고 있다와 같이 자신에 대한 분노, 부정적 감정과 혼란감을 보여준다.

m 반응은 2개이다. 첫 번째(카드 II, 반응 4)는 "피로 물든 상처⋯⋯ 피 흘리고 있어요."로 앞서 논의했는데, 이는 외상 사건을 암시한다. 두 번째(카드 VIII, 반응 13)는 "불. 불이 치솟

아요."이다. 불이 타오르는 것은 위협적인 특성이 있는 강렬하고 불안정한 반응이다. 검토되지 않은 나머지 3개의 반응은 어떠한 윤색도 포함하지 않고 있다. 반응 1의 박쥐, 반응 9의 나비, 반응 12의 알파벳 U이다.

14개의 반응은 자기표상의 경험이 투사된 형태로, 모순되고, 자신에 대한 갈등을 경험하고 있음을 의미한다. 기본적으로 피검자는 자신에 대해 화가 나 있고, 스스로를 혼란스럽고, 손상되고, 와해된 사람으로 지각하는 것으로 보인다. 분명히, 그는 이러한 자신의 모습 때문에 야기되는 충동으로 인해 때로는 고통 받는다.

다른 수준에서, 피검자는 강하고 지속적인 정서적 관계가 예상될 때 유발되는 부정적 인상과 혼란스러운 사고 및 감정 표출을 방어하기 위한 방법을 고안했다. 이는 가성-주지화를 이용한 왜곡이나 현실 왜곡이 필수적이다.

과거사를 보면, 피검자는 대부분의 삶에서 사회적으로 고립된 채 지낸 것으로 보인다. 여성과의 경험이 제한적이고, 5개월 전까지도 형을 제외하고는 지속적인 관계가 없었다. 그는 새로운 여자친구와의 관계에 대해 "나는 그녀에게 말할 수 있어요."라며 매우 친밀하다고 하지만, 그녀가 자신의 현재 심리평가에 대해서는 몰라야 한다고 주장한다. 피검자가 주장하는 것만큼 그 관계가 친밀하지 않을 수 있고, 그가 생각하는 것보다 깨지기 쉬울 수 있다. 결국, 관계에 대한 많은 정보가 그의 문제를 이해하고 치료적 권고를 하는 것이 중요하다. 대인관계 지각과 관련된 자료를 통해 이 문제에 대해 살펴볼 것이다.

대인관계 지각

사례 4. 31세 남성의 대인관계 지각 자료

R = 17	CDI = 1	HVI = NO	**COP & AG Response**
a:p = 7:4	SumT = 0	Fd = 0	II 5. W+ Ma.CFo 2 H,Bl 4.5 AG,MOR,PHR
	[eb = 2:3]		III 6. D+ Mpo H P 4.0 COP,GHR
Sum Human Contents = 8	H = 4		III 7. D+ Mp.FC− 2 An 3.0 FAB2,COP,PHR
[Style = Ambient, possibly introversive]			IV 8. Wo FC'.Ma.FDo (H) P 2.0 AG,GHR
GHR:PHR = 3:7			X 17. W+ Ma.C− 2 H 5.5 AB,COP,FAB2,PHR
COP = 3	AG = 2	PER = 0	
Isolation Indx = 0.00			

CDI와 HVI는 유의하지 않으며, $a{:}p$(7:4)는 기대되는 방향이다. 첫 번째 중요한 점은 재질반응이 없다는 것이다. $SumT$가 0인 것은 피검자는 다른 사람들에게 기대되는 것보다 훨씬 더 조심스러운 방식으로 친밀감의 욕구를 인정하거나 표현하고 있음을 시사한다. 그는 친밀한 사회적 상황, 특히 접촉이 이루어지거나 암시되는 상황에 대해 보수적이며, 자신의 개인 공간 문제에 대해 몹시 염려한다. 대인관계에 관한 과거사를 고려하면 놀랄 일은 아니다.

피검자가 타인에게 관심이 있다는 점은 분명하다. 프로토콜에 인간내용 반응이 8개라는 점으로 지지되는데, 이는 내향형 사람들에게 기대되는 범위에서 매우 높은 값이며, 양가형 사람들에게 기대되는 값보다 크다. 그가 내향형이라면 8개의 반응 가운데 H 반응이 4개라는 것은 피검자가 사람들에 대한 관심이 많으나 사람들을 이해하지 못할 것이라는 점을 의미한다. 이는 GHR:PHR(3:7)로 지지된다. 일반적으로, PHR 반응이 많은 사람들은 대인관계에서의 실패나 갈등의 과거사가 있고, 타인에게 거절되거나 소외되는 경우가 빈번하다.

3개의 COP 반응과 2개의 AG 반응이 있다. 이런 결과는 피험자가 개방적이고 긍정적인 상호작용에 관심 있지만, 공격적이거나 강압적으로 교류할 수 있음을 시사한다. 이 경우, 3개의 COP 반응들 중 2개가 마이너스(−) 형태질이고(반응 7, 17), 둘 다 특수점수 FABCOM2를 포함하고 있으므로 이 같은 가설에 대해 세심하게 살펴볼 필요가 있다. 또한 피검자가 긍정적인 상호작용에 대한 개념화가 현실적이지 않고 다른 사람들이 부적절하게 여기는 사회적 행동을 할 수 있음을 내포한다.

게다가 2개의 AG 반응(반응5, 8)은 아주 강력하다. 그것들은 적의 싸움과 길에 있는 모든 것을 부수는 괴물반응이다. 만약 대인관계 행동에서 공격성이 나타난다면, 장난스럽거나 경쟁적인 강압보다는 분명하고 직접적인 공격성을 나타내며 비사교적일 수 있다.

9개의 M 반응들 중 단 3개가 쌍반응이다. 자기 지각과 관련한 자료 검토와 함께, 상호작용이 설명되는 방식에 일관성이 있는지 추가적으로 확인해야 한다. 3개 중 1개는 부정적이다. 전쟁에서 적의 싸움이다(카드 II, 반응 5). 남은 2개의 반응은 매우 긍정적이지만 기괴하면서 미숙하다. 그것들은 합쳐지는 심장들(카드 III, 반응 7)과 두 개체가 결혼하여 행복을 향해 움직이는 것이다(카드 X, 반응 17).

전반적으로, 이 군집의 결과는 피검자가 대인관계에 흥미는 있으나, 사회적인 교류가 매우 미숙하고 사회적 상호작용의 경험이 부족함을 시사한다. 이는 그가 보고한 과거사와도 일치한다. 그는 데이트 경험이 제한적이었고, 주변 사람들과는 흥미가 다른 것처럼 보인다. 그는 그가 혼자 일할 수 없다는 것을 괴로워하며, 때로는 동료들을 비협조적이며 "멍청이"라고 비난한다.

정보처리

사례 4. 31세 남성의 정보처리 변인

EB = 9:7.0	Zf = 10	Zd = -1.5	DQ+ = 4
L = 0.31	W:D:Dd = 8:7:2	PSV = 0	DQv/+ = 0
HVI = NO	W:M = 8:9		DQv = 3
OBS = NO			

Location & DQ Sequencing

I: Wo.Do.DdSo	VI: Wo
II: Dv.W+	VII: Do.Wo
III: D+.D+	VIII: Dv.Do.Ddo
IV: Wo	IX: Wv
V: Wo	X: W+

*Zf*는 10으로 기대 범위 내에 있으며, 다른 사람들과 유사한 수준의 정보처리 노력을 하고 있음을 시사한다. *W:D:Dd*(8:7:2)는 *W*의 비율이 다소 높은데, 이는 기대 수준 이상으로 정보처리를 한다는 것을 나타내나, 그 가정은 반응 계열 검토에서 지지되지 않았다. 전체 반응은 총 17개로 그리 길지 않다. 8개의 *W* 반응 중 5개(카드 IV, V, VI, IX, X)는 각 카드의 단일 반응이며, 6개는 카드 내 첫 반응이다. *Dd* 반응은 모두 마지막 반응이다. 이러한 결과는 정보처리가 지나치게 보수적이지 않다는 것을 의미하나, 새로운 정보를 처리할 때 다른 사람들보다 더 노력을 기울인다는 의미로 오해석 될 수 있다. 대신, 그의 접근 방식이 상대적으로 일관된다고 보는 것이 타당해 보인다.

실제로, *W:M*는 8:9로, 그가 양가형이라면 정보처리에서 신중하고 보수적인 접근을 하고 있음을 시사하나, 내향형이라면 그렇지 않다. *Zd*(-1.5)는 기대 범위로, 대부분의 사람과 유사한 수준으로 효율적인 검토를 하고 있음을 나타낸다.

정보처리 군집에서 가장 중요한 결과는 발달질(*DQv*)의 분포이다. *DQ*+반응은 4개로, 일반 성인에서 기대되는 값보다 적다. *DQ* 반응은 3개로, 성인의 기대 값보다 매우 많다. 이는

9개의 *M* 반응을 포함한 프로토콜과 대학 졸업자인 사람에게 흔치 않은 조합이다. 이는 피검자의 정보처리가 다소 손상되어 있음을 의미한다. 발달질 계열의 검토에서 이 내용이 지지되지만, 중재나 개념화 문제로 명백한 정보처리상의 어려움을 유발되는지 의문이 생긴다.

3개의 *DQv*는 모두 첫 번째 반응이거나 단일반응으로, 유채색의 깨지거나 일부가 깨진 반응이라는 특징이 있다. 3개의 반응 모두 운동반응이다(카드 II, VIII, X). 마찬가지로, 4개의 *DQ*+도 유채색을 포함한 깨지거나 일부가 깨진 형태에서 나타난다(카드 II, III, X). 따라서 원인은 불분명하지 않으나, 정보처리에 어려움이 있다고 결론지을 수 있다.

인지적 중재

사례 4. 31세 남성의 인지적 중재 변인

			Minus & NoForm Features
R =17	L =0.31	OBS =NO	
FQx+	=4	XA%	=.89	II 3. Hd,B1 4.5 MOR,PER,PHR
FQx+	=0	XA%	=.71	I 3. DdSo F− (Hd) 3.5 PHR
FQxo	=7	WDA% =.73	III 7. D+ CF.Mp− 2 An 3.0 FAB2,COP,PHR
FQxu	=5	X−%	=.24	VII 11. Do Ma− Hd PHR
FQx−	=4	S−	=1	IX 16. Wv Ma.C Hx AB,DR2,PHR
FQxnone	=1			X 17. W+ Ma.C− 2 H 5.5 AB,COP,FAB2,PHR
(W+D | =20)	P	=6	
WD+	=0	X+%	=.41	
WDo	=7	Xu%	=.29	
WDu	=4			
WD−	=3			
WDnone	=1			

XA%(.71)와 *WDA%*(.73)은 현실 검증력에 현저한 영향을 미칠 수 있는 중등도 수준의 중재 장애를 시사한다. 이러한 가능성은 유의한 *X*−%(.24)로 지지된다. 4개의 마이너스(−) 반응은 4개의 카드에서 나타나며, 그중 3개(반응 7, 11, 17)는 인간운동 반응을, 4개 중 2개(반응 7, 17)는 *CF*나 *C* 결정인을 포함한다. 또한 *M*과 *C*를 포함하는 NoForm 반응이 1개(반응 16) 있다. 종합해 보면, 이러한 결과들은 피검자의 인지적 중재가 이상한 개념화나 미숙

한 감정으로 인해 방해받을 수 있음을 의미한다.

4개의 마이너스(-) 반응의 왜곡 수준은 다양하다. 첫 번째(카드 I, 반응 3-악마의 얼굴)는 공백영역의 형태가 적절히 사용되나, 실제 얼굴의 윤곽은 존재하지 않는다. 피검자가 얼굴 윤곽을 만든 것이다. 두 번째 마이너스(-) 반응(카드 III, 반응 7-합쳐지는 두 심장)은 윤곽의 왜곡은 피하고 있다. 세 번째(카드 VII, 반응 11-심판의 신호)는 윤곽영역의 심한 왜곡을 포함한다. $D2$영역에서 팔을 들어 올리고 있는 것으로 생각하기 위해서는 상당한 상상력을 발휘해야 한다. 마지막 마이너스(-) 반응(카드 X, 반응 17-결혼한 두 개체)은 반응 11보다는 덜 하기는 하지만 왜곡이 있다. $D9$영역을 개체로 사용한 것은 적절하나, 가운데 $D6$ 영역을 연골 조직이 연결되어 있는 것으로 본 것은 현실에서 벗어난 것이다. 마이너스(-) 반응에서 자극영역을 심각하게 무시한 것은 없으며, 적어도 하나의 반응, 즉 카드 X의 개체들에서 윤곽을 왜곡시키는 부분을 추가하지 않았다면 마이너스(-) 반응이 아니라 드문 (u) 반응으로 채점되었을 것이다. 그러나 4개의 마이너스(-) 반응의 특징들은 현실 검증력의 온전함에 대한 심각한 질문을 던진다.

긍정적인 점은, 6개의 평범반응을 포함하고 있어 피검자가 예측 가능하거나 수용 가능한 해석을 할 수 있거나 행동 단서가 뚜렷하면 그에 따른 행동을 한다는 것을 보여 준다. 그러나 $X+\%(.41)$가 현저히 낮고, $Xu\%(.29)$는 기대보다 높다. 사회적인 요구나 기대를 무시하는 경향 때문에 더 비관습적으로 해석하거나 행동할 가능성을 내포한다. 이러한 경향성은 현실 검증력의 문제 때문에 악화되기 쉽다. 관념 관련 자료를 검토하여 이 문제를 더욱 자세하게 살펴봐야 한다.

관념

$a:p$(7:4)는 피검자의 사고나 가치관이 유연함을 시사한다. 하지만 5개의 MOR가 포함되어 있어 비관적인데, 이는 피검자가 세계와 자신의 관계를 의심과 좌절로 개념화하고 있음을 보여 준다. 이러한 비관주의는 협소하고 경직된 사고를 유발하고, 노력에도 불구하고 우울한 결과를 기대하게 한다. 따라서 슬픔이나 우울감이 유발된다.

eb의 좌항은 2개의 m으로 구성된다. FM의 부재는 아주 드문데, 이는 피검자가 욕구로 유발되는 자연스러운 침습적 사고의 인식을 최소화하거나 피하고 있음을 의미한다. 이를 위해 어떤 사람들은 침습적 사고를 경험하면 빠른 충족을 통해 욕구를 감소시킨다. 다른

사례 4. 31세 남성의 관념 변인

L	=0.31	OBS	=NO	HVI	=NO	**Critical Special Scores**	
						DV =0	DV2 =0
EB	=9:7.0	EBPer	=N/A	a:p	=7:4	INC =1	INC2 =0
				Ma:Mp	=6:3	DR =0	DR2 =2
eb	=2:3	[FM=0 m=2]				FAB =0	FAB2 =0
				M−	=3	ALOG=0	CON =0
Intell Indx =5		MOR	=5	Mnone	=1	Sum6 =5	Sum6 =28

(R=17)

M Response Features

I 2. Do Mpo H GHR

II 5. W+ Ma.CFo 2 H,Bl 4.5 AG,MOR,PHR

III 6. D+ Mpo 2 H P 4.0 COP,GHR

III 7. D+ CF.Mp− 2 An 3.0 COP,FAB2,PHR

IV 8. Wo FC.Ma.Fdo (H) P 2.0 AG,GHR

VII 11. Do Ma− Hd PHR

VIII 15. Ddo Mau Hd,Hx DR2,MOR,PHR

IX 16. Wv Ma.C Hx AB,FAB2,PHR

X 17. W+ Ma.C− 2 H 5.5 AB,COP,FAB2,PHR

사람들은 잡념이 지향적이고 통제된 사고의 흐름에 통합되도록 하는 개념적 전략을 개발한다. 피검자가 내향형이라는 점에서, 그는 후자를 통해 욕구의 영향력을 일시적으로 감소시킬 것이다. 이와 같은 과잉 통제적 특성은 자산이 될 수 있지만, 무시된 욕구가 더 강렬해지고 궁극적으로 파괴적인 결과를 초래할 가능성이 있다.

주지화 지표(Intellectualization Index)(5)는 자연스러운 충동, 특히 감정이 수반된 자연스러운 충동을 과잉 통제하기 위해 노력한다는 주장을 뒷받침한다. 피검자는 지향적인 개념적 사고를 다른 사람들보다 감정을 주지화하는 데 사용한다. 이러한 방어적인 처리는 감정의 영향력을 부인하고 상쇄하기 위해 사고의 형태를 왜곡하는 것으로 나타난다. 이러한 방어적 처리는 주지화 지표(5)가 의미하는 것보다 더 자주 발생하게 되는데, 이는 프로토콜에서 지표 값으로 계산되지 않지만 주지화 특성이 두드러지는 반응이 최소 2개(반응 7-합쳐지는 심장, 반응 15-우울한 손)이기 때문이다.

주지화가 충동 통제력을 유지하기 위해 사용되는 방어 전략에서 주요 요소라면, 피검자의 사고의 질과 명료성은 아주 중요해진다. 사고가 모호하거나 기이한 사람들에게 주지화는 적절히 기능하지 못한다. 불행하게도, 이 사례가 그러하다. *Sum6*는 5로 주목할 만한 것은 아니지만, 5개 중 4개가 Level 2의 특수점수로, 2개의 *DR2*, 2개의 FABCOM2로 구성된다. *WSum6*가 28로 매우 높으며, 사고가 심각하게 손상되었음을 의미한다. 사고가 와해되고 비일관적이며, 판단 문제가 두드러지기 때문에 손상 정도가 현실 검증력에 영향을 미친다. 기태적 개념화가 흔하며, 이러한 정도의 손상이 있는 사람들은 보통 일상에서 요구되는 것들에 대처하는 데 어려움이 있다.

장황함이 5개의 결정적 특수점수 채점과도 연관되는데, 피검자의 사고 문제에 대한 통찰을 제공한다. 5개 중 하나를 살펴보면, 그가 곰 가죽을 묘사할 때 '팔'이 포함되어 있기 때문에 INCOM으로 채점된다. 기괴하지는 않으나 성숙하지 않은 사람들이 가장 흔하게 나타나는 일종의 가벼운 현실 무시를 나타낸다. 나머지 4개의 결정적 특수점수 반응은 이와 아주 다르다. 부적절한 주지화가 두드러져, 적절한 사고는 무시되고 강력한 감정의 분출이 발생되고 있다. 첫 번째(반응 7)는 "2개의 심장같이…… 그것들은 서로를 바라보고, 서로 합쳐지길 원하고, 2개의 심장이 하나가 될 것 같아요."이다. 비록 긍정적인 색채를 띠나, 내용상 문제가 있고, 허술하고 미숙한 수준의 판단력을 반영한다. 두 번째(반응 15)는 우울한 손으로, "의미 없이 쭉 뻗은, 우울한 사람이 아무것도 잡지 않고 단지, 절망적으로 손을 뻗고 있는 것 같아요."이다. 이 반응은 피검자가 분명히 부정적이고, 매우 외롭고 고통스러운 비관주의에 사로잡혀 있음을 강조한다.

세 번째(반응 16)는 "거대한 혼란…… 사람의 마음속에 분노와 증오가 들끓고 있어요…… 분노로 가득 찬…… 차분한 게 없어요……."로 내용이 아주 강렬하며 자극의 현실성과 분리되어 있다. 네 번째(반응 17)는 마지막 반응으로, "두 개체가 결혼했어요…… 행복을 향해 가고…… 목사가 그들을 융합하고 있어요."이다. 서로 결합되어 있으며, 앞의 4개의 반응처럼 이완된 사고와 미숙한 사고가 다시 나타난다. 피검자는 사람이 아닌 '개체'로 설명하고, 합쳐지거나 융합되는 것을 강조하는 것이 그에게는 중요해 보인다.

이러한 4개의 반응은 정신증으로 인한 장황하고 두서없는 말로 보기는 어렵지만, 인지적 조작이 강렬한 감정이나 떨쳐버릴 수 없는 사고에 압도되어 발생한 망상적 사고와 유사하다. 이 사례의 경우, 사로잡혀 있는 사고들이 모두 강렬한 감정을 수반하며 동시에 극단적인 정반대의 특성을 반영하기 때문에 인지적 실수의 정도가 심각해 보인다. 한 극단의 감정은 분노, 혼란, 무력감으로 나타난다. 또 다른 감정의 극단은 즐거움, 행복함, 대인관계 융합과 관련되어 있다.

요약

피검자는 자기상이 매우 부정적이므로 심리적 문제를 경험할 수 있다. 그는 자존감이 낮고 타인과 자신을 비교할 때 자신을 비호의적으로 생각한다. 자신에 대한 부정적인 귀인이 계속 발전하면서 사고에 부정적인 영향을 미쳐, 자신과 세상과의 관계에 대한 비관적인 관점이 형성된다. 이러한 관점의 부산물로 피검자는 만성적으로 친밀한 대인관계를 회피하거나 피상적인 수준에서 다른 사람들과 관계를 맺는다. 피검자는 자신의 욕구를 표현하기 어렵고, 다른 사람들과의 관계에서 조심스러운 태도를 보인다. 따라서 그가 다른 사람에게 관심이 있을지라도, 친밀한 관계를 맺고 유지하는 것이 미숙하다. 사회적 관계에 대한 경험과 부정적인 자기개념은 그가 인간적으로 그리고 사회적으로 성장할 기회를 제한하는 고립된 생활방식을 취하게 한다.

피검자는 고립된 삶으로 인해 우울증이라는 정서적 혼란감을 경험할지라도, 고립된 삶이 부분적으로 그를 만족시켜 왔던 것이 분명하다. 이러한 경험 일부는 심각했고, 피검자는 이러한 영향을 억제하고 최소화하기 위해서 자신만의 논리로 버텨 왔던 것으로 보인다. 그의 보고와는 달리 이러한 전략은 효과적이지 못할 것으로 보인다.

피검자는 자신이나 타인의 감정을 직접적으로 다루는 데 익숙하지 않으므로 감정 때문에 괴로워한다. 그는 감정을 회피하기 위해 많은 자원과 우수한 통제력을 사용했고, 그것이 불가능한 경우엔 주지화로 감정의 영향력을 경감시켰다. 실제로 그는 삶의 문제를 해결하거나 의사결정 시, 관념적 방식에 의존해 왔던 것으로 보인다. 두드러진 관념적 방식이 점점 효과적이지 않게 되고, 최근에는 문제해결 시 비효율적으로 주저하게 된 것 같다. 이러한 상태에서, 피검자의 감정들을 더욱 중요한 역할을 하게 되고, 그의 사고는 와해되고 혼란스러워진다.

효과적으로 감정을 다루지 못하면 피검자는 강렬한 감정을 경험하면서 괴롭게 된다. 피검자는 혼란스럽고 와해됨을 어느 정도 자각하고, 분노감, 허무함과 절망감을 느끼게 된 것으로 보인다.

점차, 이러한 문제들이 결합하면서 인지 기능의 손상이 나타났다. 피검자는 새로운 정보를 처리하지 못하고, 강렬한 감정이나 이상한 사고 때문에 현실 검증력이 위태로워졌다. 그는 단서가 명백할 경우에는 수용 가능하거나 관습적인 방식으로 반응할 수 있지만, 사회적인 기대를 무시한 채 모호한 단서를 해석하는 경향이 두드러진다. 현재 상황에 가장 뚜렷한 부정적인 영향을 미치는 것은 사고이다. 자신에 대한 비관적인 관점이 강화되고, 현재 피검자는 자신을 둘러싼 세상과 자신에 대한 우울한 시각을 지닌 것으로 여겨진다.

피검자는 최근에 만난 여자친구와의 관계를 진척시키는 것에 집중하면서, 괴로운 사고와 감정들을 다루기 위해 시도하고 있다. 정서적 관계는 고통감을 완화시켜 주지만, 이 경우에는 관계에 대한 몰두가 현실적이라기보다 망상적일 수 있다. 그 관계가 피검자의 모든 문제를 해결하는 원천이 될 것이라는 미숙한 낙관주의가 내포되어 보인다. 이러한 문제는 그의 감정의 강렬함과 밀접하게 연관된다. 피검자는 강한 감정을 효과적으로 조절하고 표현하는 방법을 모르는 것처럼 보인다. 혼란스러운 사고 때문에, 그는 결과를 충분히 고려하지 못한 채 감정을 표출할 수 있다.

제언

피검자가 보고한 우울감은 그가 생각하는 것보다 심각하고 문제가 커 보인다. 이러한 우울감이 업무의 생산성이나 약 10개월 전부터 팀으로 일하게 된 업무의 변화에 영향을 미쳤을 수 있다. 피검자는 기존의 방식과 반대로 경험하지 못한 방식으로 여러 사람과 어울려 일해야 하는 상황에 처하게 되었다. 의뢰인은 업무와 관련된 피검자의 망상이 편집증을 시사하는지 아니면 현실에 기반한 것인지에 자문을 구한다. 둘 다 가능성이 있다. 피검자의 동료들은 그를 같이 일하거나 어울리기 쉽다고 생각하지 않을 수 있다. 이것이 사실이라면, 동료들에 대한 불만은 사실일 가능성도 있지만, 매부가 개입되었다는 믿음을 설명해 주지 않는다.

피검자의 최근 상황을 이해하는 데 중요한 단서는 그가 "매우 친밀하다"라고 표현한 여자친구와의 관계이다. 이는 피검자가 겪어 보지 못한 새로운 경험이다. 그의 표현처럼 관계가 개방적이고 친밀하다면, 그가 겪고 있는 정서적인 혼란감을 자세히 살펴보는 데 상당히 유용한 가치가 있다. 그러나 피검자가 실제 관계를 왜곡하고 있을 수 있다. 그가 여자친구를 자신의 심리평가에 개입시키지 않도록 강조한 점은 그들의 애정이 피상적이거나 견고하지 않을 수 있음을 시사한다. 만약 그렇다면, 망상 가능성은 더욱 높아진다.

의뢰인은 피검자가 조현양상장애의 가능성, 우울증의 심각도와 자살 가능성에 대해 알고 싶어 한다. 사고가 때때로 혼란스럽고 현실 검증력이 중등도로 손상되었을지라도, 피검자가 조현양상장애가 있다고 보는 것은 비현실적이다. 그의 언행이나 행동이 눈에 띄게 와해되지 않고 환각 경험을 의심할 만한 증거도 없다. 반면에, 피검자의 성격적 특성은 조현성(schizoid)이나 조현형(schizotypal)으로 기술되는 사람들에게 흔히 나타나는 것과 유사하다. 고립된 삶, 친한 친구의 부족, 그리고 사회적 불편감, 때때로 보이는 특이한 언어 패턴, 감정의 회피나 억압 경향성, 때때로 나타나는 지나치게 관념적인 경향성과 최근의 망상과 같은 사고 등이 이에 해당된다.

하지만 피검자의 주요한 문제는 정서영역이다. 그는 심리적으로 빈번하게 강렬한 정서적인 혼란감을 경험하는 데 취약하고, 이는 우울증으로 나타나기 쉽다. 그는 과거만큼은 아닐지라도, 현재 우울감을 경험할 수 있다. 심각해 보이므로, 초기 개입의 주요한 목표로 중요하게 고려되어야 할 부분이다. 그러나 이러한 제언이 가지는 잠재적인 문제는 피검자가 어떠한 정서적인 혼란감도 토로하지 않고 있다는 것이다. 피검자는 자신의 정신 상태에 대해 의구심을 가지지만, 이는 자신을 퇴사하게 하려고 한다는 동료와 매부의 개입 가능성에 대한 의심에 기반한다. 이는 주지화된 방식으로 도움을 요청하는 것일 수 있는데, 만약 그렇다면 정서적인 문제는 쉽게 이끌어 낼 수 있다. 하지만 피검자는 감정을 통제하고 억제하고자 하는 욕구가 매우 강해서, 치료 시작할 때 온전함(integrity)에 대한 문제를 회피할 수 있다.

피검자의 자살 가능성을 입증할 만한 명확한 증거는 없지만, 그의 잠재적인 정서적 변동성을 간과해서는 안 된다. 특히, 사고와 현실 검증력 문제, 부정적인 자기상, 허무함과 무망감을 고려할 때, 정서적 변동성은 피검자를 위험하게 할 수 있다. 이러한 것들이 합쳐져 자기파괴적 사고로 나타날 있다. 여자친구와의 관계의 군건함과 가족들, 특히 형의 지지가 이 맥락의 핵심 요소이다.

피검자는 영리하고 복잡한 사람으로 스스로의 문제를 인식하고 있으므로, 치료적 예후는 긍정적으로 보이나, 그가 정서적으로 약하다는 것을 인지하는 것이 매우 중요하다. 그는 타인들과 감정을 공유한 경험이 없어 미성숙하게 압도된다면, 치료를 방해할 수 있다.

에필로그

신체검사와 신경학적 검사 결과는 신경심리학적 선별검사 결과들과 유사하게 두드러진 면은 없다. 다양한 평가 결과에 대한 피드백으로, 피검자는 정신과 의사에게 항우울제를 처방받고 매주 개인 상담을 받으라고 권유받았다. 그는 일부 피드백에 대해 회의적이었는데, 특히 약물치료에 대해서는 방어적이었지만, 회기를 정하지 않은 치료적 권유는 받아들였다.

치료사에 따르면, 처음 2개월간의 외래 방문은 원만했다. 대부분의 치료는 피검자의 업무에서 발생한 문제와 동료나 상사와 효율적으로 상호작용하는 데 사용할 수 있는 전략 탐색에 초점을 두었다. 하지만 피검자는 여전히 그의 작업 환경에 불만스러워했고 이직을 고려하였다. 이는 회사 생활에서의 스트레스를 감소하기 위함일 수 있지만, 정서 문제의 회피가 지속되었다. 치료 후 3~4개월이 경과되었을 때, 그는 여자친구와의 결혼에 대한 관심과 그녀가 프로포즈를 거절했을 때의 두려움을 나누기 시작했다. 동시에 업무에 대한 불만을 상사에게 말하는 것을 고려했다. 또한 피검자는 2, 3일간 지속되었던 우울감 삽화가 두 번 있었다고 했다. 이는 그의 감정에 대해 말할 수 있는 출발점이 되었다.

5개월째에, 피검자는 업무 불만족에 대해 상사에게 이야기하였다. 상사는 공감적이고 우호적인 태도를 보였고, 두 기술자와 함께 일하는 업무로 인사이동해 주었고 이로 인해 그는 창의적인 자유를 누리게 되었다. 6개월째에 접어들면서, 피검자는 여자친구와 결혼하고 싶은 마음이 커졌다. 그녀가 당장 결혼하는 것은 거절했으나, 미래에 그와 결혼하는 것에 대해 생각해 보겠다고 했다. 그리고 피검자가 형이나 가족들과 저녁식사를 할 때, 그녀가 동행하기 시작했다.

현재 치료 8개월 차이고, 치료사에 의하면 속도는 느리지만 긍정적으로 진행되고 있다고 한다. 그는 자신감이 생겼고 사회적으로 활동적으로 되었다. 치료 6개월 차에 약물치료를 중단했다. 피검자는 때때로 회사 사람들에 대해 의심을 했지만, 대개는 대수롭지 않게 여겼다. 더 이상 결혼 관련 이야기를 하지 않았지만, 여자친구와의 관계는 상당히 안정적으로 지속되고 있다.

참고문헌

Auslander, L. A., Perry, W., & Jeste, D. V. (2002). Assessing disturbed thinking and cognition using the Ego Impairment Index in older schizophrenia patients: Paranoid vs. nonparanoid distinction. *Schizophrenia Research, 53*(3), 199-207.

Belyi, B. I. (1991). Interpretation of Rorschach ink blots by patients with delusional forms of schizophrenia. *Zhurnal Nevropatologii i Psikhiatrii, 91*(7), 97-104.

Exner, J. E. (2003). *The Rorschach: A comprehensive system: Vol. 1. Basic foundations* (4th ed.). New York: Wiley.

Kleiger, J. H. (1999). *Disordered thinking and the Rorschach: Theory, research, and differential diagnosis.* Hillsdale, NJ: Analytic Press.

Perry, W., & Viglione, D. J. (1991). The Ego Impairment Index as a predictor of outcome in melancholic depressed patients treated with tricyclic antidepressants. *Journal of Personality Assessment, 56*(3), 487-501.

Perry, W., Viglione, D. J., & Braff, D. (1992). The Ego Impairment Index and schizophrenia: A validation study. *Journal of Personality Assessment, 59*(1), 165-175.

Rapaport, D., Gill, M. M., & Schafer, R. (1968). *Diagnostic psychological testing.* New York: International Universities Press.

제7장

해리 문제

사례 5

32세 여성 피검자는 신부에 의해 정신과 의사에게 의뢰되었고, 정신과 의사의 의뢰로 종합병원에서 평가가 실시되었다. 신부는 밤늦게 교회에서 울고 앉아 있는 피검자를 발견하였고, 그녀가 교구민은 아니지만 도움이 필요한지 물어보았을 때, 그녀는 부적절한 대답을 하며 자신이 누군지도 말하지 못했다. 피검자는 신부에게 지갑 안에 신원을 확인할 수 있는 정보를 보도록 허락하였는데, 집주소가 대략 32km 떨어진 교외였다. 신부는 그녀를 교회의 여성 보호시설에서 하룻밤 지내도록 하고 다음날 아침 그녀와 다시 이야기를 나누었다.

당시, 피검자의 정신 상태는 명료했고, 이름과 주소를 말할 수 있었다. 피검자는 마약 사용은 부인했지만, 지난 이틀 동안의 일은 아무것도 기억나지 않는다는 것을 인정했다. 피검자는 남편에게 연락하는 것을 꺼렸지만 보호소의 정신과 자문 의사와의 면담에는 동의했다. 정신과 의사와의 면담에서, 피검자는 기억을 잃었던 몇 번의 에피소드를 보고했다. 피검자는 "누군가가 내 몸을 장악해요."라며 의사에게 자신이 다중 인격은 아닐까 하는 생각이 든다고 하였다. 피검자는 신경학적 · 심리학적 평가를 위해 2~3일 동안 입원하는 것에 동의했고, 남편에게 연락하는 것에도 동의했다.

피검자의 남편은 그녀가 사라진 지 이틀째 되던 날 실종신고를 했다. 남편은 시댁에 몇 주 동안 방문하기로 결정한 것 때문에 피검자가 화가 나 있었다고 말하며, 아내가 없어졌을 때 그는 "아내가 시댁에 가고 싶지 않다는 것을 시위하기 위해 집을 나갔다고 믿었고, 그 다음날까지도 돌아오지 않아서 경찰에 신고했어요."라고 말했다.

피검자는 10년의 결혼생활을 해 왔다. 22세에 결혼을 했는데, 정치학 학위를 받고 대학에서 졸업한 지 8개월 후였다고 한다. 남편은 피검자보다 세 살이 많았고 공인회계사였는데, 회계 사무소의 공동 경영자였고 꽤 수입이 많았다. 남편은 피검자와 아이를 가질 것인지 말 것인지에 대해 지난 6년간 뜻이 달랐음을 인정했다. 결혼 2년 차에 피검자는 임신했지만 임신 3개월에 계단에서 넘어진 후 유산하였다. 유산 이후 피검자는 아이를 원하지 않는다고 고집스럽게 말했고, 결혼 4년 차에 다시 임신하자 낙태를 결심했다고 한다. 남편은 아이를 낳자고 했지만 피검자는 그의 제안을 거절했다고 한다. 남편은 "지난 3~4년 동안 결혼생활에 문제가 있었어요."라고 인정했다.

정신과 의사와의 두 번째 면담에서, 피검자는 아주 다른 이야기를 들려주었다. 피검자는 돈 문제로 인해 다투던 남편이 그녀를 때려 유산했다고 말했다. 피검자는 그 당시 남편을 떠날 것을 고려했지만 그러지 않았고, 그 다음해에 관계가 나아졌다고 했다. 피검자는 다시 임신해서 행복했지만 남편은 "우리는 가족을 갖기에는 경제적으로 준비되지 않아."라며 낙태를 강요했다고 말한다. 지금은 남편이 임신을 원하지만 자신은 앞으로의 일에 대해 혼란스럽다고 한다. 피검자는 결혼생활 5년의 대부분은 격동의 시간이었다고 말했다. "우리는 더 이상 돈 때문에 싸우지 않아요. 다른 것들, 집, 그의 부모님, 휴가, 아이, 거의 모든 것에 대해 싸우죠. 우리는 행복한 것이 별로 없어요."

피검자는 두 자녀 중 막내였다. 35세인 오빠는 멀리 떨어진 도시에 결혼해서 살고 있으며 자녀가 2명이다. 오빠는 전기공사 도급자로 피검자와 거의 연락하지 않고 있다. 아버지는 66세의 은퇴한 우체국장이고, 어머니는 64세의 가정주부이다. 부모님은 멀리 떨어진 도시에 살고 연휴 기간을 제외하고는 연락을 잘 하지 않는다. 대학교 졸업 후, 피검자는 법률보조관으로 일했고 직장에서 남편을 만났다. 남편은 회계사 자격증을 위해 필요한 교과목들을 이수하는 동안 법률 사무소에서 일하고 있었다. 피검자는 2년 동안 일하고 로스쿨에 지원할 계획이었다고 말하며, "그런데 우리는 관계를 맺게 되었어요. 정신없이 벌어진 로맨스였고 우리는 만난 지 5개월 후 결혼했죠."라고 말했다.

피검자는 그 후 2년 동안 더 일했고, 일을 좋아했다. 하지만 남편이 회계사 자격증을 따서 집을 사자 새로운 집을 꾸미고 유지할 만큼 충분한 시간이 없다고 생각했고, "내가 일할 필요가 없었고 더 이상 내 수입이 필요하지 않아서 그만두기로 결심했어요."라고 말했다.

피검자는 임신에 대해 두려움이 있다고 했는데, 이는 그녀가 13세 때 16세였던 오빠 친구들 2명으로부터 성폭행을 당했기 때문이라고 말했다. 피검자는 부모님이나 다른 사람에게 강간에 대해서 말하지 않았지만, 그 기억으로 인해 언제나 고통스러웠다고 말했다. 피검자는 오빠가 고등학교 야구 시합 이후에 벌어진 이 사건에 대해 알고 있다고 믿지만, 그들은 절대 그것에 대해 이야기하지 않았다. 피검자는 야구장 근처에서 오빠 친구 2명과 있었고, "장난치는 거라고 생각했는데 그들이 거칠어지더니 나를 제압했어요. 끔찍했고 나는 아주 수치스러웠죠."라고 말했다.

피검자는 고등학교 시절 동안 어떤 성적인 접촉도 피했지만 대학교 때는 성관계를 가졌다. "몇 번 했는데, 하지만 진짜 좋아한 적은 없어요." 그녀는 이런 일은 주로 마약이나 술을 마신 후 일어났다고 말했다. "나는 대학교 때 마약이나 술을 너무 많이 했어요. 모두가 뭔가를 시도했고 나도 그랬죠. 그 일들이 내 학점에 영향을 주었기 때문에 그만두었죠." 피검자는 대학 시절의 마약/술에 대해 남편에게 말했고 이것 때문에 그는 자주 그녀를 질책했다고 말했다. 피검자는 현재 마약 사용을 부인했고 와인이나 맥주 한 잔을 가끔 마시지만 한 잔 혹은 두 잔 이상은 절대 마시지 않는다고 말했다.

피검자는 기억상실의 사건이 6~7번쯤 있었다고 추정했다. 피검자가 자신이 낯선 장소에 있다는 것을 알아챈 것은 대부분 6시간에서 12시간이 지난 후였다. 장소들은 바, 극장, 모텔, 그녀의 집으로부터 80km 떨어진 호수 근처의 휴게소 등이었다. 각 사건들마다 피검자의 차는 근처에 있었다. 한번은, 에피소드가 거의 하루 동안 지속되었는데 피검자는 골목 구석에서 정신을 차린 후 택시를 타고 집에 왔는데, 후에 차가 그곳에 있었음을 알게 되었다.

가장 최근의 에피소드는 2, 3일가량 지속되었다. 피검자는 밤중에 '깨어 있는' 상태에서 스스로를 발견한 건 처음이라고 말했다. 피검자는 평소보다 더 많이 마셨고 몇몇 혹은 모든 에피소드에 성적 행위가 연관되었을 것이라고 생각하는 이유가 있다고 마지못해 인정했다. 피검자는 이러한 사건들에 대해 기억은 없지만 적어도 두 번은 '숙취가 있는 느낌', 그리고 한 번은 속옷을 입지 않고 있었다고 말했다.

피검자는 "그것들은 그냥 일어나요."라며 기억상실 사건에 선행하는 공통의 요소들을 알지 못했다. "대부분의 다른 사람들처럼 쇼핑, 요리, 가끔 친구들과 놀고" 그녀의 인생은 꽤 평범했다고 말했다. 그녀는 "우리는 아주 많이 싸웠어요."라며 지난 2~3년간 남편과의 관계가 더 나빠졌다고 말했다. 피검자는 '가끔' 우울해지지만 이런 에피소드들이 아주 길게 지속되지는 않았다고 말했다. 피검자는 취직을 해 볼까 생각했지만 행동으로 옮기지 못했다.

의뢰서에서, 정신과 의사는 피검자가 진실하다는 인상이지만 계획된 행동을 감추기 위해서 기억상실이라는 꾀병을 부리고 있을 가능성에 대해서 궁금해하였다. 의사는 (1) 해리성 둔주 진단이 적절한지, (2) 기억상실을 설명할 수 있는 증거가 있는지, (3) 해리성 정체감 장애에 대한 증거가 있는지, 그리고 (4) 단기, 장기치료 목표, 그리고 치료를 어렵게 하는 장애물에 대한 보고를 요청하였다.

사례 개념화 및 관련 문헌

피검자는 13세에 외상적 성폭행을 당했고, 이것이 성생활, 임신, 그리고 마약/술과 관련된 일들의 계속되는 문제의 원인이었을 것으로 보인다. 피검자와 남편은 문제에 대해 자신들의 입장에서 서로 다른 말을 했지만, 둘 다 결혼생활에 문제가 있다고 보고하였다. 피검자는 현재 평가되고 있는 사건과 비슷한 기억상실 사건들이 6~7번 있었다고 추정하였다. 피검자는 이런 에피소드 동안 '누군가가 내 몸을 장악'하는지에 대해 궁금해했다. 의뢰했던 정신과 의사는 피검자가 솔직하고 정직해 보이지만 해리성 장애의 가능성과 기억상실이 계획된 행동화를 인정하는 것에 대한 방어로써 작용하고 있는지 질의하고 있다.

DSM(DSM-IV-TR, 2000)은 "의식, 기억, 정체성 혹은 지각의 통합된 기능의 붕괴(p. 519)"라고 정의한 증후들의 스펙트럼으로 해리성 장애를 설명한다. 해리성 장애 스펙트럼에서, 이 사례는 해리성 둔주 범주—자신의 과거 일부를 기억하지 못하고, 정체성에 대한 혼란을 느끼며, 집으로부터 갑작스럽고 계획되지 않은 이동—에 가장 잘 맞는다. 피검자는 '다른 누군가'가 그녀의 몸을 장악하는 것은 아닌지 궁금해하지만 그녀의 설명은 해리성 정체성 장애(예전에는 다중인격장애)와 일치하지 않는다. 더 병리적인 해리성 증후군은 주기적으로 환자의 행동을 통제하는, 2개 혹은 그 이상의 뚜렷이 구분되고 명확한 인격의 존재를 수반한다. DSM-IV-TR(p. 525)은 해리 경험을 보고하는 사람들이 얻는 이차적인 이득과 꾀병에 대해 평가하는 것이 중요하다고 주의를 강조한다.

해리에 대한 역동과 그것이 로르샤흐에서 어떻게 나타나는지에 대한 상당히 많은 문헌들이 있다. 이러한 연구들의 검토는 심리학자들이 피검자의 프로토콜을 검토하고 진단과 치료계획을 세울 때 필요한 관점을 제공해 줄 수 있다.

해리에 대한 평가

몇몇 로르샤흐 연구가들은 해리의 정신역동을 이론화해 왔다. Wagner(1978)는 전환 증후군(conversion syndrome)과 같이 덜 복잡한 심리를 가진 환자와의 비교를 통해 해리 증후군을 보이는 이들은 로르샤흐에서 훨씬 더 정교하고, 더 많은 내성(introspection)과 더 많은 갈등을 보인다고 가정했다. Armstrong과 Loewenstein(1990)은 해리성 장애로 진단받은 14명의 입원환자들을 평가했는데, 그 결과는 Wagner의 '더 큰 복잡성' 가정을 지지한다. 14명의 환자 중 9명이 내향적, 4명은 양가적 그리고 1명만 외향적이었다. 연구자들은 이런 환자들이 독특한 로르샤흐 구성(configuration)을 보이고 "조현병이나 경계성 인격장애와는 확연하게 다른" 그리고 "심리적 복잡성, 사람과의 관련성, 그리고 높은 자기관찰 능력(self-observing capacity)을 보인다(p. 452)"고 언급했다. 더 나아가, "해리성 장애 환자들에게서 보이는 표면적인 불안정성은 더 발달되고 안정적인 성격 조직으로 착각하게 만든다(p. 453)"라고 제안한다. Armstrong(1991)은 이러한 환자의 관념적이고 강박적인 대처 방식은 외상후 스트레스 장애 환자에게서 보이는 감정적인 반응 패턴과는 뚜렷이 구분된다고 말하였다.

　해리성 역동의 특성을 규정짓는 복잡성과 갈등에 대한 가설과 일치하게, Wagner와 그의 동료들(Wagner, Allison, & Wagner, 1983; Wagner & Heise, 1974; Wagner, Wagner, & Torem, 1986)은 해리성 인격장애를 나타내는 5개의 로르샤흐 특성을 다음과 같이 제안했다. ① 적어도 6개의 운동($M+FM+m$) 결정인 ② 적어도 2개의 질적으로 반대되는 M 지각('파티를 계획하고 있는 두 사람'과 대조적인 '논쟁하고 있는 두 사람') ③ 적어도 1개의, 압박(oppression)과 관련된 운동반응("그 상어가 작은 물고기들을 공격하려 하고 있어요.") ④ $CF+C > FC$이면서, 적어도 3개의 유채색 결정인 ⑤ 적어도 1개의 긍정적인('빨간 나비') 유채색 지각과 1개의 부정적인 ('피') 유채색 지각.

　다른 연구자들도 해리성 장애를 시사하는 로르샤흐 변인들의 구성(constellation)에 대해 제안했다. Labott과 그의 동료들(Labott, Leavitt, Braun, & Sachs, 1992; Leavitt & Labott, 1997)은 해리는 지각에서 구분되는 2가지 유형을 보인다고 제안했다. 첫 번째, 해리 지각(Dissociation percepts)은 다음과 같은 기준을 포함한다. ① 대상을 불확실하고 모호하게 만드는 요소를 통해 세상을 보는 것("무언가 뿌연 것을 통해 산을 보는 것과 같이") ② 과장된 거리감을 보고하고("사람들은 아주 멀리 떨어져 있는 것처럼 보인다.") ③ 지각이 불안정하거나 급격하게 변화하는 지남력 상실(disorientation)을 보고한다("토네이도가 모든 것을 부서지게 한다."). 두 번째는 분열 지각(Splitting percepts)은 분리되거나 조각난 이미지를 보고한다("어떤 사람이 조각으로 해체된 것 같아 보여요."). 이러한 지각의 2가지 타입은 the Labott signs이라고 알려져 있다.

　Barach(1986)은 충돌하는 인격의 구성은 숨기는 반응들(Hiding responses)에서 나타나거나(하나의 잉크 반점 요소가 다른 잉크 반점 요소에 숨어 있는 것; 하나의 요소가 다른 요소를 알아채지 못하는 것; 가면들) 혹은 부인반응들(Denial responses; 반응 단계에서 보고된 요소가 질문 단계에서 부정되는 것; 반응 단계에서 언급된 요소를 찾는 것에 대한 어려움; 반응 단계에서 보고한 요소에 대해 설명하기 위해 이야기를 만들어 내는 것)에서 나타난다.

　Labott과 그의 동료들은 일련의 연구들을 통해 이러한 구성(constellation)에 대해 평가했다. Labott과 그의 동료들은 다중인격장애로 진단받은 16명의 여성 입원환자와 16명의 여성 정신과 환자 통제군을 검사했다. 해리성 환자들은 Wagner의 운동반응과 압박(Total Movement and Oppression) 변인들과 Labott의 해리와 분열(Dissociation and Splitting) 반응들이 확연히 많았다. Wagner 징후들은 환자의 45%를 정확하게 분류했고, Barach의 숨김(Hiding)과 부인(Denial)반응은 환자의 65%를, Labott 해리와 분열(Dissociation plus

Splitting) 징후는 환자의 94%를 정확히 분류했다.

Leavitt과 Labott(1997)은 자기보고 측정인 해리경험 척도(the Dissociative Experience Scale, DES; Bernstein & Putnam, 1986)와 로르샤흐 해리 지각(the Rorschach Dissociation percepts)을 비교하고 평가했다. DES는 복잡한 28개 문항의 질문지인데 이것은 기억상실, 현실감 상실/이인증, 그리고 환상을 기반으로 하는 몰두에 대한 수용력에 관한 차원들을 포함한다. 연구자(Carlson et al., 1993)는 해리에 대한 평가를 의뢰받은 89명의 환자와 우울증이나 불안장애로 의뢰된 36명의 환자들을 비교하였다. 결과는 DES 점수와 로르샤흐 해리 지각 사이에서 상당히 유의미한 관계를 보였다. 해리성 지각이 없는 사람들의 평균 DES는 10.11이었다. 해리성 지각이 하나 있는 사람들은 DES 평균이 25.46로 증가했다. 해리 지각이 2개 있는 사람들은 DES 평균이 35.86이었다. DES의 하위척도인 기억상실, 현실감 상실/이인증, 몰두에 대한 요인에서도 비슷한 패턴이 발견되었다. Carlson과 동료들(1993)은 여러 지역의 표본을 기반으로, 해리성 장애와 비해리성 정신증적 환자와 비환자들을 30점의 절단점수(cutscore)로 구별할 수 있다고 제안했다.

Leavitt과 Labott(1997)은 로르샤흐 검사에서 해리 지각은 해리와의 유사성(analogue)을 검사하는 것으로 이해할 수 있고, "…… 해리 증상에 대한 중요한 정보를 마련해 주는 로르샤흐 자극에 노출됨으로써 생기는 정신적 처리과정의 시각적 표상"(pp. 247-248)이라고 결론 내렸다. 또한 로르샤흐 지각은 "낮은 수준과 높은 수준의 해리성 환자들을 잘 구분할 수 있게 하며, 자기보고 방식의 편향성을 피할 수 있는 해리성 정보처리를 평가하기 위한 기초를 마련한다"(p. 248)고 제안하였다. 연구자들은 이러한 지각들은 해리 상태의 3가지 범주를 구분할 수 있게 해 준다고 설명하고 있다. 최소(해리 지각이 없는), 중간(하나의 해리 지각), 그리고 높은(2개나 그 이상의 해리 지각들).

1998년에, Leavitt과 Labott은 교차검증을 위해 해리성 장애로 입원한 27명의 여성들과 72명의 정신과 입원환자들을 비교했다. Labott 징후들(해리와 분열자각)은 78%의 민감도, 97%의 특이도, 그리고 84%의 전반적인 분류 정확성을 나타냈다. Barach의 숨김(Hiding)과 부인(Denial) 징후들은 63%의 민감도, 89%의 특이도, 82%의 전반적인 분류 정확성을 얻었다. The Wagner 징후들은 67%의 민감도, 90% 특이도, 그리고 84%의 전반적인 분류 정확성으로 해리성 참여자와 통제 집단 참여자를 나눌 수 있었다.

Scroppo, Drob, Weinberger과 Eagle(1998)은 해리성 인격장애를 가진 21명의 성인 여성 정신과 환자들과 21명의 여성 비해리성 정신과 환자들을 비교하였다. 해리성 집단은 운동(M+FM+m) 반응, 어울리지 않는 이상한 결합들, 피, 해부, 병리, 그리고 부분인간 반응

(Hd+(Hd))을 확연히 더 많이 보였다. 그들은 또한 Labott 해리 지각들을 더 많이 보였고, 더 낮은 X+%를 보였다. 해리성 장애 환자들은 "…… 로르샤흐 잉크 반점이 드러내 보이는 특성을 현저히 넘어서는 특징들(운동성, 차원성, 병적 상태)을 정신적으로 부여하는 경향이 있기 때문에, 더 많은 상상적이고 투사적인 사용"(pp. 280-281)을 한다고 언급하며 로르샤흐의 복잡성으로 2개의 그룹을 구별할 수 있다고 제안하였다.

Scroppo와 그의 동료들(1998)은 해리성 인격장애 그룹은 현저히 높은 수준의 아동기 성적, 신체적 학대를 보고한다는 것을 발견했다. 이 결과는 Sandberg와 Lynn(1992)의 결과와도 일치한다. 이 연구자들은 DES에서 상위 15%를 기록한 33명의 여대생들과 DES에서 평균점수 이하의 33명의 여대생들을 비교하였다. 높은 DES 학생들은 통제 집단보다 더 많은 심리적 · 신체적 · 성적 학대를 보고했다.

전술한 바와 같이, 환자들이 해리 경험을 묘사할 때 이차적인 이득과 꾀병에 관한 이슈를 평가하는 것은 중요하다. 많은 자기보고 측정과 구조적 면담 기법은 높은 안면 타당도를 지닌 항목들을 포함하고, Sacroppo와 그의 동료들(1998)이 언급하듯, '불분명성(opacity)'의 부족은 인상관리를 취약하게 만든다.

Labott과 Wallach(2002)는 해리성 인격장애를 DES와 로르샤흐에서 성공적으로 꾸며 낼 수 있는지 조사하였다. 그들은 50명의 여자 학부생들을 꾀병 집단과 통제 집단에 할당하였다. 꾀병 집단에게는 해리성 인격장애의 정의와 해리성 증상들에 대한 설명이 주어졌고, 검사자들에게 자신들이 해리성 장애로 인해 고통 받고 있다고 설득하는 것처럼 DES와 로르샤흐 검사를 하도록 하였다. 통제 집단의 학생들에게는 최대한 솔직하게 대답을 하도록 지시하였다. 꾀병 집단은 통제 집단보다 병리적 범위의 높은 DES 평균점수를 얻었다(51.3 VS 14.4). 두 집단은 Wagner, Barach 혹은 Labott의 로르샤흐 변인들에 대해서는 차이가 없었기 때문에 연구자들은 꾀병 집단 참가자들은 "…… 로르샤흐 검사에서는 해리성 인격장애를 나타내는 반응들을 만들어 낼 수 없었다"(pp. 536-537)고 결론지었다.

Labott과 Wallach(2002)는 대학생들이 해리인 척하는 것은, 꾀병을 부리는 범죄적 혹은 임상적 상황의 사람들과는 다를 것이라고 언급하였다. 꾀병을 부리라고 지시받은 사람들이 해리성 정신병리와 관련된 변인들을 만들어 낼 수 있을지에 관한 연구는 현재 없다.

요약하자면, 해리성 장애 사람들의 로르샤흐는 인지적인 복잡성과 내용의 정교성이 높다는 특징이 있다. Wagner와 그의 동료들이 제안한 로르샤흐 변인의 집합은 복잡성과 갈등을 나타내는 변인들이다. Barach과 Labott와 그녀의 동료들이 제안한 변인들은 해리 현상을 반영하기 위해 가정되었다. 문헌이 시사한 바는, 이러한 로르샤흐 변인들은 해리를 평가할 때 면담이나 자기보고 방식 이상의 증분 타당성을 보여 준다는 점이다.

사례 5. 32세 여성

카드	반응	질문
I	1. 나비일 수도 있겠어요.	평가자: (반응 반복) 피검자: 전체로요. 날개들이 있고, 몸통 그리고 작은 더듬이가 위에 있어요.
	2. 큰 딱정벌레의 양 가장자리를 잡고 있는 괴물(gargoyle creatures) 조각품 같아요.	평가자: (반응 반복) 피검자: 이것도 전체가. 괴물이 각각 양쪽에 있어요. 양 날개가 뚜렷하고, 다리와 가운데가 딱정벌레처럼 보여요. 괴물이 딱정벌레를 잡고 있는 것처럼 보여요. 평가자: 조각품이라고 했나요? 피검자: 그래야 할 것 같아요. 어떤 것도 진짜가 아니고 그래서 교회나 빌딩 위에 있는 조각상처럼 예술작품 같은 거라고 생각했어요.
	> 3. 귀가 올라간 코끼리가 연못 가장자리에 서서 그의 반사된 모습을 들여다보고 있어요.	평가자: (반응 반복) 피검자: 이게 수위선 (중간선), 이것은 관목, 이게 코끼리예요(D2). 큰 귀를 보세요(Dd34). 그리고 여기 아래 반사되고 있어요.
	∨ 4. 무언가 죽은 것, 박쥐처럼, 검정색 박쥐, 박쥐는 이것처럼 까맣지만 구멍은 없어요.	평가자: (반응 반복) 피검자: 꼬리, 날개, 하지만 안에 구멍들이 있어요. 그래서 죽었다고 생각한 거예요. 잠들었다고도 생각했어요. 박쥐들이 거꾸로 매달려 자잖아요. 근데 구멍은 없어요. 그래서 죽었을 거라고 생각했어요.
II	5. 두 마리 곰이 벽에 핑거 페인팅하고 있어요.	평가자: (반응 반복) 피검자: 양쪽에 곰이 있어요. 머리랑 몸을 보세요. 거기엔 곰발 혹은 손이 그들 위쪽으로 찍혀져 있어요. 그리고 그들은 바닥에 물감을 쏟았어요. 여기 아래에 있는 빨간 게 물감이에요.

	6. 하얀색 제단 앞에서 2명의 사람이 피를 바치고 있는 흑마법 의식 같아요.	평가자: (반응 반복) 피검자: 2명의 사람들이 검은 망토를 입고, 빨간색 모자를 쓰고, 그들의 손을 함께 모으고 있어요. 그들은 이 하얀색 제단 앞에 무릎을 꿇고 있어요. 그리고 여기 아래는 피예요. 평가자: 의식을 하고 있다고요? 피검자: 가운데에 하얀색 제단 그리고 피, 흑마법 같은 의식이어야 해요.
Ⅲ	7. 뒤쪽에 죽은 원숭이들이 거꾸로 매달려 있고, 2명의 원주민들이 북을 치고 있어요.	평가자: (반응 반복) 피검자: 그들은 자연주의자(naturalist)예요. 여자 자연주의자들이요. 그들의 가슴이 보이죠. 여기는 그들의 머리, 목, 팔, 다리, 그리고 여기 이것들은 죽은 원숭이처럼 보여요. 거꾸로 매달린. 긴 꼬리를 보세요. 그리고 여기는 작은 머리예요. 평가자: 그들이 자연주의자라고 했나요? 피검자: 그럼요, 그들은 벌거벗고 있어요. 나체주의자처럼. 그들은 스스로를 자연주의자라고 불러요.
	8. 가운데에 폐.	평가자: (반응 반복) 피검자: 가운데 2개의 영역이 연결되어 있고, 폐처럼 빨개요.
Ⅳ	9. 등을 대고 누워 있는 아주 큰 개미핥기.	평가자: (반응 반복) 피검자: 코 그리고 팔, 큰 발, 꼬리를 볼 수 있죠. 평가자: 등을 대고 누워 있다고 하셨나요? 피검자: 그것의 얼굴이 아니고 배를 볼 수 있기 때문에 등을 대고 있는 거예요. 마치 높은 곳에 서서 아래로 내려다보는 거 같아요.
	10. 나뭇잎들을 통과하여 들여다본다면 나무 같아요.	평가자: (반응 반복) 피검자: 만약에 땅이 유리라면 그리고 당신이 그 유리 아래에서 올려다보고 있다면, 이거와 같을 거예요. 나무 몸통(가리킨다), 그리고 여기 바깥쪽은 나뭇가지이고 나뭇잎들이에요.

	∨11. 이쪽에서 그것은 IUD(피임기구) 같아 보여요.	평가자: (반응 반복) 피검자: 한 번도 써 본 적은 없지만 본 적은 있어요. 그것은 작은 머리와 삐쭉삐쭉한 가장자리가 있어요. 그건 일반적으로 저런 모양이에요.
	12. 껍질을 벗긴 동물의 털가죽 같아요.	평가자: (반응 반복) 피검자: 재질이, 색깔이, 털 같아요. 그리고 영화에서 본 것 같은 동물 털가죽 같아 보여요. 사냥꾼에 관한 영화에서요.
V	13. 나비 한 마리.	평가자: (반응 반복) 피검자: 이게 몸통이고, 여기는 날개예요.
	14. 두 마리의 동물이 서로 머리를 부딪치고 있어요.	평가자: (반응 반복) 피검자: 양이나 사슴 같아 보여요. 뒷발, 앞발, 그리고 여기 같이 오고 있고, 옆에서 본 거예요.
VI	15. 여자 성기 같아요. 윗부분은 아니지만.	평가자: (반응 반복) 피검자: 여기 음순들이 펼쳐져 있고, 잡아당겨진 것처럼 벌려져 있어요. 경계선 혹은 구멍에서부터 색의 변화(gradation)를 볼 수 있죠. 질처럼요.
	v16. 벽에 걸려 있는 동물 가죽.	평가자: (반응 반복) 피검자: 다리, 여기 아래는 꼬리, 저기 다른 색으로 돼 있는 것이 다 털로 보이네요.
VII	17. 무언가 부숴진 것.	평가자: (반응 반복) 피검자: 조각들이 없어졌어요. 무언가가 부서졌어요. 아마도 꽃병이나 그런 거겠죠. 하지만 알 수 없어요. 그냥 어떤 것의 조각들, 그냥 거기 있어요.
	∨18. 가운데에 아무것도 없는 게.	평가자: (반응 반복) 피검자: 게의 뒷면인데 가운데는 아무것도 없어요. 가운데가 없어진, 부패한, 게 껍질의 부분 같아요.
	∨19. 오, 아마도 2명의 흑인 여자 원주민이 그들의 머리카락을 닿은 채 등을 맞대고 춤을 추고 있어요.	평가자: (반응 반복) 피검자: 그들의 다리를 볼 수 있죠. 드레스, 그리고 머리가 닿고 있죠. 이국적인 춤을 추고 있는 것 같아요.

VIII	20. 풍뎅이 한 마리.	평가자: (반응 반복) 피검자: 핀처럼 매우 화려한 풍뎅이, 보석 같아요.
	>21. 한 발은 바위 위에, 다른 한 발은 나무 그루터기 위에 올린 분홍색 고양이가 물속에 비친 자신의 모습을 보고 있어요.	평가자: (반응 반복) 피검자: 분홍색 고양이요. 눈이랑 코를 보세요. 다리, 그리고 이것은 발이에요. 그리고 물은 파란색, 이건 바위이고, 고양이는 여기 아래에 비치고 있어요.
	22. 안에, 배 속 같은, 의학서적에서 나온 그림 같아요.	평가자: (반응 반복) 피검자: 내장들, 차트 같아 보여요. 안을 보여 주기 위해 Time-Life 책에서 볼 수 있는 그림들, 분홍색은 위이고 나머지는 내장과 체액 같아요. 담즙이나 그런 것들이요.
IX	>23. 뚱뚱한 요정이 분홍색 바위 옆에 앉아서 물가에서 담배를 피우고 있어요.	평가자: (반응 반복) 피검자: 연기가 나오는 담뱃대를 물고 등을 구부리고 있어요. 물가 옆에 있어요. 그리고 전체가 물에 비치고 있어요. 여기 파이프를 보세요(가리킨다). 그리고 모든 오렌지색 부분은 연기라고 할 수 있어요.
	24. 폭탄 폭발 같아요.	평가자: (반응 반복) 피검자: 아래 버섯구름으로부터, 폭발에서 오는 힘 같아요. 오렌지색 불과 초록색 연기가 버섯구름을 밀어 올리고 있어요.
X	25. Mardi Gras 가면, 아주 화려해요.	평가자: (반응 반복) 피검자: 전체가 와일드한 가면(wild mask)이에요. 뾰족한 윗부분이 있는 와일드하고 화려한 가면이에요. 그리고 이런 녹색의 늘어진 콧수염 같은 효과, 그리고 양쪽에 아주 많은 화려한 것들이 매달려 있어요. Mardi Gras에서 볼 수 있는 것처럼요.
	26. 많은 형형색색의 바닷속 생물들이 돌아다니고 있어요.	평가자: (반응 반복) 피검자: 파란색과 회색, 갈색은 다 게 같아 보여요. 녹색은 뱀장어 세트들 같고, 분홍색은 산호초 같은데, 어떤 산호초들은 이렇게 분홍색이에요. 본 적 있어요. 모두 다 산호초 주위를 돌아다니고 있어요.

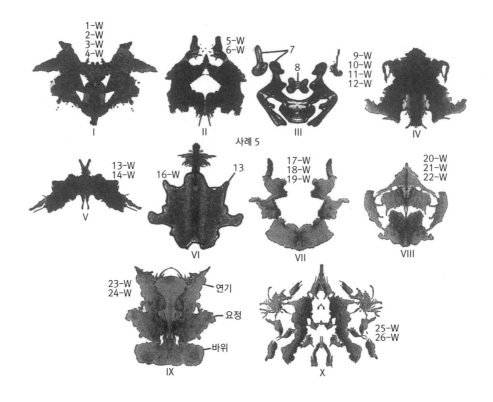

사례 5

사례 5. 점수 계열

카드	반응 번호	위치	영역 번호	결정인	(2)	내용	평범 반응	Z	특수 점수
I	1	Wo		Fo		A	P	1.0	
	2	W+	1	FMpo	2	Art,(A)		4.0	
	3	W+	1	FMp.Fro		A,Na		4.0	
	4	WSo	1	FC'o		A	P	3.5	MOR
II	5	W+	1	Ma.CFo	2	A,Art	P	4.5	FAB,PHR
	6	WS+	1	Mp.FD.C'Fo	2	H,Bl,Cg,Id		4.5	AB,ALOG,COP,PHR
III	7	D+	1	Ma.mp.FD+	2	H,Id,A,Sx	P	4.0	COP,DV,MOR,GHR
	8	Do	3	FCo		An			
IV	9	Wo	1	FMp.FDu		A		2.0	INC
	10	Wo	1	FDo		Bt		2.0	
	11	Wo	1	F−		Sc,Sx		2.0	PER
	12	Wo	1	TFo		Ad			PER
V	13	Wo	1	Fo		A	P	1.0	
	14	W+	1	FMao	2	A		2.5	AG,PHR
VI	15	Do	1	FVu		Hd,Sx			PHR
	16	Wo	1	mp.FTo		Ad	P	2.5	
VII	17	Wv	1	F−		Hh			MOR
	18	WSo	1	Fu		Ad		4.0	MOR
	19	W+	1	FC'.Mao	2	H,Cg		2.5	COP,GHR
VIII	20	Wo	1	CFu		Art,(A)		4.5	
	21	W+	1	FMp.Fr.CF+		A,Na	P	4.5	INC
	22	Wo	1	CF−		Art,An		4.5	
IX	23	W+	1	Mp.FC.Fr.mpu		(H),Fi,Na		5.5	INC,PHR
	24	Wo	1	ma.CFo		Ex,Fi		5.5	
X	25	WSo	1	CF.mp−		(Hd),Art		5.5	PHR
	26	W+	1	CF.FMao	2	A,Bt	P	5.5	PER

사례 5. 구조적 요약

구조적 요약(상단부)

반응영역	결정인 혼합	결정인 단일	반응내용	자살 지표
				YES..FV+VF+V+FD>2
			H =3	YES..Col-Shd Bl>0
Zf =22	FM.Fr	M =0	(H) =1	YES..Ego<.31,>.44
ZSum =79.5	M.CF	FM =2	Hd =1	YES..MOR>3
ZEst =73.5	M.FD.FC'.CF	m =0	(Hd) =1	YES..Zd>+-3.5
	M.m.FD	FC =1	Hx =0	YES..es>EA
W =23	FM.FD	CF =2	A =10	YES..CF+C>FC
D =3	m.FT	C =0	(A) =2	YES..X+%<.70
W+D =26	FC'.M	Cn =0	Ad =3	YES..S>3
Dd =0	FM.Fr.CF	FC' =1	(Ad) =0	NO ...P<3 or >8
S =4	M.FC.Fr.m	CF =0	An =2	NO ...Pure H<2
	m.CF	C' =0	Art =5	NO ...R<17
	CF.m	FT =0	Ay =0	9 ...... TOTAL
발달질	CF.FM	TF =1	Bl =1	**특수점수**
+ =10		T =0	Bt =2	Lv1 Lv2
o =14		FV =1	Cg =2	DV =1x1 0x2
v/+ =0		VF =0	Cl =0	INC =3x2 0x4
v =2		V =0	Ex =1	DR =0x3 0x6
		FY =0	Fd =0	FAB =1x4 0x7
		YF =0	Fi =2	ALOG =1x5
		Y =0	Ge =0	CON = 0x7
		Fr =0	Hh =1	Raw Sum6 =6
형태질		rF =0	Ls =0	Wgtd Sum6 =16
FQx MQual W+D		FD =1	Na =3	
+ =2 =1 =2		F =5	Sc =1	AB =1 GHR =2
o =15 =3 =15			Sx =3	AG =1 PHR =6
u =5 =1 =5			Xy =0	COP =3 MOR =4
- =4 =0 =4			Id =2	CP =0 PER =3
none =0 =0 =0		(2) =7		PSV =0

구조적 요약(하단부)

비율, 백분율, 산출한 점수

R =26	L =0.24		FC:CF+C =2:8	COP=3 AG=1	
			Pure C =0	GHR:PHR =2:6	
EB =5:9.0	EA =14.0	EBPer =1.8	SumC':WSumC =3:9.0	a:p =6:10	
eb =11:6	es =17	D =-1	Afr =0.37	Food =0	
	Adj es =13	Adj D =0	S =4	SumT =2	
			Blends:R =12:26	Hum Cont =6	
FM =6	C' =3	T =2	CP =0	Pure H =3	
m =5	V =1	Y =0		PER =3	
				Iso Indx =0.31	

a:p =6:10	Sum6 =6	XA% =0.85	Zf =22.0	3r+(2)/R =0.62	
Ma:Mp =3:2	Lv2 =0	WDA% =0.85	W:D:Dd =23:3:0	Fr+rF =3	
2AB+Art+Ay =7	WSum6 =16	X-% =0.15	W:M =23:5	SumV =1	
MOR =4	M- =0	S- =1	Zd =+6.0	FD =4	
	Mnone =0	P =8	PSV =0	An+Xy =2	
		X+% =0.65	DQ+ =10	MOR =4	
		Xu% =0.19	DQv =2	H:(H)Hd(Hd) =3:3	

PTI=0	DEPI=6*	CDI=3	S-CON=9*	HVI=NO	OBS=NO

S-CON과 핵심 변인

S-CON(9)은 유의하고 우려할 만하다. 이것은 자살을 시도하는 사람들에게 발견되는 특징적인 신호로 보고서에 이러한 결과를 강조해야 한다. 피검자에게 자기파괴적인 몰두는 보이지 않기 때문에, 높은 S-CON 점수는 혼란 상태로 인해 생긴 긍정오류(false positive)를 시사한다. 하지만 신중하게 살펴보지 않고 그런 가정을 하는 것은 삼가야 한다. 죽음에 대한 몰두 가능성을 철저히 살펴보아야 한다. 게다가, 치료사는 피검자와 강한 지지적 관계를 맺도록 모든 실질적인 조치를 취해야 하며, 자기파괴적인 몰두의 가능성이 존재하지 않거나 효과적으로 다루어졌다는 것이 확실해질 때까지 방문의 횟수를 늘리는 것을 고려해야 한다.

첫 번째 유의한 핵심 변인은 DEPI(6)이다. 해석 순서는 정동과 관련한 자료 분석으로 시작하고, 그다음 통제에 관한 자료로 넘어가야 한다. 그 후, 자기와 대인관계 지각에 관한 군집을 탐색하고, 그다음 정보처리, 인지적 중재, 관념의 인지적 3요소(cognitive triad)로 구성된 군집을 해석해야 한다.

정동

사례 5. 32세 여성의 정동 관련 자료

							Blends	
EB	=5:9.0			EBPer	=1.8		**Blends**	
eb	=11:6	L	=0.24	FC: CF+C	=2:8		M.FD.FC'.CF	=1
DEPI	=6	CDI	=3	Pure C	=0		M.FC.Fr.m	=1
							M.m.FD	=1
SumC'=3	SumT =2			SumC':WSumC	=3:9.0		M.CF	=1
SumV =1	SumY =0			Afr	=0.37		FC'.M	=1
							FM.Fr.CF	=1
Intellect	=7	CP	=0	S=4 (S to I, II, III =2)			FM.Fr	=1
Blends:R	=12:26			Col-Shad Bl	=1		FM.FD	=1
m+y Bl	=3			Shading Bl	=0		CF.FM	=1
							CF.m	=1
							m.CF	=1
							m.FT	=1

DEPI(6)은 아주 중요하고, 잠재적으로 문제가 될 수 있는 정동 문제를 시사한다. 중요한 것은 피검자가 정동 문제에 관한 아무런 말을 하지 않았다는 점이다. 수면 문제, 체중감소, 식욕감퇴, 무기력, 혹은 집중의 어려움과 같은 간접적인 증상들에 대한 증거가 없다. 피검자는 불안, 긴장, 침울함(moodiness)에 대해 불평하지 않았고, 때로는 우울하지만 오래 지속되지 않는다고 말하였다. 피검자는 임신과 관련된 문제에 대해 혼란스러움을 인정하며 남편과 자주 싸운다고 하지만, 둘 다 유의한 정서 문제가 있다고 결론짓기엔 부족하다. 그러므로 DEPI 점수는 해석을 진행하면서 신중하게 고려되어야 한다.

EB(5:9.0)가 의미하는 것은, 피검자가 문제해결과 의사결정 시 감정을 사고와 융합하는 경향이 있다는 것이다. 피검자는 감정을 사용하며 감정에 강하게 영향을 받고, 결정을 내리는 데 필요한 피드백을 구하기 위해 시행착오적인 방식으로 추정과 가정을 검증하려는 경향이 있다. 이러한 사람들은 감정을 드러내는 경향이 있으며 때때로 감정 표현을 조절하는 것에 신경 쓰지 않는다. 반면, *EBPer*(1.8)은 피검자가 대처나 의사결정 습관에 있어 유연하다는 것을 알려 준다.

eb 우항 6은 좌항보다 상당히 작지만, 흔치 않은 결과를 포함하고 있다. 첫 번째는 통경반응(vista)인데, 피검자가 지각된 부정적 경험을 반추하는 경향이거나 이 사례의 경우에는 최근 행동에 대한 죄책감이나 후회로 인해 짜증이 나고 있음을 시사한다. 두 번째는 재질반응이 2개 있는데, 이는 외로움과 정서적 박탈감을 나타내는 것일 수 있다. 세 번째는 *SumC'*(3)로 내재화하거나 억제함으로써 감정의 표출을 억누르는 경향 때문에 생긴 부정적인 감정을 시사한다. 이러한 결과는 피검자의 과거와 일치하지만, 그녀가 인정하는 것보다 더 많은 고통스러운 감정을 겪었을 수도 있다는 것을 보여 준다. 그러나 *SumC': WSum C*(3:9.0)를 보면, 피검자가 감정을 과도하게 억압한다는 증거는 없다.

Afr(.37)은 정서적인 자극을 피하려는 뚜렷한 경향성을 암시하므로 상당히 흥미롭다. 이는 피검자가 감정에 대처하는 것을 매우 불편해하고 사회적으로 고립되는 경향이 있음을 나타내는 것으로 보인다. 이는 피검자가 의사결정 시 자신의 감정에 많이 의존하는 직관적인 사람임을 고려할 때, 일치하지 않는 결과이다. 이것이 시사하는 바는, 어떠한 이유로, 피검자의 대처와 의사결정 방식이 잘 작동하지 않는다는 것이다. 이에 대한 몇 가지 이유가 있지만, 다른 결과들을 고려하기 전에 그 이유들을 생각하는 것은 시기상조이다.

관련된 맥락에서, 주지화 지표(7)가 상당히 높은데, *Afr*가 낮은 결과와 일치한다. 피검자가 정서적인 수준이 아닌 관념적인 수준에서 정서와 정서적 상황에 대처하는 경향이 뚜렷하다는 것이다. 이런 전략은 정서의 의미를 부인하고 왜곡시킴으로써 정서의 영향이나 중요성을 감소시키는 경향이 있다. 주지화의 과도한 사용 역시 피검자가 감정을 다루는 것이 편치 않다는 것을 나타낸다.

$FC:CF+C(2:8)$는 Afr과 주지화 지표 결과에 대한 실마리를 제공해 준다. 이는 피검자가 대부분의 사람보다 조절되지 않은 감정 표출을 더 많이 한다는 것을 나타낸다. 이러한 성인들은 보통 그들의 감정 표현의 격렬함 때문에 자기 자신에게 주의 집중한다. 만약에 다른 사람들이 피검자의 덜 억제된 감정 표출을 받아들일 수 있다면 이것은 문제가 되지 않을 것이다. 하지만 그렇지 않다면, 감정의 격렬함은 사람들을 멀어지게 한다. 정서와 정서적인 상황을 피하거나 정서의 영향을 무효화시키려는 경향은 이러한 잠재적 문제를 인식했기 때문일 수 있다.

흥미롭게도, 피검자는 4개의 공백반응을 보였는데 이것은 상당한 분노의 가능성을 시사하거나, 적어도 자신의 환경에서 부정적인 상황을 만들어 내는 상당한 소외감을 시사한다. 이것은 피검자의 결혼생활 갈등과 연관된 것일 수 있지만 대인관계에 대한 시사점을 주는 것일 수 있다.

26개 반응 중 12개는 혼합반응으로 기대보다 훨씬 큰 심리적 복잡성을 나타낸다. 12개의 혼합반응 중 3개는 m이 있기 때문에 상황과 관련되는 듯하다. 하지만 상황과 관련된 혼합반응을 무시하더라도, 남아 있는 9개는 외향형 개인에게 기대되는 것보다 더 많은 복잡성을 나타낸다. 게다가 9개 중 4개는 결정인이 2개 이상이며, 2개는 결정인이 4개이다. 보통 이런 배열은 지나친 복잡성을 나타내고 항상 감정적인 혼란과 관련 있다. 하나의 색채음영 혼합반응은 외향형의 사람들에게서 드문 것은 아니지만, 피검자가 때때로 자신의 감정에 대해서 불확실감을 가지고 있다는 것을 제안한다.

정서에 대한 자료들은 피검자가 인정하는 것보다 훨씬 더 많은 감정적 혼란을 경험하고 있음을 시사한다. 피검자는 죄책감과 후회로 고통 받는 외로운 사람이다. 게다가, 의사결정시 감정에 의존하는 경향이 있지만 대부분의 상황에서 자신의 감정을 잘 조절하지 못하는 것처럼 보인다. 흥미롭게도, 가능한 모든 상황에서 감정을 피하거나 중화하려는 것으로 보인다. 이러한 경향은 피검자의 자연스러운 대처 방식이 아니며 효율적이지 않다. 이것은 피검자의 심리를 특징짓는 높은 복잡성에 기여하며 적응능력에 비해 더 많은 혼란을 야기할 가능성이 있다.

통제

사례 5. 32세 여성의 통제 관련 변인

EB	=5:9.0	EA	=14.0			D	=−1	CDI	=3
eb	=11:6	es	=17	Adj es	=13	Adj D	=0	L	=0.24
FM	=6 m=5	SumC′	=3	SumT	=2	SumV	=1	SumY	=0

Adj D(0)는 피검자의 통제능력과 스트레스에 대한 내성이 대부분의 사람들과 비슷하다는 것을 시사한다. *EB*(5:9)의 두 항의 높은 값과 더불어 *EA*(14)는 Adj D가 신뢰롭고 타당하다는 것을 의미한다. 하지만 Adj *es*(13)은 기대되는 것보다 높은데, Adj D가 0이라는 것은 피검자의 평소 통제능력이 과소추정되었을 가능성을 시사한다. 상황과 관련된 스트레스가 있다는 것을 나타내는 D점수와 Adj D점수 간 차이가 있기 때문에 이러한 문제는 상황적 맥락 내에서 더 검토되어야 한다.

상황적 스트레스

사례 5. 32세 여성의 상황적 스트레스 자료

EB	=5:9.0	EA =14.0		D	=−1	**Blends**	
eb	=11:6	es =17 Adj es=13		Adj D	=0	M.FD.FC′.CF	=1
						M.FC.Fr.m	=1
FM	=6 *m* =5	C′ =3 T=2 V=1 Y=0				M.m.FD	=1
		(3r+(2)/R)=.62)				M.CF	=1
						FC′.M	=1
Pure C =0 M−=0		MQnone=0			Blends =12	FM.Fr.CF	=1
						FM.Fr	=1
						FM.FD	=1
						CF.FM	=1
						CF.m	=1
						m.CF	=1
						m.FT	=1

D(-1)가 Adj D(0)보다 낮다는 것은 상황과 관련된 스트레스가 있다는 것을 의미한다. 이는 피검자의 최근 경험과 치료 시작을 고려하면 놀라운 일은 아니다. 두 점수 사이의 차이는 1점이고, 이것은 스트레스의 영향이 경도에서 중등도라는 것을 나타낸다. 하지만 es 와 Adj es 와 관련 있는 변인들을 고려할 때 스트레스 영향을 과소추정한 것일 수도 있다.

es(17)값이 큰 것은 m 결정인이 5개 있기 때문이다. 음영확산 결정인이 포함된 반응은 없다. 그러므로 스트레스가 관념적 활동에 영향을 미친다고 가정하는 것이 합당하다. 이러한 상태에서 스트레스로 인해 생기는 무기력과도 관련 있는, 주변적인 혹은 잠재의식적인 사고가 의식적인 관념의 흐름을 침습하는 경향이 있다. 이러한 침습으로 주의집중에 방해받을 수 있다.

피검자의 기록에 2개의 재질 반응과 Adj es에 추가적인 조절이 필요한지 검토를 요구하는 통경반응이 포함되어 있다. 최근에 정서적인 상실은 없었으므로, 재질 자료에 기반해서 Adj es를 재조정하는 것은 적절하지 않다. 반면, 통경반응은 자신의 행동에 대한 죄책감과 후회와 관련될 수 있다. 이는 현재 스트레스 경험에 영향을 미친다. 만약에 es에서 통경반응을 빼더라도 Adj es는 12가 되고, Adj D는 1점만 높아진다.

이러한 검토를 통해 피검자의 통제능력이 대부분의 사람들과 비슷하거나 더 높을 수도 있다는 가정이 강화된다. 또한 과부하 상태를 나타내는 D점수가 의미하는 잠재적 결과를 명확히 이해하게 해 준다. 피검자는 자신이 쉽게 혹은 효율적으로 다룰 수 있는 정도보다 더 많은 내적 요구를 경험하고 있다. 12개의 혼합반응 중 3개(CF.m, m.CF과 m.FT)가 상황과 관련된다는 점은 그 복잡성에 현재의 스트레스가 상당히 영향을 미치고 있음을 보여 준다. 현재의 스트레스 영향은 가벼운 정도라기보다는 중등도 수준의 취약성을 만들어 낸다. 피검자는 익숙한 환경 안에서는 효율적으로 기능할 수 있지만 익숙하지 않거나 복잡한 상황에서는 쉽게 혼란에 빠질 가능성이 있고, 그러한 상황이 생기면 충동적인 사고나 행동이 나타날 가능성이 상당히 크다. 앞에서 자살에 대한 몰두에 대처할 수 있는 지지적인 환경을 권고했다. 이러한 결과는 그 권고를 지지하며 치료 초기에 집중해야 할 내용은 현재 스트레스 경험이라는 것을 시사한다.

자기 지각

3개의 반사반응은 세상을 지각하고 상호작용하는 방식에 강한 영향을 주는 자기가치감

사례 5. 32세 여성의 자기 지각 관련 자료

R	=26	OBS	=NO	HVI=NO	**Human Content Response, An & Xy Responses**
					II 6. WS+ Mp.FD.FC.CF′o 2 H,Bl,Cg,Id 4.5
					AB,ALOG,COP,PHR
Fr+rF	=3	3r+(2)/R	=0.62		III 7. D+ Mp.mp.FD+ 2 H,Id,A,Sx P 4.0
					COP,DV,MOR,GHR
					III 8. Do FCo An
FD	=4	SumV	=1		VI 15. Do FVu Hd,Sx PHR
					VII 19. W+ FC′.Mao 2 H,Cg 2.5 COP,PHR
An+Xy	=2	MOR	=4		VIII 22. Wo CF− Art,An 4.5
					IX 23. W+ Mp.FC.Fr.mpu (H),Fi,Na 5.5 INC,PHR
H:(H)+Hd+(Hd)=3:3					X 25. WSo CF.mp− (Hd),Art 5.5 PHR
[EB=5:9.0]					

과 자기관여도가 과장되어 있다는 것을 나타낸다. 이러한 특징은 가치감의 빈번한 재확인을 요구하기 때문에 의사결정과 행동에 영향을 준다. 그렇지 않으면 피검자는 부정적이되고 좌절감을 느끼며 자신의 온전함을 보호하기 위해 방어 전략에 의존하기 쉽다. 대개, 합리화, 외재화(externalization), 그리고 부정이 그 방어기제의 핵심을 이룬다.

높은 자아중심성 지표(0.62)는 자신에게 아주 많이 관여한다는 것을 재확인시켜 준다. 3개의 반사반응은 자아도취적인 특징이 그녀의 기본적 심리에 깊이 새겨져 있음을 보여 준다. 피검자의 기억상실에 대한 보고가 확실하다면, 이러한 자기도취적인 특징들은 기억상실을 유발하는 데 주요한 역할을 했을 것으로 보인다.

흥미롭게도, 피검자의 기록은 4개의 *FD* 반응과 1개의 V 반응을 포함하고 있다. 통경반응은 최근 행동에 대한 죄책감과 후회와 관련 있을 수 있다. 이것이 사실일 수도 아닐 수도 있지만, 4개의 *FD* 반응은 상황적 요인 때문이라고 할 수 없다. 그것은 자기 이미지에 대한 높은 관심을 나타내며 자기감시가 일어나는 반추적인 형태를 시사한다. 통경반응이 상황적으로 유발되었든 더 지속적인 특징을 나타내는 것이든, 상당한 불편감을 유발하는 자기비하적인 몰두를 의미한다. 이것은 자아도취적 사람에게는 흔치 않으며 피검자는 자신과 자기상에 심각한 갈등이 있다는 것을 나타낸다.

2개의 해부반응들은 신체에 관한 관심이 있을 가능성을 나타내지만, 이것을 지지하는 직접적인 증거는 없다. 그것은 임신에 대한 집착과 관련될 수 있지만 추측일 뿐이다. 4개의 MOR 반응은 자기상이 상당히 부정적인 속성을 포함함을 의미한다. 이러한 결과는 피검자의 사고가 자신과 세상에 대해 비관적인 시각을 포함한다는 것을 암시한다. 자기도취적 특성을 가진 사람에게는 흔치 않은 것이고, 자기상과 자기가치감 사이의 갈등에 대해 설명해 준다. 대안적 설명으로 고통과 무기력함을 과장되게 표현하려는 노력을 나타내는 것일 수도 있다.

6개의 인간내용 반응은 3개의 순수인간 반응(H)을 포함하고 있는데, 이는 자기상이 사회적 경험에서 형성되었음을 제안한다. 하지만 6개의 인간내용 반응은 대체로 부정적이다. H 반응을 포함한 3개의 반응 가운데 2개 반응은 결정적인 특수점수(ALOG, DV와 INCOM)를 가지고 있다. 네 번째는 통경 결정인이 있고, 다섯 번째는 마이너스 형태질이다. 6개 중 2개는 성에 관한 내용이 포함되어 있으며, 6개 중 3개는 최소 3개의 결정인을 가지고 있다. 이러한 구성은 피검자가 자신에 대한 개념이 복잡하고 다소 혼란스러울 수도 있다는 것을 의미한다. 피검자의 반응에서 투사된 자료에 대한 검토는 이것을 명확하게 해 줄 것이다.

피검자의 기록에는 4개의 마이너스 반응이 있다. 첫 번째(카드 IV, 반응 11)는 "IUD(피임기구) …… 써 본 적은 없지만 본 적은 있어요."로 성과 임신에 대한 몰두를 나타낸다. 두 번째(카드 VII, 반응 17)는 "무언가 부숴진…… 조각들이 없어졌어요. 무언가가 부숴졌어요……. 그냥 거기 있어요." 심각한 손상 경험을 강하게 의미하며 허무감을 암시한다. 세 번째 마이너스 반응(카드 VIII, 반응 22)은 "안에, 배속 같은, 그림…… 내장과 체액 같아요. 담즙이나 그런 것들이요." 카드 VIII에 대한 해부 반응은 독특하지 않지만, 내장, 체액, 그리고 담즙과 같은 흔치 않은 정교함 때문에 눈에 띄며, 의학 서적의 그림이라고 반응함으로써 누그러뜨리기는 했으나 뚜렷한 강렬함이 함축되어 있다. 마지막 마이너스 반응(카드 X, 반응 25)은 "마르디 그라(Mardi Gras, 브라질 축제 중 하나) 가면…… 아주 화려한 색의 가면…… 많은 화려한 것들이 매달려 있어요." 가면은 그 아래에 무엇이 있든 간에 이를 보여주지 않기 위해 겉모습을 만들어 속인다. 가정이지만, 마지막 2개의 반응은 그녀가 감정을 표현하는 방식, 즉, 강렬하지만 종종 주지화한다는 것과 관련 있는 듯 보인다.

4개의 MOR 반응은 좀 더 비슷하다. 첫 번째(카드 I, 반응 4)는 죽은 박쥐이다. 두 번째(카드 III, 반응 7)는 죽은 원숭이들이다. 세 번째(카드 VII, 반응 17)는 조각들이 없어진 부서진 무언가이고, 네 번째(카드 VII, 반응 18)는 부패된, 가운데에 아무것도 없는 게(crab)이다. 종합하자면, 심각하게 손상된 자기상의 불길한 암시를 뜻하고 뚜렷한 허무감을 시사한다. 비록 이러한 부정적 자기 지각의 선행사건은 명확하진 않지만, 강간, 낙태 경험, 그리고 실패한 듯 보이는 결혼생활로 짐작된다.

5개의 *M* 반응은 덜 유사하지만, 몇 개의 공통 요소들이 있다. 첫 번째(카드 II, 반응 5)는 "곰들이 핑거페인팅하고 있어요…… 그들이 바닥에 물감을 쏟았어요." 사고를 치는(물감을 쏟는) 인간이 아닌, 의인화된 반응이다. 두 번째(카드 II, 반응 6)는 "하얀색 제단 앞에서 2명의 사람이 피를 바치고 있는 흑마법 의식". 이것은 해로운(sinister) 행동을 반영하고, 낙태 경험과 관련이 있다고 생각된다. 세 번째(카드 III, 반응 7)는 MOR 반응 중 하나인데 "뒤쪽에 죽은 원숭이들이 거꾸로 매달려 있고, 2명의 원주민들이 북을 치고 있어요." 피검자는 그들이 알몸이었기 때문에 자연주의자들이라고 정의했다. 이것도 역시 의식적인(ritualistic) 요소를 가지고 있기 때문에 이전의 반응과 다소 비슷하다. 인간반응이 있음에도 불구하고 피검자는 그들을 원주민들이라고 말하며 거리감을 둔다. 네 번째 *M* 반응도 동일하다(카드 VII, 반응 19), "아마도 2명의 흑인 여자 원주민이 그들의 머리카락을 닿은 채 등을 맞대고 춤을 추고 있어요…… 이국적인 춤을 추고 있는 것 같아요." 피검자의 마지막 *M* (카드 IX, 반응 23)은 신화 속의 인간이다. "뚱뚱한 요정이 분홍색 바위 옆에 앉아서 물가에서 담배를 피우고 있어요." 이것은 환상반응이고 반사반응 중 하나이다.

전체적으로, 5개의 *M* 반응 중 어느 것도 긍정적인 자기 지각을 나타내고 있지 않다. 2개는 비인간, 2개는 원주민들, 그리고 다섯 번째는 악의적인 행동을 하는 사람을 포함한다. 비슷하게, 나머지 2개의 인간반응 중 어느 것도 긍정적인 특징을 나타내지 않는다. 첫 번째(카드 VI, 반응 15)는 차원반응이다 "여자 성기…… 잡아당겨진 것처럼 벌려져 있어요." 두 번째는 (카드 X, 반응 25) 이전에 논의되었던 마르디 그라(Mardi Gras) 가면이다.

26개 반응 중 11개는 *FM*이나 *m* 결정인이 포함되어 있다. 첫 번째 *FM*(카드 I, 반응 2)은 "아주 큰 딱정벌레의 양 가장자리를 잡고 있는 괴물(gargoyle creatures) 조각품 같아요."이다. 이것에 대해 명확한 단서는 없다. 하지만 괴물은 보통 못생기거나 기괴한 대상으로 여겨진다. 그 뒤로 (카드 I, 반응 3), "귀가 올라간 코끼리가 연못 가장자리에 서서 그의 반사된 모습을 들여다보고 있어요." 이것은 더 긍정적인 대답이다. 세 번째 *FM*(카드 IV, 반응 9)은 "등을 대고 누워 있는 아주 큰 개미핥기…… 얼굴이 아니고 배를 볼 수 있기 때문에, 그것은 마치 높은 곳에 서서 아래로 내려다보는 거 같아요." 이것은 취약성을 의미한다. 네 번째(카드 V, 반응 14)는 "두 마리의 동물이 서로 머리를 부딪치고 있어요."로 갈등과 공격성을 나타낸다. 다섯 번째(카드 VIII, 반응 21)는 또 다른 반사반응이다. "한 발은 바위 위에, 다른 한 발은 나무 그루터기 위에 올린 분홍색 고양이가 물속에 비친 자신의 모습을 보고 있어요." 긍정적으로 보임에도 불구하고, 명확한 의미는 없다. 마지막 *FM*(카드 X, 반응 26)은 "많은 형형색색의 바닷속 생물들이 돌아다니고 있어요." 이 또한 긍정적으로 보이지만,

역시나 명확한 의미는 없다.

　m 결정인을 포함하는 5개 응답의 내용과 장황함은 서로 이질적이다. 첫 번째(카드 III, 반응 7)는 거꾸로 매달려 있는 죽은 원숭이다. 두 번째(카드 6, 반응 16)는 벽에 걸려 있는 동물 가죽이다. 세 번째(카드 IX, 반응 23)는 요정의 담배파이프에서 나오는 연기이다. 네 번째(카드 IX, 반응 24)는 유일한 능동 *m*이다. "폭탄 폭발…… 폭발에서 오는 힘…… 버섯구름을 밀어올리고 있어요." 마지막 *m*(카드 X, 반응 25)은 마르디 그라(Mardi Gras) 가면에 "양쪽에 화려한 것들이 매달려 있는……"이다. 이 대답 중에서 유일한 공통 요소는 5개 중 4개가 수동이라는 것이다. 검토되지 않은 5개의 다른 반응들은(8, 10, 12, 13, 20)이 있다. 그것들은 폐, 나무, 짐승의 가죽, 나비, 풍뎅이로 독특한 윤색이 나타나지 않는다. 하지만 반응 10은, "나뭇잎들을 통과하여 들여다본다면 나무 같아요."로 Labott과 동료들(1992)이 설명한 해리성 반응의 한 카테고리에 대한 기준을 만족시킨다. 투사 요소를 확실하게 포함하는 구성은 부정적인 자기상을 묘사한다. 손상, 무기력감, 공허함 그리고 타인을 대할 때 군건한 자기감의 부족이 명확하게 함축되어 있다. 이것은 자신을 존중하는 사람에게는 흔치 않다. 상당한 갈등이 존재함을 시사하며 자기개념에 대한 혼란이 있을 가능성이 있다. 만약에 이것이 타당한 가정이라면, 이러한 혼란(disarray)이 해리성 반응의 전조로써 기능할 수 있다.

대인관계 지각

사례 5. 32세 여성의 대인관계 지각 자료

R = 26	CDI = 3	HVI = NO	**COP & AG Response**
a:p = 6:10	SumT = 2	Fd = 0	II 6. WS+ Mp.FD.FC'.CFo 2 H,Bl,Cg,Id 4.5 AB,ALOG,COP,PHR
	[eb = 11:6]		III 7. D+ Mp.mp.FD+ 2 H,Id,A,Sx P 4.0 COP,DV,MOR,GHR
Sum Human Contents = 6		H = 3	V 14. W+ FMao 2 A 2.5 AG,PHR
[Style = Extratensive]			VII 19. W+ FC'.Mao 2 H,Cg 2.5 COP,GHR
GHR:PHR = 2:6			
COP = 3	AG = 1	PER = 3	
Isolation Indx = 0.31			

a:p(6:10)는 피검자가 대인관계에서 수동적인 역할을 함을 강하게 시사한다. 피검자가 다른 사람에게 순종적일 것이란 뜻은 아니지만, 책임감을 회피하고 문제에 대한 새로운 해답을 찾길 피하거나 혹은 새롭거나 익숙하지 않은 행동을 하는 것을 피한다는 것을 의미한다.

2개의 재질반응은 친밀감에 대한 충족되지 못한 욕구를 의미하는데, 최근 정서적 상실의 증거는 없다. 따라서 적절히 처리되지 않은 상실이나 실망감의 누적으로 발달된 지속적인 상태라고 가정하는 것이 타당해 보인다. 이러한 상태는 이전에 언급된 자기애적 특징과 관련될 수 있다. 주변 사람들이 그녀의 가치를 재확인시켜 주지 못했다면 거절감이나 유기감을 느꼈을 수도 있다.

6개의 인간내용 반응은 피검자가 사람들에게 관심이 있다는 것을 의미하고, 6개 가운데 3개가 순수인간 반응이라는 사실은 현실적 맥락 안에서 개념화하는 경향이 있다는 것을 시사한다. 하지만 GHR:PHR(2:6)은 대인관계 행동이 상황에 적응적이지 못할 가능성을 나타내고, 사실 다른 사람들에게 좋지 않게(unfavorably) 느껴질 수도 있다는 것을 보여준다. 반면에, 1개의 *AG*와 3개의 COP 반응은 다른 사람과의 상호작용을 중요한 요소로 여기고 있음을 나타내며, 다른 사람들에게 사교적인 사람으로 여겨지고 있을 가능성도 있다. 이는 모순되는 결과이지만 이 경우에는 그렇지 않다. 3개의 COP 반응들에서 2개는 의식행동 같은 것을 하고 있고, 3개 중 2개는 사람을 원주민으로 보고 있다. 3개 중 하나만 확실히 긍정적인 것으로 여길 수 있다(2명의 흑인 원주민 여자들이 등을 맞대고 춤을 추는 것). 따라서 대인관계의 상호작용에 관심은 있지만 COP가 의미하는 바와 같이 사회적 행동은 사교적이며 긍정적이지 않을 수 있다.

3개의 PER 대답은 피검자가 대인관계 상황에서 대부분의 사람들보다 더 방어적이라는 것을 시사한다. 피검자는 대인관계 상황에서 안정감을 유지하기 위해 정보를 드러내려는 경향이 있다. 이것이 사회적 관계를 반드시 손상시킨다는 뜻은 아니지만 지나치면 다른 사람들에게 좋지 않게 여겨질 수 있다. 비슷한 맥락으로 소외 지표(0.31)는 피검자가 일상적으로 사회적 교류에 참여하는 것을 다소 꺼린다는 것을 시사한다. 이것은 COP 자료와 모순되는 또 다른 결과이다.

쌍반응을 포함하는 7개의 운동반응은 피검자의 대인관계에 관한 추가적인 정보를 제공해 주지 않는다. 첫 번째(반응 2)는 아주 큰 딱정벌레의 양쪽에 붙어 있는 2개의 괴물 조각품이다. 두 번째(반응 5)는 핑거페인팅하고 있는 두 마리 곰이다. 세 번째와 네 번째(반응 6과 7)는 의식을 치르고 있는 COP 반응들, 피를 바치는 사람들 그리고 뒤에 죽은 원숭이들이 매달려 있고 북을 치고 있는 원주민들이다. 다섯 번째(반응 14)는 두 마리 동물이 서로 머리를 부딪치고 있는 것이다. 여섯 번째(반응 19)는 2명의 흑인 여자 원주민이 등을 맞대고 춤을 추고, 마지막(반응 26)은 돌아다니고 있는 수중 생물이다. 아무것도 분명히 부정적이지는 않지만 긍정적이지도 않다.

대인관계 자료의 결과들은 피검자의 대인관계가 만족스럽지 않다는 것을 나타낸다. 피검자는 사람들에게 관심이 있고 친밀감이나 재확인에 대한 강한 욕구가 있는 것으로 보인다. 하지만 상호작용 시 수동적이고 방어적인 경향이 있으며, 다른 사람들이 피검자의 행동을 좋지 않게 여길 수 있다. 피검자의 사회적 세상은 피상적이고 보상적이지 않은 (unrewarding) 것으로 나타난다.

정보처리

사례 5. 32세 여성의 정보처리 변인

EB = 5:9.0	Zf = 22	Zd = +6.0	DQ+ = 10
L = 0.24	W:D:Dd = 23:3:0	PSV = 0	DQv/+ = 0
HVI = NO	W:M = 23:5		DQv = 2
OBS = NO			

Location & DQ Sequencing

I: Wo W+.W+.WSo	VI: Do.Wo
II: W+.WS+	VII: Wv.WSo.W+
III: D+.Do	VIII: Wo.W+.Wo
IV: Wo.Wo.Wo.Wv	IX: W+.Wo
V: Wo.W+	X: WSo.W+

정보처리 자료는 흥미로우며 다소 기대 밖이다. Zf(22)는 상당히 높은데, 이것은 새로운 정보를 체계화하기 위해 상당히 많은 노력을 한다는 것을 시사한다. 또한 $W:D:Dd$(23:3:0)에서도 나타나는데 피검자는 에너지를 절약하는 것에는 별로 신경 쓰지 않으며 새로운 자극장의 모든 부분을 이해하기 위해 고군분투한다는 것을 의미한다. 반응영역은 카드 III을 제외하고 모든 형태에 W 반응을 한다는 것을 보여 준다. $W:M$(23:5)은 피검자가 자신의 기능적인 능력에 비해 더 많이 성취하려 노력한다는 것을 암시한다. 비슷하게, Zd(+6.0)는 주사(scanning) 활동에 상당한 노력과 에너지를 쏟는 기질적인 특성이 있다는 것을 나타낸

다. 대개는, 이런 특성을 가진 사람들은 부주의한 실수를 피하는 것을 중시한다.

이러한 결과의 조합은 완벽주의나 강박이 있을 때, 또는 자신의 온전함(integrity) 보호를 위해 경계하고 이를 중시하는 사람에게 보기 힘든 것은 아니다. 이전에 검토했던 로르샤흐 혹은 과거력에서 피검자가 완벽주의적이거나 강박적이라는 것을 제안하는 증거는 없다. 그러므로 이러한 흔치 않은 정보처리 노력은 팽창된 자기가치감과 그것을 보호하려는 욕구와 연관되는 것으로 볼 수 있다.

다소 놀랄 만한 정보처리 노력에도 불구하고, 정보처리의 질은 뛰어나지 않다. $DQ+(10)$은 외향형 성인의 평균보다 아주 높지만 대학 졸업자에게서 기대되는 범위이며, $Zf(22)$에 기대되는 수준보다 낮다. 2개의 DQv 반응은 외향형에게 드문 것이 아니지만 정보처리의 질이 기대보다 성숙하지 않음을 시사한다. 이러한 결과들 가운데 완벽주의를 나타내는 증거는 없다.

또한 10개의 $DQ+$ 대답 중 5개가 처음 7개의 반응에서 나타났다는 점이 흥미롭다. 나머지 5개는 카드 V, VII, VIII, IX, X에 하나씩 흩어져 있다. 이것은 피검자가 과제에 참여함에 따라 정신적 전환(mental shifting)이 나타났다는 것을 암시한다. 인지적 중재와 관념의 자료가 이 전제에 더 많은 답을 줄 수 있을 것이다.

인지적 중재

사례 5. 32세 여성의 인지적 중재 변인

R =26	L =0.24	OBS =NO	**Minus & NoForm Features**
FQx+ =2	XA% =.85		IV 11. Wo F− Sc,Sx 2.0 PER
FQxo =15	WDA% =.85		VII 17. Wv F− Hh MOR
FQxu =5	X−% =.15		VIII 22. Wo CF− Art,An 4.5
FQx− =4	S− =1		X 16. WSo CF.mp− (Hd),Art 5.5 PHR
FQxnone =0			
(W+D =26)	P =8		
WD+ =2	X+% =.65		
WDo =15	Xu% =.19		
WDu =5			
WD− =4			
WDnone =0			

　　XA%(.85)와 WDA%(.85)는 기대되는 범위에 해당되며, 입력(input)의 변형이 상황에 적절하다는 것을 나타낸다. X-%(0.15)가 다소 높은데, 이는 26개 반응 가운데 4개의 마이너스 대답으로 인해 생긴 것이다. 마이너스 대답의 채점이나 내용(IUD, 무언가 부서진 것, 안쪽의 그림, Mardi Gras 가면)에 동질성은 없다. 이러한 결과는 인지적 중재의 역기능을 시사하지만, 왜 그런지에 대한 명확한 이유는 없다. 카드 IV의 IUD 반응을 제외하고 4개의 마이너스 반응 모두 윤곽(distal feature)의 심각한 왜곡은 없다. 즉, 대부분의 경우 적절한 현실 검증을 위한 기본 요소는 온전하다.

　　8개의 평범반응은 기대되는 수준보다 조금 많은데, 이는 사회적으로 예상되거나 용인되는 행동 단서를 파악하기 위해 노력한다는 것을 시사하며, 정보처리 자료를 고려하면 놀랍지 않다. 마찬가지로 2개의 FQ+ 반응들은 예상 가능하며, 피검자가 꼼꼼함과 정확함을 지향한다는 것을 보여 준다. 반면, X+%(0.65)와 Xu%(0.19)는 피검자가 지나치게 관습적이지는 않다는 점을 시사한다. 대부분의 사람들과 마찬가지로 현실을 다루는 방식에서 피검자의 개성은 분명하다. 전반적으로, 피검자의 중재 활동은 온전하며 효과적이다.

관념

사례 5. 32세 여성의 관념 변인

L	=0.24	OBS	=NO	HVI	=NO	Critical Special Scores			
						DV	=1	DV2	=0
EB	=5:9.0	EBPer	=1.8	a:p	=6:10	INC	=3	INC2	=0
				Ma:Mp	=3:2	DR	=0	DR2	=0
eb	=11:6	[FM=6	m=5]			FAB	=1	FAB2	=0
				M-	=0	ALOG	=1	CON	=0
Intell Indx	=7	MOR	=4	Mnone	=0	Sum6	=6	WSum6	=16
						(R=26)			

M Response Features

　　II　5. W+ Ma.CFo 2 A,Art P 4.5 FAB,PHR

　　II　6. WS+ Mp.FD.FC′.CFo 2 H,Bl,Cg,Id 4.5 AB,ALOG,COP,PHR

　　III　7. D+ Mp.mp.FD+ 2 H,Id,A,Sx P 4.0 COP,DV,MOR,GHR

　　VII 19. W+ FC′.Mao 2 H,Cg 2.5 COP,PHR

　　IX 23. W+ Mp.FC.Fr.mpu (H),Fi,Na INC,PHR

정동을 검토했을 때 언급했던 것과 같이, *EB*(5:9.0)는 문제해결이나 의사결정 시 감정과 사고를 융합하는 경향이 있다는 것을 보여 준다. 피검자는 개념을 형성하거나 판단을 내릴 때 감정에 상당히 의존하며, 자신의 결정에 대한 평가나 재확인을 위해 종종 외부의 피드백을 사용한다. 피검자는 융통성 없이 직관적인 사람은 아니다. *EBPer*(1.8)는 피검자가 결정을 내리거나 행동을 하기 전에 대안들에 대한 체계적인 숙고를 수반하는 관념적인 접근에 감정의 영향을 받는 경우들도 있음을 시사한다. 비슷한 맥락에서, *a:p*(6:10)는 피검자의 관념과 가치가 고정되지 않고 융통적임을 알려 준다.

4개의 MOR 대답은 중요하다. 왜냐하면 매우 비관적인 관념의 틀이 개념적인 사고의 상당 부분을 특징짓는다는 것을 의미하기 때문이다. 이는 의심과 좌절을 촉진시켜서 세상에 대한 관점에 영향을 준다. 피검자는 노력의 질과는 무관하게 원치 않는 결과를 자주 예상하고, 판단에 많은 영향을 받는다.

상당히 높은 *eb*의 좌항(11)은 6개의 *FM* 반응과 5개의 *m* 반응으로 이루어져 있다. 이는 잠재적인 침습적 관념을 시사하며, 내적 요구와 상황적 스트레스로 인해 생긴 무력감과 관련된 것으로 보인다. 이러한 정신적 활동 방식은 피검자의 의식적인 지향적 사고(directed thinking)를 자주 침해하며 이로 인해 야기된 산만함은 주의집중에 부정적인 영향을 미친다. 피검자의 사고를 이해하는 데 중요한 주지화 지표(7)는 스트레스를 느끼거나 감정적으로 힘든 상황에서 주요 전략으로 주지화를 사용함을 의미한다. 이는 감정을 부정하고, 왜곡하고, 혹은 중화시키고 직접적으로 대처하지 않는 방식으로, 잘못된 판단을 하게 만드는, 거짓되고 판단을 그르치게 하는(misleading) 개념을 촉진시키는 경향이 있다.

반응 가운데 6개는 *WSum6*을 16으로 만든 특수점수가 포함되어 있다. 이것이 심각한 사고장애를 나타낼 수도 있지만, 개념화를 할 때 인과 관계적 부주의를 반영하는 듯하다. *FABCOM*은 곰들이 핑거페인팅을 하는 것에서 채점되었다. *DV*(반응 7)는 나체주의자(naturists)라는 단어 대신 자연주의자(naturalist)라는 단어를 잘못 사용한 것 때문에 부여되었다. INCOM(반응 9) 중 하나는 개미핥기에 팔이 있다고 언급했기 때문에 채점되었고, 나머지 2개의 INCOM은 분홍색 고양이(반응 21)와 분홍색 바위(반응 23)라고 반응했기 때문에 채점되었다. 이러한 것들 중 심각한 인지적 저하를 의미하는 것은 없지만, 모두 미숙한 판단이다. 6개의 중요한 특수점수 중 가장 심각한 것은 ALOG(반응 6)이다. 왜냐하면 피검자는 사람들이 틀림없이 흑마법 의식을 하고 있을 거라고 주장했기 때문이다. 이것은 지적인 성인에게 기대되지 않는 구체적인 판단이며 피검자의 사고를 특징짓는 가성-주지화(pseudo-intellectual) 방어를 분명히 보여 준다.

피검자의 *M* 반응의 형태질은 적절하다. 1개는 *FQ+*, 3개는 *FQo*, 그리고 다른 1개는 *FQu*이다. 피검자의 *M* 반응들은 곰들이 핑거페인트를 하고 있다는 대답(반응 5)만 빼면, 세련된 질을 드러낸다. *M* 반응들은 흑마법 의식을 하는 사람들(반응 6), 뒤쪽에 죽은 원숭이들이 있고 원주민들이 북을 치며(반응 7), 흑인 원주민 여자가 등을 맞대고 춤을 추며(반응 19), 뚱뚱한 요정이 분홍색 바위 옆에 앉아 물가에서 담배를 피우는(반응 23) 반응들을 포함한다.

전반적으로, 피검자는 많은 부분을 감정에 의존하지만 과하지는 않으며, 의사결정이나 판단 시 다소 직관적이다. 피검자는 종종 미숙하고 구체적이지만 사고는 꽤 명확한데, 이것은 주로 부정적인 감정을 주지화하고 판단을 왜곡하는 경향이 있기 때문이다. 현재 피검자는 충족되지 못한 욕구와 스트레스가 많고, 이로 인해 촉진된 상당히 많은 주변적 관념들로 인해 쉽게 산만해질 수 있겠다. 더욱 중요한 것은, 피검자의 사고가 의사결정과 판단에 쉽게 영향을 미치는 비관적인 관념의 틀에 의해 영향 받고 있다는 점이다.

요약

피검자는 확연히 모순적인 특징을 나타내며, 전반적으로 상당히 역기능적인 느낌을 준다. 피검자는 사고과정에서 과도하게 감정에 의존하지만, 감정에 대해 불편함을 느끼며 그것을 중화시키거나 피하려는 시도를 하는 것처럼 보인다. 동시에, 감정의 표출이 강렬하며 항상 잘 조절되지는 않는다. 피검자가 스스로 인정하는 수준 이상의 감정적 붕괴를 경험하고 있는 것으로 보인다.

피검자는 매우 자기중심적이고 자기애적인 사람이나, 전반적인 자기상은 부정적인 것으로 보인다. 피검자는 손상되었다고 느끼고 자신에 대해 허무감(futility)과 무기력감을 느끼며 자신에 대해 상당히 많은 반추를 하고 있는데, 이로 인해 죄책감을 느끼거나 후회하는 것으로 보인다.

피검자는 사람들에게 관심이 있으며 피상적으로는 사교적인 사람으로 보인다. 하지만 대인관계에서 수동적인 경향이 두드러지는 외로운 사람으로 사회적 상호작용에 관여하는 것을 다소 꺼려 하는 듯 보인다. 다른 사람들은 피검자의 사회적 행동 중 일부를 매력적이지 않고 바람직하지 않다고 느꼈을 것이다. 왜냐하면 피검자가 수동적이고 방어적이며, 상당히 주지화하는 경향이 있고, 비관적인 관점을 가졌기 때문이다. 원인과 무관하게 피검자의 사회적 세상은 피상적이고 보상적이지 않으며, 이는 그녀가 가지는 소외감과 분노에 기여하는 것으로 생각된다.

또 다른 수수께끼는 피검자가 새로운 정보에 직면했을 때 보이는 놀랄 만한 정보처리 노력이다. 피검자는 입력을 조직화하려 노력하지만 전반적인 노력의 질은 뛰어나지 않으며, 가끔은 기대할 수 있는 것보다 미성숙한 특징이 있다. 사회적으로 예상되거나 용인되는 행동에 대한 단서들을 확인하려 노력하지만, 새로운 정보를 중재하는 과정은 명확한 이유 없이 불안정해진다. 마찬가지로, 사고는 일반적으로 명확하고 종종 상당히 세련되지만 가끔은 예상 밖으로 미숙하고 구체적이다.

피검자는 현재 겪고 있는 스트레스와 충족되지 못한 욕구로 인해 생긴 잠재의식의 침습적 사고로 쉽게 산만해질 것이다. 사실 상당한 자극 과부하를 일으킬 정도로 스트레스가 쌓여왔기 때문에, 피검자의 통제능력은 적절하지만 상황적 스트레스로 통제능력은 제한적이 되며 사고나 행동이 충동적이 될 가능성이 있다.

현재 피검자의 통제능력이 제한적이라는 점이 중요하다. 왜냐하면 피검자는 자살충동을 느끼는 사람에게 흔한 특징들을 많이 가지고 있기 때문이다. 자살에 대해 몰두한다는 증거는 없지만, 이에 주목해야 하며 치료계획을 결정할 때 중요하게 다루어야 한다.

제언

의뢰 당시 해리성 둔주 반응 혹은 해리성 정체성 장애가 적절한 진단인지 궁금해했다. 이전에 보고한 바와 같이, 해리에 관한 로르샤흐 연구는 이 같은 문제의 과거력을 가진 사람들에게 자주 나타나는 변인들을 발견했다. 이것들이 최종 진단을 내리기 위한 근거로써 사용되어서는 안 되지만, 진단과 관련된 질의에 대한 유용한 지표가 된다.

피검자의 기록은 많은 수의 운동 결정인(16), 낮은 람다값(.24), 그리고 많은 혼합반응(26개 중 12개)에 의해 표현된 복잡성을 포함한다. 이러한 결과들은 Wagner와 동료들(1983)과 Scroppo와 동료들(1998)이 언급한 해리성 환자들의 결과와 일치한다. 또한 피검자의 기록에는 4개의 MOR 반응과 *FD*나 통경으로 채점된 5개의 대답이 있는데, 이것들 역시 Scroppo와 동료들(1998)이 보고한 것과 일치한다. 아울러 2개의 *An* 반응과 1개의 *Bl* 반응이 있고(Scroppo et al., 1998; Wagner et al., 1983), 긍정적인 색채반응과 부정적인 색채반응이 있으며(Wagner et al., 1983), 해리적 내용반응이라는 규준을 충족시킬 수 있는 하나의 대답이 있다(Labott et al., 1992; Leavitt & Labott, 1997). 또한 성적 학대 과거력은 해리성 장애 연구가들이 자주 보고하는 것이다. 이같이 경험적으로 관련 있는 지표들은 피검자가 해리성 장애를 가진 사람들이 흔히 보이는 여러 특징들을 가지고 있음을 확인시켜준다.

부가적으로, 피검자의 기록은 자기상, 대인관계, 인지적 기능과 연관되는 모순된 결과를 뚜렷이 보여 주며 이는 해리적 성향의 핵심 요소로 개념화될 수 있다. 하지만 의뢰자는 꾀병 가능성을 질의했고 모순적인 결과들은 심각한 문제인 척 가장하려는 노력의 결과로써 인식될 수 있다.

심각한 정서 문제를 꾸며내려는 노력은 로르샤흐 자료 하나로 감지하기 힘들다. 자세한 개인력과 다른 검사 결과들, 특히 MMPI-2가 로르샤흐 검사와 합쳐질 때 다루어질 수 있는 문제이다. 이러한 정보들의 수집은 심각한 정서 문제를 가장하거나 거부할 때 신뢰도를 높여 준다.

로르샤흐 결과가 피검자의 심리에 대해 타당한 그림을 제시한다고 가정했을 때, 가장 중요한 점은 자기파괴적인 몰두이다. 이는 피검자가 외래환자이므로 더욱 문제가 되며 즉각적 개입의 중심이 되어야 한다. 지지적인 치료는 현재 경험하고 있는 스트레스의 영향을 감소시키고 개입과정에 대한 확신을 주어야 한다는 2가지 주요 목적으로 필수적이다. 다른 치료적 목적은 다양하고 복잡하다. 피검자의 정서적 혼란(disarray), 혼란스러운 자기상, 피상적이고 효율적이지 않는 대인관계를 다루어야 한다. 이는 다른 사람들과의 관계에서 수동적인 경향성과 불안정한 결혼생활을 특정적으로 설명해 준다.

피검자는 치료를 조기 중단하는 환자들이 흔히 보이는 특징들을 가지고 있는데, 이 중 가장 눈에 띄는 것은 자기중심성과 자기상에 대한 혼란이다. 따라서 초기 개입 전략은 피검자의 개인적 온전함(integrity)을 위협하지 않는 것이 중요하다. 피검자의 불행, 대인관계에 관한 광범위한 이슈 그리고 결혼생활 문제가 치료과정의 초기에 다루기 가장 적합한 주제이다. 이는 피검자의 개인적 온전함을 위협하지 않을 만한 주제이고 파괴적인(disruptive) 감정들을 표출할 수 있는 유용한 방안이 될 것이며, 개입 지지(intervention support)를 강화할 수 있게 해 줄 것이다. 피검자의 결혼관계의 강점 혹은 결핍은 치료 과정에 있어 그녀의 잠재성과 많이 관련이 있을 것으로 보인다. 그 관계는 개입 과정의 초기에 철저하게 실용적으로 평가되어야 한다.

강간, 유산 그리고 낙태와 관련된 외상 관련 주제들은 피검자가 먼저 말할 때까지 기다려야 한다. 마찬가지로, 방어, 혼란스러운 자기상, 자존감과 관련된 문제와 같은 장기적 치료목표는 피검자가 치료과정(intervention routine)에서 편안함을 느끼고 협력한다는 증거가 확실할 때까지 피해야 한다. 이는 많은 시간이 소요될 수도 있다.

에필로그

피검자는 주치의와 함께 평가 결과를 검토했다. 피검자는 우울증의 잦은 에피소드를 보고하며 보통은 쇼핑이나 집안 청소를 하면서 우울증에 대처하며, 대개 2~3일 지속된다고 보고하였다. 심각한 자살 사고는 부인했지만 "상황이 특별히 나쁜 경우 자살 생각이 몇 번 떠올랐어요."라고 언급했다. 또한 피검자는 결혼생활에 대한 불만족감을 장황하게 보고하였다. 피검자는 남편을 지배적이고 무심하다고 표현했고, 몇 차례 그와 헤어질 생각을 했다는 것을 인정했다.

피검자는 외래치료에 대해 동의했고 정신과 의사는 여성 치료사와 주 1회 만나게 했다. 치료 6개월 후, 치료사는 피검자가 수동적이며 치료 회기의 핵심에 관한 방향을 자주 물어보는 것 때문에 처음 10주 동안은 과정이 매우 느렸다고 말한다. 이 기간에는 결혼생활 문제, 직업과 교육에 대한 피검자의 흥미에 초점이 맞추어졌다.

치료가 시작된 지 3개월 후반쯤, 피검자는 현저하게 우울해졌고 불면증과 한밤중에 깨는 것을 보고하였다. 항우울제가 고려되었으나 기억상실 에피소드 동안 일어난 사건들이 떠오르기 시작하면서 처방 결정은 미루어졌다. 그다음 4주 동안, 피검자는 이전에 기억하지 못했던 많은 사건들에 대해 보고하였다. 기억해 냈던 사건들은 피검자가 극심하게 우울한 후에 벌어진 일들이었다. 이러한 에피소드 동안 피검자는 술집(bars)이나 레스토랑에서 타인에게 먼저 접근했고 적어도 세 번은 만났던 남자들과 성 관계를 갖기도 했다. 이런 기억들이 펼쳐지면서, 피검자의 우울증은 극심해졌고 떠오르기 시작하는 죄책감을 다루기 위해 치료사를 더 자주 만나기로 했다.

이러한 위기는 거의 한 달 동안 지속되었으며, 입원도 고려되었다. 피검자는 기억상실 에피소드에 관한 많은 기억을 보고하고 회복한 후, 치료 회기의 핵심(substance)을 확장하기 시작했다. 피검자는 강간과 낙태 경험에 대해 자세히 나눌 수 있었고, 자신의 미래에 대해 낙천적으로 이야기하기 시작했다. 이 시기에 피검자는 남편과 별거를 결정했고 치료사는 그들이 이혼할 것이라고 예상했다. 현재, 치료 회기에서는 취업과 자립에 관련된 구체적인 문제들에 중점을 두고 있다.

참고문헌

American Psychiatric Association. (2000). *Diagnostic and statistical manual of mental disorders* (4th ed., text rev.). Washington, DC: Author.

Armstrong, J. G. (1991). The psychological organization of multiple personality disordered patients as revealed in psychological testing. *Psychiatric Clinics of North America, 14*(3), 533–546.

Armstrong, J. G., & Loewenstein, R. J. (1990). Characteristics of patients with multiple personality and dissociative disorders on psychological testing. *Journal of Nervous and Mental Diseases, 178*(7), 448–454.

Barach, P. (1986). *Rorschach signs of MPD in multiple personality disorder and nonmultiple personality disorder in victims of sexual abuse.* Paper presented at the Third International Conference on Multiple Personality/Dissociative States, Chicago.

Bernstein, E. M., & Putnam, F. W. (1986). Development, reliability, and validity of a dissociation scale. *Journal of Nervous and Mental Diseases, 174*(7), 727–735.

Carlson, E. B., Putnam, F. W., Ross, C. A., Torem, M., Coons, P., Dill, P., et al. (1993). Validity of the Dissociative Experiences Scale in screening for multiple personality disorder: A multicenter study. *American Journal of Psychiatry, 150,* 1030–1036.

Labott, S. M., Leavitt, F., Braun, B. G., & Sachs, R. G. (1992). Rorschach indicators of multiple personality disorder. *Perceptual and Motor Skills, 75*(1), 147–158.

Labott, S. M., & Wallach, H. R. (2002). Malingering dissociative identity disorder: Objective and projective assessment. *Psychological Reports, 90*(2), 525–538.

Leavitt, F., & Labott, S. M. (1997). Criterion-related validity of Rorschach analogues of dissociation. *Psychological Assessment, 9*(3), 244–249.

Leavitt, F., & Labott, S. M. (1998). Rorschach indicators of dissociative identity disorders: Clinical utility and theoretical implications. *Journal of Clinical Psychology, 54*(6), 803–810.

Sandberg, D. A., & Lynn, S. J. (1992). Dissociative experiences, psychopathology and adjustment, and child and adolescent maltreatment in female college students. *Journal of Abnormal Psychology, 101*(4), 717–723.

Scroppo, J. C., Drob, S. L., Weinberger, J. L., & Eagle, P. (1998). Identifying dissociative identity disorder: A self-report and projective study. *Journal of Abnormal Psychology, 107*(2), 272–284.

Wagner, E. E. (1978). A theoretical explanation of the dissociative reaction and a confirmatory case presentation. *Journal of Personality Assessment, 42*(3), 312–316.

Wagner, E. E., Allison, R. B., & Wagner, C. F. (1983). Diagnosing multiple personalities with the Rorschach: A confirmation. *Journal of Personality Assessment, 47*(2), 143–149.

Wagner, E. E., & Heise, M. R. (1974). A comparison of Rorschach records of three multiple personalities. *Journal of Personality Assessment, 38*(4), 308–331.

Wagner, E. E., Wagner, C. F., & Torem, M. (1986). *Contraindications of MPD based on psychological test data and behavioral inconsistencies.* Paper presented at the Third International Conference on Multiple Personality/Dissociative States, Chicago.

제8장

불안과 수면 문제

30세 남성인 피검자는 직장 상사의 권유로 만나게 된 치료사에 의해 평가가 의뢰되었다. 그는 6년 동안 대형 증권 회사에서 투자 분석가로 근무했다. 그는 명문대학에서 MBA를 마친 후 취직했고 빠른 승진을 기대했다. 피검자는 입사 1년 후 상당한 임금 인상이 있었고 지난 18개월 동안 승진을 예상했지만, 진급하지 못했다.

상사와 승진 실패에 대해 상의했을 때, 피검자는 자신이 회의석상에서 발표 정리가 잘 안 되고 추천하는 투자에 대한 근거를 잘 전개하지 못했다는 것을 알게 되었다. 게다가 상사는 동료들이 피검자를 융통성이 없고 시장 동향 인식이 느리다고 생각한다고 말했다. 그는 상사의 피드백에 놀랐다.

피검자는 자신이 함께 일하는 대부분의 사람들과 잘 어울린다고 생각하고 수행에 대한 평가 때문에 혼란스럽고 불안하다고 한다. 그는 자신이 보고서 작성이나 발표를 위해 필요한 모든 정보를 정리한 것을 확실히 하기 위해 '장시간' 일하고 투자를 추천하기 전 모든 사항을 매우 신중하게 고려한다고 여긴다. 그는 "저는 제 보고서가 단연 최고라고 생각하고, 몇몇 사람들이 제가 잘 정리하지 못했다고 생각하는 게 문제라고 봐요. 사람들이 내가 추천한 것에 동의하지 않을 수 있다는 것은 알아요. 하지만 그것은 그들의 문제예요. 제가 일을 잘하지 못했기 때문이 아니라요."라고 말했다.

피검자는 현재 수면 문제가 있고 직장에서 전보다 더 많이 불안하다고 한다. 또한 4년간의 결혼 생활에 문제가 있다고 한다. 아내는 28세로, 법률 회사 비서이다. 그는 승진 누락에 대해 아내의 지지가 기대했던 것에 미치지 못했으며, 지난 4~6개월간 재정 문제로 자주 싸웠다고 한다. 피검자는 투자를 주장하는 반면, 아내는 돈을 더 쓰기를 원한다고 한다. 또한 최근 직장에서의 그의 문제로 다퉜고, 아내는 그가 다른 분야의 직장을 생각해 보는 것이 더 좋을 것 같다고 했다.

피검자는 매력적이고 단정하지만, 스스로 어려움을 호소하듯 긴장되어 보인다. 자신의 업무 관련 일정은 꼼꼼하게 확인하지만, 삶의 다른 면에 대한 관심은 적다. 그는 유럽 시장의 추이를 체크하기 위해서 새벽 5시에 일어나고, 이 때문에 밤 10시 전에 잔다. 아내는 텔레비전을 보거나 책을 읽으려고 늦게 자는 편인데, 그녀는 남편의 이 특이한 스케줄에 대한 불만을 토로했다. 피검자는 자신이 유럽 시장에 대한 지식이 풍부하다면 일이 더 쉬울 것이라고 말하며 이러한 일상을 정당화한다.

피검자는 전문직에 종사하는 부모 슬하의 외동아들이다. 아버지는 59세로, 기업법(corporate law)을 전공한 변호사이다. 어머니는 57세로, 산부인과 의사이다. 그는 발달력이 정상이었으며 부모와 항상 친밀했다고 한다. 그는 18세에 평균 상 수준의 성적으로 고등학교를 졸업한 이후에 인문대학에 입학했고, 경제학을 전공하여 우수한 성적으로 졸업했다. 그는 2년 동안 대학원에서 열심히 공부했고 MBA를 받은 후에 구직 시 지도교수에게 훌륭한 추천장을 받았다.

피검자는 16세경 '가벼운 데이트'를 시작했지만 대학교 2학년 때 아내와 데이트를 시작하기 전까지 지속적인 관계에 대한 흥미가 전혀 없었다. 그녀는 법률 회사에 비서로 취직하여 대학교 2학년을 마치고 자퇴했다. 그들은 서로 아는 친구를 통해서 만났고 이후 3년간 사귀었다. 그가 MBA를 마친 후, 그들은 약혼했고 결혼 1년 전부터 함께 살았다. 그는 작년까지는 항상 잘 지냈다고 한다. 그녀는 그가 일에 너무 몰두하는 것에 대해서 잔소리를 했다. 그는 그가 맞지 않는 일을 하고 있을 수 있다는 아내의 말이 전적으로 '완전히 틀렸다'고 강하게 주장하지만, '처음부터 의사결정에 더 많은 권한을 가질 수 있는' 중소기업에 취직했다면 더 빨리 진급했을 수 있다고 인정했다.

그는 고질적인 문제가 없는 것이 확실하다고 강하게 말하지만, 직장에서 긴장과 불안을 통제하는 데 어려움이 있다고 인정하고 정말로 자신이 믿는 것보다 더 정리를 하지 못하는지 알고 싶다고 한다. 그는 '이 긴장 문제를 통제하고 직장에서 일을 더 잘할 수 있다면', 그의 현재 부부 문제는 '별일 아닌' 것이어서 빠르게 해결될 거라고 믿는다.

치료사는 (1) 심각한 정신장애에 대한 증거가 있는가? (2) 현재 불안이 얼마나 심하고 피검자의 기능에 손상을 주는가? (3) 단기치료와 장기치료 중 무엇이 더 효과적인가? (4) 변화에 대한 동기가 얼마나 있는가?에 대해 자문을 구한다.

사례 개념화 및 관련 문헌

피검자는 수면장애와 부부 문제를 비롯한 대부분의 문제가 직장에서 경험하는 긴장과 불안에서 온다고 생각한다. 그의 치료사는 불안의 현재 수준이 점점 더 고착화되고 장기적인 문제를 나타낼지 알고 싶어 한다. 피검자의 동료들은 그가 조직화가 안 되고 융통성이 없다고 보고했으나, 피검자는 이러한 평가에 대해 방어적이었다. 비록 그가 대학에서 우수했고 경제학과 경영학을 전공했지만, 그의 아내는 다른 전문 분야가 그에게 더 적절하지 않은지 의문을 가지고 있다.

　불안, 스트레스와 대인관계 유능감 평가와 관련된 로르샤흐 문헌은 사례 1(제3장)에서 살펴보았다. 수면장애 평가와 관련된 연구가 일부 있으며, 로르샤흐는 직업 적응 관련 연구에도 사용되어 왔다. 이러한 연구들을 검토하는 것은 자문할 때 유용할 것이다.

수면장애 평가

　Mattlar 등(1991)은 핀란드 성인 비환자군을 대상으로 수면장애가 있다고 보고한 18명과 수면 문제가 없다고 보고한 20명을 비교하였다. 두 집단 간의 기본적인 종합체계 변인들에서 통계적으로 유의한 차이는 없었으나, 비수면장애 집단에 비해 수면장애 집단의 17%가 자살 지표(suicide constellation)에서 유의한 것으로 나타났다.

　de Carvalho 등(2003)이 브라질의 불면증 환자 32명에게 로르샤흐를 실시한 결과, 그들은 문제해결 선택의 범위가 비환자군보다 협소한 것으로 나타났다. Vincent와 Walker(2000)는 성인 불면증 환자 32명과 건강한 통제 집단 26명에게 자기보고식 검사를 실시하여 만성 불면증과 완벽주의 간의 관계를 연구했다(Frost, Marten, Lahart, & Rosenblate, 1990; Hewitt & Flett, 1989). 불면증 집단에서 '부적응적' 완벽주의의 지표가 높았고, 이에 대해 연구자들은 "…… 자신의 행동을 의심하는 사람들, 중요한 타인에게 자주 비판받는다고 느끼는 사람들, 실수하는 것에 대해 자주 걱정하는 사람들이 저녁에 각성 상태가 높고, 이것이 밤에 잠자기 어렵게 했을 것이다(p. 252)"라고 보았다. 또한 연구자들은 이러한 환자들에게 "…… 불면증에 대한 심리치료나 약물치료 시 추가적인 교육, 재안심과 지지가 필요하다(p. 353)"고 제안했다.

　강박성향 지표(Obsessive Style Index)와 같은 완벽주의와 관련된 로르샤흐 변인과 불면증에 대한 연구는 아직 없지만, Vincent와 Walker(2000)의 연구 결과는 이와 관련된 연구의 잠재적 유용성을 시사한다.

직업 적응 평가

　초기에는 직업 장면에서 로르샤흐 활용에 관심이 있었지만(Piotrowski & Rock, 1963;

Steiner, 1953), 심리적 변인과 직업 기능 간의 관계에 대한 최근 문헌은 거의 없다. Heath (1976, 1977)의 종단연구만이 있는데, 그는 80명의 남자 대학생에게 로르샤흐를 포함한 종합심리검사를 했다. 추후 그들이 30대 초반이 되었을 때, 직업 만족도를 알아보기 위해 이 중 68명을 재평가하였다. Heath는 Holt(Holt & Havel, 1960)의 방식으로 로르샤흐 측정치를 사용했고 일차 사고과정(primary process)이 사고에 침습하는 정도를 측정했다. Heath는 적절한 직업 적응은 Holt의 일차 사고과정 침습을 통제하는 능력과 건강한 자기조직화에 관한 로르샤흐 평정과 정적 상관이 있다고 보고했다. 그는 직업 적응의 아주 중요한 구성 요인 예측치를 심리적 성숙이라고 제안했는데, 이것을 개인적 경험을 상징화하고, 자신과 타인에 대한 관점과 시각을 견고하고 자동적인 문제해결 유형으로 통합하는 능력이라고 개념화했다. Heath 연구를 확장하여, 직업 적응 및 성숙과 관련된 로르샤흐 변인들의 관계에 대한 연구를 살펴볼 것이다.

사례 6. 30세 남성

카드	반응	질문
I	1. 음, 고양이 같은 동물의 가면처럼 보여요.	평가자: (반응 반복) 피검자: 여기가 귀이고(Dd34), 흰 부분이 눈과 입으로 보이지만 현실적이지 않아요. 그보다 핼러윈 마스크 같아요. 피검자: 얼마나 많이 해야 해요? 평가자: 편한 대로 하세요. 제 생각에는 다른 사람들은 더 많이 볼 것 같네요.
	2. 박쥐같아요.	평가자: (반응 반복) 피검자: 가면의 귀가 날개 같고 가운데는 박쥐 몸 같아요. 피검자: 돌려 볼 수 있나요? 평가자: 원한다면 그렇게 하세요.
	< 3. 개가 달리고 있고, 귀가 위로 뒤집혀 있어요.	평가자: (반응 반복) 피검자: 몸과 다리가 있고, 귀는 위를 향해 있는데, 그게 제가 개가 뛰고 있다고 생각하는 이유예요. 제 개는 귀가 큰데 뛸 때 항상 이렇게 귀가 펄럭여요.

II	4. 코를 맞대고, 서로 냄새를 맡고 있는 개 두 마리예요.	평가자: (반응 반복) 피검자: **빨간색을 뺀** 검은색 부분이 서로 코를 맞대고 냄새를 맡고 있는 두 마리의 개예요. 머리와 상체만 있어요. 선생님은 몸은 볼 수 없어요. 목 윗부분만 있어요.
	5. 아래 빨간 부분은 나비 같아요.	평가자: (반응 반복) 피검자: 음, 날개라고 말할 수 있는 부분을 제외하고는 정말로 그렇게 보이지는 않아요. 빨간 부분에서 가운데 더 밝은 부분이 몸 같고, 음영이 달라요. 음, 나는 이것을 내셔널 지오그래픽에서 봤어요.
	6. 작은 부분은 발사대에 있는 로켓 같아요.	평가자: (반응 반복) 피검자: 음, 이 부분은 로켓 같고(D4+S), 흰 부분은 발사대 같아요. 작은 선(DS5의 맨 윗부분)이 땅에 닿아 있고 이 앞까지 뻗어 있어요. 로켓은 발사될 준비가 된 것처럼 위를 향하고 있어요.
III	7. 기계를 사용하여 일하고 있는 두 사람이에요.	평가자: (반응 반복) 피검자: 여기와 여기는 다리, 여기는 팔, 여기를 사람들이 일하고 있는 기계로 봤어요. 어떤 기계인지 모르겠어요. 가장자리에 타이어를 두르는 것 같아요. 그러니까, 사람들이 타이어를 벗기거나 다시 끼는 것 같아요. 선생님은 제가 무슨 말 하는지 아시죠? 평가자: 그래요.
	8. 위에 빨간 부분은 체조 같은 것을 하고 있는 두 남자예요.	평가자: (반응 반복) 피검자: 매트에서 애크러배틱 같은 것을 해요. 그들은 한 팀으로 애크러배틱을 하고 있어요. 다리를 위로 쭉 뻗은 채 서로를 향해 공중제비를 돌고 있고, 여기가 팔, 머리가 있어요. 여기 다른 부분은 잊어버리고 이 사람들만 놓고 생각해 봐요.

Ⅳ	9. 나무 그루터기 같은 곳에 앉아 있는 큰 거인처럼 보여요.	평가자: (반응 반복) 피검자: 앞에 큰 발을 앞으로 뻗고 있어요. 여기가 그가 앉아서 기대고 있는 그루터기예요. 팔은 아래로 늘어져 있어요.
	< 10. 거위나 뱀의 머리 부분 같아요. 제 생각에는 거위예요.	평가자: (반응 반복) 피검자: 목이 길고 튀어나온 부분이 거위의 머리와 목 같아요.
Ⅴ	11. 영역 다툼을 할 때처럼 산에서 머리를 서로 부딪치고 있는 두 마리 야생 숫양이에요.	평가자: (반응 반복) 피검자: 가운데가 뿔을 부딪치고 있는 데요. 서로 부딪치려고 안간힘을 쓰고 있는 것처럼 다리가 뻗어 있어요. TV의 자연 프로그램에서 이들을 볼 수 있어요. 그들은 정말로 서로 부딪쳐요.
	12. 맨 윗부분이 승리 표시를 하는 손 같아요.	평가자: (반응 반복) 피검자: 음, 이것처럼(실제로 보여 주면서) 선생님도 V와 같이 승리를 나타내는 두 손가락을 제외한 나머지 손가락들을 접어 보세요. 여기가 손이고 여기가 손가락이에요. 닉슨이 양손을 이렇게 들곤 했는데 사람들이 그가 한 것을 따라 한 것이 기억나요.
Ⅵ	13. 동물의 피부나 가죽 같은 사체이고, 차에 치인 것 같아요.	평가자: (반응 반복) 피검자: 차에 치여 납작해진 불쌍한 동물이에요. 머리와 다리를 봐요. 고양이 가죽처럼 보여요. 평가자: 고양이 가죽이라고요? 피검자: 네, 그러니까 고양이털이 얼룩무늬가 있는 고양이털처럼 색깔이 달라요.
	< 14. 바다표범이나 바다코끼리 같아요.	평가자: (반응 반복) 피검자: 그냥 모양 때문에 그렇게 생긴 것이 떠올라요.
	∨ 15. 새 한 쌍의 머리 같아요.	평가자: (반응 반복) 피검자: 여기 이 작은 부분이 새의 부리 모양 같아요. 새의 머리가 보이나요? 평가자: 그래요.

	∨16. 검은 부분이 초 같아요.	평가자: (반응 반복) 피검자: 음, 정말로 초와 촛대 같아요. 선생님은 이것을 초처럼 생기지 않았다고 생각하겠지만, 정말 촛대 같아요. 여기 맨 위쪽에 있는 불꽃은 촛대 더 아래에 있는 촛불 부분에서 나오는 것처럼 볼 수 있어요.
VII	17. 바위에 쪼그려 앉아서 게임을 하고 있는 두 소녀예요.	평가자: (반응 반복) 피검자: 얼굴, 머리, 코, 턱과 몸이요. 게임을 하고 있는 것처럼 보여요. 어떤 게임을 하는 것처럼 서로 그들 뒤를 가리켜요. 보세요, 여기가 팔이고 여기가 바위예요.
	18. 항구가 있는 섬 같아요.	평가자: (반응 반복) 피검자: 이 세상을 아래로 내려다본 것처럼 보여요. 섬이고 흰 부분이 항구예요. 카리브해로 휴가 갈 때 비행기에서 봤던 항구의 조감도 같아요.
	19. 위로 올라가고 있는 두 마리 동물이에요.	평가자: (반응 반복) 피검자: 옆에 있는 동물의 다리와 머리가 보여요. 가운데요. 나무 같은데 이상해 보여요(잠시 멈춤). 저는 색깔이 다채로워서 열대 나무라고 생각해요.
VIII	20. 가운데가 흉곽 같아요.	평가자: (반응 반복) 피검자: 음, 갈비뼈 사이에 이런 공간이 있어요.
	21. 그러니까 흰 부분은 작년에 제가 잃어버린 치아 같아요.	평가자: (반응 반복) 피검자: 예, 저는 치아가 썩어서 뽑아야만 했어요. 뿌리를 제거하려 했지만 깨져버려서 뽑았어요. 이것은 제가 잃었던 많은 것 중에 처음으로 잃어버린 거예요.
IX	22. 중국 가면처럼 매우 화려한 가면이에요. 마치 용 가면 같아요.	평가자: (반응 반복) 피검자: 음, 선생님이 중국의 새해 행사를 본 적이 있다면, 이런 가면을 쓴 중국인들을 많이 보았을 거예요. 해마다 우리가 가는 데서 보는 뾰족한 귀와 큰 뺨이 있고 사람이 볼 수 있게 이렇게 작은 구멍(S)이 있는 가면인데, 다양한 색깔로 칠해져 있어요. 작년에 제가 딸에게 사준 것도 이런 모양이에요.

	< 23. 물가에 쪼그려 앉아서 물에 비추어 보고 있는 한 남자예요.	평가자: (반응 반복)
		피검자: 음, 보다시피 여기가 머리이고 나머지는 쪼그리고 있는 것처럼 몸을 웅크리고 있어요. 여기(가운데)가 물가이고, 여기 아래가 모두 비춰진 부분이에요.
X	24. 음, 보세요. 여기 윗부분이 줄기 같은 것과 싸우고 있는 개미 두 마리 같아요.	평가자: (반응 반복)
		피검자: 네, 여기(D8)가 개미 더듬이, 다리 같고 그들은 가운데 큰 줄기를 두고 싸우고 있어요. 꽃이나 밀의 줄기예요.
	25. 갈색 부분은 두 마리의 게 같아요.	평가자: (반응 반복)
		피검자: 게가 갈색이라고 생각하지 않지만, 게의 가늘고 긴 다리 같아요.
	26. 파란 부분이 게 두 마리 같아요.	평가자: (반응 반복)
		피검자: 음, 게처럼 다리가 많지만 저는 게가 파란색이 아니라는 것을 알아요. 워싱턴에서 이것을 파란 게라고 부를 수도 있어요. 하지만 저는 정말 파란색이라고 생각하지 않아요. 저는 이것을 본 적이 없고 이걸 가지고 있는 사람도 알지 못해요. 그런 사람들이 있어도 그들도 이걸 파란색이라고 하지 않을 거예요.
	27. 가운데 작은 부분이 단풍나무 씨앗 같아요.	평가자: (반응 반복)
		피검자: 나무에서 빙글빙글 돌며 떨어질 때 이런 모양이에요. 가을에 우리 정원에 많이 있어요.
	∨ 28. 남자가 한 쌍의 큰 깃발이나 무언가를 흔드는 것 같아요.	평가자: (반응 반복)
		피검자: 음, 머리, 다리, 팔과 몸이 있고, 초록색 현수막을 위로 흔들고 있어요. 축제 같은 데서 양 손에 큰 초록색 현수막을 하나씩 들고 있어요.

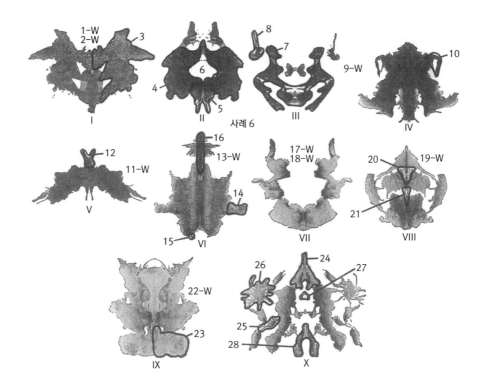

사례 6

사례 6. 점수 계열

카드	반응 번호	위치	영역 번호	결정인	(2)	내용	평범 반응	Z	특수 점수
I	1	WSo	1	Fo		(Ad)		3.5	
	2	Wo	1	Fo		A	P	1.0	
	3	Do	2	FMao		A			PER
II	4	D+	6	FMpo	2	Ad	P	3.0	
	5	Do	3	FC.FYo		A			PER
	6	DdS+	99	mp.Fdu		Sc		4.5	
III	7	D+	1	Mao	2	H,Sc	P	3.0	PER,COP,GHR
	8	D+	2	Mao	2	H		4.0	COP,GHR
IV	9	W+	1	Mp.FDo		(H),Bt	P	4.0	GHR
	10	Do	4	Fo		Ad			
V	11	W+	1	FMao	2	A		2.5	PER,AG,PHR
	12	Do	6	Mao		Hd			PER,AB,PHR
VI	13	Wo	1	FTo		Ad	P	2.5	MOR
	14	Ddo	24	Fo		A			
	15	Ddo	21	Fo	2	Ad			
	16	D+	2	mpo		Hh,Fi		2.5	
VII	17	W+	1	Ma+	2	H,Ls	P	2.5	COP,GHR
	18	WSv/+	1	FDo		Ls		4.0	PER
VIII	19	W+	1	FMa.FCo	2	A,Bt	P	4.5	
	20	DSo	3	Fo		An			
	21	DdSo	29	F−		Hd			PER,PHR
IX	22	WSo	1	FCo		(Ad)		5.5	PER
	23	D+	6	Mp.Fro		H,Na		2.5	GHR
X	24	D+	11	FMao	2	A,Bt		4.0	AG,PHR
	25	Do	7	Fo	2	A			
	26	Do	1	Fo	2	A	P		DR,PER
	27	Do	3	Fo		Bt			PER
	28	D+	10	Ma.FC+	2	H,Id		4.0	GHR

사례 6. 구조적 요약

구조적 요약(상단부)				
반응영역	결정인		반응내용	자살 지표
	혼합	단일		

반응영역

Zf	=17
ZSum	=57.5
ZEst	=56.0
W	=9
D	=15
W+D	=24
Dd	=4
S	=6

결정인 — 혼합

FM.FY
M.FD
FM.FC
M.Fr
M.FC
m.FD

결정인 — 단일

M	=4
FM	=4
m	=1
FC	=1
CF	=0
C	=0
Cn	=0
FC'	=0
C'F	=0
C'	=0
FT	=1
TF	=0
T	=0
FV	=0
VF	=0
V	=0
FY	=0
YF	=0
Y	=0
Fr	=0
rF	=0
FD	=1
F	=10
(2)	=11

반응내용

H	=5	Bt	=4	
(H)	=1	Cg	=0	
Hd	=2	Cl	=0	
(Hd)	=0	Ex	=0	
Hx	=0	Fd	=0	
A	=9	Fi	=1	
(A)	=0	Ge	=0	
Ad	=4	Hh	=1	
(Ad)	=2	Ls	=2	
An	=1	Na	=1	
Art	=0	Sc	=2	
Ay	=0	Sx	=0	
Bl	=0	Xy	=0	
		Id	=1	

자살 지표

YES .. FV+VF+V+FD > 2
YES .. Col-Shd Bl > 0
YES .. Ego < .31, > .44
NO ... MOR > 3
NO ... Zd > +-3.5
NO ... es > EA
NO ... CF+C > FC
NO ... X+% < .70
YES .. S > 3
NO ... P < 3 or > 8
NO ... Pure H < 2
NO ... R < 17
4 ...... TOTAL

발달질

+	=12
o	=15
v/+	=1
v	=0

형태질

	FQx	MQual	W+D
+	=2	=2	=2
o	=24	=5	=22
u	=1	=0	=0
−	=1	=0	=0
none	=0	=0	=0

특수점수

	Lv1	Lv2
DV	=0x1	0x2
INC	=0x2	0x4
DR	=1x3	0x6
FAB	=0x4	0x7
ALOG	=0x5	
CON	=0x7	
Raw Sum6	=1	
Wgtd Sum6	=3	

AB	=1	GHR	=6
AG	=2	PHR	=4
COP	=3	MOR	=2
CP	=0	PER	=10
PSV	=0		

구조적 요약(하단부)
비율, 백분율, 산출한 점수

R	=28	L	=0.56			

FC:CF+C	=4:0		COP=3 AG =2			
Pure C	=0		GHR:PHR	=6:4		

EB	=7:2.0	EA	=9.0	EBPer =3.5
eb	=7:2	es	=9	D =0
		Adj es	=8	Adj D =0

SumC':WSumC	=0:2.0	a:p	=9:5
Afr	=0.56	Food	=0
S	=6	SumT	=1
Blends:R	=6:28	Hum Con	=8
CP	=0	Pure H	=5
		PER	=10
		Iso Indx	=0.29

FM	=5	C'	=0	T	=1
m	=2	V	=0	Y	=1

a:p	=9:5	Sum6	=1	XA%	=0.96	Zf	=17.0	3r+(2)/R	=0.50
Ma:Mp	=5:2	Lv2	=0	WDA%	=1.00	W:D:Dd	=9:15:4	Fr+rF	=1
2AB+Art+Ay	=2	WSum6	=3	X−%	=0.04	W:M	=9:7	SumV	=0
MOR	=1	M−	=0	S−	=1	Zd	=+1.5	FD	=3
		Mnone	=0	P	=8	PSV	=0	An+Xy	=1
				X+%	=0.93	DQ+	=12	MOR	=1
				Xu%	=0.04	DQv	=0	H:(H)Hd(Hd)	=5:3

PTI=0	DEPI=3	CDI=2	S−CON=4	HVI=NO	OBS=YES

S-CON과 핵심 변인

S-CON(4)은 유의하지 않다. 첫 번째 유의한 핵심 변인인 반사반응이 특징적이다. 이는 해석할 때 자기 지각, 대인관계 지각과 통제에 관련된 변인들 순으로 살펴보아야 함을 시사한다. 다음으로 유의한 변인에 의해 나머지 변인들의 검토 순서가 결정된다. 예를 들어, 피검자는 내향적이다(EB=7:2.0). 따라서 나머지 군집의 검토는 관념으로 시작하여 정보처리, 인지적 중재, 정동 관련 변인 순으로 진행한다.

자기 지각

사례 6. 30세 남성의 자기 지각 관련 자료

R	=28	OBS	=YES	HVI=NO	**Human Content, An & Xy Responses**
					III 7. D+ Mao 2 H,Sc P 3.0 PER,COP,GHR
Fr+rF	=1	3r+(2)/R	=0.50		III 8. D+ Mao 2 H 4.0 COP,GHR
					IV 9. W+ Mp.FDo (H),Bt P 4.0 GHR
FD	=3	SumV	=0		V 12. Do Mao Hd PER,AB,PHR
					VII 17. W+ Ma+ 2 H,Ls P 2.5 COP,GHR
An+Xy=1		MOR	=1		VIII 20. DSo Fo An
					VIII 21. DdSo F− Hd PER,PHR
H:(H)+Hd+(Hd)=5:3					IX 23. D+ Mp.Fro H,Na 2.5 GHR
[EB=7:2.0]					X 28. D+ Ma.FC+ 2 H,Id 4.0 GHR

강박성향 지표(Obsessive Style Index)가 유의한데, 이는 피검자가 완벽주의에 몰두함을 시사한다. 정확성을 추구하는 것이 자기 자신을 보호하는 방법 중 하나이고, 극단적이지 않다면, 이것은 문제가 되지는 않는다. 그러나 만약 중요한 실패를 하거나 타인이 이러한 특성을 수용해 주지 않는다면, 이것은 문제의 소인이 된다. 일반적으로, 강박적인 사람들은 자신의 가치를 과대평가하지 않지만, 반사반응이 있는 피검자의 자기상은 자기를 높게 평가하는 자기애적 경향이 있음을 의미한다. 자아중심성 지표(.50) 역시 평균 이상으로, 그의 높은 자기가치감을 잘 보여 주고 그가 다른 사람들보다 자신을 판단할 때 더 호의적임을 나타낸다. 그의 강박적인 경향을 고려했을 때, 큰 문제는 아니지만, 높은 지위나 성취에

대한 지향을 내포한다.

피검자는 중요한 실수나 실패를 하면, 자신보다 주변을 탓할 것이다. 실수나 실패 역시 정확하려는 그의 갈망을 악화시키는 경향이 있다. 이것은 높은 자기가치감을 보호하는 습관적인 방법이지만, 세부 사항에 몰두하거나 의사결정에서 우유부단해지는 성향을 야기한다. 이러한 행동이 빈번하다면, 더 많이 실패하고 소외될 위험성이 있다. 이것으로 피검자가 직장에서 겪는 어려움이 일부 설명된다.

흥미롭게도 3개의 *FD* 반응이 있는데, 자기검토를 나타낸다. 특히 치료 권고 시, 긍정적인 결과이다. 다른 긍정적인 결과는 8개의 인간내용 반응 가운데 5개가 *H* 반응이라는 것이다. 이는 피검자의 자기상이 환상보다는 경험으로 발달되었다는 것을 보여 준다. 인간내용 반응의 채점도 전반적으로 긍정적이다. 8개 중 7개는 형태질이 정교(+)하거나 보통(o)이고, 3개는 복잡하지 않은 혼합반응이며, 3개는 협조적 운동반응이다. 이것은 자기상이 사회적 경험에 기반하고 있음을 의미한다.

투사 내용에 자기개념에 대한 흥미로운 면이 있다. 하나의 마이너스(–) 반응(카드 VIII, 반응 21)은 "이 작은 하얀 부분은 작년에 잃어버린 치아처럼 보여요…….. 썩었고…….. 깨져서 뽑았어요. 그게 제가 처음 잃어버린 거예요."이다. 이것은 피검자가 *DdS*영역을 사용했기 때문에 흥미로운데, 그 카드의 세 번째이자 마지막 반응이다. 이것은 MOR 반응이고, 그의 높은 자존감에 상반되는 피해의식과 상실감을 나타낸다. 또 다른 MOR 반응(카드 VI, 반응 13)은 "동물의 피부나 가죽 같은 사체, 차에 치인 것 같아요…….. 차에 치인 불쌍한 동물…….. 가죽만 남았어요."이다. 이는 흔한 반응이나 '치아' 반응과 본질적으로 유사한데, 타인에 의한 손상을 의미한다.

M 반응은 전반적으로 긍정적이나, 지나치게 관습적이기도 하다. 이것은 앞서 언급한 치아 반응을 제외한 모든 인간내용 반응에서 그러하다. 첫 번째(카드 III, 반응 7)는 "기계를 사용하여 일하고 있는 사람들…….. 테두리에 타이어를 두르는 것 같은…….." 비록 긍정적 반응이지만, 사람보다 기계에 초점을 맞추고 있다. 두 번째(카드 III, 반응 8)는 "체조하는 두 남자…….. 그들은 함께 서로를 향해 공중제비를 돌고 있는 것 같은 행동을 하는 것 같아요…….."이다. 이 반응은 첫 번째보다 긍정적이다. 세 번째는 단일 대상(카드 IV, 반응 9)으로, "나무 그루터기나 뭔가에 앉아 있는 어떤 큰 거인…….. 큰 발이 앞으로 뻗어 있고…….. 팔은 늘어져 있어요."이다. 이것은 수동적 반응이다.

네 번째 *M* 반응(카드 V, 반응 12)은 *Hd* 반응이다. "승리 표시를 하는 사람의 손…….. 선생님도 V처럼 승리를 나타내는 두 손가락을 제외한 나머지 손가락들을 접어 보세요…….. 닉

슨이 그랬던 것처럼"인데, 이는 피검자의 높은 지위에 대한 지향을 암시한다. 다섯 번째
(카드 VII, 반응 17)는 평범반응으로, "바위에 쪼그려 앉아서 어떤 게임을 하는 작은 두 소
녀…… 그들은 게임을 하고 있는데, 서로 어떤 게임처럼 그들 뒤를 가리켜요……."이다.
이것은 또 다른 긍정반응이다. 여섯 번째(카드 IX, 반응 23)는 반사반응으로, "물가에 쪼그
려 앉아서 물에 비추어 보고 있는 한 남자…… 보다시피 머리고 나머지는 그가 쪼그리고
있는 것처럼 몸을 웅크리고 있어요……."이것은 또 다른 수동반응이다. 마지막 *M* 반응(카
드 X, 반응 28)은 마지막 반응으로, "한 쌍의 깃발이나 큰 초록색 현수막 같은 것을 들고 있
는 한 남자……. 이것을 위로 흔들고 있어요……. 한 손에 하나씩이요……. 축제 같은데
서"이다. 피검자는 자신에게 주목해 주길 원한다.

전반적으로 *M* 반응은 긍정적인 자기상을 시사하나, 보수적인 면도 있다. 7개 중 2개는
역동적(체조를 하는 남자들과 현수막을 흔드는 남자)이지만, 나머지 5개는 훨씬 덜 역동적이
다(기계를 사용하여 일하는 사람들, 팔이 늘어뜨린 채 앉아 있는 거인, 손가락 2개를 위로 들고 있
음, 쪼그리고 앉아 비춰 보고 있음)이다. 5개 가운데 2개 반응만 수동적이지만, 5개의 반응 모
두 똑똑하고 성취지향적인 사람에게서 기대된 수준보다 역동적이지 않다. 반응들은 적절
하지만, 조심스럽고 피검자의 자기상이 겉으로 보이는 것만큼 견고하지 않을 수 있음을 의
미한다. 이것은 추측에 불과하지만, 해석할 때 고려해 볼 만하다.

5개의 *FM* 반응은 이러한 추론을 더욱 지지한다. 첫 번째 두 반응(카드 I, 반응 3, 카드 II,
반응 4)은 별다른 특징이 없다. "달리는 개인데 귀가 위로 뒤집혀 있어요……. 그게 제가 개
가 뛰고 있다고 생각한 이유예요.", "서로 냄새 맡고 있는 두 마리의 개예요……. 개들의 몸
은 보이지 않아요……." 아주 적으나, 투사가 포함되어 있다. 세 번째 반응(카드 V, 반응 11)
은 투사가 더 잘 드러난다. "영역 다툼을 할 때 산에서 야생동물이 하는 것처럼 서로 머리
를 부딪치고 있는 숫양 두 마리…… 뿔을 부딪치고 있고 서로 부딪치려고 안간힘을 쓰는
것처럼 뻗어 있는 뒷발을 볼 수 있어요……. 정말로 서로 쾅 부딪혀요." 이것은 피검자의
첫 공격 반응으로 성취에 대한 갈망을 함축하는 것으로 보인다.

네 번째 *FM* 반응(카드 VII, 반응 19), "무언가를 오르고 있는 동물 두 마리"는 나무에서 고
군분투하는 반응이어서 흥미롭다. "하지만 이상해 보여요(잠시 멈춤). 제 생각에는 색깔이
다채로워서 열대나무 같아요."라는 반응은 가능한 정확하고 싶어 하는 피검자의 경향성이
나타난다.

마지막 *FM* 반응(카드 X, 반응 24)은 피검자의 두 번째 공격 반응이다. "큰 줄기나 무언가
를 두고 싸우는 개미 두 마리…… 꽃이나 밀의 줄기를 두고 싸우고 있어요."로, 반복적으로

성취가 강조된다.

2개의 *m* 반응은 수동적이다. 첫 번째(카드 II, 반응 6)는 공간 사용 방법 때문에 흥미롭다. 이 반응은 '발사대에 있는 로켓'이다. 전형적으로, 사람들은 *DS5*영역을 로켓으로 반응하고, 종종 이륙한다고 보고한다. 피검자의 경우 흰 영역(*DS5*)의 일부를 포함한 *D4*가 로켓이고 *DS5*의 남은 부분은 '여기 앞까지 뻗어 있는' 발사대이다. 이는 정확성 성향을 반영하는 특이한 반응이다. 두 번째 *m* 반응(카드 VI, 반응 16) 역시 동일한 경향을 나타내는데, "초예요……. 진짜 촛대같이 생겼는데, 선생님은 촛대가 있다고만 여겨서 초라고 생각할 수 없을 수 있지만, 맨 위에서 불꽃이 타오르는 것을 볼 수 있어요……."로, 조심스럽고 정확하다. 두 반응은 스트레스 상황에서 피검자의 강박적인 특징이 두드러진다는 것을 시사한다.

검토되지 않은 12개의 반응이 있다. 자기상 특징을 나타내는 특이한 윤색은 없지만, 5개(반응 5, 18, 22, 26, 27)가 PER로 채점된다. 이 반응들의 표현은 일종의 권위주의적 방어(authoritarian defensiveness)가 두드러진다. "저는 그것들을 〈내셔널 지오그래픽〉에서 봤어요. 카리브해로 휴가 갔을 때 이런 것을 본 적이 있어요. 저는 이런 것을 딸을 위해 샀어요. 워싱턴 사람들은 이것들을 파란 게라고 부를 수도 있지만 저는 이게 파란색이라고 생각하지 않아요. 저는 이것을 본 적이 없고 그것을 갖고 있는 사람도 알지 못해요. 그런 사람들이 있어도 그들도 이걸 파란색이라고 하지 않을 거예요. 우리 정원에 많이 있어요."

일반적으로, 피검자는 자신에게 관심이 많지만, 조심스럽고 방어적이다. 피검자의 성격이 자신의 판단을 조심스러워하는 완벽주의적 강박에 기인한 것인지 또는 타인의 비판에 취약하게 느끼기 때문인지는 명확하지 않다. 두 가정 모두 가능하다. 피검자의 자기상은 적절히 형성되고 심각한 문제는 보이지 않는다. 하지만 그는 자신을 충분하다고 보지 않는다. 자신을 현실적으로 보지 못하는 것은 자신감을 저하시키고 더 많은 문제를 야기할 가능성이 있는 방어를 유발한다. 긍정적으로 보면, 피검자는 내성(introspective)을 하고 평가 받고자 하는 것은 칭찬할 만하다.

대인관계 지각

이 군집의 몇몇 변인들은 긍정적이다. CDI와 HVI는 유의하지 않다. *a:p*는 능동 운동 값이 더 크고, 음식반응은 없다. 1개의 재질반응은 카드 VI에서 흔히 나타나는 평범반응으로

사례 6. 30세 남성의 대인관계 지각 자료

			COP & AG Response
R =28	CDI =1	HVI =NO	
a:p =9:5	SumT =1	Fd =0	III 7. D+ Mao 2 H,Sc P 3.0 PER,COP,GHR
	[eb =7:2]		III 8. D+ Mao 2 H 4.0 COP,GHR
Sum Human Contents =8		H =5	V 11. W+ FMao 2 A 2.5 PER,AG,PHR
[Style=Introversive]			VII 17. W+ Ma+ 2 H,Ls P 2.5 COP,GHR
GHR:PHR=6:4			X 24. D+ FMao 2 A,Bt 4.0 AG,PHR
COP =3	AG =2	PER =10	
Isolation Indx =0.29			

FT 반응이다. 이것은 피검자가 대부분의 사람들과 비슷한 방식으로 친밀감에 대한 욕구를 인식하고 표현한다는 것을 의미한다. 8개의 인간내용 반응은 사람에 대한 전형적인 관심을 나타내며, 내향적인 사람에게 기대되는 수준이다. 8개 중 5개의 인간내용 반응은 *H* 반응으로, 피검자가 현실에 근거하여 타인을 개념화하는 경향을 시사한다.

GHR:PHR(6:4)는 긍정적인데, 피검자가 상황에 적응적인 대인관계 행동을 한다는 것을 나타낸다. 첫 번째 잠정적이나 부정적인 결과는 3개의 협조적 운동반응과 2개의 공격운동 반응에서 나타난다. 이는 특이한 결합으로, 타인과의 긍정적인 관계에 열려 있고 흥미가 있지만, 많은 상호작용이 강압적이거나 공격적인 형태의 교류일 수 있음을 의미한다. 일반적으로, 이 반응들이 반사회적이거나 비사회적인 행동을 나타내지는 않는다. 이러한 특징이 있는 사람들은 대인관계에서 강압이나 공격성을 자연스러운 요소로 생각하는 것으로 보인다. 이러한 사람들은 호의적으로 보이지만, 때로는 대인관계에서 지배성이나 통제에 대한 갈망 때문에 타인과 소원해진다.

또한 관계를 지배하거나 통제하는 경향은 PER 반응(10)이 지나치게 많다는 것에서 알 수 있다. 이것은 일종의 방어적 권위주의(defensive authoritarianism)로 해석된다. 타인과의 관계 맥락에서, 피검자는 단호하고 융통성이 없어 보일 수 있다. 다른 사람들은 이러한 피검자의 특성을 잘 받아들이지 않고, 결과적으로 피검자가 깊이 있고 성숙한 관계를 유지하는 범위가 제한될 가능성은 높아진다.

피검자의 대인관계가 깊이 있고 지속적이기보다는 피상적이라는 가정을 지지하는 추가적인 변인은 소외 지표(Isolation Index)(0.29)에서도 나타난다. 이는 피검자가 기대되는 것보다 사회적 관계에서 덜 적극적이거나 덜 개방적이라는 것을 시사한다. 4개의 *M* 반응(반응 7, 8, 17, 28)과 4개의 *FM* 반응(반응 4, 11, 19, 24)에 쌍반응이 포함되어 있다. 3개의 *M* 반응은 협조적 운동(기계로 일하는 사람들, 체조를 하는 남자들, 게임하는 소녀들)을 포함하는 반면, 2개의 *FM* 반응은 공격적 운동(머리를 부딪치고 있는 숫양, 줄기를 두고 싸우는 개미)을 포함한다. 이러한 반응들은 상호작용과 관련하여 이전에 세운 가정을 명확히 하거나 부수적으로 설명하는 일관적인 혹은 특이한 언어반응을 포함하지 않는다.

전반적으로, 피검자는 타인과의 긍정적 관계에 관심 있고, 적어도 피상적으로는, 타인과 적응적으로 상호작용하는 것으로 보인다. 그러나 자신에 대한 방어와 독단적인 경향으로 관계는 피상적인 수준에 머물 수 있다. 그는 일상적인 사회적 교류에 참여하는 것을 꺼리고, 다른 사람들은 그가 우정을 맺는 데 관심 없다고 여길 수 있다. 실제로, 융통성이 없는 성향으로 타인과 쉽게 소원해질 수 있다. 이는 피검자의 현재 직업적 어려움에 영향을 미칠 수 있다.

통제

사례 6. 30세 남성의 통제 관련 변인

EB $=7{:}2.0$	EA $=9.0$		D $=0$	CDI $=1$
eb $=7{:}2$	es $=9$	Adj es $=8$	Adj D $=0$	L $=0.56$
FM $=5$ m $=2$	SumC′ $=0$	SumT $=1$	SumV $=0$	SumY $=1$

Adj D(0)는 스트레스 통제력과 스트레스에 대한 인내가 대부분의 사람들과 비슷하다는 것을 나타낸다. *EA*(9.0)가 평균 범위이고, *EB*(7:2.0)에 0이 없고, *Lambda*(0.56)는 1.0보다 작기 때문에, 이러한 가정은 타당해 보인다. 게다가 Adj *es*(8)는 기대 수준 내에 있고, 이것을 구성하는 여섯 변인들 중에 비정상적인 값은 없다.

이러한 결과는 피검자가 통제 관련 문제가 없음을 시사한다. 그는 방해 요인 없이 의사결정과 정확한 행동을 할 수 있다. 그리고 피검자의 스트레스에 대한 인내가 적절하다는 것을 보여 준다.

관념

사례 6. 30세 남성의 관념 변인

L	=0.56	OBS	=YES	HVI	=NO	**Critical Special Scores**			
						DV	=0	DV2	=0
EB	=7:2.0	EBPer	=3.5	a:p	=9:5	INC	=0	INC2	=0
				Ma:Mp	=5:2	DR	=1	DR2	=0
eb	=7:2	[FM=5 m=2]				FAB	=0	FAB2	=0
				M−	=0	ALOG	=0	CON	=0
Intell Indx=2		MOR	=2	Mnone=0		Sum6	=1	WSum6	=3
							(R=28)		

M Response Features

   III 7. D+ Mao 2 H,Sc P 3.0 PER,COP,GHR

   III 8. D+ Mao 2 H 4.0 COP,GHR

   IV 9. W+ Mp.FDo (H),Bt P 4.0 GHR

    V 12. Do Mao Hd PER,AB,PHR

  VII 17. W+ Ma+ 2 H,Ls P 2.5 COP,GHR

   IX 23. D+ Mp.Fro H,Na 2.5 GHR

    X 28. D+ Ma.FC+ 2 H,Id 4.0 GHR

EB(7:2.0)는 피검자가 충분히 생각하고 다양한 대안을 고려한 후 결정이나 행동을 하는 관념적인 사람임을 시사한다. 의사결정을 할 때, 피검자는 자신의 정서를 고려하지 않고 외부 피드백보다는 내부 평가에 따르는 경향이 있다. 이러한 대처 양식과 의사결정은 사고가 명료하고 사용 방식이 유연하다면, 효과적일 수 있다.

불행하게도, 피검자는 이 경우에 해당되지 않는다. *EBPer*(3.5)는 피검자가 관념적인 양식을 고수하며, 심지어 직관적이거나 시행착오적 접근이 분명히 더 나은 상황에서도 관념적인 양식을 고수하고 있음을 보여 준다. 이것이 반드시 문제가 되는 것은 아니지만, 피검자가 대처와 의사결정 행동에 매우 유연하지 않다는 것을 의미한다. 이는 그의 강박적인 성향과도 일치한다. 이러한 특징이 있는 사람들은 개념을 형성하고 적용할 때 신경을 많이 쓰고, 신중하게 생각하지 않은 채 결정하는 것을 꺼려 한다. 이는 더 많은 노력이 요구되며 때로는 비효율적일 수 있다. 업무 수행 시, 신속 정확한 의사결정을 해야 할 경우 그렇게 못하는 것은 융통성이 부족한 강박적인 성향과 관련되어 보인다.

긍정적인 측면에서, 이 군집의 다른 변인들은 일반 성인의 기대 범위 수준이거나 결과이다. $a{:}p$(9:5)은 특이하지 않다. HVI는 유의하지 않다. MOR 반응이 2개이나, 비관적인 내용이 그의 지속적인 사고방식은 아니다. eb의 좌항(7)은 2개의 m 반응 때문에 평균보다 다소 높다. 이는 상황적 스트레스로 인해 잡념이 많아진 것을 나타내나, 심각한 문제는 아니다. 직장에서 문제가 있다고 평가받은 것과 관련되어 보인다. 주지화 지표(Intellectualization Index)(2)는 유의하지 않고, $Ma{:}Mp$(5:2)는 적절하다.

결정적 특수점수(DR)는 단 하나로, $WSum6$는 3이다. 이는 반응 26(카드 X)에서 "워싱턴에서 파란 게라고 부를 거라고 생각되지만, 나는 이게 진짜 파란 색이라고 생각하지는 않아요. 나는 이런 것을 본 적이 없고, 파란 게가 있는 사람을 알지 못해요. 그런 게 있어도 이건 파란색이 아니에요."와 같이 장황하게 늘어놓았기 때문이다. 피검자가 자신의 결정을 권위적으로 방어하는 경향이 있으므로, 인지적 실수라고 보기 어렵다. 모든 인간운동 반응의 형태질은 o이거나 +이고 M 반응의 질은 명료하거나 정교하다. 이는 지적 능력이 있는 대학 졸업자들에게서 기대된다.

전반적으로, 사고의 명료성에 대해 의문을 가질 이유가 없으며 판단력 저하나 특이한 인지적 실수를 의심할 만한 증거는 없다. 관념에서 부정적인 결과는 의사결정 습관이 조심스럽고 융통성이 없다는 것이며, 이로 인해 관념적 비효율성을 야기할 수 있다는 점이다.

정보처리

사례 6. 30세 남성의 정보처리 변인

EB $=7{:}2.0$	Zf $=17$	Zd $=+1.5$	DQ+ $=12$
L $=0.56$	W:D:Dd $=9{:}15{:}4$	PSV $=0$	DQv/+ $=1$
HVI $=NO$	W:M $=9{:}7$		DQv $=0$
OBS $=YES$			

Location & DQ Sequencing

I: WSo.Wo.Do	VI: Wo.Ddo.Ddo.D+
II: D+.Do.DdS+	VII: W+.WSv/+
III: D+.D+	VIII: W+.DSo.DdSo
IV: W+.Do	IX: WSo.D+
V: W+.Do	X: D+.Do.Do.Do.D+

Zf(17)은 그가 새로운 정보를 처리하는 데 상당히 노력함을 시사한다. *W:D:Dd*(9:15:4)에서 *W*와 *D*(1:1.7)를 보면 합리적이고 경제적인 정보처리 전략을 사용하는 것으로 보이나, 4개의 *Dd* 반응은 이를 의문스럽게 한다. *Dd* 반응들은 자극 장의 사소한 사항에 불필요하게 몰두하는 경향성을 나타낸다. 이는 피검자의 강박적인 성향과 일치한다. 하지만 2개의 *Dd* 반응에 공간이 포함되어, 부정적인 특성이 강박적인 성향을 악화시키진 않았을까 하는 의문이 제기된다.

반응영역 순서는 그렇지는 않음을 보여 준다. *S* 반응이 6개인데, 앞서 언급했듯이 *Dd* 반응은 단 2개이다. 반응 순서가 일관적이다. 전체 카드 중 7개에서 첫 번째 반응이 *W* 반응이다. 가장 손상된 두 반응(카드 III, X)은 *D* 반응이고, *Dd* 반응은 항상 두 번째나 세 번째 반응이다. 따라서 *S* 반응은 중요하며 이 반응은 정동 관련 변인들을 볼 때 살펴보겠지만, 부정적인 특성이 정보처리 행동에 두드러진 영향을 주는 것으로 보이지 않는다.

W:M(9:7)은 기대 범위 내에 있고, *Zd*(+1.5)는 주사의 효율성(scanning efficiency)이 대부분의 사람들과 유사하다는 것을 보여 준다. *DQ*+(12)는 기대 수준보다 높고 *DQv*/+ 반응은 하나이다. 하나를 제외한 모든 카드에 통합반응이 있는데, 그 반응들은 첫 번째나 마지막 반응이다. 이러한 결과는 피검자의 정보처리의 질은 좋지만, 복잡하다는 것을 시사한다.

정보처리 관련 자료들은 피검자의 정보처리 습관이 적절하다는 것을 시사한다. 때로는 세부 사항에 과도하게 몰두하지만, 새로운 정보를 처리할 때 매우 노력한다는 관점에서 볼 때 심각한 문제는 아니다.

인지적 중재

XA%(.96)와 *WDA*%(1.00)는 매우 높은데, 이는 피검자가 정보 전환의 적절성을 확인하기 위해 습관적으로 상당히 노력하는 것을 의미한다. 그의 강박적 성향을 고려할 때, 놀랄 만한 결과는 아니다. *X−*%(.04)는 매우 낮은데, 이는 인지적 중재 문제는 거의 없다는 것을 나타낸다. 흥미롭게도, 하나의 마이너스(−) 반응(카드 VIII, 반응 21)은 정보처리영역에서 살펴보았듯이 공간을 포함했으나 자주는 아니어도 인지적 중재상의 문제가 분노나 고립과 관련되는지 의문스럽다. 실제로, 마이너스(−) 반응(치아)은 윤곽의 심각한 왜곡은 아니다.

8개의 평범반응이 있는데, 대부분의 성인들보다 다소 많다. 이는 정확한 것에 관심 있는 사람에게 드물지 않다. 틀림없이, 그의 강박적 성향은 사회적으로 수용되거나 기대되는

사례 6. 30세 남성의 인지적 중재 변인

				Minus & NoForm Features
R =28		L =0.56	OBS =YES	
FQx+	=2	XA%	=.96	VIII 21. DdSo F− Hd PER,PHR
FQxo	=24	WDA%	=1.00	
FQxu	=1	X−%	=.04	
FQx−	=1	S−	=1	
FQxnone	=0			
(W+D	=24)	P	=8	
WD+	=2	X+%	=.93	
WDo	=22	Xu%	=.04	
WDu	=0			
WD−	=0			
WDnone	=0			

반응과 관련된 단서를 찾게 할 것이다. 유사하게, 2개의 $FQ+$ 반응은 정보 전환 시 정확성을 기하는 경향을 시사한다. 상당히 높은 $X+\%(.93)$와 현저히 낮은 $Xu\%(.04)$는 과도하게 관습적이며 자신의 개성을 억누르고 있음을 나타낸다. 이는 강박적인 사람에게 드물지 않지만, 정확성과 순응성에 집착하므로 잃는 것이 많을 수 있다.

정동

사례 6. 30세 남성의 정동 관련 자료

							Blends	
EB	=7:2.0			EMPer	=3.5			
eb	=7:2	L	=0.56	FC: CF+C	=4:0		M.FD	=1
DEPI	=3	CDI	=2	Pure C	=0		M.Fr	=1
							M.FC	=1
SumC'=0	SumT =1			SumC':WSumC	=0:2.0		FM.FC	=1
SumV=0	SumY =1			Afr	=0.56		m.FD	=1
							FC.FY	=1
Intellect	=2	CP	=0	S=6 (S to I, II, III =2)				
Blends:R	=6:28			Col-Shad Bl	=1			
m+y Bl	=2			Shading Bl	=0			

앞서 언급했듯이, *EB*(7:2.0)는 피검자가 결정을 내리거나 행동을 개시하기 전에 오랜 시간이 소요되고, 감정을 배제하고, 신중하게 사고하는 것을 선호하는 유형임을 시사한다. 불행하게도, 이러한 접근법은(*EBPer*=3.5) 피검자가 매우 융통성이 없으며 감정에 영향을 받는 것을 피하기 위해 상당히 노력한다는 것을 보여 준다. 같은 맥락으로 어떤 방법이 장점이 있을지라도, 피검자는 여러 가능성을 시도해 보고 외부의 피드백을 따르는 것을 꺼린다. 이러한 융통성 부족은 때때로 상당히 문제가 될 수 있다. 감정과 환경과 상호작용하는 방식을 철저히 통제하므로, 이는 피검자의 현재 문제에 대한 핵심을 반영한다.

재질반응과 음영확산 반응이 각각 1개로 구성된 *eb*의 우항(2)은 28개의 반응 수에 비해 상대적으로 낮다. 이는 두드러진 정서적 불편감을 나타내지 않는다. 직장에서 긴장되고 불안하다는 피검자의 보고와도 일치하지 않는다. *SumC':SumC*(0:2.0)는 감정 억제와 관련된 어떠한 정보도 주지 않는다. *Afr*(.56)은 내향적인 사람의 평균 범위에 해당한다. 이는 피검자가 정서 자극을 처리하고 관여하는 대처 양식이 대부분의 사람들과 유사하다는 것을 보여 준다.

이전에 논의한 피검자가 감정을 엄격하게 통제할 것이라는 가정은 *FC:CF*+*C*(4:0)에서도 명백하게 지지된다. 비교적 반응 수가 많은데 CF 반응이 하나도 없는 것은 드물며 이는 전형적으로 강렬한 감정 표출을 꺼려 함을 시사한다. 이러한 결과를 볼 때, 정서적 제약은 뚜렷하다. 반면, 피검자의 프로토콜에 6개의 공백반응 가운데 4개가 카드 III 이후에 나난다. 이는 상당한 분노나 강한 소외감을 나타내는 것으로, 대처와 의사결정 행동에 영향을 미치는 특질과 같은 특징이다. 하지만 이 경우 이러한 부정적인 감정의 일부는 상황과 연관될 수 있다.

전형적으로 사람들이 상당한 분노나 소외감을 가지고 있다면 타인에게 표출하는데, 피검자의 과거력은 그렇지 않다. 프로토콜에서 특이한 부정주의(negativism)를 시사하는 지표도 없다. 따라서 상당한 부정적인 감정은 현재의 어려움과 관련된다고 추정하는 것이 합리적이다. 그는 업무 효율성에 대해 강력한 주의를 받았고, 치료사를 만나 볼 것을 권유받았다. 게다가 아내에게 지지받지 못했고, 그들은 재정 문제로 빈번히 다투었다. 이러한 개별적 상황 또는 이 모든 상황은 특히 피검자처럼 자기관여가 높은 사람에게 상당히 모욕적일 수 있다.

따라서 피검자가 경험하는 분노나 소외감은 억제되고 그는 이를 긴장과 불안으로 해석하는 것으로 보인다. 이것이 사실이든 아니든 간에, 이러한 감정 때문에 피검자는 타인과 지속적으로 의미 있는 관계를 맺는 데 필요한 일상적인 타협을 꺼릴 수 있다.

피검자의 28개 반응 프로토콜 가운데 6개의 혼합반응이 있다(21%). 이는 내향적인 사람에게 기대되는 비율로, 피검자의 심리가 복잡하지 않다는 것을 의미한다. 그 가운데 2개(*FC.FY, m.FD*)는 상황적 요인으로 복잡성이 다소 증가했음을 나타내나, 지나치지 않다. 그러나 이 중 하나는 색채혼합반응으로, 현재 스트레스 때문에 감정이 다소 혼란스럽다는 것을 나타낸다.

피검자가 감정을 다루는 데 있어 두드러진 문제는, 그의 강박적인 성향과 연관된다. 그는 일상적인 대처와 의사결정 행동에서 정서의 영향력을 피하기 위해 애쓰고, 유연하지 않다. 비슷한 맥락으로, 피검자는 정서를 믿지 않으므로, 정서가 드러나는 것을 면밀하게 통제한다. 하지만 그 이면에는, 상당한 분노나 환경과 관련된 소외감을 경험하는 것처럼 보인다. 분노나 소외감이 어떻게 사고나 행동으로 드러나는지는 분명하지 않으나, 피검자의 대인관계에 영향을 미치고 있는 것은 분명하다.

요약

피검자는 매우 자기중심적인 사람이다. 그는 자기관여가 높은 자기애적인 특징을 보이지만, 이에 대해 매우 방어적이다. 상당 기간 이러한 방어가 지속되면서 강박성과 정확성에 대한 걱정을 야기했을 것이다. 이로 인해 피검자는 자신의 판단에 조심스러운 태도를 취하게 되었을 것이다. 그러나 최근 사건이 피검자의 방어를 악화시킨 것으로 보이는데, 이는 직장 문제와 부부 문제로 높은 자기가치감에 심각한 위기가 발생했기 때문이다.

그 결과로 자신에 대한 높은 관여는 여전하나, 피검자는 환경에 대한 자신감이나 안전감을 느끼지 못하고, 타인의 비판을 회피하고 염려한다. 이러한 염려가 내성을 촉진하고 결과적으로 일면 평가를 받게 한다. 실제로 자기상은 합리적으로 잘 확립되어 있고 심각한 결함은 없어 보이나, 두드러지는 방어로 심리적 고통이 수반되고 더 많은 삶의 문제를 야기할 수 있다.

피검자는 타인과의 긍정적인 관계에 관심 있고 대부분의 사람들과 적응적으로 상호작용하기 위해 노력한다. 그러나 자신에 대한 방어와 독단적인 성향 때문에 관계는 피상적인 수준으로 제한될 것이다. 피검자는 폭넓은 사회적 교류를 꺼리며, 사람들은 그가 친밀한 우정을 추구하지 않는다고 본다. 실제로 독단적이고 융통성이 없어 주변 사람들과 소원해지고, 이는 현재 직장 문제에 큰 영향을 미치고 있다.

피검자는 통제 문제가 없는 것으로 보인다. 피검자는 방해받지 않고 결정하고 행동할 수 있으며, 스트레스에 대한 인내가 적절해 보인다. 피검자의 사고 명료성에 대한 의심의 여지는 없고, 부적절한 판단이나 인지적 실수를 의심할 만한 근거도 없다. 관념에 대한 부정적인 결과는 의사결정 습관이 융통성이 없다는 것이며, 이는 상당한 비효율을 야기할 수 있다.

피검자가 새로운 정보 처리를 위해 사용하는 전략은 적절하다. 그는 철저하게 하기 위해 상당히 노력하며, 때로는 세부 사항에 과도하게 몰두하지만, 심각한 문제는 아니다. 또한 정보의 해석이 적절하다는 것을 확신하기 위해 노력한다. 실제 그는 관습적이기 위해 과도하게 노력하며, 이러한 노력으로 인해 그의 개성의 많은 부분이 상실된다. 강박적인 성향을 고려했을 때 놀랍지는 않지만, 그가 자신에게 거는 기대와 제한 때문에 치르는 대가가 상당히 크다.

이에 대한 좋은 설명은 피검자가 정서를 다루는 방법이다. 그는 일상적인 대처와 의사결정 행동에서 정서의 영향을 피하기 위해 애쓰며 융통성이 없다. 정서를 믿지 못하기 때문에, 정서 노출에 대해 면밀히 통제한다. 이러한 정서적 제한은 강박성의 직접적인 부산물로 보이나, 이면에는 피검자가 상당한 분노나 환경과 관련된 현저한 고립감을 경험하는 것으로 보인다.

이러한 부정적인 감정의 일부는 시간이 흐르면서 형성되었고, 이는 환경에서 피검자가 스스로 가치 있다는 믿음을 인식할 수 없게 되었기 때문일 것이다. 근래 직장에서 신랄한 비판과 결혼생활에서의 불화를 경험하면서 이러한 감정들은 심화되었을 수 있다. 두 경우 모두 피검자의 온전함(integrity)을 위협하고, 이것은 기존의 부정적인 세트를 악화시키거나 분개와 짜증을 유발했던 것으로 보인다. 이로 인해 그는 긴장과 불안으로 경험하는 불편감을 느끼게 된 것으로 여겨진다. 이처럼 짜증 나는 감정은 사고와 행동에 영향을 미치고 대인관계에 역효과를 유발했음이 틀림없다.

피검자는 많은 장점이 있지만, 강박성, 경직성, 방어와 제한된 감정은 그러한 장점들이 활용될 수 있는 범위를 제한한다. 그는 정확성에 지나치게 사로잡혀 있고, 부정적 감정을 타인에게 숨기기 위해 지나치게 노력하여 상황에 무관하게 사고와 감정은 엄격하게 통제되어야 한다고 미숙하게 확신하는 것으로 보인다. 피검자의 최고의 적은 자신이다. 융통성 없음과 통제의 욕구는 피검자 자신과 대인관계에서의 문제를 야기할 수 있다. 피검자는 자신에 대해서 방어적이며 중요하고 가치 있는 타인과의 관계를 바라지 않게 된다.

제언

　피검자의 자기검열 성향과 평가에 대한 의지는 긍정적인 요소이다. 피검자는 긍정적인 변화를 찾는 데 개방적이다. 하지만 변화에 대한 개방성에 대한 지나친 낙관주의를 피해야 한다. 의뢰 사유는 업무와 관련되며, 피검자는 긴장과 불안 문제가 업무 때문이라고 여긴다. 그는 이를 통제하려고 하지만, 상황과 환경에 대한 부정적인 감정, 분노와 소외를 인정하지 않는다. 이와 유사하게, 피검자는 부부관계 문제에 대해 다소 무심하며(그것은 '별일 아니다'), 이 문제는 그가 직장에서 성공한다면 나아질 것이라고 생각한다.

　피검자는 자신의 강박성, 방어, 분노나 짜증과 정서적 제한 성향에 대해 미숙한 태도를 취하는 것처럼 보인다. 이러한 미숙함(naivete) 혹은 부인은 강박적인 사람을 치료하는 데 방해가 되며, 특히 그 사람이 자기애적일 때 더욱 그러하다. 후자의 경우 피검자가 심각하게 위협받는다면 치료가 종결되기도 한다. 따라서 개입 시, 깊은 문제를 다루기 전에 합리적이고 긍정적인 직장 내 관계 형성에 대해 조심스럽게 다루는 것이 필요할 것이다.

　피검자의 미숙함이 두드러지지만, 정확함을 기하고자 하는 자신에 대해 염려하고 있는 것은 분명하다. 이 문제와 긴장과의 관련성이 치료 초기에 다루기에는 가장 덜 위협적인 주제일 수 있다. 완벽주의나 정확성에 대한 염려는 사라질 것 같지 않다. 하지만 그가 이러한 염려를 이점으로 사용하고 직장에서 과도한 신중함과 비조직화를 유발할 가능성을 최소화시키는 방법을 찾는 데 도움을 얻을 수 있다. 특히, 융통성 부족이 문제가 되는 상황을 파악하고 대안을 고려하도록 격려하는 것이 유용할 것이다. 가장 좋은 방법은 피검자가 대인관계에서 경험하는 분노나 짜증을 스스로 파악할 수 있도록 만들어 주고 가능하다면 이를 환기하게(ventilate) 하는 것이다.

　만약 피검자가 자신의 완벽주의 성향을 탐색하는 데에 긍정적이며 치료적 관계를 신뢰한다면, 정서적 제한과 결혼생활과 같은 대인관계 문제를 다룰 수 있다. 하지만 이는 치료 초기에는 어려울 것이며, 치료사는 치료를 하면서 그의 독단적 성향을 효과적으로 다루는 것이 상당히 어려울 것이다. 이러한 특징은 긍정적인 직장 내 관계 발달에 가장 큰 장애물 중 하나일 수 있다. 이러한 맥락에서, 그의 노력을 재안심시켜 주는 것이 중요하며, 개입 전략 시 주기적으로 재안심을 제공해야 한다.

에필로그

치료사가 평가 결과에 대한 피드백을 주었는데, 치료사는 치료 선택과 제안을 상의할 때 이를 사용했다. 치료사에 따르면, 피검자는 검사 결과에 깊은 인상을 받았으며 그가 정확성에 골몰한다는 것에 즉각 동의했다. 하지만 그는 '좋은 인상'을 주려는 것과 연관된 염려와 이와 관련되는 정서적 제한과 방어에 관한 결과에 대해 미심쩍어 했다. 그럼에도 불구하고 그는 직무 수행 향상을 위해 '한시적으로' 매주 치료를 받기로 하였다.

처음 다섯 회기의 내용은 주로 직장 관련 문제에 초점을 맞추었다. 여섯 번째 회기에, 주요 주제가 직장에서 결혼과 직장 스케줄에 대한 아내의 지속적인 불평으로 변화되었다. 부부 문제는 다음 한 달 동안 기본적인 핵심 주제였으며, 11회기에서 그는 부부치료가 가능한지 물었다. 치료사는 부부치료에 대한 정보와 치료사들을 알려 주었다. 개인치료를 종결한 후, 부부치료를 시작했다.

대략 6개월 후, 피검자는 처음 치료사를 다시 찾아왔다. 그는 아내와 별거를 했고 불안과 우울 에피소드를 빈번히 겪고 있어 다시 개인치료를 받고 싶다고 하였다. 다시 시작한 치료의 첫 한 달 동안, 그는 직장 상황이 나아지지 않았고 직장을 계속 다닐 수 있을까 걱정했다. 또한 아내에 대한 불만을 상당히 토로하고 자신의 많은 문제에 대해 아내를 탓했다. 치료사는 그가 정서와 타인과의 관계에 대해 상당히 개방적이고 직접적이었다고 한다.

두 번째 달에 피검자는 치료를 주 2회로 늘리자고 했으며, 그동안 우울감을 겪는 빈도가 감소했고 직장생활에 대한 자신감이 회복된 기분이 들었다고 했다. 그는 자신에 대해 더 많이 알고 상황을 개선시키는 다양한 방법들을 모색하기 위해 더 자주 치료를 받기를 원했다. 피검자는 그 후 석 달 동안 주 2회 치료사를 만났고, 그 시기에 부부는 이혼에 합의했다. 네 번째 달 초, 피검자는 더 이상 불안 에피소드를 보고하지 않았고 주 1회로 상담 일정을 바꾸었다.

피검자는 이후에도 16개월 동안 치료를 받았다. 치료과정에서, 피검자의 직장 상황은 개선되었고 그는 오랫동안 기다린 진급을 했다. 또한 사회적으로 적극적이 되었고 재혼 가능성에 대해 조심스럽게 이야기하기 시작했다. 치료사는 피검자의 강박적인 특성이 지속되지만, 그는 정확성이 자신에게 유리하게 하는 방법을 습득했다고 한다. 피검자가 타인에게 방어적이지만, 이것의 부정적인 영향을 감소시킬 수 있는 효과적인 전략들을 고안했다. 치료사는 서너 달 안에 치료가 종결될 것이라고 보았다.

참고문헌

de Carvalho, L. B., Lopes, E. A., Silva, L., de Almeida, M. M., Silva, T. A., Neves, A. C., et al. (2003). Personality features in a sample of psychophysiological insomnia patients. *Arquivos de Neuropsiquiatria, 61*(3), 588-590.

Frost, R. O., Marten, P., Lahart, C., & Rosenblate, R. (1990). The dimensions of perfectionism. *Cognitive Therapy Research, 14*(5), 449-468.

Heath, D. H. (1976). Adolescent and adult predictors of vocational adaptation. *Journal of Vocational Behavior, 9,* 1-19.

Heath, D. H. (1977). Some possible effects of occupation on the maturing of professional men. *Journal of Vocational Behavior, 11,* 263-281.

Hewitt, P. L., & Flett, G. L. (1989). The Multidimensional Pefectionism Scale: Development and validation. *Canadian Psychologist, 30,* 339.

Holt, R. R., & Havel, J. A. (1960). A method for assessing primary and secondary process in the Rorschach. In M. A. Rickers-Ovsiankina (Ed.), *Rorschach psychology* (pp. 263-315). New York: Wiley.

Mattlar, C.-E., Carlsson, A., Kronholm, E., Rytöhonka, R., Santasalo, H., Hyyppä, M. T., et al. (1991). Sleep disturbances in a community sample investigated by means of the Rorschach. *British Journal of Projective Psychology, 36*(2), 15-34.

Piotrowski, Z. A., & Rock, M. R. (1963). *The perceptanalytic executive scale: A tool for the selection of top managers.* Oxford, England: Grune & Stratton.

Steiner, M. E. (1953). The search for occupational personalities: The Rorschach test in industry. *Personnel, 29,* 335-343.

Vincent, N. K., & Walker, J. R. (2000). Perfectionism and chronic insomnia. *Journal of Psychosomatic Research, 49,* 349-354.

제9장

급성 정신병적 삽화

피검자는 23세 여성이고, 공립 정신건강 병원에 타의로 입원한 지 12일 이후 평가되었다. 그녀는 이틀 동안 방에서 나오지 않고 식사를 거부하는 혼란스러운 행동 삽화를 보여 부모의 주치의에 의해 병원에 입원하게 되었다. 그녀는 혼란에 빠져 자주 울었으며 환각을 경험하는 것처럼 보여, 정신병동으로 전과되었다. 입원 시 자신에 대해서는 인식하고 있었으나, 시간과 장소에 대한 지남력은 상실했다. 이후 위축되고 말이 없어졌다.

입원 5일 후(재원 6일째), 피검자가 직원들과 제한적인 대화를 시작하고 자발적으로 식사를 하면서 진정제 투약이 중단되었다. 이후 병원 직원들에게 협조적인 태도를 보였고, 자발적으로 면담에 응하였다. 입원 7일 후, 언제든지 자발적으로 퇴원이 가능하다는 것을 확인한 후에 자의로 입원에 동의했다.

그녀는 병원에서 퇴원 후 3개월 동안 48세인 부모와 함께 지냈다. 피검자의 입원은 결혼 2년 차에 있었던 남편의 교통사고 때문이었는데, 남편은 중상을 입어 혼수상태였다. 남편은 의미 있는 뇌 활동이 전혀 없었고 생명 유지 장치를 하고 있다. 교통사고는 남편이 들러리를 섰던 친한 친구의 결혼식 피로연 참석 이후 발생했다. 목격자와 피검자에 따르면, 그녀와 남편 모두 와인을 많이 마셨고 코카인도 했다. 이들이 피로연장을 떠날 때, 누가 운전할지에 대해 언쟁이 있었다. 한 친구가 집에 데려다 주겠다고 했고 그게 싫으면 택시를 타라고 제안했으나, 남편은 이를 거절하고 그들의 차로 출발하였다.

피검자는 남편의 운전이 이상해 보이지 않았다고 하나, 피로연장에서 4.8km쯤 지났을 때 중앙선을 넘어 배달용 승합차와 추돌했다. 승합차 운전자는 사망했다. 그녀는 안전벨트를 하고 있었지만, 남편은 그렇지 않았다. 그녀는 왼쪽 팔과 발목 골절과 약간의 찰과상을 입었으나, 남편은 자동차 앞 유리를 뚫고 튕겨져 나갔다. 교통사고 후 부모가 그녀를 간호했다. 골절은 치료가 잘되어 깁스를 제거하였다. 6주 전 파트타임 비서로 근무하기 시작했고, 3주 후 풀타임으로 근무할 예정이었다.

피검자는 교통사고 후 움직일 수 있게 되자, 10주 동안 매일 남편의 병실에 있었다. 부모는 그녀가 상당히 슬퍼하였는데 최근 남편의 주치의와 남편의 생명 유지 장치를 언제까지 할 것인지 의논한 후 더욱더 슬퍼했다고 한다. 2주 전, 그녀는 이에 대한 최종 결정을 신경과 의사에게 일임했고, 시부모도 이에 동의했다.

고속도로 관리 감독관인 아버지는 피검자의 붕괴된 상태에 대해 믿을 수 없어 했다. 그는 피검자가 이러한 상황을 잘 견디고 있어서 현재 상태를 이해하기 어렵다고 한다. 전업주부인 어머니는 그녀의 상태가 사고 당시 입은 두부 외상 때문이라고 생각한다. 성격평가 이전에 신경학적 및 신경심리학적 평가가 이틀에 걸쳐 진행되었으나 유의한 결과는 없었다. 사고 후 입원 당시 병원 기록도 이와 일치한다.

그녀는 2녀 중 첫째로, 여동생은 19세이고 주립대학 1학년이다. 그녀와 가족들은 항상 친밀했고 부모 모두 그녀가 활발하고 독립적이라고 한다. 발달력상 특이점은 없었다. 12세 후반에 초경을 시작했고 이와 관련해서 특별한 문제는 없었다고 한다. 학창 시절 성적은 중상 정도였다. 고등학생 때에는 치어리더이자 합창 단원이었고, 노인 식사를 위한 모금과 관련된 사회단체에서 적극적으로 활동했다. 고등학교 졸업 이후 대입을 포기하고 지역 내 경영 전문대학에서 1년간 비서과정을 수료했다. 성적은 주로 A와 B를 받았다. 비서과정 수료 이후, 변호사 2명의 개인 비서로 근무했고, 여전히 그 일을 하고 있다.

그녀와 남편은 가끔씩 데이트를 했던 고등학교 동창이었다. 고등학교 때 이성 교제를 '많이' 했고, 16세 때 처음 성관계를 맺었다고 한다. 이에 "끔찍하게 역겹고 준비되지 않아서" 실망스러웠다고 한다. 이후 2년 동안 최소 4명의 남자와 성관계를 하였고 첫 오르가슴은 3학년 때 현재 남편과의 성관계에서 경험하였다고 한다. 고등학교를 졸업한 후에도 두 사람은 계속 만났고, 동거에 대해 고려했으나 그녀의 부모가 심하게 반대할 것이라고 생각하여 피검자가 거절했다. 경영 전문대학 과정을 졸업하기 몇 달 전 약혼했고, 비서로 취직하고 곧바로 결혼하였다. 남편도 대학 진학을 포기하고 통조림 가공식품 제조 공장에 취직했다. 그 일을 잘하여 두 번 승진했고, 조립 라인을 감독하는 보조 현장감독관이 되었다.

그녀는 자신의 정신증적 행동에 대해 상당히 혼란스럽고 당황스럽다고 한다. 피검자는 그녀와 남편 모두 (결혼 피로연 당시를 포함하여) 몇 번 코카인을 했다는 것은 인정하지만, 알코올이나 약물남용은 부인한다. 진단되지는 않았지만 두부 외상을 경험했을 수 있다는 어머니의 가정에 동의하고 있다. 그녀는 곧 퇴원하기를 바라고, 다시는 이런 일이 일어나지 않는다는 확신을 갖기 원한다.

평가는 일반적인 절차 가운데 일부이다. 몇몇 직원들은 그녀가 사고의 명료함이 부족하고 면담이나 대화를 할 때 거리를 두는 경향성이 있다는 인상을 받았다. 따라서 의뢰 시 조현정동장애나 조현양상장애와 관련된 문제가 제기된 바 있다. 또한 의뢰자는 병원 내에서 그리고 퇴원 이후 추천되는 치료에 대해서도 자문을 구한다.

사례 개념화 및 관련 문헌

이 젊은 여성은 지속적이지만 대부분 인식하지 못한 스트레스를 3개월 이상 경험하면서 심각한 붕괴로 고통 받았다. 입원 2주 후, 피검자는 입원이 요구되었고 그녀의 부모가 믿지 않았던 정신증적 삽화로 인해 혼란스럽고 당황스러워하고 있다. 그녀는 교통사고 때문에 경미한 두부 손상과 같은 신경학적 문제가 있는지 궁금해한다. 퇴원을 기대하며 그 에피소드는 다시는 일어나지 않을 일시적인 탈선 정도로 보고 싶어 한다. 삽화에 대한 의미를 최소화하고 정서적인 원인이 아닌 다른 근거를 찾고자 한다. 효과적인 치료에 대한 제언의 첫 단계는 정신증적 붕괴 이후 재통합하는 방식들과 다양한 방식으로 치료할 때 함의에 관한 문헌을 검토하는 것이다. 두 번째는 이러한 심리적 와해와 정신증적 수준(psychotic level)의 기능에 대한 평가와 관련된 로르샤흐 문헌을 검토하는 것이다.

회복 유형의 평가

McGlashan과 동료들(Levy, McGlashan, & Carpenter, 1975; McGlashan, Levy, & Carpenter, 1975; McGlashan, Docherty, & Siris, 1976)은 급성 정신증적 붕괴 이후 회복 유형에 대해 많은 연구를 하였다. 그들은 통합(integration)부터 봉인(sealing over)까지 연속선상에 있다고 주장한다. 통합은 회복기 동안 정신증적 삽화에 대해 적극적으로 관심을 갖고 자기를 이해하기 위해 경험을 논의하는 데 꺼리지 않는 것과 관련된다. 봉인은 '적게 말하는 것이 더 좋다'는 접근으로, 환자가 회복기 동안 정신증적 경험에 대해 관심을 두지 않고 현재와 미래에만 초점을 두는 것과 관련된다.

McGlashan 등(1975)에 따르면, 통합하는 사람들은 정신증적 삽화를 전반적인 삶의 맥락에서 이해하게 하는 유용한 정보원으로 생각한다. 봉인하는 사람들은 삽화의 중요성을 최소화하고 이를 외부의 힘에 의한 자아-이질적인(ego-alien) 사건으로 국한시켜 본다.

회복 유형의 차이가 Levander와 Werbart(2003)의 연구에서 나타난다. 그들은 처음 정신 증적 붕괴를 경험한 두 남성 환자와 치료사의 면담 및 로르샤흐를 추적연구했다. 통합형 으로 추정되는 첫 번째 환자는 정신증적 붕괴를 장기적인 문제의 일부로 보았다. 로르샤 흐의 내향적 문제해결 양식은 손상된 자기개념과 일치하고 자신이 치료될 수 있을 것이라 고 여겼다. 이와 달리, 치료사는 환자의 문제를 둔감하고 지지적이지 않은 부모 때문이라 고 생각하였다. 18개월 후 추적 관찰을 했을 때 치료 성과는 거의 없었다.

Levander와 Werbart(2003)가 기술한 두 번째 환자는 그 경험을 빠르게 봉인했는데, 치료 사에게 "저녁에, 그럼에도 불구하고 나는 육체노동을 하고 작업 중인 책을 작업하고 싶어 요……. 나는 현재에 있고 싶고 지나간 것은 잊고 싶어요."라고 이야기하였다(p. 169). 환 자는 복잡한 음모로 코카인을 섞은 음료에 중독되어 정신증적 붕괴가 일어났다고 여겼다. 지난 삶의 경험을 되돌아보기를 꺼렸고, 치료사는 환자가 인간으로서의 자기 자신에 대한 호기심이 없다고 느꼈다. 로르샤흐에서는 외향형이었고 반응이 뚜렷하지 않았다. 치료사 는 심층적인 접근이 필요함을 알았지만, 환자가 정신증적 삽화를 현재 통제될 수 있는 자 아-이질적인 경험으로 봉인하도록 두었다. 환자는 회복이 잘 되어서 6개월 후 치료를 종 결하였고, 18개월과 7년 추적 시에도 좋은 기능을 유지하고 있었다.

Levander와 Werbart(2003)는 치료에서 환자가 정신증적 붕괴에 대해 어떤 관점을 취하 는지가 중요하다고 주장한다. 통합자들은 붕괴와 자신의 삶을 연속적으로 보고, 봉인자들 은 그 원인을 외부 귀인한다. 이러한 관점의 차이 때문에 통찰자들에게 신중한 훈습을 통 해 통찰을 제공하고 봉인자들에게는 현재-미래 지향적 관점을 지지하는 서로 다른 치료 적 접근을 제안한다.

정신증적 와해의 평가

DSM-IV-TR(American Psychiatric Association, 2000, pp. 329-332)에서 단기 정신증적 장애(Brief Psychotic Disorder)는 심한 와해나 긴장증적 행동 등 양성 정신증적 증상이 갑작 스럽게 발병하는 장애로 정의된다. 삽화는 1개월 미만으로 지속되고, 높은 스트레스에 대 한 반응으로 나타날 수 있다. 삽화 동안 개인은 전형적으로 강렬한 정서가 빠르게 변화하 는 혼란에 압도되는 것을 경험한다. 로르샤흐는 이러한 삽화에서 와해된 수준을 평가하는 데에 유용한데, 특히 회복 유형이 봉인에 해당하는 경우 그러하다.

와해에 대한 로르샤흐 평가에서 가장 종합적인 접근법은 Perry와 동료들의 연구에서 찾을 수 있다(Perry & Viglione, 1991; Perry, Viglione, & Braff, 1992; Perry, McDougall, & Viglione, 1995; Perry, Minassian, Cadenhead, Sprock, & Braff, 2003; Viglione, Perry, & Meyer, 2003). 1991년 그들은 자아 손상 지표(Ego Impairment Index: EII)의 개발을 필두로, Perry 와 Viglione(1991)는 로르샤흐 종합체계 내 변인을 이용하여 개인의 자아 조직화(ego organization) 수준에 대한 정보를 제공하는 지표를 만들고자 하였다. 조직화는 "내적 및 외적 요구와 스트레스를 접하는 개인의 능력"이라고 정의하고, "성격 특질과 방어 유형은 외부 세계와 상호작용이 요구되며, 내적 과정과 환경을 활용하는 자아능력에 따라 성공 여부가 다양할 수 있다"고 강조하였다(1991, p. 448).

Beres(1956)의 상호 연결된 6가지 자아기능에 대한 설명을 토대로, Perry와 Viglione (1991)는 외부 현실과의 빈약한 관계($FQ-$), 인지적 실수(cognitive slippage)와 일차 과정 사고($WSum6$), 본능적 욕구와 추동을 억제하는 능력 부족(주요 내용: 해부, 피, 폭발, 불, 음식, 성, X-ray 내용과 공격적이고 병적인 특수점수들), 대인관계 왜곡($M-$), 대인관계의 질(GHR과 PHR)에 대한 정보를 제공하는 로르샤흐 변인들의 조합을 밝히고 있다. 이들 로르샤흐 변인에 대한 요인분석에서 하나의 유의한 요인이 산출되었고, EII를 계산할 수 있도록 각 로르샤흐 변인의 가중치를 부여하였다.

Viglione 등(2003)은 비환자군부터 성격장애 환자와 정신과 외래 및 입원환자들 가운데 범죄자 363명을 대상으로 로르샤흐 결과에 대한 요인 계수를 재계산하여 EII를 정교화하였다. 이렇게 정교화된 지표(EII-2)를 계산하는 알고리즘은 $.141(Sum\ FQ-)+.049$ ($WSum6$)$+.072$(결정적 내용)$+.198(M-)+.117(PHR)-.104(GHR)-.066(R)-.038$이다. 점수가 높을수록 자아 손상이 더 심각하다는 것을 의미하고, 점수가 +1.3 이상이면 유의한 와해를 시사한다. EII-2 최종점수에 대한 각 변수의 기여도를 비교하면(반응 수를 통제 변인으로 배제하여) 개인의 와해의 원인을 더 상세하게 이해할 수 있다.

EII에 대한 광범위한 요인분석, 신뢰도와 타당도 연구는 이 지표가 강력함을 시사한다. EII의 구성 요소에 대한 반복적인 요인분석 결과(Perry & Viglione, 1991; Perry et al., 1992; Viglione et al., 2003), 로르샤흐 요인 간 변량에 대해 60% 정도를 설명하는 단일 요인이 반복적으로 산출되었다. 몇몇 연구는 EII 요소에 대한 평가자 간 일치도가 우수함을 보여 주었다(예: Adrian & Kaser-Boyd, 1995; Perry & Viglione, 1991). 17명의 우울증 환자에 대한 5년 추적연구 결과에서(Perry et al., 1995), 검사자-재검사자 간 순위 상관은 .68이었고, 연구자들은 EII가 "증상의 변화에도 지속적으로 유지되는 성격의 안정적인 핵심 요소로 볼 수 있다"고 결론 내렸다.

　　몇몇 타당도 연구에서 EII점수는 입원환자 대 외래환자 혹은 정신증적 진단의 심각도로 측정된 심리적 와해 수준과 관련된다는 것이 밝혀졌다. Adrian과 Kaser-Boyd(1995)의 연구에서 외래환자보다 이질적인 집단의 남성과 여성 입원환자들의 EII점수가 높았다. EII점수가 정신증 환자와 비정신증 환자를 변별하지는 못했지만, *GHR* 변인으로 두 집단을 변별할 수 있었다. Perry 등(1992)이 연령과 교육수준이 동일한 편집증적 조현병 환자를 비교하였을 때, 감별불능형(undifferentiated)과 와해형(disorganized) 조현병 환자들의 EII점수가 유의하게 높았다. Perry 등(2003)은 조현병 가계력이 있는 비환자 집단와 조현형 성격장애(schizotypal personality disorder) 환자부터 외래치료를 받는 조현병 환자와 입원한 조현병 환자까지 검사를 실시했다. 연구자들은 비환자 집단의 평균 -0.35에서 입원한 조현병 환자의 평균 1.21에 이르기까지 병리적 수준이 심각해짐에 따라 EII점수가 유의하게 선형으로 증가함을 밝혀냈다.

　　요약하자면, EII가 개인의 적응적인 심리적 조직화 수준 평가에 유용하다. Viglione 등(2003)은 "(상승은)…… 복잡하고 요구적인 일상적 상황에서 문제해결의 실패나 비효율적이고 특이한 사고"를 나타내고, 이는 "…… 심각한 장애가 있는 개인뿐만 아니라 비교적 잘 기능하는 개인에게 나타나는 사고의 손상과 제한에도 민감한 지표이다"라고 결론지었다.

사례 7. 23세 여성

카드	반응	질문
I	1. 모르겠어요. 새 두 마리가 어떤 동물의 시체를 가지고 날아가고 있는 것 같아요. 잘 모르겠는데, 소나 말이요.	평가자: (반응 반복) 피검자: 양쪽에 새 같은데 가운데에 죽은 것을 집어 올리고 있어요. 동물의 사체 같아요. 소나 말 같은데, 소 같아요. 평가자: 제가 제대로 보고 있는 건지 모르겠어요. 좀 더 설명해 주세요. 피검자: 양쪽에 새가 있어요. 뭔가를 집거나 집은 것을 가지고 날려고 할 때의 새처럼 날개를 편 것을 보세요. 이것이 새의 몸이에요. 평가자: 동물 사체는요? 피검자: 죽은 것이에요. 머리의 뿔 때문에 소라고 생각했어요. 아주 뚱뚱한 소 같아요.

	2. 얼굴 같기도 하네요. 늑대가 분명해요.	평가자: (반응 반복)
		피검자: 귀와 눈(S)이 크고 입은 늑대가 으르렁거리는 것처럼 말려 올라가 있어요. 늑대는 항상 으르렁거리잖아요.
		평가자: 늑대가 분명하다고요?
		피검자: 네, 아까 말했듯이 늑대는 항상 으르렁거려요. 그래서 늑대라고 했어요.
II	3. 어떤 동물들이 싸우고 있는데, 둘 다 다쳤어요. 아주 심하게요.	평가자: (반응 반복)
		피검자: 제 생각에 곰인 것 같아요. 곰이라고 생각할 만큼 커요. 하지만 발, 손, 사방에 피를 흘렸어요. 두 마리 중 어느 것도 살 수 있을 것 같지 않아요. 잔인하네요.
		평가자: 무엇 때문에 곰이라고 생각했는지 잘 모르겠어요.
		피검자: 그냥 곰 같아요. 이 붉은색이 없다면 선생님이 더 잘 볼 수 있을 거 같은데, 곰의 얼굴이 피로 뒤덮였어요.
III	4. 잔인하네요. 두 해골이 냄비 주변에서 춤추고 있어요. 뭔가를 죽인 것 같아요.	평가자: (반응 반복)
		피검자: 양쪽에 하나씩, 해골이 죽인 불쌍한 동물로 요리하고 냄비 주변에서 춤을 추고 있는 것 같아요. 그들 주변이 온통 피예요.
		평가자: 무엇이 그들을 해골처럼 보이게 했죠?
		피검자: 말랐잖아요. 뼈가 보여요. 해골처럼요.
		평가자: 피는요?
		피검자: 다 빨갛잖아요. 그래서 피고요. 이게 냄비예요.
IV	5. 흉측한 괴물이에요. 고릴라요, 맞아요. 그거예요.	평가자: (반응 반복)
		피검자: 크고 거대해요. 제가 아래에 누워서 올려다보는 것 같아요. 발이 커다랗고, 잘 모르겠는데, 머리가 작은데 다 털이에요. 무언가에 앉아 있는 것 같아요.
		평가자: 다 털이라고요?
		피검자: 고릴라 털처럼 색깔이 다 어둡고 곱슬곱슬해요.
		평가자: 무언가에 앉아 있다고요?
		피검자: 나무 그루터기는 아니고, 스툴 같은 나무 그루터기 같아요.

	6. 다스 베이더(Darth Vader) 가면 중 하나일 수도 있겠다고 생각해요.	평가자: (반응 반복)
		피검자: 귀 주변에 내려온 게 있어요. 덮개처럼요. 입 위에 일직선으로 된 조각이 있는데 검은색 이에요……. 남편은 그 영화를 정말 좋아했 어요(울음). …… 그만하면 안 돼요?
		평가자: 천천히 하세요. 서두를 것 없어요(피검자는 잠시 멈추고 나서).
		피검자: 좋아요, 괜찮아요.
V	7. 나방, 불꽃에서 도망가려고 하고 있어요.	평가자: (반응 반복)
		피검자: 진짜 불꽃이 있는 건 아니에요. 그냥 나방이 위로 날아가고 있어요.
		평가자: 무엇이 나방처럼 보이게 하는지 모르겠네요.
		피검자: 음울해 보여요. 회색이요. 위로 날아가는 것 처럼 날개를 펼쳤어요. 불이나 불꽃에 너무 가까이 갔을 때 나방이 하는 것처럼요.
	8. 두 사람일 수 있겠네요. 서로 기대 어 잠이 들었어요.	평가자: (반응 반복)
		피검자: 다리를 쭉 펴고 누웠고 머리는 잠이 든 것처 럼 구부러졌어요. 서로 받치고, 여기가 다리 고 머리예요.
VI	9. 이상해요. 십자가상 같아요. 선생 님이 하고 있는 메달처럼요.	평가자: (반응 반복)
		피검자: 윗부분만, 십자가상 같아 보여요. 그리스도 의 몸을 정교하게 형상화했는데 햇살무늬가 있어요. 토리노(Turin) 십자가처럼, 사람처 럼 생긴 몸의 윤곽이 어둡고 십자가에 박혀 있어요.
	V 10. 고양이가 차나 트럭에 치인 것 같아 보여요.	평가자: (반응 반복)
		피검자: 납작해졌어요. 차나 뭔가에 치인 것처럼요. 머리와 콧수염은 남아 있어요. 여기가 납작 해진 다리이고 나머지는 그냥 엉망이 된 털 같아요.
		평가자: 엉망이 된 털이요?
		피검자: 그냥 털 같아 보여요. 선이랑 점이 모두 고양 이 털 같아요.

VII	∨ 11. 뼈 같아요.	평가자: (반응 반복)
		피검자: 그냥 뼈 같은 거요. 연결되어 있지만 잘 구분할 수는 없네요. 큰 동물의 흉곽 같아요. 선생님도 박물관에 가면 이런 공룡 뼈를 볼 수 있을 거예요. 커다란 뼛조각 같은 거요.
	12. 이 방향이 낫네요. 작은 소녀 2명이 시소를 타고 위아래로 움직이는 것 같아요.	평가자: (반응 반복)
		피검자: 행복한 시간이에요. 소녀들은 시소를 타고 함께 놀고 있어요. 예전에 저는 친구랑 시소 타는 것을 아주 좋아했어요. 걱정은 없어요. 그냥 즐거요.
		평가자: 좀 더 자세히 설명해 주세요.
		피검자: 여기에 한 명이 있고요(D2). 여기 시소가 있는데 코와 머리가 위아래로 움직이는 걸 보세요.
VIII	13. 무언가 완전히 찢겨졌어요. 죽은 짐승의 내부 같아요.	평가자: (반응 반복)
		피검자: 끔찍하네요. 어떤 불쌍한 동물의 잔해 같아요. 갈비뼈와 폐가 있어요. 위장도 있는데, 일부는 썩었어요.
		평가자: 썩었다고요?
		피검자: 파란색이에요. 썩으면 파란색이 돼요. 다른 데는 피가 있는데, 가운데는 모두 썩었어요.
		평가자: 다른 데는 다 피라고요?
		피검자: 오 이런, 모르겠어요. 그냥 그런 것 같아요. 피 색깔 같아요, 맞아요!
	∨ 14. 이 방향이 낫네요. 하지만 뭔지 모르겠어요. 윗부분이에요. 그래요, 아이의 팽이요.	평가자: (반응 반복)
		피검자: 여기 뾰족한 부분이 회전하는 거예요. 둥글고 색깔이 다양해요. 제 조카를 보는 것 같네요. 그 애는 겨우 세 살이에요.
IX	15. 이건 마음에 들지 않아요. 이것은 여자의 내부를 떠올리게 해요.	평가자: (반응 반복)
		피검자: 아랫부분 같아요. 중앙은 자궁이고 거기 자궁 안에 관이 있어요. 분홍색이 질과 그 뒷면에 걸쳐져 있어요. 녹색은 무엇인지 모르겠네요. 위장의 일부 같아요, 주황색은 아무 것도 아니에요. 아마도 속쓰림.

		평가자: 제가 전부 다 따라가고 있는 건지 모르겠네요. 자궁이 중앙이고 그 안에 관이 있고 분홍색은요?
		피검자: 분홍색은, 질이 분홍색이고, 뒷부분이 분홍색이에요. 거기는 전부 분홍색이에요.
		평가자: 주황색은 속쓰림이라고 했죠?
		피검자: 모르겠어요. 속쓰림이란 게 배 속에 온통 불이 난 건데, 불처럼 주황색이라서 그냥 속쓰림이라고 했어요.
X	16. 두 마리의 작은 노랑 새가 보이네요.	평가자: (반응 반복)
		피검자: 양쪽에 한 마리씩, 여기 나뭇가지 같은 것에 앉아 있어요. 여기 갈색 부분이요.
		평가자: 무엇이 그들을 새처럼 보이게 했죠?
		피검자: 모양이 그래요. 노란색이고요. 노란 새처럼요.
	17. 거미 같아요. 파란 거미요.	평가자: (반응 반복)
		피검자: 거미처럼 다리가 많아요. 한쪽에 하나씩. 나는 항상 거미를 싫어했지만, 거미가 선생님 집으로 가서 괴롭힐 것이기 때문에 선생님은 그러면 안 돼요. 저는 더 이상 거미를 싫어하지 않을래요. 적어도 파란색 거미는 좋아하도록 할 거예요.
	18. 슬픈 토끼처럼 보여요. 녹색 눈물을 흘리고 있어요.	평가자: (반응 반복)
		피검자: 머리, 바로 여기요(D5). 하지만 토끼는 울고 있어요. 이 녹색(D4)이 토끼의 눈물이에요. 정말 슬퍼요.
∨	19. 이 방향이 낫네요. 꽃이 많아요. 색깔이 다 다르네요. 막 흩어져 있어요.	평가자: (반응 반복)
		피검자: 그냥 많은 꽃들이요. 색깔이 다 다른데, 어떤 꽃은 시들어 가고 있어요. 시들고 있어요. 분홍색의 음영이 달라요. 여기 아래는 회색이에요. 누군가가 꽃을 버린 것 같아요.

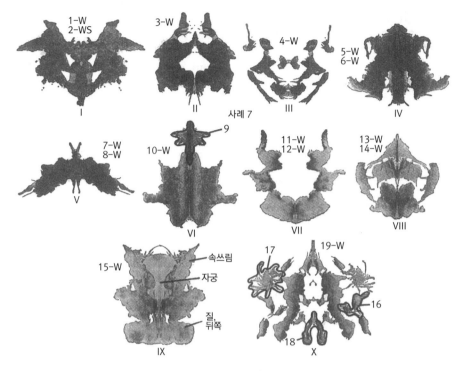

사례 7. 점수 계열

카드	반응 번호	위치	영역 번호	결정인	(2)	내용	평범 반응	Z	특수 점수
I	1	W+	1	FMa−	2	A,Ad		4.0	FAB2,MOR,COP,PHR
	2	WSo	1	FMao		Ad		3.5	AG,ALOG,PHR
II	3	W+	1	FMa.CFo	2	A,Bl		4.5	AG,MOR,PHR
III	4	W+	1	Ma.Cu	2	(H),Bl,Hh	P	5.5	COP,MOR,FAB2,PHR
IV	5	W+	1	FD.FT.FMpo		A,Bt		4.0	
	6	Wo	1	FC'u		(Hd)		2.0	PER,GHR
V	7	Wo	1	FMa.FC'o		A		1.0	
	8	W+	1	Mpo	2	H		2.5	COP,GHR
VI	9	Do	3	FYo		Art,H			DV,GHR
	10	W+	1	FTo		Ad	P	2.5	MOR
VII	11	Wo	1	Fu		An,Ay		2.5	PER
	12	W+	1	Ma.mpo	2	H,Sc	P	2.5	COP,PER,GHR
VIII	13	Wo	1	CF−		An,Bl		4.5	MOR
	14	Wo	1	FCu		Sc		4.5	PER
IX	15	Wo	1	FD.CF.Ma−		An,Hx,Sx		5.5	DR,MOR,PHR
X	16	D+	15	FC.FMpo	2	A,Bt		4.0	
	17	Do	1	FCo	2	A	P		INC,DR
	18	D+	10	Mp.FC−		Ad,Hx,Id		4.0	FAB2,MOR,PHR
	19	Wv/+	1	CF.mp.YF.C'Fo		Bt		5.5	MOR

사례 7. 구조적 요약

구조적 요약(상단부)

반응영역	결정인 혼합	결정인 단일	반응내용	자살 지표
			H $=3$	NO ... FV+VF+V+FD >2
			(H) $=1$	YES.. Col-Shd Bl >0
Zf $=17$	FM.CF	M $=1$	Hd $=0$	NO ... Ego $<.31, >.44$
ZSum $=62.5$	M.C	FM $=2$	(Hd) $=1$	YES.. MOR >3
ZEst $=56.0$	FD.FT.FM	m $=0$	Hx $=2$	YES.. Zd $>+-3.5$
	FM.FC′	FC $=2$	A $=6$	YES.. es $>$ EA
W $=15$	M.m	CF $=1$	(A) $=0$	YES.. CF+C $>$ FC
D $=3$	FD.CF.M	C $=0$	Ad $=4$	YES.. X+% $<.70$
W+D $=18$	FM.FC	Cn $=0$	(Ad) $=0$	NO ... S >3
Dd $=1$	M.FC	FC′ $=1$	An $=3$	NO ... P <3 or >8
S $=1$	CF.m.YF.CF′	CF′ $=0$	Art $=1$	NO ... Pure H <2
		C′ $=0$	Ay $=1$	NO ... R <17
		FT $=1$	Bl $=1$	6 ...... TOTAL
발달질		TF $=0$	Bt $=3$	**특수점수**
		T $=0$	Cg $=0$	Lv1 Lv2
+ $=8$		FV $=0$	Cl $=0$	DV $=1x1$ 0x2
o $=10$		VF $=0$	Ex $=0$	INC $=1x2$ 0x4
v/+ $=1$		V $=0$	Fd $=0$	DR $=2x3$ 0x6
v $=0$		FY $=1$	Fi $=0$	FAB $=0x4$ 3x7
		YF $=0$	Ge $=0$	ALOG $=1x5$
		Y $=0$	Hh $=1$	CON $=0x7$
		Fr $=0$	Ls $=0$	Raw Sum6 $=8$
형태질		rF $=0$	Na $=0$	Wgtd Sum6 $=35$
FQx MQual W+D		FD $=0$	Sc $=2$	
+ $=0$ $=0$ $=0$		F $=1$	Sx $=1$	AB $=0$ GHR $=4$
o $=11$ $=2$ $=10$			Xy $=0$	AG $=2$ PHR $=6$
u $=4$ $=1$ $=4$			Id $=1$	COP $=4$ MOR $=8$
− $=4$ $=2$ $=4$				CP $=0$ PER $=4$
none $=0$ $=0$ $=0$		(2) $=7$		PSV $=0$

구조적 요약(하단부)

비율, 백분율, 산출한 점수

R $=19$	L $=0.06$		FC:CF+C $=4:5$		COP $=4$ AG $=2$
			Pure C $=1$		GHR:PHR $=4:6$
EB $=5:7.5$	EA $=12.5$	EBPer $=1.5$	SumC′:WSumC $=3:7.5$		a:p $=7:6$
eb $=8:7$	es $=15$	D $=0$	Afr $=0.58$		Food $=0$
	Adj es $=13$	Adj D $=0$	S $=1$		SumT $=2$
			Blends:R $=9:19$		Hum Con $=5$
FM $=6$	C′ $=3$ T $=2$		CP $=0$		Pure H $=3$
m $=2$	V $=0$ Y $=2$				PER $=4$
					Iso Indx $=0.16$
a:p $=7:6$	Sum6 $=8$	XA% $=0.79$	Zf $=17.0$		3r+(2)/R $=0.37$
Ma:Mp $=3:2$	Lv2 $=3$	WDA% $=0.78$	W:D:Dd $=15:3:1$		Fr+rF $=0$
2AB+Art+Ay $=2$	WSum6 $=35$	X−% $=0.21$	W:M $=15:5$		SumV $=0$
MOR $=8$	M− $=2$	S− $=0$	Zd $=+6.5$		FD $=2$
	Mnone $=0$	P $=4$	PSV $=0$		An+Xy $=3$
		X+% $=0.58$	DQ+ $=8$		MOR $=8$
		Xu% $=0.21$	DQv $=0$		H:(H)Hd(Hd) $=3:2$

PTI $=3$	DEPI $=3$	CDI $=1$	S−CON $=6$	HVI $=$ NO	OBS $=$ NO

S-CON과 핵심 변인

　S-CON(6)은 유의하지 않다. 첫 번째 핵심 변인은 *EB*(5:7.5)로, 피검자가 외향형임을 보여 준다. 따라서 정동 관련 지표를 먼저 검토해야 하고, 자기 지각과 대인관계 지각 순으로 진행해야 한다. 이후 통제 관련 자료를 검토하고 인지적 3요소를 구성하는 군집들을 살펴보아야 한다.

정동

사례 7. 23세 여성의 정동 관련 자료

EB	=5:7.5			EBPer	=1.5	**Blends**	
eb	=8:7	L	=0.06	FC:CF+C	=4:5	M.C	=1
DEPI	=3	CDI	=1	Pure C	=1	M.FC	=1
						M.m	=1
SumC′=3	SumT=2			SumC′:WSumC	=3:7.5	FD.CF.M	=1
SumV=0	SumY=2			Afr	=0.58	FM.CF	=1
						FM.FC	=1
Intellect	=2	CP	=0	S=1 (S to I, II, III =1)		FM.FC′	=1
Blend:R	=9:19			Col-Shd Bl	=1	FD.FT.FM	=1
m+y Bl	=1			Shading Bl	=1	CF.m.YF.C′F=1	

　조현정동장애(affective psychosis)의 가능성이 제기되었음에도 불구하고, DEPI(3)가 유의하지 않은 것이 다소 놀랍다. *EB*(5:7.5)는 피검자가 의사결정 시 감정과 사고를 통합한다는 것을 의미한다. 감정을 적절히 드러내고 결정을 검토하기를 선호하고 효율성을 평가하기 위한 기본적인 자원으로서 피드백에 의존할 수 있겠다. *EBPer*는 이러한 직관적인 대처양식을 사용하는 것에 대해 유연하고, 어떠한 상황에서는 정서보다는 관념적인 접근을 택하고, 어떤 행동이 일어나기 전에 심사숙고함을 나타낸다.

　eb 우항(7)이 좌항(8)보다 크지 않지만, 보통의 기대 수준보다 상당히 크다. 피검자는 2가지 이유로 내적으로 상당히 불편감을 느끼는 것으로 보인다. 하나는 *SumC′*(3)으로 표출하고자 하는 감정의 과도한 억압과 연관된다. 슬픔을 충분히 환기(ventilation)하고 효과

적으로 정서를 다룰 수 있는지 의문이 생긴다. 둘째, 2개의 재질반응은 상실감 및 외로움과 직접적으로 연관되며 이에 상응하여 친밀감에 대한 욕구가 증가된 것처럼 보인다.

Afr(.58)은 외향형에서 기대되는 것보다는 다소 낮은 수준인데, 이는 그녀가 정서 자극을 처리하는 데에 불편감을 느끼는 것을 의미한다. 만성적인지 외상에 의해 발생한 것인지에 대해서 단언하기 어렵지만, 피검자가 통제나 정서 표현 조절에 어려움이 있지 않으면 문제는 나타나지 않는다. 이러한 맥락에서, *C*가 포함된 *FC:CF*+*C*(4:5)는 그녀가 감정 표현이 뚜렷하고 강렬한 경향성을 나타낸다는 것을 시사한다. 이는 외향형에게 드물지 않은데, 통제에 심각한 문제가 없다면 부정적인 결과로 볼 수 없다. 그러나 앞서 언급한 감정을 억누르고 내재화하고 정서적 자극을 회피하려는 경향성을 고려해 보면, 흥미로운 결과이다. 이를 종합하면, 피검자는 평소보다 감정을 다루는 데 더 어려움을 겪을 것으로 보인다.

유일한 *C*(카드 III, 반응 4)인 피(Bl)반응은 원초적인 속성이 있지만, 반응에서 2개의 형태가 있는 대상들(해골, 항아리)을 더 강조했기 때문에 이는 어느 정도 완화된다. 그러나 이는 두드러진 인지적 실수를 포함된 반응으로 그녀가 정서를 다루는 데에 어려움이 있음을 보여 준다. 외상 경험과 최근의 정신증적 행동들을 고려해 보면, 피검자의 통제능력이 온전한지에 의문이 생긴다.

19개 반응 중 혼합반응은 9개(47%)로 외향형에서 기대되는 것보다 높은 비율이다. 이는 피검자의 심리가 상당히 복잡하다는 것을 나타낸다. 9개 혼합반응 중 하나는 확실한 상황적인 요인(*M.m*) 때문에 나타날 수 있지만, 9개 중 2개가 3개의 결정인(*FD.FT.FM, FD.CF.M*)을 포함하고, 하나는 4개의 결정인(*CF.mp.YF.C'F*)이 포함된다는 것이 중요하다. 이러한 세 반응들 중 첫 번째는 2개의 재질반응 중 하나가 있고 세 번째는 상황과 관련된 두 변인이 포함되었다. 따라서 그녀의 현재 상황 때문에 비일상적인 복잡성에 높아진 것으로 보이며, 이는 감정을 통제하는 데 부정적인 영향을 미친다. 또한 4개의 변인으로 구성된 혼합반응은 색채와 음영 모두를 포함하는데, 이는 그녀의 감정이 혼란스럽고 상황과 연관된 강렬한 고통을 경험한다는 것을 의미한다.

전반적으로, 정동의 혼란과 과민함(irritation)이 시사된다. 이는 피검자가 의사결정 시 감정에 지나치게 의존하기 때문에 문제가 될 수 있다. 그녀는 감정의 내재화와 더불어 최근 있었던 비극적 사건에서 기인된 것으로 보이는 친밀감에 대한 욕구나 외로움의 경험으로 심한 정서적 불편감을 경험하고 있다. 피검자는 과거에 비해 정서를 처리하거나 정서적 부담이 되는 상황을 회피하려는 면이 두드러지고, 상황과 연관된 감정의 혼란과 현저한 고통이 포함된 복잡함에 압도된 것처럼 보인다.

정동과 관련된 자료(*SumC', Afr, FC:CF+C, C*와 혼합반응 결과들)를 검토하였을 때, 통제능력이 온전한지에 의문이 생긴다. 이러한 맥락에서, 기존의 해석 절차에서 벗어나 자기 지각과 대인관계 지각 관련 군집을 검토하기 이전에 통제를 살펴보는 것이 타당해 보인다.

통제

사례 7. 23세 여성의 통제 관련 변인

EB = 5:7.5	EA = 12.5		D = 0	CDI = 1	
eb = 8:7	es = 15	Adj es = 13	Adj D = 0	L = 0.06	
FM = 6 m = 2	SumC' = 3	SumT = 2	SumV = 0	SumY = 2	

D와 Adj D 모두 0으로, 피검자의 스트레스에 대한 통제와 인내가 대부분의 사람들과 유사할 것으로 나타났다. *es*(15)는 높음에도, 피검자는 전형적인 것보다 더 많은 내적으로 짜증 나는 요구들을 상당히 경험할 것으로 보인다. *EA*(12.5)가 시사하듯, 그녀는 분명히 상당한 자원이 가용하고 과부화에 빠지지 않고 이러한 요구를 견딜 수 있다. 하지만 D 점수의 맥락에서 볼 때, 있는 그대로 이러한 결론을 수용하는 것은 주의가 필요하다.

*EA*와 *es*의 차가 −2.5여서 D점수는 0이 되었다. 만약 *EA*가 0.5 낮거나 *es*가 1.0 높았다면, D는 −1이 되었을 것이다. *EA*와 *es* 관련된 채점은 정확하지만, *M*으로 채점된 반응 하나가 모호하다. "…… 주황색은 아무것도 아니에요. 아마도 속쓰림……"인 카드 IX의 반응 15가 *M*으로 채점되었다. 평가자가 "주황색이 속쓰림이라고 했어요."라고 하자, "잘 모르겠어요. 속쓰림이란 게 배 속에 온통 불이 난 건데, 불처럼 주황색이라서 그냥 속쓰림이라고 했어요."라고 응답했다.

평가자가 '아마도(*maybe*)'라고 피검자가 사용한 단어 대신 '-이다(*is*)'를 쓴 것이 동의를 강요한 것은 아닌지 혹은 정확한 단어가 사용되었다면 속쓰림이라고 한 영역을 재확인했어야 했던 건 아닐까 하는 의문이 든다. 예를 들어, "저는 정말 모르겠어요. 처음에 봤을 땐 그렇게 생각하지 않았는데, 그럴 수도 있다고 생각해요."라고 반응했다면 *M*으로 채점되지는 않았을 것이다. 그러한 경우, *EA*는 11.5, *EA−Adj es*는 2.0로 Adj D는 0이나, *EA−es*는 −3.5로 D는 −1이 된다.

*EA*와 *es* 자료를 검토한 결과, 피검자의 통제능력에 대한 결론은 신중해야 한다. 평상시

피검자의 스트레스에 대한 통제 및 인내가 대부분의 사람과 유사하다는 것은 타당해 보인다. 하지만 현재는 통제능력이 약하며 경험하는 스트레스의 수준이 약간만 증가하더라도 통제능력을 상실할 가능성이 있다.

이러한 가정은 $EA-es$가 −2.5(혹은 −3.5) 이외에 높은 es(15)의 특징으로도 지지된다. eb 좌항은 6개의 FM과 2개의 m으로 구성된다. 전자는 기대되는 것보다 충족되지 못한 욕구가 크다는 것을 의미하며 관습적인 관념보다 주변적이거나 무의식적인 관념을 촉진한다는 것을 시사한다. 후자는 현재의 스트레스와 무력감과 관련되는데, 이 또한 주의의 초점을 벗어나는 관념적 활동을 촉진한다. 종합하면, 이러한 관념적 경험들은 종종 직접적인 사고의 양상을 방해하고 주의집중과 주의에 부정적인 영향을 미칠 수 있는 임의적인 사고를 야기한다. eb 우항(7)은 그녀가 불쾌한 감정을 억압하고, 상실감과 외로움과 관련된 고통스러운 감정을 경험하고 있음을 나타낸다.

피검자의 어떠한 부정적인 심리라도 악화된다면, 과부화 상태 그리고 그와 연관되어 와해가 쉽게 나타날 수 있다. 약화된 통제능력이 최근 발생한 정신증적 행동 삽화와 연관되어 보이지만, 프로토콜을 전부 검토하기 전까지 단정할 수 없다.

자기 지각

사례 7. 23세 여성의 자기 지각 관련 자료

R	=19	OBS	=NO	HVI=NO	**Human Content, Hx, An & Xy Responses**
					III 4. W+ Ma.Cu (2) (H),Bl,Hh P 5.5
					COP,MOR,FAB2,PHR
Fr+rF	=0	3r+(2)/R	=0.37		IV 6. Wo FC'u (Hd) 2.0 PER,GHR
					V 8. W+ Mpo 2 H 2.5 COP,GHR
FD	=2	SumV	=0		VI 9. Do FYo Art,H DV,GHR
					VII 11. Wo Fu An,Ay 2.5 PER
An+Xy	=3	MOR	=8		VII 12. W+ Ma.mpo 2 H,Sc P 2.5 COP,PER,GHR
					VIII 13. Wo CF− An,Bl 4.5 MOR
H:(H)+Hd+(Hd)	=2:3				IX 15. Wo FD.CF.Ma− An,Hx,Sx 5.5 DR,MOR,PHR
[EB=5:7.5]					X 18. D+ Mp.FC− Ad,Hx,Id 4.0 FAB2,MOR,PHR

자아중심성 지표(.37)는 일반적인 경우보다 자신에 대한 염려가 덜하지도 더하지도 않아 보인다. 2개의 *FD*는 피검자가 습관적으로 과도하지 않게 자기검열을 하지만 지나치지는 않다. *An*+*Xy*(3)은 기대되는 것보다 높은데, 신체나 자기상에 대한 염려를 시사한다. 3개의 *An* 반응 중 2개는 마이너스(−) 형태질에 MOR 반응인데, 이는 그녀가 문제에 대해 과도하게 반추하고 상당히 취약하다는 것을 의미한다. 이는 만성적일 수 있으나, 외상 경험의 결과로 최근에 발생한 것으로 보인다. 피검자의 반응 표현을 살펴보면 더욱 분명해진다.

또 다른 부정적 결과는 MOR 반응(8)이 매우 많다는 것과 관련된다. 대부분의 사람들이 0~2개의 반응을 보이며, MOR 반응은 시간이 흘러도 상대적으로 안정적인 변인이다. 2 이상의 값은 자신을 부정적으로 지각하는 사람들에게서 흔하지만, 5 이상은 흔치 않고, 6 이상은 드물다. 이 사례에서 높은 값은 강한 비관주의, 무력감이나 심지어 무망감뿐 아니라 자신에 대한 부정적인 개념화를 나타낸다. 외상을 고려할 때, MOR 값이 만성적인 특징은 아닌 것으로 보인다. 오히려 피검자가 경험한 외상과 외상에 대처하는 능력 부족에서 기인할 것으로 보이며, 이는 중재 계획에서 매우 중요하다.

인간내용의 반응 수(5)가 외향형인 사람에게서 기대되는 범위 내에 있다는 것과 *H*가 3개로 인간내용 반응의 반 이상이라는 점은 긍정적이다. 이는 피검자의 자기상이 사회적 관계의 결과로 형성되었음 시사한다. *H* 반응의 형태질은 보통(*o*)으로, 이는 그녀의 자기상의 핵심 요소가 호의적인 현실에 기반하고 있음을 의미한다.

4개의 마이너스(−) 형태질에 3개의 *An* 반응 중 2개의 *An* 반응이 포함되고 4개 모두 MOR 반응으로 채점된다. 내용을 살펴보면 다음과 같다. "새 두 마리가 동물의 사체를 가지고 날아가고 있어요(카드 I, 반응 1).", "무언가 찢겨졌어요. 죽은 짐승의 내부 같아요……. 어떤 불쌍한 동물의 사체예요. 내장은 썩었어요(카드 VIII, 반응 13).", "여자의 내부요…… 분홍색은 질 주변의 아래쪽과 뒤쪽이에요. 주황색은 아무것도 아니에요. 아마도 속쓰림……(카드 IX, 반응 15).", "슬픈 토끼요. 녹색 눈물을 흘리고 있어요. 정말 슬퍼요……(카드 X, 반응 18)." 전반적으로 볼 때, 피검자가 경험에 압도적으로 영향을 받고 이에 상당히 몰두할 것으로 보인다.

나머지 4개의 MOR 반응의 특징은 이러한 가정을 지지한다. "동물들이 싸우는데 둘 다 아주 심하게 다쳤어요……. 사방에 피를 흘렸어요……. 둘 중 어느 것도 살 수 있을 것 같지 않아요(카드 II, 반응 3).", "두 해골이 냄비 주변에서 춤을 추고 있어요. 뭔가를 죽인 것처럼요……. 그들이 죽인 불쌍한 동물을 요리하고 있어요. 주변의 피를 보세요(카드 III, 반응 4).", "고양이가 차나 트럭에 치었어요. 털이 엉망진창이에요(카드 VI, 반응 10).", "많은 꽃이…… 막 흩어져 있어요……. 하지만 어떤 것은 시들어 가고 있어요……. 시들고 있어요……. 누군가가 꽃을 버린 것 같아요(카드 X, 반응 19).”가 이에 해당한다. 8개 MOR 반응 중 6개는 죽음이나 부패와 관련되고, 나머지 2개는 둘 다 인간경험(*Hx*) 반응으로 속쓰림과 슬픔이다. 이 반응들에서 나타나는 투사는 손상되고, 고통스럽고, 무기력한 자기감을 표현하는 것으로, 남편의 상황을 직접적으로 반영하는 것으로 보인다. 남편은 뇌사 상태로 죽어 가고 있고, 피검자는 이를 겪으면서 고통받고 있다. 죄책감과 관련된 뚜렷한 증거는 없으나, 고통감과 자신에 대한 부정적인 관점은 남편의 생명 유지 장치를 중단하기로 한 최근 결정에 기인하거나 비극이 일어날 때 사람들이 항상 하게 되는 ‘만약 ……’(우리가 택시를 탔더라면, 친구가 우리를 데려다주게 했더라면, 내가 운전했었어야 했는데 등) 때문일 수 있다.

8개의 MOR 반응에 3개의 *M* 반응이 포함되어 있는데(어떤 불쌍한 동물을 요리하는 해골들, 속쓰림, 슬픈 토끼), 남은 2개의 *M* 반응은 자아상에 대한 긍정적인 시사점을 보여 준다. “또 두 사람. 잠들었어요, 서로 기대어서요(카드 V, 반응 8)”, “두 작은 소녀들이 시소를 타고 있어요……. 행복한 시간이네요……. 함께 놀고 있어요……. 예전에 저는 친구와 시소 타는 것을 아주 좋아했어요……. 걱정은 없어요. 그냥 즐겨요(카드 VII, 반응 12).”가 그 반응들이다. 마이너스(-) 반응, MOR 반응과 *M* 반응에서 포함되지 않는 인간내용 반응 2개는 긍정적이지 않다. “다스베이더 가면 중 하나예요(카드 IV, 반응 6).”에서, 스타워즈의 다스베이더는 적대적 관계에서 악을 나타낸다. “십자가요. 선생님이 하고 있는 것 같은 메달이요……. 그리스도의 몸을 형상하고 있어요……. 어두워요. 십자가에 박혀 있어요(카드 VI, 반응 9).”는 긍정적이면서 부정적이다.

FM 반응 6개 중 2개는 MOR 반응에서 이미 살펴보았다(동물 사체를 가지고 날아오르는 새들, 싸워서 심하게 다친 동물들). 세 번째 *FM* 반응은 “늑대…… 귀와 눈이 크고 입은 늑대가 으르렁거리는 것처럼 말려 올라가 있어요(카드 I, 반응 2).”로, 공격적이거나 분노와 관련된 특징 때문에 흥미롭다. 이는 검사 받는 것과 관련될 수도 있지만, 광범위한 분노감이나 공격성을 반영할 수도 있다. 남은 3개의 *FM* 반응 중 하나는 평범한 반응이지만 표현이 흥미로운데, “흉측한 괴물이요…… 고릴라요……. 그것은 크고 거대하고 제가 밑에 누워서 올려다보는 것 같아요……. 머리고 작고 털이 있는 동물이…… 뭔가에 앉아 있어요(카드 IV, 반응 5).”는 연약함(아래에 누움)과 고독감(작은 머리, 털 가진 동물)을 시사된다. 연약함은 또 다른 *FM* 반응에서도 나타난다. “나방이 불꽃에서 도망가려고 해요. 나방이 불이나 불꽃에 너무 가까이 갔을 때 하는 것처럼요(카드 V, 반응 7)”. 마지막 *FM* 반응은 “작은 노란 새 두 마리…… 그냥 가지에 앉아 있어요(카드 X, 반응 16).”로, 수동적이다. 무생물 운동 반응 2개

는 이전에 논의되었다. 첫 번째는 긍정적인 시소반응(카드 VII, 반응 12)으로 머리가 날리는 것을 표현했고, 두 번째는 시드는 꽃(카드 X, 반응 19)으로 불길하다.

나머지 2개의 반응은 다음과 같다. 먼저 "윗부분. 그래요, 아이의 팽이에요(카드 VII, 반응 14)."로, 마이너스(−) 반응이자 MOR 반응(부패한 동물 사체) 다음 반응으로 카드를 거꾸로 보고 대답했는데, 이는 역기능적인 인지적 중재의 회복이라는 점에서 긍정적이나, 자기개념의 맥락에서 보면 긍정적이지만은 않다. 두 번째 반응은 윤색 때문에 흥미로운데, "파란 거미…… 저는 항상 거미를 싫어했지만 선생님은 그러지 마세요. 안 그러면 거미가 선생님 집으로 가서 괴롭힐 거예요. 저는 더 이상 거미를 싫어하지 않을래요(카드 X, 반응 17)." 이다. 이 반응은 죄책감이 내포되어 있다.

피검자의 기본적인 자기개념에 대한 확고하며 신뢰로운 특징은 드러나지 않는데, 많은 반응이 현재 경험하는 비극적인 사건의 영향을 상당히 받은 것으로 보인다. 피검자는 대부분의 사람들보다 자신에 대한 관심이 적고, 자기가치는 다른 사람들과 유사하다. 다소 일상적인 자기검열을 하지만 과도하지 않으며 자기개념은 사회적인 경험을 토대로 현실성 있게 발달한 것으로 여겨진다. 하지만 신체에 대한 염려가 과도한 것이 취약점으로 보인다. 피검자가 오랫동안 신체에 대한 염려에 몰두한 것이기보다는 최근의 신체 부상이나 현재 남편의 상태와 연관될 것으로 생각된다.

유사한 맥락에서, 피검자는 자신에 대해 부정적으로 느끼며 상당한 손상감을 경험하고 있는데, 이는 상황적 요인에 기인한 것이다. 실제로, 현재 고통스럽고, 연약하며, 죄책감에 시달리고, 비참한 자기감을 드러내는데, 이는 분명 최근 비극과 그녀에게 미친 압도적인 영향력에 대한 몰입 때문에 나타난 것으로 보인다.

대인관계 지각

대인관계 지각에서 *SumT*(2)가 가장 중요한 특징이다. 앞서 언급했듯이, 피검자는 상실로 인해 고통스러워하는 도움이 필요한 외로운 사람이다. 상황 관련 문제임이 확실하지만, 현재 그리고 향후 대인관계 행동에 영향을 미칠 수 있다. 인간반응은 5개인데, 이는 피검자가 사람에 대한 관심이 있음을 나타내고, 이 중 3개는 *H*로 현실에 기초하여 타인을 개념화한다는 것을 의미한다. *GHR:PHR*(4:6)은 기대 수준보다 상황에 덜 적응적인 대인관계 행동을 한다는 것을 시사한다. 하지만 *GHR*과 *PHR*을 살펴보면, 이에 대한 수정이 필

사례 7. 23세 여성의 대인관계 지각 자료

R	= 19	CDI	= 1	HVI = NO	**COP & AG Responses**

a:p	= 7:6	SumT	= 2	Fd = 0	I 1. W+ FMa- 2 A,Ad 4.0 FAB2,MOR,COP,PHR
		[eb	= 8:7]		I 2. WSo FMao Ad 3.5 AG,ALOG,PHR
Sum Human Contents = 5		H	= 3		II 3. W+ FMa.CFo 2 A,BI 4.5 AG,MOR,PHR
[Style = Extratensive]					V 8. W+ Mpo 2 H 2.5 COP,GHR
GHR:PHR = 4:6					VII 12. W+ Ma.mpo 2 H,Sc P 2.5 COP,PER,GHR
COP = 4		AG	= 2	PER = 4	
Isolation Indx = 0.16					

요하다. *GHR* 값은 5개의 인간내용 반응 중 4개(반응 6, 8, 9, 12)이며, *PHR*은 1개의 인간내용 반응과 *AG* 또는 MOR을 포함하는 5개의 해부와 동물내용 반응(반응 1, 2, 3, 15, 18)을 합한 것이다. *PHR* 반응이 상황과 연관된다는 것에 주목해야 한다. 즉, 현재 피검자의 대인관계 행동은 기대 수준보다 덜 적응적이나, 비극적 사건 이전의 행동은 적응적이었던 것으로 여겨진다. 이 가정은 4개의 COP 반응으로 지지되며, 다른 사람들이 피검자를 호감이 가고 사교적인 사람으로 생각했을 것으로 보인다. 그녀는 다른 사람들과의 교류를 긍정적으로 기대하고, 조화로운 관계를 유지하고자 노력했을 것으로 여겨진다.

PER(4) 반응이 다수 나타나는데, 피검자는 타인에게 방어적인 경향이 있음을 시사한다. 이는 만성적인 특성이라기보다, 그녀가 부정적 감정을 다루고 취약함(sense of vulnerability)을 보호하고자 상황적으로 발달시킨 전략일 수 있겠다.

3개의 *M* 반응과 3개의 *FM* 반응은 쌍반응이다. 대인관계 지각과 행동에 대한 호의적 및 비호의적인 내용이 모두 포함되어 있다. 3개의 *M* 반응은 모두 COP이지만, 1개는 매우 비현실적이다(어떤 항아리 주변에서 춤을 추는 해골들인데, 무엇인가를 죽인 것 같아요). 3개의 *FM* 반응 가운데 2개는 MOR(동물의 사체를 가지고 날아가는 새들, 동물들이 싸우고 있는데 둘 다 심하게 다친 것 같아요)이며, 1개는 수동운동 반응(가지에 앉아 있는 노란 새들)이다. 6개 반응을 종합하면, 현재 대인관계 지각과 행동이 적응적이지 않은데, 병리적인 특징으로 나타난 것으로 보인다.

과거 피검자의 대인관계 행동은 대체로 적응적이며 유능했을 것으로 보인다. 다른 사람들은 피검자를 호감이 가고 사교적이라고 여겼으나, 최근 외상이 대인관계 지각과 행동에 영향을 미친 것으로 생각된다. 그녀는 대인관계에서 방어적이고 비관적이 되고, 다른 사람들과의 교류가 덧없다고 느낄 것이다.

정보처리

사례 7. 23세 여성의 정보처리 변인

EB = 5:7.5	Zf = 17	Zd = +6.5	DQ+ = 8
L = 0.06	W:D:Dd = 15:3:1	PSV = 0	DQv/+ = 1
HVI = NO	W:M = 15:5		DQv = 0
OBS = NO			

Locations & DQ Sequencing

I: W+.WSo	VI: Ddo.Wo
II: W+	VII: Wo.W+
III: W	VIII: Wo.Wo
IV: W+.Wo	IX: Wo
V: Wo.W+	X: D+.Do.D+.Wv/+

매우 낮은 *Lambda*(0.06)는 피검자가 자극 복잡성에 과도하게 몰두함을 시사한다. 이는 새로운 정보를 처리할 때 비경제적이다. 낮은 *Lambda*는 과다통합적인 처리 방식 때문에 나타날 수도 있지만, 사고의 와해나 만연한 정서의 이례적인 영향 때문에 빈번히 나타난다. 후자라면, 과도한 관여로 인지적 노력이 많이 요구되며 결과적으로 정서의 복잡성을 유발한다.

피검자의 정보처리 노력 역시 비경제적이다. 높은 *Zf*(17)와 *W:D:Dd*(15:3:1)의 불균형적인 관계는 인정받을 만하지만 과도한 노력을 의미한다. 반응영역 계열을 살펴보면, 카드 I에서 IX까지의 처음 15개 반응 가운데 14개가 *W*이다. 유일한 예외 카드 VI의 첫 대답은 *Dd* 반응이다. 이는 주로 *D3*영역에 대한 반응이지만, 정확성을 기하면서 *D1*로 확장되었다. *D* 반응은 카드 X의 처음 3개의 반응으로, 그 뒤에 *W* 반응이 나온다. 이러한 반응 양상은 다수의 *FQ+* 반응을 고려할 때, 강박적으로 보이며, *FQ+* 반응이 두드러지지 않아도, 심리적으로 상당히 복잡한 사람의 특성을 시사한다.

이러한 노력은 상황적이라기보다는 오랫동안 지속되어 온 것으로 보인다. *Zd*(6.5)는 과다통합적인 정보처리 특성으로, 자극을 검토하는 데 상당한 에너지를 투자하는 특성을 시사한다. 8개의 *DQ+* 반응은 피검자의 정보처리의 질이 훌륭하다는 것을 나타낸다. 따라서 철저하게 처리하는 기존의 지향성(orientation)이 현재의 혼란으로 악화되었지만, 손상된 것은 아니다.

종합해 볼 때, 피검자는 자극을 처리하는 데 지나친 노력을 기울이며, 대부분의 사람들보다 더 많은 에너지를 기울여 자극의 모든 것을 처리했다고 확신하고자 한다. 이는 인지적 중재나 관념에 심각한 문제가 없다면 효과적일 수 있으나, 문제가 있다면 과도한 몰두가 역기능 수준을 증가시킬 수 있다.

인지적 중재

사례 7. 23세 여성의 인지적 중재 변인

R =19	L =0.06	OBS =NO	**Minus & NoForm Features**
FQx+ =0	XA% =.79		I 1. W+ FMa− 2 A,Ad 4.0 FAB2,MOR,COP,PHR
FQxo =11	WDA% =.78		VIII 13. Wo CF− An,Bl 4.5 MOR
FQxu =4	X−% =.21		IX 15. Wo FD.CF.Ma− An,Hx,Sx 5.5 DR,MOR,PHR
FQx− =4	S− =0		X 18. D+ Mp.FC− Ad,Hx,Id 4.0 FAB2,MOR,PHR
FQxnone =0			
(W+D =18)	P =4		
WD+ =0	X+% =.58		
WDo =10	Xu% =.21		
WDu =4			
WD− =4			
WDnone =0			

$XA\%$(0.79)와 $WDA\%$(0.78)는 피검자의 정보 해석이 상황에 적절함을 의미한다. 이는 현실 검증이 심각하게 손상된 것은 아님을 시사하므로 긍정적인 결과이다. 하지만 $X-\%$(0.21)가 적정 수준보다 다소 높아 인지적 중재에서 전반적인 기능 손상이 나타날 가능성을 시사한다.

평가 의뢰 시 조현정동장애(affective psychosis)나 조현양상장애(schizophreniform)의 가능성이 제기되었다. 형태질과 관련된 두 요소는 조현양상장애의 가능성을 배제하였다. 첫째, 마이너스(−) 반응 계열을 살펴보면, 반응 1이 첫 번째 마이너스(−) 반응인데, 이후 7개 카드의 11개 반응은 왜곡되지 않았다. 11개의 반응 중 8개가 형태질이 보통(o)이다. 이는 조현양상장애에서 매우 드물다. 둘째, 4개의 마이너스(−) 반응 모두 MOR를, 그중

2개는 *An*을 포함하는데, 이는 취약함(sense of vulnerability)에 대한 비관적 지각과 자기상의 손상을 나타낸다. 4개의 마이너스(−) 반응 중 2개는 *Hx*가 포함되어, 비현실적으로 주지화된 방식으로 자기상을 다루려고 시도하며 현실을 무시하는 경향을 보여 준다.

또한 2개의 마이너스(−) 반응의 왜곡 수준이 상당함에도 불구하고(카드 I, 소의 사체; 카드 IX, 여성의 신체 내부), 4개의 반응 가운데 3개가 보통(*o*) 반응에 무언가를 덧붙여서 마이너스(−)가 된다. 반응 1의, 주요 특징은 두 마리의 새인데, 동물 사체로 마이너스(−)가 되었다. 반응 13에서는 특정 장기 또는 신체 부분을 언급하여 마이너스(−)로 채점되고, 반응 18에서는 토끼 머리에 눈물을 덧붙여서 마이너스(−)가 되었다. 이는 피검자의 몰두(preoccupation)가 부정적인 결과를 나타낸다는 것을 보여 준다.

평범반응 수(4)는 평균보다 적어, 명백한 단서가 충분해도 다른 사람들보다 덜 관습적으로 반응함을 의미한다. 게다가 *X+%*(0.58)가 낮아 분명한 단서의 유무와 관계없이 자극을 덜 관습적으로 해석하는 경향이 만연하다는 것을 보여 준다. 하지만 *Xu%*(0.21)은 기대 수준보다 높지 않다. 낮은 X+%의 주요 원인은 마이너스(−) 반응이 기대 수준보다 높기 때문이다.

따라서 피검자의 심리적 외상 이전의 행동이 일반 성인보다 특이했을 수는 있으나, 이 자료로 단정하기는 어렵다. 분명, 피검자는 인지적 중재상의 문제를 겪고, 때로는 심각하고 부적응적인 수준의 행동에 이를 수 있다. 하지만 만성적일 가능성은 낮아 보인다. 이는 현재 경험하는 광범위한 정서와 관념상의 혼란에서 기인되었을 가능성이 높다.

관념

정동 결과에서 언급했듯이, *EB*(5:7.5)는 피검자가 감정이 의사결정에 영향을 미치는 직관적인 사람이고 행위에 대한 피드백에 상당히 의존적임을 드러낸다. 하지만 그녀는 이러한 접근에 유연하며, *EBPer*(1.5)를 고려하면 상황에 따라 정서를 제쳐두고 행동하기 전 다양한 대안에 대한 내적 평가에 더 많이 의존한다. 사고가 명료할 때, 이러한 의사결정과 대처 양식은 효과적이지만 몇몇 요소들은 현재 그렇지 못하다는 것을 보여 준다.

사례 7. 23세 여성의 관념 변인

L	=0.06	OBS	=NO	HVI	=NO	**Critical Special Scores**			
						DV	=1	DV2	=0
EB	=5:7.5	EBPer	=1.5	a:p	=7:6	INC	=1	INC2	=0
				Ma:Mp	=3:2	DR	=2	DR2	=0
eb	=8:7	[FM=6	m=2]			FAB	=0	FAB2	=3
				M−	=2	ALOG	=1	CON	=0
Intell Indx	=2	MOR	=8	Mnone	=0	Sum6	=8	WSum6	=35

(R=19)

M Response Features

III   4. W+ Ma.Cu 2 (H),Bl,Hh P 5.5 COP,MOR,FAB2,PHR
V   8. W+ Mpo 2 H 2.5 COP,GHR
VII 12. W+ Ma.mpo 2 H,Sc P 2.5 COP,PER,GHR
IX 15. Wo FD.CF.Ma− An,Hx,Sx 5.5 DR,MOR,PHR
X 18. D+ Mp.FC− Ad,Hx,Id 4.0 FAB2,MOR,PHR

8개의 MOR 반응은 비관주의적 사고가 팽배해 있음을 보여 준다. 이는 자신과 세상에 대해 의심하고 실망을 나타낸다. 행동과 관계없이 부정적인 결과를 기대하고, 쉽게 자극을 오해석 한다. 이는 잘못된 논리를 무시하는 구체적인(concrete) 사고를 양산한다. 개념화의 질이 손상되고 사고가 쉽게 와해될 수 있다.

게다가 eb의 좌항(8)은 관념 세계가 주변적이고, 특히 산만하다는 것을 의미한다. 이는 상황과 관련하여 충족되지 못한 욕구와 두드러진 무력감에 기인한다. 가장 심각한 문제는 Sum6(8)과 WSum6(35)에서 나타난다. 피검자의 사고는 와해되고 비일관적이며 잘못된 판단을 내릴 수 있다. 이 정도의 개념화 과정의 손상 시, 현실 검증력은 제한적(marginal)이다.

8개의 주요 특수점수 가운데 3개가 FABCOM2인데, 피검자가 비합리적이며 기이한 연상을 한다는 것을 보여 준다(소나 말의 시체를 가지고 날아가는 새, 냄비 주변에서 춤추는 해골들, 녹색 눈물을 흘리는 슬픈 토끼). 1개의 ALOG 반응(늑대가 틀림없어요…….늑대는 항상 으르렁거리니까 늑대라고 했어요.)은 그녀의 판단이 매우 구체적임을 시사한다. 2개의 M− 반응 내용(속쓰림; 녹색 눈물을 흘리는 슬픈 토끼)은 기이한 사고의 일부는 그녀가 경험한 극심한 정서적 고통과 연관됨을 암시한다. 사고가 기이하지만, 인간운동 반응의 질은 피검자의 사고가 때로는 합리적으로 정교함을 보여 준다(냄비 주변에 춤추는 해골들, 서로 기대어 잠든 사람들, 시소를 타고 올라갔다 내려갔다 하는 작은 소녀들).

결정적 특수점수로 채점된 7개 반응 가운데, 4개는 3개의 FABCOM2와 3개의 MOR 반응으로 채점된다. 이는 피검자의 기이하고 때로는 구체적인 사고가 심리적 외상과 연관됨을 보여 준다. 이는 심리적 외상 이전에는 사고가 이상하거나 기이했음을 보여 주는 과거력이 보고되지 않았다는 것으로 뒷받침된다.

요약

의심할 여지없이, 피검자는 상당히 혼란스럽다. 쉽게 다룰 수 없는 고통스러운 감정에 압도되고, 이는 과민함이 지속되는 원인이다. 따라서 그녀가 판단하거나 의사결정할 때 감정에 의존하기 때문에, 상당한 혼란을 야기한다.

피검자의 정서적 붕괴(emotional disruption)는 자신과 타인에 대한 감각, 사고와 현실 검증에 영향을 미치면서 심리에 광범위한 영향을 준다. 혼란의 정도는 자아 손상 지표(EII)로 확인할 수 있는데, 그 값은 2.893으로, Viglione 등(2003)이 제안한 유의하게 와해된 범위에 속한다.

피검자의 과거사를 고려할 때, 그녀는 자신감 있고 노력을 하며 다른 사람과의 관계에서 적응적이었고 대처자원이 풍부하며 호감이 가는 사람이었던 것으로 생각된다. 하지만 현재 심리적 외상은 자원의 상당 부분을 손상시켰다. 그녀는 정서적으로 혼란스럽고 통제력은 아슬아슬하게 유지되고 있으며 자아상은 현저히 취약해지고, 강한 비관주의와 무력감과 절망감을 경험하고, 심지어 무망감마저 경험하였다. 논리가 왜곡되고 사고가 와해되거나 기이하다.

성격의 긍정적인 핵심 특징들은 여전하다. 피검자는 새로운 정보를 처리할 때 과도하게 몰두하지만, 새로 입력된 정보를 합리적으로 처리하고, 합리적이며 정교하게 개념화하여 적절히 해석할 수 있다. 하지만 그녀가 경험하는 상실감, 외로움과 죄책감은 심리적 복잡성을 야기했고, 때로는 종종 현실 검증력을 흐리게 하고 역기능을 유발한다.

이러한 특징이 만성적이라는 근거는 없다. 반대로, 많은 결과는 현재 경험하는 외상과 직접적으로 연관됨을 시사한다. 피검자의 몰두와 주의산만은 자신과 세상을 왜곡된 심리적 렌즈로 보게 된다. 결과적으로 피검자는 비참하고 고통스럽다.

제언

조현양상장애는 시사되지 않는다. 과거력을 고려해 볼 때, 완전 관해되지 않은 반응성 정신증이 시사된다. 현재 심리적 외상이 지속되고 있으므로, 외상후 스트레스성 정신증으로 보는 것은 타당하지 않다. 남편의 생명 유지 장치는 제거되지 않았고, 어떠한 상황의 종결도 없다. 상당한 고통감, 비관주의 및 취약함과 기이한 사고를 보이는 일시적인 삽화는 모두 이와 관련되며, 이와 더불어 사고 이후로 죄책감도 누적되었을 것이다.

피검자는 업무에 복귀하려고 했고, 그녀의 아버지에 의하면, 사고 이후 "잘 견뎠다"고 하지만 이는 내면의 고통을 감추기 위함으로 보인다. 부모는 그녀가 "아주 많이 슬퍼했다"고 보고하지만, 그녀가 경험한 극심한 고통을 덜어내기에는 충분하지 못했던 것으로 생각된다.

피검자는 죄책감과 애도를 직접 다루기 위해 도움이 필요하다. 조만간 남편의 생명 유지 장치에 대해서도 어떠한 결정을 내려야 한다. 이는 종결감(sense of closure)을 경험할 것이며 삶을 재구성하도록 결정을 내릴 수 있도록 지지적 심리치료가 유용하다. 종결감을 경험할 때까지 입원치료가 지속되어야 할 것 같다. 그러나 입원은 비관적인 상태를 악화시키고 기존의 혼란을 증가시킬 위험이 있는 만큼 지속되어서는 안 된다. 최적의 치료를 위해서는 퇴원 후 지지 체계를 형성하는 데 필요한 짧은 기간 동안의 입원이 적절하다. 이때, 피검자가 현재의 혼란 상태를 재구성하고자 하는 노력에 대해 지지하기 위한 무기한의 외래치료 계획이 포함되어야 한다.

에필로그

피검자는 심리평가 이후 열흘을 더 입원했는데, 그 기간 동안 매일 개인치료를 받으면서 상당히 호전되었다. 퇴원 이틀 전, 남편의 상태를 지켜봐 온 신경과 주치의를 만나서 퇴원 2주 후 남편의 생명 유지 장치를 제거하기로 결정했다. 그녀는 생명 유지 장지를 제거할 때와 3일 후 남편의 장례식에 참석하였다.

퇴원 이후 3개월 동안 주 2회의 개인치료를 받았고, 그 이후 3개월 동안 주 1회의 개인치료를 더 받았다. 치료사는 이 기간 동안 교통사고와 남편의 죽음에 대한 감정을 다루었다. 남편의 장례식을 치르고 2주 후 직장에 복귀하였다. 두 번째 심리평가는 치료사의 요청에 의해 6개월 후에 진행되었다. 두 번째 로르샤흐 검사에서는 상당히 개선되었고 병리 지표는 보이지 않았다. 증가된 FT 반응 수가 여전했고, 일부 결과는 사회적 관계에서 조심스러움을 시사했으나, 다른 결과들은 적절히 적응하는 비환자 집단과 유사했다. 재평가 이후 피검자와 치료사는 적어도 3개월가량 주 1회 치료하기로 했다.

참고문헌

Adrian, C., & Kaser-Boyd, N. (1995). The Rorschach Ego Impairment Index in heterogeneous psychiatric patients. *Journal of Personality Assessment, 65*(3), 408–414.

American Psychiatric Association. (2000). *Diagnostic and statistical manual of mental disorders* (4th ed., text rev.). Washington, DC: Author.

Beres, D. (1956). Ego deviation and the concept of schizophrenia. *Psychoanalytic Study of the Child, 11,* 164–235.

Levander, S., & Werbart, A. (2003). Different views of a psychotic breakdown: Complementary perspectives of a bewildering experience. *Psychoanalytic Psychotherapy, 17*(2), 163–174.

Levy, S., McGlashan, T., & Carpenter, W. (1975). Integration and sealing-over as recovery styles from acute psychosis. *Journal of Nervous and Mental Diseases, 161,* 307–312.

McGlashan, T., Docherty, J., & Siris, S. (1976). Integrative and sealing-over recoveries from schizophrenia: Distinguishing case studies. *Psychiatry, 39,* 325–338.

McGlashan, T., Levy, S., & Carpenter, W. (1975). Integration and sealing-over: Clinically distinct recovery styles from schizophrenia. *Archives of General Psychiatry, 32,* 1269–1272.

Perry, W., McDougall, A., & Viglione, D. J. (1995). A five-year follow-up on the temporal stability of the Ego Impairment Index. *Journal of Personality Assessment, 64*(1), 112–118.

Perry, W., Minassian, A., Cadenhead, K., Sprock, J., & Braff, D. (2003). The use of the Ego Impairment Index across the schizophrenia spectrum. *Journal of Personality Assessment, 80*(1), 50–57.

Perry, W., & Viglione, D. J. (1991). The Ego Impairment Index as a predictor of outcome in melancholic depressed patients treated with tricyclic antidepressants. *Journal of Personality Assessment, 56*(3), 487–501.

Perry, W., Viglione, D. J., & Braff, D. (1992). The Ego Impairment Index and schizophrenia: A validation study. *Journal of Personality Assessment, 59*(1), 165–175.

Viglione, D. J., Perry, W., & Meyer, G. (2003). Refinements in the Rorschach Ego Impairment

Index incorporating the Human Representational variable. *Journal of Personality Assessment,* *81*(2), 149-156.

제10장

약물남용 평가

피검자는 24세 남성으로 약물남용 프로그램에 참가하면서 평가가 실시되었다. 그는 18~24개월 간 거의 매일 코카인을 사용해 왔다. 지난주 말 심각한 지남력 상실(disorientation) 에피소드가 수 시간 지속되었는데 그의 여자친구에 의하면, 그는 폭력적이었고 자살충동을 보이며 그녀를 수차례 때리고 칼로 위협했다고 한다. 그 후에 울먹이며 사과했으나, 창문 난간에 걸터앉아 약 45분간 뛰 어내리겠다고 위협하였다. 그녀는 그의 형을 불러 그를 응급실에 데리고 왔다. 그는 하룻밤 입원 후 진정되었고 다음 날 아침 귀가하였다. 피검자는 여자친구가 짐을 싸고 있는 것을 발견했고 그녀에 게 머물러 달라고 간청했다고 한다. 그녀는 그가 도움을 받는다는 조건하에 이를 승낙하였고 그와 함께 치료에 참여하기로 하였다.

그는 2남 중 둘째이고, 형은 26세로 공인회계사이다. 그의 아버지는 48세로 공인회계사이며, 작은 회사를 운영하고 있다. 어머니는 48세로 대학 졸업 후 지난 5년간 초등학교에서 교사로 재직 중이 다. 그녀는 큰아들을 출산하기 전에 대학 2학년까지 다녔지만 피검자가 고등학교를 졸업한 후에야 학위를 마쳤다. 직계 가족과 관련하여 보고된 정신질환 병력은 없다.

피검자는 경영학을 전공했고 21세에 전문대학을 졸업했다. 그는 자신의 성적에 대해 "평균 상이었 는데 만일 내가 더 열심히 했다면 더 잘할 수 있었을 거예요. 하지만 난 흥미가 없었어요."라고 보 고했다. 졸업 후 솔벤트를 취급하는 화학회사에서 세일즈맨으로 일해 왔다. 업무 성과도 좋은 편으 로 3년간 3번 급여가 인상되었고 작년에는 보너스도 받았다. 그는 자신의 일을 만족스러워하며 조 만간 영업 부매니저가 될 것으로 기대했다. 피검자는 1개월 무급 휴가를 요청한 후 치료를 시작했다.

그의 발달사는 평범하며 심각한 부상이나 질병이 보고된 바 없다. 그는 부모와 가까운 사이이며 아 홉 살이 될 때까지 한방을 썼던 형과 우애가 깊다. 그들은 고등학교 리틀리그에서 함께 야구를 즐겼 고 10대에는 보이스카우트에서 같이 활동했다. 고등학교와 대학 친구들도 많은 편이며 대학 사교

클럽에 속해 있다.

그의 형은 동생과 한 달에 서너 번은 만났지만 동생의 약물복용에 대해서 알지 못했다고 한다. "저는 동생이 대학에서 약물을 시작했다는 걸 알았지만 그만뒀다고 생각했어요." 그는 피검자에 대해 다음과 같이 이야기했다. "약간 느긋한 편으로 자신의 잠재력을 활용하지 않아요. 노력한다면 훨씬 더 많은 일을 할 수 있을 것 같아요." 형은 동생 여자친구의 약물복용에 대해 비난하며 "나는 그녀를 잘 모르지만, 진짜 싫어해요. 그녀가 실패자처럼 보이며 동생보다 더 오래 약물을 복용했다고 믿어요. 동생이 그녀와 헤어진다면 훨씬 더 잘 지낼 수 있을 것 같아요."

피검자는 열다섯 살 때 첫 성경험을 가졌으며 동성애 경험은 부인했다. 그는 대학교 2학년 때 한 여성과 진지한 관계였지만 그해가 가기 전에 헤어졌다. 18개월 전 그는 지인이 주최한 파티에서 현재 여자친구를 만났으며 8개월 정도 데이트를 해 오다가 그녀의 아파트 임대기간이 만료된 시점에, 그의 아파트에서 함께 살기로 결정했다. 그녀는 결혼을 암시했지만 그는 "나는 아직 결혼에 대한 준비가 안 되어 있어요."라고 한다. 그는 그들의 성관계에 대해 "언제나 좋은 것은 아니었죠."라고 했으나 이를 코카인 중독 탓으로 돌렸다. 그녀는 그가 발기부전이 빈번했으며 때로는 너무 빨리 사정했다고 보고한다. 그는 여자친구에게 속옷 차림으로 춤을 추며 그를 자극할 것을 요구했다고 한다.

피검자는 고등학교 때부터 마리화나를 사용해 왔고, 대학 재학 중에 처음 약물을 접했지만 졸업하던 해에는 일상적으로 코카인을 사용하게 되었다고 한다. 그는 코카인으로 직업에서 오는 압박감을 감소시키는 데 도움이 된다는 것을 알게 된 후부터는 거의 매일 코카인을 사용했다고 한다. 지난 한 달을 제외하고, 피검자는 대개 저녁에 집에서 약물을 사용했고 한두 잔의 와인을 매일 마셨다고 한다. 그는 약을 사용하는 동안 한 번도 지남력 상실을 경험해 본 적이 없다며 최근 에피소드에 대해 당황스러워하면서 "나는 이런 일이 다시 일어나는 것을 원하지 않아요. 이런 상황에서 정말 벗어나고 싶어요."라고 한다.

그는 건장하고, 매력적인 외모로 단정한 차림새였다. 초기 면담 시 종종 질문을 반복해서 묻기는 했지만 개방적이고 협력적으로 응답하였다. 다만 그는 여자친구에 대한 감정을 이야기할 때는 조심스러워했는데 여자친구 역시 치료에 참여할 것인가에 대해 주저하고 있었다. "그녀는 정말 대단해요. 난 어떻게 그녀가 날 참고 견디는지 모르겠어요. 그녀는 더 좋은 대접을 받을 만해요. 그녀도 중독을 끊어야 하겠지만, 나는 우리가 지금 당장 함께 치료받아야 한다고 생각진 않아요. 나는 그녀의 모든 일들이 잘되길 바라요. 난 그녀에게 빚진 것이 많아요." 만약 여자친구가 치료에 참여한다면, 그녀는 입원 대신에, 8주간 이루어지는 외래환자 대상의 개인 및 그룹 회기에 참여하게 될 것이다. 그가 참여하게 될 치료 프로그램은 최소 14일의 입원치료와 퇴원 후 최소 6주간 일주일에 1회의 개별 회기와 1회의 그룹 회기에 참여하는 외래치료로 구성되어 있다. 평가 전에 약물 검사는 양성이었지만, 중독(toxic) 수준은 아니었다. 신경심리검사 결과는 음성으로 나타났다.

평가 문제는 (1) 심각한 정신장애가 있는가? (2) 그가 구조화된 입원환자 프로그램에 잘 적응할 것인가? (3) 외래치료 종결 후 예후는 어떠할 것인가? (4) 개인치료에서 중점적으로 다루어야 할 세부적인 사안이 있는가?와 같다.

사례 개념화 및 관련 문헌

수년간 약물을 사용해 온 이 젊은 남성이 최근 보여 준 폭력과 자살충동을 드러낸 지남력 상실은 중독 문제가 심각하다는 것을 보여 준다. 그는 한 달 정도 일을 쉴 계획이며 집중적인 입원환자 프로그램과 개인 및 집단 퇴원환자 프로그램에 참여할 것에 동의했다. 코카인 남용과 관련된 로르샤흐 문헌은 한정되어 있지만, 이를 살펴보는 것은 심리학자들에게 심각한 남용과 관련된 문제들을 인식하게 해 줄 수 있다.

약물남용 프로그램의 중단(dropout) 비율은 최소 50% 이상으로(Baekeland & Lundwall, 1975), 스태프들은 이 남성이 구조화된 입원 일과에 적응하고 외래치료 프로그램에 지속적으로 참여할 것인가를 염려하고 있다. 정신건강 서비스가 지속될지 아니면 조기에 중단될 것인지와 관련해서 로르샤흐 문헌을 고찰하는 것은 효과적인 치료방법 자문에 유용할 것이다.

코카인 중독 평가

Dougherty와 Lesswing(1989)은 입원한 100명의 코카인 남용자들을 평가한 결과, 코카인 남용자들은 로르샤흐 지표에서 자기애(narcissism), 분노(anger), 그리고 반항성(oppositionalism)을 나타낼 뿐 아니라, 현실 검증의 어려움과 인지적 실수(slippage)를 나타낸다는 것을 발견하였다. 저자들은 로르샤흐 검사 결과, 만성적인 기분부전(dysphoric)이나 우울과 관련된 어려움은 시사되지 않으나 반응적 고통(reactive distress)이 시사된다고 보았다. 그들은 표본에 포함된 일차정동장애(primary affective disorder) 환자들이 자가 치유(self-medicate)를 하기 위해 코카인을 하지는 않는다고 결론지었다.

Lesswing와 Dougherty(1993)는 약물의존 프로그램에 참여하는 99명의 코카인의존 환자들과 94명의 알코올중독 환자들을 비교하였다. 흥미롭게도, 알코올의존 환자들의 18%만이 다른 약물을 남용하고 있는 데 반해 코카인의존 환자의 85%는 코카인 이외의 또 다른 물질들도 남용하고 있었다. 로르샤흐 비교 결과에서 알코올의존 그룹은 "…… 로르샤흐 반응수가 더 많고, 현실 검증(reality testing operation)이 명료하고 정서통제를 더 잘한다"고 보고되었다(p. 56). 저자들은 코카인의존 환자들의 다양한 물질남용과 빈약한 인지 및 정서적 통제 때문에 재발 가능성이 증가한다고 보았다.

그 외 다른 로르샤흐 연구에서는 중독성 약물남용과 관련된 내재적 손상에 대해 다음과 같이 보고된 바 있다. Cipolli와 Galliani(1990)는 25명의 단기(1~3년) 헤로인 사용자와 25명의 장기(5년 이상) 사용자를 비교한 결과, 장기사용 집단에서 Zd가 낮다는 것을 발견하였다. Kobayashi와 동료들(1995)은 장기간 유기용제(organic solvent)를 남용한 청소년들이 현실 검증 문제가 있음을 발견하였다.

로르샤흐 결과를 정리해 보면, 심각한 약물남용은 인지적 수행을 손상시킬 뿐만 아니라, 현실 검증 및 충동통제와 관련된 어려움을 야기하는 것으로 나타났다. 심각하거나 또는 장기적으로 약물을 남용해 온 환자의 경우, 신경심리 검사와 성격평가가 포함된 다양한 평가를 실시할 필요가 있다.

치료 참여 능력에 대한 평가

로르샤흐 검사의 발달 초기에는(예를 들어, Kotkov & Meadow, 1953; Rogers, Knauss, & Hammond, 1951) 치료를 지속하는 개인의 능력과 치료의 효과성 평가가 매우 주목받았다. Alpher, Perfetto, Henry와 Strupp(1990)의 연구에서는 로르샤흐 예측인(predictor)들과 정서 표현 능력, 대인관계와 관련된 문제들(Capacity for Dynamic Process Scale; Thackrey, Butler, & Strupp, 1985)과 의지척도(동기 관련 척도)에 대한 평정자 간 점수를 조사하였다. 저자들은 광범위한 대인관계 문제를 다루는 반구조화된 면접을 실시하고 대학교 클리닉에서 치료를 제공한다는 광고에 응한 42명의 성인 환자를 대상으로 평가를 실시하였다. 면접을 실시한 임상가와 인터뷰 비디오테이프를 본 평가자들은 면접 후 환자가 통찰력을 가지고 정서를 통합하는 능력과 치료에 협조하는 능력 등을 Capacity for Dynamic Process Scale로 평정하였다.

Alpher와 동료들은(1990)은 인터뷰를 실시한 임상가의 점수 분산(variance)의 43% 및 독립적 평정자점수 분산의 51%를 설명하는 로르샤흐 변인을 발견하였다. 3가지 공통 예측 인자(*Zf, DR & ep*)가 두 그룹 모두에서 나타났다. *Zf*는 두 그룹 모두에서 가장 좋은 단일 예측인이었으며, 저자들은 이것이 "…… 치료에 자발적인 환자가 어떻게 그들의 세계를 의미 있는 방식으로 통합하고, 자신의 세계 속 요소들 간의 내재된 관계를 구조화하기 위해 그 장(field)의 표면적인 특성 이상을 보려고 시도하는지"(p. 227) 보여 준다고 보았다. 그들은 *Zf*가 "…… 지적 활동, 심리적 마음자세와 통찰을 위한 능력"과 관련이 있다고 추측하였다 (p. 227).

선행연구(Thornton, Gellens, Alterman, & Gottheil, 1979)에서도 로르샤흐 지각의 변별 (differentiation), 언어표현(articulation), 통합(integration) 수준과 관련된 인지적 측정치가 입원을 통한 알코올치료 이후의 알코올-관련 결과(음주 감소와 약물하지 않은 날들의 감소)를 예측하는 것으로 나타났다. 그러나 Alterman, Slap-Shelton 그리고 DeCato(1992)의 연구에 의하면 재향군인회의 알코올의존 남성 환자들에게선 이러한 결과가 나타나지 않았다.

Ackerman, Hilsenroth, Clemence, Weatherill 그리고 Fowler (2000)은 대학-기반의 지역 클리닉에서 76명의 성격장애 외래환자들을 측정하여 심리치료 회기의 수를 개념화하였다. 그들은 Urist(1977)의 Mutuality of Autonomy Scale(MOA)를 사용했다. 이 척도는 7점 척도로 분리-개별화에 대한 로르샤흐 지각을 평가하는데 잘-차별화된(well-differentiated) 자기와 타인의 묘사에 관한 점수부터(예를 들어, "파티에서 서로 춤을 추고 있는 두 사람", 척도점수 1) 강한 감정에 사로잡힌 표현들(예를 들어, "두 사람이 그들을 뒤덮으러 내려오고 있는 두 생명체와 함께 있다. 마치 괴물이 그 사람들을 삼켜버릴 것처럼", 척도점수 7)에 대한 점수로 구성되어 있다. 저자는 척도의 병리적 점수(척도점수 5, 6, 7)에 대한 합인 MOA PATH점수로 심리치료 회기의 수를 유의미하게 정적으로 예측할 수 있었다.

Ackerman과 동료들(2000)도 치료 참여는 주제통각검사(TAT; Murray, 1943)에서 관계에 대한 기대와 관계 경험에 대한 불편함을 평정한 측정치와 함께 다른 사람들과의 정서적 연결에 대한 욕구 및 능력과 관련된 측정치와 연관된다는 것을 발견하였다. 저자는 치료를 지속하는 환자들을 다음과 같이 설명한다. "…… 대상 표상이 혼란스러울 수 있다 …… 그리고 관계를 부정적으로 기대하고 혹은 고통스러운 감정을 느낄 수 있지만, 이와 함께 정서적으로 관계를 형성하려는 열망 그리고/또는 능력을 가지고 있을 수 있다(p. 398)."

혼란스럽고 양가적인 대인관계는 심리치료를 유지하게 한다는 결과가 다수의 로르샤흐 연구를 통해서 나타났다. Hilsenroth, Handler, Toman 그리고 Padawer(1995)는 대학교 내의 심리클리닉에서 스태프들의 권고에도 불구하고, 8회기 내에 심리치료를 중도 포기한

97명의 외래환자들과 통찰 중심 심리치료를 적어도 6개월 이상 24회기 이상을 시행한 81명의 외래환자들을 비교하였다. 지속 그룹은 COP 반응이 유의미하게 적고, 공격반응(*AG*)과 인지적 오류(*Sum6*) 및 재질반응(*SumT*)이 더 많았다.

심리치료의 중단과 관련되는 로르샤흐 변인들도 있다. Horner와 Diamond(1996)는 경계선 인격장애 여성들 가운데 치료를 중단한 사람들과 치료를 종료한 사람들을 비교하였다. 연구자들은 로르샤흐 분리-개별화 척도(Rorschach Separation-Individuation Scale: S-I Scale; Coonerty, 1986)가 치료를 중단한 사람들과 종료한 사람들을 변별한다는 것을 발견했다. 중단한 사람들은 자기애가 드러나는(narcissism/practicing) 주제가 특징적이었다("한 소녀가 거울에 비친 자신을 보고 있다. 마치 그녀는 사로잡힌 것 같다."). 치료를 중단한 그룹은 종결 그룹에 비해서 자기애가 드러나는 주제의 비율이 관계회복(rapprochment) 주제("두 사람이 얼굴을 마주 보고 있지만, 서로에 대해 확실하지 않다.")에 비해서 3, 4배 높은 것으로 나타났다. 저자의 결론은, "치료를 중단한 사람들은 자기-몰두(self-absorption), 자기-의존(self-reliance), 그리고 다른 사람에 대한 질투에 찬 공격을 나타냈다. 반면에, 치료를 종결한 사람들은 자율성과 관계성이 포함된 광범위한 분리-개별화 문제와의 갈등에서 유연성을 발휘했다(p. 219)."

Hilsenroth, Holdwick와 Castlebury(1998)의 연구는 심리치료 중단과 자기애와의 관련성을 지지한다. 그들은 DSM-IV 진단기준의 축 2 성격장애에 해당되는 90명의 외래환자들을 평가했고, 5가지 DSM-IV의 기술적 표현들(descriptors)이 심리치료 참여 회기수의 변산 31%를 설명한다는 것을 발견했다. 5개 기술 중에서, "과한 칭찬을 요구한다"가 참여한 치료 회기수와 가장 강한 부적 상관을 나타냈다. 치료 회기수와 가장 정적 상관이 높은 기술들은["실제 혹은 가상의 유기(imagined abandonment)를 피하기 위한 처절한 노력들", "부적절한, 강렬한 분노 혹은 분노 조절의 어려움", 그리고 "관계를 실제보다 더 친밀한 것으로 여기는 것"] 치료 사유와 관련된 혼란스러운 그러나 양가적인 대인관계에 대한 태도가 반영된 것들이다.

이러한 결과들은 로르샤흐의 3가지 주요 특징을 살펴보는 것이 정신건강 서비스의 지속 및 중단과 관련해서 도움이 될 수 있음을 시사한다. 능동적인 인지 관여(*Zf*)와 혼란스럽고 양가적인 대인관계 표현들(낮은 COP, 높은 *AG*와 MOA PATH 점수, 상승된 *SumT*와 같은 역설적인 조합)이 심리치료 참여를 나타내는 긍정적인 예측 변인이다. 반면, 자기애의 특징은 치료 중단의 가능성을 높이는 것으로 나타났다.

사례 8. 24세 남성

카드	반응	질문
I	1. 나비요. 전체가 나비 같아요.	평가자: (반응 반복) 피검자: 음. 날개가 있어요. 나는 것처럼 그리고 가운데는 몸이고 나비처럼 작은 더듬이가 있어요. 평가자: 시간을 들여서 조금 더 보세요. 제가 생각하기에 우리는 뭔가 다른 것들을 더 볼 수 있을 것 같아요.
	2. 탑 같아요.	평가자: (반응 반복) 피검자: 선생님도 알겠지만 이게 높고 기묘한 디자인이고, 꼭대기는 왕관 같아요. 여기 끝에 구멍이 있는데 창문은 아니고 디자인이에요. 잡지에서 이런 것을 본 적이 있어요.
II	3. 파티 같은데서 두 사람이 악수를 하고 있는 것처럼 보여요.	평가자: (반응 반복) 피검자: 아마도 가장파티인 것 같아요. 왜냐하면 많은 형체들을 알아볼 수 없기 때문이에요. 사람들이 악수하는 것처럼 손을 잡고 있어요. 망토나 큰 코트를 입고서 마치 서로에게 인사하는 것처럼 몸을 앞으로 구부리고 있어요." 평가자: 파티 같은 데라고 하셨는데요. 피검자: 사람들이 빨간 모자와 큰 망토를 입고 있는데, 파티가 떠올랐어요.
	4. 빨간 아랫부분은 게 같아요. 투구게 같은데 집게발 2개가 있는 것 같지는 않아요.	평가자: (반응 반복) 피검자: 2개의 집게발은 없지만 모양이 게 같아요. 그리고 다양한 색감은 딱딱한 껍질 같은 인상을 주네요. 평가자: 딱딱한 껍질이요? 피검자: 검은 부분이 군데군데 있는 게 딱딱한 표면처럼 빛나는 모습 같아요.
III	5. 한 여성이 자기 자신을 살피느라 거울을 바라보고 있어요.	평가자: (반응 반복) 피검자: 여기 아랫부분(D7)은 뭐라고 설명할 수 없네요. 이 부분(D9)은 한 여성이 자신을 살펴보느라 약간 앞으로 구부리고 있네요. 손, 목이고요. 큰 코가 있고요. 팔, 다리, 가슴, 하이힐을 신고 있네요.

IV	6. 밤인데 나무 한 그루 같아요.	평가자: (반응 반복) 피검자: 기둥과 커다란 활 모양 윗부분, 큰 단풍나무나 떡갈나무, 길가에 이런 모양의 나무가 있어요. 평가자: 밤이라고 하셨는데요? 피검자: 다 검잖아요. 검은 윤곽선이.
V	7. 새다. 아니 나비 같아요.	평가자: (반응 반복) 피검자: 나비 날개 같기도 하지만 날아가는 것처럼 날개가 펼쳐져 있고, 더듬이가 여기 있어요.
	8. 다시 보니깐 새 같아 보이기도 하네요.	평가자: (반응 반복) 피검자: 한 마리 새 같아요. 날개 같기도 하지만 새가 날갯짓하면서 앞으로 나가는 것 같고요. 부리(D9)를 벌리고 있어요. 제가 볼 때는 제비 같아요. 그림에서 본 적이 있어요.
VI	9. 물에 떠 있는 빙산 같아요. 여기 반사되고 있어요.	평가자: (반응 반복) 피검자: 불규칙한 모양이 있고요. 그리고 이 선이 물처럼 보이고요. 아래 똑같은 모양이 있어요. 차가워 보여요. 그래서 빙산 같았어요. 평가자: 이게 무엇 때문에 차가와 보였는지 확실치 않군요. 피검자: 커다란 빙산처럼 회색이랑 검은색의 다른 모양이 있고요. 만약 여기 앉으면 정말 차가울 것 같아요.
VII	10. 머리를 뒤쪽으로 돌려 서로를 마주 보고 있는 2개의 이상한 사람 조각상이에요.	평가자: (반응 반복) 피검자: 팔, 코, 얼굴, 머리예요. 동상 같아요.
	11. 꽃들이 자라는 아치 같아요. 우리는 뒷마당에 이런 게 있었는데 항상 엄마가 다듬었어요.	평가자: (반응 반복) 피검자: 이것은 아치 모양이고, 여기는 꽃들이 양쪽에 꽂혀 있어요. 하얀색의 중앙은 걸을 수 있는 곳이고요. 통과할 수 있는 격자무늬처럼 되어 있어요. 우리는 이런 곳에서 술래잡기를 하곤 했는데 엄마는 우리가 그걸 붙잡을까봐 신경 쓰셨어요. 엄마는 우리가 그걸 넘어뜨릴까 봐 항상 걱정하셨죠.

VIII	12. 음, 첫 번째는 커다란 생일케이크 같아요.	평가자: (반응 반복)
		피검자: 케이크 위에 다른 색의 장식이 있고요. 위에는 2개의 작은 초가 있네요.
		평가자: 내가 당신이 본 것처럼 보는지 확신할 수 없네요.
		피검자: 음. 여기 3개의 다른 층이 있어요. 여기(D4) 여기(D5) 그리고 여기요(D2). 다 다른 색이고요. 층층이 있는 것처럼 여기 분홍색 모양과 하얀 설탕 입힌 것 같아요. 위에는 예쁘고 작은 초 2개가 있어요.
	13. 이건 왕관 같아요. 〈내셔널 지오그래픽〉에서 본 것 같은, 어떤 동양의 어린 왕자가 특별한 날에 쓰는 왕관 같아요.	평가자: (반응 반복)
		피검자: 양쪽이 다른 색깔과 모양인데, 개나 늑대 같은 게 양쪽에 있고 끝이 뾰족해요. 여기 안에는 유리나 보석 같은 게 반짝이는 것처럼 보여요.
		평가자: 유리나 보석이요?
		피검자: 양쪽이 세 부분이 있는데 다른 색의 다른 모양이에요. 이거는 반짝이는 모양이고요. 내셔날 지오그래픽에서 본 것 같아요.
IX	14. 마법사나 마녀 커플이 마법을 거는 것처럼 가마솥에서 뭔가를 만들고 있어요.	평가자: (반응 반복)
		피검자: 음. 이들은 끝이 뾰족한 모자와 주황색 가운을 입고 있는데 팔을 가마솥 쪽으로 뻗고 있어요. 동그라면서 가운데 있는 뭔가를 보면, 마법의 안개나 연기처럼 하얀색이네요. 그리고 모든 것들이 영화에서 보는 것처럼 다 흐릿해요.
		평가자: 흐릿한 걸 통해서 뭔가 보이나요?
		피검자: 그걸 통해서가 아니고, 이 안에 이것이 비치는 것처럼, 하얀 상의와 하의가 뿌옇게 보여요. 그 안에 거품이 있는 무언가처럼, 그리고 이들은 무언가를 만드는 것처럼 팔을 뻗고 있어요.
	15. 이 부분이 코르크 마개 뽑는 기구 같아요.	평가자: (반응 반복)
		피검자: 와인을 따르려고 하는 코르크 마개 뽑는 도구처럼, 여기(D5)는 병 안에 들어가 있고, 여기(D6)는 손잡이 같아요.

X	16. 내가 여기서 첫 번째로 생각한 것은 7월 4일처럼 불꽃놀이 같아요.	평가자: (반응 반복)
		피검자: 이게 밖으로 터지고 있는데, 축하를 나타내는 것처럼 다양한 색깔들이 대칭을 이룬 모양으로 바깥쪽으로 향하고 있어요. 불꽃놀이를 볼 때, 동시에 다양한 색깔들이 바깥으로 터지는 것 같아요.
	17. 위쪽 이 부분이 내게는 에펠탑 같네요.	평가자: (반응 반복)
		피검자: 에펠탑 같은 모양이고요. 나는 파리에 간 적이 있는데 이건 꼭 그거같이 보이네요.
	18. 이런 것들은 화려한 파란색 귀걸이처럼 보이네요.	평가자: (반응 반복)
		피검자: 네. 어떤 예쁜 파란색 사파이어로 만들어진 것 같이, 이건 파란색 보석이네요. 모양이 불규칙한 게 아른아른 빛나는 효과가 있어요.
		평가자: 아른아른 빛나는 효과요?
		피검자: 파랑의 다양한 변화는 이것들이 약간 움직이고 있는 것처럼 보이네요. 불빛이 다르게 비치면서 보석들이 빛을 내는 것처럼요.
	19. 여자 브래지어의 파란색 컵 같아요.	평가자: (반응 반복)
		피검자: 뭐랄까 예쁘고 파란, 그런 건데요. 내가 보기엔 36C 같아요.
	20. 선생님 아시죠. 대칭이고 많은 색들이 움직이는 것 같아요. 모든 조각들이 대칭 패턴으로 걸려 있는 추상 미술 같아요.	평가자: (반응 반복)
		피검자: 움직임이 있는 추상작품 특별전을 하는 박물관에 갔었을 때, 거기 대부분은 금속작업을 하는 작가가 만든 거였는데, 하나는 아이가 한 것 같이 굉장히 색채가 다양한 것을 본 적 있어요. 여기에 이것도 색채로 가득한데, 여기 위가 매달려 있고, 모든 건 여기 커다란 분홍색에서 나온 건데, 우리가 서로 연결된 건 볼 수 없지만, 이 초록색 여기 아래쪽에 있는 건 저절로 걸려 있는 것처럼 보여요. 모든 것이 서로 연결되어 있어요.

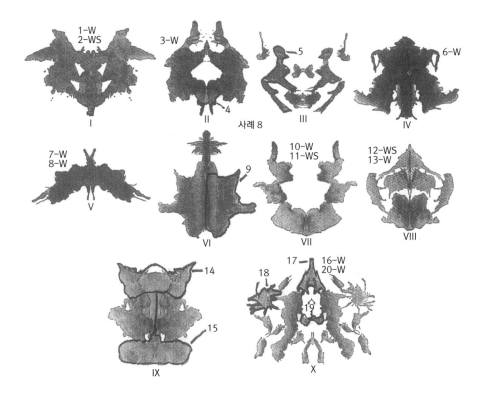

사례 8

사례 8. 점수 계열

카드	반응 번호	위치	영역 번호	결정인	(2)	내용	평범 반응	Z	특수 점수
I	1	Wo	1	FMao		A	P	1.0	
	2	WSo	1	Fu		Ay		3.5	PER
II	3	W+	1	Ma.FCo	2	H,Cg		4.5	COP,PHR
	4	Do	3	FTo		A			
III	5	D+	9	Mp.Fr+		H,Cg	P	4.0	GHR
IV	6	Wo	1	FC'o		Bt		2.0	PER
V	7	Wo	1	FMpo		A	P	1.0	
	8	Wo	1	FMao		A		1.0	PER
VI	9	Dv/+	4	mp.rF.TFo		Na		2.5	
VII	10	W+	1	Mpo	2	Art,(H)	P	2.5	GHR
	11	WS+	1	Fu		Sc,Bt		4.0	PER
VIII	12	WS+	1	CF.C'F−		Fd,Sc		4.5	
	13	Wo	1	CF.YFu	2	Art,(A)	P	4.5	PER
IX	14	DS+	3	Ma.FC.FVo	2	(H),Na,Cg		5.0	AB,COP,GHR
	15	Do	9	Fu		Hh			
X	16	Wo	1	ma.CFo		Ex		5.5	
	17	Do	11	Fo		Art			PER
	18	Do	1	CF.YF.mpu	2	Art			
	19	Do	6	FCu		Cg,Sx			
	20	Wo	1	CF.mpu		Art		5.5	

사례 8. 구조적 요약

구조적 요약(상단부)				

반응영역	결정인 혼합	단일	반응내용	자살 지표
				NO …FV+VF+V+FD > 2
		H =2		YES..Col-Shd Bl > 0
		(H) =2		YES..Ego < .31, > .44
Zf =15	M.FC	M =1	Hd =0	NO …MOR > 3
ZSum =48.5	M.Fr	FM =32	(Hd)=0	NO …Zd > +-3.5
ZEst =49.0	m.rF.TF	m =0	Hx =0	YES..es > EA
	CF.C'F	FC =1	A =4	YES..CF+C > FC
W =12	CF.YF	CF =0	(A) =1	YES..X+% < .70
D =8	M.FC.FV	C =0	Ad =0	YES..S > 3
W+D =20	m.CF	Cn =0	(Ad)=0	NO …P < 3 or > 8
Dd =0	CF.YF.m	FC'=1	An =0	NO …Pure H < 2
S =4	CF.m	C'F =0	Art =5	NO …R < 17
		C' =0	Ay =1	6 …… TOTAL
		FT =1	Bl =0	특수점수
발달질		TF =0	Bt =2	Lv1 Lv2
+ =6		T =0	Cg =4	DV =0x1 0x2
o =13		FV =0	Cl =0	INC =0x2 0x4
v/+ =1		VF =0	Ex =1	DR =0x3 0x6
v =0		V =0	Fd =1	FAB =0x4 0x7
		FY =0	Fi =0	ALOG =0x5
		YF =0	Ge =0	CON =0x7
		Y =0	Hh =1	Raw Sum6 =0
형태질		Fr =0	Ls =0	Wgtd Sum6 =0
	FQx MQual W+D	rF =0	Na =2	
+ =1 =1 =1		FD =0	Sc =2	AB =1 GHR =4
o =11 =3 =11		F =4	Sx =1	AG =0 PHR =0
u =7 =0 =7			Xy =0	COP =2 MOR =0
− =1 =0 =1			Id =0	CP =0 PER =6
none =0 =0 =0		(2) =5		PSV =0

구조적 요약(하단부)				
비율, 백분율, 산출한 점수				

R =20	L =0.25		FC:CF+C =3:5	COP=2 AG =0
			Pure C =0	GHR:PHR =4:0
EB =4:6.5	EA =10.5 EBPer =1.6		SumC':WSumC =2:6.5	a:p =5:6
eb =7:7	es =14 D =−1		Afr =0.82	Food =1
	Adj es =10 Adj D =0		S =4	SumT =2
			Blends:R =9:20	Hum Con =4
FM =3	C' =2 T =2		CP =0	Pure H =2
m =4	V =1 Y =2			PER =6
				Iso Indx =0.30

a:p =5:6	Sum6 =0	XA% =0.95	Zf =15.0	3r+(2)/R =0.55
Ma:Mp =2:2	Lv2 =0	WDA%=0.95	W:D:Dd =12:8:0	Fr+rF =2
2AB+Art+Ay =8	WSum6=0	X-% =0.05	W:M =12:4	SumV =1
MOR =0	M− =0	S− =1	Zd =+2.0	FD =0
	Mnone =0	P =5	PSV =0	An+Xy =0
		X+% =0.60	DQ+ =6	MOR =0
		Xu% =0.35	DQv =0	H:(H)Hd(Hd)=2:2

PTI=0	DEPI=4	CDI=1	S−CON=6	HVI=NO	OBS=NO

S-CON과 핵심 변인

S-CON(6)은 유의하지 않다. 첫 번째 정적 핵심 변인은 D(-1)가 Adj D(0)보다 적다는 것이다. 이는 우선 통제에 관한 영역과 상황적 스트레스에 관한 자료들을 확인해야 한다는 것을 보여 준다. 두 번째 정적 핵심 변인은 $Fr+rF$가 0보다 크다는 것이다. 이는 자기 지각과 대인관계 지각을 검토해야 한다는 점을 시사한다. 세 번째 정적 핵심 변인은 EB(4:6.5)가 외향성이라는 점이다. 이는 해석 절차에서 우선적으로 정동 관련 자료를 살펴본 후 인지적 3요소(cognitive triad)를 구성하는 3개의 군집을 탐색해야 한다는 것을 의미한다.

통제

사례 8. 24세 남성의 통제 관련 변인

EB =4:6.5	EA =10.5		D =-1	CDI =1
eb =7:7	es =14	Adj es =10	Adj D =0	L =0.25
FM =3 m=4	SumC′=2	SumT =2	SumV =1	SumY =2

Adj D는 0이고 CDI(1)는 유의하지 않다. 이것은 전형적으로 그가 의사결정과 행동수립 및 방향에 의미 있게 참여할 수 있는 충분한 자원을 가지고 있음을 나타낸다. 스트레스에 대한 내인력은 대부분의 사람들과 유사하다. 만약 스트레스가 예상치 못한 정도로 높거나 지속되는 경우를 제외한다면 통제가 불안정하지는 않을 것이다. EA(10.5)가 평균 범위이고 EB(4:6.5)에 0이 없다. Adj es(10)가 기대보다 다소 높지만, 주로 eb(7)의 우항에서 기인된 것으로 $SumT$(2)와 $SumV$(1)가 기대치보다 높다. 그렇기는 하지만 Adj D의 타당성을 의심할 만한 근거는 없다.

따라서 대체적으로 피검자의 통제력과 스트레스에 대한 내인력은 대부분의 사람들처럼 적당하다. 그는 명확하게 반응하고 실행하는 데 충분한 자원을 가지고 있으며 드문 경우를 제외하고 스트레스에 대한 내인력도 잘 유지될 것으로 보인다. 그러나 현재 그의 통제 능력이 견고하지 않음을 보여 주는 증거들과 관련하여 추후 검토가 필요하다.

D(-1)와 Adj D(0) 간의 차이와 D가 마이너스 범위에 있다는 사실은 그가 상황적 스트레

스로 자극 요구(stimulus demand)가 현저히 증가되어 자극 과부화 상태임을 보여 준다. D가 −1이라는 건 그가 비조직화되어 있다는 것을 시사하지는 않으나 충분히 생각하지 않은 채 의사결정이나 행동을 할 수 있고, 충동적인 사고, 정서, 행동에 취약할 수 있음을 보여 준다.

상황 관련 스트레스

사례 8. 24세 남성의 상황적 스트레스 자료

EB	$=4:6.5$		EA $=10.5$			D	$=-1$	**Blends**	
eb	$=7:7$		es $=14$	Adj es $=10$		Adj D $=0$		M.FC.FV	$=1$
								M.FC	$=1$
FM	$=3$	m$=4$	C' $=2$	T$=2$	V$=1$　Y$=2$			M.Fr	$=1$
				$(3r+(2)/R)=.55$				CF.YF.m	$=1$
Pure C $=0$		M−$=0$	MQnone $=0$			Blends $=9$		CF.m	$=1$
								CF.C'F	$=1$
								m.rF.TF	$=1$
								m.CF	$=1$

과부하는 m(4)과 $SumY$(2) 때문인데 이 두변인은 일반적으로 무기력감에 의한 사고나 감정과 관련된다. 두 변인의 값은 스트레스가 미치는 영향이 확산적이며, 잡념이 많아 주의와 주의집중력에 영향을 미칠 수 있음을 시사한다. 더욱이, $SumT$(2)의 증가는 이러한 취약성의 일부가 정서적 결핍이나 외로움에서 초래되었음을 암시한다. 추측해 보면, 여자친구가 집을 나갈 것이라고 했던 위협과 관련될 수 있다. 반면에, 높은 자아중심성 지표(.55)를 고려해 볼 때, 1개의 통경반응은 지속적인 것이라기보다 상황적인 것처럼 보인다. 이는 현재 그의 죄책감이나 후회가 과부하에 영향을 미칠 수 있음을 시사한다.

9개의 혼합반응 중 4개가 m 또는 Y 결정인으로 이루어졌다는 사실은 현재 스트레스로 인해 심리적으로 복잡한 상태임을 보여 준다. 또한, 색채와 음영혼합 반응($CF.YF.m$, $CF.YF$) 2개는 현재 그의 상태로 인해 혼란스러운 감정이 증가되었음을 보여 준다.

최근 있었던 약물로 유발된 혼란스러운 경험, 뒤따른 입원, 그리고 치료 참여 요구 등은 그에게 상당한 스트레스를 야기했던 것으로 볼 수 있다. 개입 맥락에서 생각하면, 그의 무기력감과 죄책감은 적극적인 치료 참여 동기에 긍정적인 영향을 미칠 수 있다.

자기 지각

사례 8. 24세 남성의 자기 지각 관련 자료

R	=20	OBS	=NO HVI=NO	**Human Content, An & Xy Responses**
				II 3. W+.Ma.FCo 2 H, Cg 4.5 COP,GHR
Fr+rF	=2	3r+(2)/R =.55		III 5. D+Mp.Fr+H,Cg P 4.0 GHR
				VIII 10. W+Mpo 2 Art,(H) P 2.5 GHR
FD	=0	SumV	=1	IX 14. DS+Ma.FC.FVo 2 (H),Cl 2.5 AB,COP,GHR
An+Xy	=0	MOR	=0	

H:(H)+Hd+(Hd)=2:2

[EB=4:6.5]

2개의 반사반응은 자신의 개인적 가치를 과대평가하는 자기애적 경향이 그의 성격에서 중요한 요인임을 보여 준다. 자아중심성 지표(.55)도 이를 지지하며 지표의 조합(composite)을 살펴보면, 다른 사람들에게와 달리 자신에게 우호적인 판단을 유지하는 경향성이 그의 심리에 강하게 내재되어 있음을 보여 준다. 이는 세상에 대한 자신의 사고와 지각에 지배적인 영향을 미치고, 그의 의사결정과 행동에도 영향을 미치는 것으로 보인다.

자기애적 특성은 과장된 자기가치감(self-value)을 재확인하기 위해 성취와 지위에 대한 동기를 촉진하는 긍정적인 특징도 있다. 긍정적이지 않은 맥락에서는 과장된 개인 가치감을 보호하기 위해서 정교한 방어체계 형성을 유도한다. 비판이나 행동 실수에 대한 책임을 피하기 위해 부정(denial), 합리화(rationalization) 및 외현화(externalization)에 비합리적으로 의존한다. 이러한 방어의 남용은 가까운 의미 있는 대인관계를 형성하고 유지하는 데 방해가 될 수 있다. 자기애적 특성의 가장 큰 문제는 주변 환경이 화답해 주지 않는다면 비사회적이거나 반사회적인 모습을 나타낸다는 점이다.

프로토콜에서 *FD* 반응이 없는 건, 자신에 대해 다소 순진(naive)하다는 것을 암시한다. 하지만, 1개의 통경반응은 자신이 지각한 부정적인 특징에 몰두하고 있음을 나타낸다. 자기애적인 사람들에게는 흔치 않은데, 이러한 몰두는 고통스러운 감정을 야기하고 치료에 대한 자원이 될 수 있다. 반대로, **MOR** 반응이 하나도 없는 것은, 자기중심적인 사람에게는 흔한 양상으로, 자기성찰에서 비롯된 고통스러운 감정들은 최근 에피소드에 대한 죄책감이나 후회와 관련된 일시적인 것으로 보인다.

2개 H를 포함한 4개의 인간반응은 외향형 사람들에게서 기대되는 범위로 자기개념이 경험에 기반하며 상상에 기반하여 형성되어 있지 않다는 것을 나타낸다. 4개의 인간반응 가운데 첫 번째 반응은 반사반응을, 두 번째 반응은 통경 결정인을 포함하고 있지만 대체로 긍정적이다. 이러한 반응들은 상당히 잘 발달된 자기개념을 시사한다. 이는 프로토콜의 투사 자료들에서 찾을 수 있다.

1개의 마이너스 반응(카드 VIII, 반응 12)은, "큰 생일 케이크…… 각기 다른 색의 장식이 있고 그 위에 2개의 작은 초가 있어요."이다. 이는 비교적 정교한 대답이지만, 유치하며 자기찬미를 나타낸다. 4개의 인간운동 반응 가운데 첫 번째 반응(카드 II, 반응 3)은, "파티 같은데서 두 사람이, 마치 악수를 하고 있는 것처럼 보여요……. 아마도 가장파티인 것 같아요." 왜냐하면 많은 형체들을 알아볼 수 없기 때문이에요. 마치 서로를 반기는 것 같이요." 긍정적이고 정교화된 반응이다. '가장파티'는 숨기려는 욕구를 암시할 수 있지만, 추측일 수도 있다. 두 번째 *M* 반응(카드 III, 반응 5)은 명백히 자기중심적(self-focusing)인데 "한 여성이 자신을 살피느라 거울을 바라보고 있다." 세 번째(카드 VII, 반응 10) 반응 "머리를 뒤로 돌려 서로를 마주 보고 있는 2개의 이상한 사람 조각상"은 흥미로운데, 왜냐하면 조각상을 "이상하다"라고 묘사하며 그 사람들이 머리를 "뒤쪽으로 돌리고" 서로를 보고 있다고 묘사하기 있기 때문이다. 이처럼 부자연스럽고 구체적인(concrete) 특징은 그의 자기개념이 부자연스럽고 구체적인지에 대한 궁금증을 야기한다. 네 번째 *M* 반응(카드 IX, 반응 14)는 힘을 함축한다. "한 쌍의 마법사 혹은 마녀가 이 가마솥에 있는 무엇, 마법을 부리는 것 같이…… 마법의 안개나 연기가 있고 …… 그 안에 있는 무엇인가가 거품을 내는 것처럼…… 마치 그들이 무엇인가 만들고 있는 것 같아요."

3개의 동물운동 반응은 투사된 자료가 쉽게 탐지되지 않는다. 카드 I, 반응 1, "한 마리의 나비요…… 날개가 있고요. 날고 있는 것처럼 날개가 있어요.", 카드 V, 반응 7, "한 마리의 나비요…… 마치 날아가는 것처럼 날개가 펼쳐져 있어요." 카드 V, 반응 8, "한 마리 새 같아요……. 날갯짓하고 있어요……. 부리를 벌리고 있어요."

4개의 무생물 운동 반응은 다소 이상하다. 첫 번째(카드 VI, 반응 9)는 "물 위에 떠 있는 빙산이 반사되고 있어요. 차가워 보이네요……. 만약 여기에 앉는다면 굉장히 차가울 거예요." 이것은 은폐, 불침투성, 그리고 위협을 나타낸다. 남은 3개는 모두 카드 X에서 나타났는데 모두 그의 자기애적 특성에 상응하는 것으로 보이는 화려한, 과시적인 특징이 있다. 반응 16, "불꽃놀이요, 7월 4일인 것처럼…… 마치 축하를 하는 것 같아요.", 반응 18, "화려한 파란 귀걸이들이요……. 파란색 보석이에요……. 그들은 빛나는 효과가 있어요……. 조금씩 움직여요……. 빛이 비추는 방식으로요.", 그리고 반응 20, "움직이는, 모든 조각들이 대칭 패턴으로 걸려 있는 추상 미술 같아요……. 아이가 한 것처럼 보여요……. 색으로 가득한 …… 이 초록색 여기 아래쪽에 있는 건 저절로 걸려 있는 것처럼 보여요……. 모든 것이 서로 연결되어 있어요."

남은 8개 반응 중 5개 또한 화려한 내용이 인상적이다. 카드 I, 반응 2, "탑이요……. 구멍이 있는데, 창문은 아니고 디자인이에요.", 카드 VII, 반응 11, "그 아치 같은 것에는 꽃이 자라는 것 같이 보여요. 보통 장미꽃이요.", 카드 VIII, 반응 13, "왕관이요……. 어떤 동양의 왕자가 특별한 경우에 착용했을 것 같은…… 유리 혹은 보석 모양을 가진 것처럼 빛나요.", 카드 X, 반응 17, "에펠탑…… 전 파리에 가 본 적이 있어요.", 그리고 카드 X, 반응 19, "여성의 브래지어…… 조금 화려한 거요……. 전 내가 보기엔 36C 같아요." 남은 3가지는 빙산처럼 관통할 수 없는 특징을 가진다. 카드 II, 반응 4, "투구게요……. 딱딱한 껍질이 인상적이에요.", 카드 IV, 반응 6, "밤인데 나무 한 그루 같아요……. 기둥과 커다란 활 모양 윗부분, 큰 단풍나무나 떡갈나무", 그리고 카드 IX, 반응 15, "코르크 마개 뽑는 기구요……. 와인을 따려고 하는."

재질반응들은 흔치 않은 반응들로 그의 외로움이나 결핍감에 대한 궁금증이 생긴다. 첫 번째(말굽 게)는 "반짝이는 게 딱딱한 것 같아요."라고 묘사된다. 두 번째(빙산)는 "만약 거기에 앉는다면 매우 차가울 거예요."라고 묘사한다. 대부분의 사람들이 부드럽거나 털로 뒤덮인 재질반응을 하는 것과 달리 그는 촉감을 매우 다르게 여기거나 경험하는 것처럼 보인다.

그의 성격은 매우 자기중심적이며 자기가치를 과대평가하는 경향이 있다. 이러한 특성은 세상에 대한 지각과 더불어 의사결정 및 행동에 지배적인 영향을 발휘한다. 그는 지위에 관한 동기가 높아 보이지만, 이에 대해 방어적이며 결함이 드러나는 것을 감추기 위해 거리를 유지하려고 한다. 그가 최근 있었던 혼란스러운 에피소드에 관해 죄책감이나 가책을 느끼고 있다는 단서도 있지만, 이것이 오래 유지되지 못할 것이다. 주요한 개입 목표는 예민한 자기중심성을 파악하는 것인데, 그의 자기관여(self-involvement) 정도는 다른 사람들과 관계를 형성하고 유지하는 것이 어려울 수 있음을 시사한다. 또한 그는 자신의 이득을 위해 타인을 조종하기 위해 대인관계 기술을 사용하는 경향이 있다.

대인관계 지각

사례 8. 24세 남성의 대인관계 지각 자료

R	= 20	CDI	= 1	HVI = NO	**COP & AG Response**
a:p	= 5:6	SumT	= 2	Fd = 1	II 3. W+Ma.FCo 2 H,Cg 4.5 COP,GHR
		[eb	= 7:7]		IX 14. DS+Ma.FC.FVo 2 (H),Cl 2.5
Sum Human Contents = 4				H = 3	
[Style = Extratensive]					
GHR:PHR = 4:0					
COP = 2		AG	= 0	PER = 6	
Isolation Indx = 0.30					

*a:p*의 비율(5:6)이 두드러지는 것은 아니나, 수동운동 반응의 우세함은 그가 책임지는 일을 꺼려 하고 문제를 해결할 때 다른 사람들의 지원에 의존하는 경향이 있음을 암시한다. 음식반응도 이를 지지하는데 그는 기대보다 더욱 의존적인 행동을 나타낼 수 있다. 이러한 사람들은 대인관계에 대한 기대가 미성숙한 경향을 보인다.

언급한 바와 같이, 2개의 재질반응은 외로움이나 정서적 결핍감을 나타내며 대인관계에 영향을 미칠 수 있다. 이 2개의 재질반응의 특이한 특성이 그의 행동에 어떻게 드러나는지 살펴보면, 첫 번째 반응인 투구게에서는 "반짝거리는 모습이 딱딱한 것처럼 보여요."라고 묘사하고 있다. 두 번째 반응인 빙산에서는 "만약 거기에 앉는다면 매우 차가울 거예요."라고 기술하고 있다.

Fisher와 Cleveland(1958)가 제안한 장벽-침투(Barrier-Penetration) 개념의 맥락에서 이러한 반응들을 살펴보면, 그는 자기방어적이고 통제적인 방식으로 친밀감에 대한 욕구를 표현하는 것으로 보인다. 그는 종종 여자친구에게 자신을 흥분시키도록 기이한 방식으로 옷을 입도록 요구한 바 있다.

2개의 *H* 반응을 포함한 4개의 인간반응은 그가 다른 사람들처럼 타인에 대한 관심이 있고 사람에 대한 지각이 현실에 기반하고 있음을 보여 준다. GHR:PHR(4:0)은 그가 대개는 상황에 적응적인 방식으로 대인관계에서 행동하고 있음을 시사한다. 2개의 COP와 0개의 *AG* 반응은 그가 사람들 사이에서 긍정적 상호작용을 기대하고 참여하는 것에 관심 있음을 보여 준다. 그러나 4개의 인간내용 반응 중 3개의 쌍반응은 기대보다 긍정적이지 않다는 인상을 주며 성숙하지 않았음을 나타낸다.

4개의 인간반응 가운데 첫 번째(반응 3)는, 사람들과의 교류에 대한 긍정적인 관점을 보여 준다. "사람이 파티에서…… 악수를 하고 있어요." 그러나 이 대답엔 조심스러움이 드러나는데 가장파티로 2명 모두 망토인지 큰 코트인지를 입고 있다고 대답한다. 3개의 반응은 다른 사람들에 대한 미숙한 인상을 보여 준다. (반응 5) "거울을 쳐다보고 있는 한 여성", (반응 10) "머리가 뒤쪽으로 돌려 마주 보고 있는 2개의 사람 조각상", (반응 14) "마술을 부리고 있는 2명의 마법사나 마녀들".

6개의 PER 반응은 그가 자신의 온전함에 대한 자신감이 부족하고 자기가치에 도전한다고 지각되는 상황을 저지하거나 통제하기 위해 방어적으로 권위주의적이 되는 경향이 있음을 나타낸다. 이 같은 사람들은 필요 이상 경직되고 편협하여 친밀한 관계를 유지하는 데 어려움을 겪으며 특히 자신들에게 복종하지 않는 사람들과의 관계에서 더욱 어려움을 겪는다. 이와 더불어 유의하게 높은 고립 지표(.30)는 다른 사람들에 비해 사회적 상호작용에 덜 관여하는 경향이 있음을 의미한다. 이것은 반드시 그가 사회적 관계를 회피한다는 것을 의미하지는 않으나 앞에서 기대되었던 것보다는 사회적 관계의 폭이 광범위하지 않고 다양하지 못한 것으로 보인다.

종합하면, 그는 지적인 성인들에 비해 관계에 대한 기대가 상당히 미숙할 것으로 보인다. 그는 외로움이나 정서적 결핍감을 느끼지만 기대되는 것보다는 덜 일반적인 방식으로 드러낼 가능성이 있다. 그는 사람들에게 관심이 있고, 대인관계가 대부분 긍정적일 것으로 예상되지만, 폭넓은 사회적 네트워크에는 관여하지 않는 것으로 보인다. 그는 자신의 온전함에 대해 불확실감을 가지고 있고, 불안정하여 대인관계에서 일어나는 상황이 그에게 도전이 될 때 지나치게 권위주의적이 되기 쉽기 때문이다. 사실, 그를 상당히 잘 아는 사람들은 그가 편협하고 융통성이 없다고 여긴다. 그는 자신에게 복종하지 않는 사람들과의 친밀한 관계를 유지하는 것을 어려워하고 깊이 있는 성숙한 관계를 맺을 가능성이 낮아 보인다.

정동

EB(4:6.5)는 피검자가 문제해결이나 의사결정을 할 때 감정이 중요한 역할을 한다는 것을 보여 준다. 그는 시행착오적 행동들을 통해 가정을 검증하는 경향이 있고, 개방적으로 감정을 드러낼 가능성이 있다. *EBPer*(1.6)는 그가 때로는 감정을 배제한 채 관념적인

사례 8. 24세 남성의 정동 관련 자료

EB	=4:6.5			EBPer	=1.6	**Blends**	
eb	=7:7	L	=0.25	FC: CF+C	=3:5	M.FC.FV	=1
DEPI	=4	CDI	=1	Pure C	=0	M.FC	=1
						M.Fr	=1
SumC'=2	SumT =2			SumC':WSumC	=2:6.5	CF.YF.m	=1
SumV=1	SumY =2			Afr	=0.82	CF.C'F	=1
						CF.YF	=1
Intellect	=8	CP	=0	S=4 (S to I, II, III =1)		CF.m	=1
Blends:R	=9:20			Col-Shad Bl	=4	m.rF.TF	=1
m+y Bl	=4			Shading Bl	=0	m.CF	=1

(ideational) 접근 방식을 선호하는 등 융통적인 것으로 보인다.

앞서 진술한 바와 같이, *eb*(7)의 우측 값은 상당히 불안정한 정서를 보여 준다. 하지만 이 변인의 증가 대부분은 현재 상황(*SumY*=2)과 이에 대한 죄책감 혹은 후회(*SumV*=1)와 관련된 무력감에서 야기된 것으로 나타난다. 일부는 설명되지 않은 외로움 혹은 결핍감(*SumT*=2)에 의한 것으로 보인다. 하지만 위축된 정서는 시사되지 않는다(*SumC':WSumC*= 2:6.5). *Afr*(.82)는 그가 외향형 사람으로 기꺼이 감정이나 감정적 상황에 관여하고 처리하고 있음을 보여 준다.

주지화 지표(8)는 높다. 이것은 그가 원치 않거나 위협적으로 지각된 감정들을 다룰 때 전략적으로 주지화를 사용하는 것을 의미한다. 이러한 유형의 부인을 통해 부정적이거나 혼란스러운 감정의 강도를 약화시키거나 중화시키는 것으로 보인다. 주지화가 효과적인 방어가 될 수 있지만, 과다하게 사용할 경우 현실 왜곡을 야기하며 방어가 비효과적이라면 정서적으로 압도될 수 있는 취약성이 있다. *FC:CF+C* 비율(3:5)과 C가 없음은 외향적인 사람에게 흔히 관찰되며 그가 정서 표현을 조절하는 데 엄격하지 않음을 보여 준다. 높은 주지화 경향에 비추어 볼 때, 정서 표현은 강렬하지 않을 수 있다. 훨씬 더 중요한 결과는 높은 *S*(4)이다. 이것은 환경과 소원하며 화가 나 있는 태도를 의미한다. 이는 성격적 특성을 나타내며 의사결정이나 협력이 요구되는 활동에서 반항적이 되어 다른 사람들과 친밀한 관계 형성을 저해할 수 있다. 또한 사회적 교류에 요구되는 일상적인 타협에 관대하지 못하게 할 수 있다.

20개의 반응 기록에서 혼합반응 수(9)와 더불어 3개의 결정인이 포함된 3개의 혼합반응은 그의 심리적 기능이 매우 복잡하다는 것을 보여 준다. 4개의 혼합반응은 상황과 관련된 것으로 보이지만 정서가 그의 행동적 일관성에 부정적인 영향을 미칠 가능성을 증가시킨다. 더 나아가 4개의 색채음영 혼합반응은 그가 종종 정서적 혼란을 경험하고 똑같은 느낌에 대해서도 빈번하게 긍정적 · 부정적인 반응을 경험할 수 있음을 보여 준다. 이 가운데 *YF* 결정인을 포함한 2개의 색채음영 혼합반응은 이 같은 혼란이나 양가성이 상황적 스트레스에 의해 증가한 것으로 현재 상황 이전에는 낮았을 가능성이 크다.

치료 전망과 관련된 맥락을 고려해서 감정(affect)과 관련된 영역을 살펴보면, 긍정적인 면과 부정적인 면을 함께 보여 준다. 비교적 일관되게 나타나는 그의 직관적 대처 방식에서는 사고에서 감정이 중요한 역할을 차지하는데, 그가 직관적 유형을 유연하게 사용한다는 점에서 긍정적이다. 게다가 그가 평상시보다 더욱 부정적인 느낌을 경험하고 불편감을 느낀다는 점은 개입 시 이점으로 작용할 수 있다. 그는 현재 평소보다 훨씬 더 복잡하며, 이로 인해 오랜 기간 지속되어 온 혼란이 악화되었다. 이는 치료에 대한 적극적인 참여 동기를 불러일으킬 수도 있다.

부정적인 측면에서는, 속상하거나 원치 않은 감정을 다루는 데 주지화 경향이 높아 부인하거나 현실을 왜곡해서 다른 사람들에게 제한적인 개방을 할 수 있다. 마지막으로, 가장 중요한 것일 수 있는데, 그는 세상에 대한 부정적 · 적대적 태도를 가지고 있어 다른 사람들과 생각과 감정을 공유하는 것을 제한하며, 특히 그가 위협적이거나 통제적이라고 지각한 사람들의 경우에 더욱 그러하다.

정보처리

Zf(15)와 *W:D:Dd*(12:8:0)는 그가 새로운 정보를 처리하는 데 상당한 노력을 기울이고 있음을 나타내는데, 특히 그것이 문제해결이나 의사결정에 관련될 때 그러하다. 이러한 그의 동기는 *W:M*(3:1)과 일관된 영역 계열(consistent location sequencing)에도 반영된다. 12개 *W* 반응은 7개 카드에서 나타났으며, 그 가운데 7개는 첫 번째 반응에서 그리고 5개는 마지막 반응에서 나왔다.

*Zd*값(+2.0)은 평균 수준으로 대부분의 성인들과 유사한 주사(scanning) 효율성을 나타낸다. *DQ*의 분포를 살펴보면, 일반 외향성 성인들의 평균 범위에 해당하는 6개의 *DQ*+ 반응이 포함되어 있다. 그러나 *Zf*(15)를 고려해 본다면 *DQ*+(6) 반응은 성실하게 자극을

사례 8. 24세 남성의 정보처리 변인

EB	=4:6.5	Zf	=15	Zd	=+2.0	DQ+	=6
L	=0.25	W:D:Dd	=12:8:0	PSV	=0	DQv/+	=1
HVI	=NO	W:M	=12:4			DQv	=0
OBS	=NO						

Location & DQ Sequencing

I: Wo.WSo	VI: Dv/+
II: W+.Do	VII: W+.WS+
III: D+	VIII: WS+.Wo
IV: Wo	IX: DS+.Do
V: Wo.Wo	X: Wo.Do.Do.Wo

처리하는 사람들에게 기대되는 것보다 적다. 그의 정보처리 노력의 질은 적당하지만 기대에 비해 적은 편이다.

예를 들어, 그는 10개의 카드 중 5개의 카드에서만 통합반응을 했고, X 카드에는 5개의 반응을 했지만 *DQ*+는 아니다. 이것이 약점은 아니지만 이는 그가 새로운 정보를 처리하는 데 동기가 높아 보이지 않는다. 그는 새로운 정보의 요인들을 열심히 확인하지만 새로운 정보를 구조화하기 위해서 자신의 자원을 최대한으로 활용하진 않는 것으로 보인다.

인지적 중재

XA%(.95)와 *WDA*%(.95)의 높은 값은 그가 투입된 자극을 해석할 때, 상황에 적절한지 확인하기 위해 신중한 노력을 기울이고 있음을 의미한다. 이는 적절한 현실 검증에 가장 기본적인 요소인 인지적 중재가 유능하다는 것을 보여 준다. 이 변인 값이 기대보다 큰 경우에는 실수나 그로 인한 잠재된 결과를 피하려는 사람임을 암시한다.

상대적으로 낮은 *X*-%(.05)는 *S*(카드 Ⅷ, 반응 12, 생일 케이크)가 포함된 반응에서 드러나고 있다. 색채음영 혼합반응(*CF.C'F*)과 음식반응이 포함되어 있다. 이러한 왜곡된 반응은 반항성(negativism)이나 감정에 대한 혼란의 결과로 나타날 수 있는데, 그는 2가지 모두가 관찰되었다. 대안적으로는 이러한 왜곡은 그의 과도한 자기관여(self-involvement)나 다른 사람의 지지를 갈구하는 경향성에 의해 유발되었을 수 있다. 선행 요인들과 무관하

사례 8. 24세 남성의 인지적 중재 변인

R = 20	L = 0.25	OBS = NO	**Minus & NoForm Features**
FQx+ = 1		XA% = .95	VIII 12. WS+CF.CF−Fd,Sc 4.5
FQxo = 11		WDA% = .95	
FQxu = 7		X−% = .05	
FQx− = 1		S− = 1	
FQxnone = 0			
(W+D = 20)		P = 5	
WD+ = 1		X+% = .60	
WDo = 11		Xu% = .35	
WDu = 7			
WD− = 1			
WDnone = 0			

게 반응에서의 왜곡 정도는 그리 크지 않다.

평범반응(5)은 정상범위이며 그는 반응에 대한 단서가 합리적으로 명백하다면 평범한 방식으로 자극을 해석하는 경향이 있음을 시사한다. 마찬가지로, $FQ+$(1) 반응은 중재 시 정확하려는 경향이 있음을 의미한다. 한편, $X+\%$(.60)는 약간 낮고 $Xu\%$(.35), $XA\%$(.95)와 $WDA\%$(.95)의 값은 다소 높은 편이다. 이를 종합하면 그가 심각하게 현실을 왜곡하지는 않으나 다른 사람들에 비해서 빈번하게 관습을 무시하는 경향이 있음을 보여 준다. 그는 새로운 정보를 해석할 때 과도하게 개인화(overpersonalize)하기 쉽다. 이것이 단점은 아니 지만 자신의 심리적 렌즈를 통해 세상을 해석하는 그의 경향성 때문에 사회적 기대들을 무 시하는 행동이 증가할 가능성이 커질 수 있다.

관념

EB(4:6.5)와 $EBPer$(1.6)는 의사결정과 관련된 그의 사고활동이 직관적이며 사고에 침투 된 감정에 의해 영향 받는다는 것을 보여 준다. 그는 명확하지 않은 논리체계를 받아들이 는 경향이 있고 대처 방식이 유연하다. eb(7)의 좌항은 그는 사고과정에서 의식하지 못하 거나 지엽적인 사고가 두드러지며 이 가운데 상당 부분은 상황적으로 유발된 것으로 보인 다. 이는 종종 행동에 긍정적인 자극이 될 수 있지만, 과도하면 주의가 산만해질 수 있고,

사례 8. 24세 남성의 관념 변인

L	=0.25	OBS	=NO	HVI	=NO	**Critical Special Scores**			
						DV	=0	DV2	=0
EB	=4:6.5	EBPer	=1.6	a:p	=5:6	INC	=0	INC2	=0
				Ma:Mp	=2:2	DR	=0	DR2	=0
eb	=7:7	[FM=3 m=4]				FAB	=0	FAB2	=0
				M−	=0	ALOG	=0	CON	=0
Intell Indx	=8	MOR	=0	Mnone	=0	Sum6	=0	WSum6	=0
							(R=20)		

M Response Features

II 3. W+ Ma.FCo 2 H,Cg 4.5 COP,GHR

III 8. D+ Mp.Fr+ H,Cg P 4.0 GHR

IV 10. W+ Mpo 2 Art,(H) P 2.5 GHR

IX 14. DS+ Ma.FC.FVo 2 (H), Cl 5.0 AB,COP,GHR

신중하게 사고해야 하는 경우에 주의집중이 제한되고 방해받을 수 있다.

주지화 지표(8) 값이 중요한데, 왜냐하면 주지화가 주요 방어 전략으로 드러나기 때문이다. 주지화를 통해 원하지 않거나, 스트레스를 유발하는 감정을 감추거나 부인해서 결과적으로 그의 감정이 직접적 또는 현실적으로 처리될 가능성이 감소되는데 심지어는 자신의 생각이 분명하더라도 그러하다. 주지화의 과도한 사용은 정서적 경험이 강렬할 경우 생각을 흐리게 할 수 있다. 왜냐하면 이러한 방어전략은 정서 자극이 증가할수록 비효과적이 되기 때문이다.

긍정적인 측면을 살펴보면, 프로토콜에 결정적인 특수점수가 없어, 그의 개념적 사고가 명확하다는 것을 보여 준다. 또한, 4개의 *M* 반응 모두 적절하며 관습적이다. 인간운동 반응의 평가 결과는 그의 개념적 사고의 질적인 면을 염려할 이유가 없다는 것을 시사한다.

4개 *M* 반응 가운데 3개는 비교적 정교하다(반응 3, "파티 같은데서 두 사람이 악수를 하고 있는 것처럼 보여요……. 아마도 가장 파티인 것 같아요……. 그들은 서로에게 인사하는 것처럼 앞으로 굽히고 있어요.", 반응 5, "자신을 살펴보려고 거울을 보고 있는 여자.", 반응 14, "마법을 거는 것처럼 가마솥에서 무언가를 만들고 있는 마법사나 마녀 커플…… 그들은 뾰족한 모자와 오렌지색 가운을 입고 있고 가마솥으로 팔을 뻗쳐 있고 마법의 안개나 연기처럼 보여요."). 네 번째는 다소 과장되고 독특하지만, 질은 양호하다. (반응 10, "머리를 뒤로 돌린 채 서로 마주 보고 있는 이상한 두 사람의 조각상"). 한두 개가 조금 미성숙한 특성을 가지고 있다고 할 수 있지만, 모두 정교하고 개념적으로 충분히 발달되어 있다.

그의 사고에 대한 연구 결과는 전반적으로 긍정적이다. 그는 일관적이기는 하나 의사 결정에서 직관적인 접근을 사용하는 데 융통성이 부족하지는 않다. 그의 사고는 명확하고 개념화의 질은 좋은 편이다. 지엽적인 사고가 증가하여 현재 주의력과 집중력에 문제를 경험할 수 있지만, 이는 중요한 문제라기보다는 상황과 관련되는 것으로 보인다. 관념과 관련된 보다 만성적인 문제는 원치 않는 감정을 주지화하려는 성향과 관련된다. 이것이 그의 일상생활에 큰 영향을 주지 않을 수 있지만, 자신의 문제와 직면하는 것을 피하게 해 주는 편리한 수단이기 때문에 특히 단기치료 시 효과를 거두기 어려울 수 있다.

요약

피검자는 자극 과부하 상태에 있는데, 이는 아마도 상황적인 것으로, 와해(disorganization) 에피소드 및 임박한 치료 참여와 관련된 것으로 보인다. 그는 와해되지 않았지만, 통제는 취약하다. 그는 자신의 생각에 충동적이고/혹은 감정을 다루는 방식에 있어서 취약하다. 그는 평상시보다 산만해진 사고를 경험하며, 직면한 스트레스로 인해 감정이 그를 더욱 혼란스럽게 만들고 있는 것으로 보인다. 결과적으로, 그의 일부 행동은 충분한 생각을 통해 이루어진 것이 아닐 수 있다.

일반적으로 그가 가진 자원은 적절한 통제를 보장하기에 충분하며, 매우 드문 경우를 제외하고는 스트레스에 대한 내성도 잘 유지될 수 있다. 그럼에도 불구하고, 그의 성격 형성 방식은 스트레스와 혼란에 대한 취약성을 증가시킨다. 이 같은 가능성에 관한 핵심은 자기가치를 지나치게 미화하는 두드러진 자기애적 경향(narcissistic tendency)이다. 이러한 특징은 사고―세상을 지각하는 방식―에 지배적인 영향을 미치며 높은 지위에 대한 강렬한 동기를 불러일으킨다. 이로 인해 유별난 자기중심성을 유지하기 위해 자기상은 미성숙하고 자기과시적인 특성을 보인다.

그는 과대평가된 자기상을 유지하기 위해서 정교한 방어체계를 개발했고, 이는 결함을 은폐하고 그가 무관심하고 둔감해지도록 만들었다. 이는 책임을 회피하기 위해 합리화와 부정을 수반하며, 부정적 정서의 영향을 최소화 및 중화시키기 위해 주지화를 남용하고, 자신의 온전성(integrity)에 대한 도전을 피하기 위해 권위주의를 수반한다. 이처럼 밀접하게 관련된 방어체계는 대개는 그에게 도움이 되었지만 이러한 전략 가운데 어떤 것이라도 효과가 충분치 않다면 그로 인해 부정적인 감정이 급격히 증가된다. 이러한 상황에 처하면 그는 무력감을 느끼고 평소보다 정서적으로 더욱 혼란스러워하는 경향이 있다. 이에 자신의 생각과 행동에 대한 통제 유지 능력도 감소된다.

그의 사고 및 의사결정에서 정서가 중요한 역할을 하기 때문에 그러한 상황들은 특히 그에게 해롭다. 피검자의 직관적인 대처 스타일은 통제에 문제가 없고 감정이 지나치게 혼란스럽거나 강렬해지지 않으면 효과적일 수 있다. 하지만 하나가 발생하면, 통제를 잃고 부적절한 행동이 나타날 가능성이 매우 높아진다.

그의 정교한 방어체계는 또한 타인과의 관계에 장애물을 만드는 경향이 있다. 그는 자신의 확장된 자기감에 대한 지지 및 안심을 얻기 위해 타인에게 의존하는 경향이 있는데, 사람에 대한 지각과 기대가 매우 현실적이지 않다. 그 결과, 다른 사람들과의 관계 대부분이 친밀하기보다 피상적일 것이다. 사실, 그에게 복종적이지 않고 쉽게 조종되지 않은 사람들은 그를 융통성이 없거나 편협하다고 여긴다.

그는 정서적으로 외로움이나 결핍감을 느끼는데 이는 오래된 성격 특성으로 보인다. 어떤 경우에도, 사실 여부와 상관없이, 그는 자신에게 일반적인 정서보다 더 부정적인 정서를 경험하며 자신의 상황에 대한 죄책감이나 후회를 갖는다. 또한 그는 자신의 환경에 대해 부정적이며 분노 어린 태도를 가지고 있다. 이는 오랜 성격 특성으로 언제나 그의 기능에 영향을 미치고 있다. 소외감과 분노가 명백히 드러나지 않을 수 있지만, 방어와 주변의 것들을 참지 못하는 그의 성향에 영향을 미친다. 또한, 현재 스트레스는 감정에 의해 혼란스러워하는 그의 성향을 더욱 악화시키고 있다.

긍정적인 면으로 인지활동은 손상되지 않고 적절히 기능하고 있다. 그는 새로운 정보를 정확히 처리하고 입력된 정보를 적절히 해석하기 위해 노력한다. 과도한 자기관여로 인해 해석 일부는 개인적이기는 하나 문제가 되진 않는다. 그의 관념화 중 일부가 지나친 자기중심성과 관련해 미숙한 특성을 보일지라도, 관념은 명료하며, 사고는 정교하며, 잘 발달되어 있으며, 상당히 수준이 높다. 실제로, 그의 정서적인 부담과 그가 의존하는 정교한 방어에도 불구하고, 현실 검증력은 적절하다.

제언

의뢰 사유와 관련하여 "어떠한 심각한 정신적 혼란이 있는가"라는 질문에 대한 대답은

"아니요"일 것이다. 성격적 문제가 있지만, 앞으로 시행될 치료의 초점은 약물남용에 관한 것이며 장기적인 치료가 요구되는 잠재 문제들은 고려되지 않았다. 따라서 그의 자기애적 성격은 계획된 개입의 맥락에서 중요해진다. 의뢰 사유에서 제기된 두 번째 문제는 매우 구조화된 2주간의 입원 프로그램에 대한 그의 반응과 관련된 것이다. 그는 구조화된 프로그램에 호의적으로 반응할 것이라고 추측된다. 그는 무력감과 취약함을 느끼며, 정서적 고통에 대해 다른 사람들로부터 지지와 위안을 구한다. 따라서 그가 적어도 안도감을 경험할 때까지는 프로그램에 협조적일 것으로 예상된다. 그의 정교한 방어체계의 관점을 고려해 본다면, 아마도 피검자는 치료 단계에서 상당한 주지화를 보일 것이며 일상에 익숙해질수록 권위주의적인 독단적 모습을 함께 나타낼 것으로 보인다. 이 시점에 이르면 치료사들과 직접적인 갈등을 나타내기 쉽다.

의뢰 사유에서 제기된 또 다른 문제는 그가 6주간의 외래환자 프로그램을 끝낼 것인가와 관련된 것이다. 피검자는 치료적 노력이 자신의 문제에 만족스러운 해결책을 가져올 것이라는 순진하고 다소 과장된 기대를 가지고 치료에 참여하기 위해 한 달간 휴직하였다. 짧은 치료가 때로는 놀랍게 효과적일 수 있지만 기본적인 성격 구조의 변화를 가져오지는 않는다. 따라서 그가 6주의 외래환자 프로그램을 종결할 가능성은 모호하며, 개별 및 집단 회기의 초점에 따라 달라질 것으로 보인다. 치료의 초점이 약물 자제와 지지라면, 치료 참여는 피검자가 안도감을 경험하고 상황을 통제하는 자신의 능력에 대한 유능감을 느끼는 정도에 따라 달라질 것이다. 반대로, 치료의 초점이 변화에 있다면, 일단 그가 안도감을 경험하게 되면, 변화에 대한 예상은 그에게 매우 위협이 되어 치료 지속에 대한 예후는 나빠진다.

의뢰 사유에서 제기된 네 번째 문제는 개인치료 회기에서 초점을 맞추어야 할 부분과 관련된다. 6주의 치료 참여에서 모든 목표는 간단하며 위협적이지 않아야 한다. 환경에 대한 그의 거부적인 태도는 피검자의 대인관계 행동을 검토하기 위한 토대일 수 있지만, 아무리 잘해도, 그와 긴밀한 작업 관계를 형성하는 것은 어려울 것이다. 반면 이러한 긴밀한 작업 관계가 형성된다면 그는 자원이 많아서 장기치료에 흥미를 보일 것이다. 피검자의 사고처리 과정은 양호하다. 그의 사고는 명료하고 정교하며 현실 검증은 적절하다. 그는 사람들에게 관심이 있고 지위에 대한 욕구가 높다. 또한, 죄책감이나 후회는 최근의 와해를 반복하지 않도록 하는 방법을 찾도록 그를 촉진할 것이다. 하지만 치료에 지속적으로 그를 동기화하기 위해서는 중요하지만 섬세한 이슈인 통제 및 자기통합을 다룰 수 있는 숙련된 치료사가 필요하다. 그가 자신의 행동에 대한 통제력을 잃는다거나 과대-미화된 자기감의 포기를 인식하게 된다면, 치료를 그만둘 가능성이 있다.

에필로그

피검자는 비교적 짧은 약물남용 프로그램에 참여했다. 14일의 입원 기간 동안 그는 매우 협조적이었으며, 최소 2명의 직원들이 그를 사교적이고, 호감이 가며, 다른 환자들에게 도움이 되었다고 기술하였다. 그가 입원 2주 동안 내부의 농구 경기 3개를 조직했다는 것이 눈에 띈다. 퇴원 후, 그는 직장으로 돌아갔고 6회기의 개인치료에 참여하였으나, 첫 4회기는 형식적이었다. 치료자는 환자가 개인 회기 내내 병원의 반복적인 일상적 활동과 회사원으로서 가지는 근무 시기의 압박에 대한 불만을 쏟아냈다고 지적했다. 치료사는 그와 작업 관계를 형성하기 어려웠고 환자가 6회기 이후 치료를 지속하지 않겠다고 했을 때 놀라지 않았다. 여자친구에 따르면, 피검자는 종결 한 달 후부터 이따금 코카인을 시작했다고 한다.

참고문헌

Ackerman, S. J., Hilsenroth, M. J., Clemence, A. J., Weatherill, R., & Fowler, J. C. (2000). The effects of social cognition and object representation on psychotherapy continuation. *Bulletin of the Menninger Clinic, 64*(3), 386-408.

Alpher, V. S., Perfetto, G. A., Henry, W. P., & Strupp, H. H. (1990). The relationship between the Rorschach and assessment of the capacity to engage in short-term dynamic psychotherapy. *Psychotherapy, 27*(2), 224-229.

Alterman, A. I., Slap-Shelton, L., & DeCato, C. M. (1992). Developmental level as a predictor of alcoholism treatment response: An attempted replication. *Addictive Behaviors, 17*(5), 501-506.

Baekeland, F., & Lundwall, L. (1975). Dropping out of treatment: A critical review. *Psychological Bulletin, 82,* 738-783.

Cipolli, C., & Galliani, I. (1990). Addiction time and value of Z indicators in Rorschachs of heroin users. *Perceptual & Motor Skills, 70*(3, Pt. 2), 1105-1106.

Dougherty, R. J., & Lesswing, N. J. (1989). Inpatient cocaine abusers: An analysis of psychological and demographic variables. *Journal of Substance Abuse Treatment, 6*(1), 45–47.

Coonerty, S. (1986). An exploration of separation-individuation themes in the borderline personality disorder. *Journal of Personality Assessment, 50*(3), 501–511.

Fisher, S., & Cleveland, S. E. (1958). *Body image and personality.* New York: Van Nostrand.

Hilsenroth, M. J., Handler, L., Toman, K. M., & Padawer, J. R. (1995). Rorschach and MMPI–2 indices of early psychotherapy termination. *Journal of Consulting and Clinical Psychology, 63*(6), 956–965.

Hilsenroth, M. J., Holdwick, D. J., & Castlebury, F. D. (1998). The effects of *DSM–IV* Cluster B personality disorder symptoms on the termination and continuation of psychotherapy. *Psychotherapy, 35*(2), 163–176.

Horner, M. S., & Diamond, D. (1996). Object relations development and psychotherapy dropout in borderline outpatients. *Psychoanalytic Psychology, 13*(2), 205–223.

Kotkov, B., & Meadow, A. (1953). Rorschach criteria for predicting continuation in individual psychotherapy. *Journal of Consulting Psychology, 17*, 16.

Kobayashi, T., Fukui, K., Hayakawa, S., Koga, E., Ono, I., Fukui, Y., et al. (1995). Psychological problems due to long-term organic solvent abuse. *Arukoru Kenkyuto Yakubutsu Ison, 30*(5), 356–358.

Lesswing, N. J., & Dougherty, R. J. (1993). Psychopathology in alcohol-and cocaine-dependent patients: a comparison of findings from psychological testing. *Journal of Substance Abuse Treatment, 10*(1), 53–57.

Murray, H. A. (1943). *Manual for the Thematic Apperception Test.* Cambridge, MA: Harvard University Press.

Rogers, L. S., Knauss, J., & Hammond, K. R. (1951). Predicting continuation in therapy by means of the Rorschach Test. *Journal of Consulting Psychology, 15*, 368.

Thackrey, M., Butler, S., & Strupp, H. (1985, June). *Measure of patients' capacity for dynamic process.* Paper presented at the meeting of the Society for Psychotherapy Research, Evanston.

Thornton, C. C., Gellens, H. K., Alterman, A. I., & Gottheil, E. (1979). Developmental level and prognosis in alcoholics. *Alcoholism: Clinical and Experimental Research, 3*(1), 70–77.

Urist, J. (1977). The Rorschach Test and the assessment of object relations. *Journal of Personality Assessment, 41*(1), 3–9.

제11장

약물남용 치료에 대한 동기의 문제

사례 9

피검자는 25세 여성으로 사례 8(제10장)에 서술된 24세 남자의 여자친구이다. 과거력에서 언급되 듯이, 피검자는 남자친구와 함께 치료 참여 의지를 표현하며 약물남용 프로그램의 외래치료를 신 청하여 평가가 의뢰되었다. 피검자는 남자친구와의 코카인 사용을 인정하였다. 피검자는 남자친구 의 회복을 돕기 위해 치료 참여를 원한다고 했고, 자신은 다른 사람들이 약을 권하면 싫다고 말하기 힘든데, 특히 남자친구가 약물 사용을 권할 때 더욱 그러하다고 말하였다. 피검자는 일을 그만둘 수 없으므로 입원치료는 원하지 않는다고 하였다. 만약 그렇게 해야 된다면 직업을 잃게 될까 두렵다 고 하였다. 피검자는 "남자친구처럼 중독된 것은 아닌 것 같고, 약물 사용을 피하는 방법을 배우고 싶어요."라고 강조했다. 만약 피검자가 외래환자 프로그램에 참석한다면, 일주일에 2회 이상은 참 석해야 하며, 개인치료와 집단치료를 병행하여 최소 8주간 지속될 것이다.

피검자는 외동이며, 아홉 살 때 부모님이 이혼했다. 피검자는 22세 때까지 47세 어머니와 51세 이 모와 함께 살았다. 어머니는 서점에서 부점장으로 일하고 있고, 이모는 비서로 근무 중이다. 50세 인 아버지와는 가끔 생일이나 크리스마스에 보낸 선물과 편지를 제외하고는 지난 6년간 교류가 없 었다. 아버지는 피검자가 고등학교를 졸업한 후 재혼했고 약간 떨어진 곳으로 이사를 갔다. 이전에, 피검자는 1년에 5~8번 정도 주말을 아버지와 함께 보냈고, 그녀의 생일과 같은 특별한 날에 외식 을 하곤 했다. 아버지는 피검자가 고등학생 때 알코올 중독치료를 받았고, 그녀가 아는 한, 그 이후 로 알코올을 사용하지 않았다. 아버지는 정유회사에서 기술직으로 근무하고 있다. 부모님의 이혼 사유는 잘 모르지만, 중요한 이유는 아버지의 알코올 중독과 신뢰할 수 없는 모습 때문으로 추측하 고 있었다.

피검자는 3세에서 6세 사이에 잦은 일련의 상기도 감염으로 누워 있었고, 1년 늦게 학교에 입학했 다. 13세에서 15세 사이에는 알레르기로 인한 피부발진이 있었는데, 이로 인해 체육활동 수업에서 제외되었다. 피검자는 16세 때까지 알레르기 주사를 계속 맞았지만 고등학교에 입학할 때까지 발진은 나아지지 않았다.

피검자는 19세에 고등학교를 졸업했다. 학점은 거의 B와 C였다. 피검자는 어머니가 일하는 서점에서 1년 동안 일했고 치과 기공사 수련을 시작했다. 피검자는 2년 코스를 마쳤고, 21세에 자격증을 취득했으며 집단 의료기관(group practice)에서 치과 보조사로서 근무하고 있으며, 업무에 만족하며 계속 일할 수 있기를 기대하고 있다.

피검자는 몸이 약했기 때문에 초등학교 때에는 종종 다른 아이들과의 놀이에 어울리지 못했다고 했다. 알레르기 문제 때문에, 고등학교 2학년 때까지 친구가 많지 않았다. 13세 때 월경을 시작했고 그 후 2년 동안 심각한 근육 경련의 문제가 있었다. 16세 때 처음으로 학교 무도회(school dance)에 참여하였다. 얼마 뒤 다른 무도회에서, 한 소년이 그녀에게 키스와 애무를 했으며, 4개월 뒤에 그 소년과 첫 경험을 가졌다. 피검자는 그것이 그리 즐거운 경험이 아니었다고 말했다. 피검자는 치과 수련을 받을 때까지 더 이상의 섹스는 하지 않았다고 한다.

피검자는 치과 기공사 수련기간 동안 꾸준히 데이트를 했지만, "특별한 사람은 없었어요."라고 말했다. 또한 2년의 수련기간 동안 '주로 파티에서' 마리화나를 사용하기 시작했다. 수련이 끝난 후, 2명의 여성과 아파트를 함께 쓰기 시작했는데, 1명은 27세의 비서였고, 다른 1명은 항공사에서 일하는 25세 여성이었다. "우린 종종 함께 파티에 갔고, 여러 번 다른 약물들을 시도해 봤지만 정기적으로는 아니었고, 그렇게 많이도 아니었어요."라고 한다.

피검자는 8~10명의 남성들과 성관계를 가졌지만, 18개월 전 파티에서 현재의 남자친구를 만나기 전까지는 오르가슴을 느껴 보지 못했다고 한다. 약 9개월 전 피검자의 아파트 임대 기간이 만료되어 현재 남자친구와 동거를 시작했다. 피검자는 "그는 내가 진짜로 사랑한 첫 남자이고, 그도 나를 사랑해요. 가끔은 좋지 않았지만, 만약 우리가 코카인을 하지 않았다면 더 잘 지냈을 거예요. 우리가 약에 취했을 때, 모든 것은 잘되지 않았고, 그런 일이 벌어질 때 그는 이성을 잃었어요."라고 이야기하며, 피검자는 그와의 성관계에 대해 "나에게 이상한 것을 시킬 때를 제외하고는 아주 좋았어요."라고 말했다. 피검자는 남자친구가 그녀를 위해 특이한 속옷을 사왔고, 그것을 입고 춤추기를 요구했으며, 자위 기구를 사주었다고 하였다. 만약 피검자가 거부하는 것처럼 보이면, "그는 빠르게 이성을 잃는데, 그렇지만 그가 지난주에 미치게 화나기 전까지는 한 번도 나를 때린 적은 없었어요."라고 했다. 또한 "그가 나아져야 하는데, 정말로 좋아지지 않는다면 어떻게 해야 할지 모르겠어요. 그를 잃는 걸 생각할 수 없지만, 우리의 미래를 위해서는 변화해야 해요."라고 덧붙였다.

피검자는 깔끔한 옷차림에, 약간 통통한 체형의 매력적인 사람이었다. 평가 동안 협조적이었고, 자신에 대해 이야기할 때 미소를 짓기도 하였다. 약물 검사에서는 음성이었고, 신경심리학 검사에서도 특이 소견은 없었다.

평가 문제는 (1) 심각한 정신과적 장애의 증거가 있는가? (2) 치료에 대한 피검자의 동기가 얼마나 신뢰로운 수준인지, 최소 8주 동안의 외래 진료를 완료할 수 있는가? (3) 구체적인 단기치료 목표가 필요한가? (4) 커플치료가 고려되어야 하는가?와 같다.

사례 개념화 및 관련 문헌

피검자의 남자친구에 대한 사례 개념화에서도 기술되었듯이, 물질남용 프로그램에서 중도 포기의 가능성은 매우 중요하다. 이 사례의 경우, 정신건강 서비스의 지속 및 조기 종결과 관련한 로르샤흐 문헌의 검토가 요구된다. 치료사들은 개인치료와 외래 약물남용 프로그램인 집단치료에 더해 커플치료를 고려해야 하는지에 대해 질문하였다. 상대적으로 제한되기는 하나 커플치료에 관한 로르샤흐 문헌의 검토는 피검자와 남자친구의 치료계획을 도울 것이다.

커플 평가

커플치료 작업에서 로르샤흐가 사용될 수 있는 방법은 다음과 같다. 하나는 대인관계 기능에서 혹은 그녀의 성격 유형이 미치는 영향에서 개인에 초점을 둔다. 다른 하나는 두 파트너와 공동의 프로토콜을 함께 만들어 내는 작업에서 '합의' 기술을 사용하여 커플관계에 초점을 둔 것이다.

Blake, Humphrey와 Feldman(1994)은 결혼한 부부의 로르샤흐와 문제해결 토론과정에서의 유형 간의 관계를 검토, 연구하였다. 그들은 Psychoanalytic Rorschach Profile(PRP)에서 자기개념의 견고함과 관련 있는 4가지 하위척도를 사용했다. 대상 경계의 적절성(adequacy of boundary for objects), 서로 다른 대상 간의 분리(differentiation of separate objects), 대상의 안정성 및 통합(stability and integrity of objects), 분리된 대상 간 상호성 및 정서적 관련성의 질(mutuality and quality of emotional relatedness of separate objects). 각 하위척도는 잘 기술된 자기개념부터 심각한 장애까지 4점 척도로 평정한다. 저자는 2가지

건강한 자기 묘사(아주 좋은 분화와 안정성 반응 비율)와 2가지 손상된 자기 묘사(아주 좋지 않은 경계와 상호성 반응 비율)로 4가지 하위척도를 사용했다.

커플들은 그들의 결혼과 관련된 2가지 문제를 토론하고, Structural Analysis of Social Behavior(SASB)를 이용하여 녹음된 그들의 대화를 전사한 스크립트에 대해 평가하도록 요구받았다(SASB; Benjamine, 1974, 1993). SASB는 소속-이탈, 독립-상호 의존의 2개의 직각 교차 행렬에 상호작용을 배치한다. 소속 차원은 사랑에서 적대감까지의 범위이고, 독립 차원은 과도한 독립에서 함입(enmeshment)까지 범위이다.

Blake 등(1994)은 로르샤흐의 자기개념 측정과 관찰된 부부 상호작용 간의 유의미한 관계를 보고했다. 특히, 그들은 건강한 분리와 안정성의 지각이 증가할수록, SASB에서 남을 따르고 굴복하는 대인관계 행동이 감소한다는 것을 발견했다. 반대로, 로르샤흐에서 손상된 경계 지각은 SASB가 분노에 찬 순응과 방어적인 자기 정당화를 평가하는 것과 유의미하고 긍정적인 상호 관련이 있음을 발견했다. 저자는 그들의 결과가 "…… 정신 내적인 자기 묘사와 관찰된 부부 상호작용 사이의 분명하고 의미 있는 관련성"을 나타낸다고 결론지었다(p. 161).

커플에게 로르샤흐를 사용하는 두 번째 방법은 커플이 함께 작업하여 합의된 프로토콜을 만들도록 하는 것이다. 이러한 접근의 몇몇 변형이 발전되었으며(예: Bauman & Roman, 1968; Blanchard, 1968; Loveland, Wynn, & Singer, 1963; Magni, Ferruzza, & Barison, 1982; Narkamura & Narkamura, 1987; Willi, 1979), 각각은 커플의 상호작용 측면에 초점을 두거나 합의된 로르샤흐의 구조 혹은 내용에 초점을 두었다.

Handler(1997)는 합의된 접근이 커플과의 작업에서 특별한 가치가 있다고 설명한다. 각 파트너는 개별적으로 로르샤흐 검사를 하고, 이후에 2명이 함께 검사에 참여하여 각 카드에서 합의된 반응에 도달한다. 이러한 접근은 3가지 로르샤흐를 만들어 내는데, 각각의 구조적, 내용적 비교는 "…… 그들이 개인 기록에서 묘사된 것처럼, 상호작용이 개인의 성격을 강화하거나 손상시키는 방법"(p. 502)에 대한 서술을 가능하게 한다.

Handler(1997)는 부부 치료에서 커플들의 평가 자료를 제시했는데, 연구 결과는 이러한 접근의 잠재적 유용성을 나타내었다. 예를 들어, 개별적 로르샤흐와 합의된 로르샤흐의 구조적 자료 비교에서, DQv 응답이 남편의 프로토콜에는 5개, 부인의 프로토콜에는 3개, 그리고 합의된 프로토콜에서는 하나도 없는 것을 발견했다. Handler는 부인이 "…… 남편의 지각 세계를 통제하고, 분명하게 밝히며, 뚜렷한 영향을 미치고 있다. 그녀는 남편이 보는 것을 명료화하고, 그의 세계를 구성하도록 돕는다(p. 504)"고 말했다. 합의된 프로토콜이

DQv를 하나도 포함하고 있지 않은 것에 주목하여, 그는 "…… 커플은 개인적으로 할 수 있는 것보다 더 집중하고 덜 분산되도록 협력한다(p. 504)"고 제안했다. 구조적 비교의 또 다른 예에서, 커플이 합의한 로르샤흐에서 산출된 *Lambda*(1.14)는 각 개인의 결과보다 훨씬 높았다(.60과 .42). Handler는 그들이 "…… 복잡한 자극 요구 상황은 지나치게 간소화하면서, 세계에 대한 그들의 접근을 좁히는 데 동의"했으며, 그들의 복잡성에 대한 합의된 회피가 부부치료에서 문제가 되지 않을까 궁금하다고 말했다.

Handler(1997)는 합의적 접근이 분석 내용에서 사용될 수 있는지에 대해 기술했다. 예로서, 카드 VIII에서 남편의 반응은 창의적이고 매우 정교했고, 부인의 반응은 더 공격적이었지만, 그들의 합의된 지각은 평범한 것이었다. Handler는 커플의 상호작용이 부인의 공격성을 조절했다고 제안하며, 그 과정을 보면 "…… 반응이 덜 창의적, 독창적이었는데, 이는 결혼의 대가로 자발성과 창의성이 상실되었음을 의미한다"고 보았다.

요약하면, 로르샤흐는—개인의 성격을 기술하는 기본적 방법이면서 상호작용 역동을 기술하는 합의된 접근—커플과의 작업에서 유용할 수 있다. 현재, 합의된 로르샤흐 기법은 개인적 로르샤흐 결과와 관찰된 상호작용 행동에 대한 Blake 등(1994)과 같은 사람들의 연구에 의해 제공되는 타당성 지지를 얻지 못하고 있다. 이는 앞으로의 연구가 필요한 영역이다.

사례 9. 25세 남성

카드	반응	질문
I	1. 발레리나처럼 의상을 입은 사람 같아요. 아마 백조의 호수나 그런 것에서 나오는 것처럼요.	평가자: (반응 반복) 피검자: 글쎄요, 여기서(D4) 그녀의 윤곽을 볼 수 있어요. 그리고 이건 날개인데요. 의상 같은 거예요. 이건 그녀가 날개를 펼치고 서 있는 것 같아요. 의상을 통해서 그녀의 윤곽을 볼 수 있어요. 평가자: 의상을 통해서요? 피검자: 글쎄요, 보세요. 여기(D3)는 그녀의 다리 윤곽인데, 그녀의 의상이 투명했던 것 같아요. 그것을 통해 볼 수 있을 거예요. 평가자: 더 자세히 보세요. 다른 것도 볼 수 있을 것 같아요.
	2. 이건 종(bell)이에요. 이 부분만요.	평가자: (반응 반복) 피검자: 글쎄요, 종의 윤곽을 가지고 있고, 이건 추예요. 교회 종이나 자유의 종 같은.

II	3. 여기 윗부분은 서로 쳐다보고 있는 두 마리의 닭.	평가자: (반응 반복) 피검자: 글쎄…… 닭의 윤곽을 가지고 있고(D2), 서로 마주 보고 있는데, 그게 내가 그들이 서로 쳐다본다고 생각한 이유예요.
	4. 이 부분은 부분적으로 썩은 치아 같아요.	평가자: (반응 반복) 피검자: 글쎄요…… 만약 당신이 치과 의사로 일한다면 볼 수 있는 꽤 이상하게 생긴 치아지요. 이건 우리가 지난주에 치료했어야 했던 치아를 생각하게 하네요. 바깥쪽이 더 썩었고 이것처럼 전부 다 검정색이에요. 평가자: 내가 당신이 보는 것처럼 보고 있는지 모르겠네요. 피검자: 바로 여기요(D4). 썩은 것 같은 작은 원뿔 모양의 가장자리를 보세요.
III	5. 서로 이야기하고 있는 2명의 여자 같아요.	평가자: (반응 반복) 피검자: 글쎄요, 저에게는 여성으로 보여요. 머리와 가슴, 다리들을 보세요. 그들은 냄비 혹은 뭔가를 내려다보면서 서로 이야기하고 있어요.
IV	6. 여기 윗부분은 부채 같아 보여요. 동양적인 부채.	평가자: (반응 반복) 피검자: 글쎄요…… 부채 안에 접혀 있는 것을 볼 수 있어요. 선을 보세요. 마치 부채가 펼쳐져 있는 것 같은데, 적어도 부분적으로만 펼쳐져 있어요……. 아마도 완전히는 아닌 것 같아요. 주로 종이로 부채를 만들지요. 적어도 가격이 얼마 하지 않는 것은 종이로 만들어져요. 평가자: 접혀 있는 건 모르겠어요. 피검자: 보세요, 이 어두운 선들이 접혀 있는 것처럼 보이잖아요. 마치 부채를 펼치기 시작할 때 처럼요.
	7. 여기 어두운 가운데 부분은 척추의 x-ray 같아요.	평가자: (반응 반복) 피검자: 글쎄요, 그냥 그런 모양 같아요. 내가 그걸 봤을 때 그게 떠올라요. 척추의 x-ray처럼 어두워요.
V	8. 박쥐가 생각나요.	평가자: (반응 반복) 피검자: 박쥐가 정말 빠르게 날 때 그들이 날개를 펼 때처럼 보여요. 박쥐들이 갑자기 휙 내려앉을 때인 걸로 생각해 볼 수 있어요. 그리고 여기 앞쪽에는 박쥐 손이 나와 있고, 작은 발이에요.

	9. 이 부분은 다리처럼 보이는데 발을 볼 수는 없어요. 절단된 것 같아요.	평가자: (반응 반복) 피검자: 글쎄요, 그건 정말 다리 모양이지만 발을 볼 수는 없어요. 발이 절단된 것 같아요. 심각했던 것 같고, 발목에서 끊겼어요. 평가자: 어떤 종유의 다리요? 피검자: 사람의 다리요. 그런 종류의 동물 다리는 모르겠어요.
VI	10. 이 전체(D1)에 대해서는 잘 모르겠지만, 여기 윗부분은 파리 같이 보여요.	평가자: (반응 반복) 피검자: 글쎄요, 그냥 그래요. 날개와 몸이 있고, 그냥 파리 같아요.
VII	11. 절벽에 튀어나온 바위(ledge)에 앉아 있는 두 마리의 작은 토끼 같아요.	평가자: (반응 반복) 피검자: 글쎄요. 귀와 작은 꼬리, 그리고 토끼 얼굴 같은 둥근 얼굴을 가졌고, 이것 위에 앉아 있는데, 이건 바위로 된 돌출된 곳이나 그런 것 같은. 바위 덩어리 같이 보여요.
	12. 아래쪽 여기 서로 옆에 서 있는 두 사람으로 보여요. 격식 차린 옷을 입고 있는 것 같아요.	평가자: (반응 반복) 피검자: 사람들을 거의 알아보기 힘들 거예요. 둘 다 어두운 옷을 입고 거기 서 있는데, 행사인 것 같아요. 아마도 결혼하는 커플이나 그런 거요. 그런데 만약 결혼하는 거면, 그녀는 흰옷을 입어야 해요. 평가자: 내가 당신이 보는 것처럼 보고 있는지 모르겠어요. 도와주세요. 피검자: 보세요. 바로 여기요. 서로 옆에 서 있어요. 왼쪽에 남자인 것 같아요. 그리고 여자, 그리고 이건 그녀의 옷에서 나온 큰 옷자락일 수 있지만, 그건 흰색이어야 해요. 아마 옷자락이 그늘에 있어서 어둡게 보이나 봐요.
VIII	13. 누군가의 몸속 같이 보여요.	평가자: (반응 반복) 피검자: 글쎄요, 이건 흉곽(D3)이고, 위(D2), 폐, 그리고 여기 위(D4)는 무언가가 있는데, 아마 목뼈일 수도 있어요. 평가자: 왜 그렇게 보이는지 잘 모르겠어요. 피검자: 나도 몰라요. 그건 보기 흉해요. 그냥 누군가의 몸이 열려 있고 모든 부분이 보여요.
	14. 만약 핑크색만 보면, 한 쌍의 동물이요.	평가자: (반응 반복) 피검자: 개나 고양이 종류 같아요. 다리와 머리, 몸을 보세요. 난 개에 더 가까워 보여요.

IX	15. 서커스 포스터에서 볼 수 있는 광대의 얼굴이에요.	평가자: (반응 반복) 피검자: 글쎄, 모두 다른 색으로 칠해져 있어요. 보세요, 귀는 주황색이고, 뺨은 녹색, 목은 분홍색이에요. 그리고 광대가 하는 것처럼 주황색 머리를 위로 올려서 정리했네요. 이건 진짜라기보다는 서커스를 광고하기 위한 포스터 같아요.
X	16. 글쎄 여기 윗부분은 이 막대기를 들어 올리려고 노력하고 있는 두 마리의 작은 벌레 같아요.	평가자: (반응 반복) 피검자: 글쎄, 작은 개미 혹은 뭔가 같아요. 더듬이와 다리를 보세요. 그들은 막대기 혹은 나무토막 혹은 뭔가를 들어 올리려 하고 있어요. 또는 적어도 그들은 그것을 밀고 있어요. 아마도 개미처럼 회색이기 때문에 개미 같아요.
	17. 이건 토끼의 얼굴 같아요.	평가자: (반응 반복) 피검자: 글쎄, 그냥 그렇게 보여요. 귀와 눈을 보세요. 그냥 토끼 얼굴 같아요.
	18. 이 부분은 당신이 공상 과학 영화에서 볼 수 있는 그런 우주선들 중 하나처럼 보여요. 그것은 당신에게로 오고 있는 것 같아요.	평가자: (반응 반복) 피검자: 양쪽에(D3) 큰 우주 탐사선이 있고, 가운데에 작은 우주선실이 있어요. 우주를 여행하고 있는 것 같아요. 평가자: 우주를 여행한다고요? 피검자: 네, 만약 당신이 하얀 부분을 우주 공간으로 생각한다면, 그것은 멀리서부터 당신에게로 오고 있는 것처럼 보여요. 그것은 아주 작아서 멀리 떨어져 있는 거예요.
	19. 이 부분은 빨대로 뭔가를 마시고 있는 2명의 천사 혹은 무언가 같아요. 그들은 끝이 뾰족한 모자를 쓰고 있어요.	평가자: (반응 반복) 피검자: 글쎄, 그들은 작고 통통한 코를 가지고 있고, 이마, 이 파란 건 빨대 같고, 그들은 용기 안에 있는 뭔가를 서로 나누고 있어요. 이 다른 파란 부분이요. 평가자: 당신은 천사 혹은 무언가라고 말했나요? 피검자: 글쎄요, 그들은 분홍색이에요. 내 생각에 천사는 분홍색일 수 있고, 그들은 끝이 뾰족한 모자를 쓰고 있는데, 취침모자 같아요. 아마 그건 만화 혹은 그 무언가에서 나온 거예요. 그들 몸의 나머지 부분은 볼 수 없어요.

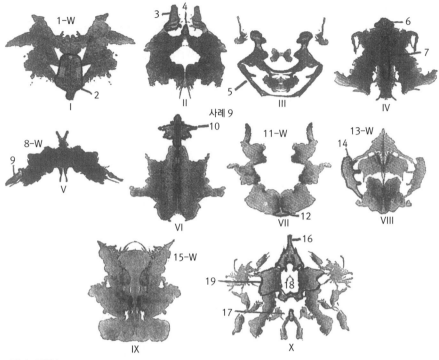

사례 9. 점수 계열

카드	반응 번호	위치	영역 번호	결정인	(2)	내용	평범 반응	Z	특수 점수
I	1	W+	1	Mp.FVo		H,Cg		4.0	GHR
	2	Ddo	24	Fo		Sc			
II	3	D+	2	FMpu	2	A		5.5	
	4	Do	4	FC′−		Hd			PER,MOR,PHR
III	5	D+	1	Mpo	2	H,Hh	P	3.0	GHR
IV	6	Do	3	FV.mpu		Id			DR
	7	Ddo	33	FYo		Xy			
V	8	Wo	1	FMao		A	P	1.0	INC
	9	Do	1	Fo		Hd			MOR,PHR
VI	10	Do	3	Fu		A			
VII	11	W+	1	FMpo	2	A,Ls		2.5	
	12	Dd+	28	Mp.FC′u		H,Cg		1.0	AB,COP,GHR
VIII	13	Wo	1	F−		An		4.5	MOR
	14	Do	1	Fo	2	A	P		
IX	15	Wo	1	CFu		Art,(Hd)		5.5	GHR
X	16	D+	11	FMa.FC′o	2	A,Bt		4.0	COP,GHR
	17	Do	5	Fo		Ad			
	18	DdS+	29	ma.FDu		Sc,Na		6.0	PER
	19	Dd+	99	Mp.FCo	2	(Hd),Fd		4.0	COP,GHR

사례 9. 구조적 요약

구조적 요약(상단부)					

반응영역	혼합 결정인	단일	반응내용	자살 지표	
				YES .. FV+VF+V+FD > 2	
		H = 3		NO ... Col-Shd Bl > 0	
Zf = 11	M.FV	M = 1	(H) = 0	NO ... Ego < .31, > .44	
ZSum = 41.0	FV.m	FM = 3	Hd = 2	NO ... MOR > 3	
ZEst = 34.5	M.FC′	m = 0	(Hd) = 2	YES .. Zd > +−3.5	
	FM.FC′	FC = 0	Hx = 0	YES .. es > EA	
W = 5	m.FD	CF = 1	A = 6	NO ... CF+C > FC	
D = 9	M.FC	C = 0	(A) = 0	YES .. X+% < .70	
W+D = 14		Cn = 0	Ad = 1	NO ... S > 3	
Dd = 5		FC′ = 1	(Ad) = 0	NO ... P < 3 or > 8	
S = 1		C′F = 0	An = 1	NO ... Pure H < 2	
		C′ = 0	Art = 2	NO ... R < 17	
		FT = 0	Ay = 0	4 ...... TOTAL	
발달질		TF = 0	Bl = 0	**특수점수**	
+ = 8		T = 0	Bt = 1		Lv1	Lv2
o = 11		FV = 0	Cg = 2	DV = 0x1	0x2
v/+ = 0		VF = 0	Cl = 0	INC = 1x2	0x4
v = 0		V = 0	Ex = 0	DR = 1x3	0x6
		FY = 1	Fd = 1	FAB = 0x4	0x7
		YF = 0	Fi = 0	ALOG = 0x5	
		Y = 0	Ge = 0	CON = 0x7	
형태질		Fr = 0	Hh = 1	Raw Sum6 = 2	
	FQx	MQual	W+D	rF = 0	Ls = 1	Wgtd Sum6 = 5
+ = 0	= 0	= 0	FD = 0	Na = 1	
o = 11	= 3	= 8	F = 6	Sc = 2	AB = 1	GHR = 6
u = 6	= 1	= 4		Sx = 0	AG = 0	PHR = 2
− = 2	= 0	= 2		Xy = 1	COP = 3	MOR = 3
none = 0	= 0	= 0		Id = 0	CP = 0	PER = 2
			(2) = 6	PSV = 0	

구조적 요약(하단부)					
비율, 백분율, 산출한 점수					

R = 19	L = 0.46		FC:CF+C = 1:1	COP = 3 AG = 0
			Pure C = 0	GHR:PHR = 6:2
EB = 4:1.5	EA = 5.5	EBPer = 2.7	SumC′:WSumC = 3:1.5	a:p = 3:7
eb = 6:6	es = 12	D = −2	Afr = 0.58	Food = 1
	Adj es = 11	Adj D = −2	S = 1	SumT = 0
			Blends:R = 6:19	Hum Con = 7
FM = 4	C′ = 3	T = 0	CP = 0	Pure H = 3
m = 2	V = 2	Y = 1		PER = 2
				Iso Indx = 0.21

a:p = 3:7	Sum6 = 2	XA% = 0.89	Zf = 11.0	3r+(2)/R = 0.32
Ma:Mp = 0:4	Lv2 = 0	WDA% = 0.86	W:D:Dd = 5:9:5	Fr+rF = 0
2AB+Art+Ay = 4	WSum6 = 5	X−% = 0.11	W:M = 5:4	SumV = 2
MOR = 3	M− = 0	S− = 0	Zd = +6.5	FD = 1
	Mnone = 0	P = 3	PSV = 0	An+Xy = 2
		X+% = 0.58	DQ+ = 8	MOR = 3
		Xu% = 0.32	DQv = 0	H:(H)Hd(Hd) = 3:4

PTI = 0	DEPI = 4	CDI = 4*	S−CON = 4	HVI = NO	OBS = NO

S-CON과 핵심 변인

　S-CON(4)은 유의하지 않다. 첫 번째 유의한 핵심 변인은 CDI(4)로, 이는 통상적인 해석 시 통제 지표를 우선적으로 고려해야 함을 의미한다. 그다음으로 대인관계 지각, 자기 지각, 정동을 고려한 군집이 검토되어야 한다. 그리고 통상적인 순서는 인지적 특징으로 구성된 3가지 군집의 자료를 검토함으로써 끝난다.

통제

사례 9. 25세 여성의 통제 관련 변인

EB $=4{:}1.5$	EA $=5.5$		D $=-2$	CDI $=4$
eb $=6{:}6$	es $=12$	Adj es $=11$	Adj D $=-2$	L $=0.46$
FM$=4$　m$=2$	SumC$'=3$	SumT $=0$	SumV $=2$	SumY $=1$

　유의한 CDI(4)와 Adj D(−2)는 피검자가 스트레스 상황에서 쉽게 혼란스러워한다는 것을 의미한다. CDI 결과는 다른 성인에게서 기대되는 것보다 덜 성숙하다는 것을 의미하며, 피검자는 매일의 삶, 특히 대인관계 상황에서의 요구에 대처할 때 쉽게 문제에 처할 수 있다. Adj D는 스트레스에 대한 통제와 내성이 취약함을 나타나는데, 피검자의 심리적 구조(psychological organization)가 대처할 수 있는 수준보다 더 복잡하고 요구적이기 때문이다. 이는 피검자의 사고, 의사결정 그리고 행동에 상당한 잠재적 충동성을 야기할 것이다.

　보통 정도의 EA(5.5), 그리고 EB(4:1.5)의 어느 쪽 항도 0을 포함하고 있지 않다는 것은 Adj D가 신뢰할 만하다는 것을 나타내며, 피검자가 연령에서 기대되는 것보다 미성숙하다는 가정을 지지한다. 피검자는 쉽게 가용할 수 있는 심리적 자원이 빈약하다. 이는 쉽게 와해될 수 있는 심리적 과부하의 성향을 야기한다. 피검자의 취약성(susceptibility)은 만성적이다. 이는 제한된 자원과 효과적으로 대처하지 못하는 불편한 감정에 기인한다.

　이는 성인의 평균보다 약간 높은 Adj es(11)와 기대보다 큰 eb(6:6)의 우항에서도 드러난다. 일차적으로 2가지 요소 때문에 높아진다. 첫 번째는 SumC'(3)인데, 이는 피검자가 대부분의 사람들보다 자주 감정 표출을 억압한다는 것을 뜻한다. 이는 지속적으로 과민한 상태를 유발한다. 두 번째는 SumV(2)인데, 피검자는 부정적으로 판단된 개인적 특성을 지나치게 반추하고 있음을 나타낸다. 이 또한 혼란스러운 감정을 야기한다. 피검자는 원치 않는 부정적인 감정들을 상당히 부담스러워하는데 이러한 감정을 다루기 위한 자원이 제 한적이다. 이로 인해 누구든 통제에 문제가 생길 수 있지만, 피검자는 미숙하여 취약성의 심각성이 더욱 두드러진다.

피검자의 취약한 상태는 그녀가 지지받기 위해 타인에게 의존할 수 있는 구조화되고 일 상적인 환경을 찾도록 조장하는 것으로 보인다. 심지어 지지적인 상황에서도, 지속적인 과 부하 상태와 그로 인해 야기된 혼란 때문에 그녀의 결정과 행동 일부는 충분히 숙고되었거 나 효과적으로 행동하기 어려울 수 있을 것이다.

대인관계 지각

사례 9. 25세 여성의 대인관계 지각 자료

R = 19	CDI = 4	HVI = NO	**COP & AG Response**
a:p = 3:7	SumT = 0	Fd = 1	VII 12. Dd+Mp.FC'u H,Cg 1.0 AB,COP,GHR
	[eb = 6:6]		X 16. D+FMa.FC'o 2 A,Bt 4.0 COP,GHR
Sum Human Contents = 7		H = 3	X 19. Dd+Mp.FCo (Hd),Fd 4.0 COP,GHR
[Style = Introversive]			
GHR:PHR = 6:2			
COP = 3	AG = 0	PER = 2	
Isolation Indx = 0.21			

앞서 언급했듯이, CDI(4)가 유의하므로 피검자는 상호작용, 특히 대인관계 상황에서의 어려움을 자주 경험할 것으로 보인다. 피검자의 대인관계는 피상적이고 미성숙한 경향이 있다. 게다가, $a:p$(3:7)에서 보듯이, 많은 수동적 운동반응은 타인과의 관계에서 수동성이 두드러질 수 있음을 추정하게 한다. 피검자는 의사결정의 책임 회피에 익숙하며, 새로운 문제해결 방식을 찾는 것이 쉽지 않을 것이다.

음식반응(Fd)은 대인관계 수동성이 높은 의존 욕구와 연관됨을 시사한다. 피검자는 타 인의 지지를 필요로 하며, 일반 성인들보다 더욱 의존적이 되기 쉽다. 이것은 미숙함을 보 상하는 자연스러운 대처 방식이고, 피검자가 복잡한 의사결정 상황에 의해 압도될 가능성을 감소시킨다.

피검자의 수동-의존적 대처 방식 결과는 재질반응($SumT=0$)이 없다는 것을 고려할 때 흥미롭다. 이는 피검자가 대부분의 사람들과 같은 방식으로 감정적 친밀감의 욕구를 경험 하지 않는다는 것을 의미한다. 친밀감의 욕구가 존재하지 않는다는 의미가 아니며, 가까운 관계에서, 특히 신체적 접촉과 관련된 관계에서 불편해한다는 것을 의미한다. 피검자의 의 존 욕구를 고려할 때, 이것은 그녀에게 혼란을 일으킬 수 있는데, 최적으로는 관계에서 어 느 정도의 거리나 안정성을 유지하면서 의존하는 것을 선호하는 경향이 있다고 할 수 있 다. 그러나 피검자는 다소 단순한 경향이 있어서 이러한 문제를 깊이 고민하지 않는 것으 로 보인다.

내향적 성인에게 기대되는 점수인 7개의 인간내용 반응은 피검자가 사람들에 대한 관심 이 있다는 것을 나타낸다. 그러나 그 7개 중 오직 3개만이 순수인간 반응으로 그녀가 사람 들을 잘 이해하지는 못함을 의미한다. 피검자는 관계에서 합리적인 기대수준 이상의 것을 기대하고, 사회적 뉘앙스를 잘못 해석할 수 있다.

반면, GHR:PHR(6:2)은 피검자가 넓은 범위의 대인관계에서는 적응적인 행동을 나타낸 다는 것을 보여 준다. 3개의 COP 반응과 AG 반응이 없는 것을 고려할 때, 다른 사람들이 피검자를 좋아하고 외향적인 사람으로 생각할 수 있음을 알 수 있다. 2개의 PER 반응은 피검자가 불안정감 때문에 다른 사람들과의 관계에서 방어적일 수 있다는 것을 암시하는 데, 자주 나타나지는 않을 것으로 보인다. 결과의 전반적인 의미는 피검자가 대인관계 활 동을 일상생활의 중요한 부분으로 인식하며, 다른 사람들은 그녀를 사교적인 사람으로 인 식하고 있다는 것이다.

대인관계에서 적응적이고 사교적인 피검자의 미숙함, 충동성 혹은 혼란에 대한 취약성, 그리고 수동-의존적 스타일을 고려하면 모순적인 결과로 보이나, 반드시 그런 것은 아니 다. 대부분은 피검자가 어떻게 자신의 수동성과 의존성 추구를 나타낼지에 달려 있고, 적 응적이고 겉보기에 사교적인 방식으로 행해진다면, 그녀의 행동은 수용되고 심지어 다른 사람들에게 보상받을 수 있다. 피검자는 구조화된 직업을 선택했고, 통제된 대인관계를 유 지하며, 다른 사람들이 제시한 목표에 따른다. 그러한 환경에서는 그렇지 않은 상황에서 문제였을 수 있는 특성들이 자산이 될 수 있다. 만약 피검자의 미숙함과 의존적인 성향이 그녀에게 위험을 야기한다면, 그것은 가깝고 다양한 정서적 교류가 이루어지는 관계에서 일어날 것이다.

피검자의 대인관계 행동은 쌍반응을 포함하는 5개의 움직임 반응으로 설명된다. 카드 II,

반응 3, "서로 처다보고 있는 두 마리의 닭", 카드 III, 반응 5, "서로 이야기하고 있는 2명의 여자 같아요.", 카드 VII, 반응 11, "절벽에 튀어나온 바위에 앉아 있는 두 마리의 작은 토끼 같아요.", 카드 X, 반응 16, "막대기를 들어 올리려고 노력하고 있는 두 마리의 작은 벌레 같아요.", 카드 X, 반응 19, "2명의 천사가…… 빨대로 뭔가를 마시고 있어요……. 용기 안에 있는 뭔가를 나누고 있어요." 한 반응(벌레)만을 제외하고는 모두 수동적이었고, 부정적인 것은 아무것도 없었다. 사실, 2개 반응(이야기하는 여성들, 공유하고 있는 천사)은 긍정적이고, 이러한 반응의 구성은 피검자의 사람에 대한 인식이 긍정적인 경향이 있음을 나타낸다.

피검자의 미숙함과 제한된 자원들이 환경과의 상호작용에서 어려움을 야기할 수 있지만, 그러한 어려움이 다른 사람들에게는 쉽게 드러나지 않을 것이다. 피검자는 사람들에게 관심이 있고, 그들을 잘 이해하지 못하지만 사람들을 긍정적으로 보기 때문이다. 피검자의 의존 욕구와 더불어, 이러한 관심은 다른 사람들이 그녀를 호감 있고 외향적인 사람으로 생각하게 하는 대인관계 행동으로 나타난다. 이러한 행동들은 대인관계에서 눈에 띄게 수동적이고, 의존적인 역할로 나타나는데, 이는 그녀가 결정하는 데 따르는 책임감을 피하고 다른 사람들과 충돌할 가능성을 줄여 준다. 피검자는 타인과의 친밀함에 대한 욕구가 매우 적고, 정교한 정서적 교류보다는 의존을 통해서 자신의 정서적 욕구를 충족하는 경향성이 있다. 이로 인해 피검자는 타인들과 안전거리를 유지하면서 동시에 그들과 거리를 두게 된다.

자기 지각

사례 9. 25세 여성의 자기 지각 관련 자료

R	=19	OBS	=NO	HVI=NO	Human Content, An & Xy Responses
				I	1. W+ Mp.FVo 2 H,Cg 4.0 GHR
Fr+rF	=0	3r+(2)/R	=0.32	II	4. Do FC'– Hd PER,MOR,PHR
				III	5. D+ Mpo 2 H,Hh P 3.0 GHR
FD	=1	SumV	=2	IV	7. Ddo FYo Xy
				V	9. Do Fo Hd MOR,PHR
An+Xy	=2	MOR	=3	VII	12. Dd+ Mp.FC'u H,Cg 1.0 AB,COP,GHR
				VIII	13. Wo F– An 4.5 MOR
H:(H)+Hd+(Hd)	=3:4			IX	15. Wo CFu Art,(Hd) 5.5 GHR
[EB=4: 1.5]				X	19. Dd+ Mp.FCo 2 (Hd),Fd 4.0 COP,GHR

낮은 자기중심성 지표(0.32)는 피검자가 자신을 다른 사람들과 비교했을 때 덜 좋은 사람으로 간주하는 경향이 있음을 나타낸다. 1개의 *FD*와 2개의 통경(vista)반응은 통상적인 것보다 더 자기반성적 행동에 관여함을 나타낸다. 이는 피검자의 낮은 자존감과 관련 있다. 피검자는 부정적으로 생각하는 자기 자신의 특성에 초점을 맞추고 있다.

An+Xy(2)의 상승은 흔치 않은 신체에 대한 걱정이 있음을 나타낸다. 근거는 명확하지 않지만, 피검자의 높은 자기반성에 의해 유발되는 취약성과 관련이 있는 것으로 보인다. 추측해 보자면, 최근의 사건들은 피검자의 자기반성적인 몰두를 악화시키고, 현재의 관계가 위태롭다는 것을 깨닫게 했을 것이다. 3개의 MOR 내용은 피검자의 자기상이 부정적이며, 비관적인 자신의 관점을 숨기고 있음을 보여 준다.

7개의 인간내용 반응 가운데 3개만이 순수인간 반응으로, 자기상이 상상과 현실 경험의 왜곡에 기초한 특징들을 많이 포함하고 있음을 뜻한다. 3개의 응답(반응 1, 5, 12) 기록은 눈에 띄게 부정적이지는 않지만, 하나는 차원 결정인을, 두 번째는 AB를, 그리고 3개의 반응이 모두 수동운동 반응을 포함하고 있다. 인간내용을 담고 있는 다른 4개의 응답(반응 4, 9, 15, 19)은 2개의 마이너스 반응 중 1개와 3개의 MOR 반응 중 2개가 포함되어 있다. 사실, 7개 반응에 대한 기록의 구성은 피검자가 자신에 대해 부정적이고 왜곡된 개념을 가지고 있음을 강력하게 암시한다.

2개의 마이너스 반응은 자신의 인상에 관한 투사의 극적인 형태를 보여 준다. 첫 번째(카드 II, 반응 4)는, "부분적으로 썩은 치아…… 만약 당신이 치과의사로 일한다면 볼 수 있는 꽤 이상하게 생긴 치아지요……. 지난주에 치료했어야 했어요. 바깥쪽이 더 썩었고 이것처럼 전부 다 검정색이에요." 두 번째(카드 VIII, 반응 13)는, "누군가의 몸속 같이 보여요. 보기 흉해요. 열려져 있고, 모든 부분이 보여요." 둘 다 MOR이고 취약성을 강조하고 있다. 이는 피검자의 세 번째 MOR 응답(카드 V, 반응 9), "다리 모양이지만 발을 볼 수는 없어요. 절단된 것 같아요. 심각했던 것 같고, 발목에서 끊겼어요."에서도 드러난다. 3개의 반응 모두는 심각한 손상을 함축하고 있고 높은 취약성을 시사한다.

피검자의 4개의 *M* 반응은 모두 수동반응이지만, 마이너스와 MOR 응답보다 더 긍정적이다. 첫 번째(카드 I, 반응 1)는, "발레리나처럼 의상을 입은 사람 같아요. 아마 백조의 호수나 뭔가 그런 것…… 날개를 펼치고 서 있고, 당신은 의상을 통해서 그녀의 윤곽을 볼 수 있어요."이다. 이는 환상적인 모습으로(의상을 통해) 취약성을 시사한다. 두 번째(카드 III, 반응 5)는, "서로 이야기하고 있는 2명의 여자…… 냄비 혹은 뭔가를 내려다보면서."인데, 이는 흔한 답변이지만 수동적이고 보수적인 방식으로 묘사되었다.

세 번째 *M* 반응(카드 VII, 반응 12)은 4개의 반응 중 가장 흥미롭다. 그것은 "서로 옆에 서 있는 두 사람…… 둘 다 어두운 옷을 입고 거기 서 있는데, 행사인 것 같아요. 아마도 결혼하는 커플이나 그런 거요. 그런데 만약 그렇다면 그녀는 흰옷을 입어야 해요."였다. 이는 긍정적이고, 공상적인 요소(결혼하는)를 가지고 있지만, 또한 불확실성(그녀는 흰옷을 입어야 한다……. 아마도 그늘 속에 있다.)을 암시하는 어두운 특징도 포함한다. 마지막 *M* 반응(카드 X, 반응 19)은 "…… 2명의 천사가…… 빨대로 뭔가를 마시고 있어요……. 용기 안에 있는 뭔가를 공유하면서…… 아마도 그건 만화에서 나온 거예요."로 DQv 반응이었는데, 이 또한 공상과 같은 반응으로 '공유하는' 개념이 가장 두드러진다. 이는 앞서 언급된 피검자의 의존 경향성과 관련된다.

4개의 *FM* 반응은 부정적인 특성을 포함하고 있지 않다. 2개는 수동적인데, "서로 쳐다보고 있는 두 마리의 닭"(카드 II, 반응 3), 그리고 "바위에 앉아 있는 두 마리의 작은 토끼"(카드 VII, 반응 11)이다. 나머지 2개 중 하나인 "박쥐인데…… 정말 빠르게 날 때 그들이 날개를 펼 때처럼 보여요."(카드 V, 반응 8)는 어떠한 명백한 해석의 요지를 포함하고 있지 않다. 네 번째 *FM* 반응 응답(카드 X, 반응 16)은 가장 긍정적인데, "막대기를 들어 올리려고 노력하고 있는 두 마리의 작은 벌레"이다.

2개의 *m* 반응은 둘 다 차원적 특성들을 포함하고 있기 때문에 흥미롭다. 첫 번째(카드 IV, 반응 6)가 2개의 통경반응 중 하나인 "동양적인 부채예요……. 그것은 적어도 부분적으로만 펼쳐져 있고(opened up)…… 가격이 얼마 하지 않는 것은 종이로 만들어져요."이다.

2가지 결과를 추측해 볼 수 있다. 하나는 더 많은 성장(펼쳐진, opening)을 나타낼 수도 있지만, 부정적으로는 약함(종이로 만들어진)과 낮은 자기가치(가격이 얼마 하지 않는 것)를 시사한다. 두 번째 *m* 반응(카드 X, 반응 18)은 긍정적인데, "당신이 공상 과학 영화에서 볼 수 있는 그런 우주선들 중 하나처럼 보여요……. 그것이 멀리서부터 당신에게로 오고 있어요."이다. 이는 아직 오지 않은 것에 대한 느낌을 전달하며, 부채반응에서처럼, 자신에 대해 지니고 있는 낙관주의를 반영한다.

나머지 6개의 대답인 "종"(반응 2), "척추 X-ray"(반응 7), "파리"(반응 10), "한 쌍의 동물들"(반응 14), "서커스 포스터에서 볼 수 있는 광대의 얼굴"(반응 15), 그리고 "토끼 얼굴"(반응 17)은 비일상적인 단어나 윤색이 포함되어 있지 않다. X-ray 반응은 약함 그리고/혹은 취약성을 시사하며, 광대의 얼굴반응은 외관에 대한 암시 때문에 흥미롭다. "…… 이건 모두 다른 색으로 칠해져 있어요……. 이건 진짜라기보다는 서커스 광고 포스터 같아요."

전반적으로, 피검자는 표면적으로는 스스로를 취약하다고 느끼고, 불안감과 손상감이 특징적인 공상에 기초한 피상적이고 긍정적인 특성들을 조심스럽게 반영하고 있다. 이는 자신을 타인과 비교했을 때 호의적이지 않은 것으로 간주하고, 지각된 자기상의 부정적인 특성들에 초점을 두는 자기반성의 관여를 보여 준다. 이러한 부정적인 특성들에도 불구하고, 피검자는 현실을 무시하는 공상에 기초해서 높은 기대를 포함한 자기개념을 형성해 온 것으로 보인다. 이는 피검자의 미숙함으로 설명될 수 있으며, 자신에 대한 긍정적이지만 순진한 낙관주의를 제공한다. 동시에, 그 낙관주의가 현실에 기반하지 않음에 대한 인식을 지니고 있는 것 같다.

정동

사례 9. 25세 여성의 정동 관련 자료

EB	=4:1.5			EBPer	=2.7	**Blends**	
eb	=6:6	L	=0.46	FC: CF+C	=1:1	M.FV	=1
DEPI	=4	CDI	=4	Pure C	=0	M.FC′	=1
						M.FC	=1
SumC′=3	SumT=0			SumC′:WSumC	=3:1.5	FM.FC′	=1
SumV=2	SumY=1			Afr	=0.58	FV.m	=1
						m.FD	=1
Intellect	=4	CP	=0	S=1 (S to I, II, III	=0)		
Blends:R	=6:19			Col-Shad Bl	=0		
m+y Bl	=2			Shading Bl	=0		

EB(4:1.5)는 전형적으로, 피검자가 감정의 영향을 회피하고자 감정을 생각하지 않고 관념적인 방식으로 의사결정 과제에 접근하려는 것을 보여 준다. *EBPer*(2.7)는 효율성과 상관없이 이러한 경향이 일관된 방식이라는 것을 말해 준다. 이는 미숙한 사람에게는 드물지만, 피검자의 감정적 과거력(emotional history)이 혼란스러운 경험으로 특징지어진다는 것을 의미한다. CDI(4)가 유의함을 고려해 볼 때, 이러한 경험들이 대인관계 장면에서 나타났고, 점차 자신의 느낌을 신뢰하지 못하는 경향성이 형성되었을 것으로 추측된다. 이러한 가정은 다음 3개의 변인들로 지지된다.

첫 번째는 *eb*(6:6)의 우항으로, 피검자는 기대되는 것보다 불편한 감정을 경험하고 있음을 나타낸다. 불편한 감정은 주로 2가지 원인 즉, 자기 반성 경향성과 지각된 부족함에 초점을 맞추는 경향성을 나타내는 2개의 통경반응과 표현하고 싶은 감정을 억누르고 억압하는 $SumC'$(3)으로 나타난다. 전자(V)는 주로 슬픔이나 불행감을, 후자($SumC'$)는 주로 긴장과 걱정 혹은 불안을 야기한다.

감정에 대한 불신을 나타내는 두 번째 변인은 $SumC':WSumC$(3:1.5)이다. 더 높은 좌항은 특이한 결과로 짜증스러운 감정으로 이끄는 정서적 억압을 의미한다. 피검자의 대인관계 특성에 관한 결과들을 고려해 봤을 때, 피검자는 자신의 감정을 숨기거나, 드러내는 것을 제한할 때 수동-의존적 경향이 잘 받아들여진다는 것을 알고 있던 것으로 추측된다.

그러한 맥락에서, Afr(.58)이 기대되는 범위에 속하는 것은 놀랍지 않다. 피검자가 다른 사람들만큼 정서적 상황에 관여할 의지가 있음을 뜻한다. 이는 타인과의 상호작용 적응성에 관련된 결과들과 일치한다. 그녀는 타인들의 감정을 공유하려는 의지는 있지만, 자신의 감정을 공유하려는 의지는 적은 것으로 보인다.

피검자가 자신의 감정을 불신한다는 것을 지지해 주는 세 번째 변인은 주지화 지표(4)이다. 기대보다 약간 더 높으며, 이는 대부분의 사람들보다 더 자주 지적 수준에서 정서를 다루려고 한다는 것을 나타낸다. 이러한 과정은 감정의 영향을 부인하거나 상쇄시키도록 한다. 유사한 맥락에서, $FC:CF+C$(1:1)은 피검자가 자신의 감정을 자유롭게 표현하지 않지만, 감정을 나타낼 경우 대부분의 성인들과 마찬가지로 감정을 조절한다는 것을 시사한다.

19개 반응 프로토콜에서 6개의 혼합반응(32%)은 보통의 내향적인 사람들보다 심리적으로 복잡함을 시사한다. 피검자의 제한된 자원들이 어려움을 야기할 수 있는데, 6개 중 2개의 혼합반응($FV.m$, $m.FD$)은 상황과 연관된 것으로 더 많은 복잡성을 야기한다.

감정 표현을 제한하는 경향성은 다른 사람들이 감정을 어떻게 받아들일지 그리고 의존 기회가 위태로울 수 있다는 불명확성과 관련된다. 따라서 압도당하기 쉬운 취약성을 증가시키는 짜증스러운 정서들에 부담을 느끼고, 자신이 선호하는 관계를 형성하고 유지할 가능성이 제한되는 것으로 보인다.

정보처리

Zf(11)는 기대 범위로 정보처리 노력이 대부분의 사람들과 유사함을 보여 주나, $W:D:Dd$(5:9:5)는 다른 인상을 준다. 높은 D는 정보처리의 경제적인 형태를 의미한다. 그러나 많은

사례 9. 25세 여성의 정보처리 변인

EB	=4:1.5	Zf	=11	Zd	=+6.5	DQ+	=8
L	=0.46	W:D:Dd	=5:9:5	PSV	=0	DQv/+	=0
HVI	=NO	W:M	=5:4			DQv	=0
OBS	=NO						

Location & DQ Sequencing

I: W+.Ddo	VI: DO
II: D+.Do	VII: W+.Dd+
III: D+	VIII: Wo.Do
IV: Do,Ddo	IX: Wo
V: Wo.Do	X: D+.Do.DdS+.Dd+

수의 *Dd*를 고려해 보면, 많은 비전형적인 정보처리는 빈번한 검색 활동과 미세한 것 혹은 비일상적인 세부 사항에 초점을 맞추는 것과 관련된다는 것을 나타낸다. 이는 지각된 모호성과의 관련을 최소화하거나 피하도록 하고 덜 복잡하고 더 쉽게 자극영역을 다루는 것을 지향하는 조심스러움 혹은 불신 경향을 시사한다. 이러한 결과는 피검자의 수동적인 방식이 비일상적이지 않으며, 자신의 의사결정 능력에 대해 불편함을 느끼고 있음을 나타낸다.

이러한 전략은 정보처리 효율성을 감소시킬 수 있지만, 다른 자료의 결과를 살펴보면 반드시 그렇지는 않다. 영역과 반응 순서가 일관적인데, 피검자의 모든 첫 번째 반응은 *W* 또는 *D*영역에서 주어지는 반면, 5개 *Dd* 반응 중 4개는 마지막 응답이고, 다섯 번째는 X 카드의 세 번째 응답이었다. 이것은 구체적인 노력을 시사하며 피검자가 자극영역을 더 쉽게 정의하여 인식할 때 더욱 자신감을 느낀다는 것을 함축한다.

피검자의 상당한 노력은 *Zd*(+6.5)에 의해 알 수 있는데, 이는 검색 활동에 상당한 에너지와 노력의 투자를 요구하는 과잉통합적(overincorporative) 방식을 나타낸다. 이는 부주의하게 되는 것을 피하고 정보처리에 있어 오류를 만들지 않으려는 것을 의미한다. 피검자의 정보처리 전략의 적절성은 *DQ*의 분포에서 반영된다. 19개의 반응 중 8개가 합성된(synthesized) 것이다. *W* 혹은 *D*영역과 관련하여 첫 번째 반응들 중 5개와 *Dd* 응답 5개 중 3개가 해당된다. 반응들 중 어떤 것도 *DQv* 혹은 *DQv/*+로 채점되지 않았다.

피검자는 새로운 정보를 다루는 데 조심스럽지만 이를 위해 상당한 노력을 기울이고 있다. 피검자의 정보처리 습관은 일관적이어서, 때로는 적절하며 심지어 정교한 입력(input)을 산출하기도 한다.

인지적 중재

사례 9. 25세 여성의 인지적 중재 변인

				Minus & NoForm Features
R = 19		L = 0.46	OBS = NO	
FQx+	= 0	XA% = .89		II　4. Do FC'–Hd PER,MOR,PHR
FQxo	= 11	WDA% = .86		VIII　13. Wo F– An 4.5 MOR
FQxu	= 6	X–% = .11		
FQx–	= 2	S– = 0		
FQxnone	= 0			
(W+D	= 14)	P = 3		
WD+	= 0	X+% = .58		
WDo	= 8	Xu% = .32		
WDu	= 4			
WD–	= 2			
WDnone	= 0			

　　$XA\%$(.89)와 $WDA\%$(.86)는 피검자의 해석이 상황에 적절함을 나타낸다. 이와 같이, 보통 수준의 $X-\%$(0.11)는 중재의 역기능이 대부분의 사람들과 유사함을 시사한다. 피검자의 2개의 마이너스 반응(Hd와 An)의 내용 코드는 유사하지 않으나, 실제 내용(썩은 치아와 누군가의 내부)은 일치한다. 이러한 동질성은 역기능의 사례들이 이전에 언급한 피검자의 허약함 또는 취약성에 관한 걱정에 의해 유발되는 경향이 있음을 암시한다. 마이너스 반응 모두 현실에서 심각하게 벗어나 있는 것은 아니지만, 반응들의 유사성은 치료 방법과 목표를 고려하기 위해 기록되어어야 한다.

　　적은 수의 평범반응(3)은 $XA\%$와 $WDA\%$ 결과와는 다소 반대된다. 이는 피검자가 입력을 적절하게 해석함에도 불구하고, 종종 단서가 쉽게 발견되는 상황에서 명백하거나 흔한 해석을 무시한다는 것을 나타낸다. 적절한 $X+\%$(.58)와 높은 $Xu\%$(.32)는 피검자가 대부분의 사람들보다 사회적 요구나 기대를 무시하는 중재적 결정을 내리는 경향이 있음을 지지한다. 이러한 결과들은 피검자가 입력 자료를 해석할 때 과도하게 개인화하는 경향이 있다는 것과 자신의 욕구, 환경, 태도에 따라 행동에 영향을 많이 받는다는 것은 함축한다. 만약 이러한 경향이 과도해지면, 사례에서 보듯이, 다른 사람들이 피검자를 이상하거나, 조화되지 못하거나, 혹은 과도하게 개인주의적인 사람으로 간주할 수 있다. 특히, 피검자가 사회적 기술이 부족하고, 다른 사람들과의 상호작용에서 수동적인 방식을 취하는 결과를 고려할 때, 이는 치료계획에 중요한 함의를 가진다.

관념

사례 9. 25세 여성의 관념 변인

L	=0.46	OBS	=NO	HVI	=NO	Critical Special Scores			
						DV	=0	DV2	=0
EB	=4:1.5	EBPer	=2.7	a:p	=3:7	INC	=1	INC2	=0
				Ma : Mp	=0:4	DR	=1	DR2	=0
eb	=6:6	[FM=4 m=2]				FAB	=0	FAB2	=0
				M−	=0	ALOG	=0	CON	=0
Intell Indx =4		MOR	=3	Mnone	=0	Sum6	=2	WSum6	=5

(R=19)

M Response Features

I   1. W+Mp.FVo 2 H,Cg 4.0 GHR
III   5. D+ MPo 2 H,Hh P 3.0 GHR
VII 12. Dd+ Mp.FC'u H,Cg 1.0 AB,COP,GHR
X 19. Dd+Mp.FCo 2 (Hd),Fd 4.0 COP,GHR

정동 관련 자료 검토에서 언급했듯이, *EB*(4:1.5)는 모든 대안적 가능성들을 고려할 때까지 결정과 행동을 지연하는 것을 선호한다는 것을 나타낸다. 의사결정 시, 내적 평가에 심하게 의존하고, 감정은 의사결정 행동에서 제한적인 역할을 한다. 게다가, *EBPer*(2.7)는 의사결정 접근이 유연하지 못하며, 다른 접근이 더 효과적임을 나타내는 단서와 무관하게 대부분의 상황에서 이 같은 경향이 있음을 시사한다.

의사결정에서 피검자의 융통성 부족은 다른 변인, *a:p*(3:7)에 의해 지지된다. 이러한 결과는 관념적 틀과 가치가 상당히 고정되어 있어 변하기 어려움을 시사한다. 사고의 융통성 부족은 피검자의 미숙함과 사회적 문제에 기여하고, 치료 목표에 관한 계획을 세울 때 중요한 이슈로서 고려되어야 한다.

이러한 문제는 MOR 반응(3) 증가에 의해 악화되며, 관념적 방식의 효과가 제한적임을 암시한다. 비관적인 틀이 피검자를 관계에서 불안해하고 낙담하도록 조장한다. 피검자의 의사결정은 자신의 행동이 상황의 결과에 영향을 미치지 못할 것이라고 의심하고 예상하게 한다.

eb의 좌항(6)은, 4개의 FM과 2개의 m, 과도하게 높지 않지만 상황적 스트레스에 기인한 사변적인 관념의 증가를 시사한다. 이는 피검자의 주의 집중에 부정적인 영향을 미칠 수 있다.

더욱 부정적인 결과는 $Ma:Mp$(0:4)와 연관된다. 이는 불쾌한 상황을 다룰 때 일상적인 전략으로 공상으로 달아나는 경향을 함축한다. 백설공주 신드롬(Snow White syndrome)은 책임회피와 공상의 남용을 통한 의사결정으로 나타난다. 이러한 특성은 놀랍지 않은데, 왜냐하면 타인에 대한 의존을 초래하는 무력함과 일치하기 때문이다. 이는 피검자가 타인의 조종에 취약하도록 만들고, 이 같은 전략의 만연화로 공상 지향적인 개념화를 초래하게 된다.

관련된 맥락에서, 정동에서 이야기되었던 주지화 지표(4)는 감정의 주지화 경향을 나타낸다. 이는 상황이 미치는 영향을 거부하거나 왜곡하는 개념적 사고에 의존하는 것과 관련된다. 피검자가 방어적으로 공상을 남용하는 지속적인 경향성을 고려해 보았을 때, 그녀가 지향하는 사고의 많은 부분이 가혹하거나 위협적인 현실을 부인하거나 피하기 위해 사용되는 것으로 보는 것이 타당하다.

흥미롭게도, 피검자의 사고는 상당히 명료해 보인다. 2개의 반응이 결정적 특수점수(반응 6과 8)로 채점되어 $WSum6$(5)가 산출되었으나, 특별한 문제가 되지는 않는다. 2개의 특수점수(DR과 INCOM)는 가벼운 인지적 실수를 반영하고, 사고 자체의 문제라기보다는 미숙한 판단을 나타내는 것으로 보인다["그들은 주로 종이로 그것들을 만들어요. 적어도 가격이 얼마 하지 않는 것은 종이로 만들어져요.", "이것(박쥐)은 손이에요."].

게다가, 4개의 M 반응은 형태질이 양호하다(3개는 ordinary, 1개는 unusual). 몇 개는 피검자의 사고를 특징짓는 어린애 같은 공상을 반영하지만, 그녀의 개념화의 일반적인 질은 적절하며 다소 정교한 경향이 있다. (반응 1) "날개를 펼치고 서 있는 발레리나", (반응 5) "2명의 여자가 냄비를 내려다보며 서로 이야기 나누고 있어요.", (반응 12) "서로 옆에 서 있는 두 사람…… 행사에서처럼, 아마도 결혼하는…… 그러면 그녀는 흰옷을 입어야 해요", (반응 19) "두 천사…… 빨대로 뭔가를 마시고 있어요……. 용기 안에 있는 뭔가를 공유하면서."

피검자의 사고는 명확하지만, 항상 장점으로 이용되지는 않는다. 관념적 틀, 태도 그리고 가치는 상당히 고정되어 있다. 그리고 기저에 있는 비관주의는 피검자의 내적 평가를 나타낸다. 이러한 틀은 피검자의 신중한 사고를 방어적인 방식으로 이용하도록 유도하는 불안정감을 야기한다. 이는 불쾌한 상황을 다루는 일상적인 전략으로 정교한 공상 세계를 사용하고 주지화 전략으로 원치 않는 감정을 중립화하거나 거부하는 경향성과 관련된다. 이러한 전략들은 피검자가 의사결정에 대한 책임감을 회피하고 안전과 목표를 위해 타인에게 의존하도록 한다. 이는 성장 가능성을 좌절시키고 미숙한 심리적 존재가 되도록 한다.

요약

25세 여성 피검자는 상당히 미성숙하다. 피검자의 자원은 제한적이지만, 대부분의 성인들만큼 자원에 대한 많은 요구를 경험한다. 자원과 요구 간의 차이는 피검자에게 만성적인 과부하 상태를 형성하게 해서 일상적인 삶에서 문제를 야기한다. 취약한 통제력과 만성적인 과부하는 의사결정의 문제를 종종 야기한다.

피검자의 미숙함과 제한된 자원은 특히 대인관계 영역에서 어려움을 야기한다. 피검자는 자신의 한계와 취약성을 알고 있으며, 대인관계에서 수동-의존적인 역할을 취함으로써 보완하려고 노력해 왔다. 이러한 역할은 피검자에게 도움이 되는 것처럼 보인다. 그 안에서, 피검자는 친밀함에 대한 요구 없이, 의존을 통해 그녀의 욕구를 충족하는 경향이 있다. 사람들에 대한 관심이 있고, 대인상이 다소 순진(naive)하지만 긍정적이다. 따라서 겉으로 보기에 적응적인 대인관계를 나타내며, 다른 사람들은 그녀를 사교적이고 호감 가는 사람으로 여기는 것 같다. 수동-의존적 역할은 피검자에게 구조감(a sense of structure)과 안정감을 제공하고 결정과 목표를 위해 타인에게 의존하도록 한다. 이는 타인으로부터 안전거리를 유지하는 동시에 그들로부터 떨어질 수 있도록 하는 일종의 안전한 피난처를 형성한다.

이러한 구조와 안정의 형태에는 중요한 손실이 있다. 삶의 복잡성에 의해 압도당하거나 혼란스러워지는 것은 감소되지만, 피검자의 미성숙함을 영구화시키고 예상 가능한 요구와 기대가 있는 환경을 찾도록 만든다. 또한 다른 사람들의 요구에 따라 자신의 바람과 이익을 희생하고, 이는 자기상에 부정적인 영향을 미친다.

자신에 대한 견해는 취약성, 불안, 그리고 비관주의와 함께 연결된 긍정적인 특징들이 혼합되어 있다. 피검자는 자신을 타인과 비교했을 때 호감 가지 않는 사람으로 여기고, 부정적이라고 지각하는 특성들에 초점을 두는 자기반성적인 경향이 있다. 게다가 정서를 잘 다루지 못하기 때문에 대립되고 고통스러운 감정을 갖는다. 피검자는 자신의 능력을 믿지 못하고, 종종 긴장, 불안 또는 슬픔으로 이끄는 감정들을 억압하거나 숨기는 것처럼 보인다.

때때로 원치 않는 감정이 나타나면, 피검자는 주지화를 통해서 거부하거나 중립화시키려고 노력하지만, 방어적인 전략으로 공상의 남용에 광범위하게 의존한다. 이를 통해 가혹하거나 잠재적으로 압도적인 상황을 회피하도록 해 준다. 이러한 전략은 낙관주의가 현실에 기반하고 있지 않다는 것을 알고 있음에도 불구하고, 자신과 세계에 대한 긍정적이지만 단순하게 낙관적인 사고를 유지하도록 해 준다.

사실, 피검자는 자신이 알고 있는 것보다 더 많은 자원을 가지고 있다. 복잡성 또는 모호함에 불편감을 느끼면서도 새로운 정보를 적절히 처리한다. 피검자는 탐색 활동에 많은 노력과 에너지를 투자하므로 정보처리 결과가 일관되고 정교하게 이루어지는 경향이 있어 새로운 입력 자료를 적절하게 해석한다. 해석의 많은 부분에서 사회적 관습이나 기대를 무시하는 경향이 있지만, 현실을 두드러지게 왜곡하지는 않는다. 대신, 다른 사람들보다 피검자는 개성적이고, 자신의 욕구, 틀, 태도의 맥락에서 정보를 해석한다.

피검자는 의사결정 시, 모든 대안들을 고려할 때까지 결정하거나 행동하는 것을 미루는 관념적인 사람이다. 불행하게도, 전략 사용에 융통성이 없는 사람인데, 부분적으로는 자신의 관념적인 틀, 태도, 가치들이 상당히 고정되어 있기 때문이고, 주된 이유는 타인에게 의존하여 결정하도록 배워 왔고, 실제 경험했어야 하는 것보다 더 적게 경험했기 때문이다. 그럼에도 불구하고, 피검자의 사고는 명확하고, 종종 어린아이와 같은 공상을 하지만, 현실 검증의 잠재력을 지닌다. 피검자의 사고는 비관주의가 특징적인데, 자신의 행동이 결과에 거의 영향을 미치지 못할 것이라고 생각한다. 이는 타인의 조종에 취약하고 삶에서의 수동적인 역할에 익숙해져 왔기 때문이다.

제언

의뢰인은 피검자에게 심각한 정신의학적 장애가 존재하는지 질문하였다. 주요 장애에 대한 증거는 없으나, 수동 의존적인 성격 문제가 시사된다. 이는 피검자가 약물남용 치료 프로그램의 참여를 요청했다는 것을 고려했을 때 신중하게 다루어져야 한다.

의뢰인은 치료에 대한 피검자의 동기와 치료 유지, 예후에 대한 추정을 요청하였다. 현실에서, 피검자는 다양한 치료 방법에 대해 미숙(naive)할 것이다. 치료에 대한 동기는 물질남용 문제를 가지고 있다는 신념에 따라야 한다. 그러나 남자친구에게 치료가 필요해 보이지 않았다면 자신의 물질남용 문제를 중요하게 인식할 것인지는 의심스럽다. 남자친구는 피검자의 주요한 정서적 지지 자원이고, 치료 유지와 관련된 예후는 그의 반응에 크게 의존할 것이다. 남자친구는 피검자를 자신에게 의존하도록 의존 행동을 격려한다. 사실, 피검자는 자신을 관계의 희생자로 보며, 물질남용 치료도 그런 관계의 한 부분으로 보는 것 같다.

의뢰인은 치료 목표와 관련한 제언을 요청했다. 치료에서 고려될 점은 많지만, 어떤 것도 쉽게 달성할 수 있는 것으로 보이지 않는다. 피검자의 미성숙과 만성적인 과부하 상태는 높은 수동성과 광범위한 공상의 남용과 더불어 주요한 치료 목표이다. 피검자는 자신이 누구인지, 어떤 존재인지, 이 문제를 해결할 때까지 타인의 조종에 취약할 것이다. 게다가, 복종과 관련되지 않은 사회적 행동들도 미숙하다.

현실적인 치료계획은 발달적 관점에서 설정되어야 하며, 8주 프로그램 이상의 시간과 노력이 요구된다. 대인관계 지각과 행동에 초점을 맞추며 시작하고, 정서와 관련한 피검자의 걱정을 검토해야 한다. 그러나 이것들은 모두 단기간에 완수될 것 같지 않다. 사실, 약물남용에 초점을 두는 단기 프로그램은 피검자에게 역효과를 낼 수 있다. 여성 집단(the women's group)이 유익할 수 있지만, 개입 초반에는 그렇지 않을 수 있다. 약물치료 프로그램은 피검자가 편안함을 느낄 때 개인치료에 추가되어야 한다. 피검자를 압도하도록 위협하는 일상생활의 스트레스를 피하게 하는 많은 자원들을 스스로 인식할 때까지 시작되면 안 된다.

의뢰인은 커플치료가 적절할지 알고 싶어 한다. 이는 윤리적인 문제를 야기한다. 피검자는 자신을 마음대로 조종하는 남자친구와 병리적인 관계(사례 8, 제10장)를 지속하고 싶어 한다. 피검자의 바람대로 남자친구와 관계하는 것은 취약한 수동-의존적 역할을 지속하는 불행한 결과를 가져오게 할 것이다. 만약 피검자의 관심사가 적절한 힘을 가지는 것이라면, 치료시작 시 커플치료에 대한 고려는 연기되어야 할 것이다.

앞서 언급되었듯이, 피검자는 특히 인지적 기능과 관련된 자원이 많이 있다. 또한, 다른 사람을 긍정적으로 여기며 그들에게 호감 가는 사람으로 지각된다. 치료적 성공의 핵심은 피검자가 편안하게 느끼고 인정할 수 있는 사람과 함께 작업 관계를 발달시키는 것이다. 피검자의 병리적인 의존적 관계를 평가면서 동기를 고취하고 유지할 수 있도록 그녀를 도울 수 있는 여성 치료사를 제안한다.

에필로그

피검자는 적어도 8주의 개인 및 집단 심리치료 회기 참여를 조건으로 물질남용 프로그램에 참여하였다. 피검자는 치료 8주 후에, 개인치료를 계속하기를 바랐다. 피검자의 여성 치료사는 초기 회기의 많은 시간을 그녀의 남자친구와의 관계에 초점을 맞췄지만, 시간이 지나면서 주요한 주제는 그녀의 사회적 두려움과 불안정감에 관한 걱정으로 바뀌었다. 집단 상호작용은 스스로를 자세히 보도록 하는 중요한 역할을 했고, 피검자는 치료를 지속할 것을 요구하면서 치료사가 제시하는 현실적인 목표를 알아챌 수 있었다.

12주의 치료에서 피검자는 자신이 코카인 사용을 거절해서 남자친구가 화를 내자, 그의 아파트에서 나오기로 결심했다. 피검자는 부모님의 집으로 이사해서 3주 동안 머물렀고, 그 후에 여성 의료기사(medical technician)와 함께 사는 아파트로 이사했다. 피검자는 그 기간에 일주일에 두 번씩 내원했다. 치료사는 치료 7개월 후, 피검자가 천천히 호전되고 있다고 보고하였다. 피검자는 두 번의 데이트를 하였고, 약물 없이 지냈으며, 룸메이트와 친밀한 관계를 가지고, 사회적 네트워크를 활발히 확장시키고 있다. 현재 피검자는 지역 대학에서 야간 수업을 수강하고 있다.

참고문헌

Bauman, G., & Roman, M. (1968). Interaction product analysis in group and family diagnosis. *Journal of Projective Techniques and Personality Assessment, 32*(4), 331–337.

Benjamin, L. S. (1974). Structural analysis of social behavior. *Psychological Review, 18,* 392–425.

Benjamin, L. S. (1993). *Interpersonal diagnosis and treatment of personality disorders.* New York: Guilford Press.

Blake, S. E., Humphrey, L. L., & Feldman, L. (1994). Self-delineation and marital interaction: The Rorschach predicts structural analysis of social behavior. *Journal of Personality Assessment, 63*(1), 148–166.

Blanchard, W. H. (1968). The Consensus Rorschach: Background and development. *Journal of Projective Techniques and Personality Assessment, 32*(4), 327–330.

Burke, W. F., Friedman, G., & Gorlitz, P. (1988). The Psychoanalytic Rorschach Profile: An integration of drive, ego, and object relations perspectives. *Psychoanalytic Psychology, 5*(2),

193-212.

Handler, L. (1997). He says, she says, they say: The Consensus Rorschach. In J. R. Meloy, M. W. Acklin, C. B. Gacono, & J. F. Murray (Eds.), *Contemporary Rorschach interpretation* (pp. 499-533). Mahwah, NJ: Erlbaum.

Loveland, N., Wynne, L., & Singer, M. (1963). The Family Rorschach: A new method for studying family interaction. *Family Process, 2,* 187-215.

Magni, G., Ferruzza, E., & Barison, F. (1982). A preliminary report on the use of a new method of presenting the Rorschach Test to evaluate the relationship of couples. *Journal of Family Therapy, 4*(1), 73-91.

Nakamura, S., & Nakamura, N. (1987). The Family Rorschach Technique. *Rorschachiana, 16,* 136-141.

Willi, J. (1979). The Rorschach as a test of direct interaction in groups. *Bulletin de Psychologie, 32,* 279-282.

제12장

충동 통제 문제

29세 미혼 여성인 피검자는 자문 정신과 의사로부터 평가가 의뢰되었다. 피검자는 내과 3년 레지던트과정 중이며 15개월을 수료하였다. 해당 평가는 수련과정 중 두 번째 받는 정신의학적 평가로, 모두 직장에서 발생한 갈등 때문에 시행되었다. 피검자는 업무 행동에 관한 다양한 보고에 근거하여, 수련과정에서의 해고 여부가 논의되고 있으며, 그녀의 행동은 다음과 같이 요약된다. "피검자는 분노, 불안, 우울이 현저하고, 정서적으로 불안정한 상황에서 판단력 손상을 보이므로 환자들의 안녕에 잠재적인 위협이 될 수 있다."

예전에도 피검자는 어린 환자를 대할 때 문제가 있었고, 부모들과 상호작용할 때도 종종 둔감한 모습을 보여 소아과 레지던트 수련 1년 차에 해고되었다. 레지던트 수련과정에 관한 부정적인 평가 후, 피검자는 소아과가 자신에게 적절한 선택이 아니었다는 데 동의했고, 피검자가 광범위한 의학적 지식과 기술을 가지고 있음을 강조한 신중하지만 전반적으로 우호적인 내용의 추천서를 받았다. 피검자가 주장하는 바에 의하면, 최근 갈등은 당시 수련과정에서 담당의사에게 질책 받았던 시기, 즉 평가 시행 아홉 달 전에 시작되었다. 약 한 달 후, 피검자는 복용량(charge)에 이의를 제기하고 의료 기록을 변경했던 일로 같은 의사에게 비난 받았다. 피검자는 현재 자신이 수련과정에서 사사건건 감시당하고 있으며 '나를 해고하기 위한' 협력적인 노력이 있다고 믿고 있다.

피검자의 수련과정 프로그램은 인근 농업 공동체에서 봉사활동 진료(outreach clinic)를 하는 규모가 큰 중서부 대학에서 진행되었다. 피검자는 자신이 불합리하다고 여기는 출장 필수 요건, 수면 부족, 질 낮은 프로그램 관리, 성차별적 태도(chauvinistic attitude)에 관하여 소리 높여 항의해 왔다. 때때로, 피검자는 묻지 않고 다른 간호사의 청진기를 사용하였고, 이는 격렬한 말다툼을 불러일으켰다. 그리고 피검자는 자신을 적절하게 대우하지 않는다고 느낀 식당 직원에게 폭언을 퍼부었다. 또한 피검자는 집에 일찍 귀가한 날 서류 1장이 사라져서 부주의하다는 비난을 받았고, 이에 대해 슈퍼바이저와 심한 언쟁을 벌였다. 피검자는 다음과 같이 보고하였다. "내가 부당하다는 생각이 들 때, 자제력을 잃고, 소동을 일으키기 때문에 나를 내보내려고 하는 것 같아요."

피검자는 북서부 지역의 작은 마을에서 자랐다. 아버지(55세)는 제조 공장의 생산 라인 감독관이고, 어머니(52세)는 정식 면허 실무 간호사(licensed practical nurse)이다. 여동생(26세)은 초등학교 교사이다. 아버지에 대해 "완고하고, 화를 잘 내는 모습 등 많은 부분이 나와 비슷해요. 아버지는 무언가를 믿으면, 그걸 포기하지 않으려 해요. 열심히 일하는 분이에요."라고 묘사하며, 문제가 생기면 토론보다는 소리를 지르기 때문에 아버지와 대화하는 게 편한 적이 없었다고 보고하였다. 어머니에 대해서는 "어머니만의 방식이 정해져 있고, 완고한 분이에요. 그리고 절대 마음을 바꾸지 않을 거예요. 아버지처럼 어머니와도 가깝지 않아요."라고 묘사하였다.

가족은 가난했고, 학교에서 '아웃사이더'라고 스스로를 묘사하였다. 피검자는 2등으로 고등학교를 졸업했고 테니스와 농구 활동에 적극적이었으며 대학에서도 공부를 잘했으나 의학 공부에 있어서, 특히, 실습 분야에 어려움이 있다고 하였다. 이에 대해 "나는 개념은 모두 이해하지만 빠른 판단을 해야만 하는 것들은 좋아하지 않아요."라고 보고하였다.

이성과의 관계는 만족스럽지 않았다고 한다. 고등학교 시절, 피검자의 친구 때문에 남자친구에게 차였다. 대학교 시절, 간간히 데이트를 했지만 한 사람과 한두 번 이상을 만나지는 않았다. 의과 대학 시절, 체육 행사에서 만난 남자랑 사귀다가 동거했다고 한다. 이 남성은 폭력적이었는데, 피검자를 계단에서 밀었고, 자동차로 그녀의 발 위를 지나갔으며, 돈을 모두 써버리는 등의 행동을 보였다고 한다. 그러나 피검자는 그가 그녀를 떠날 때까지 함께 살았다. 이에 대해 그가 없는 것보다는 나았기 때문이라고 하였다. 최근에는 MRI 기술사와 데이트를 하였는데, 그 사람이 피검자를 과분하다고 여겼기 때문에 헤어졌다고 하였다.

평가 당시 청바지와 셔츠를 입은 캐주얼한 차림이었고 화장은 하지 않았다. 매력적이며 건강 상태는 양호하였다. 면담 동안, 기분 변화가 잦았는데, 때때로, 우호적이고 협조적으로 보였지만 어떤 경우에는 슬퍼 보이고 울먹이기도 하였다. 평가 동안 협조적인 태도를 보이고자 노력했으나, 적대적이고, 뚱하며, 얼버무리기도 했다.

피검자는 자신의 건강에 대해 "대체로 좋아요."라고 했으나, 자주 두통과 수면의 어려움이 있다고 한다. 최근 피임약과 수면제(Vistaril)를 복용했다고 한다. 흡연은 하지 않으며 일주일에 한 잔 정도의 와인을 마시지만, 약물 사용은 부정했다. 첫 번째 평가 결과, 일상생활에서의 갈등을 인식하고 효과적으로 대처하는 데 도움이 되는 DBT 프로그램 참여와 단기간의 정신과 입원이 권고되었다. 피검자는 입원은 거부했으나, 6주 동안 일주일에 두 번씩 개인 회기가 포함된 외래환자 DBT 프로그램 참여에 동의하였다. 피검자는 치료가 "도움이 되고 내가 필요한 어떤 방향을 제시했다."고 말하였다.

지능검사(WAIS-R) 결과 언어성 지능지수는 114점으로, 소검사점수 범위는 11~13점이며, 동작성 지능지수는 118점으로, 소검사점수 범위는 11~14점에 해당한다. MMIP-2 수행에서 얻은 타당도 척도는 T점수 48~57점이다. 대부분의 임상 척도는 T점수 47(Si)~63(Ma) 사이에 해당한다. 그러나 6번 척도(Pa) T점수 74점과 4번 척도(Pd) T점수 66점으로 상승이 나타났다. 내용과 보충 척도는 T점수 65점 이하이다.

평가 문제는 (1) 자신 혹은 타인에게 위험한가? (2) 수련을 지속하고, 환자들에게 적절한 방식으로 응대하며, 동기나 동료와 적절히 상호작용하는 것을 저해하는 정신과적 진단을 내릴 수 있는가? (3) 레지던트 수련과정을 지속하는 것을 허용해도 되는가? (4) 상기 문제에 대하여 입원/외래 진료, 약물치료, 치료 유형, 지속 기간, 치료 목표와 관련하여 어떤 권고가 적절하겠는가?와 같다.

사례 개념화 및 관련 문헌

내과 수련과정에서 시행된 평가에서 피검자는 '강렬한 화와 분노'가 있는 것으로 기술되었다. 피검자는 동료 및 슈퍼바이저와 격렬한 대립 상황에 있었고, 자신이 부당하게 대우받았다고 느낄 때 감정적으로 행동했다고 스스로 보고하였다. 피검자는 평가 시 차분하고자 노력했으나, 면담에서 자신의 수행평가와 관련된 주제가 나오면 매우 격분하는 모습을 보였다.

피검자는 레지던트 프로그램의 업무 스케줄과 출장 필수요건이 불합리하다고 느끼며, 자신의 퇴출 구실을 찾기 위해 특별히 주의 깊게 모니터링한다고 생각한다. MMPI-2 프로파일의 6-4 코드 유형으로 Graham(2000)은 이 유형은 (특히, 권위자에 의해) 주어지는 어떠한 요구에도 빈번하게 분노반응을 보인다고 기술한 바 있다. 그는 6-4 코드 유형의 사람들은 사회적 기술이 부족하고, 타인을 의심하며 인생이 불공평하다고 느끼고, 결과적으로 중요한 정서적 관여를 회피한다고 묘사하였다. 해당 유형의 전형적인 방어 전략은 문제의 부인과 비난의 외현화 등이 포함된다.

레지던트 수련과정의 동료 직원들은 최근에 보인 모습과 대인관계에서 드러나는 피검자의 판단과 충동 통제 문제와 관련된 과거력을 고려할 때, 피검자의 '정서적 불안정성 삽화'로 인해 환자가 위험에 빠질까 봐 걱정했는데, 이는 의료행위가 환자 및 동료와의 광범위한 상호작용을 포함하기 때문이다. 그들은 피검자의 거친 대인관계 스타일이 미치는 영향에 대해 우려를 제기하였다. 동료 직원들은 피검자의 일반적인 의학 능력에는 문제가 없지만, 그녀는 레지던트 수련 중단을 고려할 수 있는 심각한 수준이라고 우려하였다.

충동 통제에 관한 로르샤흐 문헌 검토는 심리학자들로 하여금 억제하고 지연하는 능력과 관련 있는 변인에 대해 주의를 기울이도록 해 준다. 추가로, 사례 1(제3장)에서 동료 직원들이 제기한 대인관계 능력에 대한 평가 관련 문헌을 검토한 바 있다.

충동 통제의 평가

이 사례에서 보여 주듯, 충동 통제의 어려움은 개인의 삶과 직업생활에 심각한 결과를 야기한다. 많은 임상 그리고 법정 의뢰는 충동 통제라는 심리적 기능을 중심으로 다루며, 운동, 인지, 정동 억제의 측면은 로르샤흐 검사의 초기부터 중요한 초점이 되어 왔다.

로르샤흐(1942/1981, p. 78)는 인간운동 반응의 지각이 "침착하고, 안정적 움직임"과 관련이 있다고 제안하며, "근감각 기억심상(kinaesthetic engram)은 신체 활동의 억제물로 작용하고, 운동 활동은 근감각 기억심상을 억제한다"고 주장하였다(p. 80). 몇몇 연구에서 인간운동(M) 결정인과 운동 억제의 관계를 탐색함으로써 이 가설을 검증하였다. 역균형화 설계(counterbalancing design)에서, Singer, Meltzoff와 Goldman(1952)은 남자 대학생을 '초기 기저선 조건/운동 억제 조건(5분 동안 움직이지 않고 서 있는)/과활동 조건(5분의 격렬한 체조)'으로 나누고, 로르샤흐 카드에 응답하라고 요청했다. 비록 각 조건에서 반응의 수가 유의미하게 다르지는 않았으나, M 결정인은 운동 억제 조건에서 기저선보다 유의하게 증가하는 것으로 나타났다. 반면, 과활동 조건에서 M 빈도는 기저선과 차이가 없었다.

Singer와 Spohn(1954)는 50명의 재향군인 조현병 환자를 대상으로 로르샤흐를 실시하였고, M 결정인 포함 여부에 따라 두 그룹으로 나누어서 15분 동안 대기실 모습을 관찰하였다. 환자들은 움직임이 없는 것부터 근처 테이블에 놓여 있는 물건들을 조작하거나, 좌불안석하는 활동 등이 포함된 6점 척도로 운동 활동에 대해 평가를 받았다. 높은 M 집단은 유의하게 낮은 운동 활동 수준을 보였다. 높은 M 집단에서, 2개 이상의 능동 M 반응을 보인 환자는 2개 미만의 능동 M 지각을 보인 환자보다 운동 활동이 더 낮은 평가를 받았다.

두 번째 조건에서, Singer와 Spohn(1954)은 높은 M과 낮은 M 환자에게 멈추거나 종이에서 펜을 떼지 않은 채 'New Jersey Chamber of Commerce'라는 문구를 가능한 천천히 작성하도록 하여 운동 억제를 테스트했다. 높은 M 집단은 평균적으로 반응억제 시간이 유의하게 길었다(277초 vs 138초). 높은 M 집단 내에서, 능동 M 반응을 보인 환자는 억제 시간이 더 길었다.

Levine과 Meltzoff(1956)은 인지적 억제와의 관련성 탐색을 통해 인간운동 결정인 연구를 확장하였다. 그들은 재향군인 정신과 환자에게 쌍으로 이루어진 10개의 연합 과제를 제시하면서 시작했다. 10개 쌍을 완전히 암송한 후에, 자극 단어를 제시하고 학습했던 것과 다른 단어를 대답하라고 요청하였다. 중앙값 기준에 따라 1개 이상의 M 반응을 보인 환자는 학습된 반응을 억제하고 새로운 것에 반응하는 속도가 유의하게 빨랐다.

과학습된 과제를 억제하는 능력과 인간운동 결정인의 관계는 Levine, Spivack과 Wight(1959)의 연구에서도 일부 지지되었다. 그들은 거주시설의 청소년과 재향군인 조현병/비조현병 입원환자 집단을 테스트했다. 웩슬러 검사의 기호쓰기(Wechsler digit symbol) 하위 소검사에서 기호 중에 하나는 알파벳 'N'과 대칭인데, 한 번이라도 대칭이 아닌 알파벳 'N'을 쓴 환자 집단을 구분하였다. 입원한 성인 집단에서, (청소년은 제외하고) 올바른 상징 대신 과학습된 'N'을 쓴 환자는 로르샤흐 프로토콜에서 유의하게 M 지각이 더 적은 것으로 나타났다.

이러한 연구와 일치되게, Darby, Hofman과 Melnick(1967)의 연구에서 반응억제 과제에 참여했던 대학생이 지연반응을 포함하지 않는 과제에 참여했던 환자보다 더 많은 인간운동 반응을 나타냈다. 이는 자극 장의 즉각적 요구에 대한 반응을 지연시키기 위해 관념을 사용하는 의지적 결정(volitional decision)을 보여 주는 M의 개념화와 일치한다.

Pantle, Ebner와 Hynan(1994)는 55명의 청소년 정신과 입원환자 집단에서 반응지연과 억제를 포함하는 행동 과제와 합리적으로 선택한 로르샤흐 변인들(D, Adj D, *Afr*, *X*+%, *M*, *FC:CF+C, Lambda*)의 관계를 연구하였다. 청소년들은 Gordon Diagnostic System(GDS; Gordon, 1983)이라고 하는 과제를 수행하였는데, 이는 참가자들이 작은 화면의 시각 정보에 반응하여 버튼을 누르는 마이크로프로세서에 기반을 둔 과제이다. GDS는 3개의 검사로 구성된다. 2개는 주의분산의 수준이 점차 증가하는 9분 동안 연속 수행 실시 시 주의력을, 나머지 하나는 피드백을 효과적으로 이용하여 반응 전략을 만들어 가면서 반응표출을 지연시키는 능력을 측정하는 8분이 소요되는 검사이다.

Pantle 등(1994)은 3개의 GDS 검사 결과에 기반하여 참가자를 '비정상'(백분위 25 이하)과 '정상'인 집단으로 나누었고, 각 검사에서 집단 간 구분을 위한 로르샤흐의 능력을 결정하기 위해 판별 분석을 실시하였다. GDS 지연 과제의 판별 분석은 통계적으로 유의했고 참가자의 76%를 정확하게 분류했다. 판별함수에서 가장 높은 상관을 갖는 3개의 로르샤흐 변수는 D, $FC:CF+C$, 그리고 M이었다. 다른 로르샤흐 변인들은 주의력에 관한 2개의 GDS 연속 수행 과제에서 정상과 비정상 수행을 구분하지 못했다. 이러한 과제들(GDS 연속 수행 과제)은 충동 통제와 함께 주의 산만과 같은 능력을 측정한다. 반대로, 그들은 GDS 지연 과제를 계속되는 피드백을 통합하는 반응 전략을 산출하는 동안 반응을 억제하는 능력이 필요한 충동 통제와 유사한 측정치로 보았다.

Meltzoff와 Litwin(1956)은 정동 억제 능력과 인간운동 지각의 관계를 연구하였다. 그들은 재미있는 녹음 파일을 들려주었는데, "재밌는 배경 음악과 여러 가지 소음이 동반되는 전염성 있는 웃음의 레코드"라는 Spike Jones와 오케스트라의 연주 레코드(p. 463)를 학생들에게 들려주고 그것을 듣는 동안 미소 짓거나 웃지 말라고 지시하였다. 참가자들은 이후 로르샤흐 카드 III과 VII에 대해 대답하도록 한 후, 중앙치를 기준으로 높은 집단(M 지각 2개 이상)/낮은 집단으로 나뉘어졌다. 높은 M 집단에 속한 34명의 참가자들 가운데 20명은 미소 짓거나 웃지 않은 채 레코드를 들었지만, 낮은 M 집단에 속한 34명 중 11명만이 정동 표현을 억제할 수 있었다($p = .03$).

Gardner(1951)는 오래된 지인에게 10명의 대학생의 충동 억제 연속성(impulsivity inhibition continuum)을 평가하도록 하였다. 평정 결과, 로르샤흐 변인 사이의 유의미한 상관(.705~.879)이 나타났는데, 그 변인은 다음과 같다. 유채색 결정인의 형태 우세성($FC:CF+C$), 유채색 결정인의 비율($FC+CF+C:R$), 유채색과 인간운동 결정인의 비율($M:WSumC$). 이러한 결과는 Gill(1966)의 연구 결과와 유사한데, 기하학적 형태의 문제해결 과제에서 반응을 지연하는 사람들은 $CF+C$ 지각보다는 유의하게 FC가 높았고, 반면, 보다 자발적으로 응답하는 사람들은 유의하게 $CF+C$ 반응이 많은 것으로 나타났다.

정리하면, 충동 통제 평가와 가장 직접적으로 연관되는 로르샤흐 변인은 운동, 인지, 혹은 정동 억제(M), 그리고 정동이 포함될 때 표현을 조절하는 능력($FC:CF+C$)이었다. 그러나, 제1장에서 언급했듯이, 단일 변인에 초점을 두기보다는 구성적 접근(configural approch)을 취하는 것이 중요하다. 개인의 기록을 해석할 때 비록 높은 M 빈도가 일반적으로 억제하고 지연하는 능력과 관련되지만, 형태질, 수동 vs 능동반응 내용, 그리고 유채색 등의 다른 로르샤흐 변인과의 관계를 함께 고려하는 것이 중요하다.

사례 10. 29세 여성

카드	반응	질문
I	1. 글쎄요, 내게는 박쥐처럼 보이지는 않아요. 컴퓨터 게임에 나오는 것 같아요.	평가자: (반응 반복) 피검자: 전체가요. 모양이 컴퓨터 게임에 계속 나오는 어떤 것 같아 보여요. 마치 우주 침략 게임에서처럼.
	2. 정말 모르겠어요. 벌레예요.	평가자: (반응 반복) 피검자: 사실 벌레처럼 보이지는 않아요. 그게 내가 떠올릴 수 있는 최선이에요. 평가자: 기억해 보세요. 무엇처럼 보이고 어디에서 그렇게 봤는지 제가 봐야 하거든요. 피검자: 저기(D1)를 봤어요. 그건 더듬이에요. 대충 그래요. 평가자: 벌레는 어디에서 본 건가요? 피검자: 내가 보기엔 전체적으로 그런 것 같아요(가리키면서). 꼬리, 몸통, 모르겠어요.
II	3. 골반 같은 걸로 할 거예요. 왜 아니겠어요(why not). [피검자: 전체를 봐야만 하나요? 평가자: 알아서 하시면 돼요.]	평가자: (반응 반복) 피검자: 검은색이 일종의 골반 모양, 골반 뼈요.
	∨4. 아주 작은 뾰족한 것이 더듬이일 수 있겠네요.	평가자: (반응 반복) 피검자: 여기 2개의 작은 것이요. 평가자: 무엇 때문에 더듬이로 보였나요? 피검자: 그들은 다른 모든 것에서부터 튀어나와 있어요.
III	5. 2명의 사람이요.	평가자: (반응 반복) 피검자: 내 생각엔 바로 거기요(D9). 평가자: 그리고 무엇 때문에 2명의 사람으로 보였나요? 피검자: 많이는 아니고요. 내 생각에, 머리, 팔, 그리고 다리, 사람들 같아요.
	∨6. 이런 작은 것들은 요관*이 있는 콩팥 같아요.	평가자: (반응 반복) 피검자: 콩팥이 있고, 저건 요관이에요. 평가자: 왜 콩팥처럼 보이는지 확실하지가 않군요. 피검자: 둘 다 그런데, 그런 모양이에요.

IV	∨ 7. 이건 방울 같아 보여요. 사실 내게는 어떤 것으로도 보이지 않아요. 다른 2개가 그랬던 것보다는 어떤 것으로 잘 보이지 않아요. 쭈글쭈글한 떡갈나무 잎(oak leaf), 그건 어때요? [피검자: 내가 다른 걸 더 떠올릴 필요가 있나요? 평가자: 당신이 원하면요. 피검자: 날 죽일 셈이군요.]	평가자: (반응 반복) 피검자: 떡갈나무 잎은 3가지를 가지고 있는데, 여기 3가지가 있어요. 줄기, 밖으로 뻗어나간 잎, 그리고 어떤 쭈글쭈글한 것. 평가자: 쭈글쭈글하다고요? 피검자: 다른 그림자들이요. 여기(D6)가 구부러졌어요. 그게 쭈글쭈글해 보여요.
	8. 또 다른 벌레예요.	평가자: (반응 반복) 피검자: 네. 평가자: 기억해 보세요. 당신이 그러한 것처럼 나도 그걸 볼 수 있어야 하거든요. 피검자: 그건 정말 어떤 것으로도 보이지 않아요. 평가자: 반점 어디에서 벌레를 보았고 왜 그처럼 보였나요? 피검자: 진짜 그런 건 아니고, 아마도 여기가 작은 더듬이(D28), 아마 팔이나 어떤 것(D4), 모르겠어요. 평가자: 내가 그걸 볼 수 있는지 잘 모르겠군요. 피검자: 내 생각에 전체적인 것 같아요.
V	9. 나비요.	평가자: (반응 반복) 피검자: 작은 더듬이와 큰 날개가 있어요.
	> 10. 나무에서 아래로 휙 떨어진 어떤 거요. 내가 뭐 말하는지 아시죠. 씨앗 종류인데, 뭐라고 불리는지 모르겠어요.	평가자: (반응 반복) 피검자: 전체적인 것이, 일종의 날개 모양이고, 나무에서 떨어지는 어떤 씨앗이에요.

---

*요관(ureter): 콩팥에 모아진 소변을 방광까지 운반해 주는 가늘고 긴 관.

VI	< 11. 네, 그래요(웃음). 가오리예요.	평가자: (반응 반복)
		피검자: 긴 꼬리(윤곽을 그리며), 전체가 가오리처럼 보여요.
	< 12. 신경관이요. 이건 아주 일반적 대답이라고 장담해요.	평가자: (반응 반복)
		피검자: 바로 여기 작은 것이, 학교에서 우리에게 보여 준 어두운 전자 현미경 사진 같아 보여요. 바로 중간 부분이요.
		평가자: 어둡다고요?
		피검자: 학교에서 저런 흑백 전자 현미경 사진을 우리에게 보여 줘요.
VII	13. 버니 토끼들이요. [피검자: 혹시 이 검사에 타당도가 있나요? 평가자: 네.]	평가자: (반응 반복)
		피검자: 작은 귀들이 있어요.
		평가자: 당신이 본 것처럼 볼 수 있도록 도와주세요.
		피검자: 여기가 머리고, 나머지는 정말 토끼같이 보이지는 않아요. 그냥 머리요.
	14. 팔을 바깥으로 하고 있는 2명의 여성이요.	평가자: (반응 반복)
		피검자: 이건 팔처럼 보이고, 저건 아마 코인 것 같아요. 모르겠어요. 그냥 팔을 바깥으로 하고 있는 2명의 여성이에요.
VIII	< 15. 여기가 작은 동물 같아요.	평가자: (반응 반복)
		피검자: 저기요(D1을 가리킨다.).
		평가자: 기억하세요. 나도 당신처럼 그것을 볼 수 있어야 해요.
		피검자: 4개의 다리요. 눈은 하나인 것처럼 보여요. 무슨 종류인지 모르겠어요.
	> 16. 몇 개의 바위인데, 동물 한 마리가 그 위를 기어오르고 있어요. 충분한가요? [피검자: 이건 또 다른 응답인가요? 평가자: 네.]	평가자: (반응 반복)
		피검자: 네, 이것들이요.
		평가자: 나도 당신처럼 그것을 볼 수 있게 도와주세요.
		피검자: 여기에 있는 것들이 바위처럼 보이고(D2와 D5의 절반), 그들의 모양이요. 이게 동물이고, 아마 사자나 여우, 내가 처음에 봤던 것보다 더 큰 동물이요.
IX	> 17. 호수에 비치고 있는 산이요. 내 생각에는 거기에 해안가가 있는 것 같아요. [피검자: 더 필요한가요? 평가자: 알아서 하시면 돼요.]	평가자: (반응 반복)
		피검자: 모르겠어요. 여기가 파란색 같고요, 물 같아요.
		평가자: 나도 당신처럼 보고 있는지 확실치 않군요.
		피검자: 좋아요, 여기가 산, 그리고 초록색이 나무 같고, 이게 전부 호수에 반사된 거예요. 파란색 부분.

	18. 지도의 일부예요. 색이 지도 같아요.	평가자: (반응 반복) 피검자: 네, 그 색들이 당신이 지도에서 볼 수 있는 거예요. 평가자: 당신은 그것을 어디서 보고 있나요? 피검자: 전체요. 내가 어릴 때 오래된 세계지도가 있었어요. 저기 오렌지 부분은 정말 그러한 색 중에 하나같고, 분홍색도 그래요.
X	19. 분홍색이 이탈리아 같아 보여요.	평가자: (반응 반복) 피검자: 바로 저기 절반이요. 안쪽에 해안가가 다소 더 필요하겠지만, 그렇지만 그게 없어도 내게는 이탈리아로 보여요.
	20. 그리고 이건 매우 흔한 대답일 텐데, 뾰족한 끝 부분이 Bouie tip 같아요. [평가자: 철자를 말해 주세요.] 피검자: B-o-u-i-e, 그건 수술 도구예요.	평가자: (반응 반복) 피검자: 바로 저기 작은 거요. 여기요(D14). 평가자: 왜 Bouie tip 같아 보이나요? 피검자: 도구처럼 보이고, 그 모양이 그래요.

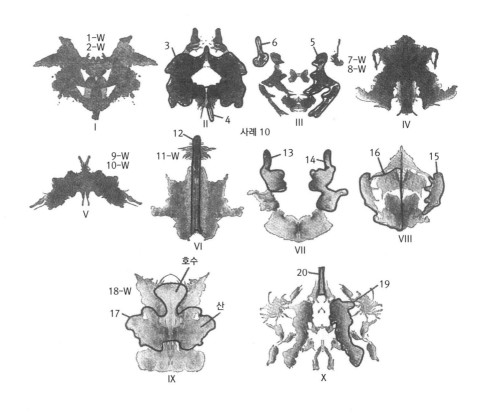

사례 10. 점수 계열

카드	반응 번호	위치	영역 번호	결정인	(2)	내용	평범 반응	Z	특수 점수
I	1	Wo	1	Fu		(H),SC		1.0	GHR
	2	Wo	1	F−		A		1.0	
II	3	Do	6	Fo		An			
	4	Ddo	25	Fo		Ad			
III	5	Do	9	Fo	2	H	P		GHR
	6	Do	2	Fu	2	An			
IV	7	Wo	1	FVo		Bt		2.0	
	8	Wo	1	F−		A		2.0	INC
V	9	Wo	1	Fo		A	P	1.0	
	10	Wo	1	Fu		Bt		1.0	
VI	11	Wo	1	Fu		A		2.5	
	12	Do	5	FC′u		An,Art			PER
VII	13	Do	1	Fo	2	Ad			
	14	Do	2	Mpo	2	H	P		GHR
VIII	15	Do	1	Fo		A	P		
	16	Dd+	99	FMau		A,Ls	P	3.0	
IX	17	Dv/+	1	rF.CFu		Na		2.5	
	18	Wv	1	C		Ge			PER
X	19	Do	9	F−		Ge			
	20	Do	14	Fu		Sc			

사례 10. 구조적 요약

구조적 요약(상단부)				

반응영역	결정인 혼합	결정인 단일	반응내용	자살 지표
				YES..FV+VF+V+FD>2
			H =2	NO ...Col-Shd Bl>0
Zf =9	rF.CF	M =1	(H) =1	NO ...Ego<.31,>.44
ZSum =16.0		FM =1	Hd =0	NO ...MOR>3
ZEst =27.5		m =0	(Hd)=0	YES..Zd>+−3.5
		FC =0	Hx =0	NO ...es>EA
W =8		CF =0	A =6	YES..CF+C>FC
D =10		C =1	(A) =0	YES..X+%<.70
W+D =18		Cn =0	Ad =2	NO ...S>3
Dd =2		FC'=1	(Ad)=0	NO ...P<3 or >8
S =0		C'F =0	An =3	NO ...Pure H<2
		C' =0	Art =1	NO ...R<17
		FT =0	Ay =0	3 ......TOTAL
발달질		TF =0	Bl =0	**특수점수**
+ =1		T =0	Bt =2	Lv1 Lv2
o =17		FV =1	Cg =0	DV =0x1 0x2
v/+ =1		VF =0	Cl =0	INC =1x2 0x4
v =1		V =0	Ex =0	DR =0x3 0x6
		FY =0	Fd =0	FAB =0x4 0x7
		YF =0	Fi =0	ALOG =0x5
		Y =0	Ge =2	CON =0x7
형태질		Fr =0	Hh =0	Raw Sum6 =1
	FQx MQual W+D	rF =0	Ls =1	Wgtd Sum6 =0
+ =0 =0 =0		FD =0	Na =1	
o =8 =1 =7		F =14	Sc =2	AB =0 GHR =3
u =8 =0 =7			Sx =0	AG =0 PHR =0
− =3 =0 =3			Xy =0	COP =0 MOR =0
none =1 =0 =1			Id =0	CP =0 PER =2
		(2) =4		PSV =0

구조적 요약(하단부)				
비율, 백분율, 산출한 점수				

R =20	L =2.33	FC:CF+C =0:2	COP=0 AG =0	
		Pure C =1	GHR:PHR =3:0	
EB =1:2.5	EA =3.5 EBPer =N/A	SumC':WSumC =1:2.5	a:p =1:1	
eb =1:2	es =3 D =0	Afr =0.43	Food =0	
	Adj es =3 Adj D =0	S =0	SumT =0	
		Blends:R =1:20	Hum Con =3	
FM =1	C' =1 T =0	CP =0	Pure H =2	
m =0	V =1 Y =0		PER =2	
			Iso Indx =0.35	

a:p =1:1	Sum6 =1	XA% =0.80	Zf =9.0	3r+(2)/R =0.35
Ma:Mp =0:1	Lv2 =0	WDA% =0.78	W:D:Dd =8:10:2	Fr+rF =1
2AB+Art+Ay =1	WSum6 =2	X−% =0.15	W:M =8:1	SumV =1
MOR =0	M− =0	S− =0	Zd =−11.5	FD =0
	Mnone =0	P =5	PSV =0	An+Xy =3
		X+% =0.40	DQ+ =1	MOR =0
		Xu% =0.40	DQv =1	H:(H)Hd(Hd)=2:1

PTI=0	DEPI=4	CDI=4*	S-CON=3	HVI=NO	OBS=NO

S-CON과 핵심 변인

S-CON(3)은 통계적으로 유의하지 않다. 첫 번째 유의한 주요 변인은 CDI(4)이다. 이는 통제에 관한 자료의 해석으로 시작해야 함을 나타낸다. 다음으로는 대인관계 지각, 자기 지각, 정동을 고려하고, 마지막에 인지적 3요소를 구성하는 3가지 군집 자료를 검토한다.

통제

사례 10. 29세 여성의 통제 관련 변인

EB $=1:2.5$	EA $=3.5$		D $=0$	CDI $=4$
eb $=1:2$	es $=3$	Adj es $=3$	Adj D $=0$	L $=2.33$
FM $=1$ m $=0$	SumC′ $=1$	SumT $=0$	SumV $=1$	SumY $=0$

Adj D(0)는 적절한 통제능력을 의미하나, 다른 3개의 변인의 결과는 Adj D의 해석적 유용성이 제한적이며 타당하지 않을 수 있음을 시사한다. 첫 번째 변인은 유의한 수준의 CDI(4)로, 피검자가 기대되는 것보다 미성숙할 가능성을 시사한다. 실제로도 그렇다면, 일상생활에서, 특히 대인관계에서 대처하는 데 어려움을 시사한다. 이러한 문제는 종종 통제의 어려움을 악화시킬 수 있다. 두 번째 변인은 EA(3.5)로, 지적인 성인에게 기대되는 것보다 훨씬 낮다. 이는 자원에 대한 접근 가능성이 명백하게 제한적임을 의미한다. 만일 이러한 결과가 타당하다면, 만성적으로 복잡한 사회에 존재하는 많은 스트레스 자극에 의해 쉽게 와해될 수 있는 경향이 있음을 암시한다.

세 번째 변인은 통제와 관련된 문제를 연구하려는 맥락에서는 아마도 가장 중요한 변인이라고 볼 수 있는데, 높은 $Lamda$(2.33)로, 회피적 반응 유형을 보여 준다. 회피적 반응 유형은 피검자가 적대적 상황에서 평가받았기 때문에 나타난 상황적 방어의 결과물일 가능성도 있지만, 그녀의 자료는 짧은 프로토콜은 아니었다. 피검자는 20개의 반응을 나타냈는데, 평균 혹은 그 이상의 높은 $Lamda$는 복잡성과 모호함을 무시하거나 최소화하는 만성적인 기질적(traitlike) 성향을 보여 준다. 피검자의 반응들이 상황적 방어 혹은 복잡성을 피하고 단순화시키려는 기질적인 성향 가운데 어떤 것이든지, 높은 $Lamda$와 낮은 EA의 조합은 Adj D를 통제와 관련된 실제 능력을 판별하는 신뢰롭거나 타당한 자료로 고려하기 어려울 수 있음을 나타낸다.

만일 피검자가 기질적으로 회피하는 유형의 사람이라면, 통제에 관련한 결과는 주목할 만하다. 복잡성에 대한 회피는 통제의 간접적 형태로 볼 수 있는데, 이는 복잡성에 압도당할 가능성을 줄여 주기 때문이다. 이러한 통제 형태는 구조화되거나 예측 가능한 상황에서는 적절히 작동할 수 있다. 그러나 낯선 상황은 종종 내적으로 복잡하고 큰 노력을 요하며, 회피와 지나친 단순화는 그러한 상황을 다루는 데 비효율적일 수 있다. 그러한 상황에서는 통제 상실의 가능성이 상당히 증가하며, 특히 자원이 제한되어 있거나 사회적 기술이 부족한 경우에는 악화될 수 있겠다. 비록 피검자가 통제 문제를 빈번하게 경험한다는 명백한 증거는 없으나, 이에 대한 가능성이 강하게 시사되며 보고된 몇몇 행동들이 이러한 가설을 지지한다.

대인관계 지각

사례 10. 29세 여성의 대인관계 지각 자료

R = 20	CDI = 4	HVI = NO	**No COP or AG Response**
a:p = 1:1	SumT = 0	Fd = 0	
	[eb = 1:2]		
Sum Human Contents = 3		H = 2	
[Style = Avoidant]			
GHR:PHR = 3:0			
COP = 0	AG = 0	PER = 2	
Isolation Indx = 0.35			

CDI(4)가 유의하다는 것은 전형적인 사회적 미성숙 혹은 서투름을 나타낸다. 이는 피검자가 타인과 가까운 관계를 맺거나 유지하는 데 어려움이 있음을 나타낸다. 과거력에서 불만족스러운 대인관계를 보여 주는 것은 놀라운 일이 아니며, 피검자의 성인기 대부분은 불만족스러운 대인관계가 특징적이다. 또한 불만족스러운 대인관계로 인해 그녀는 미숙한 수준의 혼란감을 경험하는 것으로 보인다.

재질반응의 부재는 (비록 회색-검정 혹은 음영 특징을 포함하는 2개의 반응을 보였지만) 피검자가 다른 사람과 다른 방식으로 대인관계 접촉 욕구를 지각하거나 표현한다는 것을 나타낸다. 피검자는 대인관계 욕구가 없는 것은 아니지만, 대인관계 상황에서 상당히 보수적이며 타인과의 가까운 정서적 유대를 형성하는 데 조심스러울 수 있다. 사실, 인간내용 반응(3)이 적은 것은 피검자가 사람에 대해 관심이 많지 않을 가능성을 암시한다. 만일 사실이라면, 타인에 대한 관심의 부족은 관계에서의 많은 실패 경험과 대인관계에서 보상받지 못했던 결과에 기인하는 것으로 보인다. 흥미롭게도, 3개의 인간내용 반응 중에 2개는 *H*인데, 이는 사람에 대한 피검자의 인상이 현실에 기반하고 있을 가능성을 제시한다.

GHR:PHR(3:0)은 피검자의 대인관계 행동의 대부분이 상황에 적응적임을 나타낸다. 그러나 피검자의 반응에서 상호적 교환(즉, *COP*와 *AG* 반응)의 부재는 타인과의 관계 대부분이 피상적일 수 있음을 지지한다. PER 반응(2)이 다소 많은데, 이것은 갈등의 여지가 있는 사회적 상황에서 보다 방어적이거나 불안해할 가능성을 암시한다. 이것이 대인관계에 항상 문제가 되는 것은 아니지만, 피검자는 다른 사람에게 과도하게 조심스러운 태도를 보일 수 있다.

반면, 소외 지표(.35)가 높은 편인데, 이는 피검자가 타인과 원활하고 의미 있는 관계를 형성하는 데 어려움을 느끼고 기대되는 것보다 더 사회적으로 고립될 수 있음을 나타낸다. 게다가 쌍반응을 포함하는 운동반응은 하나뿐이다. 반응 14의 "팔을 바깥으로 하고 있는 2명의 여성"은 역동적 특징이 부족하고 피검자의 대인관계가 피상적이라는 견해를 지지한다.

자기 지각

1개의 반사반응이 유일한 혼합반응이다. 스스로를 높게 평가하는 경향이 두드러질 가능성을 나타낸다. 과장된 자기관여(self-involvement)는 피검자의 의사결정과 행동에 영향을 미치며, 대인관계의 어려움을 증가시킨다. 흥미롭게도, 자기중심성 지표(0.35)는 평균 범위이다. 이는 반사반응의 관점에 비추어 본다면 일반적인 결과가 아니며, 피검자는 자신의 자기가치가 적절히 성립되어 있지 않다는 것을 인식하고 있음을 보여 준다.

통경반응(반응 7)은 죄책감이나 최근 보였던 부적절한 행동에 대한 후회 또는 자신에 대한 부정적 특징에 집착을 나타낸다. 어떤 상황에서는 자신의 과장된 가치감과 대립하며 고심하고 있음을 암시한다. 아울러 3개의 *An* 반응은 대개 보통 신체에 대한 비일상적인

사례 10. 29세 여성의 자기 지각 관련 자료

R	=20	OBS	=NO	HVI=NO	**Human Content, An & Xy Responses**
					I 1. Wo Fu (H),Sc 1.0 GHR
Fr+rF	=1	3r+(2)/R	=0.35		II 3. Do Fo An
					III 5. Do Fo 2 H P GHR
FD	=0	SumV	=1		III 6. Do Fu 2 An
					VI 12. Do FC'u An,Art PER
An+Xy	=3	MOR	=0		VII 14. Do Mpo 2 H P GHR

H:(H)+Hd+(Hd)=2:1
  [EB=1:2.5]

관심을 나타내는데, 잦은 두통에 대한 불편감과 관련이 있을 수 있다. 그러나 의학적 지식을 바탕으로 피검자가 논리적으로 안전하고 친숙한 대답을 표현해 왔던 것일 수 있다.

H:(H)+Hd+(Hd) 결과(2:1)는 피검자의 자기상(self-image)이 대개 경험에 기반하고 있음을 나타낸다. 그러나 이러한 결론은 3개 반응의 특징을 고려해 볼 때 미진해 보인다. 3개 가운데 2개(반응 1과 5)는 Pure F 반응이고, 세 번째 반응(반응 14)은 M으로 채점되었으나, 실질적으로 담고 있는 정보가는 거의 없다.

3개의 마이너스 반응은 질문 단계에서 부인하고 제한적인 방식으로 정당화하는 경향을 보인 2개의 응답이 포함되었다. 첫 번째(카드 I, 반응 2)에서, 피검자는 "정말 모르겠어요. 벌레예요."라고 말한다. 질문 단계에서, "사실 벌레처럼 보이지는 않아요……. 저기를 봤어요. 그건 더듬이에요."라고 보고하였다. 위치에 대해 질문을 받자, 피검자는 "아마도 전체적으로 그런 것 같아요. 꼬리, 몸통, 모르겠어요."라고 대답하였다. 두 번째(카드 IV, 반응 8)는 "또 다른 벌레…… 정말 어떤 것으로도 보이지 않아요."이다. 검사자가 "반점 어디에서 벌레를 보았고 왜 그처럼 보였나요?"라고 묻자, "진짜 그런 건 아니고, 아마도 여기가 더듬이고 아마 팔이나 어떤 것이에요."라고 반응하였다. 피검자의 모호한 반응(elusiveness)은 방어적 회피 양식을 보여 준다. 피검자는 더듬이라고 정의한 작은 부분을 밝히거나 초점을 맞추기보다 전체적 모양을 일반화하기 위한 기본적 정당화로 더듬이를 언급하였다. 더듬이는 입력을 처리하는 감각 기관이며 방어적 목적에 있어 중요하다.

마이너스 반응이 자기에 대한 투사된 요소를 포함한다고 가정하면, 피검자가 구조적 자료 지표에서 나타나는 것보다 방어적으로 과경계적인 경향이 있는지에 관해 의문이 생기는데, 그녀가 더듬이에 집중했다는 점은 흥미롭다. 피검자는 또한 다른 반응에서도 더듬이를 언급했다(카드 II, 반응 4). 두 번째 궁금증은 '벌레' 선택이 자기 이미지를 반영하는가의 여부이다. 세 번째 마이너스 응답(카드 X, 반응 19)은 지리적 반응으로 덜 방어적이다. "분홍색이 이탈리아 같고…… 안쪽에 해안가가 다소 더 필요하겠지만, 그렇지만 그게 없어도, 내게는 이탈리아로 보여요."라는 구체적 반응이다.

유일한 M 반응은 "팔을 바깥으로 하고 있는 2명의 여성(카드 VII, 반응 14)"으로 2개의 다른 인간내용 반응인 "컴퓨터 게임 중 하나…… 컴퓨터 게임에 계속 나오는…… 우주 침략 게임에서처럼(카드 I, 반응 1)"와 "2명의 사람…… 사람 같이 머리, 팔, 그리고 다리가 있어요(카드 III, 반응 5)."와 마찬가지로 의미 있는 투사 정보가 거의 없다. 유일한 FM 반응은 "몇 개의 바위인데, 동물 한 마리가 그 위를 기어오르고 있어요……. 아마도 사자나 여우(카드 VIII, 반응 16)"로 투사된 자료가 전혀 없어 보인다.

기대된 바와 같이 다른 반응에서도 거의 윤색(embellishment) 반응은 없다. 흥미로운 3개의 응답은 다음과 같다. 첫 번째(카드 IV, 반응 7)는 "이건 방울 같아 보여요. 사실 내게는 어떤 것으로도 보이지 않아요. 다른 2개가 그랬던 것보다는 어떤 것으로 잘 보이지 않아요. 쭈글쭈글한 떡갈나무 잎, 그건 어때요?"라고 반응하였는데, 방어적 반응임을 제외하고는 흥미롭지 않다. 쭈글쭈글한 것은 MOR 응답일 수 있으나 이 경우는 MOR처럼 보이지 않는다. 그럼에도 통경반응이기 때문에 부정적 자기 지각의 가능성을 나타낸다. 나머지 2개 반응은(카드 VI, 반응 12), "신경관, 이건 아주 흔한 대답일 거예요."(카드 X, 반응 20), "그리고 이건 매우 흔한 대답일 텐데, 여기 뾰족한 끝부분이 Bouie tip(수술 도구) 같아요." 이다. 2가지 모두 일반적이라는 견해는 부적절해 보이며 피검자의 판단에 의문이 생긴다.

종합하면, 이 군집의 자료를 통해 자기상에 대한 유용한 가설을 세우기는 어렵다. 피검자는 자기중심적이고, 그 문제로 어려움을 겪고 있다. 피검자의 방어 정도는 상당한 불안 정성을 시사하며, 대답을 보고하는 방식, 특히 인간내용 반응은 타인뿐 아니라 자신에 대한 명백한 순진함(naivete)을 암시하는 경향이 있다.

정동

높은 Lamda(2.33)와 EB(1:2.5) 자료는 피검자가 회피-양가적인 대처 양식을 지녔음을 나타낸다. 의사결정 시 상황에 따라 감정이 미치는 영향이 달라지며, 정서가 적절히 통제

사례 10. 29세 여성의 정동 관련 자료

EB	=1:2.5			EBPer	=NA	**Blends**
eb	=1:2	L	=2.33	FC: CF+C	=0:2	rF.CF =1
DEPI	=4	CDI	=4	Pure C	=1	
SumC'=1	SumT =0			SumC':WSumC	=1:2.5	
SumV=1	SumY =0			Afr	=0.43	
Intellect	=1	CP	=0	S=0 (S to I, II, III =0)		
Blends:R	=1:20			Col-Shad Bl	=0	
m+y Bl	=0			Shading Bl	=0	

되지 않거나 과도하게 억제되는 경우가 일반 성인들의 기대 수준에 비해 상당히 많은 영향을 받음을 의미한다. *eb*가 1:2이다. 보통, *eb*의 우항이 높으면 고통이나 불편을 나타내지만, 이 경우에는 좌항(1)이 매우 낮아서 이러한 가정이 타당한지 의문이다. 이에 대한 지지증거는 이전에 언급된 통경반응으로, 이는 상황적 요소 또는 부정적 감정을 야기하는 생각에 계속해서 사로잡혀 있는 것과 관련될 수 있다. 어떤 경우이든, 빈번한 고통이나 불편감을 지지하는 증거는 빈약하다. *Afr*(.43)은 회피적 양식의 사람들에게 기대되는 것보다 약간 낮은데, 이는 감정적 상황을 피하는 경향을 보여 준다. 또는 복잡한 것을 피하는 피검자의 성향을 반영할 수 있다.

FC:CF+C(0:2)는 흥미로운데, 비록 유채색 응답 빈도는 반응 20개인 프로토콜에서는 낮은 편이지만, 색채반응이 모두 *FC*가 아니고, 하나는 순수 *C* 반응이기 때문이다. 이는 피검자가 자신의 정서 표현을 조절하는 데 엄격하지 못하고, 대부분의 사람들보다 감정 표현이 확실하고 강렬할 수 있다. 피검자의 순수 *C* 응답(카드 IX, 반응 18)은 "지도의 일부, 색이 지도 같아요……. 어릴 때 오래된 세계지도가 있었어요. 저기 오렌지색 부분은 정말 그러한 색 중에 하나같고, 분홍색도 그래요."로 단일반응이지만, 반응이 구체적이고 미성숙하며, 피검자가 감정 조절에 실패할 경우 부적절하고 부적응적인 방식으로 표출할 수 있음을 암시한다. 단 하나의 혼합반응(*rF.CF*)만 있다는 사실은 피검자의 회피적 양식과 복잡성을 피하는 성향이 반영된 것이다.

종합적으로, 정서와 관련된 결과들이 분명하게 드러나지는 않는다. 피검자는 감정을 효과적으로 통제하지 못하고 정서 표현이 풍부하거나 강렬할 수 있다. 피검자는 상황적 요인으로 또는 자기상에 대해 가지고 있는 문제와 관련된 불편감이 있을 수 있다. 그러나 이는 확실치는 않다.

정보처리

사례 10. 29세 여성의 정보처리 변인

EB = 1:2.5	Zf = 9	Zd = -11.5	DQ+ = 1
L = 2.33	W:D:Dd = 8:10:2	PSV = 0	DQv/+ = 1
HVI = NO	W:M = 8:1		DQv = 1
OBS = NO			

Location & DQ Sequencing

I: Wo.Wo	VI: Wo.Do
II: Do.Ddo	VII: Do.Do
III: Do.Do	VIII: Wso.Dd+
IV: Wo.Wo	IX: Dv/+.Wv
V: Wo.Wo	X: Do.Do

Zf(9)와 *W:D:Dd*(8:10:2) 관련 결과는 피검자의 정보처리 노력이 일반 성인들과 유사함을 보여 준다. 그러나 영역 계열(Location Sequencing) 검토에 따르면, 8개의 *W* 반응 중 7개는 *W* 응답이 나타나기 쉬운 분명한 형태의 카드 I, IV, V, VI에서 나타났다. 8번째 *W*는 상당한 노력이 요구되는 카드 IX에서 나타났지만, 형태가 없는 반응이었다(Wv). 비록 자료 일부에서는 상당한 노력을 기울였지만, 계열을 살펴보면 노력을 그다지 많이 기울이지 않은 채 보수적으로 접근했던 것으로 보인다. 흥미롭게도, *W:M*(8:1)은 피검자가 현재 기능적 역량에 비해 더 많이 성취하고자 하고 있는 것으로 보인다.

Zd(-11.5)가 두드러지는데, 피검자가 서둘러 대충 훑어보는 경향이 있음을 의미한다. 이로 인해 피검자는 종종 자극영역에서 중요한 단서를 무시한다. 피검자가 일반 성인에 비해 성숙하지 못하다는 견해와도 일치하는데, 전문적 역할을 수행하는 지적인 성인에게는 드문 일이다. 이와 관련된 맥락에서, *DQ*+(1)는 기대보다 훨씬 낮다. 더욱이, 하나의 *DQv* 반응과 *DQv/*+ 반응 구성은 정보처리의 질이 상당히 낮으며 복잡한 상황에서는 훨씬 더 위태로워질 수 있음을 나타낸다. 흥미롭게도, 유일한 *DQ*+ 응답은 *Dd*영역(카드 VIII, 반응

16)에서 나타났고, *DQv*/+ 반응은 반사반응이 포함되어 있다.

피검자의 정보처리 활동과 관련된 결과는 우려를 낳는데, 특히 과소통합적 접근과 정보 통합의 지속적 실패를 야기할 수 있다. 이러한 부정적인 내용들은 회피적 양식과 관련되나, 단순한 부산물은 아니다. 추가적 인지평가가 요구되는 문제로, 피검자에게 불리하게 작용하며, 개입 시 중요한 문제로 다루어져야 한다.

인지적 중재

사례 10. 29세 여성의 인지적 중재 변인

R = 20		L = 2.33		OBS = NO	**Minus & NoForm Features**
FQx+	= 0		XA%	= .80	I 2. Wo F– A 1.0
FQxo	= 8		WDA%	= .78	IV 8. Wo F– A 2.0 INC
FQxu	= 8		X–%	= .15	IX 18. Wv C Ge PER
FQx–	= 3		S–	= 0	X 19. Do F– Ge
FQxnone	= 1				
(W+D	= 18)		P	= 5	
WD+	= 0		X+%	= .40	
WDo	= 7		Xu%	= .40	
WDu	= 7				
WD–	= 3				
WDnone	= 1				

XA%(.80)와 *WDA*%(.78)은 거의 동일한 수치로 피검자의 입력(input)에 대한 해석이 상황에 적절함을 나타낸다. 그러나 하나의 *FQnone* 응답과 3개의 마이너스 반응(*X*–%=0.15)은 우려를 낳는데, 회피적 양식의 사람들에게 기대되는 것보다 인지적 중재의 역기능이 다소 높다. 마이너스 반응 3개 가운데 2개가 같지는 않지만, 앞에서 논의했듯, 피검자는 형태가 벌레 같지는 않지만 더듬이로 일반화해서 "벌레"라고 응답하였다. 이는 피검자가 회피적 양식을 사용하는 것에 매우 방어적이 되면 역기능적 중재를 나타낼 가능성을 높일 수 있다. 하지만 마이너스 반응에서 기이하거나 심각한 형태의 왜곡은 나타나지 않는다.

비록 반응 2개는 카드 VIII의 *D1* 동물을 사용했고, 3개는 성인들이 가장 흔히 보이는 반응(카드 III, V, VII)이지만, 5개의 평범반응이 있다. 다시 말해, 피검자는 반응을 촉진하는 윤곽(distal feature)이 명백하면 관습적이거나 기대되는 반응을 나타낸다. 반면, $X+\%(.40)$가 낮고, $Xu\%(.40)$는 상승하여 중재적 결정의 많은 부분이 비관습적임을 보여 준다. 이것이 현실 검증 문제를 시사하지는 않으나, 피검자가 사회적 요구나 기대에 큰 영향을 받지 않음을 의미한다.

일반적으로 과도한 자기관여와 눈에 띄게 방어적인 회피 유형은 사회적 기대에 주의를 기울이는 정도를 제한하는 경향을 야기한다. 결과적으로 피검자는 자신의 필요에 따라 대부분의 의사결정과 행동을 하며, 사회적 관습을 중요하게 여기지 않는 것으로 보인다.

관념

사례 10. 29세 여성의 관념 변인

L	=2.33	OBS	=NO	HVI	=NO	**Critical Special Scores**			
						DV	=0	DV2	=0
EB	=1:2.5	EBPer	=NA	a:p	=1:1	INC	=1	INC2	=0
				Ma : Mp	=0:1	DR	=0	DR2	=0
eb	=1:2	[FM=1 m=0]				FAB	=0	FAB2	=0
				M−	=0	ALOG	=0	CON	=0
Intell Indx	=1	MOR	=0	Mnone	=0	Sum6	=1	WSum6	=2
							(R=20)		

M Response Features

VII 14. Do Mpo 2 H P GHR

EB(1:2.5)와 높은 $Lamda$(2.33)는 회피적 양식을 나타낸다. 이러한 심리적 특징은 보통 개념적 사고를 덜 정교화하며, 일관되게 사용하지 않는 특징이 있다. 이는 복잡한 환경에서 적응의 어려움을 야기하는 관념적 비효율성을 의미한다. 개념적 사고의 적용이 비일관적인 경향이 있기 때문에, 정서가 적절히 통제되지 못한 상황에서는 더욱 취약해질 수 있다.

낮은 FM(1)은 회피적 양식과 관련 있으며, 욕구가 발생했을 때 이를 충족시키기 위해 즉각적으로 행동할 수 있음을 의미한다. 피검자가 이러한 전략을 이용해서 욕구를 충족시키기 위해 선택한 행동의 일부는 적절한 사고를 통한 것이 아닐 수 있다. 긍정적인 점은 20개의 응답 가운데 특수점수(INCOM)는 하나라는 점이다. 이는 피검자의 개념적 사고가 대개는 유지되고 있음을 나타낸다. 이와 관련하여 하나의 M 반응은 적절한 형태질(o)을 보인다. 그러나 응답의 질(반응 14)은 부자연스럽고 구체적이다. "팔을 바깥으로 하고 있는 2명의 여성이요."

피검자는 사고는 명료하나 개념화의 대다수가 지적인 사람들에게 기대되는 것보다 훨씬 더 구체적이고 단순하다. 더욱이 피검자는 지향적 사고(directed thinking)를 일관되게 사용하지 못하고 있다. 피검자의 단순하고 일관되지 못한 사고의 사용은 그녀에게 불리하게 작용하는데, 특히 복잡한 상황에서의 효과적 기능을 위한 노력 시에 더욱 불리하게 작용한다.

요약

로르샤흐 자료의 대부분이 빈약하므로 피검자의 성격 구조에 대해 세부적으로 파악하는 것은 어려운 일이다. 피검자의 현재 기능은 상당한 방어와 복잡성과 모호함을 회피하는 생활양식이 특징적이다. 이는 피검자가 레지던트 기간에 두 번째로 검사를 받아야 하는 적대적 상황에 대한 반응일 수 있다. 그러나 이는 검사 결과와 과거력을 고려해 볼 때 반드시 그렇지는 않은 것으로 생각된다.

몇몇 사건들은 미숙한 부주의에서 기인되었는데, 이는 회피적 양식 사람들이 복잡하거나 요구적 상황에서 기능할 때 흔히 나타내는 문제이다. 서투른 판단의 결과로 이러한 특징을 보일 수 있으나, 정확하게는 무계획적인 처리, 복잡한 단서의 과단순화 그리고 성급한 의사결정의 결과물일 수 있다. 세상에 대한 일상적 접근에서 이러한 결함은 피검자의 행동에 지속적으로 영향을 미쳤던 상호 관련된 2가지 특징에 의해 악화되었다. 첫 번째는 겉보기에 미숙한 방식으로 자기가치감을 과장하는 경향이다. 피검자의 자기상은 잘 발달되지 못했고, 현실적이지 않으며, 자신에 대해 과도하게 집중하는 경향성으로 인해 대인관계에서는 타인에 대한 무감각을 초래했고, 이는 효과적이지 못했다. 피검자는 방어적인데, 이는 자신의 가치감에 대한 의문을 초래하고, 이로 인해 스스로에 대한 내재된(underlying) 불안정감을 증가시키게 되었던 것으로 보인다.

두 번째는 사회적 미성숙으로 인해 다른 사람들이 피검자를 부정적으로 평가하는 것을 촉진시킨 것으로 보인다. 피검자는 주변이 안전하지 못하다고 느끼기 때문에 다른 사람을 이해하지 못하며 친밀한 관계를 맺거나 유지하는 데 어려움이 있다. 실제로, 피검자는 세상에서 소외되었다고 느끼는 경향이 있다. 결과적으로, 피검자의 사회적 상호작용은 피상적이며, 다소 조심스럽고, 보상적이지 않을 가능성이 높다. 이는 피검자가 언급한 고등학교에서의 '아웃사이더', 남자친구에게 '차이고', 그리고 학부 시절 간헐적인 데이트 등의 과거력에서 확인된다. 의과대학 재학 중, 피검자는 학대적인 관계를 맺었고, 이 관계를 쉽사리 끝내지 못하였다. 보다 최근에는 그 남자가 자신을 '과분한 사람'이라 생각하여 관계를 정리한 기술자와의 관계가 있다.

이러한 문제들은 복합적인데 피검자의 감정을 적절히 조절하지 못하기 때문이다. 피검자는 정서 표현이 강렬하고 충동적이다. 이는 효율적이지 못하며 심하게는 부적절한 행동을 초래한다. 게다가, 피검자의 의사결정과 행동의 대부분은 자신의 욕구와 필요를 만족시키기 위한 것이며 직업적 포부가 높은 사람들에게 기대되는 것보다 사회적 관습을 적게 보인다. 현실 검증력에는 뚜렷한 문제가 없지만, 복잡한 상황적 요구를 회피하는 자신의 요구에 따라 빈번하게 현실을 무시하는 경향이 있다. 사고는 상당히 명료하지만, 지적 수준이 높은 사람들에게 기대되는 것보다 정교하지 못하다. 또한, 피검자는 문제를 충분히 생각하는 방식에서 비일관성을 보이며, 이러한 비효율성은 복잡한 상황에서 효과적으로 대처하는 데 어려움을 초래한다.

피검자는 성공에 대한 동기가 높은 지적인 사람이지만, 그녀의 발달적 경험은 세상에 대한 복잡성과 요구를 다루기에는 부족해 보인다. 기대되는 것보다 성숙하지 못하며 사회적으로 서툴다. 피검자는 복잡성과 모호함에 의해 쉽게 위협을 느끼며, 복잡성과 모호함을 피하거나 무시함으로 이에 대응하여 자신을 방어하기 위해 애쓰는 동시에 개인의 온전함(integrity)에 대한 감각을 유지하고자 노력하지만, 이러한 노력은 자신과 타인에 대한 관점이 미숙해서 수포로 돌아가는 것으로 보인다. 비록 현실 검증력은 적절하지만, 새로운 정보를 효과적으로 처리하지 않고, 기대되는 것보다 개인적인 방식으로 새로운 단서를 해석하는 경향이 있다. 개인적 실패와 대인관계에서의 실패 경험이 누적되면서 피검자는 소외감을 느끼고 점점 더 방어적이 된 것으로 보인다. 이는 성공에 대한 피검자의 잠재력을 감소시킨다. 피검자의 통제력은 취약하다. 피검자의 정서는 적절히 통제되지 못하며, 다른 사람들과의 관계는 혼란스럽다. 사고는 명료하지만, 두드러진 방어성과 이에 따르는 불안정감 때문에 많은 경우에 그것을 자신의 장점으로 활용하지 못하고 있다.

제언

피검자는 자신이나 타인에게 위험한지를 파악하고자 의뢰되었는데, 이를 지지할 만한 근거는 없다. 또한 의학 실습을 유지하고 동기 및 동료들과 적절히 상호작용하는 능력을 심각하게 방해하는 정신의학적 진단의 고려와 관련된 사유에 대해서도 몇 가지 성격 문제는 있으나, DSM 분류에 적절하게 들어맞는 증상은 뚜렷하지 않다고 말할 수 있다. 사실상, 심각한 정신의학적 장애는 없으나 피검자는 미성숙하다. 요구되는 일과가 구조화되고 논리적으로 예측 가능하다면, 피검자의 문제가 의학 실습과 관련된 그녀의 능력을 반드시 제한하는 것은 아니다. 그러나 개인적으로 그리고 의사로서도 현재의 몇몇 취약점(liability)이 변화되거나 제거된다면 피검자의 효율성은 상당히 높아질 것이다.

또한 피검자가 레지던트 수련과정을 지속하는 것이 가능한지에 관한 의뢰 사유는 검사 자료를 통해 응답 가능한 질문이 아니다. 피검자는 상당한 잠재력과 동기를 갖고 있으며, 의학적 기술이 부족하다는 것을 보여 주는 과거력의 지표는 없다. 피검자에 대한 불평은 주로 대인관계와 관련된 것이다. 피검자는 둔감하고, 정서적으로 부적절하고, 태만하며, 형편없는 판단을 보인다고 기술된다. 이러한 특징은 피검자의 심리학적 맥락에서 본다면 놀랍지 않다. 피검자는 자기중심적 방어성과 성숙한 사회적 기술의 부족으로 인해 타인을 좋아하거나 존중하기 쉽지 않다. 그러나 이러한 요소 때문에 레지던트 과정에서 퇴출되어야 하는지 여부는 전체 수행에 대한 보다 폭넓은 평가의 맥락에서 평가되어야 한다.

의뢰 시 또 다른 이슈는 퇴출 문제와 관련된 것으로, 치료와 관련한 조언에 관한 요청이었다. 입원-통원치료 그리고 약물이 필요한지와 관련된 질문은 실제보다 심각할 수 있다는 생각이 반영되었던 것으로 보인다. 피검자의 기본적 문제는 미성숙과 사회성 발달의 부족이다. 입원치료 필요성은 시사되지 않으며 성숙한 모습을 보이도록 하는 약물은 없다. 사실, 행동적 상황이 보고된다면, 이전의 입원치료 권고와 6주의 단기 DBT 참여를 이해하기 힘들다. 2가지 모두 피검자의 문제에 효과적인 도움이 될 것이라고 기대하기 힘들며, 이러한 권고로 인해 피검자가 가지고 있던 위협감이나 소외감이 강화되었을 수 있다.

최선은 기본적인 목표를 발달적인 것으로 삼고 보다 지속적으로 외래치료를 받는 것이다. 개입과정에서 초기에 언급되어야 하는 주제들이 있는데, 다행히 환자가 협조적이라면, 긍정적 진전이 기대되는 문제들이다. 첫째는, 문제가 되는 결정과 행동을 초래할 수 있는 비효과적인 정보처리 습관으로, 특히 새로운 정보에 대한 성급함과 무계획적 탐색 등이다. 추가적인 인지평가를 통해 구체적으로 이러한 주제를 탐색하는 것이 필요하다. 그러나 추가적 정보 없이도, 지연 전략 훈련과 재처리(reprocessing) 습관은 비교적 단기간에 처리 활동의 향상을 촉진할 것이다.

두 번째 초기 개입 목표는 사회적 기술 발달이다. 정보처리 습관의 변화만큼 빨리 성취될 수는 없으나, 대인관계 경험에 대한 충분한 검토를 포함해서 효과적인 대인관계 행동 전략에 초점을 맞춘 위협적이지 않은 형태의 개입이다. 사회적 기술과 행동에 대한 강조는 다른 중요한 주제인 감정의 사용, 통제와 표현과 가장 중요한 자기상에 대한 점차적인 검토의 계기가 될 수 있다. 이러한 주제는 많은 시간이 소요되며, 치료 기간이 길다.

에필로그

피검자는 2년 차 레지던트 수련과정에서 남은 9개월을 유예하여 외래치료를 받고 8개월 후에 레지던트 수련과정 지속과 관련한 재평가를 시행하기로 하였다. 피검자는 8개월 동안 여성 치료사를 일주일에 두 번 만났다. 치료사에 따르면, 피검자는 초기 몇 회기는 매우 방어적이었으나 점차 자신의 정보처리 습관과 정서 억제라는 주제에 초점을 맞춘 회기에 우호적으로 적응했다고 한다. 피검자는 대인관계 효율성과 관련된 주제에서는 덜 우호적이었으며, 치료 시작 4개월이 경과했을 때 두드러지게 우울해졌다. 당시, 피검자는 약대 진학을 위해 레지던트 수련과정의 중단을 고려하고 있었다. 치료사는 한 달 후에 우울이 감소한 후 경과가 상당히 진척되었다고 보고하였다. 8개월 후 재평가 시, 레지던트 수련과 정에서 피검자의 업무 수행은 만족스러운 것으로 판단되었고 3년 차를 지속할 수 있게 되었다. 다른 추가적 정보는 제공되지 않았다.

참고문헌

Darby, J., Hofman, K., & Melnick, B. (1967). Response inhibition and the Rorschach "M" response. *Journal of Projective Techniques and Personality Assessment, 31*(5), 29–30.

Gardner, R. (1951). Impulsivity as indicated by Rorschach test factors. *Journal of Consulting Psychology, 15*, 464–468.

Gill, H. (1966). Delay of response and reaction to color on the Rorschach. *Journal of Projective Techniques and Personality Assessment, 30*, 545–552.

Gordon, M. (1983). *The Gordon Diagnostic System.* DeWitt, NY: Gordon Systems.

Graham, J. (2000). *MMPI-2: Assessing personality and psychopathology.* New York: Oxford University Press.

Levine, M., & Meltzoff, J. (1956). Cognitive inhibition and Rorschach human movement responses. *Journal of Consulting Psychology, 20,* 119-122.

Levine, M., Spivack, G., & Wight, B. (1959). The inhibition process, Rorschach human movement responses, and intelligence: Some further data. *Journal of Consulting Psychology, 23,* 306-311.

Meltzoff, J., & Litwin, D. (1956). Affective control and Rorschach human movement responses. *Journal of Consulting Psychology, 20,* 463-465.

Pantle, M. L., Ebner, D. L., & Hynan, L. S. (1994). The Rorschach and the assessment of impulsivity. *Journal of Clinical Psychology, 50*(4), 633-638.

Rorschach, H. (1981). *Psychodiagnostics* (9th ed.). Berne: Hans Huber. (Original work published 1942)

Singer, J. L., Meltzoff, J., & Goldman, G. D. (1952). Rorschach movement responses following motor inhibition and hyperactivity. *Journal of Consulting Psychology, 16,* 359-364.

Singer, J. L., & Spohn, H. E. (1954). Some behavioral correlates of Rorschach's experience-type. *Journal of Consulting Psychology, 18,* 1-9.

제13장

대인관계 문제

사례 11

피검자는 27세 남성으로, 친구에게 임상심리학자를 소개받고 자발적으로 내원하였다. 피검자는 여성들과 관계를 유지하는 데 어려움이 있으며 이로 인해 상당 기간 괴로웠다고 말하였다. 피검자는 이성과의 첫 만남을 시작하는 데는 어려움이 없지만, 이전에 이성과 네 번 교제하였는데 모두 1년 이상 지속되지 못했고 상대 여성들이 먼저 헤어지자고 했던 점에서 혼란스럽다고 하였다.

피검자는 자신을 느긋한 사람이라고 하였다. 때로는 좋아하거나 싫어하는 것에 대하여 솔직하게 말하기도 하지만 논쟁은 거의 하지 않는다고 한다. 피검자는 친구와 지인이 많지만 그들 중 어느 누구도 가깝게 느껴지지 않는다고 하였다. 피검자는 공격성을 부인했고 여성과 함께 있을 때 그녀의 안녕과 행복에 대해 관심을 기울인다고 하였다.

피검자는 최근 세트 디자이너인 26세 여성과의 이별 후 자신의 대인관계에 대한 걱정이 증가되었다고 한다. 그녀와 사귀는 동안, 피검자는 처음으로 자신의 성 기능에 문제가 있음을 알게 되었다. 피검자는 여러 번 조루를 경험했으며, 어떤 때에는 성관계 동안 발기를 유지할 수 없었다. 피검자는 그녀가 이전의 여자친구들보다 성적으로 요구적이었다고 말했다. "그녀는 더 자주 성관계를 원했고 충분히 오래 유지하기 위해 노력했어요." 두 번 정도, 그녀는 그가 성관계를 오래 지속할 수 있도록 비아그라를 주었는데, "하지만 저는 정말 싫어요. 저는 당황스러웠고 그녀도 그것을 알았어요. 우린 그것으로 다투지 않았지만, 아마도 그게 이별의 원인인 것 같아요."라고 표현하였다.

피검자는 35년 이상 결혼생활을 유지한 부모님 슬하 3명의 자녀 중 둘째로 외아들이다. 아버지는 61세로 레스토랑을 운영하며 어머니는 55세로 가정주부이나 가끔 레스토랑의 계산원으로 일했다. 피검자의 누나는 30세로 변호사와 결혼해 3명의 자녀가 있다. 여동생은 24세로 해군 장교와 결혼하였으나 2년 후 최근 이혼했고, 미술학사 학위를 마치기 위해 다시 대학교를 다니고 있다. 직계 가족 중에 정신질환 병력은 없다.

피검자는 18세에 중상위권의 성적으로 고등학교를 졸업하고 3년제 기술대학을 다녔으며, 통신과 사진을 전공했다. 피검자는 21세에 전문대학을 졸업했다. 피검자는 그 즈음 성직자의 길을 가는 것에 대해 심각하게 고민했다고 보고하며, "저는 항상 신앙심이 깊었고 교회의 성직자들을 존경해 왔어요."라고 말했다. 졸업 후 처음 가진 직업은 광고회사의 사진작가 일이었다. 그는 종교 수행을 함께 알아보았고 몇 달간 사제직에 관한 방대한 정보를 모으기도 하였다. 피검자는 사제의 길을 걷지 않았던 것에 대해서 "신앙심에 대해 의문이 들기 시작했어요."라고 보고했다. 피검자는 교회 보조 단체에서 여전히 활동적으로 참여하였으나 사진작가로서 근무하는 것이 적절한 결정이었다고 확신했다.

지난 4년간, 피검자는 대부분 용역으로 TV 광고 제작 일을 하였다. 피검자는 자신이 매우 뛰어난 사진작가임을 강조했으며 급여도 상당히 인상되었고 작업에 참여한 2개의 광고에 대해 저작료를 받았다고 했다. "저는 빛과 깊이에 대한 안목을 타고났어요. 언젠가 제가 소유하는 광고기획단을 운영할 거예요."라고 말했다.

피검자는 대부분 일을 하면서 대인관계를 형성하였고, 지난 몇 년간 그는 자신에게 맞는 여성을 찾아왔다고 했다. 자신에게 맞는 여성은 "매력적이고, 지적이며, 지지적이고 자신과 공통 관심사를 가진 사람"이라고 설명했다. 피검자는 영화예술, 조깅, 여행, 정치적 토론 모임에 참여하는 데 관심이 있다고 했다. 피검자는 자신을 "꽤 융통성 있고, 민감하며, 사람들을 잘 이해하는 사람"이라고 말했다.

피검자는 치료 목표가 자신을 좀 더 잘 이해하고 대인관계를 유지하는 능력을 향상시키는 것이라고 하였다. 피검자는 몇 가지 이유로 "제가 어쩌면 맞지 않는 여성을 선택하는 것 같아요."라는 가능성을 남겨두었고 만일 그 점이 사실이라면 자신이 더욱 안목 높은 사람이 되기를 원한다고 말했다.

치료자는 (1) 심각한 정신병리의 증거가 있는가? (2) 피검자의 성기능 장애와 관련한 직접적인 치료는 어느 정도가 적절할 것인가? 혹은 성기능 장애 관련 치료는 늦추어야 하는가? (3) 단기치료와 장기치료의 목표는 무엇인가? (4) 치료개입에 대한 피검자의 동기는 어떠한가?와 같은 질문을 해 볼 수 있다.

사례 개념화 및 관련 문헌

피검자는 대인관계에 대한 걱정이 커지면서 스스로 내원하였다. 이 같은 걱정은 성기능 장애와 연속적으로 실패한 이성관계 중 최근 있었던 네 번째 결별 이후 심화되었다. 피검자는 이러한 과거력을 혼란스러워하는데, 왜냐하면 피검자는 스스로 느긋하고 융통성 있으며 다른 사람들을 잘 이해하고 사람들의 요구에 민감하다고 여기기 때문이다.

비록 피검자의 호소 문제가 대인관계와 관련되며 '자신과 맞지 않는 여성을 선택한 것'은 아닌지 의문스러워하지만, 또한 자신을 이해하는 것에도 관심이 있으며 관계 실패에 대한 자신의 역할을 검토해 보기를 원한다. 성직자의 길에 대해 심사숙고하는 것 또한 자기-탐색을 시사한다. 치료자는 피검자의 성기능 장애에 직접적으로 초점을 두는 증상-지향 치료적 접근보다 포괄적인 통찰-지향 치료적 접근이 더 적절한지 고려해야 한다.

대인관계 능력에 관한 로르샤흐 문헌은 사례 1(제3장)에서 살펴보았으며, 관련된 변인들을 검토함으로써 대인관계 기술과 정확성에 대해 유용한 정보를 얻을 수 있다. 이 사례에서 장기간의 통찰-지향적 치료가 적절한지 문의하고 있으므로 정신역동 치료법의 유용성에 대한 로르샤흐 문헌을 검토해 보는 것은 도움이 될 것이다.

정신역동 능력의 평가

Nygren(2004)은 심리치료 문헌을 검토한 결과 심리적 마음상태, 대인관계의 질, 그리고 동기를 측정하는 것이 정신역동치료의 효과성을 예측하는 데 유용하다는 것을 발견했다. 그러나 정신역동적 접근이 가장 적절한 치료적 개입인지의 여부에 초점을 맞춘 종합체계 연구는 많지 않다.

Alpher, Perfetto, Henry와 Strupp(1990)는 종합체계에서 논리적으로 선별된 15개의 예측변인 및 면접자와 독립적인 평가자 간 관련성을 조사하였다. 이때 반구조화된 접수면접 동안 치료적으로 정동과 대인관계 주제를 다루는 의지와 능력의 측정을 평정하였다. 저자들은 로르샤흐 변인이 면접자 평정 분산의 43%를 설명하고, 녹화된 면접을 보고 평가한 독립적인 판단자의 평정 분산의 51%를 설명함을 발견했다. 평가된 2개의 그룹 모두 Zf가 두 평가 그룹 모두에서 가장 유의미한 단일 예측 변인이었고 저자들은 Zf를 동기와 심리적 마음상태 모두 측정하는 변인으로 보았다. 저자들이 제한된 정서를 나타낸다고 생각한 높은 람다 값은 정신역동치료에 참여할 수 있는 가능성에 대한 면접자의 평정과 부적 상관이 있었다.

Nygren(2004)은 Alpher 등(1990)의 연구와 유사한 형식을 사용하여 매우 중요한 2가지 구인인 역동능력(Dynamic Capacity)과 자아강도(Ego Strength)를 반영하기 위해 논리적으로 선별된 17개의 종합체계 변인을 연구했다. 저자는 자발적으로 정신역동치료를 신청한 52명의 비정신증 지원자를 평가하고 접수면접과정의 일환으로 광범위하게 면접을 보았다. 각 면접자는 지원자가 보였던 3개의 7점 정신역동 능력 척도(심리적 마음상태, 동기, 협조)와 7개의 7점 자아강도 척도(현실 검증력, 대인관계 능력, 자기와 대상 항상성, 충동조절, 방어기제, 현실적인 자기평가, 전반적인 자아강도)의 점수를 평가했다. 52명의 지원자를 정신역동치료($n=29$)에 배치하거나 다른 치료($n=23$)를 제안하는 접수팀의 결정에 로르샤흐 결과는 사용되지 않았다.

Nygren(2004) 연구 참여자들의 연령 범위는 20세에서 57세로, 흥미롭게도 연령은 정신역동 능력 및 자아강도 평정 2가지 하위척도점수의 합과 부적인 상관이 있었다. 저자는 *EA, FC, Blends, Zf, MQo*는 면접자가 전체적으로 평가한 정신역동 능력과 정적인 상관이 있음을 발견했다. 면접자가 평가한 전반적인 자아강도는 *EA, FC, Blends* 반응과 정적 상관이 있었고 *YFY*(형태가 없는 지배적 확산 음영 결정인)와 *F%*(람다의 연구 버전)와는 부적 상관을 보였다. 정신역동치료로 선별된 집단이 비선별 집단보다 평균 *EA*가 월등하게 높게 나타났고(12.29 vs. 9.59) *Zf* 평균도 역시 높았다(16.24 vs. 13.04).

요약하면, 높은 *Zf*와 낮은 *Lambda*의 조합은 특히, 높은 *EA*와 좋은 형태의 *M* 반응이 있을 때, 심리적 마음상태, 동기, 적절한 대인관계 기술에 필요한 기본적인 요소를 구성하는 것으로 볼 수 있다. 종합적 다중기법 평가의 일부분으로서 위의 요소들을 평가하는 것은 정신역동 치료 접근이 유용할 것인지에 대한 여부를 예측하는 기초를 제공한다.

사례 11. 27세 남성

카드	반응	질문
I	1. 조각상, 새들과 천사, 교회에 있는 것 같아요. E: 천천히 보면 다른 것도 찾을 수 있을 거예요.	평가자: (반응 반복) 피검자: 교회 앞에 있는 어떤 것으로 보이네요. 평가자: 저도 똑같이 볼 수 있게 설명해 주세요. 피검자: 이 부분(D2)은 새 조각상일 것 같은데, 중앙에 있는 이 종교적 인물의 양쪽에 있어요. 성자나 수도승의 조각상 같은, 그는 신도들을 향해 외치는 것처럼 손을 들고 있어요. 평가자: 새에 대해 말해 줄 수 있나요?

		피검자: 그냥 새들의 모양을 보면 날개를 뻗고 있어요. 부름에 응답하기 위해 날아온 것처럼요. 그리고 그에게 매달려 있어요.
	2. 이것도 검은 새 같아요.	평가자: (반응 반복)
		피검자: 모양이 새 같아요. 까마귀나 그런 것, 까만색이라서 까마귀.
Ⅱ	3. 두 마리 개, 선생님은 개들이 놀고 있다고 생각할 수 있을 것 같네요.	평가자: (반응 반복)
		피검자: 네, 개들이 이 부분(D4)에서 서로 코를 맞대고 있어요. 장난칠 때 개들이 하듯이, 일종의 냄새를 맡는 것, 빨간 부분을 포함시키지 않는다면 개들이 놀고 있다고 생각해요.
	4. 하지만 빨간 부분을 포함하면 개들이 싸우고 있는 것일 수도 있겠네요.	평가자: (반응 반복)
		피검자: 글쎄요, 어두운 부분은 개, 아마도 개 혹은 곰인 것 같고 여기 아래 빨간 부분(D3)은 피, 싸워서 다친 것 같아요. 그게 개들 앞에 나와 있는 것처럼 보여요. 그들이 뭔가를 죽였고 지금은 그걸 가지고 싸우는 것 같아요.
		평가자: 개들 앞으로 나와 있어요?
		피검자: 네, 제가 볼 때는 앞에 있는 것 같아요. 아마도 개들이 죽인 어떤 것의 잔여물, 빨간색이니까 개들이 두고 싸운 피투성이 시체일 것 같아요.
Ⅲ	5. 2명의 여자가 어떤 것, 바구니를 옮기고 있어요.	평가자: (반응 반복)
		피검자: 이 둘은 모양이 여자들이고 이 부분은(D7) 바구니로 여자가 들어 올리고 있거나 나르고 있는, 여기가 머리, 다리, 팔.
Ⅳ	6. 어떤 괴물 같은 것이 서 있는 것 같고 아래에서 선생님이 올려다볼 때 보이는 모습 같아요.	평가자: (반응 반복)
		피검자: 올려다보았을 때 이상한 생물이 있는데, 이 기묘한 괴물은 작은 머리와 큰 꼬리(D1)가 있고 작은 팔, 이건 발, 비율이 맞지 않는데 그래서 발밑에서 올려다보았을 때 보이는 관점으로 생각했어요.

V	7. 죽은 나비, 뭐 그런.	평가자: (반응 반복)
		피검자: 이건 날개와 몸, 그런데 부패한 것 같아 보여요. 색깔이 그런 인상을 주네요. 죽은 것 같고 날개 끝은 찢겨진 것 같네요.
	8. 악마를 묘사한 것일 수 있어요. 악마 그림처럼.	평가자: (반응 반복)
		피검자: 팔을 뻗치는 것처럼 날개를 펼치고 서 있는 악마 그림 같아요. 어두운 색이 악마처럼 사악하게 보이게 하는 것 같아서 악마 그림이라고 생각했어요.
		평가자: 좀 더 자세히 설명해 주세요.
		피검자: 온통 어둡고 우울해 보여요. 악마가 주는 인상처럼요. 여기 가운데는 날씬한 몸체, 저게 뿔, 그리고 팔 같은 날개.
VI	9. 곰 가죽 같아요. 아래 반점 부분이요.	평가자: (반응 반복)
		피검자: 이 부분(D1의 윤곽)이 곰 가죽 러그 같이 보여요. 다리가 여기 있고 머리는 없어요. 복슬복슬한 모피, 아마 영화에서 벽난로 앞에 깔려 있거나 벽에 걸려 있는 걸 봤을 거예요.
		평가자: 복슬복슬하다고요?
		피검자: 색깔이 그렇게 보이게 해요. 모두 다른 음영을 지닌 회색이에요. 마치 털이 때로 그렇게 보이잖아요. 그리고 전체 모양이 그런 것 같아요. 서재의 어딘가에 있는 벽난로 옆에 앉아서 볼 수 있는 것처럼요.
	10. 윗부분은 사실 추상적인 십자가상 같아요.	평가자: (반응 반복)
		피검자: 일종의 현대적인 것, 어린아이들이 걸기도 하는, 이것이 잘 묘사된 것은 아니지만 여전히 십자가에 매달린 예수를 의미해요. 팔에 빛을 사용한 것을 보세요. 그리고 몸은 잘 구분되지는 않지만 그래도 십자가상을 나타내요.

VII	11. 어린 소년이 거울을 보고 있어요.	평가자: (반응 반복)
		피검자: 머리에 깃털을 꽂은 어린 소년, 윗부분은 소년, 아랫부분은 여기 아랫부분은, 무엇인지 모르겠지만 아마도 쿠션인 것 같은데, 이 위에 무릎을 꿇고 있네요.
		평가자: 거울을 보고 있다고 하셨어요.
		피검자: 네, 여기 반사된 것처럼 똑같은 모습이 있네요.
VIII	12. 2명의 여자가 어떤 옷감을 기둥 위에 걸쳐서 펼치는 것처럼 보이네요.	평가자: (반응 반복)
		피검자: 여기 사람들(D1)은 여자인 것 같고, 그들은 이 옷감(D5)을 건너편에서 펼치거나 잡아당기고 있어요. 아랫부분은 포함하지 마세요. 여기 여자들은 각각 맞은편에서 파랗고 회색인 천을 잡아당겨서 올리고 있어요. 이 가운데 있는 기둥 위로 펼치는 것처럼요.
		평가자: 제가 제대로 보고 있는지 모르겠어요.
		피검자: 이것은 천 조각, 어떤 부분은 파란색, 어떤 부분은 회색, 그녀들이 그것을 떼어내고 있어요. 어쩌면 염색을 하고 이 중간에 있는 기둥 위로 말리기 위해 펼치고 있는 것일 수 있겠네요.
	13. 아니면 쥐 두 마리가 어떤 동물을 끌고 가는 것 같아요.	평가자: (반응 반복)
		피검자: 이 부분이 쥐(D1), 전 쥐라고 하고 싶어요. 가운데에 있는 이 물건을 당기고 있어요. 그것을 끄는 것 같아요.
		평가자: 동물이라고요?
		피검자: 잘 모르겠어요. 죽은 동물 시체, 뼈가 여기(D3) 그리고 내장과 내용물이 있는 것 같아요. 동물의 잔해물, 그 안에 다양한 색이 포함되어 있어요. 많은 내장과 내용물.
IX	14. 가냘픈 꽃 한 송이 같은 인상을 받았어요. 왠지 색깔이 매우 부드럽게 보여서요.	평가자: (반응 반복)
		피검자: 이 부분(D3)은 오렌지색 꽃이고 여기(D1)는 초록색 잎이고 여기 아래 분홍색 화분에 담겨 있는 것처럼요.
		평가자: 가냘프고 색이 부드럽다고 말하셨는데요.

		피검자: 왜 그런지 확실하지는 않지만, 금방이라도 부서질 것 같아 보이고, 오렌지색과 초록색의 색조가 부드럽게 보여서, 그래서 가냘프다고 한 것 같아요. 건드리면 안 될 것 같아요.
	15. 여기 가운데 흰 부분은 말라버린 해골.	평가자: (반응 반복)
		피검자: 소나 말의 해골 같아 보여요. 풍화된 것 같고, 모두 말라버린 것 같아요.
		평가자: 풍화된 것 같다고요?
		피검자: 여기 흰 부분이 다른 명암을 가졌어요.
X	16. 곤충이 파티를 연 것처럼 둥글게 춤을 추고 있어요.	평가자: (반응 반복)
		피검자: 여기 있는 모든 것들이 작은 곤충, 벌레. 모두 즐겁게 보내고 있어요. 축제 같은 분위기, 모두 밝은색으로 곤충처럼 보여요.
		평가자: 그들이 파티를 열고 있다고 말씀하셨죠?
		피검자: 맞아요. 기분전환을 위해, 모두 모여서 재미있게 놀고 있어요.
∨17.	이렇게 보면 얼굴 같은데, 아마 가면, 네, 악마 가면이요.	평가자: (반응 반복)
		피검자: 악마 가면 같기도 하고 악마나 사악한 것과 관련된 어떤 것을 나타내기 위한 것 같아요. 마치 사탄 같은 것이요.
		평가자: 당신처럼 볼 수 있게 좀 더 자세히 설명해 주세요.
		피검자: 모두 색깔이 다양해요. 여기는(D11) 턱수염 부분이고 작은 입과 여기 분홍색 쪽과 그리고 여기 모든 바깥쪽은 옆에 매달린 상징처럼 색칠되어 있어요. 그래서 움직일 때 이것도 움직여요. 그리고 초록색으로 색칠된 눈썹이에요.

V 18. 한쪽 분홍색도 어떤 것으로 보이는데, 아마 벌레들, 빨간 벌레들.	평가자: (반응 반복) 피검자: 제가 봤던 빨간 벌레 같아요. 길고 통통한, 좋은 모래 벌레처럼, 낚시용으로 좋은, 바닷가 모래사장에서 발견할 수 있는 거예요. 평가자: 통통하다고요? 피검자: 네, 그들은 커 보여요. 통통한 것처럼요.
19. 윗부분은 2명의 땅속 요정이 막대기를 잡고 있는 것 같아요.	평가자: (반응 반복) 피검자: 그들은 다리와 머리가 작고 하얀 부분이 눈, 그들은 큰 막대기나 기둥 같은 것, 무엇이든 간에 이걸 붙잡고 있느라 애먹고 있는 것처럼 보여요.

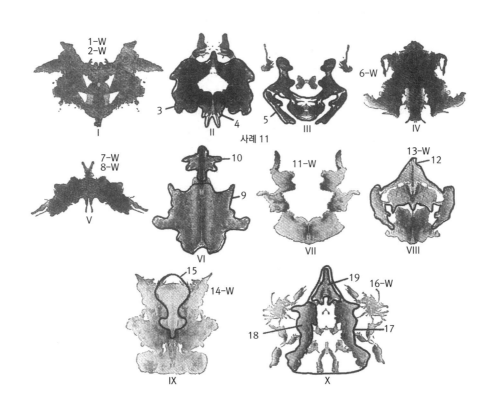

사례 11

사례 11. 점수 계열

카드	반응 번호	위치	영역 번호	결정인	(2)	내용	평범 반응	Z	특수 점수
I	1	W+	1	Mpo	2	Art,(H),(A)		4.0	GHR
	2	Wo	1	FC'o		A		1.0	
II	3	D+	6	FMao	2	A	P	3.0	COP,GHR
	4	D+	6	FMa.CF.FDo	2	A,Ad,Bl	P	3.0	AG,MOR,PHR
III	5	D+	1	Mao	2	H,Hh	P	3.0	COP,GHR
IV	6	Wo	1	FMp.FD+		(A)		2.0	
V	7	Wo	1	FYo		A	P	1.0	MOR
	8	Wo	1	Mp.FC'u		Art,(H)		1.0	GHR
VI	9	Do	1	FTo		Ad,Hh	P		PER
	10	Do	3	Fo		Art			AB,PER
VII	11	W+	1	Mp.Fro		H,Cg,Hh	P	2.5	GHR
VIII	12	D+	1	Ma.mp.CF.FC'−	2	H,Hh		3.0	COP,PHR
	13	W+	1	FMa.CFo	2	A,An	P	4.5	MOR,COP,GHR
IX	14	W+	1	CF.TFo		Bt,Hh		5.5	
	15	DSo	8	FC'.FY−		An			MOR
X	16	Wv/+	1	Ma.CFo		A,Hx		5.5	FAB,COP,GHR
	17	DdSo	22	CF.mp−		(Hd)			AB,PHR
	18	Do	9	FCo	2	A			PER
	19	DS+	11	Mau	2	(H),Bt		6.0	COP,GHR

사례 11. 구조적 요약

구조적 요약(상단부)					
반응영역	혼합	결정인 단일		반응내용	자살 지표

반응영역		혼합	단일		반응내용		자살 지표
					H $=3$		YES‥Col-Shd Bl >0
					(H) $=3$		YES‥Ego $<.31, >.44$
Zf	$=14$	FM.CF.FD	M	$=3$	Hd $=0$		YES‥MOR >3
ZSum	$=45.0$	FM.FD	FM	$=1$	(Hd) $=1$		NO …Zd $> +-3.5$
ZEst	$=45.5$	M.FC′	m	$=0$	Hx $=1$		YES‥es $>$ EA
		M.Fr	FC	$=1$	A $=7$		YES‥CF+C $>$ FC
W	$=9$	M.m.CF.FC′	CF	$=1$	(A) $=2$		NO …X+% $<.70$
D	$=9$	FM.CF	C	$=0$	Ad $=2$		NO …S >3
W+D	$=18$	CF.TF	Cn	$=0$	(Ad) $=0$		NO …P <3 or >8
Dd	$=1$	FC′.FY	FC′	$=1$	An $=2$		NO …Pure H <2
S	$=3$	M.CF	C′F	$=0$	Art $=3$		NO …R <17
		CF.m	C′	$=0$	Ay $=0$		5 ……TOTAL
			FT	$=1$	Bl $=1$		
발달질			TF	$=0$	Bt $=2$		**특수점수**
+	$=9$		T	$=0$	Cg $=1$		Lv1　　Lv2
o	$=9$		FV	$=0$	Cl $=0$	DV	$=0x1$　　0x2
v/+	$=1$		VF	$=0$	Ex $=0$	INC	$=0x2$　　0x4
v	$=0$		V	$=0$	Fd $=0$	DR	$=0x3$　　0x6
			FY	$=1$	Fi $=0$	FAB	$=1x4$　　0x7
			YF	$=0$	Ge $=0$	ALOG	$=0x5$
			Y	$=0$	Hh $=5$	CON	$=0x7$
형태질			Fr	$=0$	Ls $=0$	Raw Sum6	$=1$
	FQx　MQual　W+D		rF	$=0$	Na $=0$	Wgtd Sum6	$=4$
+	$=1$　　$=0$　　$=1$		FD	$=0$	Sc $=0$	AB $=2$	GHR $=8$
o	$=13$　$=4$　　$=13$		F	$=1$	Sx $=0$	AG $=1$	PHR $=3$
u	$=2$　　$=2$　　$=2$				Xy $=0$	COP $=6$	MOR $=4$
−	$=3$　　$=1$　　$=2$				Id $=0$	CP $=0$	PER $=3$
none	$=0$　　$=0$　　$=0$		(2)	$=8$		PSV $=0$	

구조적 요약(하단부)
비율, 백분율, 산출한 점수

R $=19$	L $=0.06$			FC:CF+C $=1:6$			COP$=6$ AG$=1$	
				Pure C $=0$			GHR:PHR $=8:3$	
EB $=7:6.5$	EA $=13.5$	EBPer $=$N/A		SumC′:WSumC $=4:6.5$			a:p $=7:6$	
eb $=6:8$	es $=14$	D $=0$		Afr $=0.73$			Food $=0$	
	Adj es $=12$	Adj D $=0$		S $=3$			SumT $=2$	
				Blends:R $=10:19$			Hum Con $=6$	
FM $=4$	C′ $=4$	T $=2$		CP $=0$			Pure H $=3$	
m $=2$	V $=0$	Y $=2$					PER $=3$	
							Iso Indx $=0.11$	

a:p	$=7:6$	Sum6 $=1$	XA% $=0.84$	Zf $=14.0$	3r+(2)/R $=0.58$		
Ma:Mp	$=4:3$	Lv2 $=0$	WDA% $=0.89$	W:D:Dd $=9:9:1$	Fr+rF $=1$		
2AB+Art+Ay $=7$		WSum6 $=4$	X−% $=0.16$	W:M $=9:7$	SumV $=0$		
MOR	$=4$	M− $=1$	S− $=2$	Zd $=-0.5$	FD $=2$		
		Mnone $=0$	P $=7$	PSV $=0$	An+Xy $=2$		
			X+% $=0.74$	DQ+ $=9$	MOR $=4$		
			Xu% $=0.11$	DQv $=0$	H:(H)Hd(Hd) $=3:4$		

PTI$=0$	DEPI$=3$	CDI$=1$	S-CON$=5$	HVI$=$NO	OBS$=$NO

S-CON과 핵심 변인

S-CON(5)은 유의하지 않다. 첫 번째 유의한 핵심 변인은 $Fr+rF > 0$이므로 먼저 살펴보아야 할 3가지 군집은 자기 지각, 대인관계 지각, 통제이다. 대개 나머지 해석적 접근은 두 번째 핵심 변인에 따라 결정되지만, 이 사례에서는 두 번째 핵심 변인이 없다. 따라서 제3변인의 지침에 따라 다음 2가지 대안 중 어느 방식을 사용하더라도 적절하다.

먼저, EA가 13.5이며 MOR(4)가 2보다 크다는 결과를 바탕으로 해석은 관념, 정보처리와 인지적 중재 순으로 검토되어야 하며 마지막으로 정동과 관련한 결과를 살펴볼 것을 제안한다. 한편 3가지의 제3변인 또한 유의하다. 즉, eb(6:8)의 우항이 높고, CF는 $FC+1$보다 크며 $SumT$는 1보다 크다. 게다가 구조적 요약을 대충 훑어보면, 19개 반응에 10개의 혼합반응이 포함되며 그중 8개가 정동 관련 변인을 포함하고 있다. 이러한 결과들은 상당한 감정적인 어려움을 시사하므로 통제 변인을 검토한 후 정동 관련 자료를 검토하고 인지 군집을 다루는 것이 더 낫다.

통제 변인을 살펴본 후 사고 관련 변인을 검토하든, 정동 관련 변인을 검토하든 무방하다. 그러나 이 사례는, 정동과 관련하여 유의한 제3변인이 더 중요하므로 해석 순서는 자기 지각, 대인관계 지각, 통제의 결과를 살펴본 후, 정동 변인 군집을 검토하고 다음으로 관념, 정보처리, 인지적 중재 순으로 진행될 것이다.

자기 지각

하나의 반사반응과 높은 자아중심성 지표(0.58)는 피검자가 보통 사람들보다 자기 자신에 대해 더 많이 관여되어 있음을 시사한다. 이러한 결과는 피검자의 심리에 자기애적인 특성이 있음을 의미한다. 즉, 피검자는 자신의 가치를 높게 평가하고 그에 맞는 지위를 얻고자 한다. 이것은 피검자의 치료 참여에 영향을 미쳤는데, 계속되는 이성관계 문제와 최근의 성기능 문제는 피검자의 높은 자기-평가에 중요한 도전이 되었기 때문이다. 피검자는 과장된 자기-평가로 인해 실수나 실패를 합리화하는 경향이 있는데, "아마도 저에게 맞지 않는 여성을 만났던 것 같아요."라며 여성에게 문제가 있음을 암시한다.

프로토콜에 나타난 2개의 FD 반응은 피검자가 자기점검 행동을 일상적으로 하고 있음을 의미한다. 만약 피검자의 현실 검증력이 양호하다면, 이는 치료적 동기로써 긍정적 특

사례 11. 27세 남성의 자기 지각 관련 자료

R	= 19	OBS	= NO	HVI = NO	**Human Content, Hx, An & Xy Responses**
					I 1. W+ Mpo 2 Art,(H),(A) 4.0 GHR
Fr+rF	= 1	3r+(2)/R	= 0.58		III 5. D+ Mao 2 H,Hh P 3.0 COP,GHR
					V 8. W+ Mp.FC'u Art,(H) 1.0 GHR
FD	= 2	SumV	= 0		VII 11. W+ Mp.Fro H,Cg,Hh P 2.5 GHR
					VIII 12. D+ Ma.mp.CF.FC'- 2 H,Hh 3.0 COP,PHR
An+Xy	= 2	MOR	= 4		VIII 13. W+ FMa.CFo 2 A,An P 4.5 MOR,COR,GHR
					IX 15. DSo FC'.FY- An MOR
H:(H)+Hd+(Hd) = 3:4					X 16. Wv/+ Ma.CFo A,Hx 5.5 FAB,COP,GHR
[EB = 7:6.5]					X 17. DdSo CF.mp- (Hd) AB,PHR
					X 19. DS- Mau 2 (H),Bt 6.0 COP,GHR

성이 될 수 있다. 흥미롭게도, 2개의 *An* 반응이 4개인 MOR 반응의 절반을 차지하는데, 과장된 자기가치감을 가진 사람에게는 드문 결과이다. 이는 특이한 신체에 대한 집착 가능성과 자기상이 현저하게 부정적임을 의미한다. 이는 피검자가 보고하는 사회적 관계 실패와 최근 성기능에 대한 염려로 인한 것으로 보인다. 원인이 최근 발생한 것인지 오래 지속되어 온 것인지와는 무관하게, 이 같은 사실은 자신에 대한 비관주의와 관련된 불편감을 촉발시키는 경향이 있다.

H:(H)+Hd+(Hd)(3:4)는 피검자의 자기개념이 사실보다는 상상이나 실제 경험의 왜곡에 기반을 두고 있음을 시사한다. 이러한 경향은 자기상에 대한 비현실적인 개념을 낳는 경향이 있으며, 그것이 호의적이든 비호의적이든 대인관계에 부정적인 영향을 미칠 수 있다. 게다가, 7개 인간반응 중 2개는 마이너스 형태질이며, 그중 하나가 *H* 반응(*D+ Ma.mp. CF.FC'- 2 H, Hh 3.0 COP,PHR*)이다. 이는 매우 복합적인 반응으로 자기상의 혼란이 있을 것이라는 가정을 지지한다. 또한 그중 하나의 반응(16번 반응)은 *Hx* 반응이며 이는 또한 유일한 특수점수(*FABCOM*)를 포함하고 있다. 이는 그가 현실을 회피하거나 무시하는 방식으로 과도하게 주지화하여 자기상과 관련한 문제를 다루는 경향성을 시사한다.

3개의 마이너스 반응은 색채 카드(Ⅷ, Ⅸ, Ⅹ)에서 나타났고, 흥미롭게도 그중 2개는 공백 반응이다. 이는 피검자의 정서가 소외감에서 비롯되었고, 그의 정서가 자기상을 정의하는 데 상당한 영향을 미치고 있음을 시사한다. 마이너스 형태질 반응의 동질성은 찾기 어렵지만, 3개 반응 모두 유용한 투사 내용을 포함하고 있다. 첫 번째(카드 Ⅷ, 12번 반응)는 7개의 *M* 반응 중 하나로, "2명의 여자가 어떤 옷감을 기둥 위에 걸쳐서 펼치는 것처럼 보이네요……. 그녀들이 그것을 떼어내고 있어요. 염색을 하고 이 중간에 있는 기둥 위로 말리기 위해 펼치고 있는 것일 수 있겠네요." 카드 VIII의 *D1*은 거의 인간반응으로 나타나지 않기 때문에 이는 드문 반응이다. 이는 피검자의 현재 문제를 직접적으로 표현하는 것으로 추정되는데, "기둥 위에 걸쳐서 펼치고 있는…… 말리기 위해."라고 표현하듯 자신이 선호하는 것보다 타인의 통제를 더 많이 받는 것과 관련된 두려움이 있어 보인다.

두 번째 마이너스 반응(카드 IX, 15번 반응)은 "해골, 말라 버린…… 풍화된 것 같고, 모두 말라버린 것 같아요."이다. 이것은 4개의 MOR 반응 중 하나이며, 마이너스 반응 중 "말라 버린"이라고 표현된 두 번째 반응이다. 이 같은 묘사는 흥미롭지만 불분명하다. 이는 온전함의 상실 또는 약화된 자기감을 내포할 수도 있고 무망감을 함축한 것일 수도 있다. 세 번째 마이너스 반응(카드 X, 17번 반응)은 "악마 가면…… 악마 같은 사악한 것과 관련된 어떤 것을 나타내기 위한 것, 사탄 같은 것이요."이다. 이는 겉모습만 나타나는 은폐된 대상(concealment object)으로, 어떤 수준에서는 피검자가 자신의 종교적 관심과 헌신사이에서 갈등을 지각하는지 의문이 제기된다.

나머지 3개의 MOR 반응은 각각 죽은 대상이 나타난다는 점에서 동질적이다. 첫 번째(카드 II, 4번 반응)는 3번 반응(개들이 놀고 있다)의 또 다른 반응으로 "하지만 빨간 영역을 포함하면 싸우고 있는 것일 수도 있겠네요……. 빨간 부분은 피일 것 같고 싸워서 다친 것 같아요. 그것들이 개들 앞으로 나와 있는 것처럼 보이는데, 아마도 개들이 어떤 것을 죽였고 그것을 두고 싸우고 있어요." 이렇게 반응했다. 두 번째(카드 V, 7번 반응)는 "죽은 나비, 뭐 그런…… 부패한 것 같아 보여요……. 죽은 것 같고 날개 끝은 찢겨진 것 같네요." 세 번째(카드 VIII, 13번 반응)는 첫 번째 반응과 유사하다. "이것은 두 마리의 쥐들이 이 가운데에 있는 물체를 잡아당기고 있어요. 마치 끌고 가는 것처럼 보여요……. 죽은 동물 시체, 뼈가 여기(D3) 그리고 내장과 내용물이 있는 것 같아요. 동물의 잔해물, 그 안에 다양한 색이 포함되어 있어요."

이 3개의 MOR 반응은 폭력의 산물을 표상한다. 피검자가 가해자에 동일시하는지 혹은 피해자에 동일시하는지는 고려해 보아야 할 문제이다. 피해자와 동일시하는 경우가 피검자의 현재 문제와 관련된 것으로 보이며, 이는 그가 다른 사람들의 행동으로 상처받았음을 의미한다. 어느 쪽이든, 공격성과 그로 인한 해로운 결과에 몰두되어 있음을 의미하며, 3개의 마이너스 반응 중 2개에서 나타난 것처럼 피검자가 통제할 수 없는 행동 결과로 인한 부정적인 특징이 자기상에 포함되어 있다는 것을 의미한다. 이러한 가설은 그의 뚜렷한 자아중심성과 함께 문제의 원인은 자기가 아닌 외부에 귀인하는 경향을 고려할 때 중요하다.

7개의 M 반응들은 내용적인 면에서 좀 더 이질적이다. 하나의 M 반응(옷감을 기둥 위로 펼치는 여자들)은 이전에 논의되었다. 나머지 6개 중 2개는 다소 정반대의 종교적 함의를 가진다. 하나는(카드 I, 1번 반응) "조각상, 새와 천사, 교회에 있는 것 같아요……. 성자나 수도승 같은 조각상…… 그는 신도들을 향해 외치는 것처럼 손을 들고 있어요." 이는 긍정적인 반응이지만, 중화되어 있다(조각상). 두 번째(카드 V, 8번 반응)는 조금 더 부정적이지만 중화되어 있다(그림). "악마를 묘사한 것일 수 있어요. 악마 그림처럼…… 온통 어둡고 우울해 보여요. 악마가 주는 인상처럼요." 피검자는 종교적 갈등을 겪을 가능성이 있는데, 이러한 반응들은 그 생각을 지지하는 것으로 보인다.

나머지 4개의 M 반응 중 하나(카드 III, 5번 반응)는 긍정적인 반응으로 "2명의 여자가 어떤 것을 옮기고 있어요. 바구니"이다. 그러나 질문 단계에서 정교화하여 답하지 않았으므로, 그렇게 역동적이지는 않은 반응이다. 두 번째 반응(카드 VII, 11번 반응)은 반사반응으로 "어린 소년이 거울을 보고 있어요……. 이 부분이 무엇인지 모르겠지만 아마도 쿠션인 것 같은데 이 위에 무릎을 꿇고 있네요."이다. 이 반응에서 무릎을 꿇고 있다는 점이 흥미로우며 그의 종교적인 관심과 연관되어 있을 것이다. 세 번째 반응(카드 X, 16번 반응)은 가장 긍정적이며 유일한 Hx 반응을 포함한다. 하지만 이 반응에는 한편으로 현실 왜곡이 포함되어 있다. "곤충들이 마치 파티를 연 것처럼 둥글게 춤을 추고 즐겁게 보내고 있어요……. 축제 같은 분위기…… 기분전환을 위해 재미있게 놀고 있어요." 사람이 아닌, 곤충들이 "기분전환을 위해 재미있게 놀고 있다". 이는 주지화된 반응으로, 피검자가 지각하는 자신의 수용 가능한 역할에 대한 의문을 제기한다. 마지막 M 반응(카드 X, 19번 반응) 또한 사람을 포함하고 있지 않다. "2명의 땅속 요정들이 막대기를 잡고 있어요……. 그들은 이 커다란 막대기나 기둥 혹은 무엇이 되었든 이것을 붙잡고 있느라 애먹고 있는 것처럼 보여요." 이는 긍정적인 반응이지만, 피검자가 보고했던 성적 문제를 고려할 수밖에 없는 상징적 의미가 함축되어 있다.

4개의 FM 반응 중 2개는 이전에 언급되었다(싸우는 개와 동물을 끌고 가는 쥐) 나머지 2개는 (카드 II, 3번 반응) "두 마리 개, 선생님은 개들이 놀고 있다고 생각할 수 있을 것 같네요. 장난칠 때 개들이 하듯이"와 (카드 IV, 6번 반응) "어떤 괴물 같은 것이 서 있는 것 같고 아래에서 선생님이 올려다볼 때 보이는 모습 같아요. 작은 머리와 큰 꼬리, 작은 팔"이다. 첫 번째 반응(선생님은 강아지들이~ 한다고 생각할 수 있을 것 같네요)은 다소 잠정적인 반면 두 번째(괴물, 선생님이 올려다본다)는 더 불길한 편이지만 두 반응 모두 상대적으로 평범한 반응 이라는 점에서 투사적인 요소를 확인하는 것은 어렵다. 2개의 *m* 반응은 덜 흔한 반응(펼쳐 져 있는 천, 옆에 채색된 상징이 매달린 악마 가면)으로, 이미 언급하였다.

지금까지, 19개 반응 중 14개의 내용을 검토해 보았다. 나머지 5개 중 2개 반응(카드 I, 2번 반응)은, "이것도 검은 새…… 까마귀나 그런 것"과 (카드 VI, 9번 반응), "곰가죽…… 곰 가죽 러그…… 영화에서 벽난로 앞에 깔려 있거나 벽에 걸려 있는 것"이며, 이는 투사된 내 용으로 보기에는 다소 부족하다. 세 번째(카드 VI, 10번 반응)는 "추상적인 십자가상…… 현 대적인 것…… 묘사가 잘된 것은 아니지만 여전히 의미 있는 것"으로 투사된 내용은 덜 직 접적이지만 반응 내용이 흥미롭다. "여전히 의미가 있다"는 피검자의 또 다른 종교적 내용 의 반응과 일치하며 종교적 관심이 그의 문제에 어떤 식으로든 영향을 주고 있는지에 관한 질문과도 연결된다.

네 번째(카드 IX, 14번 반응)는 5개 반응 중 가장 명백하며, 자기개념을 고려할 수 있다. "가냘픈 꽃, 왠지 색깔이 매우 부드럽게 보여요……. 금방이라도 부서질 것같이 보이고, 오 렌지색과 초록색의 색조가 부드럽게 보여서…… 그래서 가냘프다고 한 것 같아요. 건드리 면 안 될 것 같아요." 이는 매력적이지만 취약한 자기감을 표현하고 있다. 마지막 다섯 번 째(카드 X, 18번 반응) 또한 취약함을 내포하고 있다. "벌레들, 빨간 벌레들…… 좋은 모래 벌레, 낚시용으로 좋은."

피검자의 자기상에 대한 전체적 맥락에는 모순적인 특징이 뚜렷하다. 한편으로 자기관여 적이며 자신에 대한 평가가 높다. 다른 한편으로는, 지금까지 그래 왔고 앞으로도 계속해 서 자신이 타인에게 피해를 입는 취약하고 상처 받은 사람이라고 판단하고 있다. 피검자 는 성찰적으로 보이지만, 그의 자기개념화는 상상이나 경험에 대한 오해석에 의해 강한 영 향을 받고 있다. 그는 강한 종교적 가치와 관련된 갈등을 겪고 있는 것으로도 보인다. 이는 취약성 및 손상과 관련한 자기 지각의 원인이 될 수 있다. 또한 그가 걱정하는 대인관계의 어려움에 중요한 역할을 하고 있는 것으로 보인다.

대인관계 지각

대인관계 문제를 보여 주는 뚜렷한 특징은 없다. CDI와 HVI 모두 유의하지 않으며 *a*:*p*(7:6)은 의미 있는 정보를 제공하지 않는다. 문제로 볼 수 있는 첫 번째 단서는 *SumT*(2)

사례 11. 27세 남성의 대인관계 지각 자료

			COP & AG Response
R $=19$	CDI $=1$	HVI$=$NO	II 3. D+ FMao 2 A P 3.0 COP,GHR
a:p $=7{:}6$	SumT $=2$	Fd $=0$	II 4. D+ FMa.CF.FDo 2 A,Ad,Bl P 3.0
	[eb $=6{:}8$]		AG,MOR,PHR
Sum Human Contents $=7$	H $=3$		III 5. D+ Mao 2 H,Hh P 3.0 COP,GHR
[Style $=$ Ambient]			VIII 12. D+ Ma.mp.CF.FC′- 2 H,Hh 3.0 COP,PHR
GHR:PHR $=8{:}3$			VIII 13. W+ FMa.CFo 2 A,An P 4.5 MOR,COP,GHR
			X 16. Wv/+ Ma.CFo A,Hx 5.5 FAB,COP,GHR
COP $=6$	AG $=1$	PER $=3$	X 19. DS+ Mau 2 (H),Bt 6.0 COP,GHR
Isolation Indx $=0.11$			

로, 강력하나 충족되지 못한 친밀감의 욕구가 있음을 의미한다. 이는 최근에 끝난 이성관계에서 비롯된 외로움을 나타낼 가능성이 있지만, 다른 가설도 고려할 필요가 있다. 그는 4번의 성공적이지 못한 관계(이성관계)를 보고했는데 각각의 지속 기간은 1년 이하였다. 이러한 점을 고려해 보면, 상실과 실망이 누적된 결과 피검자의 갈망이 오랜 기간 지속되어 온 것으로 의심해 볼 수 있다.

7개의 인간내용 반응은 사람에 대한 합리적인 관심이 있지만, *H*가 3개라는 점은 그가 사람들을 그다지 잘 이해하지 못한다는 것을 의미한다. 피검자의 자기중심성이 높다는 맥락을 고려해 볼 때, 사회적 관계에서 합리적인 것 이상을 기대하는 것으로 볼 수 있다. 피검자는 타인에 대한 순진한 지각과 과도한 기대로 사회적 제스처를 잘못 해석하고, 타인을 소외시킬 수 있는 실수를 할 가능성이 크다.

반면에, GHR:PHR(8:3)을 볼 때, 피검자의 대인관계 행동 대부분은 광범위한 사회적 상황 스펙트럼에서는 적응적이다. 이는 사람에 대한 순진한 지각과 관계에 대한 높은 기대와는 모순된다. 그러나 이러한 모순은 그가 피상적인 관계에서는 효율적이지만, 개인적이고 정서적 요구관계에서는 덜 효율적일 수 있음을 함축한다. 6개의 COP 반응은 그가 조화로운 대인관계를 기대하며 다른 사람들은 그를 사교적이고 호의적인 사람으로 여기고 있다는 것을 의미한다. 하지만 6개의 COP 반응 중 하나는 마이너스 형태질(12번 반응)이며 두 번째 반응(16번 반응)은 *FABCOM*을 포함하는데, 그의 기대가 항상 현실에 기반한 것은 아님을 의미한다.

이와 관련해서, 3개의 PER 반응은 그가 도전적인 상황이라고 지각하는 사회적 상황에서 피검자는 안전감을 덜 느끼며 더 방어적이 된다는 것을 의미한다. 피검자가 사회적 교류를 피하는 경향이 있다고 여길 만한 자료는 없지만, 기대보다 사회적 관계가 성숙하지 않을 것으로 시사된다. 7개의 M 반응 중 4개는 쌍반응이며 그중 3개는 COP를 포함한다. 하지만, 그 3개 중 하나는 마이너스 반응(여자들이 어떤 것을 펼치고 있다)이며 나머지 2개의 반응(여자들이 어떤 것을 옮기고 있다; 땅속 요정들이 막대기를 붙잡고 있다)도 매우 역동적이라고 볼 수는 없다. 가장 긍정적인 M 반응은 곤충이 파티를 열고 있다는 내용이다. 마찬가지로, 4개의 FM 중 3개는 쌍반응으로 그중 2개는 COP를 포함하지만, 2개는 MOR를 포함하며, 긍정적으로 볼 수 있는 하나의 FM 반응도 잠정적이다("선생님은 개들이 놀고 있다고 생각할 수 있을 것 같아요."). 전체적으로, 쌍반응인 운동반응의 조합은 피검자가 사회적 관계에서의 깊이나 풍부함이 다소 결여되어 있음을 암시한다.

이러한 결과로 미루어 볼 때, 피검자는 사람들에게 관심 있으며, 의미 있는 관계를 발달시키는 데도 관심이 있어 보인다. 하지만 그가 사람들을 잘 이해하는 것으로 보이지 않으며, 기대보다 사회적 관계의 많은 부분에서 피상적일 것으로 보인다. 비록 대부분의 관계들이 표면적으로는 긍정적이고 적응적이지만, 잠재적으로는 미숙하고 취약했을 것이다. 부분적으로 이러한 점이 그의 자아중심성에서 기인된 것일 수도 있지만, 또한 그의 종교적 관심과는 모순되는 사회적 겉모습을 보여 주려 했기 때문일 수도 있다. 이 가정은 그의 자기개념과 관련한 결과에 바탕을 둔다. 이러한 특징들 가운데 한 가지 또는 2가지 모두로 인하여 친밀한 관계를 지속하지 못하게 되고, 실패했을 때 피검자는 혼란, 좌절, 외로움이 증가되는 것을 경험하게 된다.

통제

사례 11. 27세 남성의 통제 관련 변인

EB	= 7:6.5	EA	= 13.5			D	= 0	CDI	= 1
eb	= 6:8	es	= 14	Adj es	= 12	Adj D	= 0	L	= 0.06
FM = 4	m = 2	SumC′	= 4	SumT	= 2	SumV	= 0	SumY	= 2

Adj D가 0이라는 것은 통제능력과 스트레스 인내가 일반 성인들과 유사한 정도임을 의미한다. EB(7:6.5)과 $Lamda$(0.06)는 EA의 타당성이나 Adj D에 대해 의문을 가질 이유가

없음을 나타낸다. 그러나 *EA*(13.5)는 평균 이상으로 높은 반면, **Adj D**는 0이라는 점은 *es* (14)가 기대되는 것보다 높다는 것을 의미한다. 이는 **Adj D**가 피검자의 전형적인 통제능력을 보수적으로 추정했음을 반영한 것일 수 있다.

Adj *es*(12)는 기대되는 수준보다 매우 높다. 이같은 높은 값은 *eb*의 우항값에 기인하며, *SumC'*(4)과 *SumT*(2)가 전형적이지 않다. *SumC'*은 감정을 내재화하는 지속적인 경향성을 나타내며 *SumT*는 만성적인 결핍과 외로움을 반영한다. 이러한 특징 중 어느 하나라도 상황적으로 관련된다는 근거가 있다면, 피검자의 통제능력이 **Adj D**가 0점인 최근 상황보다 좀 더 견고하다고 추정하는 것이 타당하다. 어떤 경우든, 통제나 스트레스 인내에 문제가 있다고 가정할 만한 이유는 없다.

정동

사례 11. 27세 남성의 정동 관련 자료

							Blends	
EB	=7:6.5			EMPer	=NA			
eb	=6:8	L	=0.06	FC: CF+C	=1:6		M.m.CF.FC′	=1
DEPI	=3	CDI	=1	Pure C	=0		M.Fr	=1
							M.FC′	=1
SumC′=4	SumT =2			SumC′:WSumC	=3:6.5		M.CF	=1
SumV=0	SumY =2			Afr	=0.73		FM.CF.FD	=1
							FM.CF	=1
Intellect	=7	CP	=0	S=3 (S to I, II, III	=0)		FM.FD	=1
Blends:R	=10:19			Col-Shad Bl	=2		CF.TF	=1
m+y Bl	=2			Shading Bl	=1		CF.m	=1
							FC′.FY	=1

EB(7:6.5)와 *Lambda*(0.06)의 결과는 피검자가 일관된 문제해결 방법이나 의사결정 방법을 발달시키지 못했음을 의미한다. 특히, 의사결정 시 정서가 사고에 미치는 영향력이 상당히 다양하게 나타날 수 있다. 어떤 경우에는, 정서가 상당한 영향을 미치며 외부의 피드백과 시행착오 방법이 우세한 직관적 전략을 촉진할 수 있다. 다른 경우에는 전자와 비슷한 경우일지라도 감정을 분리시키고 가능한 모든 대안을 고려할 때까지 의사결정을 지연

하는 심사숙고 전략을 택할 수도 있다.

이러한 비일관성이 효율적이지는 않지만 반드시 적응 문제가 나타나는 것은 아니다. 그러나 감정을 일관되게 사용하지 못하는 피검자에게는 다소 혼란스러운 정서를 야기할 수 있다. 피검자는 유사한 감정에 대해 상황마다 다르게 반응할 수 있다. 또한 정서 표현을 조절하는 방법이 일정하지 않다. 즉, 피검자는 어떤 때는 지나치게 통제적이고 또 다른 때는 몹시 격렬하게 반응하기도 한다.

eb(6:8)의 높은 우항값은 고통감이나 다른 정서적 불편감을 의미한다. 높은 우항값은 2개의 재질반응에서 기인하는데, 언급한 바와 같이 결핍이나 외로움을 나타낸다. 이는 최근 이별에 대한 반응일 수도 있지만, 지속되어 온 특징일 수 있다. 어느 경우라도 피검자에게 고통감을 주고 있다. 하지만 피검자가 경험하는 대부분의 불편감은 $SumC'$(4)에서 알 수 있듯이, 감정을 억제하거나 숨기려는 경향성에 의한 것 같다. $SumC':WSumC$(4:6.5)는 극단적으로 통제하는 것은 아님을 나타내고 있지만, 감정을 개방적으로 표현하거나 공유하는 것이 보수적이라는 것을 의미한다. 이러한 점이 사실인지에 대한 질문에는 쉽게 결론 내릴 수 없다.

Afr(.73)은 피검자가 대부분의 사람들처럼 기꺼이 정서와 정서적인 상황들을 처리하고 관여하고 있음을 의미한다. 반면, 주지화 지표(7)는 정서를 경험할 때 더 직접적으로 다루기보다 관념적인 수준에서 방어적으로 정서를 처리하는 경향성이 현저하다는 것을 시사한다. 이러한 경향성은 잠재적으로 위협적인 감정이나 높은 스트레스를 지각할 때 발생하는 것 같다. 주지화의 과도한 사용은 정서적 혼란을 야기할 수 있다. 세 번째 변인과 관련된 결과인 $FC:CF+C$(1:6)는 쟁점을 흐리게 만든다. 이는 감정 표현을 조절하는 것이 다소 느슨하고 강렬한 정서 표현으로 주목을 끌 수 있음을 의미한다. 이는 피검자가 감정을 억제하거나 주지화하는 경향과는 모순된다.

피검자가 감정을 다루는 방식에서 나타나는 명백한 모순은 의사결정 시 일관성 없게 정서를 사용하는 것의 단순한 연장으로 볼 수도 있다. 하지만 피검자가 정서에 대한 독특한 순진함을 나타내는 것일 수 있으며 이는 그가 자신과 타인, 그리고 타인과 잘 어울리는 방법에 대해 가지고 있는 혼란스러움과 유사하다. 이러한 가정은 3개의 S 반응으로 간접적으로 지지된다. S 반응은 환경에 대한 초조함이나 소외감을 의미하며, 이러한 피검자의 환경은 세상에 대한 부정적인 관점을 야기할 수 있다. 모든 S 반응이 마지막 2개 카드에서 나왔다는 것은 그의 초조함이 정서적인 자극에 직면했을 때 나타남을 의미한다.

피검자의 19개 반응 프로토콜 중 10개의 혼합반응(53%)이 있다. 2개는 최근 스트레스와 관련이 있는 것이라고 하지만(*FC'.FY*와 *CF.m*), 나머지 8개의 반응이 여전히 기록의 42%를 차지한다. 8개 반응 중 하나는 4개의 결정인을, 다른 하나는 3개의 결정인을 포함한다. 전체적으로, 이러한 결과는 그가 지나치게 복잡한 사람이라는 것을 의미한다. 예상했듯이, 8개의 혼합반응 중 6개는 정동-관련 결정인을 포함하며 정서가 피검자의 심리에서 중요한 역할을 하고 있음을 강조한다. 게다가, 8개 중 2개(*M.m.CF.FC'*과 *CF.TF*)는 색채음영 혼합반응으로 이는 그가 종종 감정으로 인해 혼란스러워한다는 것을 의미한다. 또한 상황 관련 혼합반응 중 하나(*FC'.FY*)는 무채색 반응과 음영반응이 포함되어 있는 드문 반응으로, 전형적으로 스트레스가 많은 정서적 경험을 나타낸다.

이러한 정서와 관련된 결과는 놀랍지 않으며, 피검자의 자기개념, 타인 및 대인관계에 대한 결과와도 일치한다. 사고에서 불규칙적인 감정의 영향력, 정서적 상황에 관련한 걱정, 과도한 주지화 등이 포함된다. 의사결정 시 감정의 일관성 없는 영향력과 과도한 주지화가 부정적인 특징이기는 하지만, 반드시 주요하거나 장애를 초래할 만한 약점은 아니다. 반면, 정서와 관련한 일부 결과는 예상치 못한 것이다. 여기에는 뚜렷한 감정의 억압 또는 억제, 기대 이상의 강렬한 감정 표현, 상당한 정서적 복잡성 그리고 높은 정서적 스트레스에 처해 있다는 증거(*eb*의 우항과 혼합반응) 등이 포함된다.

이렇게 예기치 못한 결과는 모두 부정적인 의미를 가지며, 종합적으로 이러한 특징들은 쉽게 혼란을 야기할 수 있다. 이러한 결과는 피검자가 정서적인 혼란과 관련된 정보를 제공하지 않았기 때문에 특히 흥미롭다. 피검자는 단지 이성관계가 지속되지 못하는 이유를 알고 싶어 하였다. 주지화를 사용하여 진짜 감정을 숨기거나 부정하는 전형적인 사례로 추정하는 것이 합리적으로 보인다. 그러나 이러한 가정을 받아들이기 전에 피검자의 인지활동, 특히 현실 검증력과 관련한 더 많은 정보를 검토해야 한다.

관념

정동영역에서 다루었듯이, *EB*(7:6.5)를 고려할 때 피검자의 관념이 문제해결이나 의사결정에 관여할 때 매우 일관되지 못할 가능성이 있다. 피검자가 충분히 생각한 경우에는 지향적 사고가 정서적 영향에서 상당히 자유로울 것이다. 그렇지 않은 경우, 피검자의 사고가 감정에 의해 동요되며 의사결정이 직관적인 방식으로 행해진다. 비록 일관성의 부족이 취약점까지는 아니지만, 비효율적이며 예기치 못하게 복잡하거나 스트레스가 많은 상황

사례 11. 27세 남성의 관념 변인

L	=0.06	OBS	=NO	HVI	=NO	**Critical Special Scores**			
						DV	=0	DV2	=0
EB	=7:6.5	EBPer	=NA	a:p	=7:6	INC	=0	INC2	=0
				Ma:Mp	=4:3	DR	=0	DR2	=0
eb	=6:8	[FM=4 m=2]				FAB	=1	FAB2	=0
				M−	=1	ALOG	=0	CON	=0
Intell Indx	=7	MOR	=4	Mnone	=0	Sum6	=1	WSum6	=4
							(R=19)		

M Response Features

I　1. W+ Mpo 2 Art,(H),(A) 4.0 GHR

III　5. D+ Mao 2 H,Hh P 3.0 COP,GHR

V　8. Wo Mp.FC′u Art,(H) 1.0 GHR

VII 11. W+ Mp.Fro H,Cg,Hh P 2.5 GHR

VIII 12. D+ Ma.mp.CF.FC′− 2 H,Hh 3.0 COP,PHR

X 16. Wv/+ Ma.CFo A,Hx 5.5 FABCOP,GHR

X 19. DS+ Mau 2 (H),Bt 6.0 COP,GHR

에서는 불리할 수 있다. 이는 특히 피검자에게 중요하다. 피검자는 매우 복잡한 사람이며, 매우 낮은 *Lambda*(0.06)가 의미하듯이 복잡한 상황에 관여하는 경향이 두드러진다.

피검자의 로르샤흐에서 분명한 문제는 4개의 MOR 반응이다. 피검자의 사고는 상당히 비관적이다. 이는 피검자가 부정적인 방식으로 세상과의 관계를 개념화하도록 영향을 미치며, 의심을 낳고 자신의 노력과 상관없이 암울한 결과를 예상하도록 만든다. 또한 편협하고 구체적인 사고방식을 이끌어 낸다. 그러나 피검자의 비관주의를 시사하는 일련의 결과에도 불구하고, 보통의 경우보다 지향적 사고를 침해할 만한 특이한 수준의 지엽적이거나 잠재의식적인 관념의 증거는 없다. *eb*(6)의 좌항은 평균값인 4개의 *FM*과 상황적 요인으로 인해 약간 상승한 2개의 *m* 반응으로 이루어져 있다.

지나친 주지화 사용(주지화 지표=7)도 다시 살펴볼 필요가 있다. 피검자는 부분적으로 주지화를 통해 원치 않는 정서의 강도를 부인하거나 중화시킴으로써 비관주의의 영향이 억제될 수 있다. 실제, 이는 정신내적 현실을 무시하는 방법이기도 하다.

WSum6(4)는 높지 않으며, 16번 반응의 *FABCOM*이 이에 해당한다. "곤충들이 둥글게 춤을 추고 있어요. 파티를 연 것처럼요…… 축제 분위기이며…… 기분전환을 하고 있어요."

이 반응이 심각한 관념적 실수를 반영하지는 않지만 지적인 성인에게 기대되는 것보다 덜 세련된 판단을 내리는 경향성을 내포한다. 이는 아마도 앞서 언급한 바와 같이 *Hx* 반응(축제 분위기, 기분전환으로 즐기는)은 대개 자기상과 관련되어 주지화를 형성하기 때문이다.

7개 *M* 반응 중 6개는 적절한 형태질($o=4$; $u=2$)을 가지며 대부분 개념화가 상당히 세련된 형태이다(성자 혹은 수도승이 신도들을 향해 외치고 있는 것, 바구니를 나르는 여자들, 날개 같은 팔을 펼치고 서 있는 악마, 무릎을 꿇고 거울을 들여다보고 있는 어린 소년, 파티에서 춤을 추고 있는 곤충들, 막대기를 들고 있는 땅속 요정). 심지어 1개의 *M−* 반응인 "기둥 위에 천을 펼치고 있는 두 여자…… 그녀들이 그것을 떼어내고 있어요. 어쩌면 염색을 하고 이 중간에 있는 기둥 위에 말리기 위해 펼치고 있는 것일 수 있겠네요."도 개념적으로 세련된 반응이다.

비록 지향적 사고 형성에 영향을 미치는 기본적인 구성 요소들이 아주 일관적이지 않지만 관념의 온전함이나 명료성에 의문을 가질 근거는 없다. 피검자의 사고가 어떤 점에서는 지나치게 비관주의적이고 감정을 처리할 때는 과하게 방어적으로 주지화한다. 2가지 특징 모두는 의미 있는 문제이며 중요한 치료 목표로 고려되어야 한다. 하지만 피검자 관념의 기본 요소들은 온전하며 현실 검증력이 적절하다.

정보처리

사례 11. 27세 남성의 정보처리 변인

EB	=7:6.5	Zf	=14	Zd	=−0.5	DQ+	=9
L	=0.06	W:D:Dd	=9:9:1	PSV	=0	DQv/+	=1
HVI	=NO	W:M	=9:7			DQv	=0
OBS	=NO						

Location & DQ Sequencing

I: W+.Wo	VI: Do.Do
II: D+.D+	VII: W+
III: D+	VIII: D+.W+
IV: Wo	IX: W+.DSo
V: Wo.Wo	X: Wv/+.DdSo.Do.DS+

Zf(14)와 *W:D:Dd*(9:9:1)는 피검자가 새로운 정보를 처리할 때 관습적인 수준보다 더 많은 노력을 기울이는 경향이 있음을 의미한다. 이 가정은 반응영역 계열에 의해 일반적으로 지지된다. *W* 반응 중 5개가 비록 단순한 카드(I, IV, V)에서 나왔지만, 4개는 복잡한 카드(VII, VIII, IX, X)에서 나타났다. 동시에 *W:M*(9:7)은 전형적인 양가형보다 정보처리에서 보수적이고 조심스럽다는 것을 의미한다.

Zd(-0.5)는 탐색활동의 효율성에 문제가 없음을 나타낸다. 로르샤흐 기록에 통합반응이 9개로, 기대되는 것보다 약간 많고 처리과정의 질은 매우 양호하며 다소 복잡하기도 하다. 10개 카드 중 7개 카드에서 통합반응이 나타났으며, 관념 관련 결과를 살펴보았을 때 언급했던 바와 같이 통합반응은 상당히 정교하다.

인지적 중재

사례 11. 27세 남성의 인지적 중재 변인

R = 19		L = 0.06	OBS = NO	**Minus & NoForm Features**
FQx+	= 1	XA% = .84		VIII 12. D+ Ma.mp.CF.FC′− 2 H,Hh 3.0 COP,PHR
FQxo	= 13	WDA% = .89		IX 15. DSo FC′.FY− An MOR
FQxu	= 2	X−% = .16		X 17. DdSo CF.mp− (Hd) AB,PHR
FQx−	= 3	S− = 2		
FQxnone	= 0			
(W+D	= 18)	P = 7		
WD+	= 1	X+% = .74		
WDo	= 13	Xu% = .11		
WDu	= 2			
WD−	= 2			
WDnone	= 0			

XA%(.84)와 *WDA*%(.89)는 기대되는 범위로 대개 자극을 상황에 적절하게 해석한다는 것을 의미한다. *X*−%(.16)는 3개의 마이너스 반응에서 도출된 것으로, 약간 높은 편이다. 이러한 역기능은 명확하게 정동과 관련되어 보인다. 마이너스 반응은 모두 카드 VIII, IX와

X에서 나타났으며, 3개 모두 상황적 스트레스-관련 변인(*m* 혹은 *Y*)과 유채색 변인(*FC* 혹은 *CF*)을 포함하고 있다. 마이너스 반응 3개 중 2개는 S를 포함하며, 하나는 색채음영 혼합반응(*M.m.CF.FC'*)을 다른 반응은 음영혼합 반응(*FC'.FY*)이다.

3개의 마이너스 반응 중 2개 반응(카드 IX, 해골과 카드 X, 악마 가면)은 심각한 왜곡은 아니다. 그러나 세 번째(카드 VIII, 천을 펼치는 여자들)에서는 *D1*영역의 외형적 특징이 상당히 왜곡되어 있다. 피검자의 마이너스 반응에 대한 결과를 조합해 볼 때 정동 특징을 검토하는 동안 제기되었던 문제와 관련되어 특히 중요하다. 즉, 명백한 정서적 혼란이 현실 검증력에 영향을 미치는가이다. 이러한 경우가 자주 발생하는 것이 아니더라도, 어떤 상황에서는 발생하기도 하며 약간 혼란스러워질 수 있다. 치료 체계를 고려할 때 이러한 점은 신중하게 평가되어야 한다.

긍정적인 맥락에서 7개의 평범반응은 관련된 단서가 명백할 때는 상황을 관습적인 방식으로 해석할 것임을 나타낸다. 마찬가지로, *X+*%(.74)도 높은 편으로, 사회적 요구나 기대에 상당히 부응하는 방식으로 결정하고 행동하는 성향을 의미한다.

인지 활동과 관련한 결과로 미루어 볼 때 피검자의 현실 검증력에 두드러진 문제는 없다. 피검자의 사고는 대체적으로 명료하며, 새로운 정보를 처리하기 위해 노력하고, 관습적인 방식으로 상황이나 사건을 해석한다. 피검자의 정서가 때때로 현실 검증을 방해하며 주지화가 과도하여 현실을 부정하거나 왜곡하기도 하지만, 이 시점에서는 정서가 인지 활동의 효율성에 상당히 혼란스러운 영향을 주는 것 같지 않다.

요약

피검자는 매우 복잡한 사람으로 스스로 인정하는 것보다 분명히 더 많은 정서적 혼란을 경험하고 있다. 실제, 피검자는 원치 않는 감정을 부인하거나, 중화하거나, 통제하기 위해, 억제하는 방식으로, 또는 경험한 것으로 다루기보다는 주지화하는 방식으로 처리하려는 노력을 기울이는 것 같다. 그러나 이러한 방식은 피검자의 복잡성과 불편감의 가능성을 증가시킬 뿐이다. 정서적 문제의 근원은 다양하지만 주로 그의 심리가 갈등적이거나 모순되는 특징들을 포함하고 있기 때문에 형성되었던 것으로 보인다.

예를 들어, 피검자는 두드러지게 자기중심적인 사람으로 자신을 높게 평가하는 경향이 있지만, 자기개념은 또한 빈약하고 취약하며, 심지어 손상된 느낌도 포함되어 있다. 피검자는 상당히 성찰적이기도 하지만 자신에 대해서 순진한 것 같다. 또한 부정적이거나 위협적인 감정을 제한하고 최소화하기 위해 노력하지만 정서를 표현할 때 기대되는 수준보다 강렬하게 표현하는 것으로 보인다.

비슷한 맥락에서 피검자는 사람에 대해 관심이 많고 다양한 사회적 기술을 발달시켜 왔으며, 대개 적절히 기능하는 것으로 보인다. 결과적으로 타인과의 상호작용은 적응적이며 사람들도 그를 호의적으로 평가하였을 것이다. 그럼에도 불구하고 피검자는 사람들을 잘 이해하지 못하였고 대부분의 대인관계는 깊이가 있거나 성숙하기보다 피상적이었던 것 같다. 종교적 가치나 관심이 피검자의 어려움에 기여했음을 암시하는 증거가 있다. 본질적으로, 피검자가 다른 사람을 대할 때 선택한 표면적인 역할은 자신의 가치나 선호하는 행동 모델과는 모순되는 경향이 있다.

과거력과 검사 자료에서 언급된 것처럼, 피검자는 친밀한 관계를 효과적으로 다루지 못했다. 그는 깊이 있고 의미 있는 관계를 가지고 싶어 하며 관계가 끝나면 외로워하고 괴로움에 휩싸이게 되는데, 실패의 근본적인 원인은 외부보다 내부에 있는 것 같다. 정서적 몰입은 그에게 혼란을 준다. 정서적 요구가 더 빈번하거나 강렬해질 때, 정서가 자기상을 위협하게 되며 피검자는 경계적이고 방어적이게 된다. 부분적으로, 그가 정서를 잘 이해하거나 다루지 못하기 때문이지만 자신의 자기중심성과 더불어 융통성 없는 기본 가치 또한 이 문제에 기여한다.

많은 경우, 정서적 동요의 정도에 따라 상당한 혼란을 경험할 수도 있다. 그러나 피검자는 스트레스를 통제하고 인내하는 능력이 양호하며, 인지 기능도 괜찮은 수준이다. 그의 사고가 때로는 과하게 비관주의적이라고 하더라도 정교하다. 그는 새로운 정보를 잘 처리하며 전체적인 현실 검증력은 적절한 것 이상이다. 그의 정서는 가끔 사고의 역기능을 초래하지만 장애 수준으로 발생하는 것이 아닌데, 이는 방어기제가 견고하고 수월하게 작동하기 때문이다.

추측컨대, 피검자는 관계에 대해 순진한 기대를 지님으로써 사회적 현실과 상반되는 경향이 있다. 피검자는 자신을 높게 평가하며 다른 사람들도 같은 방식으로 자신을 대할 것이라고 기대한다. 이러한 기대와 어긋나는 경우, 위협을 느끼고 방어적으로 대하며 친밀한 사람에게도 미묘하게 부정적이거나 저항적인 모습을 나타내는 것으로 예상된다. 결과적으로 관계 실패의 가능성이 높아지게 된다.

제언

피검자의 치료계획은 매우 흥미로운 도전의식을 불러일으킨다. 표면적으로, 그의 문제는 대인관계이다. 피검자는 일련의 성공적이지 못한 관계로 인해 좌절하고 외로움을 느끼며, 그의 치료 목표는 매력적이고 지적이며 지지적이고 공통된 관심사를 공유할 수 있는 자신에게 '적합한' 여성을 선택하는 방법을 배우는 것이었다. 피검자는 정서적으로 심란하다는 단서를 제공하지 않았고 그는 자신을 융통성 있고, 민감하며, 사람들의 마음을 잘 읽는다고 묘사했는데 이는 과장된 자기감과 상응하는 보고이다.

피검자는 개인 내적 문제가 있음을 보고하지 않았으며 이 문제를 직접적으로 제기하는 것은 자신을 높이 평가하는 피검자에게 상처가 될 수 있기에 치료가 조기 종결될 가능성이 크다. 그럼에도 불구하고, 기본적인 문제는 개인 내적인 것으로 보이며 현재의 상당한 정서적 혼란이 그가 인정하는 것 이상으로 많은 영향을 미치고 있다. 따라서 치료자는 치료에 과도한 위협을 주지 않으면서 관심과 동기를 유지하도록 해야 할 것이다.

피검자의 대인관계에 대한 호소에 어느 정도 관심을 기울이고 숙고하면서도 지속적으로 정서적 문제를 제기하는 것이 필요하다. 결국, 피검자의 종교적 관심과 그의 행동들이 종교적 가치와 갈등을 빚는지 여부가 치료의 초점이 되어야 하지만, 조급하게 시행해서는 안 되며 반드시 조심스럽게 접근해야 한다.

하나의 대안은 치료를 시작할 때 평가에 대해 피드백을 제공하는 접근이다. 특히 그의 정서와 관련한 평가 결과를 논리적으로 직접적인 설명으로 제시한다. 이러한 접근은 피검자의 정서적 방어성을 줄이고 조기에 정서적 문제를 더 직접적으로 다룰 기회를 제공할 수도 있다. 하지만 이 방법이 위협적일 수 있다는 위험성을 간과해서는 안 된다. 이 접근을 시행할 경우, 피검자의 자기관여와 종교적 관심의 문제는 피하거나 최소화하여 다루는 것이 중요하다. 왜냐하면 어느 한 문제에서라도 비난으로 지각된다면 피검자는 더 방어적이게 되고 그러한 비난을 종결의 타당한 근거로 사용할 수 있기 때문이다.

에필로그

치료사는 평가 결과에 대한 피드백을 제공하였으며, 정서를 다루는 것의 어려움과 이성관계의 피상적 특징 간의 관계를 강조하였다. 치료사는 피검자와 매주 2회의 역동지향적

치료를 시작했는데, 그는 기대가 크고 낙관적이었으나 반대로 상당히 조심스러운 모습이었다. 처음 4개월 동안 대인관계에 폭넓게 중점을 두었지만 정서적인 문제들도 단순하고 간접적인 방식으로 꾸준히 다루었다.

치료 5개월째, 피검자는 자신의 종교적 관심과 믿음을 상세히 탐색하기 시작했고 그것을 자신의 생활방식과 일로 자주 만나는 사람들의 생활방식을 비교하였다. 이 과정은 몇 주간 계속되었고 그는 이전보다 자주 자신의 감정을 직접적으로 고려하였다. 치료 7개월째 피검자는 종교수련회에 참가했고, 그곳에서 매우 매력적인 여성을 만났다. 그들은 연애를 시작했고 이러한 상황에서 피검자는 치료에서 다루었던 대인관계 및 정서적 습관과 관련한 문제를 탐색할 수 있었다. 치료 1년 후, 치료사는 특히 정서적인 영역에서 상당한 진전이 있었다고 보고하였다. 피검자의 연애는 성공적으로 유지되었고 그는 결혼 가능성을 적극적으로 고려하고 있었다.

참고문헌

Alpher, V. S., Perfetto, G. A., Henry, W. P., & Strupp, H. H. (1990). The relationship between the Rorschach and assessment of the capacity to engage in short-term dynamic Psychotherapy. *Psychotherapy, 27*(2), 224.

Nygren, M. (2004). Rorschach Comprehensive System variables in relation to assessing dynamic capacity and ego strength for Psychodynamic Psychotherapy. *Journal of Personality Assessment, 83*(3), 277-292.

제14장

자해 및 타해 관련 문제

피검자는 22세 미혼 남성으로 법원에 출두하기 전 법원에 의해 평가가 의뢰되었다. 피검자는 집 근처 작은 인문과학대학의 여학생 기숙사 비상계단 근처에 있는 2층 창문으로 침입을 시도하다가 경보기가 울려 대학 경찰에 의해 체포되었다. 몸수색을 했을 때, 칼(switchblade)을 소지하고 있었으며, 4명의 여학생들이 그가 자신들이 혼자 캠퍼스를 걸어 다닐 때 자주 뒤를 따라다녔다고 했다.

피검자는 중간 정도의 키와 체구이며, 청바지와 티셔츠를 입었고 단정하지 못했다. 평가 시, 말과 수행이 느렸고, 정동은 둔마되어 있었으며 우울해 보였다. 피검자는 자신이 왜 창문을 열고 기숙사에 들어가려고 했는지 기억이 나지 않는다고 주장하였다. 그러나 피검자는 '할 일이 없을 때' 캠퍼스를 자주 돌아다녔다고 시인하였다.

피검자는 경범죄인 불법 침입으로 기소되었으나 스토킹과 칼 소지 혐의로 자해 및 타해의 위험이 있는지에 관해서 법원이 문제를 제기하였다. 피검자는 정신과적 과거력이 있다. 피검자는 18세에 평균 상의 성적으로 고등학교 졸업 후, 주립대학 정치학과에 입학하였다. 1학년 때 우울감 때문에 대학 정신건강센터의 도움을 구하였다. 그곳에서 매주 치료를 받았고, 기록에 따르면 우울증은 완화되었다. 2학년 때, 우울증은 더욱 심한 형태로 재발했으며, 신부님께 도움을 요청했다. 신부님은 그의 부모에게 연락을 취했고, 그 후 크리스마스 연휴기간 33일 동안 입원했고, 항우울제를 처방받고 심리치료를 받았으며 2학년을 끝마칠 때까지 일주일에 한 번씩 지속적인 외래진료를 받았다.

피검자는 대학 성적이 대체로 좋다고 보고하였다, "C도 조금 받았지만, 대부분 B였어요. 그렇지만 A는 한 번도 받은 적이 없어요." 피검자는 비교적 적절한 성취를 이루었지만, "사실 나는 흥미가 없었어요. 내가 하는 일에서 평화나 행복을 찾을 수 없었어요."라고 보고하였다. 피검자는 입원 시 자살에 대한 생각을 많이 하였으나 실제로 시도는 하지 못할 것 같다고 하였다. 또한 다른 사람들을 해치는 것에 대해 생각해 본 적이 있지만, "그렇지만 특정 누군가를 떠올렸던 것은 아니다."라고 말했다. 2학년 말에 피검자는 대학을 중퇴하고, 3개의 식당에서 비정규직 웨이터로 일하면서 가장 최근에는 세차장에서 파트타임으로 일했다.

피검자는 다시 우울해지고, 지난 4~5개월간 공포도 경험했다고 한다. "그렇지만 정확히 무엇에 대한 공포인지는 모르겠어요. 그래서 칼을 가지고 다니는 거예요." 피검자는 과거에 길을 떠나기 전 집 근처 가로수의 수를 세는 의식적인 행동이 중요하다고 느꼈던 적이 있었다고 한다. 또한 대학에 입학했을 때 기숙사 문고리를 돌리기 전에 문고리를 세 번 만져야 할 것 같은 기분이 들었다고 보고하였다. 약물이나 알코올 병력은 부인하였다.

피검자의 아버지는 56세이고, 육군을 대령으로 은퇴하고 현재는 한 잡지사의 편집일을 하고 있다. 어머니는 53세로 주부이며 2년제 대학을 졸업하였다. 피검자는 6명의 남매들 가운데 다섯째이다. 큰 형은 29세로 기혼이며 고등학교에서 수학과 물리학을 가르치고 있다. 둘째 형은 28세로 2년제 대학을 졸업하였고, 미혼이며, 현재는 전문 음악가로 일하고 있다. 큰누나는 25세로 최근에 결혼했으며, 대학원생이면서 공무원으로 일하고 있다. 셋째 형은 23세로 1년 전에 대학을 졸업하고 상업 미술가로 일하고 있다. 여동생은 18세로 대학 신입생이다. 피검자는 형제들 중에서 유일하게 (부모님의) 집에서 살고 있다.

피검자는 14~15세까지는 행복한 어린 시절을 보냈으나, 그 이후 많은 두려움을 경험하게 됐다고 한다. 데이트는 해 본 적이 없으나 매춘부와 두 번의 성 경험이 있다. 사회력(social history)을 살펴보았을 때, 피검자는 "나는 자위를 자주 하며 욕정과 관련된 생각(lusting thoughts)을 한다."라고 보고했다. 피검자는 자는 것, 텔레비전 보는 것, 음악 듣는 것을 좋아하지만 진짜 취미는 없다고 보고하였다. 피검자는 지역 캠퍼스를 걷는 것을 좋아한다고 말했는데, "똑똑하다는 느낌을 주는 것 같고, 캠퍼스를 많이 돌아다니다 보면, 무엇이든 해결할 수 있을 것 같아서요."라고 한다. 4명의 여성들이 자신이 그들을 수차례 미행한 사람이라고 보고한 사실을 들었을 때, 피검자는 "아마도요. 기억이 안 나요. 그런데 아름다운 것 주변에 있는 것을 좋아하긴 해요. 기분을 좋게 만들어 줘요. 그러나 아름다운 그 누구도, 그 어떤 것도 절대 해치지 않았어요. 전 그렇지 않아요."라고 말하였다.

법원은 (1) 피검자는 자신이나 타인에게 위험한가? (2) 피검자가 성 범죄자라는 증거가 있는가? (3) 무단침입과 관련해서 고려해야 할 심각한 정신장애의 증거가 있는가?의 3가지 평가 사유를 제기하였다.

사례 개념화 및 관련 문헌

본 피검자는 '욕정과 관련된 생각(lusting thoughts)'과 잦은 자위행동에서부터 여학생들을 미행하고 칼을 소지한 상태로 여자 기숙사를 침입한 것까지 다양한 문제행동을 보이고 있다. 이 사례를 담당하는 판사는 위험도 평가를 의뢰하였고, 성 범죄에 대한 구체적인 우려를 제기하였다. 공격성과 성 행동에 관한 로르샤흐 고찰은 심리학자가 법원에 참고 자료를 제공하는 데 필요한 일이다.

공격성에 대한 평가

공격 가능성(Aggressive Potential)은 임상적 · 법적 상황에서 중요하게 고려되는 문제로 이에 대한 평가는 로르샤흐의 역사 초반부터 로르샤흐 검사 문헌의 한 부분이었다. Finney(1955)는 Palo Alto Destructive Content Scale이라고 명명한 로르샤흐 변인의 군집으로 병원에서 살인을 시도한 남자 재향군인 정신병 입원환자와 비공격적인 입원환자들을 구별하였다. 변인들은 경멸하거나(derogatory), 멸시하는(contemptuous), 그리고 적대적인 태도의 대상들, 공격적인 행동으로 파괴된(destroyed), 불구가 된(crippled), 손상당한(damaged), 혹은 부상을 입은 대상들, 도피하는, 회피하는, 혹은 부상이 예견되는 과정의 대상들, 공격, 해침(injuring), 손상(harming), 혹은 파괴의 가능성이 높은 대상들, 공격을 위해 주로 사용되는 대상 혹은 무섭거나 위험한 것으로 여겨지는 대상들, 그리고 명백하게 파괴적인 행동이 발생하는 운동 반응들을 설명하는 대상들을 포함한다.

Rose와 Bitter(1980)는 주립 병원에서 Palo Alto Destructive Content Scale를 사용하여 공격적인 비재범(non-reoffenders) 남성 집단, 공격적인 재범 집단, 강간범, 살인범, 그리고 공격적이지 않은 아동 성추행범을 비교하였다. 강간범, 살인범, 그리고 공격적인 재범 집단은 비재범 집단 그리고 아동 성추행범보다 유의미하게 높은 점수를 나타냈다.

종합체계(Exner, 2003)에서는 현재 일어나고 있는 공격적인 행동에 대해서만 특수점수 AG를 채점한다. Finney(1955)와 동료들의 작업을 바탕으로 Meloy와 Gacono(1992)는 공격적인 역동을 나타내는 추가적인 채점 4가지를 제안하였다. 그것들은 공격적인 내용(Aggressive Content: AgC), 대부분의 사람들이 약탈적이며(predatory), 위험하고, 악의적이며(malevolent), 상처를 주고(injurious), 해롭다고 보는 대상들; 공격적 가능성(Aggressive Potential: AgPot), 공격적인 행동이 곧 나타나려는 반응; 공격적 과거(Aggressive Past,

AgPast), 공격적 행동이 발생했던 반응 혹은 공격의 피해자가 된 대상에 대한 반응; 그리고 가학-피학적(Sado-masochisitic: *SM*) 반응으로 사람들의 가치가 내려가거나 공격적이거나 병적 내용이 주어졌을 때 기쁨이나 긍정적 정서를 표현하는 사람들의 반응이다.

로르샤흐의 공격 변인들에 대한 신뢰도와 타당도가 많이 연구되었다. Meloy와 Gacono(1992)는 초기 연구에서 투옥되어 있는 남성 표집에서 *AG*, *AgC*, *AgPast*, 그리고 *AgPot*의 평가자 간 일치도가 92~100%에 해당한다고 보고하였다. *SM*의 채점은 법 집행 때 관찰하는 것을 포함하기 때문에, 평가자 간 일치도를 밝히는 것이 불가능하였다.

Baity와 Hilsenroth(1999)는 대학 내 심리 클리닉의 외래환자로부터 얻은 로르샤흐 자료를 통해 종합체계 변인인 MOR와 *AG* 그리고 Meloy와 Gacono의 변인인 *AgC*와 *AgPast* 변인에 대한 평가자 간 일치도를 연구하였다. 또한 그들은 Holt(1956)가 제안한 두 변인도 연구에 포함하였다. 강렬하고, 압도적이며, 살인적이거나, 가학 피학성 변태성욕적인(sadomasochistic) 것으로 정의되는 일차 과정적 공격성(*A1*; primary process aggression), 그리고 치명적이지 않고 사회적으로 적절한 것으로 정의되는 이차 과정적 공격성(*A2*; secondary process aggression). 평가자 간 일치도는 *A2*에서는 86%, *AgPot*에서는 100%로 나타났다.

Meloy와 Gacono의 공격적 내용(*AgC*) 변인을 지지하는 추가적인 연구에서, Baity, McDaniel과 Hilsenroth(2000)는 대학생들에게 126개의 단어가 *AgC*의 정의(약탈하고, 위험하고, 악의적인, 상처를 주는, 혹은 해로운)에서 어디에 해당하는지 리커트 척도(Likert-type scale)로 평정하게 하였다. 그다음 학생들에게 정의가 일관되게 평가된 단어들을 무기, 동물/동물의 일부분, 환경적 위험, 허구적 창조물(fictional creature), 그리고 기타 등 5개의 질적 범주로 분류하라고 지시하였다. 처음 실시한 평정 결과와 한 달 후 실시된 재검사 일치도 수준은 매우 높았는데 이를 통해 저자들은 공격적 내용은 시간이 흘러도 상당히 일관성 있는 것으로 신뢰롭게 평가된다고 결론지었다.

Mihura, Nathan-Montano와 Alperin(2003)은 70명의 대학생 실험을 통해 그들의 로르샤흐 반응을 *AG, AgPot, AgC,* 그리고 *AgPast*로 채점했다. 그들은 Urist(1977)의 Mutuality of Autonomy(MOA) 척도도 함께 채점했다. MOA는 대인관계 기능을 평가하며 상호적이고 자율적인 관계부터 적극적으로 침입하고(enveloping) 파괴적인 관계까지 포괄한다. *AG*는 .74, *AgPast*는 .94로 평가자 간 일치도가 높았다.

이러한 연구들은 Finney(1955)가 처음 제안한 파괴적 내용과 관련해서 신뢰롭게 점수화가 가능한 다수의 로르샤흐 변인들이 있음을 제안한다. 연구자들은 이 변인들에 대해 다른 측정 도구(test measures) 및 진단적·행동적 기준 등과 연관지어 타당도를 연구하였다.

Baity와 Hilsenroth(1999)는 DSM-IV(APA, 1994) 진단기준의 축 2 성격장애에 부합하는 외래환자들을 대상으로 Holt의 일차 및 이차 과정적 공격성 변인들(*A1*과 *A2*)과 *AG*, MOR, *AgC*, 그리고 *AgPast*를 연구하였다. 6개의 공격성 변인들을 요인분석하여 총변량의 77%를 설명하는 2요인을 산출하였다. 첫 번째 요인(MOR, *AgPast, A1*)은 더 강렬하고 원초적인 공격성이 포함되며, 두 번째 요인(*AG, AgC, A2*)에는 수준이 높고 사회적으로 보다 적절한 공격적 표현들이 반영되었다.

Baity와 Hilsenroth(1999)는 다음 6개의 로르샤흐 공격성 변인들과 DSM-IV의 연극성, 자기애성, 경계선, 그리고 반사회적 성격장애 기술들과의 관계를 단계적 회귀분석을 통해 연구하였다. 공격성 변인들은 연극성이나 자기애성 성격장애의 전체 기준과는 관계가 없었으나, *AgC*의 증가와 MOR의 감소는 반사회적 성격장애 전체 기준의 유의한 예측 변수로 나타났다. MOR의 증가는 경계선 성격장애 기술어들의 전체 수에 대한 유의한 예측 변수였다. 저자들은 MOR와 반사회성 규준의 부적 관계와 MOR와 경계선 규준과의 정적 관계는 MOR가 반사회성 역동과 달리 경계선 성격장애의 특징인 피해와 손상을 반영한다고 제안한다.

더 나아가 저자들은 로르샤흐 변인들과 MMPI-2의 세 척도와의 관계를 연구하였다. 정신병적 일탈(psychopathic deviance, *Pd*), 분노(*ANG*), 그리고 반사회적 행위(*ASP*). *AgPast*는 분노(*ANG*) 척도의 점수를 유의하게 예측하였고, *AgC*는 반사회적 행위(*ASP*)점수들을 유의하게 예측하였다. *AgC*, 반사회적 성격장애 규준의 총 수 및 반사회적 행동에 대한 자기 보고 측정치와의 관계를 살펴본 결과, 이 변인들과 행동화(acting out) 정신병리는 관련되어 있고 이는 *AgC*가 행동화 정신병리를 측정하는 데 타당하다는 것을 시사한다.

Mihura와 Nathan-Montano(2001)은 *AG, AgPast, AgC, AgPot*과 공격성, 대인관계 통제와 관련된 척도들이 포함된 자기보고식 검사 Structural Analysis of Social Behavior(SASB; Benjamin, 2000)와의 관계를 알아보기 위해 대학생들을 대상으로 연구를 실시하였다. 그들은 다음과 같이 연구 결과를 요약한다. "*AG*는 자아-이질적(ego-dystonic)인 공격적인 긴장상태의 척도로, *AgPast*는 자기 희생적 관점(다른 사람에게 복종하여), 그리고 *AgPot/AgC* 변인은 대인관계적(외부적) 통제 상실의 두려움을 측정하는 것으로 나타났다(p. 622)."

이후 Mihura 등(2003)은 대학생들의 로르샤흐 공격성 변인들과 자기보고식 검사인 Personality Assessment Inventory(PAI)와의 관계를 연구하였다. 또한 로르샤흐의 유채색 반응(*FC* vs *CF* vs *C*, *Cn*)에서의 형태 결정 수준에 따라 정서적 충동성을 추가해서 자기-보고식 신체적 공격성, 충동적 자살 사고, 그리고 PAI의 경계선 특성들의 예측을 개선시키는지 연구하였다. 저자들은 PAI에서의 자기보고된 신체적 공격성이 *AgPot*, *AgC*, 그리고 결합된 *AgPot/AgC* 변인과 유의미한 상관이 있다는 것을 발견하였고, 자기보고식 검사인 PAI에서 나타난 충동적인 자기파괴적인 행동들은 *AgPast*와 관련된다는 것을 발견하였다. 유채색 반응의 형태 결정 수준은 로르샤흐의 공격성 변인들 이외의 추가적인 변인들과 PAI의 신체적 잠재적 공격성과 충동적인 자살사고를 설명하였다.

Baity와 Hilsenroth(2002)의 연구는 실제 공격적 행동과 AG, *AgC*, MOR의 관계에 대한 정보를 제공한다. 심리평가가 의뢰된 94명의 입원환자와 외래환자들의 공격적 행동 수준을 평가하였다. 7점 척도를 사용하여 지속적인 분노 표현부터 신체적인 공격 또는 충동적인 공격을 평가하였다. 회귀분석 결과, *AgC*만이 실제 공격성에 대한 유의한 예측 변인으로 나타났다. AG와 MOR는 *AgC*에 의해 제공되는 것 이상으로 유의하게 예측하지 못했다. 이 연구는 *AgC*와 공격적 행동 간의 관계를 보여 주었지만, 보다 적극적인 유형의 공격성을 보고한 환자들과 그렇지 않은 집단을 구분하는 변인들의 유용성에 대해서는 혼재된 결과들이 나타났다. "…… 현재로서는 *AgC*가 공격적 대상에 대한 몰두 이외의 것을 시사한다고 여기는 것은 시기상조이다. 프로토콜에서 많은 수의 *AgC* 반응이 개인의 적대적인 사고가 반드시 공격적인 행동으로 변화한다는 것을 나타내지는 않는다(p. 285)."

요약하면, 여러 로르샤흐 변인들이 환자의 공격성 역동을 신뢰롭게 채점할 수 있고 연관되는 것으로 보인다. 이러한 변인들 가운데 MOR 그리고 *AgPast*는 희생자화되는 것에 대한 분노감과 구체적인 관련성이 있으며, *AgC*는 보다 외현적인 공격 행동을 반영한다. AG가 자아 이질적인 공격 충동에 대한 긴장과 관련 있다는 제안도 존재한다.

성적 행동화에 대한 평가

성범죄와 관련된 법의학적 평가는 정신병리로 인한 성범죄 가능성을 최소화하는 방식으로 가정하기 때문에, 인상 평가(impression management)에 대한 로르샤흐의 민감성이 중요한 문제가 되었다. Grossman, Wasyliw, Benn과 Gyoerkoe(2002)는 MMPI나 MMPI-2에서 정신증적 증상들을 매우 적게 보고한 남성 성범죄자들과 자신을 정확히 드러낸 집단의 로르샤흐 자료를 비교하였다. 정신과적 증상을 적게 보고한 사람들은 MMPI나 MMPI-2 프로파일에서 유의하게 낮은 정신병리를 나타냈다(과소보고 집단은 74%, 솔직하게 보고한 집단은 38%가 정상 범위에 속하는 프로파일을 나타냈다). 그러나 고통(D와 Adj D)과 관련된 로르샤흐 지표와, 현실 검증과 인지적 정확성(X+%, X-%, WSum6, Intell Indx), 대인관계 기능(H와 M-)에 대한 로르샤흐 지표에서는 과소보고자들과 그렇지 않은 사람들 간의 차이가 없었다. 이 두 집단은 정신분열 지표, 자살 지표, CDI, 혹은 우울 지표 모두에서 차이가 없었다. 저자들은 "MMPI에서 얻은 결과와는 대조적으로, 과소보고자들도 로르샤흐에서는 그렇지 않은 사람들보다 심리적으로 더 건강하다고 볼 수 없다는 것을 발견하였다. 더 나아가, 과소보고자들은 로르샤흐에서 정상으로, 즉 일반 인구 집단과 비슷하다고 볼 수 없다"고 결론 내렸다(p. 496).

로르샤흐 변인에서 성범죄자들은 비성범죄자들과 차이가 있는가에 관한 2개의 연구가 있다. Gacono, Meloy와 Bridges(2000)는 비성범죄 사이코패스와 성적 살인자, 비폭력적인 소아성애자들을 비교하였다. 성범죄의 두 집단은 반응이 더 많고, 성적 살인자 집단은 Lambda 값이 1.0보다 작고 내향적인 경향이 있었다. 두 성범죄 집단 모두 로르샤흐 반응에서 적어도 하나의 재질반응을 보였다. 비성범죄 사이코패스는 인간 상호작용(SumT=0, H=0)에 관심을 덜 보이며, 정서적으로 회피하는(Afr < .40) 것으로 나타났다. 저자들은 로르샤흐에서 애착 능력이 없는 것으로 나타난 비성범죄 사이코패스 집단보다 성범죄를 저지른 두 집단의 사람들이 대인관계적 관심, 갈등, 그리고 양가감정을 더 많이 경험하는 것으로 추측하였다.

추적연구에서, Huprich, Gacono, Schneider와 Bridges(2004)는 Rorschach Oral Dependency Scale(ROD; Masling, Rabie, & Blondheim, 1967)를 사용하여 이전의 Gacono와 동료들(2000) 연구에서 구분했던 세 집단을 비교하였다. 소아성애자들은 순수한 구강 의존성(oral dependency)이 유의미하게 높았으며, 성적 살인자들의 의존성 반응은 공격적 반응내용과 빈번하게 짝지어 나타났다. 저자들은 이러한 대립적인 의존성과 공격성의 혼합이 성적 살인을 한 피의자의 반응에 잘 요약되어 있다고 보았다. "관계를 갈망하는 외로운 맹금류"(p. 353)

요약하면, 로르샤흐는 정신병리를 최소화하려는 맥락 속에서도 사람들의 성적 활동을 평가하는 데 유용한 자료를 제공한다. 성 범죄자들은 대인관계적 관심과 높은 의존성의 특징을 나타낸다. 성적 살인 가해자 사례의 경우, 높은 대인관계적 관여가 공격적 충동과 융합되었을 가능성이 있다.

사례 12. 22세 남성

카드	반응	질문
I	1. 나비.	평가자: (반응 반복) 피검자: 여기 날개가 있고 여기 위에 2개의 작은 더듬이가 있어요. 이 전체가 그래요. 평가자: 더 오래 들여다보면 다른 것도 찾을 수 있을 거예요.
	2. 게 같아요.	평가자: (반응 반복) 피검자: 네, 집게가 여기 있고 (D1), 이렇게(팔을 뻗음) 팔이나 손 같은 것이 이렇게 튀어나와 있어요. 가운데에 몸이고요.
	3. 화난 고양이 얼굴 같이 보여요.	평가자: (반응 반복) 피검자: 눈, 입, 그리고 여기는 귀, 그리고 작은 뿔. 평가자: 화가 나 보인다고 말씀하셨는데요? 피검자: 눈이 치켜 올라가 있고, 그리고 입은 쉭쉭 소리는 내는 것 같아요.
	4. 딱정벌레 같이 보여요.	평가자: (반응 반복) 피검자: 음…… 팔이 여기 있고(D2) 저렇게 몸(D4 윤곽), 머리는 바로 여기 위에 있겠네요(D4 위).
	5. 늑대 얼굴 같아요.	평가자: (반응 반복) 피검자: 그냥 고양이 얼굴 같은데, 아래를 보고 있는 것처럼 코가 아래를 향하고 있어요. 귀, 눈꼬리가 치켜 올라간 눈이 못되어 보여요.
II	6. 벽에 부딪혀 으스러진 검은 파리.	평가자: (반응 반복) 피검자: 피가 저기 전체에 튀어 있어요. 전부 빨갛고. 그리고 검은 날개, 파리가…… 얼룩진 것 같아요. 평가자: 왜 얼룩진 것처럼 보였는지 모르겠어요. 피검자: 빨간 부분에 있는 선들 방식이나, 색깔들이 있는 방식이, 그냥 다 얼룩진 것처럼 보여요.
	7. 우주를 통과하고 있는 제트기.	평가자: (반응 반복) 피검자: 저 부분(DS5)이 제트기처럼 보여요. 그리고 밖이 온통 까맣기 때문에 분명 주변은 우주일 거예요. 저렇게 전부 다 어두워요, 우주처럼요.

	8. 볼링공을 잡고 서로를 마주 보고 있는 두 사람.	평가자: (반응 반복) 피검자: 음 험, 2명 모두 앞으로 굽히고 있어요, 여기 다리, 팔, 목, 머리 그리고 서로를 마주 보고 있어요. 여기 아래는 (D7) 볼링공일 수도 있고, 공이 놓여 있는 선반(rack)일 수도 있겠네요.
Ⅳ	9. 큰 발을 가진 괴물.	평가자: (반응 반복) 피검자: 쿵쿵거리며 걷고 있는 큰 발, 머리는 여기 위, 작은 눈들, 아래는 크고 위는 가늘어요. 머리는 아래를 향하고 있고, 팔은 튀어나와 있어요.
	10. 날아다니는 벌레 종류.	평가자: (반응 반복) 피검자: 거꾸로 있네요. 더듬이가 있는 머리(D1), 날개가 나와 있고, 공중에 있는 것처럼 보여요. 날면서, 모양이 대칭이네요.
Ⅴ	11. 나비처럼 생겼어요.	평가자: (반응 반복) 피검자: 날개 2개, 더듬이 2개가 있어요. 저에게는 그냥 나비처럼 보여요.
	12. 또는 까치발(tippy toes)을 한 늑대.	평가자: (반응 반복) 피검자: 귀가 2개고, 까치발을 한 다리 2개 같아요. 팔은 튀어나와 있어요(sticking out). 전체가 그렇게 보이네요.
Ⅵ	13. 조종석이 폭파되고 있는 제트기 같아 보이네요.	평가자: (반응 반복) 피검자: 제트기의 날개들이고, 여기가 제트기 앞쪽이고(D3), 제트기가 공중을 날고 있어요. 그리고 조정석 부분처럼 여기(D3) 전부가 폭파되고 있어요.
Ⅶ	14. 2명의 여인이 서로를 마주 보고 있어요. 서로의 얼굴에 파이를 던질 준비를 하고 있는 것처럼 한 손이 뒤로 뻗어 있어요.	평가자: (반응 반복) 피검자: 이건 얼굴처럼 보이고, 서로를 마주 보고 있어요. 머리카락은 위로 튀어나와 있고, 팔은 뒤로 나와 있는데, 마치 파이를 다른 사람에게 던지고 있는 것 같아요. 저기 살짝 납작한 부분을 보세요(Dd21). 파이일 수도 있겠네요. 마치 어딘가에 쭈그리고 앉아 있는 것 같아요(D4).
Ⅷ	15. 나무 또는 식물이 있고 두 마리의 곰이 양쪽에서 기어 올라가고 있어요.	평가자: (반응 반복) 피검자: 이것들은 곰이고, 곰들의 머리와 다리, 그리고 식물은 바로 여기 있는데 이렇게 툭 튀어나와 있어요. 마치 누군가의 집에서 본 것처럼요. 위는 일종의 초록색이고요.

IX	16. 기관총과 조명탄을 서로에게 겨누고 있는, 초록색 바위 위에 서 있는 2명의 지혜로운 남자들.	평가자: (반응 반복) 피검자: 이건 지혜로운 남자들이에요. 그들은 뾰족한 모자를 쓰고 있기 때문에 지혜로워요. 기관총과 조명탄이고, 서로를 쏘고 있어요. 저걸 바위라고 한 이유는 그냥 남자가 그 위에 서 있기 때문이에요. 평가자: 조명탄에 대해서 잘 모르겠어요. 피검자: 오렌지 아치(Dd25)가 공중에 있는 불 같아요. 쏐았을 때 조명탄처럼요.
	17. 말 얼굴이요. 정면에서 본.	평가자: (반응 반복) 피검자: 여기 하얀색 구멍이 2개의 콧구멍 같아요. 그리고 저건 모양이 머리 같아요.
X	18. 산에서 두 마리의 벌레 간 큰 싸움. 각각의 벌레 옆에 파란색 게가 있고, 도망가는 순록도 양쪽에 있어요.	평가자: (반응 반복) 피검자: 두 마리의 벌레가(D8) 서로 겨루고 있는 것 같아 보여요. 이 산 위에는(D9) 파란색 게들(D1)이고, 도망가고 있는 순록(D7), 발과 다리는 뛰는 자세로 쭉 펴져 있고, 색깔이 사슴 같아요. 평가자: 벌레들이 큰 싸움을 하고 있다고 했죠? 피검자: 네, 그것은 산에서 벌레들의 전쟁 같아요.

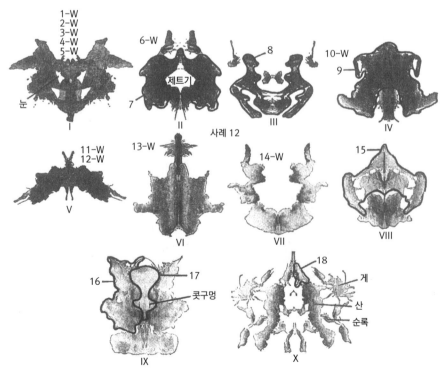

사례 12. 점수 계열

카드	반응 번호	위치	영역 번호	결정인	(2)	내용	평범 반응	Z	특수 점수
I	1	Wo	1	Fo		A	P	1.0	
	2	Wo	1	FMpu		A		1.0	INC
	3	WSo	1	FMao		Ad		3.5	INC2,AG,PHR
	4	Wo	1	Fu		A		1.0	INC
	5	WSo	1	FMpo		Ad		3.5	
II	6	W+	1	CʹF.CF.YF−		A,Bl		4.5	MOR
	7	DS+	5	ma.CʹFo		Sc,Na		4.5	ALOG
III	8	D+	1	Ma+	2	H,Sc	P	3.0	GHR
IV	9	Do	7	Mao		(H)	P		GHR
	10	Wo	1	FMau		A		2.0	
V	11	Wo	1	Fo		A	P	1.0	
	12	Wo	1	FMa−		A		1.0	INC
VI	13	Wo	1	mau		Sc,Ex		2.5	MOR
VII	14	W+	1	Mao	2	H,Fd,Id	P	2.5	AG,GHR
VIII	15	D+	1	FMa.FCo	2	A,Bt	P	3.0	FAB
IX	16	D+	3	Ma.CF.mpo	2	H,Cg,Ls,Fi	P	4.5	ALOG,AG,PHR
	17	DSo	8	F−		Ad		5.0	
X	18	D+	8	Ma.FMa.FCu	2	A,Ls	P	4.5	FAB2,AG,PHR

사례 12. 구조적 요약

구조적 요약(상단부)

반응영역	결정인 혼합	단일	반응내용	자살 지표
				NO ... FV+VF+V+FD > 2
			H = 3	YES.. Col-Shd Bl > 0
			(H) = 1	YES.. Ego < .31, > .44
Zf = 17	C'F.CF.YF	M = 3	Hd = 0	NO ... MOR > 3
ZSum = 48.0	m.C'F	FM = 5	(Hd) = 0	YES.. Zd > +−3.5
ZEst = 56.0	FM.FC	m = 1	Hx = 0	YES.. es > EA
	M.CF.m	FC = 0	A = 9	NO ... CF+C > FC
W = 11	M.FM.FC	CF = 0	(A) = 0	YES.. X+% < .70
D = 7		C = 0	Ad = 3	YES.. S > 3
W+D = 18		Cn = 0	(Ad) = 0	NO ... P < 3 or > 8
Dd = 0		FC' = 0	An = 0	NO ... Pure H < 2
S = 4		C'F = 0	Art = 0	NO ... R < 17
		C' = 0	Ay = 0	6 ...... TOTAL

발달질		단일	반응내용	특수점수		
		FT = 0	Bl = 1		Lv1	Lv2
+ = 7		TF = 0	Bt = 1			
o = 11		T = 0	Cg = 1	DV = 0x1		0x2
v/+ = 0		FV = 0	Cl = 0	INC = 3x2		1x4
v = 0		VF = 0	Ex = 1	DR = 0x3		0x6
		V = 0	Fd = 1	FAB = 1x4		1x7
		FY = 0	Fi = 1	ALOG = 2x5		
		YF = 0	Ge = 0	CON = 0x7		
		Y = 0	Hh = 0	Raw Sum6 = 8		
		Fr = 0	Ls = 2	Wgtd Sum6 = 31		

형태질				반응내용	특수점수	
	FQx	MQual	W+D	rF = 0		
+	= 1	= 1	= 1	FD = 0	Na = 1	
o	= 9	= 3	= 9	F = 4	Sc = 3	AB = 0 · GHR = 3
u	= 5	= 1	= 5		Sx = 0	AG = 4 · PHR = 3
−	= 3	= 0	= 3		Xy = 0	COP = 0 · MOR = 2
none	= 0	= 0	= 0		Id = 1	CP = 0 · PER = 0
				(2) = 5		PSV = 0

구조적 요약(하단부)

비율, 백분율, 산출한 점수

R = 18	L = 0.29		FC:CF+C = 2:2		COP = 0 AG = 4
			Pure C = 0		GHR:PHR = 3:3
EB = 5:3.0	EA = 8.0	EBPer = 1.7	SumC':WSumC = 2:3.0		a:p = 12:3
eb = 10:3	es = 13	D = −1	Afr = 0.29		Food = 1
	Adj es = 11	Adj D = −1	S = 4		SumT = 0
			Blends:R = 5:18		Hum Con = 4
FM = 7	C' = 2	T = 0	CP = 0		Pure H = 3
m = 3	V = 0	Y = 1			PER = 0
					Iso Indx = 0.28

a:p	= 12:3	Sum6 = 8	XA% = 0.83	Zf = 17.0	3r+(2)/R = 0.28
Ma:Mp	= 5:0	Lv2 = 2	WDA% = 0.83	W:D:Dd = 11:7:0	Fr+rF = 0
2AB+Art+Ay	= 0	WSum6 = 31	X−% = 0.17	W:M = 11:5	SumV = 0
MOR	= 2	M− = 0	S− = 1	Zd = −8.0	FD = 0
		Mnone = 0	P = 8	PSV = 0	An+Xy = 0
			X+% = 0.56	DQ+ = 7	MOR = 2
			Xu% = 0.28	DQv = 0	H:(H)Hd(Hd) = 3:1

PTI = 1	DEPI = 4	CDI = 3	S−CON = 6	HVI = NO	OBS = NO

S-CON과 핵심 변인

S-CON(6)은 유의하지 않다. 첫 번째 유의한 핵심 변인은 Adj D(-1)로 해석 시 통제 관련 군집을 우선 검토해야 함을 의미한다. 그러나 이 변인이 순서에 대한 지침을 제공하지 않으므로 나머지 군집들도 조사해야 한다. 그 결정은 그다음의 유의한 핵심 변인이나, 가능하다면, 첫 번째 유의한 제3변인을 기반해서 정해야 한다. 이 사례의 경우, 또 다른 유의한 핵심 변인이 있다. 내향형 *EB*(5:3.0)로, 다른 군집에 대한 해석은 관념부터 시작해야 한다는 것을 제안한다. 그다음, 정보처리, 인지적 중재, 정동으로 진행하며, 끝으로 자기 지각 및 대인관계 지각과 관련된 자료를 검토해야 한다.

통제

사례 12. 22세 남성의 통제 관련 변인

EB = 5:3.0	EA = 8.0		D = -1	CDI = 3
eb = 10:3	es = 13	Adj es = 11	Adj D = -1	L = 0.29
FM = 7 m = 3	SumC' = 2	SumT = 0	SumV = 0	SumY = 1

Adj D(-1)는 만성적인 자극 과부하 상태임을 보여 주며, 효율적으로 스트레스를 조절하는 능력을 제한한다. 피검자는 일상생활이나 구조적인 환경에서는 적절하게 기능하는 것이 가능하다. 그러나 그에 대한 내적, 외적 요구들이 커지거나 복잡해지면, 그의 통제는 불안정하기 쉽겠다. 이러한 상황에서 피검자는 혼란스러워지고 충동적이 되며, 이는 그의 사고와 행동 모두에 현저한 영향을 줄 수 있다.

EA(8.0)는 성인 평균 수준이며, *EB*(5:3.0)에는 0이 포함되지 않으므로 Adj D는 의미 있다. 이러한 결과는 일상적인 의사결정과 직접적인 행동을 위한 자원이 충분하다는 것을 의미한다. 그러나 예상치 못한 높은 수준의 지속되는 요구를 경험하게 되면 피검자의 능력은 때때로 제한될 수 있다. 7개의 *FM*과 2개의 *SumC'*로 구성된 높은 Adj es(11)가 이를 간접적으로 보여 주고 있다. 전자는 그가 빈번하게 만족스럽지 못한 욕구에 의해 촉발된 단절된 사고(disconnected patterns of thinking)를 경험한다는 것을 나타내며, 후자는 그가 감정을 내재화하고 솔직하게 표현하기보다는 억압하는 경향이 있음을 나타낸다. 이러한 특

징들은 특히 복잡한 상황에서 그의 주의와 집중을 제한하고 생각과 행동을 통제하는 능력을 방해함으로써 영향을 미친다.

관념

사례 12. 22세 남성의 관념 변인

L	=0.29	OBS	=NO	HVI	=NO	**Critical Special Scores**			
						DV	=0	DV2 =	0
EB	=5:3.0	EBPer	=1.7	a:p	=12:3	INC	=3	INC2	=1
				Ma:Mp	=5:0	DR	=0	DR2	=0
eb	=10:3	[FM=7 m=3]				FAB	=1	FAB2	=1
				M−	=0	ALOG	=2	CON	=0
Intell Indx	=0	MOR	=2	Mnone	=0	Sum6	=8	WSum6	=31
						(R=18)			

M Response Features

III 8. D+ Ma+ 2 H,Sc P 3.0 GHR

IV 9. D+ Mao (H) P GHR

VII 14. W+Mao 2 H,Fd,Id P 2.5 AG, GHR

IX 16. D+ Ma.CF.mpo 2 H,Cg,Ls,Fi P 4.5 ALOG,AG,PHR

X 18. D+ Ma.FMa.FCu 2 A,Ls P 4.5 FAB2,AG,PHR

EB(5:3.0)는 피검자가 충분히 생각하고 다양한 대안들을 고려하기 전까지 결정과 행동을 지연하는 경향이 있음을 나타낸다. 피검자는 외부의 피드백보다는 내적 평가에 더 많이 의존하는 경향이 있으며, 사고에서 정서적 영향을 최소화하려고 노력한다. 이러한 대처 유형에서는 융통성 있게 대처하고, 사고가 논리적이고, 명백하고 일관된다면 효과적이다.

EBPer(1.7)는 피검자가 관념적 유형을 사용할 때 인지적 유연성이 부족하지 않음을 나타낸다. 그리고 시행착오적 전략이 필요한 상황에서는 보다 직관적인 접근법을 취할 것이다. 반면에, *a:p*(12:3)는 좌항이 우항보다 4배나 크므로 관념과 가치가 매우 고정적이어서 쉽게 바뀌지 않음을 시사한다. 피검자의 사고가 명백하고 논리적이면 문제되지 않으나, 그의 사고가 혼란스럽거나 비논리적이라면 심각한 문제가 될 있다.

*eb*의 좌항(10)은 7개의 *FM*과 3개의 *m*으로 구성되어 있는데, 특히 흥미롭다. 앞에서 지

적한 바와 같이, 이는 피검자의 제한적인 통제능력과 사고에 유의미한 영향을 미친다. 이는 상당히 방해가 되는 정신적 활동이다. 이 사례의 경우, 충족되지 않은 욕구들에 의해 유발되었고, 상황 관련 스트레스 요인들에 의해 증가한 것으로 보인다. 비자발적인 정신적 활동을 풍부한 자원을 가지고 있지 않은 성인들이 처리하는 것은 쉽지 않다. 결과적으로, 의식적인 지향적 사고(directed thinking)에서 잦은 혼란을 경험하고, 개념화의 일부가 적절하게 형성되지 못할 수 있다. 이러한 유형의 관념적 과부하는 덜 성숙하거나 덜 효과적인 사고의 유형을 야기한다.

사고에서 어려움의 결과는 $Sum6$(8)과 $WSum6$(31)에 반영되었다. 두 값 모두 평균보다 높은데, 특히 18개의 반응 프로토콜에 비해 더 높은 값이다. 이는 피검자의 사고가 혼란되고 일관성이 없다는 것을 시사하며, 판단의 결함(flawed judgment)을 나타낸다. 이 같은 제한점을 가진 사람들은 일상생활의 요구에 효과적인 방법으로 지속적으로 대처할 수 없다. 8개의 주요 특수점수가 포함된 평가 결과는 잘못된 판단의 정도에 대한 설명을 제공한다.

8개의 반응 중 3개는 INCOM으로 채점되었다(카드 I, 반응 2와 4, 카드 V, 반응 12). 각각의 반응은 지각된 동물의 특징을 불일치하게(incongruous) 보고한다. 게의 다리와 집게 대신, 팔이나 손이라고 반응하고(반응 2), 딱정벌레의 다리 대신 팔이라고 보았으며(반응 4), 늑대의 다리가 아닌 팔이라고 응답하였다(반응 12). 이러한 반응들은 기괴하지는 않지만 아동들의 세련되지 못한 반응들에서 자주 볼 수 있는 미숙하고 가볍고 지나치게 단순한 개념의 유형을 나타낸다.

주요 특수점수를 포함하는 다른 5개의 반응에서는 판단의 결함이 더 잘 나타나며 현실과의 상당한 분리를 보여 준다. 카드 I에서 3번 반응은 화난 고양이 얼굴에 '작은 뿔'을 포함시켜 INCOM2로 채점되었다. 질문 단계에서는 아무렇게나 대답해서 질문자가 인지적 오류에 대한 추가적인 설명을 유도하는 것을 실패하였다. 따라서 이 대답을 통해 그의 사고가 얼마만큼 기괴함을 포함하고 있는지 추측하기 어렵다. 그의 두 번째 반응은 카드 II (7번 반응)에서 ALOG으로 채점되었는데 질문 단계에서 그는 이렇게 언급했다. "밖이 온통 까맣기 때문에 분명 주변은 우주일 거예요……." 이는 비현실적인 반응은 아니지만 형태의 윤곽을 "분명 우주일 거예요."라고 해석하며 확신하는 태도는 구체적이다.

카드 VIII(15번 반응)에서 보인 첫 번째 특수점수 반응은 FABCOM으로 채점되었는데 현실로부터의 분리를 보여 준다. 반응에서 "나무 또는 식물이 있고 두 마리의 곰이 양쪽에서 기어 올라가고 있어요."라고 설명했다. 그는 질문 단계에서 곰을 설명한 후 다음과 같이 식물을 설명한다. "이렇게 툭 뛰어나와 있어요. 마치 누군가의 집에서 본 것처럼요……."

곰은 나무를 타긴 하지만, 실내용 식물은 오르지는 않으며 질문 단계에서 그는 정교화하여 반응을 설명할 수 있는 기회가 주어졌음에도 비현실적인 옵션을 선택한 점이 매우 흥미롭다. 사실 특수점수의 반응들은 모두 질문단계에서 나타났다.

그의 두 번째 ALOG는 카드 IX의 16번 반응에서 채점되었는데, 초기 반응에서는 "기관총과 조명탄을 서로에게 겨누고 있는 2명의 지혜로운 남자들⋯⋯." 질문 단계에서는 "그들은 뾰족한 모자를 쓰고 있기 때문에 지혜로워요⋯⋯."라고 설명한다. 이는 매우 구체적이며 판단에 문제가 있다. 마지막 반응(카드 X, 18번 반응)은 FABCOM2로 채점되었는데 가장 비현실적이다. "산에서 두 마리의 벌레 간에 큰 싸움, 각각의 벌레 옆에 파란색 게가 있고 벌레로부터 도망가는 순록이 양쪽에 있어요."질문 단계에서 싸움에 대해 질문받자 그는 "⋯⋯ 그것은 산에서 벌레들의 전쟁 같아요."라고 대답했다. 안타깝게도 질문 단계에서 충분히 드러나지 못했지만 이는 비현실적이고 단절된 반응이다. 따라서 카드 I의 INCOM2 반응에서처럼 기괴함과 관련된 문제는 확실치 않다.

8개의 반응에 대한 평가는 피검자의 사고가 미숙하고 지나치게 단순하다는 것임을 보여 준다. 그의 개념화는 미성숙하고 구체적이며 기괴함이 암시된다(고양이 얼굴의 뿔, 벌레들의 전쟁). 사고에 심각한 장해가 있다고 결론 내리기에는 정보가 불충분하지만, 피검자의 관념이 일상에서 이러한 인지적 실수들이 특징적이라면 많은 결정과 행동이 어떤 상황에서는 부적절할 것이다. 특히, 복잡한 상황에서 더욱 부적절할 것이다. 중요한 문제는 이러한 미숙하고 부자연스러운 사고가 전반적인 현실 검증력에 어느 정도 영향을 미치는가이다. 인지 3요소의 다른 군집 정보가 이 문제를 밝혀줄 것이다.

정보처리

Zf(17)와 $W{:}D{:}Dd$(11:7:0)의 값은 새로운 정보를 처리할 때 상당한 노력을 기울인다는 것을 보여 준다. 그러나 이 값은 11개의 W 반응 중 9개가 W 반응을 하기 쉬운 분명한 형태를 가진 카드들(I, IV, V, VI)에서 나왔으므로 그의 노력 수준이 과장되었을 수 있다. 나머지 2개의 W 반응은 W 반응을 하기에는 중간 수준으로 어려운 카드 II와 VII의 형태에서 나왔다. 이는 그가 상당한 노력을 기울이나 만약 상황이 복잡하면 노력을 조절함을 나타낸다.

$W{:}M$(11:5)에 시사되듯 기능적 능력 이상의 것을 성취하고자 하는 그의 열망이 있기 때문에 노력의 조절이 충분한지 의문이다. 이 질문에 대한 답을 얻을 수 있는 자료는 Zd이

사례 12. 22세 남성의 정보처리 변인

EB = 5:3.0	Zf = 17	Zd = −8.0	DQ+ = 7
L = 0.29	W:D:Dd = 11:7:0	PSV = 0	DQv/+ = 0
HVI = NO	W:M = 11:5		DQv = 0
OBS = NO			

Location & DQ Sequencing

I: Wo.Wo.WSo.Wo.WSo	VI: Wo
II: W+.DS+	VII: W+
III: D+	VIII: D+
IV: Do.Wo	IX: D+.DSo
V: Wo.Wo	X: D+

다. Zd(−8.0)는 자료 탐색이 과소통합 유형임을 시사한다. 이는 그가 새로운 정보를 탐색할 때 성급하며, 되는 대로 탐색하고, 그 상황에 존재하는 중요한 단서를 무시한다는 것을 보여 준다. 이는 잘못된 판단과 비효율적인 행동으로 쉽게 이어지는 잘못된 중재 가능성을 나타내며, 이는 이전에 언급한 사고의 구체성(concreteness)의 원인이 될 수 있다.

내향적인 사람이 나타내는 범위에 적절한 7개의 통합(DQ+) 반응이 포함되어 있으며 DQv와 DQv/+ 반응은 없다. 이는 정보처리의 질이 적절하다는 것을 나타내지만, 채점 기록의 순서를 살펴보면, 정보처리의 질은 적절하지 않다. 7개의 DQ+반응 중 4개는(7, 15, 16, 18번 반응) 주요 특수점수를 포함한다. 흥미롭게도, 4개 모두 유채색을 포함하는 형태(카드 II, VIII, IX, X)에서 나타났다. 관념에 대한 자료를 검토했을 때, 그의 사고가 미숙하고 지나치게 단순하다고 언급했는데 무계획적인 정보처리 습관이 영향을 미치고 있다는 가정이 합리적이다. 그의 사고와 정보처리 문제가 새로운 입력 정보를 해석하는 데 어떠한 영향을 미치는지는 중요한 문제이다.

인지적 중재

XA%(.83)과 WDA%(.83)는 새로운 정보입력에 대한 해석이 상황에 적절하다는 것을 시사한다. 이는 피검자의 사고와 정보처리에서의 문제를 고려할 때, 다소 의외의 결과이다. 사실상, 이러한 자료는 그의 중재적 활동이 적절한 현실 검증력을 촉진한다는 것을 강하게

사례 12. 22세 남성의 인지적 중재 변인

				Minus & NoForm Features
R =18		L =0.29	OBS =NO	
FQx+	=1	XA%	=.83	II 6. W+ C'F.CF.YF− A,Bl 4.5 MOR
FQxo	=9	WDA%	=.83	V 12. Wo FMa− A 1.0 INC
FQxu	=5	X−%	=.17	IX 17. DSo F− Ad 5.0
FQx−	=3	S−	=1	
FQxnone	=0			
(W+D	=18)	P	=8	
WD+	=1	X+%	=.56	
WDo	=9	Xu%	=.28	
WDu	=5			
WD−	=3			
WDnone	=0			

시사한다.

$X-\%$(.17)는 다소 높지만, 전체 반응이 18개이므로 각 반응은 점수에 5% 이상 기여하고 있다. 왜곡 정도에 따라 우려되는 3개의 마이너스 반응들이 있다. 첫 번째 마이너스 반응은 W 반응(카드 II, 반응 6)이다. "벽에 부딪혀 으스러진 검은 파리". 이는 특히 그가 $D6$영역을 "검은 날개"라고 보았기 때문에 윤곽의 심각한 왜곡은 아니다. 두 번째(카드 V, 반응 12)도 W 반응이다. "큰 팔을 가진 까치발을 한 늑대". 이는 중등도의 왜곡을 포함하며 구체적 또는 지나치게 단순한 사고를 보여 주는 반응 중 하나이다. 세 번째(카드 IX, 반응 17)은 $DS8$영역에서 나타났다. "말의 얼굴이요, 정면에서 본". 이 또한 중등도의 왜곡으로 볼 수 있다. 만약 그가 이 영역을 말의 얼굴 대신에 말의 코라고 보았다면 드문 반응으로 채점이 되었을 것이다. 이는 그의 과소 통합적인 정보처리 혹은 단순한 사고의 결과물일 수 있다.

그의 현실 검증력이 전반적으로 온전하다는 것을 지지해 주는 중재 자료의 또 다른 요소는 평범반응(8)이다. 이 값은 평균보다 살짝 높으며 관례적, 관습적 반응에 대한 단서가 꽤 분명할 때 해석이 적절했음을 시사한다. 반면에, $X+\%$(.56)과 $Xu\%$(.28)은 그가 일반 성인들에 비해 사회적 요구나 기대를 무시하는 중재적 결정을 내리기 쉽다는 것을 함축하고 있다. 이는 전형적인 것에 비해 개인주의가 더 크다는 것을 반영하지만, 이 경우는 피험자의 개념화 방식이 지나치게 단순하다는 것을 반영하는 것일 수 있다.

인지와 관련된 요약

대부분의 경우 인지 3요소 군집에서 나타난 결과들이 동일한 방식으로 통합되지만, 그렇지 않을 때에는 결과에 대한 전반적인 개관이 도움이 될 수도 있다. 피험자의 경우 이러한 개관이 필요해 보이는데 인지적 조작에 대한 결과들이 언뜻 모순되어 보이기 때문이다. 정보처리 자료는 그가 새로운 정보의 입력에 상당한 노력을 기울이고 있음을 보여 주지만, 성급하고 무계획적인 검토로 노력의 질이 빈약하며 빈번히 제한적이다. 잘못된 정보처리는 인지적 중재에 부정적인 영향을 미치지만 이 사례의 경우 인지적 중재 관련 결과들은 그가 다소 개인주의적이지만, 대개는 새로운 정보를 적절히 해석한다는 것을 보여 준다. 사실 그는 수용 가능하거나 관습적인 해석을 확인하는 단서들에 대해 특히 경계한다.

피검자의 사고에 관한 결과 또한 인지적 중재의 결과와 일관되지 않는다. 그가 분명한 태도와 가치를 가지고 있는 관념적인 사람인 것은 명백해 보인다. 그러나 그의 사고는 인지적 실수의 에피소드가 잦다. 혼란스러운 관념의 일부는 미숙하고 구체적인 사고의 결과처럼 보이지만, 일부는 기괴한 개념화에 기인한 것일 수 있다. 평가자가 기괴할 수 있는 반응들을 충분히 추적하지 못해서 정확히 기괴한 개념화에 의한 것이라고 하기에는 어렵다. 검사 시 피검자의 이상한 사고와 잘못된 정보처리가 중재적 활동을 방해하지 않는 이유를 추측해 보면, 방어적인 태도가 영향을 미친 것으로 보인다.

18개의 반응은 평균 수준의 반응기록이다. 그러나 그중 5개의 반응이 카드 I에서 나왔으며, 모두 W와 동물 내용을 포함하고 있고, 그중 3개는 주요 특수점수에 해당한다. 나머지 9개 카드에서 13개의 반응이 나왔는데, 5개의 카드(III, VI, VII, VIII, X)에서는 각각 하나씩의 반응을, 나머지 4개의 카드(II, IV, V, IX)에서 각각 2개의 반응을 보였다. 흥미롭게도, 피검자의 마이너스 반응은 2개의 반응을 한 4개의 카드들 가운데 3개의 카드에서 나타났다. 아마도 피검자가 과제에 몰두할수록 인지적 중재 장애가 일어나는 것 같다. 카드 I 이후 또는 마이너스 반응이었던 카드 II에 대한 첫 번째 반응 이후 피검자가 검사에 대한 몰두를 억제하려고 노력했다고 가정하는 것이 합리적이다. 그럼에도 그의 이상한 사고는 지속되었고, 구조적 요약의 결과보다 상당히 병리적임을 시사한다.

3개의 마이너스 반응 중 2개와 5개의 특수점수 중 보다 심각한 4개의 특수점수(2ALOG, FABCOM, FABCOM2)는 5개의 유채색 카드 중 4개(II, VIII, IX, X)에서 나타났다. 이는 정서적 자극이 피검자의 인지적 비효율성에 영향을 미치고 있는가에 관해 의문을 갖게 한다.

정동

사례 12. 22세 남성의 정동 관련 자료

EB	$=5:3.0$			EBPer	$=1.7$	**Blends**	
eb	$=10:3$	L	$=0.29$	FC:CF+C	$=2:2$	M.FM.FC	$=1$
DEPI	$=4$	CDI	$=3$	PureC	$=0$	M.CF.m	$=1$
						FM.FC	$=1$
SumC'$=2$	SumT$=0$			SumC':WSumC	$=2:3.0$	C'F.CF.YF	$=1$
SumV$=0$	SumY$=1$			Afr	$=0.29$	m.C'F	$=1$
Intellect	$=0$	CP	$=0$	S$=4$(S to I, II, III $=3$)			
Blends:R	$=5:18$			Col-Shad Bl	$=1$		
m+y Bl	$=1$			Shading Bl	$=1$		

앞서 제시되었듯이, 피검자는 정서를 배제하여 정서가 의사결정에 영향을 미치지 못하는 관념적인 대처능력(EB=5:3.0)을 가지고 있다. 그러나 $EBPer$(1.7) 자료는 정보처리과정에서 유연성이 부족하지 않음을 보여 준다. 따라서 어떤 경우에 피검자는 더 직관적으로 결정이나 행동을 하고 평상시보다 시행착오적 피드백에 의존할 수 있겠다.

eb의 우항(3)은 좌항(10)보다 훨씬 적으며, 비일상적인 정서적 고통에 대한 단서를 나타내지 않는다. 유사하게 $SumC':WSumC$(2:3.0)은 정서적 억압이나 억제를 보여 주지 않는다. 반대로 Afr(.29)은 내향적인 사람 유형보다도 상당히 낮으며 정서나 정서적 성향이 있는 상황을 회피하는 경향이 있음을 시사한다. 이는 피검자가 감정을 다루는 것을 불편해하고 방어적일 수 있음을 나타내며, 정서가 그의 인지적 기능, 특히 사고에 부정적인 영향을 주는 경향이 있다는 것을 의식하고 있음을 나타낸다. 정서를 회피하는 뚜렷한 경향성을 가진 사람들은 사회적 접촉 또한 회피하려 한다. $FC:CF+C$(2:2)는 피검자가 내향적인 사람들처럼 정서 표현을 조절하지 않는다는 것을 뜻한다. 이것이 반드시 문제라고 볼 수는 없지만 정서에 방어적인 것을 고려할 때, 이전에 드러난 통제 문제의 가능성이 높아 보인다.

정동에 관해 더욱 중요한 자료로 볼 점은 적당한 길이의 프로토콜에서 보인 4개의 S 반응이다. 이는 환경에 대한 소외감이나 반항(negativism)을 보여 준다. 이는 심리적 적대감이나 분노를 나타내며 의사결정과 대처능력에 상당한 영향을 미칠 수 있다. 전체 기록 가운데 5개의 혼합반응(28%)은 기대치보다 다소 높지만, 하나의 혼합반응이 상황적으로 관련된(*m.C'F*) 것임을 고려하면 반드시 심각한 것은 아니다. 반면, 5개의 혼합반응 중 3개가 결정인 3개를 포함하는데, 이는 흔치 않은 비율이며 심리적 기능이 꽤 복잡하다는 것을 시사한다. 이는 통제의 어려움, 기이한 사고, 감추고는 있지만 상당한 분노나 억울함 때문에 피검자에게 문제가 될 수 있다. 또한 그중 하나(*C'F.CF.YF*)는 유채색 음영혼합이면서 동시에 음영혼합반응이다. 전자는 정서나 정서적 상황들이 그를 혼란스럽게 한다는 것을 의미하며, 후자는 예상 밖의 반응으로 매우 고통스러운 정서가 내재되어 있음을 보여 준다.

정동과 관련한 자료를 종합해 보면, 피검자는 감정을 불편해하고 혼란스러워하고 있음을 시사한다. 정서를 효율적으로 다루지 못하고 회피하는 것으로 보인다. 그럼에도 피검자는 현재 그가 쉽게 다루지 못하는 고통스럽고 혼란스러운 감정들로 인해 부담감을 가지고 있는 것으로 보인다. 이러한 감정들은 소외감에서 기인된 상당한 억울함이나 분노를 포함하고 있다. 이는 그의 의사결정에 많은 영향을 미치고 있다. 통제의 어려움, 내재된 충동성, 기이한 사고를 함께 고려해 볼 때, 이는 부적절한 행동으로 쉽게 연결될 수 있는 원치 않는 심리적 혼란(psychological mix)에 영향을 미칠 것으로 보인다.

자기 지각

사례 12. 22세 남성의 자기 지각 관련 자료

					Human Content, An & Xy Responses
R	=18	OBS	=NO	HVI=NO	III 8. D+ Ma+ 2 H,Sc P 3.0 GHR
					IV 9. Do Mao (H) P GHR
Fr+rF	=0	3r+(2)/R	=0.28		VII 15. W+ Mao 2 H,Fd,Id P 2.5 AG,GHR
					IX 16. D+ Ma.CF.mpo 2 H,Cg,Ls,Fi
FD	=0	SumV	=0		ALOG,AB,PHR
An+Xy	=0	MOR	=2		

H:(H)+Hd+(Hd)=3:1
　[EB=5:3.0]

자기중심성 지표(0.28)는 평균 이하이다. 피검자는 다른 사람들과 비교하여 자신을 더욱 부정적으로 평가하는 경향이 있다. 이는 낮은 자존감을 함축한다. *FD*나 통경반응이 없다는 것은 스스로에 대해 순진한(naive) 사람임을 보여 준다. 반응기록에는 자신에 대한 비판적인 관점을 유발하는 자기개념에 대한 부정적인 특징을 보여 주는 2개의 MOR 반응이 있다. 4개의 인간내용 반응은 내향적인 사람의 기대치에 비해 적다. 인간반응 4개 가운데 순수 *H* 반응이 3개가 나타난 것은 피검자의 자기상이 상상보다는 사회적인 상호작용에서 형성된 것임을 시사하지만, 이것이 피검자의 자신에 대한 인상이 현실적임을 뜻하는 것은 아니다. 3개의 순수 *H* 반응 모두 평범반응이기는 하나 특이하게 장황(verbiage)하며 하나는 특수점수 ALOG를 포함한다. 투사된 자료들이 자기상의 성격에 대해 추가적인 설명을 제공할 것이다.

3개의 마이너스 반응 중 첫 번째(카드 II, 반응 6)가 가장 복잡하다, "벽에 부딪혀 으스러진 검정 파리…… 파리 같은 게 얼룩졌어요……." 이는 2개의 MOR 반응 가운데 첫 번째 반응으로 손상감을 드러낸다. 두 번째 마이너스 반응(카드 V, 반응 12), "큰 팔을 가진 까치발을 하고 있는 늑대"는 포식 동물을 의인화한 방식(까치발, 큰 팔) 때문에 흥미롭다. 이를 자기 표상이라고 가정하고, 반응 정교화를 더 촉진시켰을 때(늑대가 까치발을 하고 있다고 했죠?) 늑대의 특징으로 부여하고 있는 여러 특징을 추측하는 과정은 흥미롭다. 가령 이 반응을 상상(빨간 망토 소녀, 돼지 삼형제, 만화 캐릭터)과 관련시켰을지 오류를 수정하거나 더 인간다운 특징을 추가해서 말하는지 아니면 단순히 그 형태가 발가락 같다고 했는지로 추정해 볼 수 있다. 세 번째 마이너스(카드 IX, 반응 17)는 3개 중 가장 흥미가 떨어지는데 "말의 얼굴이요, 정면에서 본"과 같은 반응은 잘못된 처리과정이나 중재의 결과일 수 있으며 투사와는 관련이 없어 보인다.

2개의 MOR 반응 가운데 두 번째(카드 VI, 반응 13)도 자기상 관점에서 봤을 때 첫 번째 반응만큼 중요하다. "조종석이 폭파되고 있는 제트기요…… 조종석 부분처럼 여기 전부가 폭파되고 있어요." 비행기의 통제관은 조종석에 위치해 있다. 이 반응은 통제 문제에 대한 자각을 어느 정도 전달하는 것으로 보인다. 2개의 MOR 반응의 병적인 심각성 또한 흥미롭다. 손상은 되돌릴 수 없다. MOR 반응에 기반하여 가정하는 것은 위험하지만, 이 경우 피검자가 자신에 대해 매우 비관적이라고 추측하는 것이 합리적이다.

5개의 인간운동 반응들은 모두 평범반응이나 인상적인 특징을 포함하고 있다. 첫 번째(카드 III, 반응 8)는 "볼링공을 잡고 서로를 마주 보고 있는 두 사람"이다. 이는 경쟁적이며 공격적인 행동을 나타내는 것 같지만, 질문단계에서 그는 *D7*을 "볼링공일 수도 있고 공이 놓여 있는 선반일 수도 있겠네요."라고 반응을 바꾼다. 이는 평가자의 추가적 질문(그들이 잡고 있다고 말했죠?)으로 기본 반응을 더 명확하게 촉구할 수 있었던 또 다른 예이다. 두 번째 *M*(카드 IV, 반응 9)은 "큰 발을 가진 괴물"이다. 이는 꽤 흔한 반응이지만 "쿵쿵거리며 걷고 있는"이라는 그의 설명은 삶에 대한 접근을 시사하는 암시로 볼 수 있다. 그는 밑이 크다고 설명하며 "위는 가늘어 보이고, 머리는 아래를 향하고 있어요."라고 설명했다. 이는 차원 반응 같으나, 이에 대한 질문이 이루어지지 않았다.

그의 세 번째 *M*(카드 VII, 반응 14)은 "2명의 여인이 서로를 마주 보고 있고, 서로의 얼굴에 파이를 던질 준비를 하고 있는 것처럼 한 손이 뒤로 뻗어 있어요…… 서로에게 파이를 던지는 것처럼요."라고 말했다. 이는 공격성과 불일치하는(incongruous) 개념화로 보인다. 여성들이 대개 서로에게 파이를 던지지는 않는다. 이것이 타인 공격성에 대한 예상인지 혹은 타인을 향한 공격성의 예상인지는 명확하지 않다. 네 번째 *M* 반응(카드 IX, 반응 16)은 명백히 잘못된 판단을 보여 준다. "기관총과 조명탄(flares)을 서로에게 겨누고 있는, 초록색 바위 위에 서 있는 2명의 지혜로운 남자들". 질문 단계에서 그는 잘못된 논리를 더 분명히 보여 준다. "뾰족한 모자를 쓰고 있기 때문에 그들은 현명해요……." 이는 공상적인 반응인 것처럼 보이지만 그는 그렇게 인지하지 않았다. 세 번째 *M* 반응(여성과 파이)의 경우와 마찬가지로 모순적이다. 지혜로운 남자들이 서로에게 총을 쏘는지 알 수 없다. 이는 평가자의 질문(그들이 뾰족한 모자를 썼기 때문에 지혜롭다고 말했죠?) 촉구가 있어야 하는 또 다른 예이다. 그러나 이는 공격성에 대한 명백한 몰두를 시사한다. 마지막 *M* 반응(카드 X, 18번 반응) 또한 마찬가지이다. "산에서의 두 마리의 벌레 간 큰 싸움, 각각의 벌레 옆에 파란색 게가 있고, 도망가는 순록도 있어요……. 마치 산에서 벌레들의 전쟁 같아요." 이 개념에는 공격성이 포함되어 있으며 현실 왜곡이 심하다. 불행히도, 검사자는 병리 가능성에 대해 심도 있게 살피지 못하고 1개의 질문만 했다.

5개의 *M* 반응 중 4개에서 나타난 기이한 개념화는 피검자의 특이한 사고가 자신을 바라보는 방식에 영향을 미치고, 공격성에 대한 몰두가 자기상에 중요한 역할을 하는 것처럼 보인다.

7개의 *FM*과 3개의 *m* 반응은 의미심장하고, 일부 반응은 투사된 자료들이 포함되어 있다. *FM* 반응들 중 3개는 카드 I에서 나왔다. 첫 번째는 팔과 손이 튀어나온 게(반응 2)인데, 해석적 내용이 별로 없다. 그러나 그다음 2개―화난 고양이 얼굴…… 쉭쉭 소리 내는 것(반응 3), 그리고 늑대의 얼굴……밑을 보고 있는, 눈꼬리가 치켜 올라간 눈이 못되어 보여요(반응 5)―는 이전에 언급한 공격성에 대한 몰두가 일관되게 나타난다. 네 번째 *FM*(카드 IV, 반응 10)은 카드를 돌려보는 대신 '거꾸로 된' 날아다니는 벌레라고 설명했다. 이는 혼란감을 나타내는 것일 수도 있다. 다섯 번째 *FM*(까치발을 한 늑대)은 이미 살펴보았다. 여섯 번째(카드 VIII, 반응 15) 반응 또한 기이한 사고를 반영한다. "나무 또는 식물이 있고 두 마리의 곰이 양쪽에서 기어 올라가고 있어요." 질문 단계에서 그는 실내용 식물이라고 하였다. 마지막 *FM*(반응 18)은 벌레들의 전쟁에서 도망치는 순록인데, 이는 피검자가 자신과 세상에 대해 상상하는 것이 비현실적인 방식임을 보여 준다.

m 결정인을 포함하는 3개의 반응 중 2개는(조종석이 폭파되고 있는 제트기, 지혜로운 남자들에 의해 쏘아진 신호탄) 이미 살펴보았다. 세 번째(카드 II, 반응 7)는 "우주를 통과하고 있는 제트기…… 밖이 온통 까맣기 때문에 분명 주변은 우주일 거예요."이다. 드문 반응은 아니지만, 절대적인 방식으로 우주라고 설명한 점은 판단의 구체성(concreteness)을 보여 준다. 추론적인 수준에서, 그는 자신에 대하여 이렇게 느끼는 것처럼 보이며, 13번 반응을 고려한다면(조종석), 피검자는 스스로를 상당히 위험하다고 판단하는 것으로 보인다. 검토되지 않은 3개의 반응들은(반응 1, 4, 11) 특이한 윤색반응을 나타내지 않는다.

피검자는 자신을 안정적이라고 생각하지 않는다. 그의 자존감은 긍정적이기보다 부정적이며, 자신이 누구인가에 대해서도 혼란스러워하고 있는 것 같다. 그는 자신을 부정적으로 지각하고 있을 뿐만 아니라 자기 자신에 대해 비관적으로 생각하는 것으로 보인다. 무력감이나 절망감을 선뜻 인정하기보다는 감추고 있는 것 같다. 그는 세상에서의 소외감으로부터 스스로를 방어하기 위해 발달된 공격성에 대해 강한 몰두를 보이고 있다. 이는 피검자의 허약함이나 취약함과 같은 감정들에 의해 악화된 것으로 보인다. 대인관계 지각에 관한 자료들에서도 공격성 문제를 자세히 살펴볼 것이다.

대인관계 지각

CDI와 HVI 모두 유의하지 않으며, *a:p*는 수동성을 나타내지 않는다. 1개의 *Fd* 반응은 방향성과 지지에 있어 다른 사람에게 의존하는 경향이 있음을 보여 준다. 이는 세상으로부터 소외감을 느끼는 사람에게는 드문 일로 사회적 관계에 대한 기대가 순진하다는 것을 보여 준다. 다른 한편으로 재질반응이 없는 것은 피검자가 다른 사람들과 다른 방식으로 친밀함에 대한 자신의 욕구를 인정하고 표현한다는 것을 시사한다. 피검자는 대인관계 상황에서 보수적이고 사적인 공간에 대한 문제에 지나치게 관심을 가질 수 있다.

4개의 인간내용 반응 중 3개가 순수 *H* 반응으로 타인에 관한 개념이 현실에 기반한 것임을 나타내므로 특히 중요하다. 다른 말로 그가 현실적으로 사람들을 지각하는 것처럼

사례 12. 22세 남성의 대인관계 지각 자료

R = 18	CDI = 3	HVI = NO	**COP & AG Response**
a:p = 12:3	SumT = 0	Fd = 1	I 3. WSo FMao Ad 3.5 INC,AG,PHR
	[eb = 10:3]		VII 14. W+ Mao 2 H,Fd,Id P 2.5 AG,GHR
Sum Human Contents = 4		H = 3	IX 16. D+ Ma.CF.mpo 2 H,Cg,Ls,Fi 4.5
[Style = Introversive]			ALOG,AG,PHR
GHR:PHR = 3:3			X 18. D+ Ma.FMa.FCu 2 A,Ls P 4.5
			FAB2,AG,PHR
COP = 0	AG = 4	PER = 0	
Isolation Indx = 0.28			

보이지만, 그들과 상호작용하는 것에 관심이 많지 않고 매우 조심스러워 한다는 것이다. GHR:PHR(3:3)의 좌항과 우항이 같다는 점은 흥미롭다. 이는 그의 대인관계적 행동들은 바람직하기보다 상황에 덜 적응적임을 강하게 시사한다.

　피검자의 프로토콜에서 COP 반응이 없는데, 내향적인 사람에게는 드문 결과이다. 그러나 4개의 *AG* 반응은 그가 타인들로부터 동떨어져 있고 그들에 대해 냉담하며 사회적인 관계에서 공격성을 당연하다고 지각하고 있음을 의미한다. 이런 유형의 사람들은 다른 사람을 상대할 때 심하게 강압적이거나 공격적이다. 이전에 확인한 심리적 기질의 여러 문제들을 함께 고려한다면, 사회적 적응에 좋은 징조가 되지 못한다. 소외 지표(0.28)는 일상적으로 사회적 교환에 관여하는 것을 꺼리는 것을 보여 준다.

　쌍반응을 포함하는 5개의 *M*과 *FM* 반응의 내용은 피검자의 삶에서 나타나는 일종의 사회적인 혼란을 나타낸다. 5개 중 3개(반응 14, 16, 18)는 *AG*(파이를 던지는 여인들, 총을 겨누는 지혜로운 남성들; 벌레들의 전쟁)로 채점이 되었고, 2개는(반응 15, 18) 우화적 합성(식물을 오르고 있는 곰들; 벌레들의 전쟁)을 포함하고 있으며, 1개는(반응 16) ALOG(기관총을 겨누는 지혜로운 남자)를 포함하고 있다. 5개 중 오직 1개만이(반응 8, 볼링공을 잡고 있는 사람들) 불필요한 특수점수가 적용되지 않으나, 공격성의 암시가 내포되어 있다.

요약

　젊은 남성 피검자는 많은 문제를 가지고 있다. 그는 충족되지 않은 욕구와 감정의 혼란에서 촉발된 내적인 초조에 의해 만성적인 자극 과부하 상태에 있는 것으로 보인다. 이러한 초조는 피검자의 주의와 집중을 방해하고, 특히 복잡한 상황에서의 통제 상실의 가능성을 야기한다. 이런 일이 발생했을 때, 충동성의 에피소드는 그의 사고와 행동을 손상시킬 것이다.

다른 문제들은 통제의 어려움으로 인해 야기된 잠재적 문제들을 확대시킨다. 이 문제들 중 가장 중요한 부분은 그의 인지적 기능이다. 그는 새로운 정보를 제대로 처리하지 못하는 것처럼 보인다. 성급하고 무계획적인 방식으로 정보를 탐색해서 단서를 오해석하는 경향이 있다. 더 중요한 것은, 그의 사고는 미성숙하고 구체적이며, 종종 잘못된 판단과 기이한 개념화를 포함한다는 점인데, 기이한 개념화는 기괴함의 경계선에 있다.

이러한 상황은 피검자가 정서를 다루는 것을 불편해하고 방어적이며 적극적으로 회피하려고 하기 때문에 더 악화된다. 이는 그의 사고 문제의 일부와 연관된다. 피검자는 자기 자신에 대해 미숙하며, 인생에서 자신의 역할에 대해 불안정하고 혼란스럽다고 느끼고 있다. 이는 혼란스러운 기분을 야기하며 때로는 고통스러울 것이다. 그는 다른 사람에게 미숙하며 세상에 대한 심각한 소외감을 발달시켜 왔다. 이는 심한 억울함이나 분노를 야기하였지만, 피검자는 이를 잘 다루지 못할 것으로 보인다. 사회적으로 유능하지 못해 대부분의 사람들을 회피하지만, 피상적인 수준에서 다른 사람들과의 관계를 유지하고 있다.

피검자는 심각한 병리를 포함하는 조현성의(schizoid) 삶을 살고 있다. 로르샤흐의 내용 일부는 심한 사고의 문제를 강하게 암시하며 그가 혼란스럽고 부적절한 행동들을 하기 쉬운 취약한 상태에 있음을 시사한다.

제언

의뢰 시, 3가지 질문에 대한 보고를 요청받았다. 첫째는 그가 자신에게 혹은 타인에게 위험이 되는지에 관한 것이다. 프로토콜 상에서는 피검자가 자신에게 위험하다는 증거는 없지만, 이를 확실히 배제할 수는 없다. 그는 충동성이 내재되어 있으며, 사고는 기이하고 감정에 대해 혼란스러워하며 심한 고통을 경험하고 있다. 이는 자기파괴적인 사고나 행동에 영향을 미칠 수 있는 요소들이다. 또한 대학교 2학년 때 그는 우울증으로 인해 입원했었고, 그때 자살사고를 보고하였다. 이 에피소드에 관한 정보와 치료는 자신에게 위험이 되는가에 대한 질문에 대한 답변에서 중요한 정보들이다.

공격성에 관한 강한 몰두와 현저한 억울함 혹은 분노감의 문제도 있다. 이 요소들은 자기 파괴적 사고나 행동에 기여할 수 있는 요소들이지만, 그의 잠재된 충동성과 기이한 사고를 함께 고려해 보면 타인에게 위험한 행동들을 일으킬 확률이 훨씬 더 크다. 그가 다른 사람들에게 뚜렷이 공격적이었다는 과거력에 대한 정보는 없다. 그럼에도 불구하고 기본적인 요소들이 존재하기에 주의가 필요하며, 최근의 스토킹 행동들도 중요하다.

두 번째로 제기된 문제는 피검자가 성 범죄자이냐는 것이다. 이는 로르샤흐 자료만을 가지고 다루기에는 매우 어려운 사안이다. 이전에 강조했던 것과 같이, 그는 분노에 몰두되어 있으나, 이는 다양한 유형으로 나타날 수 있다. 로르샤흐 자료상에는 성적인 몰두에 대한 증거는 없으며 과거력에서만 단서가 존재한다. 그러나 가능성이 배제될 수는 없다.

세 번째로 제기된 문제는 심각한 정신적 장애가 있는지에 대한 것이었다. 언급했다시피, 그는 많은 심리적인 문제를 가지고 있으며 성격장애에 가까워 보인다. 프로토콜에서 나타난 것보다 더 심각한 병리가 존재할 수 있다는 단서들이 있다. 피검자는 검사 내내 방어적이었으나 평가자는 인지적 실수에 대해 충분히 질문하지 못했다. 따라서 심각한 정신적 장애가 있는지에 대한 사안은 추가적인 평가가 요구된다. 추가적인 검사와 면담, 그리고 과거 입원과 치료를 살펴보는 것이 중요하다. 가장 최선의 방법은 평가센터에 10~14일간 입원한 후 적절한 기간 동안 관찰하는 것이 한 방법이 되겠다.

에필로그

피검자는 보석으로 풀려났지만 법원에서 지정한 정신과 의사와 두 번의 추가적 면접을 지시받았다. 정신과 의사는 보고에서 피검자의 우울 성향을 강조했으나 위험성에 관한 보고는 분명치 않았다. 추가적인 치료에 대한 권고가 포함되었다. 피검자는 치료를 다시 시작한다는 조항과 함께 불법침입이라는 경범죄에 대해 18개월 보호관찰이라는 유죄 판결을 받아들였다. 피검자의 부모님은 그를 사설 정신건강 클리닉에서 매주 정신과 의사에게 진료 받을 수 있도록 하였다.

치료 두 달 후 피검자는 백화점의 발송부서에 정규직 자리를 얻었다. 치료 넉 달째에 피검자는 동료들이 자신을 싫어하고 일부 여자 동료들이 자신의 일처리에 대해 만족스러워하지 않고 자신을 해치려는 계획을 세우고 있다는 두려움이 증가해서 직장을 그만둘 것을 고려하고 있다고 보고하였다. 그는 직장을 계속 유지하도록 격려를 받았고 항정신증 약물이 처방되었다. 2주 후, 그는 여자 동료들 중 1명의 이웃에 의해 체포되었는데, 피검자는 여자 동료가 쇼핑 후 집으로 귀가할 때 그녀의 아파트에 강제로 들어갔고, 그녀의 비명을 들은 이웃이 신고하였다. 피검자의 보석은 철회되었고, 주립 정신질환자 보호 기관에 무기한 감금을 선고 받았다.

참고문헌

American Psychiatric Association. (1994). *Diagnostic and statistical manual of mental disorders* (4th ed.). Washington, DC: Author.

Baity, M. R., & Hilsenroth, M. J. (1999). Rorschach aggression variables: A study of reliability and validity. *Journal of Personality Assessment, 72*(1), 93-110.

Baity, M. R., & Hilsenroth, M. J. (2002). Rorschach Aggressive Content (AgC) variable: A study of criterion validity. *Journal of Personality Assessment, 78*(2), 275-287.

Baity, M. R., McDaniel, P. S., & Hilsenroth, M. J. (2000). Further exploration of the Rorschach Aggressive content (AgC) variable. *Journal of Personality Assessment, 74*(2), 231-241.

Benjamin, L. S. (2000). *SASB interpreter's manual for short, medium, and long form questionnaires.* Salt Lake City, UT: University of Utah.

Butcher, J., Dahlstrom, W., Graham, J., Tellegen, A., & Kaemmer, B. (1989). *MMPI-2: Manual for administration and scoring.* Minneapolis: University of Minnesota Press.

Exner, J. E. (2003). *The Rorschach: A comprehensive system: Vol. 1. Basic foundations and principles of interpretation* (4th ed.). New York: Wiley.

Finney, B. C. (1955). Rorschach test correlates of assaultive behavior. *Journal of Projective Techniques, 19,* 6-16.

Gacono, C. B., Meloy, J. R., & Bridges, M. R. (2000). A Rorschach comparison of psychopaths, sexual homicide perpetrators, and nonviolent pedophiles: Where angels fear to tread. *Journal of Clinical Psychology, 56*(6), 757-777.

Grossman, L. S., Wasyliw, O. E., Benn, A. F., & Gyoerkoe, K. L. (2002). Can sex offenders who minimize on the MMPI conceal psychopathology on the Rorschach? *Journal of Personality Assessment, 78*(3), 484-501.

Holt, R. R. (1956). Gauging primary and secondary processes in Rorschach responses. *Journal of Projective Techniques, 20,* 14-25.

Huprich, S. K., Gacono, C. B., Schneider, R. B., & Bridges, M. R. (2004). Rorschach oral dependency in psychopaths, sexual homicide perpetrators, and nonviolent pedophiles. *Behavioral Sciences and the Law, 22,* 345–356.

Masling, J., Rabie, L., & Blondheim, S. H. (1967). Obesity, level of aspiration, and Rorschach and TAT measures of oral dependence. *Journal of Consulting Psychology, 31*(3), 233–239.

Meloy, J. R., & Gacono, C. B. (1992). The aggression response and the Rorschach. *Journal of Clinical Psychology, 48*(1), 104–114.

Mihura, J. L., & Nathan-Montano, E. (2001). An interpersonal analysis of Rorschach aggression variables in a normal sample. *Psychological Reports, 89,* 617–623.

Mihura, J. L., Nathan-Montano, E., & Alperin, R. J. (2003). Rorschach measures of aggressive drive derivatives: A college student sample. *Journal of Personality Assessment, 80,* 41–49.

Morey, L. C. (1991). *Personality Assessment Inventory: Professional manual.* Odessa, FL: Psychological Assessment Resources.

Rose, D., & Bitter, E. J. (1980). The Palo Alto Destructive Content Scale as a predictor of physical assaultiveness in men. *Journal of Personality Assessment, 44*(3), 228–233.

Urist, J. (1977). The Rorschach Test and the assessment of object relations. *Journal of Personality Assessment, 41*(1), 3–9.

제15장

법적 분별력 및 능력 문제

사례 13

피검자는 25세 미혼 남성으로, 법의학적 평가의 일부로 로르샤흐 검사를 실시하였다. 3명을 살해 하여 기소되었는데, 프리랜서 사진작가로 일하면서 사진을 찍었던 젊은 여성들을 살해하고 사체를 훼손하였다.

정신과적 과거력이나 범죄 이력은 없다. 외동으로, 부모는 각각 49세, 50세이다. 부모는 피검자 10세 때 이혼하였고, 이후 어머니와 함께 살았으며 아버지는 가끔 만나는 정도였다. 18세에 고등 학교 졸업 후 사진관에서 1년 정도 일했고, 기술대학에서 2년 과정을 수료한 뒤 21세 때 상업사진 분야의 준학사 학위를 취득했다. 이후 어머니에게서 독립하여 작은 아파트로 이사했다.

2년간 가족 및 어린이들 증명사진과 여권사진을 전문으로 하는 백화점 내의 사진관에서 풀타임으 로 근무하였다. 23세 때 퇴사 후 9개월 동안 풍경사진이나 야생사진을 찍으면서 미국 내 이곳저곳 여행을 했었으며, 그 사진들을 잡지사에 팔려고 하였다. 그러나 대부분의 사진은 잘 팔리지 않았다. 15개월 전, 웨딩사진 전문 업체에서 파트타임으로 일하며 남는 시간에는 프리랜서로 일하였다.

고등학교와 기술대학에서의 정보들은 평범하다. 피검자의 성적은 중상 정도였고, 고등학교 2~3학년 동안 교내 신문사에서 사진기자로 활동했다. 담임교사에 따르면, 그는 조용하고 성실했다고 한다. 고등학교 재학 시 친구들은 여럿 있었지만, 단짝친구나 이성친구는 없었다. 고등학교 때 데이트를 했다고 하나, 기술대학 재학 시 사교 활동에 대한 정보는 거의 없다. 최근까지 함께 일했던 동료는 피검자를 조용하지만 유능하다고 하였다. 프리랜서 활동 당시 모델 에이전시의 스무 명 남짓 남녀 모델의 포트폴리오를 제작한 적이 있었는데, 함께 작업했던 모델들은 한결같이 그에 대해 협조적이 고 유순하며 실력이 있다고 하였다. 몇몇 모델들은 피검자가 모델 경험과 포트폴리오 사진에서 드 러나길 원하는 인상에 주의를 기울여 상세히 메모했다고 언급했다.

피검자는 여성 모델의 아파트에 침입하려다가 이웃 남성 2명에게 붙잡혔다. 피해자는 마트에 가느라 잠시 집을 비웠었다. 처음에 피검자는 에어컨을 살펴보려고 그곳에 찾아갔다고 주장하였으나, 피검자의 가방에서 피해자의 속옷과 목걸이 2개가 발견되자 입을 닫았다. 경찰에 체포되고 피해자가 그에게 포트폴리오 사진을 찍었던 모델임이 밝혀지자 침묵으로 일관하였다. 그의 아파트를 수색하자 여러 개의 속옷과 보석류가 발견되었는데, 이는 18개월 전 자택에서 살해된 여성 3명의 소지품으로 확인되었다. 각 피해자들은 목이 졸린 후 수차례 찔렸다. 법의학 전문가는 3명 모두 자고 있는 도중에 공격받았을 것으로 짐작하였고, 성폭행의 흔적은 없었다.

이러한 정황들이 드러나자 피검자는 살인에 대해 자백하였다. 그는 세 여성 모두 실제 모델이 아니라 매춘부였다고 주장하였다. 또한 자신은 계시를 받아 모델들의 사진을 보면 매춘을 했는지 알 수 있다고 하였다. 살인을 지시하는 특별한 힘에 의해 선택되었고, 살인하기 전까지는 잠을 잘 수 없었다고 한다. 그의 국선변호인에 따르면, 피검자는 '특별한 힘'에 대해 설명할 수 있는 기회를 얻기 위해서 재판을 고대하고 있다고 한다.

평가는 일반적인 절차에 따라 진행되었고, 피검자가 재판받을 능력이 있는지, 법원이 정신이상으로 인한 죄책감 결여라는 항변을 받아들일지에 대해 초점을 맞추었다.

사례 개념화 및 관련 문헌

피검자는 범죄 혹은 정신과적 과거력이 없고, 그에 대해 과거 교사 및 현재 동료들이 조용하고 성실하다고 평가하였으며, 안정적이고 근무경력도 양호하다. 그는 18개월 전 3명을 잔인하게 살해했음을 자백했고, 피해자들이 매춘을 한다는 계시와 살해를 지시하는 특별한 힘이 있다는 기괴한 설명으로 살인을 정당화하였다. 그의 변호사는 이러한 모순된 과거력에 봉착하게 되면서 소송능력의 유무와 정신장애에 따른 무죄 가능성에 대한 자문을 요청하였다. 로르샤흐 검사는 이러한 법심리학적 질문에 대해 평가하는 주요 도구는 아니지만, 부가적인 도움을 줄 수 있다. 다음은 심리학자의 법적 자문 제공에 대한 방향을 제시하는 관련 문헌들이다.

소송 능력에 대한 평가

연방대법원의 유명한 *Dusky v. United States*(1960) 판결에 따라, 다음의 용어들로 소송

능력(competency to stand trial)에 대한 법적 기준을 정의한다.

> 평가는 반드시 합리적인 이해를 바탕으로 변호사와 면담할 수 있는 충분한 능력을 가지고 있는지, 그리고 법적 절차에 대해 현실을 기반하여 이해하고 이성적인 능력을 가지고 있는지 확인해야만 한다(p. 789).

Rogers, Tillbrook과 Sewell(1998, 2004)은 심리측정적으로 엄격하게 표준화된 반구조화 면접인 Evaluation of Competency to Stand Trial-Revised(ECST-R)를 개발했다. Dusky의 주요 3요소를 반영하여, 변호사와 면담할 수 있는 이성적 능력, 기소와 관련된 현실에 기반한 이해 및 법적 절차에 있는 개인의 책임감, 발생할 수 있는 가능한 결과와 적절한 변호 전략에 대한 이성적 이해가 포함된다. 추가 연구에서 부정적 인상(negative managemant)을 주고자 애쓰는 것은 아닌지가 중요한 쟁점인, 소송 능력이 없다고 가장하는 것도 ECST-R로 선별할 수 있는 것으로 나타났다(Rogers, Jackson, Sewell, & Harrison, 2004).

특정한 법심리학적 의문이 제기될 때, ECST-R과 같이 심리측정적으로 타당한 법정 도구(forensic instrument)는 이러한 의문들을 명백하게 설명해 주고 꾀병(malingering)을 선별해 줄 수 있는 가장 적절한 기본적인 평가 기법이다. Cruise와 Rogers(1998)가 지적했듯이, 표준적인 인지 및 성격평가는 Dusky 가이드라인에 따라 소송 능력을 판단하는 데 필요한 영역을 직접적으로 평가하지는 않는다. 하지만 표준적인 임상적 평가는 판사 및 변호사에게 도움이 될 만한 결과를 줄 수 있다. 로르샤흐의 $X+\%$, $X-\%$, $WSum6$, GHR:PHR, HVI 자료는 현실 검증력의 전반적인 정확성 및 관습성, 사고과정, 축적된 대인관계 관련 정보, 대인관계에서의 과경계 등 일반적인 정보를 주는 데 유용하다.

형사 책임에 대한 평가

피고는 자신의 범죄 행위에 대한 책임을 져야 하지만, 정신이상 등의 상태가 범행 당시 나타났다고 증명되는 경우에는 제외된다(Morse, 1999). 미국에서 형사 책임(criminal responsibility)을 평가하기 위한 다양한 가이드라인이 존재하지만, American Law Institute(ALI)의 모범 형법전(Model Penal Code) 4.01에 제시한 내용은 정신이상 여부를 결정하는 요소 대부분을 포함한다.

정신질환 또는 정신적 결함의 결과로 범행이 일어났고, 범행에 대해 유죄(잘못
되었음)로 평가하는 능력이나 법의 요구조건에 따라 행동하는 능력이 매우 부족
했다면 범행에 대한 책임이 없다.

범행 당시 심각한 정신질환이 있다 하더라도 형사 책임이 무조건 무효화되지는 않는다.
대신, 형사 책임과 법적 정신이상으로 인한 법적 면제 여부에 대한 평가는 재판이 진행되
는 관할권 내에서 효력이 있는 ALI 정신이상 기준과 같은 법심리학적 지침에 따라 체계화
되어야 한다.

전통적인 임상적 성격평가는 이러한 지침이 분명하지 않으므로, 형사 책임을 평가하는
주된 기법이 될 수 없다. Rogers와 Sewell(1999)은 정신평가를 하는 다양한 방법을 검토하
고 다음과 같이 결론지었다.

······ MMPI-2와 로르샤흐 모두 정신이상인 피의자와 그렇지 않은 피의자를
변별할 수 없다. 이 말은 법적 평가에 유용한 부가적 자료를 줄 수 있는 두 평가
도구를 비난하는 것이 아니다. 그보다는 이 평가 도구에 대한 최근 연구에서 형
사 책임 문제를 신뢰롭게 분류하지 못했다는 것은 논쟁의 여지가 없는 결론으로
나타났다(p. 192).

법적 구성개념의 요소와 꾀병 선별에 적합한 증상학(symptomatology)을 양화하기 위해
Rogers가 Rogers Criminal Responsibility Assessment Scales(R-CRAS, 1984)를 개발했다.
신뢰도와 타당도 연구를 검토한 결과(Rogers & Sewell, 1999), R-CRAS는 "형사 책임의 평
가와 관련하여 회고적으로(retrospective) 증상과 특징들을 평가하는 신뢰로운 도구(p. 184)"
라고 제안되었다.

로르샤흐 등 전통적인 성격평가 도구는 판사나 변호사의 자문에 유용한 부가 자료를 제
공한다. 예시에서도 살펴보았듯이, 유의한 정신병리 지표(PTI, DEPI, HVI), 경험적 요구와
는 대비되는 가용한 자원들(D, Adj D), 정서 통제(*Afr, FC:CF+C*), 관습성(*P, X+%*)에 대한
로르샤흐 결과는 심리학자가 정신이상으로 인한 무죄와 관련된 특징들을 자세히 설명할
수 있게 해 준다.

사례 13. 25세 남성

카드	반응	질문
I	1. 날아오르는 새, 여왕 까마귀 같아요. 평가자: 좀 더 보면 다른 것도 보일 수 있어요.	평가자: (반응 반복) 피검자: 이건 커다란 날개를 가지고 있는 큰 새고, 특별한 까마귀 같아요. 이게 큰 날개예요. 평가자: 특별한 까마귀요? 피검자: 음. 까마귀는 큰 날개가 없으니까 이건 여왕같이 특별한 까마귀예요. 날개 크기 때문에 다른 까마귀들이 이 까마귀가 위엄이 있다는 걸 알아요.
	2. 개구리 얼굴.	평가자: (반응 반복) 피검자: 여기(윤곽), 눈과 이마가 있어요. 입을 벌리고 있는데 턱을 찾을 순 없네요. 평가자: 눈은 알겠는데, 입이 어디에 있는지, 왜 이게 개구리인지 모르겠어요. 피검자: 개구리처럼 둥근 모양이고, 저게 큰 눈 같아요. 개구리는 눈 뜨고 있을 때 항상 눈이 크잖아요. 평가자: 입은 벌리고 있다고요? 피검자: 여기 더 어두운 부분이요. (손으로 가리키며)
II	3. 찢겨진 몸통, 동물 같아요.	평가자: (반응 반복) 피검자: 구멍이 났고요. 이건 찢어진 부분, 여기에 피가 많이 있네요. 평가자: 피가 많이요? 피검자: 빨간 부분이 모두 피예요. 위쪽이랑 아래쪽이요. 평가자: 이게 왜 찢겨진 부분인지 잘 모르겠어요. 피검자: 여기 각각 반쪽이 있고요. 어떤 동물이 찢긴 부분 같아요.
III	4. 골반 같은 뼈, 신장도 있고.	평가자: (반응 반복) 피검자: 여기(D1)가 모두 골반 뼈와 다리 윗부분, 신장은 가운데 부분, 골반 가운데에 있어요. 평가자: 왜 신장처럼 보이나요? 피검자: 위치가 그렇고, 빨갛고, 모양이 신장같이 생겼어요.

	5. 마녀 신발 같아요.	평가자: (반응 반복)
		피검자: 영화에서처럼 마녀가 신고 있는 신발 모양이에요. 양쪽에 각각 있는데, 하이힐에 앞이 뾰족해요. 전 핼러윈 복장을 할 때마다 이런 부츠를 신어요.
Ⅳ	6. 그루터기에 앉아 있는 럼버잭 (lumberjack) 부츠를 신은 고릴라.	평가자: (반응 반복)
		피검자: 고릴라 같은 커다란 것인데, 머리는 작고 팔은 앙상해요. 럼버잭으로 보이는 부츠를 신었어요. 제가 많이 봤어요.
		평가자: 그루터기에 앉아 있다고요?
		피검자: 여기(D1) 가운데요, 쉬고 있어요.
	7. 악마같이 생긴 남자 얼굴.	평가자: (반응 반복)
		피검자: 여기(D3) 위에, 눈살을 찌푸리고 있는데 눈은 화나 보여요. 그는 악마처럼 못된 사람인데, 무언가에 아주 화난 것처럼 노려보고 있어요.
Ⅴ	Ⅴ8. 어떤 뼈, 닭 뼈.	평가자: (반응 반복)
		피검자: 당겨진 차골(wish bone)* 같아요. 아직 붙어 있지만 조금 찢겼어요. 소원을 빌고 두 사람이 당기는데, 한 명이 잡아당겼지만 덜 말라서 찢기지 않았어요. 그래서 아무도 소원을 이루지 못해요.
Ⅵ	9. 주먹으로 벽이나 보드 같은 것을 내리치는 것을 고속으로 찍은 사진.	평가자: (반응 반복)
		피검자: 이건 음화(陰畵)네요. 주먹과 팔은 여기 위에 있고 여기 아래에 어떤 것을 내리쳤어요 (D1). 물건에 팔을 내뻗은 동작에 힘이 있어요. 고속 필름으로 찍은 좋은 장면이고요. 선생님이 모든 동작들을 잡아내려면 계획을 잘 세워야 해요. 저는 여러 번 해 봤어요.

---

*차골(wish bone): 닭고기·오리 고기 등에서 목과 가슴 사이에 있는 Ⅴ자형 뼈. 이것의 양 끝을 두 사람이 잡고 서로 잡아당겨 긴 쪽을 갖게 된 사람이 소원을 빌면 이루어진다고 하여 이런 이름이 붙음.

		평가자: 음화라고 하셨나요?
		피검자: 모두 검거나 회색이라서 음화로 보여요. 저는 그걸 보는 걸 좋아해요. 아주 멋질 거라고 장담해요.
	∨10. 누군가 십자가에 매달려 있고, 머리랑 다리는 잘렸어요.	평가자: (반응 반복)
		피검자: 가운데에 기둥이 있고, 팔이 여기 있는데, 십자가에 못 박혀 있는 것 같아요. 나머지는 몸통인데, 머리와 다리가 없어요. 선생님이 잘못하면 누군가가 선생님을 잡아다가 이렇게 머리를 잘라서 걸어놓겠다는 것을 보여주고 싶은 것 같아요.
Ⅶ	11. 비밀이 있는 작은 소녀 2명.	평가자: (반응 반복)
		피검자: 앉아서 서로 바라보고 있어요. 비밀이 있어 보여요. 여기는 코고, 머리카락이고, 어떤 것에 앉아 있는데 커다란 쿠션 같아요.
		평가자: 커다란 쿠션이요?
		피검자: 아마도요. 아니면 바위거나 보드일 수 있어요. 잘 모르겠어요.
		평가자: 비밀이 있다고요?
		피검자: 그들은 어떤 비밀을 공유하고 있어요. 이건 그들끼리의 비밀이니까, 소녀들만 알겠죠.
	∨12. 커다란 모자를 쓰거나 스카프를 한 여인의 음화(陰畵).	평가자: (반응 반복)
		피검자: 흰 부분은 얼굴이고, 충분히 표현되지 않아 세부 특징은 알 수 없어요. 다른 부분은 이상한 모자를 쓰거나 스카프를 머리에 두르고 있는데, 그것이 목 주위로 내려왔어요.
		피검자: 음화라고 했나요?
		평가자: 네, 이건 음화처럼 뒤바뀌었어요. 스카프가 어두운 색이고 얼굴이 밝은색이에요.
Ⅷ	13. 스타워즈 가면.	평가자: (반응 반복)
		피검자: 이건 가면 같아요. 흰 부분은 눈 부분이고, 위는 뾰족하고 아래는 넓어요. 이것은 제가 봤던 스타워즈 같은 공상 과학 영화에서 나오는 가면처럼 모두 다른 색깔이에요.

	14. 누군가 엉덩이를 내보이고 있어요.	평가자: (반응 반복)
		피검자: 핑크색 팬티를 입은 사람이, 여자 같은데, 앞으로 몸을 숙이고 있어요. 여기가 팔이나 팔꿈치고(Dd26), 분홍색은 팬티고 나머지는 엉덩이랑 은밀한 곳이에요. 그녀는 사람들을 놀라게 해서 재미를 주려고 그렇게 하고 있어요.
IX	15. 이것도 가면인데, 뉴올리언스나 베니스에서 기념행사를 할 때 쓰는 가면.	평가자: (반응 반복)
		피검자: 마스크 같은데, 이건 귀가 크고 여기 작은 구멍들이 뚫려 있는(DdS29) 게 눈이에요. 이것은 모두 다른 색이에요. 이것은 기념행사를 위해 산 것이고, 무서운 것이 아니고 뒤에 무엇인가를 숨기기 위한 것이에요.
X	16. 심판일 같은 날에 누군가 복수하고 있어요. 메시지가 있어요.	평가자: (반응 반복)
		피검자: 모든 것이 붕괴되고 있어요. 모두 찢겨서 흩어졌어요. 심판일에 어떤 일이 나타날지 짧게 보여 주는 것 같아요. 이 그림은 사람들과 세상이 모두 붕괴되고 있다는 것을 나타내고 있어요.
		평가자: 제가 맞게 보고 있는지 잘 모르겠어요. 좀 더 설명해 주세요.
		피검자: 모든 것이 부숴지고 있어요. 사람, 나무, 집, 물건, 모든 것이 붕괴되는 것 같아요. 어떤 힘이 모든 것을 흩어지게 하려고 부수는 것 같아요. 별로 보기 좋지 않네요.

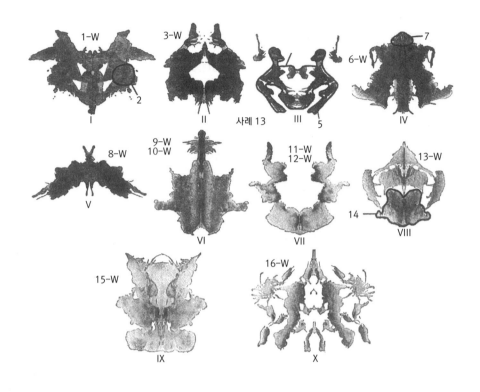

사례 13

사례 13. 점수 계열

카드	반응 번호	위치	영역 번호	결정인	(2)	내용	평범 반응	Z	특수 점수
I	1	Wo	1	FMau		A		1.0	ALOG
	2	Ddo	99	FMp-		Ad			
II	3	WSv/+	1	CF-	2	Ad,Bl		4.5	MOR
III	4	DS+	1	FCu		An		4.5	FAB
	5	Ddo	33	Fo	2	Cg			PER
IV	6	W+	1	FMpo		A,Cg,Bt		4.0	FAB,PER
	7	Do	3	Ma-		Hd,Hx			AG,PHR
V	8	Wo	1	F-		An		1.0	MOR,DR
VI	9	W+	1	Mp.CF.mpu		Art,Hd,Sc		2.5	AG,MOR,PER,PHR
	10	W+	1	mp-		Hd,Id		2.5	MOR,DR,PHR
VII	11	W+	1	Mpo	2	H,Hh	P	2.5	COP,GHR
	12	WS+	1	FC'u		Art,Hd,Cg		4.0	PHR
VIII	13	WSo	1	FCu		(Hd)		4.5	PER,GHR
IX	14	D+	2	Mp.FC.FD-		Hd,Cg,Sx		3.0	AG,PHR
	15	WSo	1	FCo		(Ad)		5.5	
X	16	v/+	1	Ma.mp-		(H),Hx,Bt,Sc		5.5	AB,AG,MOR,DR,PHR

사례 13. 구조적 요약

구조적 요약(상단부)

반응영역

Zf = 13
ZSum = 45.0
ZEst = 41.5

W = 11
D = 3
W+D = 14
Dd = 2
S = 5

발달질

+ = 7
o = 7
v/+ = 2
v = 0

형태질

	FQx	MQual	W+D
+	= 0	= 0	= 0
o	= 4	= 1	= 3
u	= 5	= 1	= 5
−	= 7	= 3	= 6
none	= 0	= 0	= 0

결정인

혼합

M.CF.m
M.FC.FD
M.m

단일

M = 2
FM = 3
m = 1
FC = 3
CF = 1
C = 0
Cn = 0
FC' = 1
C'F = 0
C' = 0
FT = 0
TF = 0
T = 0
FV = 0
VF = 0
V = 0
FY = 0
YF = 0
Y = 0
Fr = 0
rF = 0
FD = 0
F = 2

(2) = 3

반응내용

H = 2
(H) = 0
Hd = 5
(Hd) = 1
Hx = 2
A = 2
(A) = 0
Ad = 2
(Ad) = 1
An = 2
Art = 3
Ay = 0
Bl = 1
Bt = 2
Cg = 4
Cl = 0
Ex = 0
Fd = 0
Fi = 0
Ge = 0
Hh = 1
Ls = 0
Na = 0
Sc = 0
Sx = 1
Xy = 0
Id = 2

자살 지표

NO ... FV+VF+V+FD > 2
NO ... Col-Shd Bl > 0
YES .. Ego < .31, > .44
YES .. MOR > 3
NO ... Zd > +−3.5
NO ... es > EA
NO ... CF+C > FC
YES .. X+% < .70
YES .. S > 3
YES .. P < 3 or > 8
YES .. Pure H < 2
YES .. R < 17
7 ...... TOTAL

특수점수

	Lv1	Lv2
DV	= 0x1	0x2
INC	= 0x2	0x4
DR	= 3x3	0x6
FAB	= 2x4	0x7
ALOG	= 1x5	
CON	= 0x7	
Raw Sum6	= 6	
Wgtd Sum6	= 22	

AB = 1   GHR = 2
AG = 4   PHR = 6
COP = 1   MOR = 5
CP = 0   PER = 4
          PSV = 0

구조적 요약(하단부)

비율, 백분율, 산출한 점수

R = 16   L = 0.14

EB = 5:3.0   EA = 8.0   EBPer = 1.7
eb = 6:2   es = 8   D = 0
            Adj es = 6   Adj D = 0

FM = 3   C' = 2   T = 0
m = 3   V = 0   Y = 0

FC:CF+C = 4:1
Pure C = 0
SumC':WSumC = 2:3.0
Afr = 0.33
S = 5
Blends:R = 3:16
CP = 0

COP = 1   AG = 4
GHR:PHR = 2:6
a:p = 3:8
Food = 0
SumT = 0
Hum Con = 8
Pure H = 2
PER = 4
Iso Indx = 0.13

a:p = 3:8	Sum6 = 6	XA% = 0.56	Zf = 13.0	3r+(2)/R = 0.19
Ma:Mp = 2:3	Lv2 = 0	WDA% = 0.57	W:D:Dd = 11:3:2	Fr+rF = 0
2AB+Art+Ay = 4	WSum6 = 22	X−% = 0.44	W:M = 11:5	SumV = 0
MOR = 5	M− = 3	S− = 1	Zd = +3.5	FD = 1
	Mnone = 0	P = 1	PSV = 0	An+Xy = 2
		X+% = 0.25	DQ+ = 7	MOR = 5
		Xu% = 0.31	DQv = 0	H:(H)Hd(Hd) = 2:6

PTI = 4*   DEPI = 5*   CDI = 2   S-CON = 7   HVI = YES   OBS = NO

S-CON과 핵심 변인

S-CON(7)은 유의하지는 않으나, 반응 수가 16개의 짧은 프로토콜이므로 이를 무시해서는 안 된다. 따라서 자기파괴적 가능성에 대한 단서에 주의를 기울여야 한다. 첫 번째 핵심 변인(PTI > 3)도 상당한 혼란을 야기할 수 있는 인지적 중재와 사고 문제를 나타내기 때문에, 특히 중요하다. 핵심 변인을 가이드라인으로 하여, 정보처리, 인지적 중재와 관념으로 구성된 인지적 3요소를 먼저 살펴보고자 한다. 해석은 통제, 정동, 자기 지각과 대인관계 지각 순으로 이루어질 것이다.

정보처리

사례 13. 25세 남성의 정보처리 변인

EB = 5:3.0	Zf = 13	Zd = +3.5	DQ+ = 7
L = 0.14	W:D:Dd = 11:3:2	PSV = 0	DQv/+ = 2
HVI = YES	W:M = 11:5		DQv = 0
OBS = NO			

Locations & DQ Sequencing

I: Wo.Ddo	VI: W+.W+
II: WSv/+	VII: W+.WS+
III: DS+.Ddo	VIII: WSo.D+
IV: W+.Do	IX: WSo
V: Wo	X: Wv/+

정보처리와 관련된 정보는 항상 중요하나, 심각한 장애의 가능성이 있을 때 더욱 중요하다. 심각한 문제가 있는 경우 정보처리 활동에 상당한 혼란을 야기할 수 있고, 이는 잘못된 인지적 중재 활동으로 이어질 수 있기 때문이다. 이 사례의 경우, *Lambda*(0.14)가 매우 낮은데, 대부분의 성인보다 자극에 더 몰두한다는 것을 의미한다. 과경계를 뜻하는 HVI가 유의한 것과도 관련된다. 과도하게 경계하는 사람들은 환경을 불신하고 기습 공격으로 피해를 입지 않도록 환경의 모든 특징들을 주의 깊게 탐색하여 확인하고자 한다. 이는 상당한 노력이 요구된다.

Zf(13)는 기대되는 범위 내에서 가장 높은 점수이고, 짧은 프로토콜임을 고려하면 상당히 높다. 또한 상당한 노력이 *W:D:Dd*(11:3:2)에서도 나타나는데, *W*가 불균형적으로 높다. 이는 반응 계열에서도 나타나는데, 10개 카드 중 9개 카드의 첫 반응이 모두 W이다. 유사하게, *W:M*(11:5)는 내향형인 사람들에게는 드물게 나타나는데, 이는 피검자가 능력에 비해 많은 노력을 기울인다는 것을 의미한다. *Zd*(+3.5) 역시 높은 정보처리 동기를 시사하며, 정보를 탐색하는 데 상당한 노력과 에너지를 들이는 특성(traitl)과 같은 경향성을 보여 준다. 이렇듯 과경계 및 부주의함을 피하려는 노력들은 일관적이다.

상당한 노력에 비해, 정보처리의 전반적인 질은 중등도 정도로 결점이 있을 가능성이 있다. 16개 반응 중 *DQ+* 반응은 7개로, 내향형인 사람들에게 기대되는 범위이다. 하지만 *DQv/+*가 2개로 내향형인 사람에게 드문데, 반응 수가 적을 때는 더욱 그러하다. 정보처리의 질은 적절하나, 때때로 덜 세련되고 미성숙한 수준으로 불안정해질 수 있다. 표면적으로는 새로운 정보를 다루려는 동기가 있고 조직화하는 데에 상당히 노력함에도 불구하고 효율적이지는 않다. 노력의 질은 전반적으로 양호하지만, 때로는 비효율적이고 잘못된 사고과정을 야기하며, 인지적 중재 활동에 부정적인 영향을 미칠 수 있다.

인지적 중재

사례 13. 25세 남성의 인지적 중재 변인

R = 16	L = 0.14	OBS = NO	**Minus & NoForm Features**
FQx+	= 0	XA% = .56	I 2. Ddo FMp- Ad
FQxo	= 4	WDA% = .57	II 3. WSv/+ CF- 2 Ad,Bl 4.5 MOR
FQxu	= 5	X-% = .44	IV 7. Do Ma- Hd,Hx AG,PHR
FQx-	= 7	S- = 0	V 8. Wo F- An 1.0 MOR,DR
FQxnone = 0			VI 10. W+ mp- Hd,Id 2.5 MOR,DR,PHR
(W+D = 14)	P = 1		VIII 14. D+ Mp.FC.FD- Hd,Cg,Sx 3.0 AG,PHR
WD+ = 0	X+% = .25		X 16. Wv/+ Ma.mp- (H),Hx,Bt,Sc 5.5
WDo = 3	Xu% = .31		AB,AG,MOR,DR,PHR
WDu = 5			
WD- = 6			
WDnone = 0			

$XA\%$(.56)와 $WDA\%$(.57)가 매우 낮아, 심각한 인지적 중재의 역기능과 현실 검증력의 손상이 시사된다. $X-\%$(.44) 역시 상당히 높은데, 이는 인지적 중재에 의한 해석에 왜곡이 많고 이로 인해 많은 행동이 부적절하게 나타날 수 있음을 의미한다. 16개의 반응 중 7개가 마이너스(−) 반응인데 그 가운데 1개만 공백 반응으로, 대부분의 인지적 왜곡이 분노에 기인한 것은 아니다. 많은 자극을 왜곡하지만 정보처리 활동의 질이 양호한 것을 고려할 때, 이러한 왜곡은 개념화의 오류 때문으로 보인다. 원인이 무엇이든, 그 결과는 상당히 참혹하다.

7개 마이너스(−) 반응 계열에서의 일관성은 뚜렷하지 않다. 3개는 단일반응이고, 4개는 두 번째 반응이다. 10개 카드 중 7개에서 마이너스(−) 반응이 있었다. 반면, 7개의 마이너스(−) 반응 특징에서 뚜렷한 일관성이 나타난다. 4개는 인간내용이 있고, 5개는 운동 결정인이 있다. 또한 4개는 MOR로, 3개는 AG로 채점된다. 이를 종합해 보면, 공격성과 손상이 포함된 특이한 개념화가 어떤 방식으로든 두드러진 현실 왜곡에 영향을 미쳤음을 시사한다.

왜곡의 수준은 상당히 다양하다. 7개 중 반응 3(찢겨진 몸통), 반응 8(닭 뼈), 반응 10(십자가에 못 박힌 사람)은 수준 1 정도의 왜곡인데, 이는 어느 정도 형태를 식별 가능하기 때문이다. 나머지 4개 중 반응 2(개구리 얼굴), 반응 7(악마같이 보이는 남자)은 상상의 요소가 포함되어 있으며, 반응 14(엉덩이를 내밀고 있는 사람)는 그렇게 보기 어렵다. 이 3개 중 어느 것도 윤곽의 완전한 왜곡은 시사되지 않으나, 수준 1보다 왜곡이 심각한 수준으로 인지적 중재상의 문제를 나타낸다.

반응 16인 "복수하는 어떤 사람"은 상당히 기괴하고, 왜곡도 심각하다. 질문 단계에서 "사람들과 세상이 모두 붕괴돼요."라고 하였는데, 여기서 반응의 왜곡은 거의 없지만, 사람, 나무, 집을 포함하여 어떠한 '메시지'가 있는 '복수'라고 본다면, 윤곽의 왜곡이 두드러진다. 어떠한 경우에든, 마이너스(−) 반응은 피검자가 현실과의 심각한 유리가 빈번하다는 것을 확인시켜 준다.

평범반응이 하나뿐인 점도 우려해야 할 요인이다. 이는 투입된 자극을 비관습적으로 해석할 가능성을 시사하며, 심지어 기대되는 반응과 관련된 단서가 명백할 때조차 비관적으로 해석할 수 있다. 또한 매우 낮은 $X+\%$(.25)는 단서와 무관하게 투입된 자극을 관습적으로 해석하지 않음을 의미한다. $Xu\%$(.31)가 높은데, 이는 인지적 중재에 따른 의사결정 시 사회적 기대를 무시한다는 것을 나타낸다.

결과를 종합해 봤을 때, 심각한 현실 검증력의 문제가 강조된다. 관습적인 지각을 실패하거나 무시하고, 투입된 자극을 개인화된 방식으로 해석할 것이다. 더욱이 인지적 중재와 관련한 노력은 상당한 지각적 부정확성으로 현실 왜곡이 더 두드러질 것이다. 이 사례에서 나타나듯, 개인화와 왜곡이 심해질 때마다, 사회적 수용이나 요구에 반하는 행동이 나타날 수 있다. 인지적 중재에서 보이는 혼란은 주요 정신장애로 고통을 겪는 사람들에게도 흔히 나타나는 결과이다.

특이한 정보변환이나 왜곡된 정보변환의 대다수는 만성적인 몰두에 의해 촉진되므로 관념적 특징을 자세히 살펴보아야 할 것이다.

관념

사례 13. 25세 남성의 관념 변인

							Critical Special Scores			
L	=0.14	OBS	=NO	HVI	=YES					
							DV	=0	DV2	=0
EB	=5:3.0	EBPer	=1.7	a:p	=3:8		INC	=0	INC2	=0
				Ma:Mp	=2:3		DR	=3	DR2	=0
eb	=6:2	[FM=3, m=3]					FAB	=2	FAB2	=0
				M−	=3		ALOG	=1	CON	=0
Intell Indx	=4	MOR	=5	Mnone	=0		Sum6	=6	WSum6	=22
								(R=16)		

M Response Features

IV 7. Do Ma− Hd,Hx AG,PHR
VI 9. W+ Mp.C'F.mpo Art,Hd,Sc 2.5 AG,MOR,PER,PHR
VII 11. W+ Mpo 2 H,Hh P 2.5 COP,GHR
VIII 14. D+ Mp.FC.FD− Hd,Cg,Sx 3.0 AG,PHR
X 16. Wv/+ Ma.mp− H,Hx,Bt,Sc 5.5 AB,AG,MOR,DR,PHR

EB(5:3.0)는 피검자가 문제를 다루거나 의사결정 시 개념적 사고에 상당히 의존하는 관념적인 사람임을 의미한다. 대부분의 상황에서, 감정을 미루어 두고 결정하거나 행동하기 전에 생각하는 것을 선호한다. *EBPer*(1.7)는 융통성 있는 대처 방식을 나타낸다. 어떤 경우에는 감정이 의사결정이나 행동을 더 좌우하고, 시행착오적 행동을 할 수 있다. 이러한 의사결정 방식은 사고가 명확하고 논리적이라면 효율적이지만, 그렇지 않은 경우에는 상

황과 맞지 않는 의사결정과 행동으로 나타날 수 있다. 이는 인지적 중재와 관련된 문제의 소지가 될 수 있는 결과와 부합한다.

$a{:}p$(3:8)에서 우항이 좌항의 약 3배 정도이므로, 관념에 있어 가치나 구성이 고착되어 바뀌기 어려움을 시사한다. 사고장애가 있는 경우 고착되어 변화하기 어려운 강박적이거나 망상과 같은 특징이 흔하기 때문에, 피검자의 사고에 장애가 있다면, 이 결과는 특히 중요하다.

유의한 HVI는 사고와 관련된 상당히 중요한 결과인데, 이는 개념적 사고에 영향을 미치는 특성(trait)과 같은 특징이 있음을 의미한다. 그것은 환경에 대해 부정적이고 불신하는 태도와 관련된 과각성된 상태의 준비성(hyperalert state of preparedness)을 포함한다. 이는 불안전감과 취약한 느낌을 야기한다. 이는 개념적 사고가 명확하지 않고 다소 경직된 것에 기인하겠지만, 사고장애가 심하다면 편집증적인 특징으로 발전할 수 있겠다.

구체적 사고에 영향을 끼치는 또 다른 중요한 요인은 5개의 MOR 반응이다. 그것은 매우 비관적인 사고를 의미하는데, 세상과의 관계를 의심하고 낙담하게 하며 노력에 관계없이 원치 않은 결과를 기대하도록 개념화하게 되는 원인이다. 이러한 사고는 편협하고 구체적인 사고를 형성하게 하는데, 사고에 장애가 있다면, 사고의 와해는 더욱 가중될 것이다.

eb 좌항(6)은 주변적 관념이나 전의식적 관념이 성인에게 기대되는 수준과 유사하다는 것을 보여 준다. 하지만 3개의 m을 포함하는 바, 현재의 주변적이거나 잠재의식적 사고가 상황적 스트레스로 인해 가중된 것이 분명하다. 이는 주의집중에 상당한 영향을 미칠 것이다. $Ma{:}Mp$(2:3) 결과가 더 중요한데, 방어적으로 현실을 공상으로 대체하는 경향이 있다. 이는 많은 사람들에게 흔하게 나타나지만, 사고장애가 있다면 문제가 될 수 있는데 망상 체계가 정교화된 공상으로 나타나기 때문이다.

주지화 지표(Intellectualization Index)(4)가 의미 있는데, 이는 피검자가 다른 사람들보다 감정의 영향력을 부인하거나 중화하고자 감정을 주지화하는 경향이 있음을 시사한다. 하지만 이는 모호한 결과이다. 반응 16에서 "누군가 복수하고 있어요······. 메시지가 있어요."는 질문 단계에서 "심판일에 어떤 일이 일어날지 짧게 보여 주는 것 같아요."라고 했기 때문에 AB로 채점된다. 이러한 채점이 타당하긴 하지만, 상징적이거나 추상적인 표상을 실제로 지각했는지는 불분명하다. 반대로, 2개 반응(반응 7과 16)은 Hx를 포함하는데, 이는 주지화로 자기상과 관련된 문제를 다루고 있음을 의미한다. 따라서 주지화 지표 4점 이상으로 주지화가 광범위하게 이용될 수 있겠다.

$Sum6$(6)와 $WSum6$(22) 결과는 매우 부정적이다. 특수점수 6점은 보통 길이의 프로토콜에서 드문 편인데, 짧은 프로토콜에서는 더욱 그러하다. 게다가 22점인 $WSum6$은 기대되

는 수준보다 상당히 높고, 특히 반응 수가 16개인 경우는 더욱 그러하다. 이러한 결과는 그가 심각한 개념화 문제가 있고, 현실 검증력에 상당한 제한이 있음을 보여 준다.

특수점수가 포함된 반응에 대한 설명은 사고의 이완과 기태적 사고가 빈번하다는 것을 보여 준다. 첫 번째, "까마귀 여왕…… 특별한 까마귀…… 날개 크기 때문에 다른 까마귀들이 이 까마귀가 위엄이 있다는 것을 알아요(카드 I, 반응 1, ALOG)."로, 판단력이 상당히 빈약한 공상적 반응이다. 두 번째는 *FABCOM*(카드 III, 반응 4)인데, "골반…… 신장은 골반 가운데에 있어요."로, 반응 1보다 심각한 인지적 실수는 아니지만 여전히 현실을 무시하고 있다. 세 번째 역시 *FABCOM*(카드 IV, 반응 6)인데, "럼버잭 부츠를 신은 고릴라"로 아동 수준의 현실 왜곡을 보인다.

네 번째(카드 V, 반응 8)는 "덜 말라서 찢기지 않았어요. 그래서 아무도 소원을 이룰 수가 없어요."로, 역시 구체적 사고를 시사한다. 다섯 번째(카드 VI, 반응 10)는 몰두된 사고의 강도와 사고의 흐름에 미치는 몰두된 사고를 나타내는 것 같다("누군가 선생님이 잘못하면 잡아다가 이렇게 머리를 잘라서 걸어놓겠다는 것을 보여 주고 싶은 것 같아요."). 마지막(카드 X, 반응 16)도 유사한 맥락에서 흥미로운데, "누군가 복수를 하고 있어요……. 메시지가 있어요……. 심판일에 어떤 일이 나타날지 짧게 보여 주는 것 같아요. 이 그림은 사람들과 세상이 모두 붕괴되고 있다는 것을 나타내고 있어요."이다. 이는 몰두하고 있는 사고가 표현되는 방식과 전달되는 강도가 두드러진다.

5개의 *M* 반응 중 3개는 형태질이 마이너스(-)로, 이 역시 특이하거나 와해된 사고를 의미한다. 반응 7("얼굴, 악마 같은 남자"), 반응 14("누군가 엉덩이를 내밀고 있어요……. 그녀는 사람들을 놀라게 하려는 것 같아요.")와 반응 16("누군가 복수하고 있어요.")이 해당된다. 모두 수준 2의 왜곡을 포함한다. 이 반응들은 독특하고 현실을 무시하는 사고를 반영한다. 5개의 *M* 반응 중 원시적이거나 어린애 같은 반응은 없다. 나머지 2개도 "주먹으로 무언가를 내리치는 것을 고속으로 찍은 사진(카드 VI, 반응 9)", "비밀이 있는 작은 두 소녀(카드 VII, 반응 11)"이다. 소녀 반응은 흔하지만, 나머지 4개는 기태적임에 불구하고 이 반응은 상대적으로 정교하다.

전반적으로 볼 때, 사고장애는 분명해 보인다. 사고의 와해가 빈번하고, 판단에 문제가 있고 구체적이며, 현실을 무시한 몰두와 망상이 개념화에 상당한 영향을 줄 것으로 보인다. 불행히도, 그는 태도나 가치가 고착화된 관념 지향적인 사람이다. 이는 그의 사고방식이 효율적으로 변화할 가능성이 낮다는 것을 보여 준다. 이는 세상에 대한 편집증과 유사한 불신, 세상과의 관계에 대한 만성적인 비관적 사고방식과 위협적인 현실 상황에서 공상으로 회피하는 경향성과 혼합되어 있다. 관념과 관련된 결과는 상당한 손상을 나타내고, 사고의 역기능적인 양상은 정신증적 장애, 특히 조현병 스펙트럼 장애가 있는 사람들의 결과와 일치한다.

통제

사례 13. 25세 남성의 통제 관련 변인

EB = 5:3.0	EA = 8.0		D = 0	CDI = 2
eb = 6:2	es = 8	Adj es = 6	Adj D = 0	L = 0.14
FM = 3 m = 3	SumC' = 2	SumT = 0	SumV = 0	SumY = 0

Adj D(0)와 CDI(2)는 피검자가 통제능력의 문제가 없음을 나타낸다. EA(8.0)은 평균 범위로, 대부분의 성인들만큼 가용 자원을 보유하고 있음을 시사한다. EB(5:3.0)의 어느 항에도 0이 없고, EA와 EB를 종합해서 볼 때, Adj D에 대해 통제능력과 스트레스에 대한 인내가 대부분의 성인들과 유사하다고 해석하는 것이 타당하다. 또한 Adj D에 대한 신뢰는 es(8)와 Adj es(6)에 의해서도 확인된다. eb의 구성 요소들을 살펴보면, 상황적 스트레스로 인한 주변적 관념(m=3)의 경미한 상승 외에는 특이한 요구 경험이 나타나지 않는다.

피검자의 통제 및 스트레스에 대한 인내와 관련된 문제는 시사되지 않는다. 통제능력은 동일 연령대의 다른 사람들의 수준으로 의사결정이나 행동을 할 때 사용할 수 있는 가용자원을 지닌 것으로 보인다. 상황적 스트레스가 주변적 관념 활동을 증가시켰으나, 이는 현재 그의 상황에서 쉽게 이해될 수 있는 것으로, 특이한 내적 요구 경험은 없다.

정동

DEPI(5)가 유의하다. 이는 우울, 침울함, 긴장, 불안과 같은 빈번한 정서적 불편을 경험하는 피검자의 심리적 조직화의 특징을 보여 준다. 이것은 조현병 스펙트럼에서 흔한 결과로, 과거력에서 심각한 정동 증상의 가능성을 나타내며, 특히 정신증적 삽화가 있었을 경우 가능성이 있겠다.

사례 13. 25세 남성의 정동 관련 자료

EB	=5:3.0			EBPer	=1.7	**Blends**	
eb	=6:2	L	=0.14	FC: CF+C	=4:1	M.CʹF.m	=1
DEPI	=5	CDI	=2	Pure C	=0	M.FC.FD	=1
						M.m	=1
SumCʹ=2	SumT =0			SumCʹ:WSumC	=2:3.0		
SumV=0	SumY =0			Afr	=0.33		
Intellect	=4	CP	=0	S=5 (S to I, II, III =2)			
Blends:R	=3:16			Col-Shad Bl	=0		
m+y Bl	=1			Shading Bl	=0		

*EB*에서 살펴보았듯이, 피검자가 의사결정 시 사고에서 감정을 배제하는 것을 선호한다는 점을 고려할 때, 정동의 문제를 살펴보는 것은 중요하다. 하지만 앞서 언급했듯이 *EBPer*(1.7)는 관념적인 대처 양식이 다소 유연함을 시사한다. 이에, 때에 따라서는 감정이 의사결정이나 대처 방식에 영향을 미쳐 병리적인 사고를 악화시킬 수 있다.

eb 우항(2)은 높지 않으나, 2개의 무채색 반응(반응 9, 12)이 포함되어 흥미롭다. 피검자는 그가 감정을 내재화하여 감정 표현을 제한하는 경향 때문에 과민함을 시사한다. 하지만 *SumCʹ:WSumC*(2:3.0)을 볼 때, 과민함은 과도하지 않다. *Afr*(.33)이 매우 낮은데, 이는 정서적 자극을 회피하는 경향을 나타낸다. 비슷한 맥락으로, 이전에 언급된 주지화 지표(Intellectualization Index) (4)는 그가 관념적인 수준에서 감정을 다루어 이를 부인하거나 상쇄시키는 성향을 가지고 있음을 의미한다. 반응 16의 AB가 애매하여 이 지표의 정확성에 대한 문제가 제기될 수 있다. *SumCʹ*과 낮은 *Afr*는 실제로 그의 과도한 주지화 경향을 반영한다.

감정의 영향을 회피하거나 최소화하려는 노력은 *FC:CF+C*(4:1)에서도 나타나는 바, 피검자는 자신의 감정 표현을 엄격하게 통제하고자 한다. 종합해 보면, 그는 감정을 유발하는 상황을 상당히 불편해하고, 이러한 불편감으로 인해 취약성과 불신감이 악화되고 감정에 대한 강한 통제력을 상실할까 봐 걱정한다. 사고장애와 세상에 대한 불신과 경계적인 태도를 고려한다면, 피검자가 위축되고 사회적으로 고립되었다고 예상할 수 있다.

다수의 *S*(5)는 환경에 대한 부정적인 태도와 분노가 내재되었음을 시사한다. 분노를 다룰 수 없다는 두려움으로 인해 피검자는 정서 표현을 극도로 통제하고 정서 자극을 회피할 것이다. 또한 이러한 분노가 그가 자백한 폭력적 행동 유발에 영향을 미쳤을 것이다.

혼합반응 수(3)로 볼 때, 피검자는 복잡한 사람은 아니다. 하지만 3개의 혼합반응 중 2개의 반응에서 결정인이 3개이고, 나머지 반응(M.m)은 분명히 상황과 관련된다. 이는 현재 복잡성 수준이 보통이지만, 스트레스로 인해 평상시보다 복잡성이 높아진 것으로 여겨진다.

전반적으로, 사고장애와 손상된 현실 검증력과 관련된 결과를 고려했을 때, 정동에 대한 결과는 흥미롭다. 그가 감정과 정서가가 높은 상황에 관여하길 꺼려 하는 것이 분명해 보인다. 환경에 대한 부정적 태도와 분노 그리고 사고가 항상 명료하거나 논리적이지 않다는 점 역시 이러한 회피에 영향을 줄 것이다. 피검자가 정신증적 삽화들을 경험할 경우, 정신증적 삽화에 억눌린 감정이 쉽게 표출되고, 특히 사고장애가 더해지면 정서적으로 강렬하고 잠재적으로 폭력적인 행동도 유발될 수 있겠다.

자기 지각

사례 13. 25세 남성의 자기 지각 관련 자료

R $=16$ OBS $=$NO HVI$=$YES	**Human Content, An & Xy Responses**
	III 4. DS+ FCu An 4.5 FAB
Fr+rF $=0$ 3r+(2)/R $=0.19$	IV 7. Do Ma− Hd,Hx AG,PHR
	V 8. Wo F− An 1.0 MOR,DR
FD $=1$ SumV $=0$	VI 9. W+ Mp.CʹF.mpu Art,Hd,Sc 2.5
	AG,MOR,PER,PHR
An+Xy $=2$ MOR $=5$	VI 10. W+ mp− Hd,Id MOR,DR,PHR
	VII 11. W+ Mpo 2 H,Hh P 2.5 COP,GHR
H:(H)+Hd+(Hd)$=2:6$	VII 12. WS+ FCʹu Art,Hd,Cg 4.0 PHR
[EB$=5: 3.0$]	VIII 13. WSo FCu (Hd) 4.5 PER,GHR
	VIII 14. D+ Mp.FC.FD− Hd,Cg,Sx 3.0 AG,PHR
	X 16. Wv/+ Ma.mp− H,Hx,Bt,Sc 5.5
	AB,AG,MOR,DR,PHR

유의한 HVI는 자기상 맥락에서 고려되어야 한다. 피검자는 취약함에 몰두되어 있는데, 이는 피검자의 자기개념의 핵심 특징이다. 매우 낮은 자아중심성 지표(0.19)는, 그가 타인

과 비교할 때, 자신을 비호의적으로 판단하는 경향을 나타낸다. 자기검열을 의미하는 *FD*가 하나 있지만, 피검자는 손상된 사고와 부정적인 자기가치의 맥락에서 검열할 것이다.

짧은 프로토콜이지만 *An* 반응이 2개로, 신체에 대한 걱정이 다소 많다는 것을 시사한다. 앞서 언급했듯이 16개의 반응 중 MOR 반응이 5개로, 그의 비관적 사고뿐 아니라 자신을 손상되고 왜곡된 것으로 지각하는 데서 비롯된 부정적인 자기상을 나타낸다. 16개의 반응 중 8개(50%)가 인간내용을 포함하는데, 내향형 사람들에게는 그 비율이 높긴 하나, 과경계하는 사람들에게는 높은 비율이 아니다.

8개의 인간내용 중 *H* 반응은 단 2개로, 자기상이 상상에 근거한 인상(imaginary impression)이나 현실 경험의 왜곡에 기반하고 있음을 시사한다. 이로 인해 미성숙하고 비현실적인 자기에 대한 인상이 형성된다. 이러한 특징은 인간내용 채점에서도 나타난다. 8개 중 4개의 반응(반응 7, 10, 14, 16)은 형태질이 마이너스(−)로, 자기상이 혼란스럽거나 왜곡되어 있음을 시사한다. 3개(반응 7, 9, 14)는 *AG*를, 2개(반응 7, 16)는 *Hx* 반응을 포함한다. 앞서 언급했듯이, 후자는 자기상의 문제가 현실을 무시한 빈번한 주지화에 기인할 수 있음을 보여 준다. 또한 관념적 충동 통제 문제로 인해 전반적인 자기개념의 왜곡이 나타날 수 있다.

부정적인 자기상은 마이너스(−) 반응과 MOR 반응을 포함한 8개의 반응에 투사된 내용으로 잘 설명된다. 8개 중 7개가 마이너스(−) 반응이고, 5개의 MOR 반응 중 4개가 마이너스(−) 반응이었다. 또한 8개의 반응에는 5개의 *M* 반응 중 3개, 3개의 *FM* 반응 중 1개, 3개의 *m* 반응이 포함되어 있다. 마이너스(−) 반응은 다음과 같다. (반응 2) "개구리 얼굴…… 개구리는 눈 뜨고 있을 때 항상 눈이 크잖아요.", (반응 3) "찢겨진 몸통…… 여기 각각 반쪽이 있고요. 누군가 어떤 동물을 찢은 것 같아요.", (반응 7) "이것도 얼굴…… 악마처럼 보이는 남자…… 그는 못된 사람이에요……. 그는 무언가에 아주 화났어요.", (반응 8) "닭뼈…… 당겨진 차골(wishbone). 아직 붙어 있지만 조금 찢겼어요……. 아무도 소원을 이루지 못할 거예요.", (반응 10) "누군가 십자가에 매달려 있고 머리와 다리가 잘렸어요……. 선생님이 잘못하면 누군가가 선생님을 잡아다가 자를 거예요……. 그리고 매달 거예요.", (반응 14) "누군가 엉덩이를 내보이고 있어요……. 분홍색은 팬티고 나머지는 엉덩이랑 은밀한 곳이에요. 그녀는 사람들을 놀라게 해서 재미를 주려고 그렇게 하고 있어요.", (반응 16) "누군가 복수하고 있어요……. 모든 것들이 찢기고 있어요……. 모든 것이 붕괴되고 있어요……. 어떤 힘이 모든 것을 흩어지게 하려는 것처럼 보여요. 별로 보기 좋지 않네요.", (반응 9) "주먹으로 무언가를 내려치는 것을 고속으로 찍은 사진…… 물건에 팔을 내뻗은 동작에 힘이 있어요."

8개 반응 중 "눈이 큰 개구리 얼굴"과 "뭔가에 매우 화난 악마 같은 남자의 얼굴"은 과경계 상태와 관련될 것이다. 나머지 6개 반응은 강렬하고 드라마틱하다. 반응 14인 "엉덩이 내보이기"가 특히 흥미로운데, 피검자가 3명의 피해자들의 속옷과 보석을 계속 가지고 있었기 때문이다. 6개 중 5개의 반응은 폭력이나 폭력의 산물에 대한 내용을 포함한다. 전체적으로, 8개의 반응은 혼란스럽고, 손상되고, 불안정한(volatile) 자기감을 시사한다.

8개의 반응 중 3개는 운동 결정인을 포함한다. 첫 번째는 *FM* 반응(반응 1)으로, "날아오르는 새, 여왕 까마귀 같아요…… 날개의 크기 때문에 다른 까마귀들이 이 까마귀가 위엄이 있다는 걸 알아요."로 과대망상의 가능성을 내포한다. 두 번째(반응 6) 역시 *FM*으로, "럼버잭 부츠를 신은 고릴라…… 커다란 것…… 작은 머리와 앙상한 팔이 있는…… 부츠를 신었고…… 제가 많이 봤어요."이다. 실제 고릴라는 머리가 작지도 팔이 앙상하지도 않으며 고릴라가 신지 않는 부츠를 강조하고 있는데, 이는 그의 상태를 반영한 것이다. 세 번째(반응 11)는 다섯 번째 *M*으로, "비밀이 있는 두 작은 소녀…… 그들끼리만, 작은 소녀들만 그걸 알겠죠."이다. 이것은 프로토콜 중 가장 우호적인 반응이지만, 역시 경계성을 포함한다.

8개 중 5개의 반응도 자기인상에 대한 정보를 준다. 첫 번째(반응 4)는 "골반과 신장"으로, 다소 혼란스러운 반응으로 취약함이 나타난다. 나머지 4개 반응은 모두 은폐하는 특징이 있다. 그 반응으로 "마녀의 신발(반응 5)", "…… 커다란 모자를 쓰거나 스카프를 두른 여자의 음화(陰畵)…… 세부 사항은 볼 수 없어요(반응 12).", "스타워즈 가면…… 흰 부분은 눈이에요(반응 13)."과 "이것도 가면, 뉴올리언스나 베니스의 기념행사에서 쓰는…… 작은 구멍이 눈 부분이고…… 뒤에 무언가를 숨기기 위한 것(반응 15)"이 있다.

피검자는 상상이나 왜곡된 경험을 토대로 하는 극도로 부정적이며 혐오스런 자기상 때문에 고통스럽다. 하지만 사고장애, 세상에 대한 불신 및 경계와 비관주의 및 손상감을 고려했을 때, 그의 현재 자기 지각은 현실적일 수 있다. 그는 혼란스럽고 이러한 상황을 다소나마 인식하고 있다. 이것이 사실이든 아니든 간에, 그가 세상에서 효율적으로 기능하기를 기대하기는 어렵다. 피검자는 부정적인 면모를 숨기는 것을 중요하게 여기고, 원치 않는 부정적인 자기상으로부터 자신을 방어하는 데 유용하도록 힘과 공격성에 관한 망상이 내재되었을 것이다. 유사한 맥락에서, 온전한 겉모습을 유지하기 위해서 많은 행동을 해 왔다고 보는 것이 타당하다.

대인관계 지각

사례 13. 25세 남성의 대인관계 지각 자료

R = 16	CDI = 2	HVI = YES	**COP & AG Response**
a:p = 3:8	SumT = 0	Fd = 0	IV 7. Do Ma− Hd,Hx AG,PHR
	[eb = 6:6]		VI 9. W+ Mp.CˊF.mpu Art,Hd,Sc 2.5
Sum Human Contents = 8	H = 2		AG,MOR,PER,PHR
[Style = Introversive]			VII 11. W+Mpo 2 H,Hh P 2.5 COP,GHR
GHR:PHR = 2:6			VIII 14. D+ Mp.FC.FD− Fd,Cg,Sx 3.0 AG,PHR
			X 16. Wv/+ Ma.mp− H,Hx,Bt,Sc 5.5
COP = 1	AG = 4	PER = 4	AB,AG,MOR,DR,PHR
Isolation Indx = 0.13			

이전에도 강조했듯이, 유의한 HVI는 피검자의 심리상태를 이해하는 데 중요한 지표이다. 그것은 만성적인 과경계 패턴과 불신, 회의, 과도한 의심을 나타내며 친밀감에 대한 욕구를 경험하지 못하는 것을 시사한다. 그는 사람들의 친밀한 제스처를 더욱 경계하고 불신하는데, 이는 예상하기 어렵고 이해하기 힘들기 때문이다.

그러한 과경계성에서 기이한 비현실적인 사고가 더해져 편집증과 유사한 상태가 되고, 다른 사람들과 있을 때 방어적인 심리적 태세를 유지하기 위해 상당한 에너지를 쓰게 된다. 피검자는 사적 영역에 대해 신경을 많이 쓰기 때문에, 다른 사람들이 신체적으로 또는 감정적으로 침습한다고 여기면 깜짝 놀란다. 또한 대인관계가 피상적이고, 다른 사람들의 제스처를 빈번하게 오해석한다. 그는 통제감을 느낄 수 있는 안전하고 고립된 환경에서 적절히 기능할 것이다. 그런 점에서 프리랜서 사진작가라는 직업이 그와 잘 맞는다.

a:p(3:8)의 결과에서 나타난 대인관계에서 두드러진 수동성은 놀랍지 않다. 사회적 책임을 회피하는 것은 정서적 개입과 타인과의 친밀감을 피할 수 있는 쉬운 방법이다. 또한 일이 잘 되지 않을 경우, 편리한 변명거리가 된다. 인간내용 반응 수(8)는 그가 사람에게 매우 관심이 있다는 것을 의미하지만, 과경계적인 사람에게 흔한 결과이다. 이 경우에는, 타인에 대한 방어적인 염려가 반영된 것으로 보인다. 8개 중 H 반응이 단 2개뿐이라는 것은 피검자가 사람을 적절히 이해하지 못한다는 것을 시사한다. 아울러 GHR:PHR(2:6)은 대인관계 행동이 효과적이지 않으며 다른 사람들은 그의 행동을 비호의적으로 여긴다는 것을 보여 준다.

하나의 COP 반응은 긍정적으로 보이기는 하나, 역시 경계성을 나타낸다. 더 중요한 것은 AG 반응(4)이 유의하게 많다는 점이다. 그는 일상적인 대인관계를 논쟁적이며 적대적인 행동이 포함되어 있다고 여기며, 대인관계 활동에 대한 개념화에 통합한다. 그 결과, 그의 행동에 상당한 공격성이 포함될 것이라고 추정할 수 있다. 하지만 이 사례의 경우, 수동성으로 인해 공격성은 수동-공격적 행동과 같이 덜 직접적으로 표출될 것이다. 짧은 프로토콜임에도 다수의 AG 반응을 포함하는 바, 공격적인 행동이 행동 패턴으로 지속적으로 나타났다고 볼 수 있다. 이러한 특징과 지속적인 세상에 대한 분노, 기이하며 비논리적인 사고와 타인에 대한 경계하고 불신하는 태도들을 함께 고려해 보면, 피검자가 저지른 폭력은 놀라운 일이 아니다.

PER 반응(4)이 많은 것은 피검자가 타인의 침습이나 조작(manipulation)을 피하기 위해 다른 사람들과 거리를 유지한 채 경직되고 권위적인 방식을 적용한다는 것을 의미한다. 놀랍게도 소외 지표(Isolation Index)(.13)가 유의하지 않았는데, 이는 그가 손님들과 피상적이지만 지속적으로 교류하기 때문이다. 쌍반응을 포함한 운동반응은 단 하나로, 카드 VII(반응 11)에서, "비밀이 있는 두 작은 소녀…… 앉아서 서로를 바라보고 있어요."라고 설명했다. 이는 의미 있는 상호작용은 접촉 없이 지적 공유를 토대로 이루어진다는 것을 시사한다.

피검자의 사회적 세상이 협소하다는 추정은 과소평가된 것이다. 그는 사람에 대한 관심이 매우 많지만, 이는 친밀감의 욕구나 관계를 증진시키려는 관심 때문이 아니다. 반대로, 사람을 부정적으로 바라보고, 그의 안전에 잠재적 위험으로 여긴다. 그는 타인의 자연스러운 친밀감에 쉽게 위협감을 느끼고, 감정을 더 지적이고 통제가 쉬운 수준으로 유지하기 위해 안간힘을 쓴다. 욕구의 관점에서 가장 안전하고 생산적이기 위해서 대인관계에서 수동적인 역할을 하고, 사람들과의 일상적 교류에서는 기이할 정도로 공격성에 몰두하고 있다. 과거력을 고려할 때, 과거의 많은 행동들이 수동-공격적 행동들이고, 공격성에 대한 지각이 왜곡된 사고와 강렬한 분노와 맞물려, 그가 자백한 폭력행동을 촉진했을 것이다.

요약

피검자는 편집증적 조현병 수준의 심리적 조직화 및 기능을 보이는 상태이다. 사고는 기이하고, 와해되었으며, 기태적이다. 의사결정을 하거나 어떤 행동을 시작하기 전에 생각하는 것을 선호하는 관념 지향적인 사람이지만, 사고는 강력하게 고착된 몰두에 의해 상당한 영향을 받는 경우가 빈번하고, 이는 어느 정도 망상적 특징이 있다. 이러한 몰두는 강하게 지속되는 경계적이며 불신하는 세계관에 기인하고, 이로 인해 상당한 취약함이 발달하게 된 것이다. 이러한 관념은 많은 심리적 기능에 큰 영향을 미치고 기이한 사고를 유발한다.

피검자가 정보를 효율적으로 처리하려고 노력하고 있지만, 세상을 정확하거나 관습적으로 지각하지 못한다. 어떤 반응에서는 자극에 대한 해석이 왜곡이라기보다 개인적인 반응과 몰두된 주제의 산물이다. 다른 반응에서는, 그의 몰두가 현실의 왜곡을 촉진하는 심각한 인지적 부정확성을 야기한다. 대개 그는 행동을 적절하게 통제할 수 있는 충분한 자원이 있다. 스트레스 인내는 대부분의 성인들과 유사하고, 그를 압박하는 내적 요구도 일반적인 수준이다. 현재 스트레스 상황이 관념의 복잡성을 증가시켰지만 한계를 넘진 않았다.

피검자는 정서 경험에 대해 편안하지 않고 감정이 적절히 통제될 수 있도록 상당한 노력을 기울인다. 그는 감정을 유발하는 상황을 피하기 위하여 상당히 거리를 두는데, 이는 고되며 스트레스가 되는 현실을 대체하기 위해 정교화된 환상 세계를 자주 사용한다. 또한 원치 않는 감정들을 주지화로 방어하고자 한다. 감정에 대한 염려는 내재된 현저한 분노에 기인하며, 스스로 이를 인정하거나 통제하기 힘들 것으로 여기고 있다. 감정을 효과적으로 다루지 못하는 문제는 긴장이나 불안으로 표출되는 심한 정서적 고통 에피소드를 겪게 하며, 때로는 우울로 경험될 수 있겠다.

분노는 경계하고 불신하는 세계관과 관련되어 나타나나, 부정적이고 혐오적인 자기상과도 일면 연관되어 보인다. 이는 경험에 대한 왜곡에 상상이 더해져 나타나지만, 자기 자신이 기이하다고 지각하는 것 또한 영향을 미치고 있다. 부정적인 자기상으로 강한 비관주의가 형성되어 왔다. 피검자는 일이 잘 될 것이라고 기대하지 않으며 이로 인해 자주 심란했을 것이다. 남들과 비교해서 자신을 형편없다고 여기고, 대인관계에서 경계하고, 거리를 두며, 수동적인 태도를 취해 왔을 것이다. 또한 대인 장면에서 공격성을 하나의 당연한 요소로 지각하고 다양한 행동에서 수동-공격적인 특징을 보였을 것이다. 그는 방어적으로 다른 사람들에게 몰두하고, 타인의 방해와 조종에 대해 지속적으로 경계할 필요가 있다고 느낀다. 정서에 대한 두려움이 기이한 사고와 타인에 대한 불신이 맞물렸을 때, 타인에 대한 위협감을 쉽게 느끼게 한다. 이러한 위협적인 상황에서, 판단은 부적절하고 구체적이어서 부적절한 의사결정과 행동을 유발할 수 있다. 위험에 대한 반응은 수동적 철수(passive withdrawal)의 형태로 나타나겠으나, 사고장애와 지각적 왜곡이 더해지면, 그가 자백했던 폭력적인 행동을 포함하여 다른 유형의 행동이 많아질 것이다.

제언

소송능력과 관련된 법은 2가지 쟁점을 포함한다. ① 개인이 기소의 특성(nature of the charges)을 이해할 수 있는가 ② 개인이 변호에 대한 준비 및 수행과정에 의미 있게 참여를 할 수 있는가. 이를 이 사례에 적용해 보면, 로르샤흐 결과에서는 두 번째 쟁점과 관련하여 피검자가 무능하다는 것을 보여 준다. 피검자는 기소의 내용을 자신만의 독특한 방식으로 해석하지만, 기소 내용 자체는 이해할 수 있을 것이다. 하지만 그는 자신의 변호에는 의미 있게 참여할 수 없을 것 같은데, 이는 그의 사고와 현실을 다루는 데 나타내는 문제가 사건 이나 정보의 왜곡을 빈번하게 유발할 수 있기 때문이다. 또한 타인에 대한 만성적 불신과 수동적인 경향은 변호사와 법원과 관련하여 자신의 사건에 불리한 행동을 야기할 수 있을 것이다.

피검자가 재판을 받는다면, 병인론에 기초하여 추론된 검사 결과에 따라 그의 행동은 자세하게 설명될 수 있으며, 법률에 따라 정신이상에 대한 주장을 지지하는 것이 타당할 수 있다. 반면에, 그의 적절한 통제력, 행동을 생각하고 수행할 수 있는 능력(사전 계획), 강렬한 분노, 공격적인 행동 성향과 일관되게 보고되고 있는 양호한 근무 이력은 그에게 불리한 주장의 근거가 될 수 있다.

에필로그

3명의 판사는 그가 재판 받을 능력이 없다는 발의를 기각하였으나, 변호사는 정신이상으로 인한 무죄를 항변하였다. 재판과정에서, 피검자는 증언하지 않았다. 이 사건에 적용된 정신이상에 대한 주(state)법은 M'Naghten 법칙(피고가 범행 시 정신질환으로 인한 이성의 결함으로 자신의 행위의 본질과 특성을 알지 못하고, 또는 그것을 알았을 경우에 행위가 잘못된 것임을 알지 못했다는 것을 확실히 입증해야 한다.)과 Durham 법칙(정신이상은 정신질환이나 결함의 산물이다.)이 결합되어 반영되었다. 두 번의 재판에서 판사들은 1급 살인죄를 적용하여, 사형을 선고했다. 최종 항소에서는 이전 판결을 배제하고 재판이 진행되었다. 항소심에서 판사 한 명은 1급 살인죄를, 다른 판사는 2급 살인죄를 판결했지만, 가석방의 가능성이 없는 종신형이 선고되었다.

참고문헌

Cruise, K. R., & Rogers, R. (1998). An analysis of competency to stand trial: An integration of case law and clinical knowledge. *Behavioral Sciences and the Law, 16*(1), 35–50.

Dusky, v. United States, 362 U. S. 402 (1960).

Morse, S. J. (1999). Craziness and criminal responsibility. *Behavioral Sciences and the Law, 17*(2), 147–164.

Rogers, R. (1984). *Rogers Criminal Responsibility Assessment Scales (R–CRAS) and test manual.* Odessa, FL: Psychological Assessment Resources.

Rogers, R., Jackson, R. L., Sewell, K. W., & Harrison, K. S. (2004). An examination of the ECST–R as a screen for feigned incompetency to stand trial. *Psychological Assessment, 16*(2), 139–145.

Rogers, R., & Sewell, K. W. (1999). The R–CRAS and insanity evaluations: A re-examination of construct validity. *Behavioral Sciences and the Law, 17*(2), 181–194.

Rogers, R., & Tillbrook, C. E., & Sewell, K. W. (1998). *Evaluation of Competency to Stand Trial-Revised (ECST–R).* Unpublished test. University of North Texas, Denton.

Rogers, R., & Tillbrook, C. E., & Sewell, K. W. (2004). *Evaluation of Competency to Stand Trial-Revised (ECST–R).* Odessa, FL: Psychological Assessment Resources.

제16장

개인 상해 소송과정에서의 통증 문제

사례 14

보험회사는 계류 중인 소송과정에서 변호사의 동의하에 31세 여성 피검자에 대한 평가를 요청하였다. 6개월 전, 작은 차를 타고 있던 피검자는 빨간불 신호 대기 중인 상태에서 브레이크 제동이 제대로 되지 않은 제과점 차량과 추돌하는 사고를 당했다. 피검자와 운전자인 친구는 편타성 손상(whiplash injury)을 입었다. 두 사람은 근처 병원 응급실에서 치료를 받았으며, 운전자인 친구는 바로 퇴원하였지만, 피검자는 목과 허리 통증을 심하게 호소하여 경과를 더 지켜보고자 하루 더 입원하였다. 신체 및 신경검사 결과 모두 음성으로 나와 목 보호대를 착용하고 퇴원했고, 피검자는 뼈와 관절전문병원으로 의뢰되었다.

뼈와 관절전문병원 외래에 처음 방문한 지 3일 후, 피검자는 허리 아래쪽의 날카로운 통증을 느껴 엑스레이, MRI, CT 등을 포함해 자세한 검사를 시행하였다. 의사의 소견에 따르면, 피검자는 명백한 불편감이 있지만 통증의 심각성을 과장하는 경향이 있다고 하였다. 피검자는 통증치료 약을 처방 받았으며 물리치료 예약을 잡았고 휴식을 취하라는 말을 들었다.

피검자는 약 3주 동안 목 보호대를 착용했고 주 2회로 운동, 월풀(whirlpool)과 열치료 등을 포함한 물리치료를 받았다. 물리치료사의 경과 기록에 따르면, 피검자는 만족스러운 경과를 보였으며, 셋째 주 후반에 자발적으로 치료 방문을 종료한 것으로 나타났다. 그러나 파검자는 이 같은 사실을 부인하며 물리치료가 불편감을 악화시켰다고 하며, 정형외과 전문의에게 두 번째 진단을 받기로 하였다. 이번 두 번째 검사 후, 정형외과 전문의는 디스크가 눌려 있을 수 있다는 판단하에 소염제와 진통제를 처방해 주었다. 그 후 정형외과 의사는 3개월간 2주 간격으로 피검자를 진료했고, 치료 종결이 임박했음에도 피검자가 통증을 계속 호소하자 통증을 완화하는 코르티손 주사 치료를 제안하였다.

그 와중에, 상대측 보험회사에서는 의료비와 추가적인 위로금 4,000달러를 포함한 보상비를 지급하겠다고 연락하였다. 피검자의 친구인 운전자는 자동차 교체를 포함한 보상금에 합의했지만, 피검자는 지속되는 불편감 때문에 합의를 거절하였다.

피검자는 전업주부로 집안일을 제대로 할 수 없어 단기적으로 집 청소와 요리를 해 주는 파출부를 고용했다고 하였다. 그리고 피검자는 상당 시간 동안 움직일 수 없다고 하였다. 코르티손 주사는 별로 효과가 없었으며, 2개의 디스크에 작은 파열의 가능성을 언급한 두 번째 정형외과 의사한테 피검자를 의뢰하였다. 의사는 디스크는 특별한 치료 없이 자연 치료가 될 수 있다는 의견이 있었지만 수술이 필요할 수도 있다고 하였다.

불편감이 지속되면서 피검자는 여태까지 소요된 비용에 대한 법률 조언을 구했고, 변호사를 통해 모든 치료비와 도우미 비용 이외에도 정신적 외상에 대한 손해배상을 추가하여 30만 달러의 배상금을 청구한 의향서(letter of intent)를 제출하였다. 의향서를 받은 보험회사는 피검자를 2명의 정형외과 그리고 신경과 전문의에게 진료를 의뢰하였다. 두 전문의는 모두 음성 결과를 보고하며, 신경과 전문의는 히스테리 전환 반응(hysterical conversion reaction)의 가능성을 제기하였다. 또한 두 전문의는 모두 디스크에 문제가 있더라도, 교통사고가 원인일 가능성은 매우 희박하다고 지적하였다.

피검자는 외동딸로, 부모는 모두 고등학교를 졸업하였다. 아버지는 56세로 조경 회사의 공동 대표이다. 어머니는 54세로 전업주부지만, 피검자가 고등학생일 때 식당 종업원 일을 수차례 한 적이 있었다. 피검자는 18세에 고등학교를 졸업했고 커뮤니티 칼리지(community college)를 다녔고 3학기 동안 교양 교과과정을 마쳤다. 피검자는 백화점에서 영업직으로 3년 동안 일했으나, 후에 구조조정으로 실직되었다. 대략 8개월 동안 무직으로 지내다 법률 사무소에서 접수원으로 1년간 일하다 그만두었고, 그 후로는 일자리를 구하지 못하였다.

피검자는 법률 사무소에서 일할 때 남편을 만나 연애를 시작했다. 남편은 큰 설비업체에서 제조생산 라인 용접을 전문으로 담당하는 기술직이었다. 두 사람은 6개월간 약혼 상태였다가 그녀의 스물네 번째 생일이 지나고 얼마 되지 않아 결혼하였다. 그녀와 남편은 '한동안' 아이를 원하지 않았지만 그녀가 27세였을 때 가족을 만들기로 결정하였다. 그녀는 28세에, 그리고 교통사고를 당하기 약 6개월 전인 30세에, 총 두 번 유산하였다. 피검자는 현재 자신의 의학적 문제 때문에 가족계획을 확신할 수 없다고 하였다. 피검자는 남편은 "내가 고통스러운 시간을 보내는 동안 나에게 매우 지지적이었지만, 우울증 때문에 남편이 짜증을 냈다."고 말했다. 피검자는 자신의 무기력감과 지속적인 통증이 두 사람의 관계를 '멀어지게' 만들었다고 하였다.

Halstead-Reitan Neuropsychological Battery, MMPI-2, 로르샤흐가 실시되었다. Halstead-Reitan의 모든 소검사에서 피검자의 수행은 정상 범위였으며, WAIS의 전체 IQ는 111점(언어성

지능 = 113, 동작성 지능 = 108)이었다. MMPI-2의 타당도 및 임상 척도는 다음과 같은 T점수를 보였다. Vrin(46), Trin(58), F(50), L(76), K(37), Hs(84), D(81), Hy(75), Pd(58), Mf(45), Pa(70), Pt(61), Sc(72), Ma(45), Si(71). 내용 척도에서는 불안(79), 건강염려(81), 냉소주의(69), 사회적 불편감(68), 직업적 곤란(82)이 T점수 65점보다 높았다. 3개 상승 코드는 신경증적 3요소인 1, 2, 3척도였다.

평가의 쟁점은 (1) 피검자가 보고하는 지속적인 통증은 히스테리 반응 또는 통증장애로 인한 것인가? (2) 피검자가 보고하는 우울증의 심각성은 어떠한가? (3) 검사 자료는 외상후증후군 또는 다른 형태의 정신적 손상에 대한 호소와 일치하는가?와 같다.

사례 개념화 및 관련 문헌

피검자는 교통사고를 당한 후 6개월 동안 통증이 지속되었고 부동(immobility)이 악화되고 있다고 보고하였다. 통증은 6개월 이상 지속되었고 장기적인 치료를 필요로 하며 만성 통증 증후군과 유사해지고 있다(Miller & Kraus, 1990). 의학적 평가는 모호하지만, 몇 명의 의사들은 검진 결과에 비해 피검자의 증상이 더 심각한 것 같다고 보았다. 피검자는 상대 측 보험회사에서 제안한 합의를 거절하고 법률 조언을 받았으며, 이 평가는 보험회사의 요청으로 이루어졌다.

의뢰 사유와 관련하여 종합적인 다중기법 접근(comprehensive multimethod approach)이 시행되었고, 로르샤흐는 이 과정에서 어떤 역할을 할 수 있을 것이다. 제3장(사례 1)에서는 신체 문제와 관련된 로르샤흐의 문헌에 대한 일반적 고찰을 살펴보았다. 이와 함께 통증 증후군에 관한 문헌 고찰은 심리학자가 자문을 준비할 때 유용할 것이다.

통증 증후군 평가

Acklin과 Alexander(1988)는 정신신체적 어려움의 핵심 문제는 위축(constrictedness)과 언어로 정서를 표현할 수 없는 능력이라고 제안하였다. 그들은 Sifneos(1973)가 언급한 정서 인식 및 표현의 어려움, 정서 및 신체감각 간의 혼란, 경직되고 현재 지향적인 인지적 조작을 넘어 사고 전환의 어려움을 포함한 특질 증후군(trait syndrome)이라고 설명한 감정표현불능증(alexithymia)의 개념을 사용하였다. 허리 통증, 위장 통증, 피부 문제, 두통을 호소하는 정신신체적 환자 대상군에 대한 연구에서, 로르샤흐의 7개 변인으로 구성된 위축 군집에서는 네 집단 모두 비환자군과 유의미한 차이를 보였으며, 상당히 이질적인 집단들이었으며, 허리 통증 환자들이 "감정표현불능증의 표준이 되는 집단"으로 나타났다(p. 349). 7개의 로르샤흐 변인은 낮은 R, 낮은 M, 낮은 $WSumC$, 낮은 FC, 낮은 혼합점수, 높은 $Lambda$, 낮은 EA이다. 이 결과는 기질적 그리고 기능적 허리 통증 환자를 비교했던 Leavitt과 Garron(1982)의 연구 결과와 비슷한 것으로, 기능적 집단에서는 $SumC$가 더 낮고 순수 F의 빈도가 많이 나타났다. Acklin과 Alexander(1988)는 위축이 심할수록, 스트레스 조절과 효과적인 대처를 가르치는 실용적인 기술–지향적인(pragmatic skill-oriented) 접근이 가장 도움이 된다고 하였다.

관련된 초기 연구에서, Acklin과 Bernat(1987)는 기질적 병리가 최소거나, 전혀 나타나지 않은 만성 허리 통증 환자(통증 호소 기간의 범위는 7개월에서 8년) 33명을 대상으로 연구하였다. 환자 중 절반은 보상을 받고 있거나 소송 계획이 있었다. 두통 또는 목 통증을 호소한 환자들은 이 연구에서 제외되었다. 이 집단에서 보인 MMPI 프로파일의 평균치는 Graham(2000)이 기술한 신체형 장애 진단과 일치하며 심리적 통찰력이 낮고 의학적 설명을 선호하는 것이 특징인 1–3 코드 또는 '전환 V'에 해당하였다.

Acklin과 Bernat(1987)는 허리 통증 환자들과 우울증 입원환자들, 혼합성격장애의 외래환자들을 비교하였다. 허리 통증 환자들은 DEPI와 자기중심성 이외의 지표에서 점수가 유의하게 낮았고, 이는 대개 전술된 로르샤흐의 감정표현불능증 변인에 국한된 것으로, 여러 종합체계 요약 변인에서는 혼합성격장애 외래환자들과 유사했다. 저자들은 허리 통증 환자들은 우울증 환자들과 구별되며 실제로는 혼합성격장애 집단과 더 유사하다는 결론을 내렸다.

Carlsson과 동료들(1993)은 슬기대퇴(무릎과 허벅지) 통증증후군을 장기적으로 호소한 환자들을 대상으로 연구하였고, 로르샤흐의 감정표현불능증의 특성으로 가정된 변인에서는 어떤 특징도 발견하지 못했다. 32명의 만성 통증 성인 환자와 20명의 비환자를 비교한 Carlsson(1987)의 연구 결과, 통증 환자가 비환자에 비해 정서 및 지적 통제 수준이 더 낮고, 긍정적 대인관계를 형성할 수 있는 능력도 낮으며, 적대감의 수준은 더 높았다. Carlsson에 따르면 이러한 어려움이 통증 강도의 수준을 구분하는 능력을 손상시킨다고 제안하였다.

법의학적인 맥락에서 자기보고식으로 통증 증후군을 평가할 때, 편향 반응에 대한 문제를 고려해야 한다. MMPI-2를 포함한 다중기법 접근은 잠재적인 꾀병을 평가하는 데 유용한 정보를 제공하다. Arbisi와 Butcher(2004)는 DSM-IV에서 증상을 거짓으로 또는 상당히 과장되게 의도적으로 만들어 내는 것을 의미하는 꾀병과, 의도적으로 의식하거나 외부의 이익에 의해서 동기화되지 않는 장애인 신체형장애, 전환장애, 허위성장애를 구분하였다. 저자들은 "증상을 의도적으로 만들어 내는 것과 비의도적으로 만들어 내는 것, 그리고 외부 이익 대 내부 이익과 같은 이분법은, 조건들이 서로 상호 배타적이고 임상적 현실을 반영할 가능성이 낮은 잘못된 이분법이라고 가정한다(p. 384)"고 주장했다. 저자들은 꾀병 대 비꾀병과 같은 지나치게 단순화한 이분법에 반대하며, 심리평가에서 "한 개인은 어느 정도 인상 관리에 관여하며, 이는 임상적 기술과 자기보고의 정확성에 어느 정도 영향을 미치는" 하나의 연속선 위에 위치한다고 보았다.

Arbisi와 Butcher(2004)는 VRIN 또는 TRIN이 협조의 부족을 시사하므로 T점수 80점보다 높은지 여부를 먼저 살펴보고, 그 후 심리적 어려움과 관련된 정보를 의도적으로 생략하는 도덕적 자기-제시를 과장되게 나타내는 L, K, S 척도의 상승을 확인할 것을 제안하였다. 그들은 "히스테리아 척도에 해당하는 문항에서 개인이 하는 반응에 의해 나타난 요인들은 직업-관련 손상의 결과로 인해 장애가 되는 것과 개입 후에도 계속 장애로 남아 있는 것과 관련된다"고 제안한 연구들을 설명하였다.

사례 14. 31세 여성

카드	반응	질문
I	1. 뭔가 죽은 것처럼 보여요. 새 같아요.	평가자: (반응 반복) 피검자: 새 전체가 여기에 다 있는 건 아니에요. 안에 구멍이 있어요. 평가자: 나도 당신처럼 볼 수 있도록 해 주세요. 피검자: 여기가 날개, 몸통이에요. 근데 다 검은색이고 구멍이랑 날개는 부분적으로 찢어진 것처럼 보여요.
	2. 골반 엑스레이인 것 같아요.	평가자: (반응 반복) 피검자: 나는 여러 번 찍었어요. 이건 골반 모양이고 이것처럼 엑스레이는 모두 어두워요. 어떤 부분은 회색이고 다른 데는 더 어두워요. 골반은 이것처럼 넓게 퍼져 있고 구멍도 있어요.

II	3. 두 마리의 개가 싸우고 있어요. 둘 다 다친 것 같아요.	평가자: (반응 반복) 피검자: 작은 강아지들 같아요. 서로 코를 물고 있는 같아요. 아래 빨간 것은 피 같고, 강아지 털에도 좀 묻어 있는 것 같아요. 평가자: 제가 지금 당신이 보고 있는 것처럼 보고 있는지 모르겠어요. 피검자: 위에 빨간 것 빼고 밑에 있는 거랑 다리에 있는 거요. 여기 털에 빨간 얼룩이 있어요. 여기 보면 개 두 마리가 서로 물려고 하고 있어요. 평가자: 털에 빨간 얼룩이라고 말씀하셨어요. 피검자: 여기 빨간 점들이 보이잖아요(D1의 빨간 반점을 가리킨다).
	4. 중간에 흰색 부분이 로켓이라면, 빨간 데는 로켓이 올라갈 때 나오는 불꽃 같아요.	평가자: (반응 반복) 피검자: 좀 우주선 같아요. 플로리다에서 발사했어요. 발사하는 것처럼 위로 뾰족하고, 밑에 나오는 불꽃이에요.
	∨5. 여기 빨간 부분은 폐가 떠올라요.	평가자: (반응 반복) 피검자: 폐는 그냥 이 모양이에요. 이쪽 빨간색이 폐예요. 분홍색으로 되어 있어서 안에 피가 있는 것처럼 보여요.
III	6. 어떤 광고 같아요. 좀 남성 정장 광고 같아요.	평가자: (반응 반복) 피검자: 2명의 남자가 정장을 입고 있고, 여기 팔이고, 다리예요. 이 중간에 있는 것에 기대고 있는 것 같아요. 여기 뒤 배경에 있는 빨간색 장식은 두 남자가 입고 있는 검정 턱시도를 훨씬 강조하는 거예요. 이 광고는 턱시도를 빌려 주는 어떤 대여 장소 같아요.
	7. 여기 위에 있는 것(D2)이 작은 동물이요. 갓 태어난, 작은 쥐나 생쥐 같아요.	평가자: (반응 반복) 피검자: 이쪽 양쪽에 갓 태어난 쥐나 생쥐 같아요. 털이 없는 것처럼 아직 빨개요. 탯줄 일부분이 아직 이어져 있어요. 여기 머리와 작은 몸을 보세요. 그냥 누워 있고 좀 무기력하게 보여요. 저는 그 기분을 잘 알아요.

Ⅳ	8. 의자에 앉아 있는 털이 많은 큰 괴물 같아요.	평가자: (반응 반복)
		피검자: 여기 큰 다리랑 작은 머리이고, 이쪽 팔이 그냥 늘어져 있는 것 같아요. 마치 괴물이 저기에 앉아서 쉬고 있는 것 같아요.
		평가자: 털이 많다고요?
		피검자: 네. (카드를 문지르면서) 여기 선들이 털이나 머리카락 같아요. SF 영화에서 나오는 어떤 생물체 같아요. 아마 〈스타워즈〉에 나오는 Chabuka 아니면 어떤 큰 남자 같기도 해요.
	∨9. 이쪽으로 보면 독수리 같아요.	평가자: (반응 반복)
		피검자: 독수리가 날 때 날개를 쭉 펴잖아요. 넓게 펴져 있죠. 제가 병원에 입원해 있을 때 TV에서 이걸 봤었어요. 정말 강해 보여요. 독수리는 오랫동안 날 수 있고, 기류를 타고 올라갔다 내려갔다 하고, 어떤 것도 독수리를 방해하지 않아요. 언젠가 이 독수리처럼 어떤 것도 저를 방해하지 않기를 바라요.
Ⅴ	10. 이것도 새처럼 보여요. 날개를 펴고 날고 있어요.	평가자: (반응 반복)
		피검자: 여기는 독수리 말고 어떤 다른 새 같아요. (가리키면서) 여기가 날개고 몸통이에요.
	∨11. 이렇게 보면 뼈 같아요.	평가자: (반응 반복)
		피검자: 어떤 종류인지는 잘 모르겠지만, 팔 아니면 다리 뼈 같아요. 제 생각에 제 엑스레이 중에서 이런 것을 본 적이 있어요. 지금 보니까 골반의 어떤 부분인 것 같기도 해요.
		평가자: 카드의 어떤 점이 그렇게 보였는지 잘 모르겠어요.
		피검자: 여기 이런 아치 모양이 있고, 여기 뾰족한 부분이 있어서요(D9).

VI	12. 차에 치인 고양이 같아요.	평가자: (반응 반복)
		피검자: 그냥 그렇게 보여요. 머리랑 수염, 다리는 여기에 있어요. 차에 치인 것처럼 납작하게 깔려 있어요. 여기 털에 검은 자국도 있어요. (문지르면서) 여기 등에는 다 털이 있어요. (D1 영역에 있는 몇 개의 어두운 부분을 가리키며) 여기 검은 부분은 타이어 자국이나 그런 것이 묻은 것 같아요.
	13. 윗부분은 갑자기 떠오른 날카로운 통증이요.	평가자: (반응 반복)
		피검자: 만화에서 보면 날카로운 통증이 갑자기 나타난 것을 뾰족한 것으로 표현했는데 그것처럼 보여요.
		평가자: 당신이 카드의 어떤 점에서 그렇게 보았는지 잘 모르겠어요.
		피검자: 만화에서 통증을 표현한 방식 있잖아요. 뾰족한 모양으로 표현한 것이요. 이 경우에는 어떤 사람이 손목이나 팔에 통증을 느끼고 있는 것처럼 보여요. 제가 이것을 봤을 때, 제 허리에 실제 날카로운 통증이 있을 때, 저도 이렇게 삐죽삐죽한 것 같이 느껴요.
VII	14. 2명의 어린 소녀들이 바위에 앉아 있고, 서로 쳐다보고 있어요.	평가자: (반응 반복)
		피검자: 두 소녀가 쪼그리고 앉아 있거나 그냥 앉아 있는 것 같아요. 둘이 놀고 있다가 지금은 큰 바위 위에서 쉬고 있어요. 둘 다 머리를 묶었고 얼굴이 작고 귀여워요.
	< 15. 이쪽으로 보면 개가 냄새를 맡고 있어요. 이쪽도 똑같아요.	평가자: (반응 반복)
		피검자: 여기 긴 꼬리, 귀, 작은 다리, 납작한 코, 개들이 여기(Dd23) 이것 냄새를 맡고 있어요. 뭔지는 잘 모르겠는데, 덤불일 수도 있고, 개는 항상 덤불 냄새를 맡잖아요.

VIII	16. 이건 MRI가 떠올라요. 그 안에 염색제를 넣어서 장기와 **뼈**를 볼 수 있도록 했어요.	평가자: (반응 반복) 피검자: 이것처럼 다 다른 색깔로 나와요. 그래서 어디를 다쳤는지를 알 수 있어요. 근데 그렇다고 항상 다 나타나는 건 아니에요. 저는 이게 제 것이 아니라는 건 알아요. 평가자: 당신이 그것을 어떻게 보고 있는지 잘 모르겠어요. 피검자: 각 색깔은 어떤 부분 또는 어떤 뼈를 나타내요. 이건 실제로는 그렇게 보이지는 않아요. 안에만 그렇게 보이죠.
<	17. 이쪽으로 보면 돌 위에 발을 디딘 늑대 같은 동물처럼 보여요, 여기 아래는 다 반사된 거예요.	평가자: (반응 반복) 피검자: 여기 있네요. 늑대처럼, 머리, 다리, 꼬리, 늑대가 이 돌에 발을 디뎠어요. 여기는 물, 파랗고, 여기 아래는 모든 것이 다 반사된 것처럼 다 똑같아요. 늑대가 여기 위에 있는 푸른 큰 덤불 쪽으로 가고 있어요.
∨	18. 이쪽으로 보면 빨간색과 주황색 부분은 젤리처럼 보여요.	평가자: (반응 반복) 피검자: 여기 밝은 빨간색과 주황색 부분을 보니까 젤리가 생각나요. 평가자: 카드의 어떤 점이 그렇게 보이셨죠? 피검자: 한 가지 색이 아니라, 마치 누군가가 두 종류의 젤리를 섞은 것처럼 빨간색이랑 주황색에 색깔 차이가 있어요.
IX	19. 가면이요. 핼러윈이나 코스튬 파티에서 쓰는 것 같아요.	평가자: (반응 반복) 피검자: 주황색 귀, 커다란 초록색 볼, 아래쪽 분홍색은 입이 있는 곳이에요. 여기 작고 기다란 흰 구멍이 눈이에요. 저는 당신이 이것을 제대로 볼 수 없을 거라고 생각해요.
X	20. 또 다른 MRI처럼 보여요. 여기 골반 구조가 보여요.	평가자: (반응 반복) 피검자: 다른 것과 비슷해요. 이 카드에 있는 각기 다른 색이 서로 다른 뼈와 장기를 표현한 것 같아요. 여기 윗부분(D11)이 골반 구조이고 분홍색을 쭉 따라 내려가면 돼요. 다른 부분은 뭔지 모르겠어요. 그냥 신경이나 장기일 수 있어요.

∨21. 이쪽으로 보면 파란색 부분이 게예요.	평가자: (반응 반복) 피검자: 게처럼 다리가 많아요.
∨22. 이쪽 노란색 부분은 카나리아 새요.	평가자: (반응 반복) 피검자: 새 모양 같고, 카나리아 새처럼 노란색이요.
∨23. 여기 초록색 부분이 해마예요. 요. 근데 밑은 서로 연결되어 있어요.	평가자: (반응 반복) 피검자: 여기는 진짜 해마처럼 보여요. 모양이 그렇게 보이는데 샴쌍둥이 해마처럼 연결되어 있어요. 하하.
∨24. 이쪽에 있는 작은 갈색은 씨앗이요. 나뭇잎이 죽어서 떨어질 때 나무에서 떨어진 씨앗 같아요.	평가자: (반응 반복) 피검자: 어떤 종류의 나무인지는 모르겠어요. 제 생각에는 오크나무 같기도 해요. 모양이 오크나무 같고, 떨어져 죽은 잎들의 일부예요. 색깔도 갈색이에요. 어떤 것들은 뿌리를 내려 새로운 나무가 됐어요.

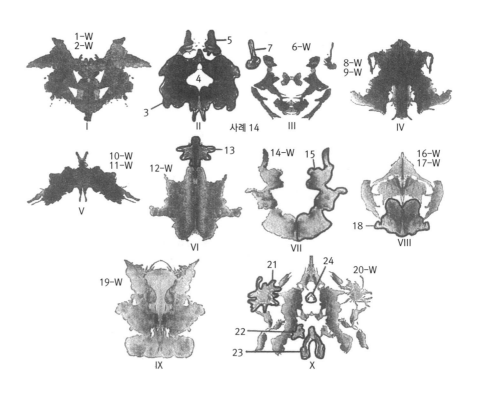

사례 14. 점수 계열

카드	반응번호	위치	영역번호	결정인	(2)	내용	평범반응	Z	특수점수
I	1	WSo	1	FC'o		Ad		3.5	MOR
	2	WSo	1	FYo		Xy		3.5	PER
II	3	D+	6	FMa.CFo	2	A,Bl	P	3.0	AG,MOR,PHR
	4	DS+	5	ma.CFo		Sc,Fi		4.5	
	5	Do	2	FC−		An			
III	6	W+	1	Mp.C.FD.FC'o	2	Art,H,Cg,Id	P	5.5	GHR
	7	Do	2	FC.FMpo	2	A			INC
IV	8	W+	1	FT.Mpo		(H),Hh	P	4.0	GHR
	9	Wo	1	FMau		A		2.0	PER,DR
V	10	Wo	1	FMao		A		1.0	
	11	Wo	1	Fo		An		1.0	PER
VI	12	Wo	1	FT.FC'o		A	P	2.5	MOR
	13	D+	3	Mpu		Art,Hd,Hx		2.5	MOR,AB,PHR
VII	14	W+	1	Mpo	2	H,Ls	P	2.5	GHR
	15	W+	1	FMpo	2	A,Bt		2.5	
VIII	16	Wv	1	CFo		Xy			PER
	17	W+	1	FMa.Fr.CFo		A,Na	P	4.5	
	18	Dv	2	C.Y		Fd			
IX	19	WSo	1	FCo		(Hd)		5.5	GHR
X	20	Wo	1	CF−		An		5.5	
	21	Do	1	Fo	2	A	P		
	22	Do	2	FCu	2	A			
	23	D+	10	Fo	2	A		4.0	FAB
	24	Do	3	FCo		Bt			MOR

사례 14. 구조적 요약

구조적 요약(상단부)				
반응영역	결정인 혼합	단일	반응내용	자살 지표

반응영역	혼합	단일	반응내용	자살 지표
				NO …FV+VF+V+FD>2
			H =2	YES..Col-Shd Bl>0
Zf =17	FM.CF	M =2	(H) =1	YES..Ego<.31,>.44
ZSum =57.5	m.CF	FM =3	Hd =1	YES..MOR>3
ZEst =56.0	M.C.FD.FC′	m =0	(Hd)=1	NO …Zd>+-3.5
	FC.FM	FC =4	Hx =1	NO …es>EA
W =14	FT.M	CF =2	A =10	YES..CF+C>FC
D =10	FT.FC′	C =0	(A) =0	NO …X+%<.70
W+D =24	FM.Fr.CF	Cn =0	Ad =1	YES..S>3
Dd =0	C.Y	FC′=1	(Ad)=0	NO …P<3 or>8
S =4		C′F=0	An =3	YES..Pure H<2
		C′ =0	Art =2	NO …R<17
		FT =0	Ay =0	6……TOTAL
발달질		TF =0	Bl =1	**특수점수**
+ =9		T =0	Bt =2		Lv1	Lv2
o =13		FV =0	Cg =1	DV =0x1 0x2
v/+ =0		VF =0	Cl =0	INC =1x2 0x4
v =2		V =0	Ex =0	DR =1x3 0x6
		FY =1	Fd =1	FAB =1x4 0x7
		YF =0	Fi =1	ALOG =0x5
		Y =0	Ge =0	CON =0x7
		Fr =0	Hh =1	Raw Sum6 =3
형태질		rF =0	Ls =1	Wgtd Sum6 =9
FQx MQual W+D		FD =0	Na =1	
+ =0 =0 =0		F =3	Sc =1	AB =1 GHR =4
o =18 =3 =18			Sx =0	AG =1 PHR =2
u =3 =1 =3			Xy =2	COP =0 MOR =5
− =2 =0 =2			Id =1	CP =0 PER =4
none =1 =0 =1		(2) =8		PSV =0

구조적 요약(하단부)				
비율, 백분율, 산출한 점수				

R =24	L =0.14		FC:CF+C =5:7	COP=0 AG =1
			Pure C =2	GHR:PHR =4:2
EB =4:10.5	EA =14.5	EBPer =2.6	SumC′:WSumC =3:10.5	a:p =5:6
eb =7:7	es =14	D =0	Afr =0.60	Food =1
	Adj es =13	Adj D =0	S =4	SumT =2
			Blends:R =8:24	Hum Con =5
FM =6	C′ =3 T =2		CP =0	Pure H =2
m =1	V =0 Y =2			PER =4
				Iso Indx =0.21

a:p =5:6	Sum6 =3	XA% =0.88	Zf =17.0	3r+(2)/R =0.46
Ma:Mp =0:4	Lv2 =0	WDA%=0.88	W:D:Dd =14:10:0	Fr+rF =1
2AB+Art+Ay=4	WSum6 =9	X−% =0.08	W:M =14:4	SumV =0
MOR =5	M− =0	S− =0	Zd =+1.5	FD =1
	Mnone =0	P =7	PSV =0	An+Xy =5
		X+% =0.75	DQ+ =9	MOR =5
		Xu% =0.13	DQv =2	H:(H)Hd(Hd)=2:3

PTI=0	DEPI=4	CDI=2	S-CON=6	HVI=NO	OBS=NO

S-CON과 핵심 변인

　S-CON(6)은 유의미한 결과를 보여 주지 않는다. 첫 번째 유의미한 주요 변인은 반사반응으로, 해석 순서는 자기 지각, 대인관계 지각, 통제 순서로 진행된다. 그다음, 두 번째 주요 변인은 외향형 대처반응을 의미하는 EB로, 정동, 정보처리, 인지적 중재, 관념의 순서로 살펴보아야 한다.

자기 지각

사례 14. 31세 여성의 자기 지각 관련 자료

R	=24	OBS	=NO HVI=NO	**Human Content, Hx, An & Xy Responses**
				I　2. WSo FYo Xy 3.5 PER
Fr+rF	=1	3r+(2)/R	=0.46	II　5. Do FC− An
				III　6. W+ Mp.C.FD.FC'o 2 Art,H,Hh,Id P 5.5 GHR
FD	=1	SumV	=0	IV　8. W+ FT.Mpo (H),Hh P 4.0 GHR
				V 11. Wo Fo An 1.0 PER
An+Xy	=5	MOR	=5	VI 13. D+ Mpu Art,Hd,Hx 2.5 MOR,AB,PHR
				VII 14. W+ Mpo 2 H,Ls P 2.5 GHR
H:(H)+Hd+(Hd)=2:3				VIII 16. Wv CFo Xy PER
[EB=4:10.5]				IX 19. WSo FCo (Hd) 5.5 GHR
				X 20. Wo CF− An 5.5

　반사반응의 존재는 과장된 자기관여와 자기가치감의 팽창을 나타낸다. 이것은 개인적 온전함을 보호하고자 종종 과도하게 방어를 사용하는 특질과 비슷한 특성이다. 이 중에서 가장 두드러진 것은 원하지 않거나 반갑지 않은 사건에 대한 원인을 외현화하거나 합리화하는 것이다. 자기중심성 지표(0.46)는 평균보다 높아 상당한 자기관여를 시사한다. 보다 유의미한 결과는 피검자의 프로토콜에 FD 반응이 있다는 점으로 피검자는 일상적으로 자기검열 행동에 관여하고 있음을 의미한다.

　5개의 $An+Xy$는 매우 흥미로운 결과로 뚜렷한 신체적 염려를 의미한다. 이것은 피검자의 신체적 불평을 비춰 봤을 때 놀라운 점이 아니다. 이와 비슷하게 5개의 MOR 반응도 예상 못한 것이 아니다. 피검자의 자기상에는 부정적 귀인과 취약감 또는 손상감이 포함되어 있다. 이는 앞에서 언급한 자기가치감에 대한 과장된 생각과 상반되는 것처럼 보이지만, 꼭 그렇지만은 않다. 5개의 *An+Xy*는 단순히 피검자가 호소하는 통증과 외상에 연관된 상태-관련 집착을 나타낸 것일 수 있다. 또는 이것은 그녀가 경험하는 어떤 고통을 과장하기 위해 오랫동안 지속되어 온 심리적 특성을 반영한 것일 수 있다. 어느 쪽이든지 피검자의 높은 자기관여에 대한 손상 또는 모욕을 강조한다.

5개의 인간내용 반응 중 2개만 *H*라는 점은 피검자의 자기상에는 현실 경험에 대한 왜곡 또는 상상에 기반한 많은 특징들이 포함되어 있음을 암시한다. 이는 자기인식이 제한되어 있거나 순진하다는 것을 의미한다. 관련 맥락에서, 피검자의 프로토콜에는 *Hx* 반응 (13번 반응, *D+ Mpu Art, Hd, Hx 2.5 MOR, AB, PHR*)이 포함되어 있다. 특히, 특수점수 AB를 함께 포함하는 *Hx* 반응은 자기상 또는 자기관여와 관련된 문제를 현실을 무시하거나 왜곡하는 주지화 방식으로 다루는 경향성을 의미한다. 다른 4개의 인간내용 반응은 훨씬 긍정적이다. 비록 그중 하나가 색채음영 혼합반응(6번 반응, *W+ Mp.C.FD.FC'o 2 Art, H, Hh, Id P 5.5 GHR*)이지만, 그 외의 모든 반응은 적절한 형태질을 보이고 있고 부정적인 특수점수도 없다.

2개의 *FQ* 마이너스 반응은 모두 해부 내용을 포함하고 있다. 즉, "폐······ 분홍색으로 되어 있어서 안에 피가 있는 것처럼 보여요."(카드 II, 5번 반응)와 "또 다른 MRI로, 골반 구조예요······. 각기 다른 색이 서로 다른 뼈와 장기를 표현한 것 같아요."(카드 X, 20번 반응)이다. 이런 반응들은 피검자의 집착이 현실에 대한 왜곡을 촉진시킬 수 있음을 의미한다. 5개의 MOR 반응은 모두 죽음 또는 손상을 포함하고 있다. 첫 번째(카드 I, 1번 반응)는 "뭔가 죽은 것처럼 보여요. 새 같아요······. 구멍이랑 날개는 부분적으로 찢어진 것처럼 보여요."이다. 두 번째(카드 II, 3번 반응)는 "두 마리의 개가 싸우고 있어요. 둘 다 다친 것 같아요······. 여기 털에 빨간 얼룩이 있어요. 여기 보면 개 두 마리가 서로 물려고 하고 있어요."이며, 세 번째(카드 VI, 12번 반응)는 "차에 치인 고양이 같아요······. 차에 치인 것처럼 납작하게 깔려 있어요. 여기 털에 검은 자국도 있어요······. 타이어 자국이나 그런 것이 묻은 것 같아요."이다.

네 번째는 5개의 MOR 반응 중 가장 개인적인 것으로(카드 VI, 13번 반응), "갑자기 떠오른 날카로운 통증······ 만화에서 보면 날카로운 통증이 갑자기 나타난 것······ 제가 이것을 봤을 때, 제 허리에 실제 날카로운 통증이 있을 때, 저도 이렇게 삐죽삐죽한 것 같이 느껴요."이다. 이 반응은 피검자가 호소하는 고통을 강조하는 상당히 극단적인 자기표상이지만, 또한 상태를 가장하거나 과장하려는 점을 나타낸 것일 수도 있다.

마지막 MOR 반응(카드 X, 24번 반응)은 "씨앗이요. 나뭇잎이 죽어서 떨어질 때 나무에서 떨어진 씨앗 같아요……. 떨어져 죽은 잎들 일부예요……. 어떤 것들은 뿌리를 내려 새로운 나무가 됐어요."이다. 이것은 '새로운 나무'의 가능성을 보여 주는 것으로 MOR 반응 중 가장 긍정적이다.

5개의 인간내용 반응 중 4개는 *M*을 포함한다. 4개 중 1개(갑자기 떠오른 날카로운 통증)는 이미 살펴보았다. 나머지 3개는 덜 극단적이지만 각각에 담겨 있는 수동성에 주목을 해야 한다. 첫 번째(카드 III, 6번 반응)는 "어떤 광고 같아요. 좀 남성 정장 광고 같아요……. 2명의 남자가 정장을 입고 있고…… 이 중간에 있는 것에 기대고 있는 것 같아요……. 여기 뒤 배경에 있는 빨간색 장식은 두 남자가 입고 있는 검정 턱시도를 훨씬 강조하는 거예요……. 어떤 대여 장소 같아요."이다. 이것은 그녀의 높은 자기가치감을 보여 준다. 두 번째(카드 IV, 8번 반응)는 "의자에 앉아 있는 털이 많은 큰 괴물 같아요……. 작은 머리이고 이쪽 팔이 그냥 늘어져 있는 것 같아요. 마치 괴물이 저기에 앉아서 쉬고 있는 것 같아요."이며, 세 번째(카드 VII, 14번 반응)는 "2명의 어린 소녀들이 바위에 앉아 있고, 서로 쳐다보고 있어요……. 둘이 놀고 있다가 지금은 큰 바위 위에서 쉬고 있어요……. 둘 다 머리를 묶었고 얼굴이 작고 귀여워요."이다. 마지막으로 인간내용 반응(카드 IX, 19번 반응)은 "가면이요, 핼러윈이나 코스튬 파티에서 쓰는 것 같아요……. 작고 기다란 흰 구멍이 눈이에요. 저는 당신이 이것을 제대로 볼 수 없을 거라고 생각해요……."이다. 제한적인 시야를 가진 측면 때문에 이 은폐 반응이 더 흥미로웠다.

6개의 *FM* 반응 중 첫 번째(싸우고 있는 개들)는 이미 살펴보았다. 나머지 5개는 장황함과 내용 간의 흥미로운 혼합을 포함한다. 두 번째(카드 III, 7번 반응)는 "작은 동물이요. 갓 태어난, 작은 쥐나 생쥐 같아요……. 털이 없는 것처럼 아직 빨개요. 탯줄 일부분이 아직 이어져 있어요……. 그냥 누워 있고 좀 무기력하게 보여요. 저는 그 기분을 잘 알아요."이다. 이것은 미성숙을 의미하며 무기력을 강조한다. 세 번째 반응(카드 IV, 9번 반응)은 "독수리…… 독수리가 날 때 날개를 쭉 펴잖아요……. 정말 강해 보여요……. 기류를 타고 올라갔다 내려갔다 하고, 어떤 것도 독수리를 방해하지 않아요. 언젠가 이 독수리처럼 어떤 것도 저를 방해하지 않기를 바라요."이다. 이 반응에서 피검자는 간접적으로 자신의 고통을 강조하고자 높은 지위의 새를 이용한 것으로 보인다.

네 번째 *FM* 반응(카드 V, 10번 반응)은 훨씬 온화한 것으로, "이것도 새처럼 보여요. 날개를 펴고 날고 있어요……. 독수리 말고 어떤 다른 새 같아요."이다. 다섯 번째(카드 VII, 15번 반응)는 조심성을 암시하며, "개가 냄새를 맡고 있어요……. 뭔지는 잘 모르겠는데, 덤불일 수도 있고, 개는 항상 덤불 냄새를 맡잖아요."이다. 마지막(카드 VIII, 17번 반응)은 반사반응으로 "돌 위에 발을 디딘 늑대 같은 동물처럼 보여요. 여기 아래는 다 반사된 거예요."이다. 1개의 m 반응(카드 II, 4번 반응)은 "로켓, 빨간 데는 로켓이 올라갈 때 나오는 불꽃같아요."이다. 이것은 흔한 반응이며 명백한 투사적 특성을 포함하고 있지 않다.

7개의 반응은 아직 살펴보지 않았다. 이들 중 첫 3개 반응은 *An*과 *Xy* 반응으로, 모두 취약성을 나타내는 동시에 피검자의 신체적 문제를 강조한다. 첫 번째(카드 I, 2번 반응)는 "골반 엑스레이인 것 같아요……. 나는 여러 번 찍었어요. 이건 골반 모양이고…… 골반은 이것처럼 넓게 퍼져 있고 구멍도 있어요."이다. 두 번째(카드 V, 11번 반응)는 "뼈 같아요……. 제 엑스레이 중에서 이런 것을 본 적이 있어요. 지금 보니까 골반의 어떤 부분인 것 같기도 해요."이다. 세 번째(카드 VIII, 16번 반응)는 "MRI, 그 안에 염색제를 넣어서 장기와 뼈를 볼 수 있도록 했어요……. 다 다른 색깔로 나와요. 그래서 어디를 다쳤는지를 알 수 있어요. 근데 그렇다고 항상 다 나타나는 건 아니에요. 저는 이게 제 것이 아니라는 건 알아요."이다. 각각의 이런 장황한 자기 참조는 자신의 어려움을 강조하는 특성을 보여 주는 것이다.

나머지 4개의 반응들에서도 투사가 잘 드러난다. 첫 번째 반응(카드 VIII, 18번 반응)이 가장 흥미롭다. "빨간색과 주황색 부분은 젤리처럼 보여요……. 누군가가 두 종류의 젤리를 섞은 것처럼." 이것은 형태가 없는 색채음영 혼합반응으로, 자기와 관련된 불확실한 느낌을 나타낸다. 다음 두 반응(카드 X, 21번과 22번 반응)에서는 "파란색 부분이 게예요."와 "노란색 부분은 카나리아 새요."라고 응답하였다. 두 반응은 사물의 윤곽 요소를 단순하게 기술한 것 같이 보인다. 네 번째(카드 X, 23번 반응)는 "해마예요. 근데 밑은 서로 연결되어 있어요……. 샴쌍둥이 해마처럼 연결되어 있어요. 하하."라고 반응하였다. 이것은 구체적인 반응으로, 피검자는 방어적으로 장난기 있게 자기주장을 하고 있다.

위의 결과를 종합해 보면, 피검자의 자기개념에 대한 분명한 그림이 드러나지 않는다. 피검자는 자기 자신에 몰두되어 있는 한편 자기에게 매우 호의적으로 관여하고 있다. 또한 그녀는 제한적이고 미숙한 자기인식을 회피하게 해 주는 주지적인 방어적 방식으로 자기상을 다루고 있음이 시사된다. 한편, 피검자는 눈에 띄는 신체 걱정, 취약감과 손상감을 보여 준다. 이러한 특징들은 그녀가 호소하는 통증 및 외상과 연관된 상태-관련 집착일 수 있다. 그러나 피검자는 의식적이든 무의식적이든 간에, 자신이 받은 모욕을 알리고 지적하고자 주의를 다른 사람들의 실패로 돌리는 방법으로, 피검자 자신의 문제와 걱정을 강조하거나 과장할 수도 있다.

대인관계 지각

사례 14. 31세 여성의 대인관계 지각 자료

R = 24	CDI = 2	HVI = NO	**COP & AG Responses**
a:p = 5:6	SumT = 2	Fd = 1	II 3. D+FMa.CFo. 2 A,Bl P 3.0 AG,MOR,PHR
	[eb = 7:7]		
Sum Human Contents = 5		H = 2	
[Style = Extratensive]			
GHR:PHR = 4:2			
COP = 0	AG = 1	PER = 4	
Isolation Indx = 0.21			

a:p(5:6)는 수동성을 암시하지만 뚜렷하지는 않다. 그러나 다른 자료가 이런 주장을 지지한다. 예를 들어, 자기 지각 자료를 살펴보면, 4개의 *M* 반응은 모두 수동반응이다. 이는 비일상적이며 현저히 수동적인 대인관계 양식을 보여 줄 때 전형적으로 나타나는 것이다. 수동성의 가능성을 지지하는 두 번째 자료는 음식반응이다. 이것은 피검자가 일반 성인 보다 더욱 의존적인 행동을 나타낼 수 있음을 암시하며, 지지와 지시를 위해 다른 사람에게 의존하는 경향이 있음을 시사한다. 자기 자신에 대한 관여가 높으면서 수동–의존적인 특징을 지닌 사람들은 전형적으로 다른 사람들이 자신의 욕구와 요구를 알아차리고 이에 대해 관대하길 바라며 자신의 욕구와 요구에 맞추어 행동하기를 기대한다.

피검자의 프로토콜에서 2개의 재질 반응은 정서적 친밀감에 대한 요구가 상당하다는 것을 시사한다. 이러한 결과는 대개 최근의 정서적 상실과 관련되지만, 피검자의 과거력에서 이를 나타내는 암시는 분명하지 않다. 피검자는 남편이 매우 지지적이라고 말하지만, 그녀의 통증이 두 사람 간의 관계를 '더 멀어지게' 했다고 덧붙이면서 "나의 우울증이 남편을 짜증 나게 했다."라고 말했다. 이것은 외로움을 야기할 수 있는 문제가 있음을 암시한다. 그러나 친밀감에 대한 피검자의 강한 요구는 만성적이며 의존적인 방식 및 자기중심성과 관련된 것일 수 있다.

5개의 인간내용 중 2개만 *H*로 피검자는 타인에 대한 관심을 갖고 있지만 다른 사람을 잘 이해하지 못할 수 있음을 의미한다. 반면에, GHR:PHR(4:2)는 피검자의 대인관계 행동 대부분은 상황에 적응적일 가능성을 시사한다. COP 반응의 부재는 부정적인 결과로, 이는 일상적으로 긍정적인 상호작용을 예상하지 않음을 의미한다. 만약 이것이 사실이라면, 피검자는 사회적인 상황에서 덜 편안함을 느끼며 다른 사람들은 그녀를 멀게 느끼거나 냉담한 사람으로 지각할 수 있다.

4개의 PER 반응은 이러한 가설을 지지한다. 이는 그녀가 사회적 상황에서의 자신감이 부족하고, 다른 사람들이 그녀가 편협하다고 지각할 수 있다는 걱정을 주지화 형태로 방어하고 있음을 암시한다. 그러나 PER 반응 4개 중 3개가 *An* 또는 *Xy* 내용을 포함하며, 이전에 언급했던 피검자의 고통을 강조하는 경향을 보여 준다. 그러므로 다른 사람들은 그녀를 상당히 지적인 사람이라고 보기 어려울 것이다. 사실 쌍반응을 포함하고 있는 5개의 *M* 반응과 *FM* 반응 중 4개는 수동적이다(남성 정장 광고, 갓 태어난 작은 동물, 앉아 있는 어린 소녀들, 냄새 맡고 있는 개). 이는 피검자가 사회적 상호작용에서 매우 수동적이라는 주장을 지지한다.

전반적으로, 피검자의 대인관계는 적응적일 수 있지만, 다소 피상적일 수 있고 수동적이고 의존적인 행동이 두드러진다. 피검자는 사람들에 대한 관심은 갖고 있지만, 그들을 잘 이해하지 못한다. 자신에 대한 과도한 걱정과 수동적이고 의존적인 성향은 피검자를 직접적으로 지지하는 사람들을 제외한다면, 다른 사람들과의 지속적인 관계를 발달시키는 것을 제한할 것이다.

통제

사례 14. 31세 여성의 통제 관련 변인

EB = 4:10.5	EA = 14.5		D = 0	CDI = 2
eb = 7:7	es = 14	Adj es = 13	Adj D = 0	L = 0.14
FM = 6 m = 1	SumC′ = 3	SumT = 2	SumV = 0	SumY = 2

Adj D는 0이고 CDI는 2이다. 피검자의 통제력과 스트레스에 대한 인내는 대부분의 다른 성인들과 비슷하다. 이 가정을 반박할 만한 명백한 이유는 없는데, *EA*(14.5)는 평균보다 높으며, 이 값은 0이 포함되지 않는 *EB*(4:10.5)에서 산출되었다.

Adj *es*(13)는 일상적으로 기대되는 것보다 높으며, 이는 주로 *FM*(6), *SumC′*(3), *SumT*(2)가 상승되었기 때문에 나타난 것이다. 이 가운데 *FM*과 *SumT*는 상황적인 원인에서 초래된 결핍과 외로움이 비정상적으로 높은 수준임을 보여 주는 것이다. 이것이 사실이라면, Adj *es*는 의미 있게 낮을 수 있다. 만약 그렇다면, Adj D는 양수 범위에 해당할 것이고, 이는 통제력과 스트레스에 대한 인내가 현재 Adj D점수 0점이 시사하는 것보다 더 견고하다는 점을 나타낸다.

정동

사례 14. 31세 여성의 정동 관련 자료

						Blends	
EB	$=4{:}10.5$			EBPer	$=2.6$	M.C.FD.FC′	$=1$
eb	$=7{:}7$	L	$=0.14$	FC: CF+C	$=5{:}7$	FM.Fr.CF	$=1$
DEPI	$=4$	CDI	$=2$	Pure C	$=2$	FM.CF	$=1$
						FC.FM	$=1$
SumC′$=3$	SumT $=2$			SumC′:WSumC	$=3{:}10.5$	m.CF	$=1$
SumV$=0$	SumY $=2$			Afr	$=0.60$	C.Y	$=1$
						FT.M	$=1$
Intellect	$=4$	CP	$=0$	S$=4$ (S to I, II, III $=3$)		FT.FC′	$=1$
Blends:R	$=8{:}24$			Col-Shad Bl	$=2$		
m+y Bl	$=2$			Shading Bl	$=1$		

EB(4:10.5)는 피검자가 의사결정을 할 때 정서가 상당히 중요한 역할을 하고 있음을 시사한다. 사실 그녀는 감정이 혼재되어 사고에 현저한 영향을 미치는 직관적인 대처 방식을 가지고 있다. 피검자는 자신의 가정이나 의사결정을 확인하기 위해 시행착오적 전략을 사용하며, 자신의 감정을 노골적으로 표현하는 경향이 있다. 대체적으로 이런 대처 방식은 성공적이지 않다. *EBPer*(2.6)는 어느 정도의 지연과 사려 깊음이 훨씬 효과적인 상황에서조차, 피검자는 이러한 접근 방식을 상당히 지속해 온 경향성이 있음을 보여 준다. 대처 방식에 있어서 융통성이 부족하고 때때로 의사결정은 그녀에게 불리하게 작용한다.

DEPI(4)는 정동에서의 혼란을 나타내는 결정적인 증거는 아니다. 그러나 *eb* 우항(7)은 높은 수치로 피검자가 보고하는 고통과 우울이 어느 정도 관련되었을 가능성을 보여 준다. 이 값의 *SumT*(2)와 *SumC′*(3)는 매우 높고, 여기에 더해 2개의 음영확산 반응이 포함되어 있다. 앞서 언급했듯이 재질반응은 정서적 결핍 혹은 외로움에서 야기된 과민한 감정과 관련되어 있다. 음영확산 반응은 상황적으로 유발된 것이며 무력감에서 올라오는 감정을 나타내는 것일 수 있다.

무색채 반응은 감정 제한 또는 억압에서 유발된 부정적인 감정을 의미하기 때문에, 이 군집에서 무채색 반응은 가장 놀라운 결과이다. 이는 습관적으로 감정을 표출하거나 표현하는 광범위한 외향적인 대처 방식과 다소 상반된다. 피검자는 분명히 터놓고 공유하기를 꺼리거나 공유할 수 없는 어떤 감정을 느끼고 있다. $SumC':SumC$(3:10.5)는 비일상적인 정서적 억제를 나타내지 않으므로 그녀가 이러한 전략을 지나치게 사용하고 있다고 볼 수는 없다. 그러나 이러한 결과는 흥미롭고 다른 해석적 가정을 내릴 수 있으므로 무시해서는 안 된다.

Afr(0.6)는 외향적인 사람에게 기대되는 범위에 해당되며, 피검자가 다른 사람들처럼 정서적 자극을 적절히 처리하고 관여하고 있음을 시사한다. 그러나 피검자의 의지는 보이는 것보다 더 선택적일 수 있다. 주지화 지표(4)는 다소 높은데, 이는 그녀가 어떤 원하지 않는 정서나 정서적 상황의 영향을 감정적인 방법보다는 주지화된 방식으로 다루어 이를 중화시키거나 부인하는 경향을 의미한다. 또한 피검자의 프로토콜에는 Hx 반응이 포함되어 있는데, 이는 피검자가 현실을 무시하거나 왜곡하는 과도한 주지화 방법으로 자기상과 관련된 문제들을 다루는 경향이 있음을 시사한다. 이러한 결과들은 피검자에게 주지화가 중요한 방어 전략임을 시사한다. 이는 히스테리적인 반응의 가능성을 제기하기 때문에 중요하다. 이것으로 가설을 확인하지는 못하지만, 히스테리 특징을 가지고 있는 사람들 사이에서 주요 방어인 주지화를 지나치게 사용하는 것이 흔하게 관찰된다.

흥미롭게도, $FC:CF+C$(5:7)는 피검자가 감정을 분명히 또는 강하게 표현하는 경향이 있음을 나타낸다. 이는 외향적인 사람한테는 비일상적인 것은 아니다. 그러나 2개의 C 반응은 그녀가 감정 표현을 조절하는 데 지나치게 느슨해질 수 있음을 의미한다. 이로 인해 타인에게 미성숙하거나 충동적인 인상을 줄 수 있지만, 2개의 C 반응들(빨간 장식, 섞인 젤리)은 통제되지 않거나 원초적인 특징보다는 주지화된 특징이 더 두드러져서 이러한 가능성은 낮은 편이다.

피검자의 프로토콜에는 4개의 S 반응이 포함되어 있는데, 이는 피검자가 기대한 것보다 자신의 환경에 대해 훨씬 부정적이거나 반항적인 경향이 있음을 의미한다. 이것은 그녀의 현재 상황과 관련되어 있을 수 있고, 앞서 언급했던 때때로 감정을 제한하거나 억제하는 경향에 대한 이유일 수 있다. 반면에, 이것은 전반적으로 자신의 인생에 대한 지속적인 불만족을 반영할 수 있으며 과도한 주지화 경향과도 관련 있을 수 있다.

피검자의 프로토콜에는 8개의 혼합반응(33%)이 포함되어 있는데, 이는 외향적인 사람에게는 비일상적인 것이 아니며, 그녀가 기대보다 심리적으로 더 복잡하지 않다는 점을 보여 준다. 이 중 2개(*m.CF, C.Y*)는 상황적으로 관련되며, 현재 나타난 복잡성 수준은 평상시보다 다소 높음을 의미한다. 그러나 특히 주목해야 할 3개의 혼합반응이 있다. 이 중 2개는 색채음영 혼합반응(*Mp.C.FD.FC', C.Y*)으로, 피검자는 자신의 감정으로 인해 종종 혼란스러워지고, 이러한 점은 정서적 상황을 종결하는 것이 힘들 수 있음을 보여 준다. 세 번째는 음영혼합(*FT.FC'*)이며, 이는 매우 고통스러운 정서를 나타낸다. 음영혼합 중에서 2개의 결정인 중 하나는 재질로, 이는 정서적 결핍 또는 외로움이 그녀를 과민하게 만드는 방해 요인임을 보여 준다. 피검자는 "거리가 있다"고 표현하면서도 자신의 우울증이 남편을 짜증나게 했다고 말했던 남편과의 관계에 대해 의문을 가지게 한다.

피검자의 정동에 관한 결과는, 피검자는 자신의 감정에 상당히 관여되어 있고, 피검자의 감정은 의사결정 시에 일상적으로 피검자에게 영향을 미치는 것으로 나타났다. 이러한 직관적인 대처 접근은 효과적일 수 있지만, 대처 방식의 적용 시에 요구되는 융통성의 부족은 약점이 될 수 있다. 그녀는 감정을 개방적으로 표현하며, 종종 미성숙한 인상을 줄 수 있다. 그러나 피검자는 정서를 주지화로 처리하고 때로는 감정을 억제하거나 억압하는 등 예상하지 못한 경향성도 가지고 있다. 피검자는 혼란스럽고 괴로운 경험을 피하고자 이러한 전략을 사용하며, 이러한 경험들은 그녀가 환경에 대해 느끼는 과민함 및 분노감과 연관된 것일 수 있다. 우울증에 대한 명백한 증거는 없지만, 정서적 결핍 혹은 외로움과 관련된 피검자의 고통은 매우 크다.

정보처리

Zf(17)와 *W:D:Dd*(14:10:0)는 피검자가 정보를 처리하는 데 상당한 노력을 기울이고 있음을 보여 준다. 반응 계열은 일관적이며, 10개 카드 중 9개의 카드에서 첫 반응으로 *W* 반응을 보였다. *W:M*(14:4)은 다소 불균형적인데, 이는 피검자가 때때로 자신의 기능적 능력에 비춰 볼 때 실현 가능한 것보다 더 많은 것을 성취하려고 애쓰고 있음을 시사한다. *Zd*가 +1.5로 기대되는 범위에 해당하며, 정보탐색 활동은 대부분의 사람들과 비슷하다.

사례 14. 31세 여성의 정보처리 변인

EB $=4:10.5$	Zf $=17$	Zd $=+1.5$	DQ+ $=9$
L $=0.14$	W:D:Dd $=14:10:0$	PSV $=0$	DQv/+ $=0$
HVI $=$ NO	W:M $=14:4$		DQv $=2$
OBS $=$ NO			

Location & DQ Sequencing

I: WSo.WSo	VI: Wo.D+
II: D+.DS+.Do	VII: W+.W+
III: W+.Do	VIII: Wv.W+.Dv
IV: W+.Wo	IX: WSo
V: Wo.Wo	X: Wo.Do.Do.D+.Do

24개의 반응 중 9개는 통합되어 있어 피검자의 정보처리의 질이 대체적으로 양호하며 가끔씩 복잡하다는 것을 보여 준다. 그러나 2개의 반응은 *DQv*로 채점되었다. 이것은 예상하지 못한 것으로, 때로는 피검자의 정보처리에 결점이 있을 수 있음을 시사한다. 이러한 *DQv* 반응은 카드 VIII의 첫 번째와 세 번째 반응에서 보였는데, 피검자가 정서적 자극을 다루는 데 어려움을 느끼는 상황에서 정보처리의 질이 상당히 불안정해질 수 있음을 의미한다. 이런 전제를 지지하는 추가적인 근거는 유채색으로만 구성된 카드 VIII, IX, X에서 9개 반응 중 2개만 통합반응이고, 처음 7개의 카드에서 나타난 15개의 반응 중 7개 반응에서 *DQ+* 반응이었다. 이러한 문제는 때때로 정보처리의 질을 저하시킬 수 있지만, 뚜렷한 손상을 야기하지 않으며 피검자의 정보처리 활동은 양호한 것으로 보인다.

인지적 중재

XA%(.88)와 *WDA*%(.88)는 모두 기대되는 범위에 해당되며 정보의 변환은 대체적으로 상황에 적절하다는 것을 의미한다. 또한 피검자의 현실 검증력이 대부분 적절하다는 것을 시사한다. 그러나 프로토콜에 NoForm 반응(C.Y. 젤리)이 1개 있으며, 이는 특히 의존 욕구와 관련된 비일상적인 강한 정서가 때때로 정보처리를 방해할 수 있음을 시사한다.

사례 14. 31세 여성의 인지적 중재 변인

R =24	L =0.14	OBS =NO	**Minus & NoForm Features**
FQx+ =0		XA% =.88	II 5. Do FC- An
FQxo =18		WDA% =.88	VIII 18. Dv C.Y Fd
FQxu =3		X-% =.08	X 20. Wo CF- An 5.5
FQx- =2		S- =0	
FQxnone =1			
(W+D =24)		P =7	
WD+ =0		X+% =.75	
WDo =18		Xu% =.13	
WDu =3			
WD- =2			
WDnone =1			

관련된 맥락에서, 2개의 마이너스 반응에는 모두 유채색이 포함되어 있으며, $X-\%$는 .08로 비교적 낮은 값이다. 이것이 걱정에 대한 원인은 아니지만, 두 반응 모두 *An* 반응(폐 그리고 다른 장기와 골반 구조 MRI)이다. 이 두 반응 모두 심각한 왜곡은 아니지만, 현재 피검자의 신체적 집착이 일부 현실을 무시하게 조장하거나, 현실을 왜곡하게 만들 수 있음을 시사한다.

유의미한 결과는 7개의 평범 반응으로, 기대되거나 수용되는 행동에 대한 단서가 분명하다면 피검자는 그러한 행동을 나타낼 수 있음을 의미한다. 이와 유사하게 $X+\%$(.75)는 상당한 반면 $Xu\%$(.13)는 상대적으로 별로 높지 않다. 이러한 자료는 피검자가 사회적 기대나 요구에 부합하는 행동을 할 수 있는 성향을 가지고 있음을 지지한다.

전반적으로, 인지적 중재에서 나타난 결과는 양호하다. 피검자의 현실 검증력은 대체로 적절하다. 피검자가 상당한 정서적 자극을 받게 되는 상황이거나, 신체적 염려가 피검자의 개념적 사고에 지나치게 영향을 미치는 상황에 처하면 피검자는 때때로 현실을 무시하거나 왜곡한다는 지표가 나타났다. 그러나 이러한 일은 자주 일어나지 않으며, 그녀의 행동에 대한 내재된 효율성에 제한적인 영향을 미칠 것이다.

관념

사례 14. 31세 여성의 관념 변인

L	=0.14	OBS	=NO	HVI	=NO	**Critical Special Scores**			
						DV	=0	DV2	=0
EB	=4:10.5	EBPer	=2.6	a:p	=5:6	INC	=1	INC2	=0
				Ma : Mp	=0:4	DR	=1	DR2	=0
eb	=7:7	[FM=6 m	=1]			FAB	=1	FAB2	=0
				M−	=0	ALOG	=0	CON	=0
Intell Indx	=4	MOR	=5	Mnone	=0	Sum6	=3	WSum6	=9

(R=24)

M Response Features

III   6. W+ Mp.C.FD.FC′o 2 Art,H,Cg,Id P 5.5 GHR

IV   8. W+ FT.Mpo (H),Hh P 4.0 GHR

VI 13. D+ Mpu Art,Hd,Hx 2.5 MOR,AB,PHR

VII 14. W+ Mpo H,Ls 2.5 GHR

위에 언급했듯이, *EB*(4:10.5)는 피검자의 정서가 사고에 상당히 영향을 미치고 있음을 시사하며, 그녀의 의사결정은 대체로 직관적인 판단에 따라 이루어질 것을 의미한다. *EBPer*(2.6)는 이러한 융통성이 부족한 대처 방식이 만연되어 있음을 보여 준다. 피검자는 전형적으로 문제해결 시에 시행착오적인 방법을 사용하며, 자신의 판단을 평가하고자 외부 피드백에 의존을 한다. 다소 융통성은 부족하지만, 피검자의 사고가 손상되어 있지 않아 정서가 과도하게 강하지 않다면 이러한 형태의 대처는 효과적일 수 있다.

피검자의 프로토콜에서 나타난 사고에서의 부정적인 결과는 5개의 MOR 반응이다. 이 결과는 이미 자기상과 관련하여 살펴보았지만 여기에서도 상당히 중요하다. 피검자의 노력에도 불구하고 비호의적이거나 원하지 않은 결과를 예상하면서, 환경과의 관계를 냉소적인 방식으로 개념화하도록 촉진하는 비관적인 특성을 보여 준다. 이는 상황적으로 관련된 좌절감이거나 만성적인 심리적 특징일 수 있는 좌절감을 반영한다. 어떤 경우이든 이는 그녀의 사고의 질을 상당히 저하시키는 협소하거나 구체적인 판단을 초래할 수 있다.

이 자료에서 나타난 또 다른 관련된 결과는 다소 상승된 *eb* 좌항(7)이다. 이것은 6개의 *FM* 반응과 1개의 *m* 반응을 의미한다. 후자는 특별하지 않으나, 전자는 전형적이지 않은 내적 요구가 높은 상태임을 나타낸다. 이는 주변적 정신 활동을 과하게 만들며, 주의력과 집중력을 투여하는 활동을 방해할 수 있다. 이러한 결과는 반드시 해로운 것은 아니지만, 비관적인 특징과 함께 고려해 본다면, 전반적인 사고의 질을 저하시킬 수 있다.

피검자의 사고에서 또 다른 부정적인 결과는 $Ma:Mp(0:4)$이다. 피검자는 환상으로 도피하는 방식으로 불쾌감을 다루는 경향이 있다. 이러한 방식으로 인해 그녀는 책임과 의사결정을 회피하며, 수동적인 태도로 다른 사람에 대한 의존성을 높이고 있다. 앞서 언급했듯이, 상승된 주지화 지표(4)와 Hx 반응은 원하지 않는 정서와 싸우거나 자기상의 온전함을 방어하기 위해 주지화를 과도하게 사용하고 있음을 의미한다.

특징적인 방어 양상은 피검자가 자주 현실을 왜곡하거나 무시하거나 또는 부인한다는 점이다. 피검자가 현실 지향적인 사람임을 의미하는 인지적 중재 결과와는 모순적으로 보일 수 있지만, 실제로는 그렇지 않다. 피검자의 방어는 그녀가 두렵거나 원하지 않는 사건을 직면할 때 주로 작동하기 시작한다. 이러한 경우에 그녀의 방어는 위협에 기울인 주의를 다른 데로 돌리고 어떤 것을 더 긍정적이고 다룰 만한 것으로 바꾼다. 피검자의 온전함에 대한 위협이 초래되지 않는다면, 일상생활에 일어나는 사건들을 다루기 위해 피검자는 자신의 사고를 더욱 직접적으로 사용할 것이다.

사실 피검자의 사고는 상당히 분명하다. 그녀의 프로토콜에는 결정적인 특수점수가 3개 포함되어 있지만, 그 어느 것도 심각한 인지적 손상을 나타내지 않는다. 첫 번째(카드 III, 7번 반응)는 INCOM으로 부호화되어 있는데, 탯줄의 존재를 갓 태어난 쥐나 생쥐들로 귀인했다. 두 번째(카드 IV, 9번 반응)는 DR로 부호화되어 있으며, "언젠가 이 독수리처럼 어떤 것도 저를 방해하지 않기를 바라요."라며 과제와 거리를 두었다. 마지막(카드 X, 23번 반응)은 "샴쌍둥이 해마처럼, 하하"라며 연결된 해마를 보고하여 $FABCOM$으로 부호화되었다. $WSum6$ 9점은 보통 성인에게 기대되는 것보다 더 결함이 있는 사고를 암시한다. 반응의 부호화된 요소들은 부적절한 사고를 나타내지만, 그것들은 사고의 문제보다는 미성숙을 의미하는 것 같다.

피검자의 M 반응은 형태 사용이 적절하며, 사고는 상당히 분명하다는 점을 지지한다. 이에 더해, 이런 반응들의 질은 아주 흔한 것(의자에 앉아 있는 털이 많은 큰 괴물, 바위에 앉아 있는 어린 소녀들)부터 더 정교한 수준(남성 정장 광고, 갑자기 떠오른 날카로운 통증…… 어떤 사람의 손목이나 팔에 통증을 느끼고 있는 것처럼)까지 아우른다.

분명한 사고는 피검자에게 자산이 될 수 있지만, 피검자의 장점은 아니다. 이 중 가장 분명한 것은, 자신의 행동이 사건의 결과에 영향을 적게 미칠 것이라는 예상, 의심, 좌절을 야기하는 비관주의다. 이러한 세트는 상황적으로 관련되어 있을 수 있지만, 최근에 있었던 사건으로 인해 악화된 끊임없이 반복되는 사고로 표현될 가능성이 높다.

이 세트의 기반은 의사결정을 내리거나 어떤 방향으로 나아가기 위해 타인에게 의존하는 경향과 수동성에서 기인한 것으로 보인다. 이러한 행동은 다양한 상황에서 안전기지를 제공하지만, 완전히 보호적이거나 보상적이지 않기 때문에, 피검자는 보다 더 정교한 방어 체계를 발달시켰다. 이러한 방어체계에는 환상의 남용과 정서를 과도하게 주지적으로 다루려는 경향성이 포함된다. 이 두 전략 모두 피검자의 사고를 현실세계의 문제로부터 다른 데로 돌려, 결과적으로, 그녀의 개념적 사고의 수준은 미성숙한 채로 머물러 있는 것 같다.

요약

이 피검자는 신체적 안녕감 또는 신체적 안녕감의 부족에 대한 집착이 두드러지기 때문에 일반적인 경우보다 더 복잡한 심리적 상태를 보여 준다. 기본적으로 그녀는 자기 자신에 대한 관여가 매우 높은 상당히 자기중심적인 사람이다. 그러나 그녀는 손상되기 쉽고, 취약하고, 고통을 크게 느끼는데, 이것이 현재의 신체적 불평과 연관되는 것인지 아니면 만성적인 문제인지를 구분하는 것은 어렵다.

피검자는 매우 수동적이고 의존적인 사람이며, 지지와 안심을 구하기 위해 다른 사람한테 의존하는 경향이 있으며, 타인이 자신에게 아량을 베풀고 기꺼이 수용해 주기를 기대한다. 비록 그녀의 사회적 행동이 적응적일 수 있지만, 그녀는 자신에게 매우 지지적인 사람들을 제외한다면 다른 사람들과의 관계는 피상적일 수 있다. 일상적으로 피검자는 적절한 통제력을 가지고 있고 스트레스에 견딜 수 있다. 피검자의 감정은 사고에 상당한 영향을 미치며, 자신의 직감이 의사결정 방식에서 중요하다. 이러한 대처 접근은 융통성이 없으며 때때로 피검자가 원하는 것보다 효과적이지 못할 수 있다. 그녀는 다양한 감정을 개방적으로 그리고 빈번히 강하게 표현하는 경향이 있어서 그녀가 미성숙하거나 충동적이다는 인상을 주기도 하지만, 이들 가정 중 어느 것도 정확하지 않다.

피검자는 불쾌한 감정을 회피하거나 부인하고자 열심히 노력하는 매우 방어적인 사람이다. 주로 2가지 방어 전략을 사용한다. 첫 번째는 주지화로, 원하지 않는 감정의 존재를 부인하거나, 감정의 강도를 감소시키는 방식으로 감정을 다룬다. 두 번째는 피검자가 현실의 상황을 더 호의적이고 쉽게 다룰 수 있도록 대체하는 동안 환상으로 빠지는 점이다. 동시에, 피검자는 사회적으로 수용되거나 적절한 방식으로 행동하는 것에 상당히 신경을 쓰고 있으며, 원하지 않은 감정을 처리할 때 주된 방어가 부적절하거나 효과가 없을 시에, 피검자는 빈번히 감정들을 제한하거나 억제한다. 이것은 그녀가 자신의 환경에 대해 과민하거나 분노감을 경험할 때 더욱 그럴 수 있다.

피검자는 요구적이고 외로운 사람이지만, 이것이 오랫동안 지속된 문제인지, 아니면 신체적 문제 때문에 야기된 것인지 분명하지 않다. 어떤 경우든, 이러한 부정적인 감정은 손상감과 취약감을 더 악화시키고, 피검자가 현재 자신에 대해 가지는 분명한 비관주의의 한 원인이 된다. 이러한 비관주의는 그녀의 사고에 상당히 영향을 미치며 의심과 좌절을 야기한다. 그럼에도 불구하고 그녀의 사고는 상당히 분명하고 전반적인 인지적 조작은 온전하다. 피검자는 정보를 처리하기 위해 상당히 노력하며 대개 매우 효과적으로 처리하며, 피검자가 방어적임에도 불구하고, 현실 검증력은 적절해 보인다.

피검자가 신체적 어려움 때문에 상당한 고통감에 빠져 있다는 점은 의심할 여지가 없다. 이것 중 어떤 것은 피검자가 주장한 손상과 다른 사람이 이러한 손상을 효과적으로 다루는 데 실패한 것과 직접적으로 연관되어 있을 수 있다. 후자는 자기 자신에 대해 관여가 높고 지지와 안심을 얻고자 다른 사람에게 의존하는 것이 익숙한 사람들을 특히 과민하게 할 수 있다. 한편, 피검자의 고통감에 기여하는 많은 기본 요소들은 훨씬 오랫동안 존재해 온 것일 수 있다.

예를 들어, 피검자가 원하지 않는 감정들을 다루기 위해 발달시킨 정교한 방어는 현재 상황에서 잘 작동되지 않으며, 피검자가 의존할 매우 폭넓은 사회적 네트워크를 발달시킬 가능성은 낮다. 피검자는 사람들을 잘 이해하지 못하고, 지지를 구하기 위해 의존할 수 있는 사람들을 제외하면 대부분 사람들에게 냉담하거나 멀어져 있다. 만약 그들의 지지가 약해지거나 불충분하다고 지각된다면, 피검자의 불편감은 상당히 증가할 것이다.

제언

법률 자문은 목적에 따라 복잡해질 수 있다. 이번 경우처럼, 보험회사는 광범위한 합의를 피하는 명백한 목적에 대한 진료 의뢰를 요청하였다. 제기된 기본적인 질문은 히스테리 반응 또는 통증장애의 가능성과 관련된 것이다. 심리학적인 관점에서 둘 중 하나는 가능하다. 피검자는 몇 가지의 히스테리적인 특징을 지니고 있다. 이 중 가장 분명한 것은 원하지 않은 감정들을 부인하거나 무시하는 경향, 표면상으로 풍부한 환상 세계, 감정을 지나치게 쉬이 강하게 표현하는 경향, 확연히 수동적이고 의존적인 특징이다. 피검자의 MMPI-2 결과에서 신경증적 3요소인 1-2-3(1=84, 2=81, 3=75) 척도가 상당히 높은 T점수를 보인 결과는 놀라운 것이 아니다. 사소한 신체기능장애에 대해서 장기간 과민하고 신체적 문제와 심리적 문제 간의 관계를 무시하는 경향이 있는 사람들한테 흔한 양상이다. 그러나 로르샤흐와 MMPI-2에서 확인된 이러한 특성들의 조합은 히스테리 반응 또는 통증장애가 명백히 존재하는지에 관한 분명한 결론을 내리기에는 충분하지 않다. 이러한 주장이 제기된다 하더라도, 피검자가 경험한 외상이 기존의 취약함을 악화시켰다고도 주장할 수 있다.

피검자의 우울증의 심각성에 관한 질문, 그리고 검사 결과가 외상후 스트레스장애 또는 정신적 손상과 일치하는지에 관한 질문이 제기되었다. 비록 피검자가 주요우울장애를 가지고 있지 않더라도, 그녀는 상당한 고통감을 느끼는 것처럼 보이며, 이는 우울감을 야기하기 쉽다. 두드러진 취약감과 비관주의, 결핍감과 외로움, 전반적인 좌절감 등이 고통감의 요소에 포함되어 있으며, 이들 모두 외상후 스트레스장애나 정신적 손상에서도 나타날 수 있다.

진료 의뢰 시 제기되지 않은 사안은 피검자가 일부 혹은 모든 신체적 문제를 가장하고 있을 가능성에 대한 것이다. 피검자는 로르샤흐 검사를 받는 동안 신체 문제들을 강조하거나 과장한 점은 분명하다. 그러나 이것이 의도적으로 행해진 것인지, 아니면 자신이 경험하고 있는 좌절과 낙담을 나타내기 위한 덜 의식적인 것인지를 결정하는 것은 불가능하다. L척도(T=76)에서의 상당한 상승과 함께 앞서 언급했던 척도 1(Hs)과 척도 3(Hy)에서의 상승을 포함한 MMPI-2의 점수들은 후자를 지지한다. 이러한 조합은 순진하게 히스테리적인 사람들 그리고 과도하게 부인에 의존하는 사람들에게 흔하다.

그러므로 많은 의구심이 제기될 수 있지만, 피검자가 호소하는 고통을 무시하기에는 충분하지 않다. 최적의 상황 속에 그리고 소송이 해결된 이후에, 피검자가 개입과 관련된 권고를 거부할지라도, 개입과 관련된 어떤 권고를 제안할 수 있다.

에필로그

심리평가 및 신경심리평가를 마친 후 한 달이 지나 세 번째 신경학적 평가를 완료했다.

자문을 맡은 신경과 전문의는 2개의 디스크에 이상이 있을 가능성을 제시했지만, 결과는 음성이었다. 이 후 법정 밖에서 합의가 진행되었고 피검자는 의료비, 통증과 고통에 대한 배상금을 포함한 9만 달러를 지급받는 것으로 합의하였다. 추가적인 정보는 공개될 수 없다.

참고문헌

Acklin, M. W., & Alexander, G. (1988). Alexithymia and somatization: A Rorschach study of four psychosomatic groups. *Journal of Nervous and Mental Diseases, 17*(6), 343–350.

Acklin, M. W., & Bernat, E. (1987). Depression, alexithymia, and pain prone disorder: A Rorschach study. *Journal of Personality Assessment, 51*(3), 462–479.

Arbisi, P. A., & Butcher, J. N. (2004). Psychometric perspectives on malingering of pain: Use of the Minnesota Multiphasic Personality Inventory-2. *Clinical Journal of Pain, 20*(6), 383–391.

Carlsson, A. M. (1987). Personality analysis using the Rorschach test in patients with chronic, non-malignant pain. *British Journal of Projective Psychology, 32*(2), 34–52.

Carlsson, A. M., Werner, S., Mattlar, C. E., Edman, G., Puuka, P., & Eriksson, E. (1993). Personality in patients with long-term patellofemoral pain syndrome. *Knee Surgery and Sports Traumatology and Arthroscopy, 1*(3/4), 178–183.

Graham, J. R. (2000). *MMPI-2: Assessing personality and psychopathology.* New York: Oxford University Press.

Greene, R. L. (2000). *The MMPI-2: An interpretive manual.* Needham Heights, MA: Allyn & Bacon.

Leavitt, F., & Garron, D. C. (1982). Rorschach and pain characteristics of patients with low back pain and "conversion V" MMPI profiles. *Journal of Personality Assessment, 46*(1), 18–25.

Miller, T. W., Kraus, R. F. (1990). An overview of chronic pain. *Hospital and Community Psychiatry, 41,* 433–440.

Sifneos, P. E. (1973). The prevalence of "alexithymic" characteristics in psychosomatic patients. *Psychotherapy and Psychosomatics, 22,* 255–263.

로르샤흐를 활용한 아동 및 청소년 자문

제17장

학업 수행 부진 문제

사례 15

피검자는 9세 1개월 된 여아로 깔끔한 블라우스와 바지 차림이었다. 피검자는 2가지 사유로 평가가 의뢰되었다. 첫째, 학업 수행의 편차가 커서 읽기와 수학은 성적이 우수하지만 다른 과목들과 함께 평균 이하의 낮은 성적을 보이기도 했으며, 둘째, 최근 3개월 동안 수차례 심하게 울었던 적이 있는데 대개 읽기와 수학에서 흔히 있는 실수를 수정한 후였다.

피검자는 1학년과 2학년 때 학업 수행이 뛰어났던 반면 3학년 때에는 학업 수행의 편차가 컸다. 3학년에도 읽기와 수학 과목은 최우수 그룹에 배정되었는데 처음 석 달간은 성적이 뛰어났으나 점점 부진해졌다. 교사는 피검자가 학업 성취에 대한 부담이 크다고 느껴 그녀를 한 단계 낮은 반으로 이동시켰다. 그 후 첫 두 달은 잘했는데 또다시 성적이 하락했으며 당시에 피검자가 울음을 터뜨리는 일이 발생하였다. 부모의 요청에 따라 피검자는 인지 검사와 학업성취도 검사 그리고 신체 검사를 실시하였는데 의학적인 문제는 발견되지 않았다. 검사 결과는 다음과 같다. 지능 검사(WISC-R) 언어성 지능 = 124, 동작성 지능 = 118, 전체 지능 = 124, 종합성취도 검사(Wide Range Achievement Test)의 표준점수는 읽기 = 112, 철자 = 100, 산수 = 126; 학업성취도 검사(Peabody Achievement)의 표준점수는 산수 = 121, 읽기 재인 = 119, 읽기 이해 = 114이며 모든 WRAT점수는 5학년 수준에 해당하였다.

3학년 담임교사는 피검자가 성취에 대한 압박감을 느낀다고 보았으며, 심지어는 실패하지 않았는데도 실패감을 느껴 우는 것처럼 보인다고 보고하였다. 또한 그녀는 학년이 올라갈수록 생각을 드러내는 것을 꺼리고, 다른 친구들보다 불안해하고, 긍정적이며 지속적인 또래관계를 유지하지 못하는 것 같다고 보고하였다. 교사는 다른 친구들이 뚜렷한 이유 없이 피검자와 노는 것을 꺼리고, 일부는 그녀를 좋아하지 않는 것처럼 보인다고 언급하였다.

어머니는 아동이 정상 발달을 했다고 보고하였다. 1학년인 7세 남동생은 학업성취가 평균 상이다.

아버지는 35세로 사무실용 설비 수리공이며, 어머니는 31세로 오전에는 의학 기록 담당 비서로 일하고 있다. 부모는 가정에 문제는 없으며 아이에게 학업을 잘하도록 격려하지만 결코 과하지 않다고 강조하였다. 가족은 주말마다 교회에 가고 아이들은 주일학교를 다닌다. 부모는 평일에 두 아이 모두 방과 후 간식을 먹고 난 후 놀이시간 전 30분간 자신들이 선택한 책을 읽는다고 자랑스럽게 말하였다. 부모는 체벌은 거의 없으며 대개 TV 시청의 특권을 뺏는다고 하였다. 어머니는 딸이 방과 후 가끔 이웃에 사는 2명의 친구와 놀지만 대개는 TV를 보거나 신문지로 종이 인형 만들고 꾸미는 것을 더 좋아한다고 밝혔다. 두 아이들 모두 컴퓨터를 원했지만, 집에 컴퓨터는 없다.

부모의 보고에 따르면 신체 검사 후 피검자는 복통과 인후통을 호소했고 저녁식사 후 몇 차례 구토를 했다고 한다. 평가가 실시되기 전 2주에 걸쳐 EEG와 CT를 포함한 신경학적 검사를 받았고 결과는 정상이었다. 신경심리학적 스크리닝 검사 결과는 다음과 같다. WISC VIQ = 119, PIQ = 117, FSIQ = 119; Categories = 34 errors, Tactile Performance Test rt = 4′11″, lfr = 2′3″, both = 2′02″(memory = 6, local = 4), sensory-percept = 0 errors, trails A = 43″, B = 56″, speech sounds = 7 errors. 평가 당시 아동은 불안해하고 비협조적이었는데, 문제 난이도가 높아지자 WISC 수행을 거부하고 speech sounds 검사 수행도 포기하려 했으나, 로르샤흐 검사에서는 빠르게 반응하였다.

교사의 보고와 달리, 피검자는 학교에 친구가 많고 자신은 친구들과 노는 것을 좋아한다고 보고하였다. 피검자는 부모님과 남동생에 대해 긍정적으로 표현했다. 피검자는 학교 수업에서 특히 수학을 좋아하지만 읽기와 관해서는 "아주 잘하지 못하고, 너무 많은 실수를 해요."라며 어려움을 드러냈다. 가끔씩 다른 친구들이 짓궂게 굴 때가 있지만 "나는 누구한테도 짓궂게 굴고 싶지는 않아요."라고 하였다. 다른 아이들이 짓궂게 굴었던 일에 대해서 묻자 "가끔 걔네들은 폭력적이고 애들을 괴롭혀요. 하지만 전 그렇게 하지 않아요."라고 대답하였다. 건강과 관련된 질문에 대해서는 "그렇게 좋진 않아요. 올해 감기에 여러 번 걸렸어요."라고 답하였다.

사례 개념화 및 관련 문헌

1, 2학년 때 지속적으로 좋은 성적을 받은 것과 달리 3학년 때 나타난 성적 하락은 주목을 끈다. 학교에서 울었던 에피소드는 3학년 학생에게는 흔치 않은 일로, 피검자의 자기개념이 빈약하다는 의구심을 가지게 한다. 아동의 읽기 수준은 또래들에 비해 2년 이상 앞

선 것임에도 불구하고 그녀 스스로 "난 아주 잘하진 못해요. 실수를 많이 해요."라고 평가
한다. 교사의 보고에 따르면 다른 아이들이 종종 피검자를 따돌리고, 고립시켜 괴롭힌다고
한다. "가끔 개네들은 폭력적이고 애들을 괴롭혀요. 하지만 전 그렇게 하지 않아요." 아동
은 신체화 증상을 보이며 본인의 건강이 "좋지 않다"고 보고하였다.

피검자의 증상들을 Quay(1986)가 설명한 두려움에 찬 걱정, 빈번한 울음, 대인관계에서
의 수줍음과 빈약하고 취약한 자아개념 등이 특징인 불안-위축-불쾌감 증후군(anxious-
withdrawn-dysphoric syndrome)과 일치한다. 이와 유사하게 Ollendick과 King(1994)은 불
안, 공포, 수줍음, 낮은 자존감, 슬픔, 우울 등은 임상적으로 더불어 요인분석적으로 연관
되는 내재화 장애라고 밝힌 바 있다. Achenbach과 McConaughy(1992)는 불안-우울, 조
현성(schizoid), 신체화 및 위축 등은 임상에 의뢰된 아동 및 청소년들에게 특징적인 내재화
증상이라고 밝힌 바 있다.

모든 연구자들은 우울과 불안 증상의 동시 발병에 대해 보고하고 있는데, Costello,
Mustillo, Erkanli, Keeler와 Angold(2003)가 9~16세 1420명 아동을 대상으로 종단연구
를 실시한 결과, 불안과 우울의 공병률이 상당히 높음을 보고하였다. 성인의 불안 및 우울
평가와 관련된 문헌들이 제3장과 제4장(사례 1, 2)에 소개되어 있는데, 이는 아동과 청소년
의 문헌 검토 시에도 매우 유용할 것이다.

아동 · 청소년의 불안과 우울 평가

Spigelman, Spigleman과 Englesson(1991)은 비임상군인 10~12세 남녀 아동 108명을
대상으로 연구를 실시하였는데 아동의 절반 정도는 이혼 가정이었다. 연구자들은 문헌고
찰을 통해 불안을 보여 주는 로르샤흐의 내용 범주를 구름, 불, 연기, 지도, 이상하고 기괴
한 개념, 즐겁지 않고 불쾌한 지각, 기하학적 형태, X-ray 등과 같이 정리하였다. 또한 공
포나 경악과 같이 불안 정서가 포함된 답변, 공포가 함축된 내용(뱀 또는 악마), 재난을 예
감케 하는 먹구름 등과 같이 근심스러운 내용의 답변들을 통해 로르샤흐에서 불안을 평가
하는 Elizur(1949)의 접근을 활용했다. 이혼 가정 아동들은 2가지 불안 측정에서 모두 상당
히 높은 점수를 나타냈다.

Spigelman과 Spigelman(1991)는 전술된 집단을 대상으로 우울 지표(Depression Index:
DEPI)를 연구한 결과 이혼 가정의 아동들은 DEPI가 높았는데, 특히 MOR 반응과 색채혼
합반응, 통경, 무채색 결정인이 높았다.

그러나 일반적으로 DEPI는 아동과 청소년의 우울 특징을 정확하게 반영하지 못하는 것으로 보인다. Ball, Archer, Gordon과 French(1991)는 5~15세 67명 외래환자와 12~18세 99명 입원환자들을 대상으로 연구한 결과, 기분부전장애나 주요우울장애로 진단되어 치료 중인 입원환자 또는 외래환자들 모두에서 DEPI와 부모가 평정한 우울 특징 간의 연관성을 밝혀내지 못했다.

Lipovsky, Finch와 Belter(1989)는 청소년 입원환자 60명을 대상으로 연구를 실시했는데 이들 가운데 35명은 DSM-III 기준으로 주요우울장애, 기분부전장애, 우울을 동반한 적응장애로 진단받아 다학제간(multidisciplinary) 치료를 받고 있었다. 25명의 우울하지 않은 집단은 품행장애, 복합적인 정서 문제를 동반한 적응장애로 진단받았는데, DEPI는 이 두 집단을 변별하지 못했다.

Carter와 Dacey(1996)는 정신과 입원 청소년 118명의 자료를 조사하였다. DSM-III-R 기준으로 우울한(달리 분류되지 우울장애, 주요우울장애, 기분부전장애, 우울을 동반한 적응장애) 66명 환자와 우울하지 않은(품행장애, 주의력결핍 과잉행동장애, 품행문제를 동반한 적응장애, 적대적 반항장애, 충동조절장애) 52명의 환자를 대상으로 MMPI, BDI(Beck Depression Inventory; Beck, Ward, Mendelson, Mock, & Erbaughm, 1961), 로르샤흐 검사 결과, 우울한 집단과 우울하지 않은 집단은 MMPI 2번 우울에서 유의한 차이가 나타났으나, DEPI는 유사하였다. 또한 MMPI 2번 척도와 BDI는 유의한 상관관계가 나타난 반면, DEPI는 유의한 관계가 나타나지 않았다.

이러한 모든 결과들은 DEPI가 DSM 규준에 따라 우울 진단을 받은 아동과 청소년들의 행동과 관련 없음을 시사한다. Viglione, Brager와 Haller(1988)와 Viglione(1999)는 개인의 문제해결 유형을 고려하는 것이 중요하다고 강조하는데, DEPI는 EB에서 외향형으로 나타난 사람을 더 잘 변별한다고 보았다. 그러나 Krishnamurthy와 Archer(2001)의 연구에서는 DEPI가 내향형과 양가형 환자들에 비해, DSM-III-R 진단에 의거해서 진단된 우울한 외향형의 청소년과 다른 진단의 외향형 청소년들을 변별하지 못하는 것으로 나타났다.

DEPI 내 변인들이 우울의 기능적 측면과 특정한 관련이 있을 가능성이 있다. Lipovsky 등(1989)의 연구에서는 DEPI가 우울과 비우울 청소년 환자를 변별하지 못했지만, 로르샤흐의 MOR 반응수, 2개의 자기보고식 검사, MMPI 2번 척도, CDI(Children's Depression Inventory; Kovacs & Beck, 1977)와 중등도의 상관관계($r = .33$와 $.31$)를 나타냈다. MMPI 2번 척도는 음영 결정인(확산, 재질, 통경)의 수와 유의한 상관을 보였는데 저자들은 이와 관련하여 "…… 음영반응은 우울과 관련한 고통스러운 정서 경험을 드러내는 잠재적인 지표로 고려해 볼 수 있다"고 밝혔다(p. 455).

사례 15. 9세 소녀

카드	반응	질문
I	1. 검은 새.	평가자: (반응 반복) 피검자: 이 부분(Dd34)이 없다면, 날개와 작은 발이 있고(D1), 꼬리가 있어요.
	2. 타버린 나뭇잎.	평가자: (반응 반복) 피검자: 여기가 없어졌고(공백), 또 떨어진 부분도 있어요(바깥의 작은 점들). 평가자: 탔다고 했는데······. 피검자: 검은색이잖아요. 전부 거무스름해요.
II	3. 남자 얼굴.	평가자: (반응 반복) 피검자: 여기 눈(공백), 코(공백), 턱수염(D3) 그리고 뺨이에요. 평가자: 수염을 좀 더 자세히 설명해 주세요. 피검자: 여기(D3) 뾰족한 것이 구레나룻처럼 보여서요. 여기 모서리 부분이 턱수염처럼 보여요.
	4. 작은 빨간 꽃.	평가자: (반응 반복) 피검자: 여기 보면(가리키면서) 이건 작은 빨간 꽃이에요. 정말 작아 보여요.
	5. 아마도 나뭇잎 같아요.	평가자: (반응 반복) 피검자: 가을처럼 여기가 빨간데, 모두 같은 색은 아니에요. 평가자: 모두 같은 색은 아니라고요? 피검자: 음, 여기 어두운 빨강과 밝은 빨강이 있어요. 색이 변하는 것처럼요.
III	6. 사람 얼굴.	평가자: (반응 반복) 피검자: 머리 위에 몇 가지 색깔이 묻었는데, 가운데 머리, 눈 바로 위에 빨간 물감이 있어요. 평가자: 좀 더 자세히 설명해 주세요. 피검자: 몇 가지 색깔이(D3) 머리 중간에 색깔이 있고, 눈과 코(공백) 그리고 입(공백)이요. 보세요(D1 윤곽).
	7. 또 고양이 얼굴.	평가자: (반응 반복) 피검자: 여기 똑같지는 않지만, 여기에(윤곽) 눈이 있고(D3) 코와 입도 있어요. 코가 하얗고 입속에 있는 이빨도 보여요(D7 일부).

IV	8. 나무.	평가자: (반응 반복)
		피검자: 여기 가지가 있고 여기가 맨 위에요.
		평가자: 무엇 때문에 가지로 보였나요?
		피검자: 여기 가장자리 부분이 가지처럼 보였어요. 여기가 나뭇가지로 보여요.
V	9. 벌레요.	평가자: (반응 반복)
		피검자: 전체가 벌레처럼 보였고, 머리에 더듬이가 있어요.
	10. 나비도요.	평가자: (반응 반복)
		피검자: 여기 날개가 있고 더듬이가 있어요.
VI	11. 꽃이 핀 담장이요.	평가자: (반응 반복)
		피검자: 위에 꽃이 있고 나머지는 널빤지예요. 나뭇조각인데 무늬가 있어요.
		평가자: 무늬요?
		피검자: 여기 튀어나온 부분이, 나무 한가운데 꽃잎 같은 걸 무늬를 나타내기 위해서 칼로 새긴 것처럼 보여요. 튀어나온 것처럼 보이게 생겼어요.
	12. 여기 아래는 꽃게요, 어린 거요.	평가자: (반응 반복)
		피검자: 약간 튀어나온 부분이 눈이고 가위 물건(clipper thing)이에요(윤곽).
		평가자: 어린 꽃게라고 했지요?
		피검자: 여기가 너무 작아서 어린 꽃게가 틀림없어요.
VII	13. 그림 액자인데 윗부분은 없어요.	평가자: (반응 반복)
		피검자: 벽은 아니고 책상 위에 올려둔 것처럼요. 그 안에 그림도 있어요. 그런데 누군가가 윗부분을 떼어낸 것 같아요.
		평가자: 저는 그렇게 보이지 않아요. 자세히 설명해 주세요.
		피검자: 가운데가 그림이고(공백), 나머지 부분은 액자예요.
VIII	14. 꽃.	평가자: (반응 반복)
		피검자: 꽃처럼 여러 색이 있어요. 무슨 꽃인지 물어보지 마세요. 저도 모르니까요.
	15. 초록색 나무.	평가자: (반응 반복)
		피검자: 여기 위에요. 그냥 나무로 보이고 가장자리 부분은 초록색이어서 나무처럼 보여요.
IX	16. 이것도 꽃이요.	평가자: (반응 반복)
		피검자: 여러 색깔이 있어서 꽃 같은데 무슨 종류인지는 모르겠어요. 그냥 예쁜 꽃이에요.

	17. 초록색 덤불.	평가자: (반응 반복)
		피검자: 여기요, 전부 초록색이고 가장자리가 덤불 같아요.
	18. 말 같은 얼굴.	평가자: (반응 반복)
		피검자: 여기 눈이 있고(공백), 코(윤곽). 말이나 소 얼굴 같아요. 말 얼굴인가 봐요.
X	19. 무지개.	평가자: (반응 반복)
		피검자: 여기 색깔이 무지개 같아요. 무지개는 모두 이런 색을 가지고 있잖아요. 본 적 있으세요?
		평가자: 네.
	20. 사람 얼굴인데 평화로워 보여요.	평가자: (반응 반복)
		피검자: 노란 눈과 초록색 콧수염(윤곽)이 있는 사람이에요. 분홍색 머리예요.
		평가자: 평화로운 사람이라고 했는데요.
		피검자: 머리가 핑크색이어서요. 그래서 다른 사람들이 그를 분홍이(pinko)라고 불러요. 평화로운 사람들은 분홍이에요.

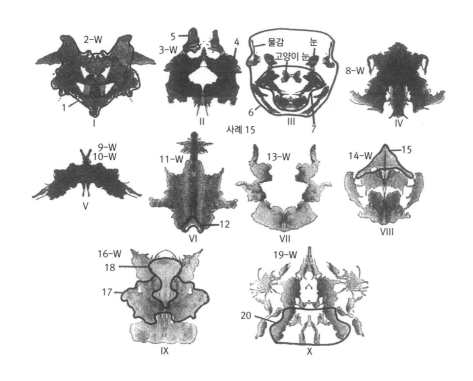

사례 15. 점수 계열

카드	반응 번호	위치	영역 번호	결정인	(2)	내용	평범 반응	Z	특수 점수
I	1	Ddo	99	FC'o		A			
	2	WSv	1	C'Fo		Bt			MOR
II	3	WSo	1	F−		Hd		4.5	DV,PHR
	4	Ddv	99	CFu		Bt			
	5	Dv	2	CF.YF−	2	Bt			
III	6	DdS+	99	CF−		Hd,Art		4.5	DV,PHR
	7	DdSo	99	FC'−		Ad		4.5	
IV	8	Wo	1	Fo		Bt		2.0	
V	9	Wo	1	F−		A		1.0	
	10	Wo	1	Fo		A	P	1.0	
VI	11	W+	1	FVu		Art,Bt		2.5	
	12	Ddo	33	F−		A			DV,ALOG
VII	13	WSo	1	F−		Art		4.0	MOR
VIII	14	Wv	1	C		Bt			
	15	Do	4	FCu		Bt			
IX	16	Wv	1	C		Bt			
	17	Do	11	CFo		Bt			
	18	DSo	8	F−		Ad		5.0	
X	19	Wv	1	C		Na			ALOG
	20	DdSo	99	FC−		Hd			ALOG,PHR

사례 15. 구조적 요약

구조적 요약(상단부)				

반응영역	혼합	결정인 단일	반응내용	자살 지표
				.... FV+VF+V+FD > 2
			H = 0	.... Col-Shd Bl > 0
Zf = 9	CF.YF	M = 0	(H) = 0	.... Ego < .31, > .44
ZSum = 29.0		FM = 0	Hd = 3	.... MOR > 3
ZEst = 27.5		m = 0	(Hd) = 0	.... Zd > +−3.5
		FC = 2	Hx = 0	.... es > EA
W = 10		CF = 4	A = 4	.... CF+C > FC
D = 4		C = 2	(A) = 0	.... X+% < .70
W+D = 14		Cn = 0	Ad = 2	.... S > 3
Dd = 6		FC' = 2	(Ad) = 0	.... P < 3 or > 8
S = 7		C'F = 1	An = 0	.... Pure H < 2
		C' = 0	Art = 2	.... R < 17
		FT = 0	Ay = 0	x .... TOTAL

발달질		단일	반응내용	특수점수
		TF = 0	Bl = 0		Lv1	Lv2
+ = 2		T = 0	Bt = 9			
o = 12		FV = 1	Cg = 0	DV = 3x1	0x2
v/+ = 0		VF = 0	Cl = 0	INC = 0x2	0x4
v = 6		V = 0	Ex = 0	DR = 0x3	0x6
		FY = 0	Fd = 0	FAB = 0x4	0x7
		YF = 0	Fi = 0	ALOG = 3x5	
		Y = 0	Ge = 0	CON = 0x7	
형태질		Fr = 0	Hh = 0	Raw Sum6 = 6	

	FQx	MQual	W+D		
				rF = 0	Ls = 0	Wgtd Sum6 = 18
+ = 0	= 0	= 0	FD = 0	Na = 1	
o = 6	= 0	= 5	F = 7	Sc = 0	AB = 0 GHR = 0
u = 3	= 0	= 2		Sx = 0	AG = 0 PHR = 3
− = 9	= 0	= 5		Xy = 0	COP = 0 MOR = 2
none = 2	= 0	= 2		Id = 1	CP = 0 PER = 0
		(2) = 1			PSV = 0

구조적 요약(하단부)					
비율, 백분율, 산출한 점수					
R = 20	L = 0.54		FC:CF+C = 2:7		COP = 0 AG = 0
			Pure C = 2		GHR:PHR = 0:3
EB = 0:9.0	EA = 9.0	EBPer = 9.0	SumC':WSumC = 3:9.0		a:p = 0:0
eb = 0:5	es = 5	D = +1	Afr = 0.54		Food = 0
	Adj es = 5	Adj D = +1	S = 7		SumT = 0
			Blends:R = 1:20		Hum Con = 3
FM = 0	C' = 3	T = 0	CP = 0		Pure H = 0
m = 0	V = 1	Y = 1			PER = 0
					Iso Indx = 0.55

a:p	= 0:0	Sum6	= 6	XA%	= 0.45	Zf	= 9.0	3r+(2)/R	= 0.05
Ma:Mp	= 0:0	Lv2	= 0	WDA%	= 0.50	W:D:Dd	= 10:4:6	Fr+rF	= 0
2AB+Art+Ay	= 2	WSum6	= 18	X−%	= 0.45	W:M	= 10:0	SumV	= 1
MOR	= 2	M−	= 0	S−	= 6	Zd	= +1.5	FD	= 0
		Mnone	= 0	P	= 1	PSV	= 0	An+Xy	= 0
				X+%	= 0.30	DQ+	= 2	MOR	= 2
				Xu%	= 0.15	DQv	= 6	H:(H)Hd(Hd)	= 0:3

PTI = 3	DEPI = 6*	CDI = 4*	S−CON = N/A	HVI = NO	OBS = NO

S-CON과 핵심 변인

S-CON은 성인 표본을 기반으로 개발되어 15~17세 피검자들에게는 사용 가능하나 더 어린 아동들에 대한 유용성은 증명되지 않았다. 첫 번째 유의미한 핵심 변인을 살펴보면, DEPI가 5보다 크고(6), CDI가 3보다 크다(4). 이러한 결과는 해석 시 대인관계 지각과 자기 지각을 먼저 살펴본 후, 통제와 정동 관련 정보들을 그리고 마지막으로 인지적 3가지 요인(정보처리, 인지적 중재, 관념) 관련 자료들을 살펴보아야 한다는 것을 의미한다.

대인관계 지각

사례 15. 9세 소녀의 대인관계 지각 자료

R $=20$	CDI $=4$	HVI $=$ NO	**COP & AG Response**
a:p $=0:0$	SumT $=0$	Fd $=0$	None Present
	[eb $=0:5$]		
Sum Human Contents $=3$		H $=0$	
[Style $=$ Extratensive]			
GHR:PHR $=0:3$			
COP $=0$	AG $=0$	PER $=0$	
Isolation Indx $=0.55$			

유의한 CDI(4)는 어린 아동들에게 흔하며 대개 정체성 및 또래관계와 관련된 문제로 지속적인 어려움이 있음을 보여 준다. 피검자는 다른 사람과 관계 맺는 것이 서툴며 대인관계가 피상적이고 지속적이지 못할 가능성을 시사한다. 이 같은 아동들은 타인과 상호작용할 때 안정감을 느끼지 못하고 부끄러워하며 사회적 관계와 거리를 두고 고립된 존재로 머물러 있기 쉽다. 학교 선생님은 피검자가 친구가 거의 없고, 또래관계가 부정적이라고 평가하고 있다.

무채색 반응과 음영반응이 있음에도 불구하고 재질반응이 없는 것은 피검자가 다른 사람에게 친밀감의 욕구를 표현할 때, 신중하고 조심스러우며, 특히 신체접촉이 있는 상황에서는 더욱 그러하다는 것을 의미한다. 또한 3개의 인간반응 모두 H가 아니라 얼굴과 관련된 반응들이었다. 이는 아동이 사람에 대한 관심은 적절하나 다른 사람들을 잘 이해하지 못하고 사회적 제스처를 빈번히 오해석한다는 의미를 내포한다. 피검자가 다른 친구들에 대해 성격이 못됐고 남을 헐뜯는다고 이야기한 점도 이 맥락에서 흥미롭다.

3개의 인간반응은 모두 *PHR*(GHR: PHR = 0:3)로, 이는 피검자가 대인관계에서 보이는 행동이 상당히 비효율적이고 부적응적일 수 있음을 나타낸다. *COP* 반응이나 *AG* 반응이 없는 것 또한 그녀가 대인관계를 불편해하고 다른 사람들에게 거리감을 느낀다는 단서가 된다. 고립 지표(.55)도 이와 유사하게 그녀가 다른 사람들과 의미 있는 관계를 맺는 것이 어렵고 본인 스스로 유익한 상호작용을 회피한다는 것을 보여 준다. 이러한 결과들은 9세 아동에게는 흔치 않은 결과로, 동일 연령의 다른 아동들은 또래들과 많이 어울린다. 그녀는 사람을 대하는 방식이 다소 비효율적이며 사람들에 대해 혼란스러워하는 것으로 보인다. 그 결과, 그녀는 일상적인 대인관계에서 불안정감을 느끼고 스스로를 고립시키고 있다. 해석하는 과정에서 특히 주목을 끄는 의문점은 피검자가 또래 연령에서 흔히 기대되고, 수용되는 행동과 반대되는 가설적 품행모델(hypothetical model of Conduct)에 그녀 스스로 얼마나 맞추고 있는가 여부이다.

자기 지각

사례 15. 9세 소녀의 자기 지각 관련 자료

R	= 20	OBS	= NO	HVI = NO	**Human Content, Hx, An & Xy Responses**
					II 3. WSo F Hd 4.5 PHR
Fr+rF	= 0	3r+(2)/R	= 0.05		III 6. DdS+ Mao H,Art 4.5 DV,PHR
					X 20. DdSo FC− Hd ALOG,PHR
FD	= 0	SumV	= 1		
An+Xy	= 0	MOR	= 2		
H:(H)+Hd+(Hd) = 0:3					
[EB = 0:9.5]					

자아중심성 지표(Egocentricity Index)(.05)는 다른 아동에 비해 현저히 낮다. 이는 극명하게 가치감을 낮게 평가하고 다른 사람과 비교하여 자신에게 비호의적이라는 것을 보여 준다. 이로 인해 슬픔, 침울함, 무기력함을 느낄 수 있다. 관련된 맥락으로 통경반응은 부정적으로 여기는 자기상에 대해 내성적으로 반추하는 경향이 있음을 의미한다. 이는 최근에 있었던 학교생활의 어려움과 관련된 피검자의 죄책감을 반영하는 것일 수도 있지만 낮은 자아중심성 지표와 함께 고려했을 때는 만성적으로 낮은 자존감을 반영하는 것일 수 있다. 어느 경우든 불편한 감정을 야기하며, 이러한 몰두는 아홉 살 아동에게 극히 드문 일이다.

2개의 MOR 반응은 피검자가 자신을 비관적으로 여기고 있으며, 자기개념이 부정적임을 보여 준다. 이는 특히 자신에 대한 확신이 없고 불안정하게 느끼는 아동들에게 흔히 나타난다. 이 경우 피검자가 자신을 비난하는 모습을 보여 주는 추가적인 정보들이 많다. 대인지각과 관련된 자료에서 살펴보았듯 그녀는 3개의 인간내용 반응을 보였는데, 그 가운데 *H*는 없었으며 모두 *Hd*이고, 형태질이 마이너스이다. 이는 그녀의 자기상이 혼란스럽고 왜곡되어 있음을 시사하며, 이러한 자기상은 상상적 인상이나 경험에 근거한 잘못된 결론에서 기인한 것이다.

프로토콜에는 9개의 마이너스 반응이 있다. 몇 개는 유사한 특징과 형태를 보였지만 풍부한 투사적 반응은 보이지 않는다. 9개의 반응 가운데 6개 반응(3, 6, 7, 13, 18, 20)이 S 반응을 포함하고, 이 중 5개는 얼굴반응이다. S와 관련하여 얼굴이나 얼굴의 부분을 강조한 경우는 대개 불안정감 또는 소외감과 관련된 조심성을 내포한다. 앞서 기술한 바와 같이 피검자의 9개 마이너스 반응의 상당수는 사물의 여러 부분을 반응영역에 근거하여 파악한 것이며, 뚜렷한 투사반응은 거의 나타나지 않았다. 첫 2개의 마이너스 반응인 '남자 얼굴'(카드 II, 반응 3)과 "아마도 이것들은 나뭇잎 같은데…… 가을처럼 빨간…… 어두운 빨강, 밝은 빨강이 있어요. 색이 변하는 것처럼(카드 II, 반응 5)." 등은 뚜렷한 투사를 나타내지 않는다. 세 번째 마이너스 반응(카드 III, 반응 6)인 "사람 얼굴…… 몇 가지 색깔이 머리에 묻었는데, 빨간 물감이 머리 중간에 있어요."는 조금 정교하고 구체적인데 '머리에 색이 묻어 있다'는 의미가 분명하지 않다. 네 번째 마이너스 반응(카드 III, 반응 7)인 "고양이 얼굴…… 코가 하얗고 여기 입속의 이빨도 보여요(D7영역)."도 역시 분명히 투사된 재료는 보이지 않는다. 다섯 번째 마이너스 반응(카드 V, 반응 9)인 "벌레…… 머리 위에 더듬이가 있어요.", 여섯 번째 마이너스 반응(카드 VI, 반응 12)인 "밑부분에 어린 꽃게 한 마리…… 눈이 조금 튀어 나와 있어요……. 여기가 너무 작으니까 어린 게 틀림없어요."는 열등감이나 불안정감에 대한 단서를 제공해 준다.

일곱 번째 마이너스 반응은 MOR 반응이 포함되어 있는데, "그림 액자인데…… 윗부분이 없고…… 책상 위에 올려두었어요. 누군가 윗부분을 떼어놓았어요(카드 VII, 반응 13)."는 손상과 불완전감을 시사한다. 여덟 번째 마이너스 반응인 "말처럼 보이는 얼굴"(카드 IX, 반응 18)은 반응영역과 관련된 반응이다. 마지막 마이너스 반응(카드 X, 반응 20)은 조금 독특하다. "사람 얼굴, 평화로운 사람 얼굴…… 노란 눈, 초록 콧수염, 분홍 머리…… 이게 사람들이 그들을 분홍이(pinkos)라고 부르는 이유예요. 평화로운 사람들은 분홍이에요."는 매우 구체적인데 평화로운 사람이라는 내용은 중요한 의미가 있어 보인다. 과거력과 관련된 정보에서 아동은 다른 사람을 피하거나 좋아하지 않으며 때로는 다른 아동들을 심술궂다고 보고한 바 있다.

또 다른 MOR 반응(카드 I, 반응 2)인 "타버린 나뭇잎…… 여기 어떤 부분이 없고, 다른 부분들은 떨어졌어요……. 전체가 거무스름해요."는 피검자의 반응에서 가장 많은 투사가 나타난 것으로 보인다. 이 부정적인 반응에는 손상감, 불완전감, 연약하다는 느낌 등이 뚜렷하게 반영되었다. 이 외 다른 반응들에서 의미 있는 윤색이 나타나지 않는다. 사실, 전체적인 프로토콜은 방어적이며 기대와 달리 구체적(concrete)이었다.

전반적인 아동의 자기개념은 절망적인 수준이다. 피검자는 스스로를 부정적이고, 비관적으로 바라보며 취약성과 불안정감을 느끼고 있다. 이러한 심리적 상태는 불안정감과 불쾌한 감정을 야기하고, 그녀가 다른 사람들과 유익한 상호작용을 발달시킬 수 있는 능력을 상당히 제한한다.

통제

사례 15. 9세 소녀의 통제 관련 변인

EB = 0:9.0	EA = 9.0		D = +1	CDI = 4
eb = 0:5	es = 5	Adj es = 5	Adj D = +1	L = 0.54
FM = 0 m = 0	SumC′ = 3	SumT = 0	SumV = 1	SumY = 1

Adj D(+1)는 피검자가 자신의 행동을 스스로 조절하는 능력과 스트레스에 대한 인내력이 있음을 보여 준다. 하지만 이에 의문을 제기하는 결과들이 있는데, 그중 하나가 유의한

CDI이다. 이는 피검자가 사회적으로 미성숙하고 사회적 기술이 제한적이라는 걸 말해 주는데, 이러한 취약성은 일상생활의 요구에 대처하는 데 어려움이 있음을 시사한다. 사회적 실패가 누적되면서 환경에 대한 불만족감과 혼란감을 경험하고 이는 통제능력에 부정적인 영향을 미치며, 특히 복잡한 사회적 상황에서 부정적인 영향이 클 것이다.

둘째, 그녀의 의지적인 통제력과 관련된 의문은 EB(0:9)의 좌항이 0이고, 우항이 9로 상당히 높다는 점에서 기인한다. 이는 그녀가 정서에 압도되거나 정서적 홍수를 경험하고 있다는 것을 나타낸다. 아동은 강렬하고 파괴적인 감정을 경험하는 등 정서가 매우 불안정해서 행동이 자극받고 행동화할 수 있다. 정서적 홍수(emotional flooding)는 사고에 큰 영향을 미치며, 특히 결정을 할 때 주의집중하기 위해 필요한 전제조건인 적응적인 사고활동의 지연을 야기한다. 이로 인해 사고는 구체적이고(concrete), 경직되고, 분절되고, 성급하며, 충동적이고 부적응적인 행동을 보일 가능성이 증가한다.

eb(0:5) 좌항이 0이고, Ad 피검자 es가 5라는 점은 정동의 짜증(irritating)과 관련된 요인들을 시사하며 혼란스러운 상태를 의미한다. 아동은 강렬한 정서로 인해 쉽게 불쾌한 기분을 느끼고 부적절한 행동을 보일 가능성이 커질 수 있다.

전반적으로 아동은 자신의 행동 통제에 대한 의지가 적절하더라도 쉽게 와해될 수 있다. 아동이 몇 차례 울었다는 점을 제외하고 통제와 관련된 두드러진 과거력이 없다는 점은 의외이다.

정동

사례 15. 9세 소녀의 정동 관련 자료

EB	=0:9.0			EBPer	=9.0	**Blends**
eb	=0:5	L	=0.54	FC:CF+C	=2:7	CF.YF=1
DEPI	=6	CDI	=4	Pure C	=3	
SumC'=3	SumT=0			SumC':WSumC	=3:9.5	
SumV=1	SumY=1			Afr	=0.54	
Intellect	=3	CP	=0	S=7 (S to I, II, III =4)		
Blends:R	=1:20			Col-Shad Bl	=1	
m+y Bl	=1			Shading Bl	=0	

DEPI(6)와 CDI(4)가 정적이다. 이는 대인관계에서의 어려움으로 인해 실망스럽고 고통스러우며 점차 사회적 적응에도 어려움을 보이면서 심각한 정서적 문제를 야기할 것으로 보인다. 그러나 특히 어린 내담자의 경우 순서가 반대일 수 있어서 지속적인 정서적 문제가 사회적 발달과 적응을 심각하게 저해할 수 있다.

전형적으로, 원인과 결과의 관계는 사회적 과거력에서 확인될 수 있으나 종종 구분하기 어려운데 피검자의 사례가 그러하다. 사회적 과거력을 살펴보면, 사회적 어려움에 대한 단서를 찾을 수 없지만 긍정적인 사회적응과 관련된 단서들도 찾을 수 없다. 정서적인 문제가 원인이든 대인관계의 문제가 원인이든 상관없이 높은 DEPI(6) 점수의 해석은 신중해야 한다. COP < 2; Isolation Index > .24의 결과로 CDI 조건이 충족되었고 DEPI는 1점 증가되었다. 다시 말해, DEPI는 정서 문제의 심각성과 만성 정도가 과장되었을 가능성이 있다.

이러한 신중함이 아동의 심리적 고통과 우울감에 대한 가능성을 감소시키지는 않지만 만성적인 주요우울장애의 가능성을 줄일 수 있다. 통제와 관련된 *EB*(0:9) 점수에서 시사되었듯이 심각한 정서 문제가 있다는 점에 대해서 의문의 여지는 없다. 피검자는 정서가 불안정하여 정서에 압도되면 평소와는 다른 행동들(그 상황이 아니었다면 촉발되지 않았을 행동)을 보이는 삽화가 빈번히 나타날 가능성이 있다. 이는 정서에 관련된 모든 정보들을 신중하게 맥락 내에서 접근할 필요가 있다는 것을 보여 준다. 기질적 특성으로 인해 아동의 강렬한 정서는 정보를 전달하는 데 필요한 자료들을 왜곡하거나 과장할 가능성이 있다.

EB(0:9)와 *EBPer*(9.0)는 피검자가 정서가 아동의 사고방식과 결정에 주요한 역할을 하는 융통성 없는 극명한 외향형(어린 아동들에게 흔함) 대처 양식을 가지고 있음을 시사한다. 이러한 결과는 피검자의 현재 상태에 대해서는 타당한 설명이지만 지속되어 온 특징으로 보기 어렵다. 피검자는 외향적 대처 양식을 가지고 있지만 가끔씩만 이 같은 대처 양식을 나타내는 것으로 보인다. 이는 어린 연령의 아동에게 흔한 일이다. 그러나 이같이 융통성 없는 대처 양식이 지속되었다면 1학년과 2학년 내내 그리고 3학년 초반에 우수한 학업성취를 이룰 수 없었을 것이다. 지능검사와 학업성취 검사에서 평균상 수준의 수행을 보인 것과도 일치하지 않는다.

*EB*와 더불어 *eb* 우항(5)은 피검자의 현재 상태를 보여 주는 타당한 지표로, 좌항(0)보다 우항이 높은 것은 심리적 고통을 의미한다. 하지만 얼마나 오랫동안 우항이 높았는지 알 수 있는 방법은 없다. 만일 정서적 홍수 시기 이전에 평가를 받았다면 *eb* 좌항은 0보다 컸을 것으로 짐작된다. *Sum C'*(3)는 감정을 억제하고 억압하는 경향을 반영하는 데 오랜 기

간 지속되어 온 것일 것이다. 특히, 연령에서 기대되는 수준보다 낮은 *Afr*(.54)은 정서가 자극되는 상황을 회피할 가능성을 시사한다. 그러나 1개의 vista 반응은 이러한 심리적 고통이 오랜 시간 지속되어 온 것이라기보다는 반응적으로 나타난 것임을 보여 준다.

비슷한 맥락에서 Pure *C*(3)를 포함한 *FC:CF+C*(2:7)는 정서조절이 잘 되지 않고 있음을 보여 주며 강렬하고 충동적인 행동으로 표현될 수 있다. 이러한 결과는 매우 어린 아동들에게는 흔한 반응이나 9세 연령의 아동에게는 감소한다. 더욱이 최근 울었던 에피소드를 제외하고 강렬하고 충동적인 행동과 정서표출을 보였다는 내용이 보고된 바 없는 피검자의 과거력과도 상반되는 결과이다. 따라서 이러한 결과는 피검자가 지속적으로 정서조절의 어려움을 보였다기보다는 현재 상황을 반영해 주는 결과로 볼 수 있을 것이다.

이러한 가설을 지지해 주는 추가적인 정보는 3개의 *C* 반응을 살펴보면 드러난다. *C* 반응은 마지막 세 카드의 첫 번째 반응에서 나타났다. 모호하고, 회피적이고, 구체적(concrete) 반응들로 똑똑한 9세 아동보다는 일반적인 6~7세 아동들이 전형적으로 보이는 반응들이다. Pure *C* 반응은 방어하고 있음을 의미하기도 하지만, 강렬한 정서를 경험하면서 인지적 능력이 손상되었음을 반영할 수도 있다.

정서와 관련된 자료들에서 가장 중요한 결과 중 하나는 7개의 공백반응이다. 자기 지각에서 언급했듯이, 6개는 FQ-이고, 5개는 얼굴반응이었다. 높은 S는 상당한 분노가 있음을 의미하고 종종 심한 불안정감 또는 소외감을 나타내는 것이다. 이는 아동이 경험하고 있는 감정적 홍수의 핵심 요소로 보인다. 이처럼 강한 분노는 행동으로 나타나며 대개 직접적이고 명백한 방식으로 나타나지만, 때로는 미묘하고 간접적인 방식으로 표현되기도 한다. 최근 아동의 학업성취도가 하락한 것은 이를 나타내는 예시가 될 수 있다.

피검자의 프로토콜에는 1개의 혼합반응(*CF.YF*)이 있었다. 이는 아동의 정서적 혼란에 비해 적은 수치이나 보통 유의한 CDI가 시사하는 것처럼 미성숙한 경우에는 혼합반응이 없는 경우가 대부분이다. 또한 정서가 기초적인 인지적 기능을 상당히 방해할 때 혼합반응이 적게 나타나기도 한다.

전반적으로 아동이 상당한 정서문제를 경험하는 것이 명백하다. 문제의 근원은 대인관계와 제한적이고 부적절한 사회적 기술과 관련 있겠으나 다른 요인의 연관 가능성도 배제할 수 없다. 아동은 자신의 정서에 대해 조심스럽고 확신하지 못하며 가능하면 억압하거나 회피하려 한다. 피검자는 자신의 감정을 직접적, 적응적으로 다루는 것을 학습하지 못한 것으로 보이고, 그 결과 감정에 쉽게 압도되고 취약한 것으로 여겨진다. 이는 불안정감과 소외감을 야기하고 심한 분노를 통해 공고해지며 아동의 행동을 통해 미묘하고 간접적으로 표현될 수 있겠다. 다만, 이러한 정서적 혼란이 인지적 능력에 어떠한 영향을 미치는 지 확인할 필요가 있다. PTI(3)는 몇몇 영역에서 어려움을 보일 가능성을 시사한다.

정보처리

사례 15. 9세 소녀의 정보처리 변인

EB $=0:9.0$	Zf $=9$	Zd $=+1.5$	DQ+ $=2$
L $=0.54$	W:D:Dd $=10:4:6$	PSV $=0$	DQv/+ $=0$
HVI $=$NO	W:M $=10:0$		DQv $=6$
OBS $=$NO			

Locations & DQ Sequencing

I: Dds.WSv	VI: W+.Ddo
II: WSo.Ddv.Dv	VII: WSo
III: DdS+.DdSo	VIII: Wv.Do
IV: Wo	IX: Wv.Do.DSo
V: Wo.Wo	X: Wv.DdSo

Zf (9)는 아동이 대부분의 사람들과 유사한 수준의 정보처리 노력을 보인다고 해석할 수 있지만 이 군집의 다른 정보들을 보았을 때 실제 그러한지에 대해서는 의문이 생긴다. 예를 들어, W:D:Dd(10:4:6)를 보면, $W > D$이고 Dd도 상당 수준이므로 일반적인 것보다 더 많은 노력을 기울이는 것으로 보이며, W:M(10:0)도 이러한 결과를 지지해 주고 있다. 그러나 위치영역 순서, DQ 분포와 DQ의 계열들을 검토해 보면 이러한 견해와 상반된다.

위치영역의 순서를 살펴보면, W 반응은 8개 카드의 첫 번째 반응으로 3개가 DQv(전체 20개 반응 중 6개가 DQv)로 채점되었다. 이는 정보처리에 무심하거나 방어적으로 접근한다는 것을 보여 준다. 유사한 맥락에서 9개 Z 반응 중 5개가 S 반응을 포함하고, 6개 Dd 반응 중 3개가 S 반응이다. 이는 정보처리 형태가 비일상적임을 의미하고, 상당한 정서적 혼란을 보이는 사람들에게서 흔히 나타나는 부정적인 면들이 영향을 미쳤을 가능성을 시사한다. Zd(+1.5)는 적절한 정보탐색(scanning) 활동을 나타내지만, Z 반응 중 5개가 S 반응을 포함하고 있어 과연 적절한 정보탐색이 이루어지고 있는지 의문이 생긴다. S 반응을 고려하지 않는다면 Z가 포함된 4개 응답의 $ZSum$은 6.5로 $Zest$(10)보다 매우 낮은 수치로 Zd (-

3.5)는 과소통합을 보여 준다. 피검자가 무성의하게 정보를 탐색했는지는 확실치 않으나 20개 반응 중 $DQ+$가 2개 반응이라는 점은 똑똑한 아홉 살 아동의 결과로 보기 어렵고, 무계획적으로 정보를 탐색하는 것으로 보인다. 2개 $DQ+$ 반응은 (반응 6) "사람 얼굴…… 눈 바로 위에 빨간 물감이"와 (반응 11) "꽃이 피어 있는 담장…… 위에 꽃이 있고 나머지는 널빤지, 무늬가 있는 나뭇조각 같아요." 반응 모두 발달이 적절하지 않다.

피검자의 정보처리 습관에 대해 명백한 결론을 내리기는 어렵다. 다만 현재 정보처리활동은 아동의 지적 능력과 학업성취도에 비해 정교하지 못하며 비효율적이고 구체적이다. 방어적인 태도로 몇몇 정보처리 행동들이 위축된 것으로 보인다. 그러나 정보처리 행동들은 앞서 언급했듯이 정서적 혼란과 큰 연관이 있으므로 중재 및 관념의 결과를 고려하여 제한적인 정보처리에 대한 추가적인 설명이 필요하다.

인지적 중재

사례 15. 9세 소녀의 인지적 중재 변인

					Minus & NoForm Features
R = 20		L = 0.54		OBS = NO	
FQx+	=0	XA%	=.40		II 3. WSo F− Hd 4.5 DV,PHR
FQxo	=5	WDA%	=.43		II 5. Dv CF.YF− 2 Bt
FQxu	=3	X−%	=.45		III 6. DdS+ CF− Hd,Art 4.5 DV,PHR
FQx−	=9	S−	=6		III 7. DdSo FC′− Ad 4.5
FQxnone	=3				V 9. Wo F− A 1.0
(W+D	=14)	P	=1		VI 12. Ddo33 F− A DV,ALOG
WD+	=0	X+%	=.25		VII 13. WSo F− Art 4.0 MOR
WDo	=4	Xu%	=.15		VIII 14. Wv C Bt
WDu	=2				IX 16. Wv C Bt
WD−	=5				IX 18. DSo F− Ad 5.0
WDnone	=3				X 19. Wv C Na ALOG
					X 20. DdSo FC− Hd ALOG,PHR

$XA\%$(.40)와 $WDA\%$(.43)는 매우 낮아 인지적 중재의 심각한 손상을 시사한다. 더욱이 $X-\%$(.45)도 매우 높아 손상이 심각하고 현실 검증력에 부정적인 영향을 미칠 수 있다. 이

는 사고장애(disturbance)의 전구 증상으로 의심되나, 다음의 3가지 결과를 고려해 볼 때 이러한 가능성은 낮다.

첫째, 3개의 NoForm은 모두 C 반응이었다. 이로 인해 XA%가 7% 낮아졌고, 모두 W 반응이라 WDA%는 20% 낮아졌다. NoForm 반응만 보면, 인지적 손상의 심각성과 심각한 사고 문제를 보일 가능성을 배제하기 어려우나 다른 결과와 함께 고려하면 절망적이지 않다. 둘째, 높은 $X-$%(.45)는 상당한 역기능(dysfunction)을 시사하나 맥락을 고려하면 역기능의 일부가 과다추정되었을 가능성이 있다. 9개의 FQ-반응 중 6개가 S 반응이고 그중 3개가 Dd 영역이다. 6개 중 5개는 얼굴 반응이고 모두 색채가 포함된 카드(II, III, IX, X)에서 나타났다. 이러한 동질적인 결과는 역기능이 부정주의(negativism)나 분노가 핵심인 정서 문제에서 기인되었을 가능성을 보여 준다.

셋째, 현실 검증력과 사고장애의 가능성은 FQ- 반응의 왜곡과 관련될 수 있는데 모두 윤곽과 일치하는 특성이 있다. 따라서 마이너스로 채점되지만 심각하게 훼손되거나 왜곡된 반응은 없다.

종합해 보면, 심각한 사고장애의 가능성은 시사되지 않는다. 현실 검증력의 손상과 심각한 정서 문제 가능성 가운데 아동을 심리적으로 압박하는 것은 정서 문제로 보인다. 이는 다른 군집 결과에서도 지지되는데 평범반응(V. 나비)은 1개이다. 이는 피검자의 행동이 덜 관습적이라는 것을 보여 주는데, 특히 관습적 행동에 대한 단서가 엄밀하게 규정되지 않은 단순한 경우에서도 상황에 맞지 않게 행동할 가능성이 있다. $X+$%(.25)가 낮은 것도 이와 관련된다. 즉, 이례적이고 비관습적인 부적절한 행동을 보일 가능성이 높다는 것을 의미한다. 평범반응 및 $X+$%와 관련된 결과와 $X-$% 값을 고려한다면, 아동은 이례적이고 부적절한 행동을 보일 가능성이 상당히 높다.

전반적으로 아동의 인지적 중재 기능은 다소 제한적이고 효과적이지 않고, 현실 상황을 다루는 능력이 손상되어 있다. 이러한 손상은 강렬한 정서문제로 인해 야기된 것이 명백하다. 정서 문제는 상당한 분노를 일으키는 부정주의 또는 소외에서 기인한 것으로 보인다. 이를 기반으로 현실에 대한 관점이 형성되었고 아동은 의사결정과 행동에 관련된 명백한 단서들을 무시했던 것으로 보인다. 아동의 제한적이고 비효율적인 중재 기능은 처리 활동의 제한과 관련되며, 2가지 모두 아동이 상당한 인지적 손상을 경험하고 있음을 보여 준다.

관념

사례 15. 9세 소녀의 관념 변인

L	=0.54	OBS	=NO	HVI	=NO	**Critical Special Scores**			
						DV	=3	DV2	=0
EB	=0:9.0	EBPer	=9.0	a:p	=0:0	INC	=0	INC2	=0
				Ma:Mp	=0:0	DR	=0	DR2	=0
eb	=0:5	[FM=0, m =0]				FAB	=0	FAB2	=0
				M−	=0	ALOG	=3	CON	=0
Intell Indx	=3	MOR	=2	Mnone	=0	Sum6	=6	WSum6	=18
							(R=20)		

M Response Features

No M responses appear in this protocol

정서 관련 결과에서 언급했듯이, *EB*(0:9.0)와 *EBPer*(9.0)는 극단적인 직관적 유형으로 사고와 의사결정에 정서가 상당한 영향을 미친다는 것을 시사한다. 직관적 유형은 사고 체계가 부정확하고 모호하고 외부 피드백을 통해서야 확신을 갖는 경향이 있다. 그러나 정서적으로 압도되어 일관적인 대처 양식을 나타내는 것이 불가능한 것처럼 보인다. 이전의 학업 성취가 예외적인 것으로 보이며 현재 결과가 피검자의 상태를 반영한다.

정서가 개인의 심리에 지배적인 역할을 하게 되면, 특히 아동의 경우 사고과정에 상당히 부정적인 영향을 미칠 수 있다. 심사숙고하지 않게 되면서 관념은 부자연스럽고 경직되며 미성숙한 결론과 결정에 이르게 된다. 운동반응이 없어서 관념에 관한 자료는 부족하다. 사고와 관련해서 5개의 반응에서 6개의 특수점수가 나왔는데, *WSum6*이 18이다. 이는 아동이 자신의 또래들에 비해 빈번히 부적절하게 해석하고 오류가 많은 판단을 할 가능성이 높음을 보여 준다.

6개의 특수점수 반응 가운데 3개는 오류를 나타낸 *DV* 반응으로 어린 연령에서 흔히 나타나며 심각하지 않은 수준이다[반응 3, 구레나룻처럼 뾰족한; 반응 6, 가운데 사람 얼굴; 반응 12, 가위 물건(clipper thing)]. 반면 *ALOG*로 채점된 3개의 반응은 매우 구체적인 판단을 보여 준다[반응 12, 이건 너무 작아서 분명히 어려요; 반응 19, 모든 색이 다 있는 것 같아서 이건 무지개 같아요; 반응 20, 머리카락이 분홍색이에요. 그래서 사람들이 그들을 분홍이(pinko)라고 불러요]. 이는 비조직화나 기태성을 나타내지는 않으나 개념화에 결점을 보이거나 미성숙의 가능성을 시사한다. 이러한 구체성은 C 반응에서 보였던 구체성을 반영한다.

특징적으로, 사고(thinking)에서의 오류적 판단은 현실 검증에 영향을 미치고 이는 다른 인지기능(특히, 정보처리, 인지적 중재)으로 일반화된다. 피검자의 사례가 그 예가 될 수 있다. 최종적으로 산출된 아동의 인지 기능은 과거 학업성취도나 지능 검사에서 시사된 인지적 능력에 비해 상당히 저하된 것이라고 할 수 있다.

요약

아동은 심각한 문제를 보이고 있다. 아동은 정서에 압도된 것으로 보인다. 주관적인 스트레스가 상승되어 있고, 보이는 것보다 더 많은 슬픔과 우울 삽화를 경험할 가능성이 있다. 이런 상황에서는 사고와 행동을 조절하고 재지향(redirect)하는 능력이 매우 취약해지고, 현실적인 상황을 고려하지 않고 감정이 지배적이 되어 의사결정과 행동을 통제하게 된다. 부분적으로 아동의 심리에서 중요한 역할을 하는 높은 소외감과 분노와 관련된 정서는 일상을 상당히 방해하고 있다. 이러한 감정은 아동이 사회적 미숙함과 미성숙으로 보상적인 또래관계를 만들고 유지하는 데 어려움이 지속되면서 오랜 시간에 걸쳐 축적된 것으로 보인다. 과거력에 따르면 아동은 또래에게서 거리감을 느끼고 배척을 경험했던 것으로 보인다. 사람에 대하여 혼란스러워하고 불안정감을 느끼며 이로 인해 점차 사회적으로 고립된 것으로 보인다.

자기상은 부정적인데 상처받기 쉽고, 불안정하며, 비관적이고 스스로에 대해 불만족스러워하고 있다. 자기개념은 타인에 대한 혼란스러운 개념, 상상, 그리고 자신의 경험에 대한 오해석에 기반하고 있는 것으로 보인다. 아동의 짧은 인생에서 사회적 실패가 누적되면서 부정적인 자기개념이 강화되고 이는 스스로 취약하다는 느낌과 부정적인 감정을 촉발시킨 것으로 보인다. 아동은 자신의 정서를 신뢰하지 못하고 다른 사람에게 자신의 정서를 공유하거나 드러내는 것을 조심스러워하는 것으로 보인다.

정서 강도가 가중될수록 심리적 특징 및 조작(operation)에 부정적인 영향을 미치게 된다. 아동은 자신의 감정을 참거나 효과적으로 표현하는 데에 어려움을 겪고, 기본적인 인지 기능에 손상이 야기될 수 있다. 새로운 정보를 처리하는 데에 무심하고 제한적이며 종종 비효과적일 수 있고, 새로운 정보를 해석하는 데에 현실을 무시할 수 있다. 그녀의 사고는 단순하고 종종 잘못된 판단을 내릴 수 있다. 이러한 인지적 손상은 최근 학업 수행의 저하에 영향을 준 것으로 보인다.

아동은 여러 측면에서 폭발을 기다리는 정서적 시한폭탄과 비슷하다. 아동의 정서는 강렬하고 분노와 혼란으로 차 있다. 공포와 무력감을 느끼며 괴로워하고 있다. 아동은 심리적 평형을 유지하려고 노력 중이지만, 최근 나타난 울음 삽화는 억압된 감정이 새어나오고 있음을 보여 준다. 계속 숨기고 있지만, 이러한 상태는 오래 유지되지 못했을 것이다. 전반적인 모습은 심리적으로 학대를 받았거나, 곤경에 처해 당황스러워하고 있는 아동과 유사해 보인다. 학업 성적의 하락은 인지적 손상과 관련될 수 있으나, 지능검사 및 신경심리 검사가 적절히 수행되었던 점을 미루어볼 때, 학업 성적의 하락은 도움을 요청하는 조용한 외침으로 볼 수 있다.

제언

이 사례와 관련하여 확인되어야 할 문제들이 있다. 첫째, 보고되지 않은 가정 내 학대의 가능성을 확인하는 것으로 이는 신중하고 면밀히 다루어져야 할 것이다. 이 문제는 신체적 학대뿐만 아니라 비난, 정서적 회피, 강요된 고립, 가정 내 상호작용의 내용 등 심리적 학대의 가능성까지 확장하여 다루어져야 할 것이다. 이와 관련하여 성취에 대한 부모의 기대 또한 철저히 검토되어야 한다. 부모는 아동이 좋은 성적을 받도록 격려하지만 과하지 않다고 하였다. 성인의 격려가 아이들에게는 때로는 요구처럼 받아들여진다.

추가적인 조사가 필요한 세 번째 부분은 아동의 성적이 뛰어났던 1, 2학년 때 사회적 활동과 관련된 내용으로 구체적으로 이 시기에 다른 아이들이 아동을 피했는지, 어떠한 관계를 맺었는지 등을 살펴보아야 한다. 또한 아동의 형제뿐만 아니라 종종 어울렸던 동네 친구들과의 관계에 대해서도 확인하는 것이 유용할 것이다.

전술된 문제들과 무관하게 아동을 안심시키는 지지적인 치료가 꾸준히 필요할 것으로 보인다. 치료가 구조화되는 동안 아동에게 정서적으로 환기할 수 있는 기회를 제공해야 한다. 또한 아동의 인지기능이 높은 수준으로 재구성될 수 있도록 도움을 주어야 한다. 치료계획은 궁극적으로, 사회성 기술 개발에 중점을 두어야 하지만, 기본적인 정서적 문제들이 다루어진 이후에 가능할 것으로 보인다. 아동의 가정환경과 이전 사회적 활동에 대한 정보들을 얻은 이후에 다른 치료 방법에 대한 검토가 고려되어야 한다.

에필로그

아동의 부모는 피드백에 강한 의구심을 가지고 반응하였으며, 가족 간의 상호작용에 관해서도 추가적인 정보를 제공하지 않았다. 그들은 약물치료를 강력히 거부하였다. 부모는 3개월 이상의 개인치료가 필요하다는 권유에 동의했으나 매주 참여하는 또래와의 놀이 집단 제안은 거부하였다. 개인치료는 놀이와 과제가 포함된 반구조화된 형식으로 진행되었다. 치료자에 따르면 피검자가 처음에는 매우 수줍어했지만, 3회기쯤 되었을 때 활동적으로 변했고 물건, 인형 또는 자신과 관련된 일에 대해 비판적으로 이야기했다고 한다. 아동은 치료자에게 집과 학교에 대해 이야기하면서 실수를 방지하고 바로잡는 것이 중요하다고 강조했다. 두 번째 달의 마지막에, 치료자는 40분짜리 2회기의 가족회기를 마련하였다. 부모에게 자녀가 다음의 3가지 일을 완성할 수 있도록 지시하고 도움을 주도록 지시했는데 첫 번째는 덧셈, 두 번째는 퍼즐 풀기, 그리고 세 번째는 이야기가 되도록 10가지 사진들을 배열하는 것 등이었다.

부모 모두 그러했지만, 특히 어머니는 아이가 덧셈에서 실수를 하거나, 이야기가 맞지 않는 사진배열을 만들자 아이들을 종종 꾸짖었다. 부모는 아이들에게 보여 준 부정적인 피드백과 관련하여 상담과 부모 집단치료에 참여하도록 권유받았다. 부모는 목사님과 의논하였고, 목사님의 격려하에 매주 집단치료에 참여하였다. 학년 말에 담임교사는 두 달간의 치료 후 아동은 우는 일은 사라졌으며 성적도 상당히 향상되었다고 보고하였다. 아동은 몇몇 아이들이 치료 전에 비해 자신에게 친근하게 대한다고 하였다. 더 이상의 정보는 제공되지 않았다.

참고문헌

Achenbach, T. M., & McConaughy, S. H. (1992). Taxonomy of internalizing disorders of childhood and adolescence. In W. M. Reynold (Ed.), *Internalizing disorders in childhood and adolescence* (pp. 19-60). New York: Wiley.

Ball, J. D., Archer, R. P., Gordon, R. A., & French, J. (1991). Rorschach Depression indices with children and adolescents: Concurrent validity findings. *Journal of Personality Assessment, 57*(3), 465-476.

Beck, A., Ward, C., Mendelson, M., Mock, J., & Erbaugh, J. (1961). An inventory for measuring depression. *Archives of General Psychiatry, 4,* 53-63.

Carter, C. L., & Dacey, C. M. (1996). Validity of the Beck Depression Inventory, MMPI, and Rorschach in assessing adolescent depression. *Journal of Adolescence, 19*(3), 223-231.

Costello, E. J., Mustillo, S., Erkanli, A., Keeler, G., & Angold, A. (2003). Prevalence and development of psychiatric disorders in childhood and adolescence. *Archives of General Psychiatry, 60,* 837-844.

Elizur, A. (1949). Content analysis of the Rorschach with regard to anxiety and hostility. *Rorschach Research Exchange, 13,* 247-284.

Kovacs, M., & Beck, A. T. (1977). An empirical-clinical approach toward a definition of childhood depression. In J. G. Schulterbrandt & A. Raskin (Eds.), *Depression in childhood: Diagnosis, treatment, and conceptual models.* New York: Raven.

Krishnamurthy, R., & Archer, R. P. (2001). An evaluation of the effects of Rorschach EB style on the diagnostic utility of the Depression Index. *Assessment, 8*(1), 105-109.

Lipovsky, J. A., Finch, A. J., & Belter, R. W. (1989). Assessment of depression in adolescents: Objective and projective measures. *Journal of Personality Assessment, 53*(3), 449-458.

Ollendick, T. H., & King, N. J. (1994). Diagnosis, assessment, and treatment of internalizing problems in children: The role of longitudinal data. *Journal of Consulting and Clinical Psychology, 62*(5), 918-997.

Quay, H. C. (1986). Classification. In H. C. Quay & J. S. Werry (Eds.), *Psychopathological disorders of childhood* (3rd ed., pp. 1-34). New York: Wiley.

Spigelman, A., & Spigelman, G. (1991). Indications of depression and distress in divorce and nondivorce children reflected by the Rorschach test. *Journal of Personality Assessment, 57*(1), 120-129.

Spigelman, G., Spigelman, A., & Englesson, I. (1991). Hostility, aggression, and anxiety levels of divorce and nondivorce children as manifested in their responses to projective tests. *Journal of Personality Assessment, 56*(3), 438-452.

Viglione, D. J. (1999). A review of recent research addressing the utility of the Rorschach. *Psychological Assessment, 11*(3), 251-265.

Viglione, D. J., Brager, R. C., & Haller, N. (1988). Usefulness of structural Rorschach data in identifying inpatients with depressive symptoms: A preliminary study. *Journal of Personality Assessment, 52*(3), 524-529.

제18장

공격성 문제

피검자는 10세 남아로 학교에서 부당한 공격행동을 자주 보여 심리평가를 받았다. 5학년에 재학 중인 피검자는 지난 4개월 동안, 공격행동으로 징계 처분을 7번이나 받았으며, 가장 최근에는 카페테리아에서 다른 소년의 머리를 식판으로 쳐서 상처를 입혔다.

피검자는 1남 1녀 중 둘째로, 부모는 피검자가 세 살 때 이혼했다. 피검자의 누나는 13세로 현재 중학교 1학년이며, 어머니는 34세 간호사로 매주 나흘 반나절 동안 산부인과 클리닉에서 일하고 있다. 피검자의 어머니는 자녀의 법적 양육권이 있고, 아버지는 제한된 면접권이 있다. 아버지는 35세로, 부동산 회사의 사장이다. 아버지는 매달 두 번씩 자녀들과 함께 주말 동안 시간을 보내며, 현재 부인과 여름마다 2, 3주간 자녀들을 데리고 휴가를 가곤 한다.

피검자의 어머니는 아들이 정상 발달하였고 특별한 병치레도 없었다고 보고하였다. 어머니는 자신과 자녀와의 사이가 친밀하며, 집에서는 거의 문제를 일으키지 않는다고 하였다. "유일한 문제라면, 내가 가끔 숙제를 봐 줘야 한다는 것이에요." 피검자의 어머니는 이혼과정이 매우 힘겨웠고 부모 모두 자녀에 대한 양육권을 얻으려 했다고 보고하였다. 그녀는 남편이 집을 나가 현재 부인과 동거하자 이혼소송을 제기하였다. 피검자의 아버지는 지금까지 매달 자녀 양육비로 1,500달러를 지불하고 있다. 어머니는 데이트를 자주 하지만 재혼을 생각하지는 않는다고 했다. 그녀는 학교 당국이 아들의 공격성을 과장한다고 믿으며, 현재 시행되는 평가에 대해서도 방어적이었다. 그녀는 아들이 집에서는 전혀 공격적이지 않고 이웃 아이들과 노는 동안에도 공격적으로 행동하는 것을 본 적이 없다고 했다.

부모의 개별 면접 시, 피검자의 아버지는 아들이 공격적이라는 보고를 듣고는 매우 놀라워하였다. 그는 아들이 다른 아이들과 잘 어울린다는 증거로 야구와 축구를 잘한다는 점을 제시했다. 피검자의 아버지는 아들이 "우리와 있을 때 아주 활발해요. 특히 휴가 때 간혹 다루기가 힘든 경우가 있어요. 나는 이게 아이 엄마가 혹시 아이를 심하게 대해서, 아이가 그런 기분을 휴가 때 푼다고 생각해 왔어요."라고 수긍했다. 이 같은 문제에 관해 계속 질문하자, 그는 "아들이 어떤 때는 지나치게 흥분하는데, 그럴 때는 아이를 진정시켜야만 해요."라고 답했다.

피검자는 보통의 10세 아이들보다 키가 크고 체격이 좋아서 한두 살 정도 많아 보였다. 피검자는 학교에서 자주 싸운 것은 인정하지만, 절대로 자신이 공격행동을 시작하지 않았다며 강하게 항변하였다. 이는 피검자의 5학년 담임교사 보고와 상반되는데, 그녀는 피검자를 항상 문제가 일어나기 바라는 것처럼 보이는 "시비를 거는 아이"로 보았다. 교사는 피검자가 자주 다른 아이들을 언어적·물리적으로 제압하려 하며, 대부분의 아이들이 가능한 피검자를 피한다고 보고하였다. 또한 선생님은 교실에서 소집단 프로젝트 수업을 할 때, 피검자가 논쟁적이고 위협적이어서 자주 방해가 되었다고 한다. 또한 확인된 적은 없으나, 피검자가 다른 아이들의 물건을 빼앗았다고 생각하고 있었다. 교사는 자신의 책상에 있던 볼펜이 없어졌을 때, 피검자가 가져갔다고 "거의 확신한다"고 보고하였다. 그녀는 피검자의 책상에서 분필과 지우개를 발견한 적이 있었는데, 피검자는 다른 아이가 자신을 곤경에 빠뜨리기 위해 거기에 둔 것이라고 주장했다고 한다.

담임교사는 피검자의 학업수행이 전반적으로 양호하고, 질문에 답하거나 자신의 의견을 표현할 때 의욕적이라고 보고했다. 교사는 피검자가 보이는 대부분의 공격성이 주의를 끌기 위한 전략이라고 보았고, 이러한 의견을 피검자의 어머니와 나누었으나 어머니는 별다른 반응을 보이지 않았다고 한다. 또한 담임교사는 체육교사에게 체육시간에 피검자를 특별히 살펴봐 달라고 부탁했다고 한다. 체육교사는 피검자가 대부분의 게임이나 활동은 잘하였으나 다른 아이들에게 지나치게 공격적으로 대하는 경우를 여러 번 관찰하였고, 몇몇 아이들이 피검자에게 매우 순종적이라고 보고하였다. 피검자의 공격성은 대부분 언어적으로 표출되었으나, 어떤 경우에는 팔을 때리고 걷어차며 몸싸움을 벌이는 등 신체적인 접촉이 있었다고 한다.

피검자는 친한 친구가 많다고 주장하며, 자신이 유소년 야구단의 3루수이고, Pee Wee 미식축구 팀의 풀백이라며 자부심을 드러내었다. 피검자는 아버지에 대해 "우리는 아버지와 멋진 시간을 보내요."라며 친밀감을 보였고, 그와 누나 모두 어머니와도 잘 지낸다며 "엄마는 언제나 우리를 잘 돌봐줘요."라고 말했다. 피검자는 자신과 누나는 그런 대로 잘 지낸다고 했다. "누나는 너무 인터넷을 많이 해요."라며 그들이 같이 쓰고 있는 컴퓨터나 TV 프로그램 때문에 가끔 싸운다고 인정했다. 피검자가 집에서 문제되는 유일한 때는 숙제를 하지 않았거나 공격행동 때문에 어머니가 학교에서 전화를 받을 때라고 하면서 "엄마가 화가 많이 나면 나는 내 방에 있어야 하고 TV를 못 봐요."라고 말했다. 피검자는 커서 탐험가나 우주 비행사가 되고 싶다고 했다. 최근 다른 학생을 다치게 한 것에 대해 후회하며, "걔가 너무 멍청하게 굴어서 화를 참지 못한 것뿐이에요."라고 말했다.

평가를 진행한 학교 심리학자는 피검자가 협조적이었다고 보고했다. WISC-R에서 피검자의 수행은 FSIQ 111(VIQ = 107, PIQ = 116)이었다. 토막짜기 소검사의 환산점수가 16점으로 다른 소검사 점수보다 4점이 높았던 것 외에 소검사 간 유의한 차이는 없었다.

학교 심리학자는 검사 자료에 대해 (1) 정서장애의 증거가 있는가? (2) 행동 관리를 위한 특수 학급 배치가 고려되어야 하는가? (3) 관리 문제와 관련하여 담임교사와 체육교사에게 어떤 조언이 제공될 수 있는가? (4) 현재 어떤 형태의 심리치료가 필요한가? (5) 평가 결과를 어떻게 부모님에게 설명하고 어머니에게 특정한 조언을 하는 것이 좋을 것인가?의 문제들에 초점을 맞추어 자문을 요청했다.

사례 개념화 및 관련 문헌

5학년 남아인 피검자는 지난 4개월간 일관되게, 그리고 점점 더 공격적인 행동을 보여 왔다. 가장 최근 공격행동으로 다른 소년이 다쳤지만, 이혼한 피검자의 부모는 학교의 염려에 당황스러워하고 방어적인 태도를 취하며 이 사건을 축소하려 하였다. 담임교사의 보고와 달리 피검자는 자신이 절대 싸움을 시작하지 않았다고 주장하며, "걔가 너무 멍청하게 굴어서 화를 참지 못한 것뿐이에요."라는 식으로 문제에 대해 외부 탓으로 돌렸다. 교사가 피검자 책상에서 학교 물건들을 발견했을 때도, 피검자는 다른 아이들이 자신을 곤경에 빠뜨리기 위해 넣어둔 것이라고 주장했다. 피검자는 또래보다 키가 크고 체격이 좋은 편이며, 교사는 피검자가 자주 친구들을 언어적·신체적으로 위협한다고 했다. 피검자는 친한 친구들이 많다고 했으나, 담임교사는 학급 친구들이 그를 피하며 몇 명만이 피검자에게 순종적이라고 보고했다.

피검자의 학업성취는 전반적으로 양호한 편이다. 웩슬러 지능검사(WISC-R) 결과 PIQ(116)는 VIQ(107)보다 약간 높았고, 피검자는 특히 토막짜기 소검사(환산점수 16)에서 우수한 수행을 보였다. 교사는 피검자를 "시비를 거는 아이"로 보았지만, 피검자의 공격적인 행동이 주의를 끌기 위한 전략이 아닌가 궁금해하였다. 피검자를 평가한 후, 학교심리학자는 정서장애의 존재 여부를 평가하고 개입 전략을 개발하기 위해 자문을 요청했다.

미국 교육당국은 사회 부적응과는 달리, 정서장애를 가진 아동의 경우 특수교육 서비스를 이용할 수 있도록 한다. 미국연방 「장애인교육법(The federal Individual with Disabilities

Education Act」(1997)은 정서장애에 대한 특정 기준을 기술하고 사회 부적응과는 구분하였다. 정서장애와 사회 부적응이 서로 다른 범주인지에 대해 논란이 있으나(Hughes & Bray, 2004), 처음에 피검자가 보이는 문제는 사회 부적응의 특성으로 보인다. 피검자의 어려움이 사회 부적응의 문제라면 특수교육 서비스에서 제외되는 것이 현재 규정이다. 사회 부적응과 정서장애를 감별진단하는 것은, 학교 심리학자나 평가 자문가에게 지속되는 매우 어려운 과제이다(Olympia et al., 2004).

공격성에 대한 로르샤흐 연구는 사례 12(제14장)에서 살펴보았는데, 아동의 공격성에 관한 연구는 일부에 불과했다. 그러나 품행장애와 또래 괴롭힘과 관련된 아동 정신병리 연구를 다룬 문헌들은 피검자의 로르샤흐와 피검자의 행동을 검토할 때 고려해야 할 대안적인 가정에 도움이 될 수 있다.

공격적이고 반사회적 아동에 대한 평가

DSM-IV-TR(American Psychiatric Association, 2000, p. 93)에서 품행장애는 "다른 사람의 기본 권리를 침해하거나 연령에 적합한 사회 규범이나 규칙을 위반하는 것과 같은 행동 양상이 반복적이고 지속적으로 나타나는 것"으로 정의되었다. Frick(2004)는 아동의 품행장애 진단에는 몇 가지 구분된 경로가 있음을 제안했다. Frick의 가정은 과거력, 행동 관찰, 심리검사로부터 얻은 자료를 탐색하는 유용한 방법을 제공함으로써 종합적이고 개별화된 개입이 이루어질 수 있도록 한다.

품행장애를 평가하는 중요한 변인으로 발병 연령이 포함된다. Frick(2004)은 아동기-발병 패턴은 종종 경미한 문제로 시작되어, 아동기에서 청소년기로 가면서 품행 문제들이 점점 자주 심각하게 나타난다고 주장하였다. 청소년기-발병 집단은 이후에는 품행 문제를 나타내지 않으며 규범을 따르기 어려워하는 문제가 성인기까지 이어지지 않는다. Frick(2004)이 발견한 다른 변인은 공감과 후회의 부재로 정의되는 냉담/무감동 특질이다. 또한 이러한 냉담/무감동 특질을 보이는 품행 장애 아동들은 심각한 공격적 패턴을 나타내고, 위험한 행동을 선호하며, 위협적이고 정서적으로 불편한 자극에 대한 반응이 낮아지며, 특히 보상을 추구하는 상황에서 처벌에 대한 민감성이 저하된다. Frick(2004)은 "이러한 보상-추구반응으로 인해 품행장애 아동들이 적절한 행동에 대한 격려보다 잘못된 행동에 대한 처벌을 강조하는 학교의 행동 관리계획에 덜 반응하게 한다"고 주장하였다(p. 827). 또한 Frick(2004)은 냉담/무감동 특질과 처벌에 대한 낮은 민감성은 공감, 불안,

잘못된 행동에 대한 죄책감이 발달하는 데 어려움을 준다고 주장한다. 현재 이와 관련된 로르샤흐 연구는 없지만, COP, 재질반응, 확산음영 반응, 통경반응과 같은 결과들이 냉담/무감동 특질과 상반되는 경향이 있다는 가정이 가능하다.

Frick(2004)는 냉담/무감동 특질을 보이지 않는 아동기-발병 집단의 아동들은 적극적인 공격성이 낮고, 양육을 제대로 받지 못했거나 언어성 지능에서 결함을 가지고 있는 과거력이 있다고 한다. 이 집단의 패턴은 정서 조절로 인한 문제 중 하나를 보이고, 공감을 더 많이 하며, 정서적 어려움을 더 많이 느끼고, 부정적인 경험에 대해서 민감한 반응을 보인다고 한다(Frick, Lilienfeld, Ellis, Loney, & Silverthorn, 1999; Loney, Frick, Clements, Ellis, & Kerlin, 2003; Pardini, Lochman, & Frick, 2003).

Frick(2004)는 공감 발달에 초점을 맞춘 개입이 냉담/무감동 특질을 포함한 품행장애 아동에게 가장 적절한 반면, 충동 조절을 강조하는 접근은 냉담/무감동 특질이 없는 품행장애 아동에게 가장 효과적이라고 주장한다. 피검자에게 개별화된 개입을 위해서는 세심한 평가가 중요하다.

현재까지 냉담/무감동 특질을 지닌 품행장애 아동과 냉담/무감동 특질이 없는 품행장애 아동을 비교하는 로르샤흐 연구는 없다. 품행장애 아동에 대한 가장 대규모 로르샤흐 연구는 Gacono와 Meloy(1994)의 연구로, 품행장애 진단을 받고 입원한 5세에서 12세 사이의 남자 아동 60명을 대상으로 했다. 공병 진단의 아동들은 표본에서 제외되었다. 연령별 분류로 통계 처리가 가능할 만큼 표본 크기가 충분하지 않아, 연구자는 60사례 모두 동일한 집단으로 분석했다. 기술통계 결과 자아중심성 지표와 같이 발달 연령에 따라 유의미하게 변화하는 변인들은 평균 정도로 나타났으나, 5세에서 12세 범위에서 나타나지 않는 몇 가지 경향성을 보였다.

Gacono와 Meloy(1994)는 표본의 65%에서 *Lambda*가 .99 이상이었고, 47%가 양가형이라고 밝히고 있다. 이러한 결과는 품행장애 아동들이 복잡할수록 효과적이지 않은 단순화 접근을 사용한다는 것을 시사한다. 대인관계 관점에서 60%의 아동들은 로르샤흐 반응에서 COP가 없었고, 12%만이 재질반응이 있었다. 72%에서 자아중심성 지표가 .33 미만으로, 다른 사람과 비교할 때 자신을 부정적으로 보는 경향이 있다. 정보가 많고 분명한 상황에서조차 이 집단의 아동들은 관습적인 지각이 상대적으로 부족하였다. 50%에서 4개 미만의 P 반응이 나타났다.

이 사례와 같이, 공격성과 위협은 학교 심리학자들에게 빈번하게 의뢰되는 문제이다. 피검자가 왜 그런 행동을 하는지 이해하고 가장 적절한 개입을 계획하기 위해 또래 괴롭힘에 대한 연구를 검토하는 것이 유용하다. Elinoff, Chafouleas와 Sassu(2004)는 괴롭힘을 "더 약하다고 지각되는 개인이나 집단을 표적으로 적극적이고 공격적인 형태의 반복되는 직접적/간접적인 행동"으로 정의한다(p. 888). 이어서 "괴롭힘 상황을 정의할 때 관련된 개인들 사이에 힘의 불균형이 존재하는 점이 중요하다"라고 기술했다.

Coolidge, Denboer와 Segal(2004)은 재학 중 세 번 이상 징계 위원회에 의뢰된 11세에서 15세의 중학생 41명의 부모보고 자료를 모아서 통제집단 학생들의 부모보고와 비교하였다. 가벼운 신경인지적 결함, 전반적인 신경심리학적 기능장애, 실행기능장애를 평가하기 위한 Coolidge 성격 및 신경심리검사(CPNI; Coolidge, 1998)의 평정점수가 징계 집단에서 임상적으로 유의미하게 더 높았다. 슬픈 감정과 낮은 자존감을 나타내는 우울장애 척도 또한 징계 집단에서 임상적으로 유의미하게 더 높았다.

McConville과 Cornell(2003)의 연구에 따르면, 공격행동이 의뢰 아동의 문제 중 하나일 때, 공격성에 대한 태도가 평가에서 중요하다고 주장한다. 저자들은 학기 초에, 403명의 중학생을 대상으로, 또래 공격에 대한 태도를 측정하였다. 그리고 이 결과를, 공격적 행동이나 괴롭히는 행동에 대한 자기보고, 또래를 괴롭히는 행동을 많이 하는 학생에 대한 또래지명, 또래를 괴롭히는 행동을 많이 하는 학생에 대한 교사 지명, 그리고 규칙 위반으로 인한 공식 의뢰 등의 변인과 상관관계를 연구하였다. 공격성을 허용하는 것이 괜찮다고 생각하는 학생일수록 괴롭힘이나 신체적 공격에 개입한 적이 많다고 보고되는 경향이 있다. 공격행동은 괴롭힘에 관한 또래 지명과 교사 지명, 7개월 후의 자기보고, 징계위원회에 의뢰된 전체 빈도, 수업 후에 학교에 남아 훈계를 받았던 빈도, 정학 빈도와 정적 상관이 있었다. 추후의 공격행동에 대한 정확한 예측 요인으로 작용하는 단일 변인은 없지만, 또래 공격성에 대한 태도의 평가는 종합적 평가의 중요한 일부였다. 이 사례는 로르샤흐 검사가 개인의 공격성에 관한 관점을 둘러싼 갈등의 수준을 결정하는 데 어떻게 도움이 되는지에 관한 예시를 제공한다.

요약하면, 또래에 대한 공격성이 의뢰 사유 중 하나일 때, 여러 가지 질문을 중요하게 고려해야 한다. 발병 연령과 행동의 경로를 결정하기 위해, 아동의 과거력을 자세하게 탐색하는 것부터 평가가 시작되어야 한다. 인지적/신경심리학적 검사는 높은 수준의 실행 기능에 관한 자료를 제공할 수 있다. 정동조절장애, 냉담/무감동 특질 및 공격성에 대한 허용적 태도가 있는지 여부를 평가하는 것은, 공격행동의 기능을 잘 이해할 수 있도록 해 준다. 이 사례가 설명하는 것처럼 로르샤흐 변인은 이러한 질문에 대해 답하고 정확한 개입을 위한 조언에 도움이 될 수 있다.

사례 16. 10세 남아

카드	반응	질문
I	1. 제 생각에는 박쥐 같아요. 확신할 수는 없지만요. 네, 박쥐예요.	평가자: (반응 반복) 피검자: 잘 모르겠는데, 날개가 있는데, 이게 어떻게 생겼는지 보세요. 그리고 뒤에 꼬리가 있어요. 평가자: 천천히 보세요. 조금 더 보세요. 다른 것도 더 볼 수 있을 거예요.
	2. 작은 물음표.	평가자: (반응 반복) 피검자: 바로 여기요. 보세요. 그냥 물음표처럼 생겼어요.
II	3. 페인트칠해진 고양이.	평가자: (반응 반복) 피검자: 그냥 고양이 같아요. 여기 귀가 세워져 있어요. 귀에 빨간 페인트가 묻었어요. 그리고 입을 벌리고 있어요, 여기(DS5). 그리고 여기 밑에 수염에도(D3) 페인트가 묻었어요. 평가자: 수염이요? 피검자: 네. 수염처럼 뾰족해요. 그런데 페인트가 묻어 있어서 빨간색이에요.
	4. 이상한 두 남자. 서로를 바라보고 있어요.	평가자: (반응 반복) 피검자: 위에 여기 귀가 있고, 이 남자가 이 남자를 보고 있는 것처럼 보여요. 그냥 얼굴들이고, 여기 눈 하나와 코, 입이 있어요. 그들은 그냥 서로를 바라보고 있어요.
III	5. 빨간 나비넥타이.	평가자: (반응 반복) 피검자: 그냥 그렇게 보여요. 평가자: 저도 그렇게 볼 수 있게 도와주세요. 피검자: 가운데 작은 공이 있고, 바깥은 물고기 꼬리처럼 생겼어요. 이건 교장선생님이 하는 것과 같은데, 교장선생님은 매일 이걸 해요. 평가자: 가운데에 공이 있는 것처럼 보인다고요? 피검자: 네, 아시다시피 매듭을 만들 때 같은 공이에요. 툭 튀어나온 것처럼. 불룩해요.

	6. 사슴 다리를 가진 두 사람.	평가자: (반응 반복) 피검자: 그들은 이것을 들어 올리기 위해 허리를 구부리고 있어요. 평가자: 무엇 때문에 사람들처럼 보일까요? 피검자: 머리, 코가 튀어 나와 있고, 몸통, 사슴 다리가 있고, 여기 발굽을 보세요. 평가자: 이것을 들어 올리고 있다고 했나요? 피검자: 네. 뭔지는 모르겠는데, 무슨 큰 통 같아요. 이 둥그런 거요(D7).
IV	∨ 7. 거미.	평가자: (반응 반복) 피검자: 다리가 있어요. 6개, 아니 8개. 더듬이랑 작은 이빨이 있어요. 평가자: 다리와 이빨은 어딘가요? 피검자: 네. 여기 2개, 여기 2개, 여기 2개, 여기 2개. 그리고 이게 이빨이에요.
	8. 고릴라. 어떤 것 위에 앉아 있는.	평가자: (반응 반복) 피검자: 킹콩 같은 큰 고릴라예요. 발이 아주 커요. 그리고 머리는 헝클어져 내려와 있어서 목이 없는 것 같아요. 다 털이고. 그는 나무 그루터기나 무언가 위에 앉아 있어요. 발이 큰게 분명해요. 평가자: 다 털이라고 말했나요? 피검자: 네. (반점을 문지르며) 다 털 같아요.
V	9. 박쥐. 날고 있어요.	평가자: (반응 반복) 피검자: 큰 날개이고, 다리가 달려 있어요. 머리에 크고 뾰족한 게 나와 있어요. 여기 위를 보세요. 큰 더듬이 같아요.
	10. 악어 두 마리.	평가자: (반응 반복) 피검자: 머리, 여기 하나 더 있고요. 둘 다 입을 벌리고 뭔가를 물려고 하는 것 같아요. 제 친구가 새끼 악어를 기르는데 그거 같이 보여요. 얘네한테 먹이를 주려면 장갑을 껴야 해요.

VI	11. 어떤 가죽, 동물의 털 같아요.	평가자: (반응 반복)
		피검자: 온통 어둡고 밝아요. 동물의 털처럼. 여기 다리도 볼 수 있어요. 가죽을 벗기고 난 후처럼 일정하지 않고 가장자리가 거칠어요.
	12. 이 부분 위에 여기 파리 같이 보여요.	평가자: (반응 반복)
		피검자: 몸통이 작고, 날개가 있어요. 파리처럼요.
VII	13. 싸울 준비를 하고 있는 두 마리의 토끼.	평가자: (반응 반복)
		피검자: 바위 위에 웅크리고 있어요. 귀랑 꼬리를 보세요.
		평가자: 싸울 준비를 하고 있다고 했나요?
		피검자: 네. 서로한테 달려들려고 하고 있어요. 왜냐하면 둘의 귀가 쫑긋하기 때문이에요. 전 토끼에 대한 영화에서 토끼들이 어떻게 싸우는지 봤어요. 서로한테 달려들어요.
	∨ 14. 이렇게 보면 큰 새 같이 보여요.	평가자: (반응 반복)
		피검자: 윗부분만요. 큰 날개가 있는데 산에 있는 새처럼. 독수리는 아니고, 독수리보다 더 커요.
VIII	15. 파란 새. 아까처럼.	평가자: (반응 반복)
		피검자: 가운데에, 이것도 큰 날개가 있어요. 이름은 기억이 안 나는데 엄청 커요. 새들은 개도 채갈 수 있어요. TV에서 봤는데, 새들은 산에 살아요.
	∨ 16. 이 아랫부분은 부메랑 같아요.	평가자: (반응 반복)
		피검자: 이렇게 생겼어요. Crocodile Dundee를 보면, Aborine 남자들이 가지고 있는 것 같아요. 이걸로 사람들을 쓰러뜨릴 수 있는데, 만약 이걸 놓치더라도 다시 되돌아와요.
	17. 호랑이 두 마리가 위에 여기 이걸 붙잡고 있어요. 어떤 동물, 아마도 정글 동물이요.	평가자: (반응 반복)
		피검자: 두 마리 호랑이가 서서히 기어 올라와서 이것을 붙잡고 있어요. 잡아먹기 위해서요. 이것은 덤불 속에 나와 있어요. 그들은 아래 여기 주황색 바위 위에 서서 이것을 잡을 수가 있어요.

			평가자: 좀 더 자세히 설명해 주세요.
			피검자: 보세요. 여기 호랑이들이 있어요. 머리, 다리가 있고, 위에 여기 이 동물(D4)을 잡고 있는 걸 보세요. 여기 다리를 잡았어요. 덤불인지 뭔지 위에 있고(D5), 그리고 아래 여기에 바위 같은 데에 이걸 잡기 위해 서 있어요.
IX	18. 불처럼 보여요.		평가자: (반응 반복)
			피검자: 꼭대기 위쪽 여기 주황색 불꽃이 여기 윗부분에서 솟아오르고 있는 게 불처럼 보여요. 이 초록색 물질이 타고 있는데, 종이나 그런 것처럼요. 가운데 하얀 부분은 연기가 올라가는 것 같아요.
			평가자: 가운데 하얀 부분이 연기 같다고 하셨죠?
			피검자: 네. 연기처럼 흐릿해요. 그냥 하얗지 않고 연기처럼 더 어두운 하얀색이에요.
	∨19. 어떤 보석.		평가자: (반응 반복)
			피검자: 빨간색이고, 4개예요. 어떤 보석처럼 보여요.
			평가자: 좀 더 자세히 설명해 주세요.
			피검자: 여기요(D6), 4개의 동그라미가 빨간 보석 4개처럼 보이는데, 바깥의 2개(D4)가 다른 2개보다 어느 정도 앞에 있는 것 같은데, 그래서 전부 다 볼 수 없어요. 그냥 보석처럼 보여요.
	20. 유령 둘, 만화에 나오는 것 같은.		평가자: (반응 반복)
			피검자: 이 작은 하얀 게 유령처럼 보여요. 여기랑 여기 각각 하나씩이요.
			평가자: 왜 유령처럼 보이는지 더 설명해 줄래요?
			피검자: 하얀색이어서요. 만화에 나오는 유령처럼요.
X	21. 두 남자가 이걸 밀어내려고 하고 있어요.		평가자: (반응 반복)
			피검자: 진짜 남자들은 아니에요. 만화나 그런 것처럼 누가 만든 것 같아요. 작은 발이랑, 머리에 이런 웃긴 것들을 보세요. 그들은 이것들을 밀고 있는데, 이 기둥 같은 것을 때려눕히려고 하고 있어요.

22. 작은 씨앗, 나무에서 떨어진.	평가자: (반응 반복)
	피검자: 그렇게 보여요. 이렇게 옆에 작은 부분이 있어요. 떨어져서 주변에 흩어져 있어요. 그건 이것처럼 갈색이에요.
∨23. 아마도 엄청 큰 날개를 가진, 선생님에게 날아오고 있는 새.	평가자: (반응 반복)
	피검자: 큰 초록색 날개와 작은 몸이 있어요. 지금 있는 진짜 새는 아니고 세상이 처음 만들어졌을 때 있던 새처럼. 그게 선생님 쪽으로 날아오고 있는 것 같아요.
	평가자: 날아오고 있는 것 같다고요?
	피검자: 글쎄요. 저 멀리 떨어진 곳에서 이 방향을 향해서 날아오고 있는 것 같아요. 선생님을 향해서요.

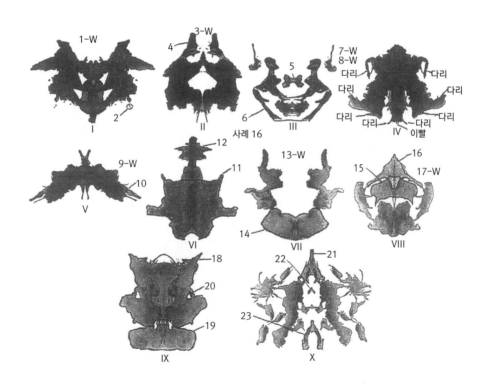

사례 16. 점수 계열

카드	반응 번호	위치	영역 번호	결정인	(2)	내용	평범 반응	Z	특수 점수
I	1	Wo	1	Fo		A	P	1.0	
	2	Ddo	99	Fu		Id			
II	3	WSo	1	CF.FMp−		Ad,Art		4.5	DV
	4	D+	2	Mp−	2	Hd		5.5	PHR
III	5	Do	3	FC.FDo		Cg			PER
	6	D+	1	Mao	2	H,Hh	P	3.0	COP,INC2,PHR
IV	7	Wo	1	F−		A		2.0	
	8	W+	1	FMp.FTo		A,Bt		4.0	
V	9	Wo	1	FMao		A	P	1.0	INC
	10	Do	10	FMao	2	Ad			AG,PER,PHR
VI	11	Do	1	TFo		Ad	P		
	12	Do	3	Fu		A			
VII	13	W+	1	FMao	2	A,Ls		2.5	AG,ALOG,PER,PHR
	14	Do	4	Fo		A			
VIII	15	Do	5	FCu		A			PER
	16	Do	4	Fu		Id			PER,DV
	17	W+	1	FMa.CFo	2	A,Ls	P	4.5	AG,GHR
IX	18	DSv/+	2	ma.CF.YFo		Fi,Sc		2.5	MOR,AG
	19	D+	6	CF.FDu	2	Art		2.5	
	20	DdSo	29	FC'o	2	(H)			GHR
X	21	D+	11	Mau	2	(H),Sc		4.0	AG,COP,PHR
	22	Do	3	FCo		Bt			
	23	Do	10	FMa.FD.FCu		(A)			

사례 16. 구조적 요약

구조적 요약(상단부)

반응영역	결정인 혼합	결정인 단일	반응내용	자살 지표
			H =1	.... FV+VF+V+FD > 2
		H =1	(H) =2	.... Col-Shd Bl > 0
Zf =12	CF.FM	M =3	Hd =1	.... Ego < .31, > .44
ZSum =37.0	FC.FD	FM =3	(Hd)=0	.... MOR > 3
ZEst =38.0	FM.FT	m =0	Hx =0	.... Zd > +−3.5
	FM.CF	FC =2	A =9	.... es > EA
W =7	m.CF.YF	CF =0	(A) =1	.... CF+C > FC
D =14	CF.FD	C =0	Ad =3	.... X+% < .70
W+D =21	FM.FD.FC	Cn =0	(Ad)=0	.... S > 3
Dd =2		FC′=1	An =0	.... P < 3 or > 8
S =3		C′F=0	Art =2	.... Pure H < 2
		C′ =0	Ay =0	.... R < 17
		FT =0	Bl =0	x .... TOTAL

발달질

		단일	반응내용	특수점수
		TF =1	Bt =2		Lv1	Lv2
+ =7		T =0	Cg =1	DV =2x1	0x2
o =15		FV =0	Cl =0	INC =1x2	1x4
v/+ =1		VF =0	Ex =0	DR =0x3	0x6
v =0		V =0	Fd =0	FAB =0x4	0x7
		FY =0	Fi =1	ALOG =1x5	
		YF =0	Ge =0	CON =0x7	
		Y =0	Hh =1	Raw Sum6 =5	

형태질

	FQx	MQual	W+D	단일	반응내용	Wgtd Sum6 =13
				Fr =0	Ls =2	
+	=0	=0	=0	rF =0	Na =0	
o	=13	=1	=12	FD =0	Sc =2	AB =0 GHR =2
u	=7	=1	=6	F =6	Sx =0	AG =5 PHR =5
−	=3	=1	=3		Xy =0	COP =2 MOR =1
none	=0	=0	=0		Id =2	CP =0 PER =5
				(2) =8		PSV =0

구조적 요약(하단부)

비율, 백분율, 산출한 점수

R =23	L =0.35		FC:CF+C =4:4		COP=2 AG =5
			Pure C =0		GHR:PHR =2:5
EB =3:6.0	EA =9.0	EBPer =2.0	SumC′:WSumC =1:6.0		a:p =8:3
eb =8:4	es =12	D =−1	Afr =0.64		Food =0
	Adj es =12	Adj D =−1	S =3		SumT =2
			Blends:R =7:23		Hum Con =4
FM =7	C′ =1	T =2	CP =0		Pure H =1
m =1	V =0	Y =1			PER =5
					Iso Indx =0.17

a:p =8:3	Sum6 =5	XA% =0.87	Zf =12.0	3r+(2)/R =0.35
Ma:Mp =2:1	Lv2 =1	WDA% =0.86	W:D:Dd =7:14:2	Fr+rF =0
2AB+Art+Ay =2	WSum6 =13	X−% =0.13	W:M =7:3	SumV =0
MOR =1	M− =1	S− =1	Zd =−1.0	FD =3
	Mnone =0	P =5	PSV =0	An+Xy =0
		X+% =0.57	DQ+ =7	MOR =1
		Xu% =0.30	DQv =0	H:(H)Hd(Hd) =1:3

PTI=0	DEPI=3	CDI=3	S−CON=N/A	HVI=NO	OBS=NO

S-CON과 핵심 변인

S-CON은 이 연령의 아동들에게는 적용할 수 없다. 첫 번째 유의한 핵심 변인은 마이너스 범위의 Adj D이다. 이는 해석이 통제 관련 자료의 검토부터 시작되어야 한다는 것을 의미하지만, 남은 자료 군집의 순서를 제시하지는 않는다. 다음 순서는 외향적 대처 방식을 나타내는 두 번째 유의한 핵심 변인인 *EB*(3:6.0)에 의해 결정된다. 즉, 다음 해석 순서가 정동, 자기 지각, 대인관계 지각 순으로 진행되어야 한다는 것을 보여 준다. 마지막으로 인지 삼요소(정보처리, 인지적 중재, 관념) 자료가 검토될 것이다.

통제

사례 16. 10세 남아의 통제 관련 변인

EB = 3:6.0	EA = 9.0		D = -1	CDI = 3
eb = 8:4	es = 12	Adj es = 12	Adj D = -1	L = 0.35
FM = 7 m = 1	SumC' = 1	SumT = 2	SumV = 0	SumY = 1

Adj D가 -1이라는 것은 피검자가 지속적으로 자극이 과부하되는 상태에 놓여 있음을 의미한다. 이는 통제에 관한 피검자의 능력을 제한하고 스트레스 상황에서 발생하는 혼란과 충동성에 대한 민감성이 쉽게 유발된다. 이러한 크기의 과부하는 취약성을 증가시키지만, 환경의 도전과 요구가 일상적이고 예측 가능한 경우에는 자동적으로 기능을 손상시키지는 않는다. 10세에게 드문 결과는 아니나, 이러한 결과가 존재하는 경우, 대개 그 이유는 제한된 자원 때문이다. 그러나 이 사례에서는 이러한 설명이 맞지 않는 것으로 보인다. *EA*(9.0)는 피검자의 연령에서 평균 범위에 해당하고 *EB*(3:6.0)에 0이 포함되어 있지 않다. 이는 피검자의 자원 가용성이 대부분의 상황을 다루기에 충분하다는 것을 의미한다.

피검자의 과부하는 Adj *es*(12)에서 나타나는데, 대부분의 사람들, 특히 아동들에게 기대되는 정도보다 상당히 높다. 이는 일관적이고 효과적인 방식으로 모든 것을 다루기에는 피검자의 능력을 넘어서는 상당한 내적 자극 요구들이 있음을 암시한다. *eb*(8:4)는 이러한 요구들에 관한 정보를 제공한다.

*eb*의 좌항(8)은 기대되는 수준보다 높으며, 7개의 *FM* 반응으로 구성되어 있다. 이는 피

검자에게 보편적인 정도보다 더 많은 주변적인 사고가 임의적으로 일어나고 있을 가능성을 암시한다. 즉, 충족되지 못한 욕구 상태와 관련 있을 것으로 보인다. 이는 심사숙고하는 것을 침해하는 정신 활동을 유발하고 주의를 분산시킬 수도 있다. 또한 *eb*의 우항(4)은 2개의 재질반응으로 인해 다소 상승되어 있는데, 강한 정서적 결핍감이나 외로움을 의미한다.

종합적으로, 피검자의 통제와 스트레스에 대한 인내능력은, 많은 내적 자극이 만족스럽게 충족되지 않기 때문에 제한적이다. 이러한 제한은 피검자가 익숙하지 않은 환경적 요구나 기대에 직면했을 때 쉽게 혼란스러워지며 충동적인 사고나 행동이 발생할 가능성을 증가시킨다.

정동

사례 16. 10세 남아의 정동 관련 자료

						Blends	
EB	=3:6.0			EBPer	=2.0		
eb	=8:4	L	=0.35	FC:CF+C	=4:4	FM.FD.FC	=1
DEPI	=3	CDI	=3	Pure C	=0	FM.CF	=1
						FM.FT	=1
SumC'=1	SumT =2			SumC':WSumC	=1:6.0	m.CF.YF	=1
SumV=0	SumY =1			Afr	=0.64	CF.FM	=1
						CF.FD	=1
Intellect	=2	CP	=0	S=3 (S to I, II, III =1)		FC.FD	=1
Blends:R	=7:23			Col-Shad Bl	=1		
m+y Bl	=1			Shading Bl	=0		

EB(3:6.0)는 대개 피검자의 감정이 사고에 영향을 미치며 의사결정 시 직관적인 접근을 촉진한다는 것을 의미한다. 이러한 대처 유형은 아동에게 흔하며, 전형적으로 시행착오적인 행동을 통해 가정들을 시험해 보는 유형이다. *EBPer*(2.0)는 피검자가 이러한 대처 접근을 유연하게 사용하여, 때로는 관념적인 전략을 더 선호하여 감정을 밀쳐두기도 한다는 것을 의미한다.

위에서 지적한 바와 같이, *eb*의 우항은 2개의 재질반응 때문에 약간 상승되어 있다. 최근의 정서적 상실을 암시하는 증거가 없는 것으로 볼 때, 재질반응은 지속적인 외로움이나 정서적 결핍을 암시하는 것으로 보인다. 그러나 강렬한 짜증이나 고통을 시사하는 다른 증거는 없다. DEPI(3)는 유의미하지 않다. eb의 좌항(8)은 우항보다 훨씬 더 많이 높으며, eb의 우항에 기여하는 다른 변인들($SumC'$, $SumV$, $SumY$)은 모두 평균 수준이다.

Afr(.64)은 기대되는 범위 안에 있고, 피검자가 또래 아동들처럼 기꺼이 정서적인 자극을 처리하고 관여한다는 것을 나타낸다. $FC:CF+C$(4:4)와 C의 부재는 피검자가 또래 아동들보다 감정 표현을 조절하는 데 보수적이라는 것을 의미한다. 전형적으로 대부분의 10세에게 이 비율의 우항은 좌항보다 높으며 C는 흔하다.

$FC:CF+C$ 결과는 피검자의 공격성과 통제 상실에 관한 취약성에 대한 보고를 고려할 때 놀라운 것이다. 이러한 결과는 피검자의 공격적인 행동이 단순히 느슨하게 통제된 정서 표현이 아니라는 생각을 지지한다. 프로토콜 중 3개의 공백반응은 피검자가 환경에 대해 부정적이거나 반항적인 경향이 있다는 것을 의미한다. 그러나 이것이 반드시 취약점이라고는 할 수 없다. 이것이 조화로운 사회적 관계의 발달을 방해할 수는 있으나, 피검자의 공격적인 행동을 설명하는 근거는 아니다.

피검자의 기록에 7개의 혼합반응이 포함되어 있는데, 그중 하나($m.CF.YF$)는 상황적으로 관련된 것으로, 피검자의 유일한 색채음영 혼합반응이다. 남은 6개 중 5개는 두 변인의 혼합반응이다. 이 결과는 외향형에게 일반적으로 기대되는 수준이며 특이한 정도의 심리적 복잡성을 의미하지는 않는다.

피검자의 정서에 관한 결과 대부분이 피검자의 과거력을 고려했을 때 기대에 비해서 좋은 편이다. 피검자는 의사결정을 위한 접근이 상당히 일관적이며 또래들처럼 정서가 의사결정 과정에 중요한 역할을 한다. 피검자는 정서적 교류에 개방적이고, 놀랍게도 대부분의 10세 아동들보다 더 엄격하게 감정 표현을 조절 또는 통제하는 것으로 보인다. 피검자는 정서적으로 결핍되어 있거나 외로운 것으로 보이며, 환경에 대해 다소 부정적이거나 반항적이다. 이러한 요소들은 피검자의 공격적인 행동에 기여했을 수도 있으나, 피검자의 공격성이 이들의 직접적인 결과이거나 다른 중요한 정서장애와 관련되어 있다는 것을 시사하는 증거는 없다.

자기 지각

사례 16. 10세 남아의 자기 지각 관련 자료

R	=23	OBS	=NO	HVI=NO	Human Content, Hx, An & Xy Responses
Fr+rF	=0	3r+(2)/R	=0.35		II 4. D+ Mp− 2 Hd 5.5 PHR
FD	=3	SumV	=0		III 6. D+ Mao 2 H,Hh P 3.0 COP,INC2,PHR
An+Xy	=0	MOR	=1		IX 20. DdSo FC'o 2 (H) GHR
H:(H)+Hd+(Hd)=1:3					X 21. D+ Mau 2 (H),Sc 4.0 AG,COP,PHR
[EB=3: 6.0]					

자아중심성 지표(.35)는 10세에서 기대되는 것보다 상당히 낮다. 이는 다른 사람과 비교했을 때 자신을 덜 호의적으로 판단하는 경향이 있고, 자기가치에 대한 평가가 부정적임을 의미한다. 또한 3개의 *FD* 반응은 아동들에게는 드문 결과로, 자신에 대한 반추를 상당히 많이 하고 있음을 나타낸다. 이것이 자기 향상을 위한 열망을 나타내는 것일 수도 있지만, 이보다는 자기반성의 과정이 단순히 개인적 잘못에 초점을 맞추어지며 이로 인해 자신에 대한 비호의적인 관점을 강화하는 것일 수 있다.

피검자의 기록은 4개의 인간내용 반응을 포함하고 있지만, *H*는 하나뿐이다. 이는 피검자의 자기상이 많은 부분 상상 속의 인상이나 현실 경험의 왜곡으로 형성되는 경향이 있음을 암시한다. 이는 아동들에게 드문 것은 아니나 전형적으로는 비현실적일 정도로 긍정적으로 왜곡되어 형성된다. 이 같은 인상에 의한 결과가 긍정적이기보다는 부정적일 경우, 정신 내적 및 대인관계 모두에서 어려움이 있을 수 있다. 피검자의 인간내용 반응을 고려했을 때 피검자는 후자에 해당되는 것으로 보인다.

피검자의 인간내용 반응 4개 모두 바람직하지 않은 특징들을 포함한다. 첫 번째(반응 4)는 *M*− 반응이다. 두 번째(반응 6)은 카드 III에 대한 평범반응이지만 INC2를 포함한다. 세 번째(반응 20)은 무채색을 포함한 *DdS* 반응이고, 네 번째(반응 21)는 공격적인 운동과 협조적인 운동을 모두 포함하는 인간내용 반응이다.

피검자의 마이너스 반응 3개는 투사된 자료가 풍부하지는 않다. 첫 번째(카드 II, 반응 3)는 "페인트칠해진 고양이…… 여기 귀가 세워져 있어요. 귀에 빨간 페인트가 묻었어요. 그리고 입을 벌리고 있어요. 그리고 밑에 수염에도 페인트가 묻었어요." 이는 구체적(concrete)이지만, 아동에게 드문 반응은 아니다. 두 번째(카드 II, 반응 4)에서는 투사된 자료가 조금 더 드러난다. "이상한 두 남자. 서로 바라보고 있어요……. 이 남자가 이 남자를 보고 있어요. 그냥 얼굴을…… 그들은 그냥 서로를 바라보고 있어요." 그들이 "이상하다" 는 사실은 피검자의 자기상에 대한 무언가를 암시하는 것일 수 있고, "단지 바라보고 있다" 에 대한 강조는 의식적 억제라는 의미를 전달하고 있는 것일 수 있다. 세 번째 마이너스 반응(카드 IV, 반응 7)은 "거미…… 다리가 6개, 아니 8개예요. 더듬이랑 작은 이빨이 있어요." 는 불길하고 위협적인 특성이다.

MOR 반응(카드 IX, 반응 18)은 1개로 평범하지만 독특한 특징을 가지고 있고 공격성이 내포되어 있다. 이는 "불…… 불꽃이 여기 윗부분에서 솟아오르고 있고, 이 초록색 물질이 타고 있는데, 종이나 그런 것처럼 보이고요…… 연기가 올라가는 것 같아요…… 그냥 하얗지 않고 더 어두운 하얀색이에요."이다. 독특한 특징은, 일반적으로 보는 숲이 아니라, 타고 있는 종이라는 반응이다. 이는 취약성을 암시하는 것일 수 있다. 두 번째 드문 특징은 하얀 영역에서 색채의 구별인데, 이는 피검자가 경험하고 있는 무력감에 대한 강조일 수 있다.

3개의 M 반응 중 첫 번째인 "서로 바라보고 있는 이상한 남자들"은 이미 검토했다. 두 번째 반응(카드 III, 반응 6)은 "사슴 다리를 가진 두 사람…… 이것을 들어 올리기 위해 허리를 구부리고 있어요."이다. 피검자는 평범반응을 하면서 부조화되는 특징을 포함시키고 있으며, 질문 단계에서도 이를 바꾸거나 추가 설명하려는 노력을 전혀 기울이지 않았다. 이는 추측이지만 "이상한 남자들" 반응과 유사하다. 피검자의 세 번째 M 반응(카드 X, 반응 21) 또한 유사한 내용이다. 이는 피검자의 공격적인 반응 5개 가운데 하나인데, "두 남자가 이걸 밀어내려고 하고 있어요……. 진짜 남자들은 아니에요. 만화나 그런 것처럼 누가 만든 것 같아요……. 작은 발이랑, 머리에 이런 웃긴 것들이 있어요."이 반응들 모두 인간이나 인간과 유사한 캐릭터로 무언가 이상한 특징이 있는데, 이는 피검자가 유사한 방식으로 자신을 경험하고 있음을 나타낸다. 네 번째 인간내용 반응(카드 IX, 반응 20) 또한 비현실적인데, "유령 둘, 만화에 나오는 것 같은."이다.

피검자의 FM 반응 7개 중 첫 번째는 "페인트칠해진 고양이"로 이미 검토했다. 다음의 2개의 FM 반응에는 이상한 특징에 대한 언급이 포함되어 있다. 그중 하나는 (카드 IV, 반응 8) "고릴라. 무언가 위에 앉아 있어요……. 킹콩 같은…… 머리가 헝클어져 내려와 있어서 목이 없는 것 같아요."와 나머지 하나는 (카드 V, 반응 9) "박쥐. 날고 있어요……. 머리에 크고 뾰족한 게 나와 있어요……. 큰 더듬이 같아요."이다. 다음의 3개 FM 반응은 모두 공격적인 형태가 포함되어 있다. 첫 번째(카드 V, 반응 10)는 "악어 두 마리…… 둘 다 입을 벌리고 뭔가를 물려고 하는 것 같아요."두 번째(카드 VII, 반응 13)는 "토끼 두 마리가 싸우려고 해요……. 서로한테 달려들려고 해요. 왜냐하면 둘의 귀가 쫑긋하기 때문이에요." 그리고 세 번째(카드 VIII, 반응 17)는 "호랑이 두 마리가 이걸 붙잡고 있어요. 어떤 동물…… 이 위를 서서히 기어 올라와서 이걸 붙잡고 있어요. 잡아먹기 위해서요." 마지막 *FM* 반응(카드 X, 반응 23) 또한 이상함을 강조한다. "엄청 큰 날개를 가진, 선생님에게 날아오고 있는 새…… 큰 초록색 날개와 작은 몸이 있어요. 지금 있는 진짜 새는 아니고, 세상이 처음 만들어졌을 때 있던 새처럼."

나머지 10개의 반응 중 2개도 주목할 만한 가치가 있는 특징을 가지고 있다. 모두 카드 VIII의 반응이다. 반응 15는 "파란 새…… 날개가 커요……. 개도 채갈 수 있어요."이고 반응 16은 "부메랑…… 이걸로 사람들을 쓰러뜨릴 수 있는데, 만약 이걸 놓치더라도 다시 되돌아와요."로 모두 잠재적 공격성이 분명히 드러난다.

남은 7개의 반응은 대부분 사용된 영역의 외형적 특징으로 설명된다. 반응 1(박쥐), 반응 2(작은 물음표), 반응 5(빨간 나비넥타이), 반응 11(가죽), 반응 12(파리), 반응 14(큰 새), 반응 19(보석), 반응 22(나무에서 떨어진 작은 씨앗)이다.

23개의 반응 중 15개의 반응에 포함된 투사된 자료는 이상함이나 공격성을 강조하는 경향이 있다. 평범한 인간반응이 포함되어 있지 않고, 긍정적이라고 쉽게 설명될 수 있는 말이나 내용도 없다 . 전형적으로 이 연령의 아동들은 여전히 자신의 정체성을 찾고 있다. 아동들의 자기상이 아직 완전히 현실적인 맥락에서 발달되지는 않았지만, 아동들의 자아상은 대개 부정적인 특징보다는 긍정적인 특징을 더 많이 포함한다. 피검자의 사례는 그렇지 않은 것 같다. 피검자는 자신을 우호적으로 평가하지 않고, 자신에 대해 반추가 두드러진다.

피검자는 또래와 맞지 않다고 느끼며 자신을 이상하다고 지각하고 있는데, 신체 크기가 이러한 지각과 연관되는 것으로 보인다. 피검자는 공격성에 몰두하는데, 이는 제한된 자기가치감과 자신이 전형적이지는 않다는 생각과 관련 있는 것으로 보인다. 이러한 특징을 가진 아동은 자신의 온전함을 보호하고 불안정감을 감추기 위한 효과적인 방법으로 공격성을 사용한다.

더 기본적인 문제는 피검자의 동일시와 연관된다. 피검자의 자기상은 분명하지 않으며, 취약하다. 피검자가 정체성을 발달시킨 근원과, 그 근원과의 관계에 대한 의문이 생긴다. 피검자는 자신과 부모와의 관계가 긍정적이고 만족스럽다고 하지만, 이러한 보고는 자기에 대한 분명하지 않고 부정적인 느낌이나 피검자의 강한 결핍감이나 외로움과는 일치하지 않는 것으로 보인다. 추측해 볼 때, 피검자는 동일시할 만한 견고한 역할모델이 없으므로, 그 결과 위협적이고 호락호락하지 않은 세상에서 자기 이해에 대한 탐색과 적절한 역할모델을 찾기 위해 허우적대고 있는 것 같다.

대인관계 지각

사례 16. 10세 남아의 대인관계 지각 자료

			COP & AG Response
R = 23	CDI = 3	HVI = NO	
a:p = 8:3	SumT = 2	Fd = 0	III　6. D+ Mao 2 H,Hh P 3.0 COP,INC2,PHR
	[eb = 8:4]		V　10. Do FMao 2 Ad AG,PER,PHR
Sum Human Contents = 4	H = 1		VII　13. W+ FMao 2 A,Ls 2.5 AG,ALOG,PER,PHR
[Style = Extratensive]			VIII　17. W+ FMa.CFo 2 A,Ls P 4.5 AG,GHR
GHR:PHR = 2:5			IX　18. DSv/+ ma.CF.YFo Fi.Sc 2.5 MOR,AG
			X　21. D+ Mau 2 (H),Sc 4.0 AG,COP,PHR
COP = 2	AG = 5	PER = 5	
Isolation Indx = 0.17			

CDI, HVI나 *a:p*(8:3)는 해석적 타당성이 부족하다. 이 결과들 중 첫 번째 중요한 자료는 이미 언급된 바로, 2개의 재질반응이며, 상당한 정서적 결핍감이나 외로움을 의미한다. 최근 정서적 상실의 증거가 없으므로, 그동안 피검자의 정서적 요구가 무시되고 만족되지 못한 사건들에서 기인한 만성적 상태인 것 같다. 이러한 사건들은 누적되어 갈망, 외로움, 심지어 버려질 것 같은 느낌을 일으킨다. 이러한 경험이 지속되면, 자기존중감이나 자기상에 부정적인 영향을 미친다.

자기 지각에 관한 자료에서 언급되었던 바와 같이, 피검자의 인간내용 반응 4개 중 *H*는 단 하나이다. 이는 피검자가 사람들에게 관심은 있지만 그들을 잘 이해하지는 못한다는 것을 의미한다. 이러한 이해의 부족으로 인해, 사회적 단서를 잘못 해석하고, 다른 사람들과 소원해지게 되는 행동을 하게 될 가능성이 높다. GHR:PHR(2:5)은 피검자의 대인관계 행동이 종종 비효율적이거나 적응적이지 않다는 가정을 지지한다. 사회적 예의에 대한 인식 부족을 의미하며, 이러한 행동 패턴으로 다른 사람들이 피검자를 피하거나 거부하게 된다.

2개의 COP 반응이 포함되어 있지만, 5개의 *AG* 반응도 포함되어 있다. 이는 피검자가 사회적 관계에서 공격성을 자연스러운 요소로 지각하고 있으며, 일상적인 행동에서 두드러지게 강압적이고 공격적일 수 있음을 나타낸다. 피검자의 과거력을 고려했을 때 놀라운 일은 아니나, 이러한 행동들이 개인적, 사회적 불안정감을 다루기 위한 방법인지, 아니면 단순히 사람들과 상호작용하면서 학습한 방법을 나타내는 것인지에 관한 의문이 생긴다. 자기 지각에 대한 결과들로 볼 때, 전자에 해당된다. 이러한 가정은 상당히 많은 5개의 PER 반응에 의해서도 지지된다. 상당히 많은 PER 반응은 사회적 상황에서 자신의 온전함에 대한 지각된 도전을 방어하기 위해 지식을 사용하는 습관을 의미한다.

피검자는 쌍반응을 포함하는 6개의 *M*과 *FM* 반응이 있다. 이 중 4개는 *AG* 반응이다. 다섯 번째 반응의 형태질이 마이너스이고, 여섯 번째 반응은 심각한 부조화(INC2) 반응이 포함되어 있다. 이는 피검자의 대인관계 세계가 그에게 위협적이며 이에 대한 피검자의 반응은 부적절할 소지가 높다는 점을 지지한다.

묘사되고 있는 전반적인 대인관계가 긍정적이지 않은데, 피검자의 자기 지각과 관련된 결과를 고려해 보면 더욱 그렇다. 피검자는 사회적 환경에서 혼란과 불안정감을 느끼는 것으로 보인다. 이러한 불안정감은 긍정적이지 않은 자존감에 의해 악화될 소지가 높다. 피검자는 자신의 온전함을 유지하고 다른 사람으로부터의 위협을 피하는 편리한 방법으로 강압과 공격성을 선택한 것으로 보인다. 피검자의 공격적인 표면적 모습의 이면에는 취약하고 상처받기 쉬우며 결핍된 외로운 아이가 있다.

정보처리

사례 16. 10세 남아의 정보처리 변인

EB =3:6.0	Zf =12	Zd =-1.0	DQ+ =7
L =0.35	W:D:Dd =7:14:2	PSV =0	DQv/+ =1
HVI =NO	W:M =7:3		DQv =0
OBS =NO			

Location & DQ Sequencing

I: Wo.Ddo	VI: Do.Do
II: WSo.D+	VII: W+.Do
III: Do.D+	VIII: Do.Do.W+
IV: Wo.W+	IX: DSv/+.D+.DdSo
V: Wo.Do	X: D+.Do.Do

Zf(12)는 평균 범위에 해당하며 또래 아동과 비슷한 수준으로 정보처리 노력을 기울인다는 것을 의미한다. 그러나 *W:D:Dd*(7:14:2)는 피검자가 정보처리 노력을 어떻게 사용하는지에 대해 보수적임을 의미하며, 이는 반응영역 계열에서 확인할 수 있다. 피검자의 7개 *W* 반응 중 5개는 처음 5개의 카드에서 나타났고, 이 중 4개는 I, IV, V에서 나타났다. 단 하나의 *W* 반응이 마지막 3개의 카드에서 나온 9개의 반응 중에 포함되어 있다. 이러한 경제적인 접근은 *W:M* 비율(7:3)에서도 나타나는데, 이는 외향적인 성인에게서는 평균이지만, 10세에게 기대되는 수준에 비해 매우 보수적이다. *Zd*(-1.0)는 피검자의 탐색 효율성이 또래 아동들과 비슷하다는 것을 나타내며, 7개의 *DQ+*와 *DQv* 반응의 부재는 정보처리의 질이 전반적으로 적절하다는 것을 의미한다. 7개의 *DQ+* 반응 중 5개가 카드의 첫 번째 반응이 아니라는 점은 피검자가 정보처리할 때 꾸준한 노력을 기울여 새로운 정보의 모든 측면을 고려한다고 볼 수 있다. 정보처리 활동에 대한 전반적인 결과는 긍정적이다. 피검자는 새로운 정보를 다룰 때 다소 보수적이지만, 이것이 문제로 보이지는 않는다.

인지적 중재

사례 16. 10세 남아의 인지적 중재 변인

R = 23		L = 0.35	OBS = NO	**Minus & NoForm Features**
FQx+	= 0		XA% = .87	II 3. WSo CF.FMp- Ad,Art 4.5 DV
FQxo	= 13		WDA% = .86	II 4. D+ Mp- 2 Hd 5.5 PHR
FQxu	= 7		X-% = .13	IV 7. Wo F- A 2.0
FQx-	= 3		S- = 1	
FQxnone	= 0			
(W+D	= 24)		P = 5	
WD+	= 0		X+% = .57	
WDo	= 12		Xu% = .30	
WDu	= 6			
WD-	= 3			
WDnone	= 0			

XA%(.87)와 *WDA*%(.86)는 모두 상당히 높은 수준으로, 피검자의 정보 해석이 대개 상황에 적절하다는 것을 나타낸다. *X*-%(.13)은 3개의 마이너스 반응으로 높지 않은데, 대부분의 사람들이 흔히 나타내는 정도로 인지적 중재상의 역기능을 보인다는 것을 의미한다. 피검자의 마이너스 반응 3개 사이에 뚜렷한 동질성은 없다. 첫 번째는 페인트칠해진 고양이의 얼굴이다. 두 번째는 서로를 바라보는 2명의 이상한 남자이고, 세 번째는 8개의 다리와 작은 이빨이 있는 거미이다. 이들 반응은 심각한 외형적 왜곡은 포함하지 않는다. 즉, 적절한 현실 검증력의 기본적인 구성 요소는 유지되고 있다는 것을 확인할 수 있다.

5개의 평범반응은 피검자의 연령에서 기대되는 범위에 해당된다. 이는 기대되는 단서나 용인되는 행동이 명백할 때에는 피검자가 관습적인 반응을 보일 것이라는 것을 시사한다. 반면 *X*+%(.57)과 *Xu*%(.30)은 종종 사회적 요구나 기대를 무시하고 덜 관습적인 행동 패턴이 나타난다는 것을 의미한다. 이는 개인주의의 건강한 형태일 수 있다. 그러나 이 사례에서는 피검자가 자신의 온전함을 보호하고자 하는 관심을 반영하며, 다른 사람들에게 용인될 수 있는 행동 대신에 공격적인 행동을 자주 할 수 있다는 점을 설명해 주는 것 같다. 따라서 피검자의 현실 검증력이 적절해 보일지라도, 사회적 관습이나 기대와 관련된 관심이 부족한 피검자의 성향은 치료적 계획을 수립할 때 신중하게 고려되어야 할 중요한 문제이다.

관념

사례 16. 10세 남아의 관념 변인

L	=0.35	OBS	=NO	HVI	=NO	**Critical Special Scores**			
						DV	=2	DV2	=0
EB	=3:6.0	EBPer	=2.0	a:p	=8:3	INC	=1	INC2	=1
				Ma:Mp	=2:1	DR	=0	DR2	=0
eb	=8:4	[FM=7 m=1]				FAB	=0	FAB2	=0
				M-	=1	ALOG	=1	CON	=0
Intell Indx	=2	MOR	=1	Mnone	=0	Sum6	=5	WSum6	=13
							(R=23)		

M Response Features

II 4. D+ Mp- 2 Hd 5.5 PHR

III 6. D+ Mao 2 H,Hh P 3.0 COP,INC2,PHR

X 21. D+ Mau 2 (H),Sc 4.0 AG,COP,PHR

EB(3:6.0)는 정서가 사고에 융합되고 직관적인 방식으로 의사결정하는 경향을 나타낸다. 피검자의 사고가 이로 인해 덜 일관적이거나 더 비논리적이지는 않지만, 종종 감정의 혼합 때문에 더 복잡해질 수 있다. *EBPer*(2.0)는 의사결정을 내리기 위한 접근을 사용할 때 유연하다는 것을 의미한다. 이는 치료를 계획할 때 고려해야 하는 자원이다. 반면에 다른 결과로 보이는 *a:p*(8:3)은 좌항이 우항보다 2.5배 이상 큰데, 이는 피검자의 관념과 가치가 확고하며 변화되기 어려움을 시사한다.

*eb*의 좌항(8)도 우려할 만하다. 7개의 *FM* 반응은 내적 결핍 상태로 인해 상당한 수준의 주변적 또는 잠재의식적 정신 활동을 경험한다는 것을 시사한다. 통제 관련 자료들을 검토한 결과, 이는 피검자의 지속적인 과부하에 영향을 미치며, 이러한 종류의 정신적 활동은 내적 자극 요구뿐 아니라, 의식적인 관념에 침습하여 목표지향적 사고 패턴을 방해하기도 한다. 그 결과 나타나는 주의집중력 상실은, 특히 아동들에게 좌절감을 느끼게 하며, 심사숙고를 통한 의사결정이 감소될 것으로 보인다.

WSum6(13)는 10세 아동에게 기대되는 것보다 약간 높다. 이는 피검자의 관념적 활동이 또래 아동들보다 인지적 실수나 판단 오류가 많음을 시사한다. 이것이 반드시 사고 문제를 반영하는 것은 아니지만, 피검자의 사고가 기대되는 것보다 덜 분명하거나 덜 정교하다는 것을 보여 준다.

피검자의 반응 중 5개는 중요한 특수점수를 포함한다. 이 중 2개는 상대적으로 중요하지 않은 *DV* 반응이다. 하나(반응 3)는 '뾰족한'이라는 단어의 사용 때문에 채점되었고, 두 번째(반응 16)에서는 호주 원주민(Aborigine)을 "Aborine"으로 잘못 말하였다. 다른 반응(반응 10)은 박쥐를 설명할 때 "머리에 크고 뾰족한 게 나와 있어요…….. 큰 더듬이 같아요."라는 말을 포함하여 INCOM으로 채점되었다. 이는 세련되지 못한 설명이지만, *DV* 반응과 함께 심각한 문제를 반영하지는 않는다.

나머지 2개의 특수점수로 채점된 반응이 더 중요하다. 첫 번째(반응 6)는 "사슴 다리를 가진 두 사람"이고 INCOM2로 채점되었다. 이는 구체적이며 기괴한 부조화로 보인다. 질문 단계에서 피검자는 다른 아이들처럼 이러한 이상한 반응에 대해 언급하거나 다르게 묘사하는 대신 단순히 이 부조화를 재확인했다. 이는 피검자의 판단이 가끔 심각한 문제가 있음을 강조한다. 이러한 점은 ALOG로 채점된 반응(반응 13)에서도 나타난다. 이 반응에서 싸우려고 하는 토끼들에 대해 질문을 받자 피검자는 "서로에게 달려들려고 하고 있어요. 왜냐하면 둘의 귀가 쫑긋하기 때문이에요."라고 대답했다. 이것은 사슴 다리를 가진 남자만큼 심각하게 비현실적이지는 않지만, 세련되지 못하게 단순하고 구체적이다. 이러한 종류의 인지적 실수는 피검자의 연령에서 드문 것은 아니지만 다양한 치료적 접근을 고려할 때 중요한 잠재적인 관심영역을 기술한다.

피검자의 사고가 정교하지 않다는 것은 분명하지만, 이것이 광범위한 사고장애의 증거는 아니다. 피검자의 개념화와 판단은 때때로 순진하고 구체적이고 지나치게 단순하지만, 이는 10세에게는 드문 것은 아니다. 많은 또래 아동들처럼 피검자는 결정을 내리기 위해 직관적인 접근을 하며, 이는 효과적일 수 있다. 그러나 피검자의 태도와 가치는 꽤 확고하여 의사결정에 직면할 때 다양한 선택지를 고려하는 것이 제한될 수 있다. 상당한 수준의 충족되지 못한 욕구에 의해 유발되는 주변적이거나 잠재의식적인 사고의 침습으로 사고가 자주 산만해질 수 있기 때문에 이러한 제한은 더욱 증가될 소지가 높다. 이렇게 주의집중이 방해를 받게 되면, 아마도 피검자는 좌절을 하게 될 것이고, 통제로 인한 문제 때문에 의사결정 시 더 충동적이 될 수 있다.

요약

이 사례는 과민함을 유발하는 충족되지 못한 욕구들로 인해 과부하를 경험하고 있는 매우 불안정한 아동에 대한 것이다. 피검자는 충족되지 못한 욕구들을 쉽게, 또는 효과적으로 다룰 수가 없다. 결과적으로 지속적인 자극 과부하 상태에 놓여 있다. 이는 피검자의 통제능력과 스트레스에 대한 인내력을 제한하고, 피검자의 사고와 행동이 충동적인 특성을 가지게 될 가능성을 증가시킨다.

이러한 욕구는 자연스러운 인간 경험의 일부이지만, 2가지 요인들로 그 욕구를 더 많이 느끼는 것 같다. 첫 번째는 낮은 자존감 또는 자기가치이다. 피검자는 다른 사람들만큼 자신을 호의적으로 보지 않고 스스로를 이상하거나 바람직하지 않은 특성을 가진 것으로 보고 있다. 피검자는 이를 나타내지 않기 위한 유용한 방어로 공격성을 찾아낸 것으로 보인다. 두 번째는 현저한 정서적 결핍감 또는 외로움인데, 이는 피검자를 상당히 자극할 수 있다. 명백하게, 피검자는 충분히 만족스러운 정서적 애착을 발달시키지 못했다. 피검자의 외로움은 공격성의 간접적인 결과로, 공격성 때문에 또래들은 그를 피하고 가까운 친구관계를 형성할 가능성이 제한된다. 하지만 근원적인 정서적 결핍감은 보상적인 사회적 관계의 부족 때문만은 아닌 것으로 보인다. 피검자의 낮은 자존감을 고려할 때 동일시할 수 있는 일관된 자원이 부족하고, 정서적 지지와 안정감도 빈약한 상태임을 시사한다. 과거력에서, 부모는 피검자에 대한 어떤 긍정적인 언급도 없었다. 아버지는 그에 대해 활동적이고 가끔 다루기 어렵다고 묘사했고, 어머니는 학교가 피검자의 공격성을 과장한다고 믿고 있다. 피검자와 부모와의 관계 문제나 피검자의 인생에서 적절한 역할모델이 없는 것에 대한 의문을 제기할 수밖에 없다.

피검자의 대인관계 세계는 빈약하다. 부분적으로 이는 피검자의 공격성 때문이지만, 사회적으로 용인되는 행동이 서툰 것도 분명하다. 피검자는 자신의 사회적 세계에 대해 혼란스러워하며, 오로지 운동을 통한 성취에 의한 보상을 위하여 사회적 세계와 연결되고 있다.

긍정적인 점은 피검자의 기본적인 인지적 활동이 온전하게 유지되고 있다는 점이다. 새로운 정보를 처리하는 접근은 보수적이지만 적절하다. 피검자는 정보를 현실적인 맥락에서 해석하며, 때로는 단순하고 미숙한 판단을 하나 사고는 분명하다.

정신병리나 심각한 정서장애의 증거는 없으나, 기대보다 덜 성숙하고 순진하다. 피검자는 자신에 대해 매우 불확실하고 취약하다고 느낀다. 피검자는 이를 숨기고 공격성으로 자신을 방어하는 것을 배워 왔고, 제한된 조절 능력 때문에 공격성은 낯선 상황이나 스트레스를 받는다고 지각하는 상태에서 일상적이고 충동적으로 나타날 소지가 크다.

피검자의 공격성이 비열함이나 분노의 산물이 아님을 강조하는 것이 중요하다. 이는 피검자의 결핍감, 외로움, 불안정감을 위장하는 일상적인 방어 전략이다. 불행하게도, 피검자는 이 전략을 너무 자주 사용하면서, 자신에게 도움이 되는 사회적 · 정서적 애착에서 멀어지고 있다.

제언

이 사례에서는 5가지 문제에 대해 자문이 요청되었다. 첫 번째는 내재된 정서장애에 대한 의문이다. 피검자는 정서적으로 결핍되어 있고 외롭고 미성숙하지만, 정서장애가 존재한다고 결론지을 만한 증거는 없다. 두 번째 문제는 행동 관리를 위해 특수 학급에 배치해야 하는가이다. 이는 오히려 역효과를 낳을 것으로 예상된다. 이러한 조치는 낮은 자존감과 외로움을 강화할 것이고, 피검자 자신을 방어해야 할 필요성이 높아지기 때문에 공격적 행동의 빈도가 증가될 수 있다.

세 번째 문제는 피검자의 담임교사와 체육교사에 대한 조언과 관련된다. 공격성이 주의를 끌기 위한 전략일 수 있다는 교사의 제안은 가치가 있으며 일부 맞는 말이다. 그러나 이는 피검자의 부정적 행동의 많은 부분을 다 설명하지 않으며, 이러한 방식으로 학교에서 보이는 피검자의 문제가 대부분 해결될 수 있다고 말하는 것은 비현실적이다. 그럼에도 교사들이 가능한 긍정적 및 부정적 반응 목록을 개발하도록 도움으로써 피검자의 다양한 행동에 대한 반응으로 유용하게 사용될 수 있다. 만약 두 교사가 피검자의 긍정적인 행동과 부정적 행동에 대해 일관된 반응을 보이고, 특히 긍정적 강화를 적절히 사용한다면 부정적 행동의 일부가 감소할 수 있다. 그러나 결핍감, 외로움, 혼란된 정체성에 대한 문제의 해결을 위해서는 이보다 더 많은 것이 필요할 것이다.

마지막 2가지 문제는 가능한 치료 형태와 부모에 대한 피드백과 관련된다. 특정 형태의 개입이 필요하다는 것은 분명하다. 가족구성원, 아동에 대한 가족의 지각, 가족과 아동 간 상호작용에 대한 정보를 많이 얻지 않은 채 특정 치료를 권고하는 것은 효과적이지 못하다. 부모에게 피검자가 낮은 자존감과 방어적이고 주의를 끌기 위한 전략으로서 공격성을 사용한다는 피드백을 제공함과 동시에 아동과 관련된 더 많은 정보가 필요하다는 것을 알려야 한다. 이러한 피드백에 대한 부모의 반응을 고려한다면, 어떻게 피검자의 결핍감과 외로움, 그리고 적절한 역할모델의 부재에 대해서 가장 잘 언급할지에 대한 가이드라인을 제공해 줄 것이다. 왜냐하면 이런 정보는 부모 중 한 사람 또는 두 사람 모두에게, 자신이 역기능적일 수 있다는 위협이 될 가능성이 있기 때문이다.

구조화된 인지적 개입이 적절해 보이지만, 피검자의 과거력에 대한 추가적인 정보가 가용하다면 가족 개입의 가능성도 고려해야 한다. 또한 과도한 공격성이 드러난 시점을 확인하기 위해 이전의 학교 기록을 살펴보아야 한다. 오래된 특징이라면, 그런 특징이 최근에 나타났다고 가정했을 때와는 다른 개입 전략을 제안해야 한다. 결국 정체성의 문제는 개입에 중요한 초점이 될 것이다. 동일시 모델에 대한 지침은 부모 간의 관계와 부모 모두 또는 개별적인 접근성과 관련되어 제공할 수 있으며, 치료과정에서 유용할 수 있다.

에필로그

평가에 대한 피드백이 부모에게 제공되었다. 피검자의 어머니는 피검자의 공격성에 대한 이유에 대해 회의적인 태도를 취했지만, 행동 관리와 사회성 기술 발달에 초점을 맞춘 개인치료에 피검자를 보내는 것에는 동의했다. 또한 매달 추가로 이틀씩 피검자를 아버지에게 보내는 것에 동의했고, 아버지는 바람직한 행동을 보상하는 긍정적 반응들을 개발하기 위해 자발적으로 치료자와 긴밀하게 교류하였다. 담임교사는 피검자를 특수학급에 배치하고 싶어 했음을 인정하고, 바람직한 행동에 대한 체계적이고 일상적인 보상을 시험해 보자는 제안에 대해 동의하였다.

담임교사는 이후 3개월 동안 공격적인 신체행동에 대한 더 이상 관찰되지 않았으나, 언어적 공격성이 크게 감소하는 것은 느끼지 못했다고 했다. 담임교사는 피검자의 학업 수행이 '전반적으로 향상'되었고, 다른 아동들도 피검자에게 호의적으로 반응한다고 했다. 추가적인 정보는 얻을 수 없었다.

참고문헌

American Psychiatric Association. (2000). *Diagnostic and statistical manual of mental disorders* (4th ed., text rev.). Washington, DC: Author.

Coolidge, F. (1998). *Coolidge Personality and Neuropsychological inventory for children.* Colorado Springs, CO: Author.

Coolidge, F., DenBoer, J., & Segal, D. (2004). Personality and neuropsychological correlates of bullying behavior. *Personality and Individual Differences, 36,* 1559-1569.

Elinoff, M., Chafouleas, S., & Sassu, K. (2004). Bullying: Considerations for defining and intervening in school settings. *Psychology in the Schools, 41*(8), 887-897.

Frick, P. (2004). Developmental pathways to conduct disorder: Implications for serving youth who show severe aggressive and antisocial behavior. *Psychology in the Schools, 41*(8), 823-834.

Frick, P., Lilienfeld, S., Ellis, M., Loney, B., & Silverthorn, P. (1999). The association between anxiety and psychopathy dimensions in children. *Journal of Abnormal Child Psychology, 27,* 381-390.

Gacono, C. B., & Meloy, J. R. (1994). *The Rorschach assessment of aggressive and psychopathic personalities.* Hillsdale, NJ: Erlbaum.

Hughes, T., & Bray, M. (2004). Differentiation of emotional disturbance and social maladjustment: Introduction to the special issue. *Psychology in the Schools, 41*(8), 819-821.

Individuals with Disabilities Education Act (IDEA), 20 U.S.C. 1400 (1997).

Loney, B., Frick, P., Clements, C., Ellis, M., & Kerlin, K. (2003). Callous-unemotional traits, impulsivity, and emotional processing in antisocial adolescents. *Journal of Clinical Child and*

Adolescent Psychology, 32, 139–152.

McConville, D., & Cornell, D. (2003). Aggressive attitudes predict aggressive behavior in middle school students. *Journal of Emotional and Behavioral Disorders, 11*(3), 179–187.

Olympia, D., Farley, M., Christiansen, E., Petterson, H., Jenson, W., & Clark, E. (2004). Social maladjustment and students with behavioral and emotional disorders: Revisiting basic assumptions and assessment issue. *Psychology in the Schools, 41*(8), 835–847.

Pardini, D., Lochman, J., & Frick, P. (2003). Callous/Unemotional traits and social cognitive processes in adjudicated youth. *Journal of the American Academy of Child and Adolescent Psychiatry, 42,* 364–371.

제19장

청소년기 약물과다 복용

사례 17

14세 청소년인 피검자는 전체 입원 14일째이면서 정신과 병동 입원 11일째 되던 날 평가를 받았다. 피검자는 처음에는 일반의료 시설에 혼수상태로 입원했었다. 어머니가 집 주차장에 있는 자신의 자동차 안에서 피검자를 발견했을 때, 그는 코카인 과다 복용으로 호흡이 매우 얕은 상태였다. 피검자는 4시간 동안 혼수상태였다가 점차 회복되었으나 다시 의식을 찾았을 때, 지남력을 상실하고 혼란스러운 상태였다. 그 후 24시간에 걸쳐서 차차 나아지기는 했으나, 이후 관찰을 위해 정신과에 의뢰되었다.

넷째 날, 피검자의 상호작용(contact)은 좋아졌으나, 여전히 시간과 장소에 혼란스러운 상태였다. 피검자는 코카인 유도제를 흡입했고, 주차장에 있는 어머니나 아버지의 차 안에서 여러 차례 흡입했다고 말하였다. 그는 친구들과 몇 가지 약물을 흡입했다고 했으나, 그 친구들이 누구였는지는 말하지 않았다.

피검자는 1남 1녀 중 둘째이다. 아버지는 39세로 법인 변호사이고, 어머니는 37세로 광고 회사의 중간관리자이다. 누나는 16세로 고등학교 3학년이다. 피검자는 현재 고등학교 1학년으로 성적은 평균 이상이다. 학교에서 시행된 집단 지능검사 자료 결과, 피검자의 IQ는 118로 추정되었다. 부모 모두 정신과적 병력은 없었으나, 외삼촌이 조현병으로 진단을 받아 두 차례 입원한 적이 있었다.

부모는 아들이 7학년이었을 때 방에서 마리화나를 발견했음을 인정함에도 불구하고, 현 상황에 대한 충격과 경악을 표현하였다. 그들은 아들에게 약물남용에 대해 강력히 경고하고 상담했다고 주장했으나, 어머니의 보고에 기초했을 때 부모가 지난 몇 년간 정기적으로 마리화나를 사용한 것으로 보였다. 부모는 마리화나 에피소드를 제외하면 아들에게는 어떤 문제도 없었다고 한다. 어머니가 아들에 대해 이야기하길 "늘 조용한 아이였어요. 우리가 다른 친구들과 어울려 놀라고 해도 혼자서 노는 걸 더 좋아했죠." 그의 아버지는 다른 아이들이 "아들을 따돌렸을 수 있다"고 의심하나, "그러나 이건 아이가 자라면서 나아질 것이라고 생각해요."라고 말하였다. 또한 아버지는 "나는 지난 몇 년간 그 애와 많은 시간을 보낸 적이 없어요."라며 후회를 하기도 하였다.

학교생활기록부에 따르면 피검자는 5학년부터 8학년까지 평균 상 정도의 성적을 나타냈다. 대부분의 교사들은 피검자에 대해 잘 알지 못했는데, 그가 현재의 학교로 전학 온 지 넉 달밖에 되지 않았기 때문이었다. 7, 8학년 교사들이 기록한 몇몇 에피소드의 기록에 따르면, 피검자는 또래 집단에서 멀어져 있는 것처럼 보이나 어떤 교사도 그것을 중요한 문제라고 생각하지는 않았다. 피검자는 자신은 학교를 좋아하고 몇 명의 친구가 있다고 말하였다. 피검자는 "만약 스포츠를 잘한다면 더 많은 사람들이 좋아했을 거예요."라며, 자신이 운동을 잘하지 못하는 것을 유감스럽게 생각했다.

피검자는 시험 삼아 약물 사용을 했다고 주장하였다. 약물을 사용하는 것이 허락되지 않는다는 것을 알았지만, 사람들이 약물을 사용하는 이유가 궁금했고, 사용을 해 보아야만 그 답을 찾을 수 있을 거라고 생각했다고 한다. 피검자는 학교에서 고학년 학생들로부터 약을 구입하곤 했다고 말했으나, 그들이 누구인지에 대해 말하는 것은 거부하였다. 피검자는 마리화나를 흡입한 횟수와 다른 약물의 사용에 대해서 혼란스러워했으나, 약물이 '나쁜 물질'이라는 것을 알고 있으며 쉽게 통제할 수 있다고 주장하였다.

피검자의 누나는 부모들이 바쁘기 때문에 자신과 남동생은 부모와의 교류가 제한적이었다고 한다. 누나는 남동생이 학교에서 돌아오면, 대부분의 시간을 그의 방에서 숙제를 하거나 컴퓨터 게임을 하면서 보냈다고 한다. 친구가 많다는 피검자의 주장에 대해 누나는 그것은 사실이 아니라고 말하며, "걔는 대개 혼자 있어요."라고 말하였다. 또한 그녀는 약물 사용으로 인해 평판이 나쁜 2명의 친구들과 피검자가 함께 있는 것을 가끔씩 보았다고 한다. 누나는 동생의 약물 사용에 대해 알았고, 때로는 경고도 하였으나, 그는 "늘 한 번만이라고 말하고, 다음에 또 했다."고 한다. 그녀는 동생의 약물 사용에 대해 부모님께 말하지 않은 것에 대해 "그건 걔를 배신하는 거니까요."라고 설명하였다. 그러나 현재는 부모님께 말하지 않은 것을 후회하고 있었다. 또한 그녀는 자신과 동생이 부모님의 마리화나 흡연을 알고 있다고 하였다.

10일간의 정신과 입원 동안, 피검자는 2명의 정신과 의사와 1명의 심리학자와 7회 면담을 하였다. 세 사람 모두 그가 다소 와해되어 있으며, 부모나 친구 관계, 약물 사용과 같은 민감한 이슈에 대해 두서없이 말하는 경향이 있다고 생각한다. 3명의 전문가 모두 조현양상의 전구기 상태(prodromal schizophreniform condition)를 의심하였으며, 피검자의 약물남용이 자가 약물치료(self-medication)가 아닐지 의심하고 있다. 병원 의료진들은 피검자가 전반적으로 협조적이라고 보았는데, 2명의 간호사와 1명의 보호사 모두 그가 일대일 대화에는 쉽게 참여하지만 혼자 있으려 하며, 정신병적 상태의 특성은 관찰되지 않는다고 보고하였다. 간호사 1명은 피검자가 너무 오랫동안 텔레비전을 보며 자신의 컴퓨터를 병원에 가지고 와도 되는지 자주 물어본다고 보고하였다. 평가 이틀 전 시행된 약물 검사 결과 음성이었으나, 코카인의 일부 성분들은 남아 있는 상태였다.

2가지 중요한 평가적 이슈는 (1) 현재의 와해가 심각한 정신과적 상태를 기저하는가, 아니면 약물 에피소드에 관련된 것인가? (2) 퇴원이나 퇴원 후 치료계획을 고려 시 어떠한 제언이 적합한가?와 같다.

사례 개념화 및 관련 문헌

피검자는 평가자들에게 복잡한 도전이 되었다. 피검자는 코카인 남용으로 입원하였고, 비교적 광범위한 약물을 사용했던 것으로 보고되었다. 현재는 약물남용 후 2주일이 경과했고, 약물검사 결과는 음성이지만, 민감한 문제를 이야기할 때 그의 사고는 여전히 다소 와해되어 있었다. 심리학자와 정신과 의사들은 조현병 스펙트럼 장애가 발병된 것인지 궁금해하며, 피검자의 약물 사용이 와해가 증가되는 것을 직면하게 되면서 시도한 자가 약물치료일 가능성을 제기하였다. 반면, 병동 의료진들은 피검자가 가벼운 일상 대화에 참여할 수 있다고 보고하였고, 그에게서 정신병적 보상작용의 상실의 증거를 발견하지 못했으며, 학교에서의 성취도도 평균 상 정도였다.

정신병적 장애가 발병하는 전형적인 연령이 20대 초반인 반면, 청소년기 발병은 흔치 않으나(Hafner & Nowotny, 1995; Remschmidt, Schulz, Martin, & Warnke, 1994), 이 소년의 친척(외삼촌)이 조현병 관련 진단을 받은 바 있다. 청소년기 사고장애에 대한 문헌 검토는 이 사례에 대한 자문에 도움이 될 것이다.

청소년기 사고장애의 평가

청소년기에 대해 "…… 구조적 격변과 다양한 정서적 혼란(upset)으로 표현되는 평화로운 성장의 방해로 정의된다(1958, p. 267)"고 정의한 Anna Freud는 '청소년기 혼란(adolescent upsets)'과 병리를 구별할 수 있는지에 대해 의문을 가졌다. Bilett, Jones와

Whitaker(1982)는 로르샤흐, WAIS, 그리고 Whitaker Index of Schizophrenic thinking (WIST; Whitaker, 1973)을 통해 이러한 의문에 대한 연구를 수행하였는데, 조현병 증상으로 입원한 4명의 청소년과 조현병 증상이 아닌 정신과적 문제로 입원한 4명의 청소년, 4명의 통제군 청소년을 박사급 임상심리사 10명이 평가하였다. 흥미롭게도, 10명의 임상심리사 모두 2명의 조현병 청소년을 로르샤흐를 통해 알 수 있었지만, 세 번째 조현병 청소년은 아무도 로르샤흐를 통해 알 수 없었고, 네 번째 조현병 청소년은 10명 중 3명만이 로르샤흐를 통해 알 수 있었다. 전반적으로 정확히 분류한 비율이 우연지수보다 유의하게 높았지만, 로르샤흐의 특정 변인들로 조현병을 파악할 수 있는지 알 수는 없었다.

Armstrong, Silberg와 Parente(1986)는 Bilett과 동료들(1982)의 접근을 넘어서 로르샤흐와 웩슬러 데이터를 관찰 가능한 행동에 기반을 두었다. 그들은 12~18세 연령의 정신과 병동 입원 청소년 138명을 사고장애 지표(Thought Disorder Index: TDI; Johnston & Holzman, 1979)를 사용하는 웩슬러 검사 데이터(WISC-R, WAIS or WAIS-R) 및 로르샤흐 검사의 정신분열 지표(SCZI)에서 유래된 사고장애에 대한 높고 낮음을 기반으로 4개의 집단으로 분류하였다. TDI는 음 연상(clang associations)과 같은 경한(mild) 지표부터 비일관적이고 기괴한 신조어와 같은 심각한 지표까지 언어로 표현된 사고장애의 연속체이다. 관찰 가능한 21개 영역의 환자 증상이 병원 차트를 통해 정신과적 평가 양식(Psychiatric Evaluation Form: PEF; Endicitt & Spitzer, 1972)을 사용하여 평가되었다.

Armstrong과 동료들(1986)은 21개 PEF 증상 변인 중 10개가 각 네 집단에서 다르게 나타난다는 것을 발견하였다. 웩슬러와 로르샤흐 모두에서 유의미한 사고장애를 보인 청소년들은 환청, 피해망상, 일상생활에서의 손상으로 특징지어졌다. 로르샤흐에서 사고장애가 높게 나타난 집단 모두 환청, 지남력 장애, 기억 혼란 혹은 손상, 부적절한 정동, 둔마된 정동, 정신운동 지체로 특징지어졌다. 정신증 장애 진단(조현병, 조현양상장애, 조현정동장애, 비정형적 정신병, 정신증 양상이 있는 주요 우울)들은 2개의 높은 로르샤흐 사고장애 집단과 일치했으며, 장기간 입원하고 약을 복용하였다. 사고장애가 웩슬러에서는 높게 나타났으나 로르샤흐에서는 낮게 나타난 환자는 근본적으로 정신증적 증상은 관찰되지 않는 사회적으로 소외되어 있는 사람들이었다.

Armstrong과 동료들(1986)의 결과는 사고장애가 있는 청소년의 평가에 다양한 도구 사용이 중요하다는 것을 알려 준다. 다양한 도구를 통해 도출된 결과의 합산은 정교한 기술을 증가시켰다. 저자들은 "다양한 검사 상황은 병리에 대해 각기 다른 민감성을 가지며, 사고장애가 나타난 장애의 주요 특성을 이해하는 것이 중요하다"고 가정하였다(p. 454).

유사한 연구로 Skelton, Boik와 Madero(1995)는 WAIS/WAIS-R를 사용한 TDI와 로르샤흐 결과를 통해 사고장애를 측정하여, 16~18세 입원 청소년을 네 집단으로 나누었다. 조현양상장애 집단은 WAIS/WAIS-R과 로르샤흐 모두에서 높은 사고장애점수를 보였다. DSM-III-R에서 정체성 장애로 분류되는 청소년들은 로르샤흐에서는 높은 사고장애 점수를 보였으나, 구조화된 WAIS/WAIS-R에서는 유의미하게 낮은 사고장애 점수를 보였으며, 두 검사 사이에 큰 차이가 있었다. 품행장애나 반항성 장애로 진단 받은 청소년들은 두 검사 모두에서 사고장애 점수가 낮았다.

이 연구들의 공통된 주제(Armstrong et al., 1986; Skeleton et al., 1995)는 사고장애가 심각해지면 구조화된 인지적 검사나 덜 구조화된 로르샤흐 검사에서 어떻게 드러나는지에 대한 것이다. Brickman과 동료들(2004)의 연구는 이러한 결과를 더욱 정교하게 지지한다. 저자들은 신경심리 배터리를 사용하여 첫 번째 정신증 삽화를 경험했으나 치료받지 않은 청소년 환자 29명과 정상군 17명의 수행을 연령과 성별에 따라 일치시켜 비교하였다. 환자군은 정상 통제군에 비해 유의하게 수행을 못했으며, 주의력, 기억력, 실행기능에서 유의한 어려움을 보였다. 어린 남자 환자들은 나이가 더 많은 남자 환자들에 비해 더 많은 손상(deficit)을 보였고, 이에 대해 저자들은 "어린 남자 환자들은 신경발달학적 병인을 가지고 있으며 보다 많은 신경발달학적 손상을 동반한 독특한 정신증의 하위 유형을 보여 준다"고 보았다(p. 621).

반대로, 몇몇 연구는 청소년들의 사고장애 평가를 위해 로르샤흐를 사용할 때 매우 높은 지능의 중요성을 강조한다. Gallucci(1989)는 IQ 135 이상의 지능을 가진 청소년들은 정상 범위 IQ를 가진 통제군에 비해 유의하게 높은 *DV*와 *DR* 특수점수, 더 많은 *Dd*영역, 그리고 높은 *X-%*를 보임을 발견하였다. 그러나 우수한 지능 집단은 평균 지능 집단보다 보다 더 심각한 특수점수(*ALOG, CONTAM*)를 보이지는 않았다.

Franklin와 Cornell(1997)의 연구는 높은 지능, 학업 적성, 뛰어난 적응에 기초하여 조기 대학 입학을 위해 선별된 12세에서 17세의 43명의 여자 청소년에게 수행되었다. 이 영재 소녀들은 대학 조기 입학을 하지 않은 다른 소녀들에 비해 SCZI점수가 더 높았다. 43명 중 14명이 SCZI점수가 4점 이상이었으며, 비교군에서는 19명 중 2명만이 그러한 점수를 보였다. 흥미롭게도 SCZI는 사회 정서적 적응과 자율적 사고, 그리고 긍정적 자기개념을 측정하는 2가지 자기보고 척도와 정적 상관이 나타났다. SCZI를 구성하는 변인들에 대해 조사했을 때, 낮은 형태질이 자주 발견된 것과 대조적으로, 1개 이상의 Level 2의 특수점수는 두 그룹 전체에서 한 명뿐이었다. 저자들은 로르샤흐의 Level 2 특수점수의 존재에 대해 "로르샤흐 반응으로 창의성 또는 병리를 고려할 수 있는 중요한 지표일 것"이라고 가정하였다(p. 194).

병리적 청소년 집단에서, 사고장애를 알려 주는 로르샤흐의 변인들은 높은 검사-재검사 신뢰도를 나타냈다. 발달에 따른 로르샤흐의 변화에 대한 광범위한 종단연구의 일부인 Exner, Thomas와 Mason(1985)의 연구에서 심각한 장애를 가진 청소년들에서 현실 검증 및 인지적 실수와 관련된 변인들의 안정성을 연구하였다. 연구자들은 11~14개월 전에 입원하여 첫 번째 평가를 받았던 12세에서 15세의 조현병 청소년 29명에게 재검사를 실시하였다. 두 번째 검사 시점에, 18명은 가정이나 또는 기숙학교로 퇴원한 상태였고, 11명은 병원에 남아 있었다. $X+\%$, $X-\%$, $M-$ 혹은 가중치를 준 5개의 특수점수(DV, $INCOM$, $FABCOM$, $ALOG$, $FABCOM$)에 있어 두 검사 시행 간에 통계적으로 유의한 평균 또는 중앙값의 차이는 없었다. 재검사 상관의 범위는 .72~.87이었다. 저자들은 이 같은 연구 결과에 대해 "…… 조현병에 의해 영향을 받는 주요 결과는 모든 경우에, 쉽게 변하지 않는다는 일반적인 가설을 지지"하는 것이라 제안한다(p. 18). 또한 그들은 "…… 혼란의 정도는 발달해 가면서 발생할 수 있는 다른 많은 변화를 방해하기에 충분하다"고 추측한다(p. 19).

몇몇 연구들은 사고장애의 관찰 가능한 증상들과 로르샤흐의 관계를 조사하였다. Archer와 Gordon(1988)은 입원한 지 5일 이내에 MMPI와 로르샤흐를 실시한 12~17세의 청소년 입원환자 134명을 연구하였다. 참가자들은 DSM-III에 기반하여 5개의 진단 범주(조현병/조현형, 주요우울장애, 기분부전장애, 성격장애, 품행장애)로 나뉘었다. 조현병 집단의 $X+\%$ 평균은 품행장애 집단과 기분부전 장애 집단에 비해 유의미하게 낮았고, 조현형 집단의 $X-\%$의 평균은 성격장애 집단을 제외한 모든 다른 집단들에 비해 유의미하게 높았다. $M-$반응은 다른 집단에 비해 조현병과 주요 우울 집단에서 보다 자주 나타났다.

Smith, Baity, Knowles와 Hilsenroth(2001)도 $M-$가 아동·청소년기 사고장애에 특히 민감한 지표라는 것을 발견하였다. 그들은 로르샤흐 변인들($SCZI$, PTI, $M-$, $X-\%$)과 사고장애 행동평가, 자기보고식 사고장애 평가의 관계에 대해 8~18세의 입원 아동·청소년 42명을 대상으로 조사하였다. 행동평가는 Basic Assessment System for Children-Parent Rating Form(BASC-PRF; Reynolds & Kamphaus, 1992)의 비전형(Atypical)과 철수(Withdrawal) 척도를 사용했다. 자기보고식 척도는 Personality Inventory for Youth(PIY; Lachar & Gruber, 1995)의 현실 왜곡 합산, 환청과 망상, 소외감, 사회적 철회 합산 척도를 사용하였다.

Smith 등(2001)의 연구에서 SCZI 혹은 PTI, 부모 보고와 자기보고 척도는 유의미한 상관이 나타나지 않았다. 그러나 $M-$는 BASC 비전형 척도와 PIY의 현실 왜곡, 환청과 망상, 그리고 소외감 척도와 정적 상관을 보였다. PTI의 5개 항목 중 절단점을 3 이상으로 사용하는 경우, PTI가 유의미한 경우에 BASC의 비전형 척도와 PIY의 모든 척도가 유의미하게 높게 나타났다. 같은 패턴이 1개 이상의 $M-$와 0개의 $M-$를 비교했을 때에도 나타났다.

요약하자면, 청소년기 사고장애의 평가는 인지적/신경심리학적, 그리고 성격적 평가 도구 모두를 포함한 다양한 방법적 접근을 사용해야 한다. 사고장애가 여러 종류의 도구에서 나타난다면, 이는 특히 초기 발병의 맥락에서 보자면, 보편적인 정신병리(pervasive psychopathology)의 전조일 것이다. 로르샤흐에서 $M-$와 수준 2의 특수점수는 특히 중요하다.

사례 17. 14세 남자 청소년

카드	반응	질문
I	1. 나무들이 있는 숲이요. 매우 평화로워요.	평가자: (반응 반복) 피검자: 여기 뭔가 다른 모양이 있고, 이 모든 나무들은 바람에 날리는 것처럼 보여요. 만일 숲을 바라보고 있다면, 나무들이 바로 앞에 있는 것처럼요. 평가자: 바람에 날리는 것처럼 보인다고 했는데요? 피검자: 여기 모양이 움직이는 것처럼 보여요. 매우 평화로운 장소요. 평가자: 그것들이 바로 앞에 있다고 했는데요? 피검자: 멀리서 숲을 바라보고 있을 때처럼요. 평가자: 시간을 좀 더 가지세요. 그러면 아마도 다른 걸 볼 수 있을 거예요.
	2. 아마도 두개골이요.	평가자: (반응 반복) 피검자: 두개골, 아마도 황소의 두개골인 거 같은데, 왜냐하면 여기 큰 뿔이 있으니까요. 그리고 여기 눈이랑 입이 있어요. 평가자: 왜 두개골처럼 보이는지 잘 모르겠어요. 피검자: 저도 그래요. 그냥 그렇게 생각했어요. 내 생각에는 아마 매우 큰 눈구멍이 있었기 때문인 것 같아요. 눈이 아니고, 그냥 구멍이요.

II	3. 큰 협곡이나 계곡을 넘어 어디론가 가는 길 위의 다리처럼 보여요. 그리고 그 주변은 다 산이에요.	평가자: (반응 반복) 피검자: 여기 흰 부분의 맨 위가 협곡을 건너가는 다리고요. 잘 안 보일 거예요. 그리고 이 하얀 반점이 깊은 협곡이고, 여기 다리 뒤로 나무들이 있고, 산이 둘러싸고 있고요. 이 빨간 부분은 생각하지 마세요. 평가자: 산에 대해서 확실하지 않은데요. 피검자: 음…… 여기 크고 어두운 게 멀리에서 보면 산 같아요. 다리는 하나의 산에서 다른 산으로 향하는 협곡 위에 있고, 만약 다리(bridge)가 없다면 당신은 다른 어디로도 갈 수 없어요.
III	4. 테이블에 기대어 말다툼을 하고 있는 두 사람.	평가자: (반응 반복) 피검자: 모양이, 코, 다리, 허리를 굽히고 있는 것처럼 보이고, 이건 테이블을 닮았는데, 뭔가 이상한 테이블이에요. 평가자: 말다툼을 하고 있는 것같이 보인다고 했는데요? 피검자: 그들이 기대고 있는 방식과 표정이요. 냉혹해 보이고, 둘 다 서로 안 좋아하는 것처럼 보였어요. 아마 그들의 우정이나 다른 사람들과의 우정 뭐 이런 거에 관련된 개인적인 다툼인 것 같은데, 말다툼이 상당히 격렬하네요.
IV	5. 커다란 새가 둥지를 튼 큰 산 같아요.	평가자: (반응 반복) 피검자: 여기는 산이랑 나무처럼 보이고, 꼭대기가 그들이 알을 낳은 곳이에요. 평가자: 내가 맞게 보고 있는 건지 모르겠어요. 피검자: 생긴 모양이 산 같아요. 그리고 여기 맨 위에는 알이 있어요. 매우 큰 새만이 여기에 날아 올라갈 수 있어요. 평가자: 나무들처럼 보인다고 했는데. 피검자: 이건 나무들처럼 보여요. 여기의 어두운 반점들은 거대한 큰 나무들이 모여 있는 같아요. 멀리 떨어져 있는 것처럼요. 그러나 당신은 새들은 볼 수 없어요. 새들은 이 위 어딘가에 숨어서 둥지를 지키고 있어요.
	6. 아마도 보물이 묻혀 있는 비밀 섬의 지도 같아요.	평가자: (반응 반복) 피검자: 그냥 여기 아래요. 나머지가 없다면, 섬 같아 보여요. 주변의 흰 부분은 물이에요. 평가자: 보물이 묻혀 있다고 했는데요? 피검자: 여기 밝고 어두운 색을 통해 알 수 있어요. 그리고 생긴 모양의 방식이요. 보물이 있는 섬은 이런 방식으로 채색되고, 항상 이렇게 길쭉한 모양이에요.

V	7. 너무 추워서 겨울을 나기 위해서 남쪽으로 날아가는 어떤 종류의 새.	평가자: (반응 반복)
		피검자: 음, 여기 큰 날개와 몸, 그리고 날고 있어요.
		평가자: 새가 겨울을 나기 위해서 남쪽으로 날아가고 있다고 했는데요.
		피검자: 날개를 이렇게 커다랗게 펼치고, 빨리 날고 있어요. 추위를 피하기 위해 남쪽으로 가기를 원할 때처럼, 서두를 때만 이렇게 해요.
	8. 두 반도 사이에 작은 강들이 있어요.	평가자: (반응 반복)
		피검자: 여기 안에 하얀 거요. 두 땅, 사이에 흐르는 작은 강의 입구 같아요. 2개의 반도 같은 거요. 비행기에서 그걸 보는 것 같아요. 전체가 모두 나무예요.
		평가자: 모두 나무라고요?
		피검자: 큰 부분만이요. 색깔이 칠해져 있는데, 서로 다른 크기의 나무들 같아요. 다른 곳은 그냥 모래 같아요. 내 생각에는 왜냐하면 이건 색이 변하지 않거든요.
VI	9. 예수님이 호수 위에 있어요.	평가자: (반응 반복)
		피검자: 예수님이 이 꼭대기에 있고, 호수를 살펴보고 있는 것처럼 그의 팔을 밖으로 뻗고 있어요. 마치 자신이 환경에 관심이 있음을 모두에게 알리기를 원하는 것처럼요.
		평가자: 내가 맞게 보고 있는지 모르겠네요.
		피검자: 호수는 여기 아래 모든 녹색 부분이고요(D1). 그는 맨 끝에 서 있는데, 회색 부분이 시작되는 호수의 꼭대기요. 그의 몸과 팔이 밖으로 하고 있는 것을 보세요. 그는 사람들에게 자신을 알리고 호수를 오염되는 것을 멈추려고 노력하고 있어요.
		평가자: 녹색이라고 했나요?
		피검자: 음, 녹색을 띤 회색이요. 오염된 거 같은. 이건 깨끗한 녹색이어야 해요.
	< 10. 수영하고 있는 개의 머리 같아요.	평가자: (반응 반복)
		피검자: 생긴 방식이 개가 물에서 헤엄칠 때 머리를 내밀고 있는 것처럼 보여요. 이것 모두는 물이고요. 개가 헤엄을 치고 있는데, 머리밖에 안 보여요.
		평가자: 이것이 왜 물같이 보이는지 잘 모르겠어요.
		피검자: 물이어야 해요. 개가 수영할 수 있는 다른 무엇이 있겠어요.

VII	11. 작은 섬 같아요. 물이 여기로 오네요.	평가자: (반응 반복)
		피검자: 여기 생긴 걸 보세요. 섬 같잖아요. 가운데에 물이 있고, 이 하얀 것이 모두 물이에요. 그리고 섬을 나누는 강이 있어요. 이 틈이 강처럼 보여요.
		평가자: 강에 대해 잘 모르겠어요.
		피검자: 그건 협곡 아래 있는 것처럼 보여요. 더 어두운 부분을 보세요. 강 같아요. 이게 섬을 나누면서 통과하고 있어요.
	∨12. 아마도 판자에 턱으로 매달려 있는 두 마리의 개 같아요.	평가자: (반응 반복)
		피검자: 여기 각각 하나씩 있는데, 개나 무슨 동물 같아요. 무슨 판자 같은, 여기에 턱으로 매달려 있어요. 섬뜩해요. 누군가가 왜 이렇게 해놨는지 모르겠어요.
		평가자: 제가 개를 볼 수 있게 도와주세요.
		피검자: 여기랑 여기 (D2) 꼬리, 다리, 머리, 그리고 매달아 둔 것처럼 개들의 턱이 판자 위에 있어요. 아마도 누군가가 그들을 해치려는 듯 매달아 놓은 것 같아요.
VIII	13. 시냇물이 있는 꽃 정원 같아요.	평가자: (반응 반복)
		피검자: 전부 색깔이 달라서 꽃들 같아요. 시냇물이 중간을 통과해 오른쪽으로 흐르고 있어요.
		평가자: 어떤 점 때문에 시냇물 같은가요?
		피검자: 그냥요. 중간에 좁아지면서 작은 물웅덩이가 되고, 이 하얀 부분이요. 그런데 꼭대기까지도 바로 위쪽으로 흘러가요. 정원에 물이 계속 있게 해 줘요.
		평가자: 그리고 색깔이 전부 다른 꽃들이라고 했는데요?
		피검자: 네, 각 색깔이 다른 꽃이나 식물이에요. 시냇물 옆에서 볼 수 있는 것처럼요.
	<14. 오, 이건 색깔 있는 바위를 걷고 있는 동물처럼 보이네요.	평가자: (반응 반복)
		피검자: 저도 무슨 종류인지는 잘 모르겠는데요. 개는 아니고요, 아마 고양이나 여우 같은 거 같아요. 여기가 다리, 머리, 그리고 꼬리. 동물이 이런 것들 위를 걷고 있어요. 바위들 같은 거요. 그 색깔이 모두 달라요.
IX	15. 광대처럼 온통 칠해진 얼굴.	평가자: (반응 반복)
		피검자: 오렌지색 귀, 그리고 녹색 볼, 하얀 코, 그리고 핑크색 칼라, 서커스에 나오는 광대 같아요. 웃고 있는 것 같아요.
		평가자: 웃고 있다고요?
		피검자: 네. 여기 볼이 이 바깥쪽으로 있고, 아시다시피 광대는 늘 웃잖아요.

	16. 여기 아랫부분에 또 다른 얼굴인데, 광대는 아니고, 유령 같아요.	평가자: (반응 반복)
		피검자: 그는 분홍색이지만 눈이 하얗고, 큰 코가 있어요. 진짜 유령은 아니고, 그런데 TV에서 본 적이 있을 거예요. 그는 하얀 수염도 있는 것 같아요.
	< 17. 물속의 고래.	평가자: (반응 반복)
		피검자: 이 생긴 모양이 향유고래 같고요. 반대편에 또 있어요. 물에 편안하게 떠 있는 거 같아요. 때때로 그렇게 해요. 영화에서 본 적이 있어요.
		평가자: 나는 왜 그렇게 보이는지 잘 모르겠어요.
		피검자: 그냥 모양이요. 고래의 위쪽처럼 휘었어요. 고래가 물에서 쉬고 있을 때처럼요. 여기 작은 혹(hump)을 보세요. 이게 향유고래(humpback)라고 불리는 이유죠.
X	∨ 18. 나비일 수 있어요.	평가자: (반응 반복)
		피검자: 이게 날개같이 보이는데, 당신을 향해 날고 있어요. 작은 몸을 보세요. 날개를 뻗고 있어요.
	∨ 19. 눈살을 찌푸리는 사람의 얼굴이네요.	평가자: (반응 반복)
		피검자: 눈썹(D10)이 기울어져 있어요. 눈살을 찌푸릴 때처럼요. 또는 화가 났거나 뭐 그럴 때처럼요. 이건 눈이고(D2), 코고(D6), 입이에요(D3), 그리고 회색 수염이요. 그는 저한테 매우 화가 나 있는 것처럼 보여요.
	20. 파이프 담배를 피우고 있는 두 사람으로 보여요.	평가자: (반응 반복)
		피검자: 이상해요, 그들은 분홍색이고, 그들은 아마 그들을 분홍색으로 만드는 강한 물질(stuff)을 갖고 있는 게 틀림없어요. 이 윗부분만이요(D9). 그들의 얼굴을 보세요. 그들의 코, 눈들 그리고 그들은 중간에서 함께 닿아 있는 파이프를 각각 하나씩 가지고 있어요.

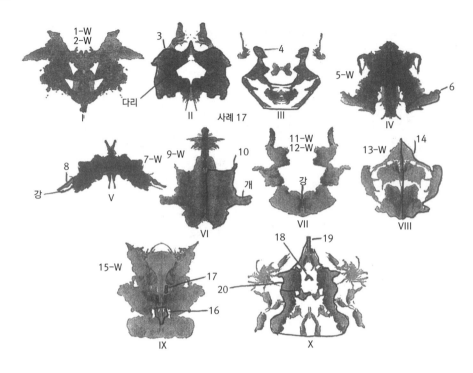

사례 17. 점수 계열

카드	반응 번호	위치	영역 번호	결정인	(2)	내용	평범 반응	Z	특수 점수
I	1	Wv	1	mp.FD−		Ls			DV
	2	WSo	1	Fo		An		3.5	
II	3	DS+	6	FD.FC'u		Sc,Ls		4.5	DR
III	4	D+	1	Mao	2	H,Hh,Hx	P	3.0	AG,GHR
IV	5	Wv/+	1	FVu		Ls		4.0	DR2
	6	DdS+	99	FY−		Ge		5.0	ALOG
V	7	Wo	1	FMao		A		1.0	ALOG
	8	DS+	10	FVu		Na		4.0	
VI	9	W+	1	Mp.FD.FYo		H,Na		2.5	FAB2,CP,MOR,PHR
	10	D+	4	FMau		Ad,Na		2.5	
VII	11	WS+	1	FVo		Na		4.0	
	12	W+	1	FMpo	2	A,Id		2.5	MOR,FAB2
VIII	13	WS+	1	CF.mau		Na		4.5	
	14	D+	1	FMa.CFo		A,Ls	P	3.0	
IX	15	WSo	1	FC.FC'.Mau		(Hd),Cg		5.5	DR,PHR
	16	DdSo	99	FC.FC'−		(Hd)		5.0	PER,PHR
	17	DdS+	23	FMp−	2	A,Na		5.0	PER
X	18	Do	3	FMa.FD−		A			
	19	DdSo	22	Ma.FC'−		Hd,Hx			PHR
	20	Dd+	99	Mp.FCu	2	Hd,Sc		4.0	ALOG,PHR

사례 17. 구조적 요약

구조적 요약(상단부)

반응영역	결정인 혼합	결정인 단일	반응내용	자살 지표
			H $=2$	.... FV+VF+V+FD >2
			(H) $=0$	.... Col-Shd Bl >0
Zf $=17$	m.FD	M $=1$	Hd $=2$	.... Ego $<.31, >.44$
ZSum $=63.5$	FD.FC′	FM $=4$	(Hd)$=2$	.... MOR >3
ZEst $=56.0$	M.FD.YF	m $=0$	Hx $=2$	.... Zd $>+-3.5$
	CF.m	FC $=0$	A $=5$	.... es $>$ EA
W $=9$	FM.CF	CF $=0$	(A) $=0$	.... CF+C $>$ FC
D $=6$	FC.FC′.M	C $=0$	Ad $=1$	.... X+% $<.70$
W+D $=15$	FC.FC′	Cn $=0$	(Ad)$=0$	.... S >3
Dd $=5$	FM.FD	FC′$=0$	An $=1$	.... P <3 or >8
S $=10$	M.FC′	C′F$=0$	Art $=0$	.... Pure H <2
	M.FC	C′ $=0$	Ay $=0$	.... R <17
		FT $=0$	Bl $=0$	x .... TOTAL

발달질 / 특수점수

발달질		단일(결정인)	반응내용	특수점수	Lv1	Lv2
+ $=12$		TF $=0$	Bt $=0$		Lv1	Lv2
o $=6$		T $=0$	Cg $=1$	DV $=1$x1		0x2
v/+ $=1$		FV $=3$	Cl $=0$	INC $=0$x2		0x4
v $=1$		VF $=0$	Ex $=0$	DR $=2$x3		1x6
		V $=0$	Fd $=0$	FAB $=0$x4		2x7
		FY $=1$	Fi $=0$	ALOG $=3$x5		
		YF $=0$	Ge $=1$	CON $=0$x7		
		Y $=0$	Hh $=1$	Raw Sum6 $=9$		
		Fr $=0$	Ls $=4$	Wgtd Sum6 $=42$		

형태질

	FQx	MQual	W+D	반응내용		
				rF $=0$	Na $=6$	
+	$=0$	$=0$	$=0$	FD $=0$	Sc $=2$	AB $=0$ GHR $=1$
o	$=7$	$=2$	$=7$	F $=1$	Sx $=0$	AG $=1$ PHR $=5$
u	$=7$	$=2$	$=6$		Xy $=0$	COP $=0$ MOR $=2$
$-$	$=6$	$=1$	$=2$		Id $=1$	CP $=1$ PER $=2$
none	$=0$	$=0$	$=0$	(2) $=4$		PSV $=0$

구조적 요약(하단부)

비율, 백분율, 산출한 점수

R $=20$	L $=0.05$			FC:CF+C $=3:2$	COP$=0$ AG$=1$
				Pure C $=0$	GHR:PHR $=1:5$
EB $=5:3.5$	EA $=8.5$	EBPer $=$N/A		SumC′:WSumC$=4:3.5$	a:p $=7:6$
eb $=8:9$	es $=17$	D $=-3$		Afr $=0.67$	Food $=0$
	Adj es $=15$	Adj D $=-2$		S $=10$	SumT $=0$
				Blends:R $=10:20$	Hum Con $=6$
FM $=6$	C′ $=4$	T $=0$		CP $=1$	Pure H $=2$
m $=2$	V $=3$	Y $=2$			PER $=2$
					Iso Indx $=0.85$

a:p $=7:6$	Sum6 $=9$	XA% $=0.70$	Zf $=17.0$	3r+(2)/R $=0.20$
Ma:Mp $=2:3$	Lv2 $=3$	WDA%$=0.87$	W:D:Dd $=9:6:5$	Fr+rF $=0$
2AB+Art+Ay $=0$	WSum6 $=42$	X-% $=0.30$	W:M $=9:5$	SumV $=3$
MOR $=2$	M- $=1$	S- $=4$	Zd $=+7.5$	FD $=4$
	Mnone $=0$	P $=2$	PSV $=0$	An+Xy $=1$
		X+% $=0.35$	DQ+ $=12$	MOR $=2$
		Xu% $=0.35$	DQv $=1$	H:(H)Hd(Hd) $=2:4$

| PTI $=3$ | DEPI $=5*$ | CDI $=3$ | S-CON$=$N/A | HVI$=$YES | OBS$=$NO |

S-CON과 핵심 변인

S-CON은 14세 청소년에게 적용하기 어렵다. 그러나 약물 과다복용이 자살시도의 형태라는 점을 배제할 수 없다. 첫 번째 유의한 핵심 변인은 D(-3)가 Adj D(-2)보다 작다는 것으로, 해석은 통제와 상황 관련 스트레스에서부터 시작해서 두 번째 핵심 변인을 기초로 해석 순서를 결정한다. 이 사례의 경우 Adj D가 0보다 작은 것이 두 번째 주요 변인이지만, 이는 여전히 통제를 살펴보아야 함을 의미한다. 세 번째 핵심 변인(HVI=positive)이 이 문제를 해결해 준다. 따라서 해석 순서는 통제와 스트레스를 먼저 검토한 후, 관념, 정보처리, 인지적 중재, 자기 지각, 대인관계 지각 관련 정보를 검토하고, 마지막으로 정동 관련 정보를 마무리한다.

통제

사례 17. 14세 남자 청소년의 통제 관련 변인

EB =5:3.5	EA =8.5		D =-3	CDI =3
eb =8:9	es =17	Adj es =15	Adj D =-2	L =0.05
FM =6 m=2	SumC' =4	SumT =0	SumV =3	SumY =2

Adj D(-2)는 통제와 관련된 문제에 매우 취약하고 스트레스하에서 와해되기 쉬움을 암시한다. *EA*(8.5)는 평균 범위이고, *EB*(5:3.5)의 양쪽 항에 0이 없다. 이는 Adj D가 잘못되었다고 생각할 어떤 근거도 없다는 것을 의미한다. 만성적으로 과부하된 상태로 인해 효과적으로 다룰 수 있는 것 이상의 내적 자극 요구를 경험하기 때문에 통제에 문제가 있다.

과부하로 인한 내적 특징은 일반적인 것보다 더 주변적이고, 무의식적이고, 욕구와 관련된 정신적 활동으로 구성되며(*FM*=6), 이에 감정을 억제함으로써 발생하는 정서적 과민 상태(*SumC'*=4), 그리고 자기비하적 반추를 통한 부정적인 정서(*SumV*=3)가 더해져서 나타난다. 이후 제기되는 질문은 Adj D 값이 상황적인 요소로 인해 증가된 것이냐는 것이다. 일반적으로, 통경반응은 기질적인 반추 경향을 나타내지만, 상황적으로 관련된 죄책감이나 양심의 가책도 이러한 경향을 유발할 수도 있다. 다른 자료에서 피검자가 상황과 관련된 스트레스를 경험하고 있는지 알 수 있으며, 이러한 자료들의 맥락에서 이 문제를 해결하는 것이 가장 좋을 것이다.

상황적 스트레스

사례 17. 14세 남자 청소년의 상황적 스트레스 자료

EB	=5:3.5	EA =8.5		D	=−3	**Blends**	
eb	=8:9	es =17 Adj es =15		Adj D	=−2	M.FD.YF	=1
						M. FC	=1
FM	=6 m=2	C′ =4 T=0 V=3 Y =2				M.FC′	=1
		(3r+(2)/R=.20)				FC.FC′.M	=1
						FC.FC′	=1
Pure C =0 M−=1		MQnone=0		Blends =10		CF.m	=1
						FM.CF	=1
						FM.FD	=1
						m.FD	=1
						FD.FC′	=1

D(−3)이 Adj D(−2)보다 1점 낮다는 것은 상황 관련 요인들이 통제 문제의 원인이 되고 와해 관련 취약성을 증가시킨다는 것을 나타낸다. 이것은 최근 피검자의 약물 과용 경험과 정신과 입원을 고려할 때에 놀랍지 않다. D와 Adj D 간 1점의 차이는 중등도의 스트레스가 있음을 시사하나, 무력감 경험의 결과는 주변적 사고 활동(m=2)의 증가와 불쾌한 감정 경험($SumY$=2)의 증가와 관련된다.

앞서 제기되었던 질문은 3개의 통경반응(V)이 상황적인 것에 기반한 것인지, 그리고 Adj D의 상승의 원인과 연관되는지에 대한 것이었다. 만약 통경반응이 상황적인 것과 관련되고 다르게 생각할 필요가 없다면, Adj es는 12로 감소되고 Adj D가 −1이 된다. 이는 여전히 유의미하게 과부하된 상태이지만, 통제의 문제나 잠재된 와해 가능성에 대한 본질적인 취약성은 감소한다. 자아중심성 지표(Egocentricity index) 역시 이 문제와 관련이 있다.

자아중심성 지표(Egocentricity index)가 매우 낮은데(.20), 이는 자기가치를 부정적으로 평가하는 것을 시사한다. 통경반응들은 자기가치에 대해 문제가 있을 때 흔하다. 따라서 피검자의 자기비하와 관련된 반추가 전적으로 최근의 사건과 관련 있을 것 같지는 않다. 최근의 사건으로 인해 증가되었을 수 있으나, D나 Adj D에 대한 해석에 큰 영향을 미치지 않는 것으로 보인다. 이러한 과부하 상태의 지속은 심각하고 실질적인 와해의 가능성을 고려하게 한다. 치료를 고려할 때에 이러한 요소들을 주의 깊게 살펴보아야 한다.

관념

사례 17. 14세 남자 청소년의 관념 변인

L	=0.05	OBS	=NO	HVI	=YES	**Critical Special Scores**				
						DV	=1	DV2	=0	
EB	=5:3.5	EBPer	=NA	a:p	=8:5	INC	=0	INC2	=0	
				Ma:Mp	=3:2	DR	=2	DR2	=1	
eb	=8:9	[FM=6 m=2]				FAB	=0	FAB2	=2	
				M−	=1	ALOG	=3	CON	=0	
Intell Indx	=0	MOR	=2	Mnone	=0	Sum6	=9	WSum6	=42	
							(R=20)			

M Response Features

III   4. D+ Mao 2 H,Hh,Hx P 3.0 AG,GHR

VI   9. W+ Mp.FD.YFo H,Na 2.5 FAB2,CP,MOR,PHR

IX 15. WSo FC.FC′.Mau (Hd),Cg 5.5 DR,PHR

X 19. DdSo Ma.FC′− Hd,Hx PHR

X 20. Dd+ Mp.FCu 2 Hd,Sc 4.0 ALOG,PHR

EB(5:3.5)는 피검자의 사고 패턴이 대처와 의사결정을 할 때 일관적이지 않다는 것을 말해 준다. 피검자는 궁지에 몰린 자신의 감정을 그대로 둔 채 결정을 미루고 대안적 가능성에 대해 생각할 수도 있다. 다른 경우, 피검자의 결정은 보다 직관적인 형태로 감정에 많은 영향을 받을 수 있다. 이러한 대처 스타일의 일관성 부족은 발달과정 중에 있는 아동·청소년에 있어 드문 것은 아니다. 그러나 이는 비효율적이며, 비일관성이 의사결정이나 판단에 잠재적인 오류를 만들어 낼 수 있다.

보다 중요한 발견은 유의한 HVI로 이는 피검자의 개념적 사고에 있어 상당히 영향을 주는 기질적 특성이다. 이러한 기본적 특성은 환경에 대한 불신하는 태도와 자기 보호적 태도가 오랜 시간 발달되어 왔음을 의미한다. 피검자가 의미 있는 타인들이 그의 행동, 특히 정서적인 행동에 대해 어떻게 반응할지 예측하는 것을 확신할 수 없었던 사건들이 축적되어 왔음이 확실하다. 결과적으로, 안전하지 않고 취약하다는 느낌을 가지며 원치 않는 사건의 발생에 대해서 과각성된 상태를 유지하게 된 것으로 보인다. 피검자의 타인에 대한 불신은 불명확하고 심지어 논리적이지 못한 사고를 이끄는 관념을 만들 수 있다. 이러한 사고의 종류는 병리적인 정도는 아니어도, 과민한 상태를 악화시키고 편집증적 특성의 사고를 만들어 낸다.

eb의 좌항(8)은 6개의 FM과 2개의 m으로 구성되며, 높은 수준의 주변적 혹은 무의식적 정신 활동을 나타낸다. 이 중 상당수는 내적 욕구 상태로 인한 것이고, 실질적인 것으로 주의나 집중이 쉽게 손상된다. 이러한 일이 발생하면, 피검자의 불안정감이 증가하고 과민한 상태가 더욱 증폭된다.

더욱 부정적인 점은 $WSum6$이 42라는 것이다. 이는 피검자의 사고가 심각하게 손상되었음을 의미한다. 관념이 와해되고, 비일관적이며, 빈번히 비논리적일 수 있음을 암시한다. 개념화가 이 정도로 손상되었을 때, 현실 검증력은 한계에 다다른다. 이러한 가정에서 중요한 이슈는 반응에서 실제로 심각하게 손상된 사고를 반영하는 결정적인 특수점수와 높은 $WSum6$에 기여하는 것이 어느 정도인지에 관한 것이다.

특수점수로 채점된 9개의 응답 가운데($Sum6=9$), 3개의 채점은 타당하지만 미미한 인지적 실수나 부적절함을 드러낸다. 첫 번째(카드 I, 반응 1)는 "나무들이 있는 숲"으로 약간 중복된 표현이라 DV로 채점되었다. 두 번째(카드 II, 반응 3) "협곡이나 계곡을 넘어 어디론가 가는 길 위의 다리…… 만약 다리가 없다면 당신은 다른 어디로도 갈 수 없어요." 반응은 불필요하고 구체적이므로 DR로 채점되었으나, 미미한 판단 착오로 청소년기에 매우 흔하다. 세 번째(카드 IX, 반응 15)는 "광대 같은 얼굴…… 웃고 있는 것 같아요……. 광대는 늘 웃잖아요." 역시 부적절한 구체성 때문에 DR로 채점되었으나, 사고장애의 명백한 증거는 되지 못한다.

남은 6개의 반응은 심각한 문제를 반영한다. 이 중 첫 번째(카드 IV, 반응 5, $DR2$)는 "커다란 새가 둥지를 튼 커다란 산 같아요……. 매우 큰 새만이 여기에 날아 올라갈 수 있어요……. 그러나 당신은 새들을 볼 수 없어요. 그들은 이 위 어딘가에 숨어서 둥지를 지키고 있어요."인데, 이는 이상하고 비논리적인 응답이다. 비슷한 종류의 변형된 논리가 다음 응답에서도 발견된다(카드 IV, 반응 6, ALOG). "아마도 보물이 묻혀 있는 비밀 섬의 지도 같아요. 보물이 있는 섬은 이런 방식으로 채색되고, 항상 이렇게 길쭉한 모양이에요." 이는 매우 구체적이고 현실적이지 못한 대답으로 6세 아동은 그럴 수 있지만, 14세 청소년은 아니다. 사고의 경계적이거나 의심스러워하는 특징이 두 응답에 반영되어 있다. 새들은 숨어 있고, 그들의 둥지를 지키며, 그 섬은 비밀이다.

6개 반응 중 세 번째 반응(카드 V, 반응 7, ALOG)은 "너무 추워서 겨울을 나기 위해서 남쪽으로 날아가는 어떤 종류의 새…… 그들은 날개를 이렇게 커다랗게 펼치고 빨리 날고 있어요. 추위를 피하기 위해 남쪽으로 가기를 원할 때처럼 서두를 때만 이렇게 해요."인데, 논리가 부자연스럽다. 네 번째 반응(카드 VI, 반응 9, FAB2)은 "예수님이 호수 위에 있어요. …… 환경에 관심 있음을 모두에게 알리고자 팔을 뻗고 있어요."이다. 이는 기괴한 반응으로 그림 자체의 특성을 많이 왜곡하지는 않았으나, 현실을 무시하는 상당한 투사를 포함한다. 다섯 번째 반응(카드 VII, 반응 12, FAB2)은 "판자에 가까스로 턱으로 매달려 있는 두 마리의 개 같아요……. 섬뜩해요. 누군가가 왜 그렇게 했는지…… 매달아 둔 것처럼 개들의 턱이 이 판자 위에 있어요. 누군가가 개들을 해치려는 듯 매달아 놓았어요." 이 역시 자극 자체를 완전히 왜곡하지는 않았으나, 개념화가 구체적이고 비논리적임을 알 수 있다. 그의 마지막 반응인 여섯 번째 반응도 마찬가지이다(카드 X, 반응 20, ALOG). "파이프 담배를 피우고 있는 두 사람…… 그들은 분홍색이고, 그들은 분홍색으로 만드는 강한 물질(stuff)을 갖고 있는 게 틀림없어요."

때때로 정교하지만, 많은 관념이 판단의 결함으로 흐려지는 것이 명확해 보인다. 판단의 결함이 나타날 때, 사고는 보다 경직되고, 현실을 무시하는 개념화를 형성한다. 이러한 심각한 형태의 인지적 실수의 범위와 정도는 최근의 약물 에피소드로 인한 결과라기보다 만성적인 병리를 반영한다. 피검자의 정보처리와 중재 활동에서의 결과들은 이 이슈에 대한 추가적인 정보를 제공해 줄 것이다.

정보처리

Zf(17)는 피검자가 새로운 정보를 처리할 때에 상당한 노력을 들이고 있음을 의미한다. 또한 $W:D:Dd=9:6:5$로, W가 D에 비해 매우 많고, Dd가 상당수인 점도 이를 지지한다. 피검자가 새로운 정보에 매우 조심스럽게 접근하고 주의를 기울이는 경계적이라는 점에서 놀랍지 않다. 피검자의 반응영역 계열(location sequencing)은 상당히 일관된다. 9개 중 7개의 W 반응은 첫 번째 반응이었고, 단독이거나 양쪽으로 나뉜 형상이었다(I, IV, V, VI,

사례 17. 14세 남자 청소년의 정보처리 변인

EB	=5:3.5	Zf	=17	Zd	=+7.5	DQ+	=12
L	=0.05	W:D:Dd	=9:6:5	PSV	=0	DQv/+	=1
HVI	=YES	W:M	=9:5			DQv	=1
OBS	=NO						

Location & DQ Sequencing

I: Wv.WSo	VI: W+.D+
II: DS+	VII: WS+.W+
III: D+	VIII: WS+.D+
IV: Wv/+.DdS+	IX: WSo.DdSo.DdS+
V: Wo.DS+	X: Do.DdSo.Dd+

VII, VIII, IX). 5개의 *Dd* 반응은 보다 덜 일관적이었다. 모두 두 번째나 마지막 반응이었는데, 5개 중 4개는 카드 IX와 X에서 나타났다.

실질적인 처리 노력은 *Zd* 값이 +7.5인 과통합적 유형 스타일인 점에서도 드러난다. 새로운 정보의 세부 사항을 놓치지 않기 위한 많은 검색 노력을 기울인다. 이것은 자산이 될 수도 있으나, 병리가 있는 경우 의사결정의 혼란을 촉발할 수 있기 때문에 경직된 사고 (strained thinking)를 이끈다. *DQ* 점수의 분포는 이 맥락에서 흥미롭다. 피검자는 12개의 *DQ*+ 반응을 했고, 이는 그의 연령에 기대되는 것보다 많아, 정보처리 습관이 대체로 적절하지만 자주 복잡해진다는 것을 의미한다.

그러나 피검자는 *DQv*와 *DQv/+* 응답을 하나씩 보였다. 풍부한 *DQ*+응답이 나타난 경우에 이 같은 경우는 흔치 않으며, 피검자의 정보처리가 결함이 있거나 예상보다 미숙할 수 있음을 시사한다. 이처럼 흔치 않은 혼합은 일종의 심리적 혼란의 지표이다. 이는 12개의 *DQ*+ 답변 중 5개가 심각한 인지적 실수를 나타낸다는 점에서도 확실해 보인다. 정보처리의 습관이 적절하지만, 과경계와 손상된 사고가 혼합되어 정보처리 활동에 비효율성을 촉진하는 것으로 보인다. 중재 관련 자료를 고려해 보면, 현재 보인 인지적 왜곡을 이해하는 데 도움이 될 것이다.

인지적 중재

사례 17. 14세 남자 청소년의 인지적 중재 변인

R $=20$	L $=0.05$	OBS $=$NO	Minus & NoForm Features
FQx+ $=0$	XA% $=.70$		I 1. Wv mp.FD− Ls DV
FQxo $=7$	WDA% $=.87$		IV 6. DdS+ FY− Ge 5.0 ALOG
FQxu $=7$	X−% $=.30$		IX 16. DdSo FC.FC′− (Hd) 5.0 PER,PHR
FQx− $=6$	S− $=4$		IX 17. DdS+ FMp− 2 A,Na 5.0 PER
FQxnone $=0$			X 18. Do FMa.FD− A
(W+D $=15$)	P $=2$		X 19. DdSo Ma.FC′− Hd,Hx PHR
WD+ $=0$	X+% $=.35$		
WDo $=7$	Xu% $=.35$		
WDu $=6$			
WD− $=2$			
WDnone $=0$			

XA%(.70)와 *WDA%*(.87)는 피검자의 중재적 해석이 일반적으로 분명한 상황에서는 적절하지만, 단서가 명확히 구별되지 않을수록 적절성도 감소된다는 것을 보여 준다. 2개의 값 사이에 고려할 만한 차이는 6개의 *Dd* 반응 중 4개가 왜곡이나 오인을 포함하는 것에 기인한다. 이는 6개의 마이너스 반응 중 2/3가 *X*−%(.30)에 해당하기 때문이다.

일반적으로, *X*−%(.30)는 광범위한 현실 검증력의 문제를 포함하는 결과로 심각한 중재적 손상을 나타낸다. 그러나 이 사례에서 이러한 이슈는 명확치 않다. 왜냐하면 6개의 마이너스 반응 중 *Dd*영역 4개가 모두 공백반응을 포함하고 있기 때문이다. 이는 피검자의 중재 역기능이 거부, 소외감, 분노와 같은 정서적 문제와 연관되어 있음을 나타낸다. 이러한 맥락에서 6개의 마이너스 반응 중 4개가 *DdS*이며 마지막 2개의 카드에서 나타났다. 이는 중재 문제가 덜 손상되었다고 가정되지는 않으나, 광범위한 것이 아닐 수 있음을 알려 준다.

이러한 종류의 손상은, 불신감이나 소외감에 집착하여 현실을 왜곡하는 과경계 스타일이 악화된 결과일 수 있다. 6개의 마이너스 반응 중 3개가 소외감의 주제를 담고 있다는 사실은 흥미롭다(숲, 그것은 매우 평화롭다, 비밀 섬, 물속의 고래, 편안하게 있는).

보다 긍정적인 점은 마이너스 반응 중 어느 것도 심각한 왜곡을 포함하고 있지 않다는 것이다. 그러나 평범반응이 2개뿐이며 $X+\%(.35)$가 낮고 $Xu\%(.35)$가 유의미하다. 이것은 어떠한 일을 해석하거나 행동할 때 관습적 해석이나 행동을 위한 단서가 명확한 경우에도 관습을 무시하는 경향이 있음을 알려 준다. 부분적으로는 피검자의 현실 검증력의 문제 때문이지만, 사회적 요구나 기대가 피검자에게 많은 영향을 미치지 않음을 보여 준다.

결과를 종합해 볼 때, 피검자의 중재 활동과 사고가 심각한 인지적 혼란 상태에 있음이 명백하다는 것은 고려해야 할 사항이다. 피검자는 결함이 있고 비현실적인 사고를 자주 보이며, 정보 해석에서도 종종 상당한 왜곡을 드러낸다. 의뢰 사유는 이러한 것이 최근 약물에 의한 것인지 혹은 보다 만성적인 문제에 의한 것인지에 대한 것이었다. 피검자의 왜곡 중 상당 부분은 정서적인 것에 기반하며, 손상된 사고는 경직된 판단과 관련된다. 이러한 종류의 혼란은 중독 상태 때문이라기보다는 만성적인 문제에 가깝다.

정서 문제는 피검자의 상태를 이해하는 데 중요하며, 나머지 변인들을 살펴보는 순서를 변경하는 것이 적합할 것으로 보인다. 따라서 프로토콜의 자기 및 대인 관련 지각을 살펴보기 전에 정서 관련 자료를 살펴보도록 하겠다.

정동

사례 17. 14세 남자 청소년의 정동 관련 자료

							Blends	
EB	=5:3.5			EBPer	=NA			
eb	=8:9	L	=0.05	FC: CF+C	=3:2		M.FD.YF	=1
DEPI	=5	CDI	=3	Pure C	=0		FC.FC'.M	=1
							M.FC	=1
SumC'=4	SumT=0			SumC':WSumC	=4:3.5		M.FC'	=1
SumV=3	SumY=2			Afr	=0.67		FM.CF	=1
							FM.FD	=1
Intellect	=0	CP	=0	S=10 (S to I, II, III =2)			CF.m	=1
Blends:R	=10:20			Col-Shad Bl	=2		FC.FC'	=1
m+y Bl	=2			Shading Bl	=0		FD.FC'	=1
							m.FD	=1

DEPI(5)는 피검자의 심리가 현재 정서적인 붕괴를 경험할 가능성이 크다는 것을 시사한다. 피검자의 인지적 어려움과 문제가 정서적인 것에서 기인된다는 점을 떠올려보면 놀랍지 않다. 언급된 바와 같이 사고와 의사결정을 하는 데 정서를 다루는 방식이 일관되지 못하다(EB=5:3.5). 때로는 정서가 의사결정을 하는 데 있어 중요한 역할을 하고 직관적인 접근을 촉진한다. 그러나 또 다른 경우에는 감정을 옆으로 밀어두고 조심스럽고 논리적인 접근을 하려 노력할 것이다.

의사결정 습관에서 일관성의 부족은 청소년기에는 흔하며 심각하게 다루어질 문제는 아니다. 그러나 인지적인 혼란이 있는 현재에는 심각할 수 있다. 어떤 과정이 결정을 이끌었는지와 무관하게 현실 검증의 실패라는 원치 않는 결과를 나타낼 수 있다. 이러한 사건들은 대개 부정적인 정서반응을 야기하고 정서적인 혼란을 촉진하며 자신이 사용하는 방식을 제한한다. 그것이 이 사례에 해당할 수 있다.

eb(8:9)의 우항 값이 높은 것은 정서적인 불편감과 스트레스를 의미한다. 우항을 구성하는 주요 요소들은 4개의 C'과 3개의 V 반응이다. 전자는 정서를 억압하거나 담아두려는 주목할 만한 경향으로 부정적인 정서를 나타내며, 후자는 자기반추 과정을 통한 현재의 과민한(irritating) 정서를 나타낸다. 언급한 바와 같이, 최근 사건이 자기비하적인 반추 경향을 증가시켰을 수 있으나, 이러한 과정은 오래 지속되어 온 것처럼 보인다. 최근 사건과 무관하게 그는 스스로 만족스럽게 다룰 수 없는 높은 과민함(irritation)으로 고통받고 있다. 사실, WSumC':WSumC(4:3.5)은 감정 표출이 일반적인 경우보다 자주 억제되고 제한적이어서 결과적으로 상당한 불만족감을 경험한다는 점을 시사한다.

흥미롭게도 Afr(.67)은 피검자가 대부분의 사람들처럼 정서 상황에 관여한다는 것을 보여 주지만, 이러한 결과는 오해의 소지가 있다. 피검자의 기록은 색채투사 반응(반응 9)을 포함하고 있다. 이는 매우 드문 반응이며, 피검자가 자신의 짜증스럽거나 원치 않는 감정들을 상황에 부적절한 긍정적인 감정으로 대치함으로써 부인하려 한다는 것을 함축한다. 이는 감정을 직접적으로 다루는 것을 피하기 위해 현실을 왜곡하는 순진하고 미성숙한 방어이다.

게다가 피검자의 20개의 반응 프로토콜은 10개의 공백반응(S)을 포함한다. 이는 수많은 부정주의(negativism), 소외감, 분노를 시사하는 매우 엄청난 결과이다. 5개의 S 반응은 마지막 카드 3개에서 나타난 8개의 응답에 포함되어 있다. 피검자의 4개의 C' 반응은 모두 S를 포함하고 있다. 감정을 제한, 또는 억제하기 위한 노력은 피검자가 품고 있는 강렬한 거부나 분노와 관련된다고 추측하는 것이 논리적이다. 유사한 맥락에서, FC:CF+C(3:2)

은 피검자가 자신의 정서를 대부분의 성인들만큼 조절한다는 것을 의미한다. 그러나 아동이나 어린 청소년에게는 드문 것으로 피검자가 연령에 비해 정서 표현을 엄격하게 통제하고 있음을 알려 준다.

20개 반응 중 10개가 혼합반응으로, 이는 전형적인 14세에 비해 심리적 기능이 복잡함을 의미한다. 이 중 2개의 혼합반응은 피검자의 현재 상황과 관련된 것이지만(*CF.m, m.FD*), 8개의 혼합반응만 있다 하더라도 여전히 흔치 않은 수준의 복잡성을 나타낸다. 8개 중 2개는 색채음영 혼합반응(*FC.FC′.M, FC.FC′*)으로 이는 피검자가 대부분의 또래들에 비해 감정에 의해 자주 혼란을 느끼고 매우 강하게 감정을 경험한다는 것을 보여 준다.

상당한 정서적 혼란이 있다는 것이 분명하며, 피검자가 자신의 정서를 일관된 방식으로 다루는 데 익숙하지 않기 때문에 더욱 악화된다. 피검자는 자신의 혼란을 직접적으로 표현하기 어려워 보이며, 대신 억압하거나 부인하기 위해 노력하고 있는 것으로 보인다. 그러나 이는 오히려 피검자의 과민함과 혼란을 증가시킨다. 과민함은 심리적인 소외감이나 분노를 드러내는 것으로 숨겨진 분노로 혼란스러워지는 것이 분명하다. 이는 피검자의 인지적 어려움의 결과와 비슷하며, 피검자는 어떤 점이 정서적 혼란을 촉진하는지 이해하지 못하고 있다.

입원 평가에서 과거력을 통해 약물남용이 자신의 문제에 대한 자가 약물치료일 수 있다는 추측이 있었다. 인지적·정서적 정보처리와 관련된 결과에 비추어 보면, 이러한 추측은 합리적이지만, 동시에 피검자의 약물 사용이 자신이나 상황으로부터 도피하기 위한 시도라는 추측도 가능하다.

자기 지각

앞서 언급되었듯이, 피검자의 과각성은 취약성에 몰두하고 있음을 의미한다. 피검자는 다른 사람들의 반응이나 행동에 대해 확신하지 못하고, 자신이 비난받을 위험을 피하기 위해 자신의 행동이 적절하다는 것을 확인하려고 처절히 노력하고 있다. 특히, 사고가 명확하지 않다면, 이러한 형태의 신중함을 유지하는 것이 어렵고, 다른 사람들은 이상하다고 판단할 것이다. 비난의 외현화(합리화)는 자주 원치 않는 결과를 포함한 행동이나 결정을 판단하는 데에 사용된다("이건 내 잘못이 아니야, 왜냐하면……").

만약 사고가 명확하지 않다면, 외현화 전략에 기초한 잘못된 논리는 다른 사람들에게 쉽

사례 17. 14세 남자 청소년의 자기 지각 관련 자료

R	=20	OBS	=NO	HVI=YES	**Human Contents, Hx An & Xy Responses**
					I 2. WSo Fo An 3.5
Fr+rF	=0	3r+(2)/R	=0.20		III 4. DS+ Mao 2 H,Hh,Hx P 3.0 AG, GHR
					VI 9. W+ Mp.FD.YFo H,Na FAB2,CP,MOR,PHR
FD	=4	SumV	=3		IX 15. WSo FC.FC′.Mau (Hd),Cg 5.5 DR,PHR
					IX 16. DdSo FC.FC′- (Hd) 5.0 PER,PHR
An+Xy	=1	MOR	=2		X 19. DdSo Ma.FC′- Hd,Hx PHR
					X 20. Dd+ Mp.FCu 2 Hd,Sc 4.0 ALOG,PHR
H:(H)+Hd+(Hd)=2:4					
[EB =5:3.5]					

게 들여다보이고 방어로서 비효율적이다. 이러한 일이 일어났을 때, 자기상과 자기가치에 미치는 영향은 과각성에 대한 심리적인 핵심으로 자기 갈등과 관련된 매우 부정적인 판단을 내리도록 한다(나쁜 세상이다). 피검자가 이러한 갈등과 관련 있다는 증거들이 있다. 자아중심성 지표(.20)가 매우 낮은 것은 부정적인 자기가치감을 시사한다. 자신에 대해 대체로 호의적이지 않다.

유사하게, 4개의 형태 차원(*FD*) 응답과 3개의 통경 차원 반응(V)은 자기 평가 행동에서의 반추적 관여를 보여 준다. 상당 부분이 부정적인 자기인식에 초점을 맞추고 있으며, 이것은 매우 고통스러운 감정을 유발한다. 게다가 프로토콜에서 2개의 MOR 반응은 자기개념이 호의적이지 않고, 자신에 대해 비관적 관점을 촉진하는 경향이 있음을 보여 준다. 6개의 인간내용 반응에서 2개만이 *H* 반응이다. 이는 자기상이 상상적인 인상이나 현실 경험의 왜곡에 기반한다는 것을 시사한다. 자기상이 발달 중인 청소년에게 드문 경우는 아니지만, 이번 사례의 인간내용 반응들은 훨씬 더 부정적인 이미지가 포함되어 있다. 6개 중 2개는 색채음영 반응이고, 3개는 공백반응을 포함한다. 3개는 *Dd*영역이며, 3개는 C′ 반응을 포함한다. 4개는 *Hd* 혹은 (*Hd*) 내용을 포함하고, 3개는 1개의 FAB 2와 1개의 ALOG를 포함하는 결정적인 특수점수를 받았다. 종합해 볼 때, 이러한 요소들은 피검자의 자기개념이 기대보다 혼란스러움을 시사한다.

이러한 반응의 내용은 수많은 자기표상의 투사를 포함한다. 피검자의 6개의 마이너스 반응 중 3개의 반응은 소외의 주제를 담고 있다. 카드 I, 반응 1, "나무들이 있는 숲, 매우 평화로워요.", 카드 IV, 반응 6, "보물이 묻혀 있는 비밀 섬의 지도", 카드 IX, 반응 17, "고래…… 물에 편안하게 떠 있는 것 같아요." 남은 3개의 마이너스 반응 중 2개는 얼굴을 포함한다. 첫 번째는 카드 IX, 반응 16, "다른 얼굴, 그렇지만 광대는 아니고, 유령…… 분홍색이지만 눈이 하얗고…… 진짜 유령은 아니고, 그런데 TV에서 본 적이 있을 거예요."이다. 이는 피검자의 불안정한 자기감(sense of self)을 반영한다. 두 번째는 카드 X, 반응 19의 "눈살을 찌푸리는 사람의 얼굴이네요. …… 그는 저한테 매우 화가 나 있는 거 같아요."이며, 앞서 논의된 그의 강렬한 감정을 직접적으로 반영한다. 남아 있는 마이너스 반응, 카드 X, 반응 18은 "나비…… 당신을 향해 날고 있어요. 작은 몸을 보세요."인데, 이 또한 불안정함을 전달한다.

2개의 MOR 반응은 이미 언급되었다. 첫 번째, 카드 VI, 반응 9는 "예수님이 호수 위에 있어요……. 자신이 환경에 관심이 있음을 모두에게 알리기를 원하는 것처럼요……. 사람들에게 자신을 알리고 호수를 오염시키는 것을 멈추려고 노력하고 있어요."이다. 색채투사 응답(초록빛 회색)은 다른 사람들의 무시는 그가 살 수 없는 환경을 초래한다는 것을 암시하는 것으로 보인다. 두 번째 MOR 반응은 카드 VII, 반응 12로 다른 이들로부터 손상감을 나타내는, "판자에 턱으로 매달려 있는 두 마리의 개 같아요. …… 누군가가 그들을 해치려는 듯 매달아 놓은 것 같아요."이다. 이 반응들 모두 다른 사람들을 비난하는 것이다.

5개의 M 반응 중 2개는 호수 위에 있는 예수님과 눈살을 찌푸리는 사람으로, 앞서 검토되었다. 남은 3개 역시 중요한 투사적 의미를 담고 있다. 첫 번째는 카드 III, 반응 4이며 "두 사람…… 싸우고 있어요……. 냉혹해 보이고, 둘 다 서로 안 좋아하는 것처럼 보였어요. 아마 그들의 우정이나 다른 사람들과의 우정 뭐 이런 거에 관련된 개인적인 다툼인 것 같은데, 말다툼이 상당히 강렬하네요."이다. 이는 내적 갈등뿐 아니라 대인관계에서의 어려움을 반영하는 분노반응이다. 두 번째는 카드 IX의 반응 15로, "광대처럼 온통 칠해진 얼굴…… 웃고 있는 것 같아요…… 광대는 늘 웃잖아요."이다. 이는 은폐반응으로, 즐겁지 않은 것들이 존재하지 않는 것처럼 아무런 언급도 하지 않는 것이다. 마지막은 카드 X의 반응 20으로, "파이프 담배를 피우고 있는 두 사람으로 보여요. …… 그들은 아마 그들을 핑크색으로 만드는 강한 물질(stuff)을 갖고 있는 게 틀림없어요."이다. 이는 약물남용의 개인적 중요성에 대해 무언가를 전달하는 비논리적인 반응이다. 그것은 한 사람을 더 매력적으로 만드는 잠재력을 가지고 있다.

6개의 FM 반응 중 3개는 이미 언급되었다(턱으로 매달려 있는 개들, 쉬고 있는 고래, 작은 몸을 가진 나비). 남은 3개 중 첫 번째 반응은 카드 V의 반응 7인 "너무 추워서 겨울을 나기 위해 남쪽으로 날아가는 어떤 종류의 새…… 추위를 피하기 원할 때처럼 서둘러요."는 도피반응으로 현재 환경에 대한 불만족감을 담고 있다. 두 번째는 카드 VI의 반응 10으로 "수영하고 있는 개의 머리 같아요."인데, 이것은 명백한 의미를 담고 있지는 않지만, 물 위로 머리를 유지하고 것에 대한 몇 가지 추측을 해 볼 수 있다. 마지막 *FM* 반응은 Card VIII의 반응 14, "색깔 있는 바위를 걷고 있는 동물들"이며, 이 역시 명백한 의미를 담고 있지 않다.

2개의 *m* 중 하나는 이미 기술되었다(나무들이 있는 숲, 매우 평화로워요). 두 번째 역시 카드 VIII의 반응 13, "시냇물이 있는 꽃 정원 같아요. 중앙을 통과해 오른쪽으로 흐르고 있어요."로 소외감과 관련된 반응이다. 지금까지 검토되지 않은 5개의 대답 중 4개가 소외 주제를 담고 있는 것으로 보인다. 그것들은 카드 II의 반응 3, "큰 협곡이나 계곡을 넘어 어디론가 가는 길 위의 다리처럼 보여요.", 카드 IV의 반응 5, "커다란 새가 둥지를 튼 큰 산 …… 새들은 볼 수 없어요. 새들은 이 위 어딘가에 숨어 있어요.", 카드 V의 반응 8, "두 반도 사이의 작은 강" 그리고 카드 VII의 반응 11, "작은 섬, 물이 여기로 오네요."이다. 흥미롭게도 4개 중 3개가 공백반응을 포함하며, 다섯 번째 반응인 카드 I의 반응 2, "두개골, 아마도 황소의 두개골인 거 같은데, 왜냐하면 여기 큰 뿔이 있으니까요. …… 눈구멍이 있어요. 눈은 없고 구멍만 있는 거요."도 그렇다. 종합해 보면, 이러한 반응들은 피검자의 분노와 소외감 사이의 명백한 관계를 나타내는 것으로 보인다.

전반적으로, 피검자는 일반 청소년들에 비해 자신을 더욱 부정적으로 평가한다. 피검자의 자기상은 불안전감에 대한 걱정, 불확실성, 방어욕구, 소외감을 포함한다. 이는 나이 어린 청소년들에게 기대되는 수준보다 더 혼란스럽고 취약하다. 피검자는 자신의 세계를 잃은 것처럼 보이며, 불우한 환경의 희생자로서 자신을 인식하는 경향이 있다.

대인관계 지각

과각성의 상태일 때, 취약성을 가지고 있다면 다른 사람들을 대할 때 과도하게 방어적으로 만들기 때문에, 친밀하거나 효과적인 대인관계에 좋은 징조가 아니다. 전형적으로 과각성된 사람들은 다른 사람들과 가까워지는 것을 기대하지 않고, 위협감을 느끼지 않고 상황의 통제를 쉽게 유지할 수 있다고 여길 때에만 관계를 유지한다. 이러한 특성은 이 청소년 환자에게도 나타난다.

재질반응이 없는 것은 HVI 지표의 중요 증거이며, 친밀함에 대한 욕구를 인정하거나 표

사례 17. 14세 남자 청소년의 대인관계 지각 자료

R	=20	CDI	=3	HVI =YES	**COP & AG Response**
a:p	=8:5	SumT	=0	Fd =0	III 4. D+ Mao 2 H,Hh,Hx P 3.0 AG,GHR
		[eb	=8:8]		

Sum Human Contents =6　　　　　　H　=2

[Style =Ambitent]

GHR:PHR=1:5

COP	=0	AG	=1	PER =2

Isolation Indx =0.85

현하지 못하고, 다른 사람들과 정서적 유대를 형성하는 데에 매우 조심스럽다는 것을 시사한다. 6개의 인간내용 반응 중 단 2개만 순수인간 반응이라는 것은 사람들에게 관심은 있으나, 그들을 잘 이해하지는 못한다는 것을 보여 준다. 더하여, 순수인간 반응이 모두 긍정적이지 않은 반응이라는 점에서 대인 지각이나 행동을 고려해 볼 수 있다. 첫 번째(반응 4)는 두 사람이 싸우고 있으며, 두 번째는 예수님이 다른 사람들에게 자신을 알리고 호수의 오염을 막고 있다. 이러한 맥락에서, GHR: PHR이 1:5인 것은 피검자가 사회적 행동에 참여할 때에 상황에 잘 적응하지 못할 것임을 시사한다.

COP가 없는 것은 피험자가 대인관계 상황에서 다소 불편감을 느끼고, 다른 사람들은 그를 거리감 있다거나 냉담하다고 인식할 수 있다. 그리고 2개의 PER 반응은 사회적 상황에서 또래보다 더욱 방어적이라는 것을 시사한다. 소외 지표(.85)가 매우 높은데, 이는 사회적으로 소외되어 있고 다른 사람들과 원만하고 보상적인 관계를 형성하고 유지하는 것이 어렵다는 것을 시사한다.

4개의 *M* 혹은 *FM* 반응은 쌍반응이다. *M* 반응들은 싸우는 사람들, 강력한 물질이 그들을 분홍색으로 만든, 파이프로 담배 피우는 사람들이다. *FM* 반응은 판자에 턱으로 가까스로 매달린 개들과 쉬고 있는 고래이다. 모두 피검자의 대인관계 행동이 효율적일 것이라고 추측하게 해 주는 근거를 제공하지 않는다.

피검자는 다른 사람들을 불신하는 매우 경계적이고 방어적인 사람이다. 관계에서 조심스럽고 냉담할 것이며, 일반적인 경우보다 훨씬 더 사회적인 관계를 맺는 것을 어려워할 것이다. 피검자는 사람들을 잘 이해하지 못하고, 안전감과 개인적 온전함(integrity)을 유지하기 위해 스스로를 소외시키는 경향이 있다.

요약

피검자가 상당한 혼란 상태에 있는 것은 의심의 여지가 거의 없다. 피검자의 사고가 때로는 합리적이고 세심하다 해도, 일관성과 명확성에 있어서 상당히 다르다. 새로운 정보를 처리하기 위해 매우 열심히 노력을 기울여도 피검자의 사고는 자주 혼란스러워지고, 논리는 심각한 결함을 보인다. 이런 일이 일어날 때, 피검자는 현실을 왜곡하는 경향이 있다. 사고 대부분은 자신의 세계와 그 안에 있는 것들에 대한 강한 불신의 영향을 받으며, 이것은 심리 대부분에 영향을 미친다.

피검자는 다른 사람들이 자신 혹은 자신의 행동에 대해 어떻게 반응할지 예측하는 능력에 대한 확신이 없고, 불쾌한 결과들을 예측하는 경향이 있다. 이는 피검자가 사람들과 상호작용할 때 매우 조심스럽고 자기보호적으로 행동하게 하며, 결과적으로 사회적으로 소외된다. 피검자의 상황은 좌절스럽고, 이를 다루려고 시도할 때, 사고는 더 혼란되고 감정은 파괴적이 된다.

피검자는 심리적으로 복잡한데, 복잡성의 대부분은 결핍과 과민함의 결합 및 혼란스러운 감정에 의해 촉발된다. 결과적으로 피검자는 종종 좌절감이 증가되는 괴롭거나 불편한 에피소드를 경험한다. 피검자는 정서를 일관되게 또는 효과적으로 다루는 방법을 배우지 못했고, 원치 않는 감정들을 제한하고, 억압하고, 부인하기 위해 노력해 왔다. 이러한 방어 전략이 단기적으로는 효과적일지라도, 정서를 효과적으로 다루지 못하게 하므로 장기적으로는 혼란을 가중시킨다.

피검자는 직접적으로 표현하지 못하지만 소외감과 분노를 형성해 왔으며, 이로 인해 혼란이 증가된다. 정서적 혼란은 최근 사건의 결과로서 그가 경험한 스트레스들로 증가된 만성적인 심리적 과부하 상태를 야기했다. 그러나 이러한 증가가 아니더라도 만성적인 과부하 상태와 심각한 인지적 문제는 그를 혼란에 매우 취약하게 만들고, 사고나 행동의 통제를 유지하는 능력을 제한한다.

피검자는 매우 자기성찰적이고 스스로를 이해하기 위해 애쓰고 있으나, 결과는 긍정적이지 않다. 자기상이 부정적이고, 불안전감에 대한 걱정, 불확실감, 소외감을 가지고 있다. 이는 피검자의 연령에 기대되는 수준보다 훨씬 더 혼란스럽고 취약함을 시사한다. 피검자는 혼란스럽고 위협적인 세상에서 길을 잃은 것처럼 보이며, 자신을 희생자로 여기는 경향이 있다. 그는 사람들을 잘 이해하지 못하고 대인관계 상황에서 불편해한다. 사회적 행동은 무관심과 방어적인 태도로 특징지어지는데, 전반적으로 효과적이지 못하다. 이러한 사회적 실패는 절망감을 더하고, 자신의 개인적 온전성(integrity)을 유지하기 위해 세상으로부터 자신을 소외시킨다.

요약하면, 이 청소년은 매우 혼란스럽고, 현실 접촉을 유지하는 데에 상당한 어려움을 가지고 있다. 그의 사고는 자주 심각하게 손상된다. 정서는 강렬하고 복잡하며, 다른 사람들과의 관계는 피상적이고 보상적이지 못하다. 환각 경험과 관련된 증거가 없다 하더라도, 이러한 특징들을 종합해 보면 전구기 조현양상 상태와 다르지 않은 것으로 보인다.

제언

주의 깊은 관찰과 입원을 지속하도록 제안하는 것이 적합해 보인다. 약물남용의 잔여효과는 5일에서 10일 내에 사라질 것이고, 이 기간에 피검자의 사고 손상이 나타나는지에 대해 평가가 지속되어야 할 것이다. 가능하다면, 약물학적 개입은 피해야 하겠다. 피검자의 불신을 최소화하는 분위기를 제공하기 위해 지지와 안심시키는 것(reassurance)이 결정적으로 중요하다. 개입 전략은 피검자에게 약물 에피소드뿐 아니라 그의 가족과 친구관계에 대해 이야기할 기회를 제공하는 것으로 계획되어야 한다. 아울러 가능한 시점에 그의 감정을 표현할 수 있는 통로가 제공되어야 한다.

피검자는 기능에 필요한 자산을 가지고 있다. 새로운 정보를 주의 깊고 철저하게 처리하며, 학교에서 평균 상의 성적을 유지할 수 있다. 피검자의 절망감과 괴로움은 위협감을 주지 않는 지원 시스템을 잘 따르게 해 줄 것이다. 퇴원은 입원 중에 전반적인 평가 결과에 기초하여 약물치료를 받는 피검자뿐만 아니라 심리치료적 개입을 포함하는 외래환자를 위해 잘 고안되어 계획적으로 이어져야 한다. 만약 보상작용의 상실이 나타난다면, 잘 개발된 외래환자 돌봄 서비스가 위험 요인을 최소화하고 이전보다 더 효율적인 적응을 성취할 수 있도록 도와줄 것이다. 궁극적으로 가족 개입은 지지 기반을 넓혀 줄 것이라는 점에서 그에게 중요해 보인다.

에필로그

피검자는 추가된 8일간의 입원에서 의료진들에게 협조적이었고 구조화된 집단 활동에

흔쾌히 참여하였다. 그러나 퇴원 후 계획에서는 다른 환자들과 상호작용하는 것을 꺼리며 집단치료의 참여가 제한적이었다. 주치의는 피검자의 사고가 여전히 와해되는 경우가 있고, 특히 가족 문제에서 그렇다고 하였다. 퇴원 후에는 개별치료와 가족치료를 제안하였으며, 피검자의 사고 문제가 명백하다면, 항정신성 약물이 적합할 것이라고 추천하였다.

퇴원 후 첫 두 달간 피검자는 한 주에 2회 주치의와 30분 회기를 가졌고, 가족은 주 1회 90분 회기를 다른 치료사와 함께 하였다. 피검자의 누나는 가족치료의 활발한 참여자였고, 누나가 부모님의 마리화나 사용에 관해 세 번 언급했는데 그때마다 피검자는 초조하고 적대적이 되었고 다른 가족 구성원들의 실수에 대해 횡성수설하였다.

그 세 번째 언급 이후, 치료계획이 변화되었다. 피검자의 개별 회기가 1시간 정도로 길어졌고, 가족 회기에는 참여하지 않기로 하였다. 사고가 때때로 '이상한(strained)' 상태여서 치료 시작 3개월 후에 중단되었던 항정신성 약물이 다시 처방되었다. 어머니, 아버지, 그리고 누나는 피검자가 참여하지 않은 채 가족 회기에 두 달간 참가하였다. 피검자는 고등학교 1학년을 사고 없이 평균 상의 성적으로 끝마쳤다. 여름에는 6주간 컴퓨터 공학 캠프에 참가하였다. 8개월간의 치료를 종결하면서 치료사는 더 이상 약물남용의 증거는 없으며, 친구관계에서도 진전이 있다고 기록하고 있다. 피검자의 사고는 여전히 때로는 이상하지만, 전반적인 행동을 방해할 정도는 아니다.

참고문헌

Archer, R. P., & Gordon, R. A. (1988). MMPI and Rorschach indices of schizophrenic and depressive diagnoses among adolescent inpatients. *Journal of Personality Assessment, 52*(2), 276-287.

Armstrong, J., Silberg, J. L., & Parente, F. J. (1986). Patterns of thought disorder on psychological testing: Implications for adolescent psychopathology. *Journal of Nervous and Mental Diseases, 174*(8), 448-456.

Bilett, J. L., Jones, N. F., & Whitaker, L. C. (1982). Exploring schizophrenic thinking in older adolescents with the WAIS, Rorschach and WIST. *Journal of Clinical Psychology, 38*(2), 232-243.

Brickman, A., Buchsbaum, M., Bloom, R., Bokhoven, P., Reshmi, P., Haznedar, M., et al. (2004). Neuropsychological functioning in first-break never-medicated adolescents with psychosis. *Journal of Nervous and Mental Diseases, 192*(9), 615-622.

Endicott, J., & Spitzer, R. L. (1972). What! Another rating scale? The Psychiatric Evaluation Form. *Journal of Nervous and Mental Diseases, 154,* 88-104.

Exner, J. E., Thomas, E. A., & Mason, B. J. (1985). Children's Rorschachs: Description and Prediction. *Journal of Personality Assessment, 49*(1), 13-20.

Franklin, K. W., & Cornell, D. G. (1997). Rorschach interpretation with high-ability adolescent females: Psychopathology or creative thinking? *Journal of Personality Assessment, 68*(1), 184-196.

Freud, A. (1958). Adolescence. *Psychoanalytic Study of the Child, 13,* 255.

Gallucci, N. T. (1989). Personality assessment with children of superior intelligence. *Journal of Personality Assessment, 53*(4), 749-760.

Hafner, H., & Nowotny, B. (1995). Epidemiology of early-onset schizophrenia. *European Archives of Psychiatry and Clinical Neuroscience, 245*(2), 80-92.

Johnston, M., & Holzman, P. (1979). *Assessing schizophrenic thinking.* San Francisco: Jossey-Bass.

Lachar, D., & Gruber, C. P. (1995). *Personality Inventory for Youth: Technical guide.* Los Angeles: Western Psychological Services.

Remschmidt, H., Schulz, E., Martin, M., & Warnke, A. (1994). Childhood-onset schizophrenia: History of the concept and recent studies. *Schizophrenia Bulletin, 20*(4), 727-745.

Reynolds, C. R., & Kamphaus, R. W. (1992). *Behavior assessment system for children.* Circle Pines, MN: American Guidance Service.

Skelton, M. D., Boik, R. J., & Madero, J. N. (1995). Thought disorder on the WAIS-R relative to the Rorschach: Assessing identity-disordered adolescents. *Journal of Personality Assessment, 65*(3), 533-549.

Smith, S. R., Baity, M. R., Knowles, E. S., & Hilsenroth, M. J. (2001). Assessment of disordered thinking in children and adolescents: The Rorschach Perceptual-Thinking Index. *Journal of Personality Assessment, 77*(3), 447-463.

Whitaker, L. (1973). *Manual for the Whitaker Index of schizophrenic thinking.* Los Angeles: Western Psychological Services.

제20장

꾀병 문제

이상적으로는 한 사람에 대한 검사 결과가 그 사람의 심리적 구조에 대해 완전히 신뢰롭고 타당하게 설명할 것이다. 하지만 현실적으로 평가는 불가피하게 무선적 오류 또는 체계적 오류 변량 등이 수반되므로, 검사 결과와 심리적 '진실' 사이는 항상 차이가 발생한다. 사람들이 특정한 관점에서 자신을 보여 주고자 하는 동기가 유발되는 바로 그런 상황도 이에 해당된다. 이런 상황에 대해 Meyer와 Deitsch(1995)는 "꾀병(malingering)이란 한 사람의 개인적인 심리보다는, 그 상황에서 얻게 될 분명한 혜택과 정황으로 더 많이 이해될 수 있다"고 하였다.

이번 섹션의 두 장에서는 로르샤흐 평가에 초점을 맞추어, 인상 관리(impression management; 자신을 긍정적으로 또는 부정적으로 묘사하려는 시도)로 인해 검사 결과와 정확한 설명 간 오류 변량을 일으키는 경우를 다루고자 한다. 이 장에서는 심각한 심리적 혼란을 가장하는 꾀병에 대해서 논의할 것이며, 다음 장에서는 자신을 유능하며 정서적 어려움이 없는 상태로 묘사하는 긍정적 적응을 가장하는 것에 초점을 맞출 것이다. 인상 관리에 의해서 만들어지는 오류 변량은 체계적이므로, 사람들이 자신을 드러내는 방식을 달리하여 이득을 얻을 수 있는 경우에 대해 검사 결과 해석의 지침을 제공하고자 한다.

꾀병의 평가

가장 기초적인 수준에서 지시문에 따라 로르샤흐 기록이 어느 정도 달라진다는 것은 의심할 여지가 없다. Hutt, Gibby, Milton와 Pottharst(1950)는 참여자가 특정 반응을 하도록 지시받은 경우, 반응영역, 운동, 색채 그리고 형태의 빈도가 증가된다는 것을 증명하였다. Gibby(1951)는 특정 유형의 응답을 하도록 지시받은 참여자들이 전체 반응 위치(W) 또는 동물내용(A)을 증가시킬 수 있다는 것을 발견하였다.

　Fosberg(1938, 1941, 1943)는 역균형화 재검사 설계(counterbalanced retest design)를 이용해 인상 관리의 가능성에 대해 처음으로 검증한 연구자이다. 그는 검사 자료가 쉽게 바뀌지 않으며, 지시와는 관계없이 성격의 기본 특징이 검사의 구조적 특징에 나타난다고 결론내렸다. Carp와 Shavzin(1950)은 좋은 인상과 나쁜 인상을 만들라는 각각의 지시로 이루어진 역균형화 재검사 설계를 역시 사용하였고, 참가자들이 다른 조건하에서 각각 다른 성격을 표현하고 있음을 밝혔다. Easton과 Feigenbaum(1967) 역시 비슷한 실험 설계를 하였는데, 통제 집단을 표준 지시하에 2회 시행한 절차는 차이가 있었다. 그들은 꾀병을 지시한 결과, R, D, H, A, Ad, P가 감소한 것을 알 수 있었다.

　부정적인 인상 관리는 그 범주가 너무 광범위하여 전체적으로 다루기 어렵다. 그러나 반드시 논의해야 하는 질문은 '이 사람이 꾀병으로 위장하려 하는가' 하는 단순한 질문뿐만 아니라 더 구체적으로는 '이 사람이 어떤 종류의 정신병리를 위장하려고 하는가'이다. 따라서 이 장에서는 먼저 정신증 또는 조현병으로 위장하는 것에 관한 문헌을 다룬 후, 관련되어 2급 살인으로 기소된 남자의 사례를 살펴볼 것이다. 그리고 심리적 고통감이나 우울을 위장하기와 관련된 문헌을 다룬 후, 보험혜택을 계속 요구하는 남자의 사례를 연관 지어 살펴보고자 한다.

정신증 또는 조현병으로 위장하기

　Albert, Fox와 Kahn(1980) 연구는 다중셀 설계(multicell designs)로, 정신증과 조현병으로 위장하는 것과 관련된 많은 연구들의 초기 사례이다. 이 연구에 참여한 24명 피검자 중 비환자 통제 집단 6명, 망상형 조현병 6명, 그리고 로르샤흐 검사에서 조현병 상태로 위장하라는 지시를 받은 비환자 12명이 포함되었다. 로르샤흐 검사에서 조현병 상태로 위장하라고 지시받은 12명의 비환자 중 6명(정보가 제공되지 않는 위조자)에게는 조현병 증상에 대한 정보 없이 조현병으로 위장하라고 요청하였고, 나머지 6명(정보가 제공된 위조자)에게 망상형 조현병 증상에 관한 정보가 오디오 녹음으로 제공되었다. 그리고 4개의 실험조건당 각 1개씩의 프로토콜 자료가 할당되도록 설계하여, 46명의 전문평가자(성격평가학회 학회원)가 평정하였다. 그 결과 평가자들은 정보가 제공되지 않은 위조자 집단과 실제 조현병 환자 집단의 자료를 유사한 빈도로 정신증으로 진단하였다. 그리고 정보가 제공된 위조자 집단에 대해서는, 실제 조현병 환자 집단보다 높은 빈도로 정신증 진단을 내렸다. 연구자들은 로르샤흐 평가전문가들이 심각한 장애로 위장하는 자료에 대해 임상적 판단이 쉽게 영향받을 수 있다고 결론 내렸다.

이 연구의 다중셀 설계는 몇 가지 실행 오류로 인해 연구 결과가 오염되었다. 한 명의 검사자가 모든 검사를 시행함으로써 질문 단계에서 연구가설과 관련되어 편향되었을 수 있다. 이러한 오류를 더 복잡하게 만드는 것은, 로르샤흐 기록이 평가자들에게 보내기 전까지 전혀 채점되지 않았다는 점이다. 게다가 연구자들은 평가자 46명의 로르샤흐 평가 경험이나 해석적 접근과 관련된 정보를 전혀 알지 못하는 상태였다.

Mittman(1983)은 Albert 등(1980)의 연구에서 발생한 방법론적 오류를 수정하고자 하였다. 연구자는 이 연구에 대해 알지 못하는 검사자 12명에게 피검자 30명을 대상으로 로르샤흐를 시행하도록 하였다. 30명 중 18명은 표준화된 연구에 참여하도록 모집된 비환자 성인으로, 모두 제조업 공장 근로자였다. 이들 18명 중 6명에게 표준화된 지시에 의해 검사는 실시되었다. 나머지 12명에게 조현병 프로토콜을 위장하도록 지시하였는데, 이 중 6명은 증상에 관한 세부 정보를 제공받지 않았고, 다른 6명에게는 검사 시행 전 망상형 조현병에 대한 정보를 담은 Albert 등(1980)이 사용했던 오디오 녹음을 듣도록 했다. 나머지 12개 기록은 조현병 입원환자 6명과 우울증 입원환자 6명에게 수집된 것으로, 모두 처음 입원한 병동에서 입원 과정 중 검사가 시행되었다. 30개 기록은 모두 채점되었고, 구조적 요약도 계산되었다. 조현병 지표와 우울증 지표에 대한 자료는 포함되지 않았는데, 당시 이 두 지표 개발과 관련된 연구가 진행 중이었기 때문이다.

연구팀은 110명의 훈련된 전문가에게 각 조건에서 하나씩 무선적으로 선택된 4개의 프로토콜을 우편으로 보냈다. 각각의 프로토콜은 정상부터 꾀병 분류까지 포함된 12개의 진단 범주 목록으로 평정하도록 되어 있었다. 90명의 전문가로부터 회신 받았으며, 로르샤흐 기록당 81에서 99개의 평정이 이루어졌다. 6개의 조현병 피검자의 프로토콜로 89개의 평정이 이루어졌는데, 이 중 51개(57%)만이 조현병 상태를 정확하게 진단하였다. 조현병 피검자의 기록을 평가한 나머지 38개 중 12개(13%)는 심각한 정신병리(내인성 우울, 조울증, 정신증적 특성이 있는 경계선 성격장애)로 진단하였으나, 나머지 26개(29%)는 질문지에 제시된 12개의 병리 분류 목록 가운데 덜 심각한 진단으로 평정되었다. 정상 범주로 평정된 기록은 없었으며, 하나는 꾀병으로 평정되었다.

정보가 제공되지 않은 위조자 6명의 기록을 평가한 91개 중 5개(5%)는 조현병으로 진단되었다. 흥미로운 것은, 5개 중 4개는 동일한 로르샤흐 사례를 할당받았던 것이다. 나머지 86개 중 23개(25%)는 주요 정동장애가 있는 것으로 평정된 반면, 44개(48%)는 5개의 성격장애 범주로 평정되었다. 18개(20%)는 정상 범주로 보았고, 1개(1%)만이 꾀병으로 분류되었다.

정보가 제공된 위조자 6명에 대한 기록은 90개 평가 중 16개(18%)는 조현병으로 진단되었다. 조현병으로 진단한 16개 중 13개는 총 6개 중 2개의 자료에서 평가되었다. 이와 달리 15개(16%)는 주요 정동장애로 평정되었다. 그런데 흥미롭게도, 15개 중 10개는, 13개의 조현병 진단이 내려진 동일한 로르샤흐 기록 2개에 대해서 주요 정동장애 진단이 내려졌다. 54개(59%)는 5개의 성격장애 범주 중에서 하나로 진단된 반면, 단지 4개(4%)가 정상 분류로, 1개(1%)만이 꾀병으로 진단되었다.

6명의 비환자 통제 집단의 경우 99개 중 12개(12%)는 주요 정동장애 진단이 내려졌으나, 조현병으로 진단한 경우는 없었다. 그리고 나머지 87개 중 23개(23%)는 반응성 우울증 범주로, 다른 43개(43%)는 5개의 성격장애 범주 가운데 하나로 진단되었다. 단지 19개(19%)만이 정상으로 평정되었고, 2개(2%)는 꾀병으로 분류되었다.

Mittman(1983)의 연구로부터 2가지 중요한 사실을 알 수 있다. 첫째, 조현병으로 위장하라는 지시를 받은 12명의 참가자 중 3명(정보가 제공된 집단에서 2명, 정보가 제공되지 않은 집단에서 1명)은 상당히 성공적으로 위장했다는 것이다. 실제로 35개 중 17개의 평정이 이들 3명의 피검자 프로토콜에 대해 조현병으로 진단하였고, 14개는 이들 3명의 피검자에게 주요 정동장애로 진단되었다. 이러한 결과는, 평가전문가들에 의해서 평가된 로르샤흐 검사는 꾀병의 영향을 많이 받으며, 특히 위장하도록 하는 유형에 대해 어느 정도 인지하고 있는 사례에서는 더 큰 영향을 미친다는, Albert 등(1980)의 결론을 지지한다.

둘째, 30개 프로토콜에 총 450개의 평정을 내린 90명의 평가전문가들은 병리나 심리적 취약성을 찾으려는 경향이 있었다. 전체 평가전문가들 중 대략 45%는 5개의 성격장애 범주 가운데 하나를 사용하였다. 주요한 정신병리가 존재할 때, 대부분의 평가자들은 성격장애 진단을 내렸고(6명의 조현병 피검자 기록에 대해 내려진 진단 중 70%, 우울증 피검자 프로토콜에 대해 내려진 진단 중 60%), 2개의 꾀병 집단과 비환자 집단에서처럼 주요한 정신병리가 분명치 않을 때 전체 평가에서 50%을 약간 상회하는 수준으로 성격장애 진단을 내렸다.

다중셀 설계를 이용한 다른 연구들에서 평가전문가들을 포함시키지 않는 대신 자발적인 참여자들에게 조현병으로 위장하게 하고 난 뒤, 그들의 로르샤흐 구조적 요약의 결과를 다양한 통제 집단 및 정신병리 집단과 비교하였다. Perry와 Kinder(1992)는 대학생을 대상으로 조현병의 증상을 간략하게 제시한 실험 집단의 결과를 통제 집단과 비교했다. 실험 집단 대학생의 경우 Schizophrenia 지표, *WSum6*, *X*-%, *M*-의 상승을 보였고, P 반응과

$X+\%$가 감소했다.

Netter와 Viglione(1994)는 40명의 비환자 집단을 통제 집단과 꾀병 집단으로 분류하고, DSM-III-R의 조현병 진단기준을 충족시키는 20명의 만성 입원환자들의 결과와 비교했다. 꾀병 집단은 DSM-III-R의 조현병 증상에 대해 묘사된 내용을 읽고 로르샤흐 검사자가 그들을 조현병으로 확신하도록 위장하게 지시받았다. 연구자들은 정보가 제공된 꾀병 집단은 지각반응에서 훨씬 더 극적인 이야기를 만들어 내고, 생생하게 지각하는 척하며 평범반응을 왜곡시켜 반응한다는 것을 발견하였다.

Ganellen, Wasyliw, Haywood와 Grossman(1996)의 연구는 정신증을 위장하도록 지시받은 참여자 대신 실제 꾀병환자(malingerers)를 포함시켰다는 점에서 독특하다. 연구자들은 사형이나 장기징역형이 구형될 심각한 범죄로 고소당한 48명 피고들의 공식 문서 기록을 조사했다. 피고들이 소송을 이행하는 데 적합한지 그리고 정신 상태가 온전한지 평가하기 위해 로르샤흐 검사와 MMPI 검사를 재판과정 중 시행하였다.

Ganellen 등(1996)은 MMPI F척도 $90T$를 절단점으로 이용하여 꾀병 집단과 솔직하게 반응하는 집단으로 나누고 로르샤흐 자료를 비교하였다. 그 결과 극적인 내용과 특수점수(혈액, 성, 불, 폭발, 병적 반응, 공격반응)만이 꾀병 집단에서 유의하게 높게 나타났다. 연구자들은 "정신증을 위장하는 실제 범죄 피고인들은 드문 로르샤흐 반응을 만들어 내지만, 로르샤흐에서 '정신증'으로 보이기 어렵다"고 결론 내렸다. 또한 "실제 법의학적 상황에서 피고인들이 의도적으로 극화하는 것(dramatization)이 로르샤흐의 구조적 요약점수에는 영향을 끼치지는 못한다"고 보았다. 연구자들은 MMPI F척도, Paranoia(Pa), Schizophrenia(Sc)척도가 극단적으로 상승하면서, MMPI의 L, K척도가 낮고 로르샤흐의 구조적 요약에서 정신증 지표가 거의 없으며, 반응의 내용이 과하게 극적인 양상을 보이는 경우 정신증을 의도적으로 위장하고 있는 것을 의미한다고 제안하였다.

MMPI 척도는 정신증의 위장 여부를 평가하는 데 유용하다. Berry, Baer와 Harris(1991)는 MMPI 변인을 메타분석한 결과, F척도의 효과크기를 가장 크다는 것을 밝혀냈다. 비록 구체적인 절단점을 제시하지는 않았지만, T점수가 88 이상일 때 꾀병과 실제 솔직한 반응을 구분할 수 있다고 보고하였다.

Gough(1950)는 F척도와 K척도 간 원점수 차이($F-K$ 지표)가 심리적 문제를 과장하거나 과소보고하는 사람들을 구별하는 데 유용하며, +13 이상의 $F-K$ 지표는 증상을 과대보고하는 경향성을 변별하는 명확한 지표라고 보고하였다.

Arbisi와 Ben-Porath(1995)는 상당히 병리적인 사람들도 잘 반응하지 않는 문항을 확인하여 비전형-정신병리척도[$F(p)$]를 개발하였다. 연구자들은 정상 표본과 정신과 입원환자 모두 MMPI-2의 $F(p)$ 27문항 세트에는 잘 반응하지 않음을 확인하였다. 연구자들이 비록 구체적 절단점을 제시하지는 않았지만, $F(p)$의 T점수 100 이상은 꾀병을 나타내는 지표라고 언급하였다.

사례 18: 살인사건의 정신증 평가 사례

피검자는 26세 남자로 동거하던 여자친구를 살해하여 2급 살인죄로 기소되었다. 피검자의 변호사는 피고인 변호에 영향을 미치는 법정 수행능력과 정신 상태에 관해 평가 의뢰하였다. 피고인은 오리 사냥꾼이 습지대에서 피해자 시신을 발견한 지 12일 후 체포되었고 46일 동안 구금되어 있었다.

피고인의 여자친구는 자동차 대리점에서 4년 동안 비서로 일하였는데, 대리점의 매니저가 실종 신고를 했다. 이틀 연속 회사에 나오지 않자 매니저는 그녀의 친구들에게 연락했지만 아무도 그녀의 행방에 대해 알지 못했다. 매니저가 피고인에게 전화했을 때, 피고인은 여자친구가 동거하던 아파트에서 일주일 전에 나갔다고 이야기했다. 그러나 이웃들은 그녀가 실종된 순간까지 피고인과 함께 살고 있었다고 진술했다.

수사관과 첫 번째 면담에서 피고인은 여자친구가 실종 일주일 전 집에서 나갔다고 주장했다. 그러나 두 번째 면담에서는 피고인이 말을 바꿔 여자친구가 당시 만나던 다른 남자와 살기로 결정하고 실종 2~3일 전에 집을 나갔다고 이야기했다. 아파트를 수색한 결과 피고인의 집에서 여자친구의 화장품, 개인물품, 옷들이 발견되었다. 피고인은 최근 여자친구와 사이가 좋지 않았고 그녀가 떠나기로 결정했을 때 크게 놀라지 않았다고 말했으나, 면담 시 두드러지게 불안하고 침울해 보였다.

이웃들은 그녀가 실종되기 2주 전부터 여러 차례 크게 싸우는 소리가 들렸다고 진술했다. 피고인은 자주 다투었던 것은 인정했으나 여자친구에 대한 신체적 폭행은 부인하였다. 피고인은 여자친구가 밤늦게 클럽에 가고 싶어 하여 주로 다투었으며, 대개 그가 너무 피곤해하면 여자친구가 화가 나 혼자 밖에 나갔다고 말했다. 적어도 두 번 정도는 여자친구가 집을 나가 돌아오지 않아 싸웠다고 진술하였다. 또한 여자친구가 귀가했을 때 매우 취한 상태였다고 주장했다. 피고인은 간혹 여자친구와 함께 코카인을 흡입하였으나 그렇게 자주 하지는 않았다고 보고하였다.

검시관의 보고에 의하면 피해자는 칼에 18회나 찔렸고, 피고인의 주방에서 사용되었을 것으로 추정되는 무기로 보이는 칼 두 자루가 나왔다. 두 자루의 칼이 모두 철저하게 세척되어 있었지만, 그중 하나에 남아 있던 핏자국이 피해자의 혈흔과 일치했다. 피고인의 차를 수색한 결과 피 얼룩이 묻은 담요가 발견되었으며 이 역시 피해자의 혈액형과 일치하였다.

과학수사 증거를 제시했을 때, 피고인은 처음에는 여자친구가 요리하던 중 베였을 것이라고 주장했으나 이후 자신이 종종 '의식상실' 상태를 경험하며 의식상실 동안 자신이 한 행동에 대해서는 잘 모른다고 말하였다. 피고인은 맥주 한두 잔을 마신 후 대개 이러한 현상이 발생한다고 주장하였다. 그럼에도 불구하고 피고인은 "여자친구가 걸레 같은 년(slut)인 줄 알지만 절대 해치지는 않았다"고 주장했다.

피고인은 남매 중 첫째로, 여동생은 20세로 소방관이며 아버지는 56세 트럭 운전사, 어머니는 54세 주부이다. 그는 18세에 고등학교를 졸업한 뒤 1년 정도 공업학교에서 자동차 정비를 배웠다. 지난 5년 동안 화물차 운송회사에서 정비공으로 일하였다. 밤에는 지역 대학에서 야간과정으로 역사 및 영어 전공 3과목을 이수하였으며 대학에서 학위를 받기 위해 돈을 모으는 중이라고 했다. 고용주는 피고인이 조용하지만 유능하고 성실한 사람이라고 진술하였다.

감금된 후 피고인은 침울하고 비협조적이었다. 국선변호인은 피고인이 현실과 동떨어져 있는 것처럼 보이며 횡설수설하고 말이 일관성이 없다고 하였다. 피고인은 자신이 여자친구를 죽이지 않았다고 계속 주장하면서, 만약 죽였다면 그건 의식상실 상태에서 일어났을 것이라고 하였다.

피고인의 웩슬러 지능검사(WAIS-R) 결과 전체 지능지수(FSIQ)는 99점이었다(언어성 102, 동작성 96). 언어성 소검사는 9점(숫자와 어휘)~12점(공통성)의 범위이며 동작성 소검사는 6점(차례 맞추기)~10점(토막짜기)의 범위에 해당된다.

평가 시 피고가 재판을 수행할 능력이 있는지 여부와 정신착란성 방어(insanity defense)(역자 주: 정신착란으로 인한 행동은 범죄로 판결할 수 없다는 법적 개념)의 근거가 되는 전반적인 정신증 상태의 증거가 있는지에 대해 의뢰되었다.

사례 18. 26세 남성

카드	반응	질문
I	1. 두 대륙을 찍은 일종의 항공 사진, 한 여자가 두 대륙 사이에 서 있어요. 독일 사진 같아요.	평가자: (반응 반복) 피검자: 대륙이에요. 2개를 대비시켰어요. 제가 여행을 많이 다녔기 때문에 말할 수 있어요. 이 중간은 독일인 같아요. 이 여자는 머리가 없고 그녀 주위에 대륙은 온통 어두워요. 평가자: 당신처럼 저도 볼 수 있도록 설명해 주세요. 피검자: 제가 지하에서 위로 바라보고 있는 것 같고, 모두 패턴으로 신호 같아요. TV처럼, 또는 어떤 악마 같은 것. 평가자: 좀 더 살펴보면 다른 것도 볼 수 있습니다. 피검자: 더 이상 안 보여요.
II	2. 가톨릭교도 같아요. 이건 제가 말 안 하는 게 더 나을 것 같은데, 예수예요. 창에 찔렸고 죽어가고 있어요. 곳곳에 피가 있고요.	평가자: (반응 반복) 피검자: 또 다른 세상이 틀림없어요. 그는 죽어가고 있고 피투성이에요. 바로 여기(D4) 어두운 것은 다 연기고요. 빨간 부분은 다 피예요. 연기랑 피요. (가리키며)
	3. 가오리 같은 이미지.	평가자: (반응 반복) 피검자: 여기 아래(D3)가 가오리, 살해도구 같아요. 이건 이상하고 강력해요. 불길하고 사악해요. 이게 선생님을 죽일 수 있어요. 뱀장어나 뱀이 죽이듯이요. 이 침 좀 보세요. 도사리면서 죽이려고 기다리고 있어요.
	4. 여기도 텅 비어 있네요.	평가자: (반응 반복) 피검자: 바로 여기(DS5), 텅 비었어요. 아무것도 없이, 악마가 승리한 후 같이 텅 비었어요. 이거는 남겨진 기분이에요. 그냥 영혼의 구멍 같은.
III	5. 2명의 사람이 있는데, 어린 소년과 어린 소녀예요. 그냥 어려요. 그들은 양의 얼굴을 지녔어요. 좋지는 않아요.	평가자: (반응 반복) 피검자: 색깔이 신경 쓰이네요. 제가 그걸 보고 있지 않아요. 여기 보세요. 소년(왼쪽)과 소녀(오른쪽)가 있어요. 쌍둥이 같고요. 뭔가를 두려워하고 있는데, 서서 주위를 둘러보고 있어요. 악마가 오기를 기다리고 있는 것 같아요.

	6. 파리의 머리.	평가자: (반응 반복)
		피검자: 큰 눈을 가지고 있는데, 튀어나와 있어요. 뭔가 먹을 거를 찾고 있고, 이거는(D7) 못생긴 머리예요.
		평가자: 튀어나와 있는 것을 설명해 주시면요?
		피검자: 그게 더 어둡고, 더 부풀어 있어서, 튀어나온 눈 같아요.
IV	7. 여기 두 발.	평가자: (반응 반복)
		피검자: 보세요. 바로 여기요. 두 발. 양쪽에 하나씩, 누군가의 발처럼, 큰 발가락을 지녔어요.
	8. 여기 윗부분은 꽃이요.	평가자: (반응 반복)
		피검자: 네, 꽃 같아요. 꽃잎처럼 위쪽이 벌어져 있어요. 부드러워 보여요.
		평가자: 부드러워요?
		피검자: 꽃잎, 이것들은 벨벳 같아요. 만지면 부드러워요.
	9. 여기 안에 얼굴들이 있어요.	평가자: (반응 반복)
		피검자: 모든 종류의 얼굴들, 그들의 헬멧에 빛이 있고요. 이거는 아마도 악마예요. 좋지 않아요. 일종의 마스터플랜, 모두 플랜을 찾고 있어요. 문명화 단계 같은데, 그들은 모두 지하에 있어요. 주위는 어둡고, 모두 검정색과 회색이에요.
V	10. 이거는 박쥐로만 보여요.	평가자: (반응 반복)
		피검자: 이 모양은 박쥐 같은데, 더듬이, 발, 날개, 이것(하단의 중앙선)은 진입점(point of entry)이고, 다시 반응하는 것이거나 분열된 인격 같아요. 제정신이면서 동시에 미친 것 같아요. 거기는 역시 약간 썩었네요. 나뉜 면이 더 어두워요.
VI	11. 흥미롭네요. 뇌의 안쪽 부분 같은데, 안쪽으로부터 뇌까지 이르는 통로를 볼 수 있을 거예요.	평가자: (반응 반복)
		피검자: 뇌는 중요한 부분이에요. 아무도 이전까지는 이것 같은 것을 본 적이 없어요. 이거는 전부 다 어둡고, 검정색, 안쪽, 통로, 뇌예요. 이거는 큰 뇌처럼 점점 회색빛이 되어 가요. 활동 중인 과정이요.

	12. 토템 기둥일 수도 있겠네요.	평가자: (반응 반복)
		피검자: 맨 윗부분이요. 토템 같은 신비스러운 신의 모습 같은데 모든 사람들이 숭배하러 와요. 모두의 관심을 끌만큼 아름답고 매우 정교하게 조각되어 있어요.
VII	13. 이 두 사람은 다른 나라 사람이에요. 서로 바라보고 있지만 분리하는 선이 있어 나누어져 있어요. 그들은 함께 있는 것 같은데 따로 떨어져 있어요.	평가자: (반응 반복)
		피검자: 그들은 다른 계급의 사람이고, 서로 바라보고 있어요. 자살의 형태일 수 있어요. 그런데 그들은 진짜 출구는 없어요. 이 다른 계급들은 무슨 일이 일어나길 기다리고 있고, 진보 단계예요. 외국 인종, 아마 아시아인의 마음과 중국인의 손이 뻗어 있고 선이 그들을 나누고 있어요. 죽음으로부터 생명을. 이것은 악마, 죽음으로 가득 차 있어요. 왜냐하면 너무 어둡고 우울하거든요.
VIII	14. 이것은 인간의 살을 게걸스럽게 먹고 있는 쥐들을 나타내요. 여자의 내부이고요. 마치 단계를 통과하는 순환 같아요.	평가자: (반응 반복)
		피검자: 네, 두 마리의 쥐요. 양쪽에, 그들은 메뉴를 게걸스럽게 먹고 있어요. 이거는 음식을 나타내요. 인간 음식, 이것은 동양의 죽음, 가운데 전부 다 여자이고요. 이게 일어나는 시기를 나타내요. 출산과 같이 사람과 자연 사이에 사슬, 빨간 것은 다 피이고 쥐들에 의해 먹히고 있어요. 이것은 순환이에요.
	15. (가문이나 도시의 상징인) 문장 같기도 해요. 이중교잡 같은.	평가자: (반응 반복)
		피검자: 이것은 남성에 반대하는 여성을 나타내요. 모든 것으로부터 자유로운 동성애적 투쟁이에요. 문장 안쪽에는 그들의 빛깔이 보이고요. 멋진 것들을 보여 주지만 추하기도 해요. 바깥에 둘은 서로 거부하고 자신이 선호하는 것을 보여 주기 위해 둘이서 서로 잡아 찢고 있어요. 어떤 아이들도 남지 못할 거예요.

IX	16. 이것은 속임수예요. 자궁 외에 아무것도 아니에요. 보기에 별로 좋지는 않아요. 모두 펼쳐져 있고요. 그런데 아기는 사라졌어요. 조산했네요.	평가자: (반응 반복) 피검자: 이거 별로 좋지가 않네요. 아주 엉망인 낙태예요. 피투성이고, 피가 새어 나오고 있어요. 자신의 아이를 원치 않는 창녀가 아이를 없애기 위해 자신의 내장은 조각나고요. 그런데 이 표시는 계속 있을 거예요. 줄(chord) 중앙에 있는데, 이건 절대로 사라지지 않을 거예요. 그녀는 엉덩이도 아플 텐데 왜냐하면 그녀가 이 더럽고 엉망진창인 피를 흘렸잖아요. 아랫부분은 붉고 엉망진창이에요. 그럴 만해요.
X	17. 곤충이 발달하는 특정 기능적 단계의 곤충들이 있어요. 그들이 맨 위에 무언가를 발달시키고 있어요.	평가자: (반응 반복) 피검자: 그들은 이 기둥에서 일종의 활동을 하고 있어요. 다 잡아먹거나 바꾸거나, 그들은 악마이고 어떻게 이 일을 마칠지에 대해 의논하고 있어요. 그들은 괴물이에요. 악마의 종류 같은.
	18. 이 엉망인 분홍색은 아직 태어나지 않은 아이 같아요. 이 주위에 있는 모두가 아이를 독살하려고 해요. 그들은 이걸 게걸스럽게 먹는 둘을 기다려요. 중앙에는 난소가 있는데 독을 품은 아메바 같고 그들은 이것을 가지려고 기다리고 있어요.	평가자: (반응 반복) 피검자: 아이는 다 빨개요. 엄마의 피가 묻었어요. 머리는 어느 정도 만들어졌는데 그 망할 난소에 아직도 붙어 있어요. 이 세균들이 아이를 먹으려고 하고 있어요. 그들은 어떻게 잡아먹을지 의논하고 있고, 이것은 마스터플랜이 작동하고 있고요. 이거는 악마이고, 난소는 먹힐 거예요. 그래서 악마들은 살아남아요.
	19. 거기에 생명의 씨앗도 있네요.	평가자: (반응 반복) 피검자: 중간 부분에 떠다니고 있지만 아무에게도 보이진 않아요. 그런데 거기에 분명 있고 이것은 비옥하고 삶의 힘을 주는 거예요. 만약 선생님이 이걸 얻어 삼킬 수 있다면 선생님은 파괴될 수 없고 아무도 선생님을 해치지 못해요. 그런데 아무도 이게 어디에 있는지 몰라요. 이걸 볼 수가 없죠. 그래서 이것은 발견될 때까지 떠다녀요.

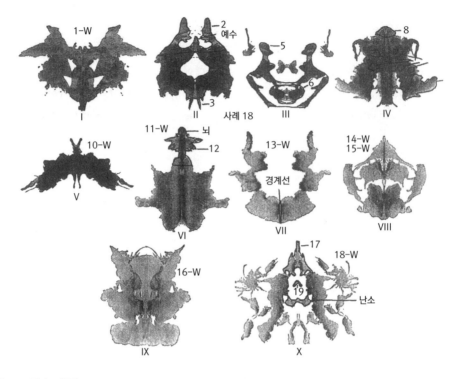

사례 18

사례 18. 점수 계열

카드	반응 번호	위치	영역 번호	결정인	(2)	내용	평범 반응	Z	특수 점수
I	1	W+	1	FD.Mp.YFu	2	Art,Ge,Hd		4.0	AB,FAB2,PER,PHR
II	2	Dd+	99	Mp.Y.C−		H,Ay,Bl,Fi		3.0	DR2,MOR,PHR
	3	Do	3	Mau		A			AG,DR,PHR
	4	DSv	5	Mpo		Hx			DR2,MOR,AB,PHR
III	5	Do	9	Mpo		H,Hx			INC2,DR,PHR
	6	Do	7	FMp.FV−		Ad			AG,PHR
IV	7	Do	2	Fo	2	Hd			PHR
	8	Do	3	FTo		Bt			
	9	Dd+	99	Mp.CF−		Hd,Cg,Ls		3.5	FAB2,PHR
V	10	Wo	1	FYo		A	P	1.0	DR2,MOR
VI	11	Wo	1	FC'.Mp−		An		2.5	DR2,PHR
	12	Do	8	Fo		Ay			DR
VII	13	W+	1	Mp.YFo		H	P	2.5	AB,MOR,DR2,PHR
VIII	14	W+	1	FMa.Mp.CFo	2	A,An,Bl	P	4.5	AB,AG,MOR,DR2,PHR
	15	W+	1	Ma.CFo	2	Art		4.5	AB,AG,DR2,PHR
IX	16	W+	1	Mp.CF−		Hd,Sx,Bl		5.5	MOR,DR2,PHR
X	17	D+	11	Mao	2	(A),Sc		4.0	FAB2,COP,AG,PHR
	18	W+	1	Ma.CF−	2	(H),An,A,Bl		5.5	FAB2,COP,AG,MOR,PHR
	19	Dv	3	Mpo		Id			DR2,PHR

사례 18. 구조적 요약

구조적 요약(상단부)

반응영역	결정인 혼합	결정인 단일	반응내용	자살 지표
				NO...FV+VF+V+FD>2
			H =3	YES..Col-Shd Bl>0
Zf =11	FD.M.YF	M =5	(H) =1	NO...Ego<.31,>.44
ZSum =40.5	M.Y.C	FM =0	Hd =4	YES..MOR>3
ZEst =34.5	FM.FV	m =0	(Hd)=0	YES..Zd>+-3.5
	M.CF	FC =0	Hx =2	NO...es>EA
W =8	FC'.M	CF =0	A =4	YES..CF+C>FC
D =9	M.YF	C =0	(A) =1	YES..X+%<.70
W+D =17	FM.M.CF	Cn =0	Ad =1	NO...S>3
Dd =2	M.CF	FC'=0	(Ad)=0	NO...P<3 or>8
S =1	M.CF	C'F=0	An =3	NO...Pure H<2
	M.CF	C' =0	Art =2	NO...R<17
		FT =1	Ay =2	5......TOTAL

발달질

+ =9	
o =8	
v/+ =0	
v =2	

TF =0	Bl =4	**특수점수**
T =0	Bt =1	Lv1 Lv2
FV =0	Cg =1	DV =0x1 0x2
VF =0	Cl =0	INC =0x2 1x4
V =0	Ex =0	DR =3x3 9x6
FY =1	Fd =0	FAB =0x4 4x7
YF =0	Fi =1	ALOG =0x5
Y =0	Ge =1	CON =0x7
Fr =0	Hh =0	Raw Sum6 =17
rF =0	Ls =1	Wgtd Sum6 =95
FD =0	Na =0	
F =2	Sc =1	AB =5 GHR =0
	Sx =1	AG =6 PHR =16
(2) =6	Xy =0	COP =2 MOR =7
	Id =1	CP =0 PER =1
		PSV =0

형태질

	FQx	MQual	W+D
+	=0	=0	=0
o	=11	=7	=11
u	=2	=2	=2
–	=6	=5	=4
none	=0	=0	=0

구조적 요약(하단부)

비율, 백분율, 산출한 점수

R =19	L =0.12		FC:CF+C =0:5	COP=2 AG =6
			Pure C =1	GHR:PHR =0:16
EB =14:5.5	EA =19.5	EBPer =2.5	SumC':WSumC =2:5.5	a:p =5:11
eb =2:8	es =10	D =+3	Afr =0.46	Food =0
	Adj es =7	Adj D =+4	S =1	SumT =1
			Blends:R =10:19	Hum Con =8
FM =2 C' =2 T =1			CP =0	Pure H =3
m =0 V =1 Y =4				PER =1
				Iso Indx =0.16

a:p =5:11	Sum6 =17	XA% =0.68	Zf =11.0	3r+(2)/R =0.32
Ma:Mp =4:10	Lv2 =14	WDA% =0.76	W:D:Dd =8:9:2	Fr+rF =0
2AB+Art+Ay =14	WSum6 =95	X-% =0.32	W:M =8:14	SumV =1
MOR =7	M- =5	S- =0	Zd =+6.0	FD =1
	Mnone =0	P =3	PSV =0	An+Xy =3
		X+% =0.58	DQ+ =9	MOR =7
		Xu% =0.11	DQv =2	H:(H)Hd(Hd) =3:5

PTI=4*	DEPI=5*	CDI=1	S-CON=5	HVI=NO	OBS=NO

사례 18

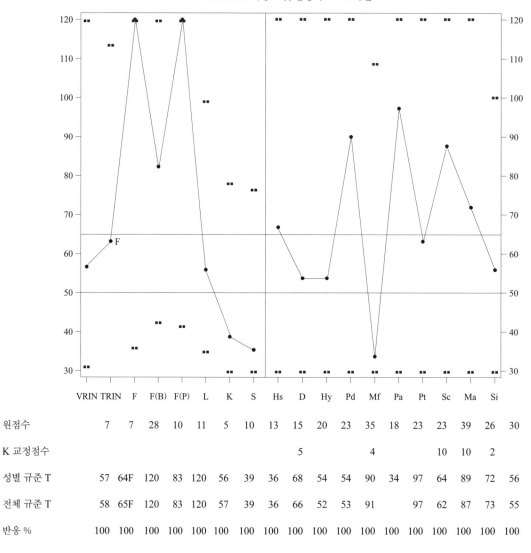

MMPI-2 타당도 및 임상척도 프로파일

	VRIN	TRIN	F	F(B)	F(P)	L	K	S	Hs	D	Hy	Pd	Mf	Pa	Pt	Sc	Ma	Si
원점수	7	7	28	10	11	5	10	13	15	20	23	35	18	23	23	39	26	30
K 교정점수										5			4			10	10	2
성별 규준 T	57	64F	120	83	120	56	39	36	68	54	54	90	34	97	64	89	72	56
전체 규준 T	58	65F	120	83	120	57	39	36	66	52	53	91		97	62	87	73	55
반응 %	100	100	100	100	100	100	100	100	100	100	100	100	100	100	100	100	100	100

무응답(원점수): 0

F-K(원점수): 18

Welsh Code: 64*8″9′1+7-023/:5#F***‴+-L/:K#

'그렇다' 응답 비율: 51%

'아니다' 응답 비율: 49%

프로파일 상승 정도: 73.5%

주: 각 척도별 T점수의 최댓값과 최솟값은 ■ ■로 표시되었음.

사례 18

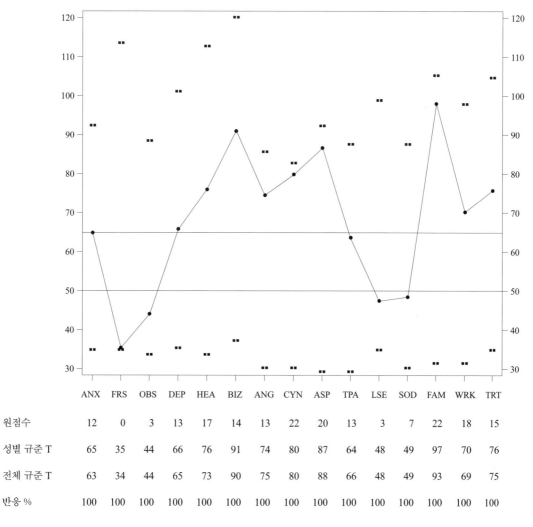

MMPI-2 내용척도 프로파일

주: 각 척도별 T점수의 최댓값과 최솟값은 ■ ■ 로 표시되었음.

	ANX	FRS	OBS	DEP	HEA	BIZ	ANG	CYN	ASP	TPA	LSE	SOD	FAM	WRK	TRT
원점수	12	0	3	13	17	14	13	22	20	13	3	7	22	18	15
성별 규준 T	65	35	44	66	76	91	74	80	87	64	48	49	97	70	76
전체 규준 T	63	34	44	65	73	90	75	80	88	66	48	49	93	69	75
반응 %	100	100	100	100	100	100	100	100	100	100	100	100	100	100	100

사례 18

MMPI-2 보충척도 프로파일

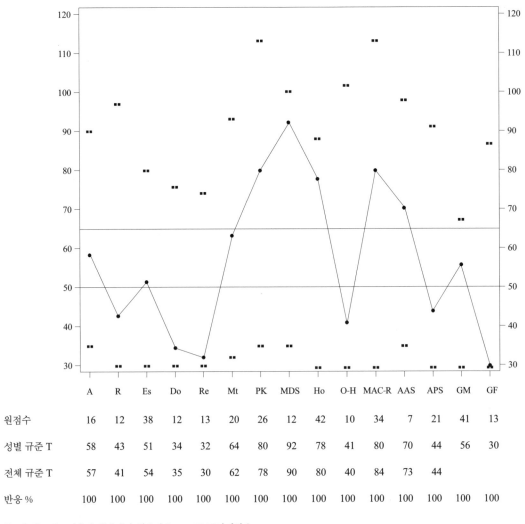

	A	R	Es	Do	Re	Mt	PK	MDS	Ho	O-H	MAC-R	AAS	APS	GM	GF
원점수	16	12	38	12	13	20	26	12	42	10	34	7	21	41	13
성별 규준 T	58	43	51	34	32	64	80	92	78	41	80	70	44	56	30
전체 규준 T	57	41	54	35	30	62	78	90	80	40	84	73	44		
반응 %	100	100	100	100	100	100	100	100	100	100	100	100	100	100	100

주: 각 척도별 T점수의 최댓값과 최솟값은 ■ ■로 표시되었음.

사례 18: 개요

피검자의 PTI(4)는 유의하며, 이는 상당한 인지적 혼란의 가능성을 시사하지만, 로르샤흐 검사 결과의 극단 값은 피검자가 보이는 정신병리의 진정성을 의심하게 하는 측면이 있다. $WSum6$는 95점으로 14개가 특수점수 Level 2에 해당하며, 19개의 전체 반응 중 5개가 M-반응인 점은 특히 주목할 만하다. 이는 심각한 현실 검증력의 문제를 의미하는데, $X-\%$가 .32로 상당히 높은 데 반해, W와 D영역의 17개 반응 중 단 4개만이 -반응이었다 ($WDA\% = .76$). 실제로 특수점수 Level 2로 채점된 반응 중 9개는 적절한 형태질을 보였고 (반응 1, 4, 5, 10, 13, 14, 15, 17, 19), 그 가운데 3개는 평범반응이었다. 이는 명백한 활성기 정신증으로 보기에 전형적이지 않다. 중요한 인지적 특수점수를 받은 반응들 중 대다수가 부적절하게 극적인 반응이었고, 이처럼 인지적 역기능이 두드러지는 사람이 실제 로르샤흐 검사를 끝까지 수행할 수 있는지에 대한 의문이 들 정도였다. 흥미롭게도 Ganellen 등 (1996)이 확인하였던 극적인 내용(피, 성, 불, 폭발, 병적 반응, 공격반응)의 조합점수는 19점으로 저자들의 연구에서 꾀병을 보이는 피고인 집단의 평균 6.92보다도 현저하게 높게 나타났다.

피검자의 MMPI-2 검사 결과 역시 로르샤흐에서 시사되는 꾀병과 일치하는 결과를 보인다. F척도의 $120T$는 피검자가 솔직하게 반응하기보다는 꾀병에 가깝다는 것을 나타낸다. $F-K$ 지표도 +18점으로 증상의 과대보고를 시사하며, $F(p)$ 척도가 $120T$임을 고려할 때 피검자는 심각하게 혼란스러운 입원환자들도 잘 반응하지 않는 문항에 응답하였다.

에필로그

피검자의 심리평가 결과에 대해 알지 못하는 정신과 자문의가 각각 90분씩 2회 면담하였다. 정신과 자문의는 장해를 가장할 가능성에 대해 의심했으나 실제로 짧은 해리상태에서 범죄가 행해졌을 가능성 역시 배제하지는 않았다. 담당 변호사는 금치산 또는 정신착란성 방어권을 사용하지 않기로 결정하였다. 결국 양형거래(역자 주: 피고가 유죄를 인정하면 감형해 준다는 피고와 검찰 사이의 합의)를 통해 피고인은 15~30년형을 선고받았다.

심리적 고통 또는 우울증 위장하기

우울증을 위장하려는 시도와 관련된 연구는 조현병에 초점을 둔 관련 연구보다 훨씬 적다. 연구 결과가 부족하고 다소 불분명하지만, 위장된 우울증은 조현병 위장보다 쉽게 감지되지 않는 경향이 있다.

이전에 살펴본 Mittman(1983)의 연구에서, 평가전문가들은 6명의 우울증 입원환자를 변별하는 데 비일관적이었다. 81개의 평정 중 38개(47%)는 정확하게 주요 정동장애를 구분했으나, 12개(15%)는 조현병으로, 30개(37%)는 성격장애 범주로, 1개는 꾀병으로 분류되었다. 정상으로 분류한 평가자는 없었다.

Meisner(1988)는 실험조건에 대해 모르는 훈련된 검사자 5명이 58명의 비우울 대학생 대상으로 로르샤흐를 시행하도록 하였다. 로르샤흐 검사 직전에 절반의 학생들에게 DSM-III의 우울증상에 대한 정보를 제공하고, 심각한 우울증상을 위장해 달라고 지시하였다. 연구자는 피검자 중 우울을 가장 잘 위장한 사람에게 50달러를 주겠다고 제시하였다. 나머지 29명에게는 표준화 지시에 따라 검사가 시행되었다. Meisner는 우울을 위장한 피검자들의 프로토콜에서 R이 감소했고, 피 내용 반응(blood content)과 병적 반응(MOR)의 특수점수가 상승한 것을 발견하였다. 그 외에 어떠한 결정인도 우울을 위장하는 조건으로 유의하게 영향받지 않았다. Meisner는 우울증 위장에 영향을 받는 로르샤흐 지표는 그다지 많지 않다고 결론 내렸다.

Frueh와 Kinder(1994)는 40명의 남자 대학생을 통제 집단과 증상 관련 정보를 받은 꾀병 집단으로 무선 할당하여, 로르샤흐, MMPI, 미시시피 PTSD 척도(Mississippi Scale for Combat Related PTSD)를 실시하고 그 결과를 PTSD 진단받은 베트남 참전 군인의 결과와 비교했다. 꾀병 집단과 PTSD 환자 집단은 유의한 차이가 없었고, 둘 다 DSM-III의 PTSD 기준에 근거한 높은 안면타당도의 자기보고식 척도인 미시시피 척도에서 통제 집단보다 유의하게 높은 점수를 보였다. MMPI F척도와 F-K 지표는 세 집단 간 유의미한 차이가 있었는데, 2개의 척도 모두 통제 집단이 가장 낮았고, PTSD 환자들은 그 다음으로 높았으며, 꾀병 집단이 가장 높은 점수를 보였다.

Frueh와 Kinder는 꾀병 집단은 통제 집단이나 PTSD 환자들에 비해 로르샤흐의 극적 내용의 조합점수가 유의하게 높았음을 밝혔는데, 로르샤흐 극적 내용 조합점수는 "우울, 성, 피, 핏덩이, 혼돈, 절단, 증오, 싸움, 참수(decapitation), 부정적 감정 또는 악마"와 같은 주제를 포함하는 반응들의 합으로 계산되었다(p. 288). 꾀병 집단은 다른 집단에 비해 SumC,

$CF+C$, $X-\%$가 더 높았고, PTSD 환자 집단은 통제 집단과 꾀병 집단에 비해 *Lambda*가 유의미하게 높았다.

Exner와 Ros i Plana(1997)는 24명의 비환자 성인 집단과, DSM-III의 주요우울장애 또는 기분부전장애 기준을 만족시키는 16명의 성인환자(입원환자 8명, 외래환자 8명)를 대상으로, 로르샤흐와 MMPI에서 나타나는 우울증 꾀병에 대한 연구를 시행했다. 24명의 비환자들은 3가지 조건에 무선 할당되었는데, 첫 번째 집단은 표준화 시행에 따라 로르샤흐와 MMPI가 실시되었으며, 두 번째 집단에게 우울증상에 대한 정보를 듣지 못했지만 매우 심각한 우울증을 위장하도록 요청하였고, 세 번째 집단에게는 DSM-III의 우울증 환자의 진술이 담긴 오디오 카세트를 듣고 매우 심각한 우울증을 위장하도록 요구하였다.

Exner와 Ros i Plana(1997)의 연구 결과 16명의 꾀병 집단 중 6명은 DEPI가 5 이상이었고, 6명 중 4명이 정보를 제공받은 꾀병 집단이었다. 그러나 흥미롭게도 DEPI 값에서 성공적 위장을 했다고 보이는 6명의 위장한 비환자 모두 MMPI $F-K$ 결과가 +12 이상으로 나와 증상에 대해 과대보고로 밝혀졌다. 16명의 환자 가운데 7명은 DEPI가 유의하였고, 이 결과는 정보를 제공받은 꾀병 집단에서 8명 중 4명이 DEPI가 유의하였던 것과 의미 있는 차이를 보이지 않았다. 게다가 2개의 꾀병 집단은 환자들처럼 MOR, C', 통경반응을 많이 보였다. 우울증 환자들과 꾀병 집단을 구분하는 데 있어 효과적인 지표는 CDI였는데, 환자들 16명 중 11명은 CDI가 3 이상인 데 반해, 꾀병집단 16명 중 3명만이 동일한 결과를 보였다.

Exner와 Ros i Plana(1997) 연구에서 도출된 결론은 꾀병 평가에 심리검사가 사용될 때 일반화된 지침이 될 수 있다. "우울을 위장하는 것은 로르샤흐 혹은 MMPI에서 가능하지만, 2개의 검사 결과를 함께 살펴본다면 위장하는 것은 어렵다고 추론할 수 있다." 이는 Ganellen 등(1996)이 "의도적인 정신증 위장을 판별할 때, MMPI와 로르샤흐의 종합체계를 함께 고려하는 것이 효과적이다(p. 37)"라고 언급한 것과 같은 맥락이다. 다중방법 접근은 일관성 있는 정확한 자료 변별을 가능하게 하며, 인상관리의 가능성이 있을 때 다중방법 접근을 통한 평가가 필수적이다.

사례 19: 신체장애 보험금 청구건의 평가

피검자는 51세 남자로, 상해 보험회사에서 의료평가를 의뢰하였다. 피검자는 재무설계

서비스 업체의 사장이자 실소유주인데, 최근 1년 6개월 동안 우울증으로 일을 하지 못하고 있다.

피검자는 가난한 가정에서 성장하였고, 체육특기생으로 장학금을 받고 대학을 다녔다. 4년 만에 대학을 졸업했고, 미 해군 비행조종사 배치 대기 중에 석사 학위를 받았다. 그는 비행조종사 훈련을 받고 약 6년간 해군에서 비행조종사로 근무하였다. 해외 근무나 실제 전투 비행을 하지는 않았고 야간 항공모함 착륙을 하는 수송함 등급의 항공모함사로 일했다.

피검자는 결혼한 지 30년 이상 되었고, 두 딸 모두 대학 졸업 후 독립하여 잘 지내고 있다. 해군을 전역한 뒤, 피검자는 회사에서 경영관리 일을 했고 이후 자신의 사업을 시작하였다. 사업은 상당히 오랫동안 잘되었는데, 주식시장이 나빠지면서 고객들이 불평을 늘어놓기 시작했다. 이 일은 피검자에게 상당한 영향을 미쳤으며 평가 당시 18개월 전부터 일을 하기 어려운 상태였다.

피검자는 건강상 특별한 이상 소견이 없으며 최근까지 열심히 운동을 하고 있다. 항우울제 두 알과 비전형 항정신병 약물을 소량 복용하며, 한 달에 한 번씩 심리치료사를 만나 주로 '비행, 날씨, 주식시장'에 관해 이야기하곤 하였다.

약물남용 과거력은 없으며 담배나 술도 거의 하지 않는다. 피검자는 우울해지기 며칠 전 성욕이 크게 감소했으며 아내와 활발한 성생활을 즐기고 싶지만 그러지 못할까 봐 걱정된다고 보고했다. 이전에는 사냥, 낚시, 조깅 등 야외 활동을 하였지만, 현재는 아무것도 못하고 있으며 체중은 약간 증가했다.

피검자는 최근 자금운용에 문제가 있지만 개인 투자는 비교적 잘 된다고 보고하였다. 중대한 손실이나 문제는 없으며, 우울증은 계속되는 고객들의 요구 때문이라고 하였다. 피검자는 "고객들에게 주식 시황을 설명하고 고객들을 진정시키며 달래는 데 지쳤다"고 말했다.

피검자의 우울 삽화가 1년 6개월 동안이나 지속되고 나아지지 않았기 때문에, 보험회사는 꾀병 가능성이 있는지 혹은 우울 외에 다른 문제가 있는지 알기 위해 평가를 의뢰하였다.

사례 19. 51세 남성

카드	반응	질문
I	1. 거미…….	평가자: (반응 반복) 피검자: 이건 입, 그리고 여기는 작은 다리 2개, 촉수, 여기는 꼬리. 평가자: 대개 사람들은 1개 이상의 반응을 봅니다. 피검자: 알았어요……. 이 방향으로 보나요, 아니면 다른 방향? 평가자: 마음대로 보셔도 됩니다.
	2. 핼러윈…… 괴물 또는 그런 것…….	평가자: (반응 반복) 피검자: 눈 같고, 아마도 입이 여기에, 여기는 귀.
II	3. 거미…… 밟히고 뭉개졌고 피가 나오고 있어요.	평가자: (반응 반복) 피검자: 피는 당연히 빨갛고요. 검은 부분이 거미예요. 뭐가 머리이고 꼬리인지 말할 수는 없어요. 평가자: 검은 부분? 피검자: 내 말은 그냥 전반적인 모양이요.
	4. 한 쌍의 폐요.	평가자: (반응 반복) 피검자: 검은색의 전반적인 모양이 말이에요. 대칭은 아니지만 폐의 모양이랑 같아요. 가장자리가 매끄럽고요.
III	∨5. 이거는 분명히 거미예요……. 선생님은 내가 다른 걸 떠올리길 원하시는 것 같은데……. 2개의 다리가 부러진 거미 같아요.	평가자: (반응 반복) 피검자: 여기가 촉수이고, 다리는 떨어져 나와 있어요. 다른 다리는 여기 있어요. 거미는 정면으로 바라보고 있어요. 여기 2개의 눈 여기 그리고 여기. 앞다리 2개는 공중에서 떠받치고 있고 다른 2개의 다리로 걷고 있어요. 평가자: 부러졌나요? 피검자: 네, 아마도.

IV	V 6. 박쥐…… 뭉개진 박쥐, 그런데 뭉개지고, 밟히고, 치여서, 납작해요.	평가자: (반응 반복)
		피검자: 네, 그냥 박쥐요. 한마디로 박쥐. 검정색이고, 여기, 여기에 2개의 눈이 있어요. 내 생각엔 여기가 맨 꼭대기일 것 같아요.
		평가자: 뭉개진?
		피검자: 납작해 보여요. 물론 이거는 그림이고요. 깊이가 전혀 안 보이잖아요. 정말 치인 것 같아요.
V	V 7. 잘 모르겠어요……. (검사자: 천천히 보세요.) 추측해 본다면, 나뭇잎…… 불에 탄 나뭇잎.	평가자: (반응 반복)
		피검자: 네, 이게 진짜 나뭇잎 모양이랑 안 닮은 건 선생님도 알 거예요. 최대한으로 추측해 본 거예요. 이 어두운 것, 몇몇 작은 잎맥들, 아마 선생님도 여기에서 볼 수 있을 거예요.
		평가자: 잎맥?
		피검자: 바로 여기요. 조금 밝아요.
VI	8. 가죽, 죽은 동물의 가죽……. 벽에 거는 걸 만들어졌어요.	평가자: (반응 반복)
		피검자: 음…… 이거는 꼬리일 거고, 이거는 한쪽으로 나온 앞다리, 이거는 뒤쪽 다리일 거고, 머리가 붙어 있고 분명히 나머지는 털로 뒤덮였어요. 등쪽에 줄무늬가 있는 동물 같은.
		평가자: 털로 덮여 있어요?
		피검자: 음…… 나도 몰라요. 매끄럽지 않지만, 표면의 선명함이 좀 달라요.
		평가자: 줄무늬인가요?
		피검자: 이 어두운 데가 시작과 끝을 더 명확하게 잘 나타내줘요.
VII	V 9. 게.	평가자: (반응 반복)
		피검자: 여기, 여기에 2개 다리가 있고, 나머지도. 중간에 하얀 부분은 등이거나 아마 아랫부분부터 등일 수 있어요. 떠오르는 건 게밖에 없어요.
	V 10. 역시 거미. 떠오르는 건 그거밖에 없어요.	평가자: (반응 반복)
		피검자: 내 머릿속에 떠오르는 건 거미밖에 없어요. 이 다리 때문이죠.

VIII	11. 두 마리의 야생 동물이 다른 죽은 동물을 잡아먹어요. 갈기갈기 찢겨 있어요.	평가자: (반응 반복) 피검자: 여기 동물, 여기 동물이에요. 가운데에 있는 게 뭔지 잘 모르겠어요. 아마도 동물의 발 같아 보이고, 이 다리 하나를 잡아당기고, 또 다리 하나를 잡아당기고 있어요. 이거는 잘 모르겠는데 아마 바위 같은데, 거울상 같기도 해요. 처음에는 안 보였어요. 평가자: 바위? 피검자: 그냥 거칠잖아요.
IX	∨ 12. 다양한 해조류.	평가자: (반응 반복) 피검자: 어떤 모양이나 형태, 양식도 없어요. 더 이상은 없어요. 여기서 아무것도 더 안 보여요. 평가자: 해조류? 피검자: 아니요, 나는 그냥…… 몰라요. 이건 그냥 점액질 같은데, 그게 해조류. 내 생각에는요.
X	13. 쓰레기 더미.	평가자: (반응 반복) 피검자: 곳곳에, 전혀 뭔지 모르겠어요. 정말 어떤 것이라 말할 수 없어요. 평가자: 쓰레기? 피검자: 모두 다 뒤섞여 있어요.
	14. 그리고 현미경으로 몸의 장기 안을 봤을 때의 세균 더미로도 보여요.	평가자: (반응 반복) 피검자: 여기 안에, 네 여기 모양이, 색깔이 아니라, 왜냐하면 세균은 색깔이 있을 거라고 생각하지 않거든요. 종양 아니면 특정한 세균들 또는 암, 모르겠네요. 그렇지만 암은 내가 알기에는 검은색일 거예요.

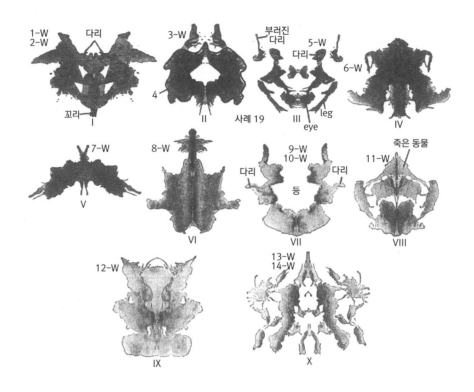

사례 19. 점수 계열

카드	반응 번호	위치	영역 번호	결정인	(2)	내용	평범 반응	Z	특수 점수
I	1	Wo	1	F−		A		1.0	INC
	2	WSo	1	Fo		(Hd)		3.5	GHR
II	3	W+	1	mp.CF−		A,Bl		4.5	MOR,INC
	4	Do	6	F−		An			
III	5	W+	1	FMa−		Ad		5.5	MOR,INC,DR
IV	6	Wo	1	FC'o		A		2.0	MOR
V	7	Wo	1	FYu		Bt		1.0	MOR
VI	8	Wo	1	FT.FYo		Ad	P	2.5	MOR
VII	9	WSo	1	F−		A		4.0	
	10	WSo	1	F−		A		4.0	PSV
VIII	11	W+	1	FMa−	2	A,Ad,Ls	P	4.5	MOR,AG,PHR
IX	12	Wv	1	Fu		Bt			
X	13	Wv	1	Fu		Id			
	14	Wv	1	Fu		Id			PSV

사례 19. 구조적 요약

구조적 요약(상단부)				

반응영역	결정인 혼합	결정인 단일	반응내용	자살 지표
				NO … FV+VF+V+FD > 2
			H = 0	NO … Col-Shd Bl > 0
		M = 0	(H) = 0	YES.. Ego < .31, > .44
Zf = 10	m.CF	FM = 2	Hd = 0	YES.. MOR > 3
ZSum = 32.5	FT.FY	m = 0	(Hd) = 1	NO … Zd > +−3.5
ZEst = 31.0		FC = 0	Hx = 0	YES.. es > EA
		CF = 0	A = 6	YES.. CF+C > FC
W = 13		C = 0	(A) = 0	YES.. X+% < .70
D = 1		Cn = 0	Ad = 3	NO … S > 3
W+D = 14		FC' = 1	(Ad) = 0	YES.. P < 3 or > 8
Dd = 0		C'F = 0	An = 1	YES.. Pure H < 2
S = 3		C' = 0	Art = 0	YES.. R < 17
		FT = 0	Ay = 0	8 …… TOTAL

발달질		단일	반응내용	특수점수	
		TF = 0	Bl = 1		Lv1　Lv2
+ = 3		T = 0	Bt = 2	DV	= 0x1　0x2
o = 8		FV = 0	Cg = 0	INC	= 3x2　0x4
v/+ = 0		VF = 0	Cl = 0	DR	= 1x3　0x6
v = 3		V = 0	Ex = 0	FAB	= 0x4　0x7
		FY = 1	Fd = 0	ALOG	= 0x5
		YF = 0	Fi = 0	CON	= 0x7
		Y = 0	Ge = 0		
		Fr = 0	Hh = 0	Raw Sum6 = 4	
형태질		rF = 0	Ls = 1	Wgtd Sum6 = 9	

	FQx	MQual	W+D	단일	반응내용	특수점수	
				FD = 0	Na = 0		
+	= 0	= 0	= 0	F = 8	Sc = 0	AB = 0	GHR = 1
o	= 3	= 0	= 3		Sx = 0	AG = 1	PHR = 1
u	= 4	= 0	= 4		Xy = 0	COP = 0	MOR = 6
−	= 7	= 0	= 7		Id = 2	CP = 0	PER = 0
none	= 0	= 0	= 0	(2) = 1			PSV = 2

구조적 요약(하단부)						
비율, 백분율, 산출한 점수						

R = 14	L = 1.33			FC:CF+C = 0:1	COP = 0 AG = 1	
				Pure C = 0	GHR:PHR = 1:1	
EB = 0:1.0	EA = 1.0	EBPer = N/A		SumC':WSumC = 1:1.0	a:p = 2:1	
eb = 3:4	es = 7	D = −2		Afr = 0.40	Food = 0	
	Adj es = 6	Adj D = −1		S = 3	SumT = 1	
				Blends:R = 2:14	Hum Con = 1	
FM = 2	C' = 1	T = 1		CP = 0	Pure H = 0	
m = 1	V = 0	Y = 2			PER = 0	
					Iso Indx = 0.21	

a:p	= 2:1	Sum6 = 4	XA% = 0.50	Zf = 10.0	3r+(2)/R = 0.07		
Ma:Mp	= 0:0	Lv2 = 0	WDA% = 0.50	W:D:Dd = 13:1:0	Fr+rF = 0		
2AB+Art+Ay	= 0	WSum6 = 9	X−% = 0.50	W:M = 13:0	SumV = 0		
MOR	= 6	M− = 0	S− = 2	Zd = +1.5	FD = 0		
		Mnone = 0	P = 2	PSV = 2	An+Xy = 1		
			X+% = 0.21	DQ+ = 3	MOR = 6		
			Xu% = 0.29	DQv = 3	H:(H)Hd(Hd) = 0:1		

PTI = 3	DEPI = 6*	CDI = 4*	S−CON = 8*	HVI = NO	OBS = NO

사례 19

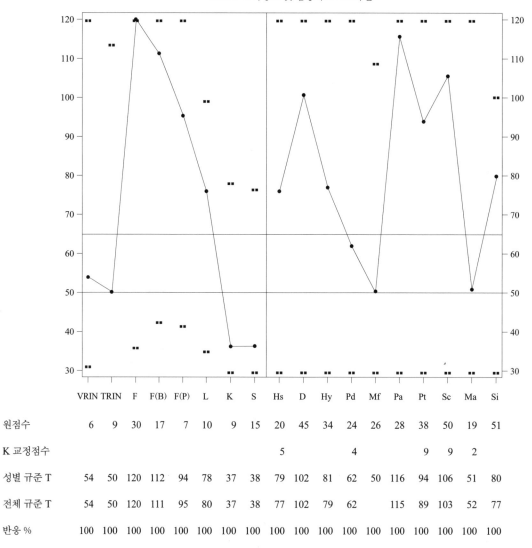

MMPI-2 타당도 및 임상척도 프로파일

	VRIN	TRIN	F	F(B)	F(P)	L	K	S	Hs	D	Hy	Pd	Mf	Pa	Pt	Sc	Ma	Si
원점수	6	9	30	17	7	10	9	15	20	45	34	24	26	28	38	50	19	51
K 교정점수									5			4			9	9	2	
성별 규준 T	54	50	120	112	94	78	37	38	79	102	81	62	50	116	94	106	51	80
전체 규준 T	54	50	120	111	95	80	37	38	77	102	79	62		115	89	103	52	77
반응 %	100	100	100	100	100	100	100	100	100	100	100	100	100	100	100	100	100	100

무응답(원점수): 0   '그렇다' 응답 비율: 55%

F-K(원점수): 21   '아니다' 응답 비율: 45%

Welsh Code: 682**7*30″1′+4-95/F***″L′+-/:K#   프로파일 상승 정도: 86.4%

주: 각 척도별 T점수의 최댓값과 최솟값은 ■ ■로 표시되었음.

사례 19

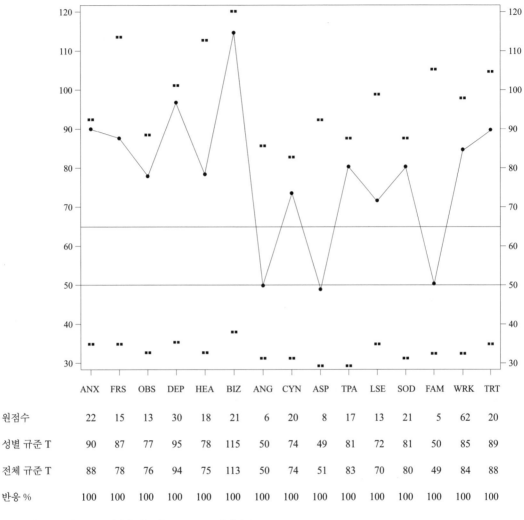

MMPI-2 내용척도 프로파일

	ANX	FRS	OBS	DEP	HEA	BIZ	ANG	CYN	ASP	TPA	LSE	SOD	FAM	WRK	TRT
원점수	22	15	13	30	18	21	6	20	8	17	13	21	5	62	20
성별 규준 T	90	87	77	95	78	115	50	74	49	81	72	81	50	85	89
전체 규준 T	88	78	76	94	75	113	50	74	51	83	70	80	49	84	88
반응 %	100	100	100	100	100	100	100	100	100	100	100	100	100	100	100

주: 각 척도별 T점수의 최댓값과 최솟값은 ■ ■로 표시되었음.

사례 19

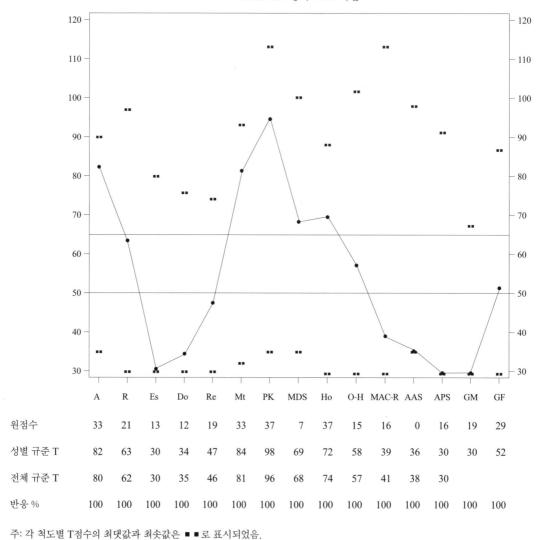

MMPI-2 보충척도 프로파일

	A	R	Es	Do	Re	Mt	PK	MDS	Ho	O-H	MAC-R	AAS	APS	GM	GF
원점수	33	21	13	12	19	33	37	7	37	15	16	0	16	19	29
성별 규준 T	82	63	30	34	47	84	98	69	72	58	39	36	30	30	52
전체 규준 T	80	62	30	35	46	81	96	68	74	57	41	38	30		
반응 %	100	100	100	100	100	100	100	100	100	100	100	100	100	100	100

주: 각 척도별 T점수의 최댓값과 최솟값은 ■ ■로 표시되었음.

사례 19: 개요

피검자의 DEPI(6), CDI(4), S-CON(8)가 모두 유의하게 나타났다. 전체가 14개의 반응으로 프로토콜은 매우 짧으나, 구조적 자료와 내용의 상당 부분이 피검자가 심각한 정서적 혼란을 보이며 자살 사고에 몰입되어 있을 가능성이 있다는 가정과 일치한다. D(-2)는 피검자가 상당히 과부화되어 있고 충동성에 취약하다는 것을 의미하며, M 반응의 부재($EB=0{:}1.0$)는 정서적 범람(affective flooding)의 가능성을 시사한다. 이와 관련하여 $XA\%$, $WDA\%$, $X-\%$ 모두 .50으로 피검자의 인지적 중재과정이 매우 손상되어 있으며 두드러진 현실 검증의 어려움이 있음을 시사한다.

결과적으로 반응기록의 상당수는 심각하게 와해되어 처음으로 입원한 환자들의 반응과 다르지 않았다. 그러나 피검자의 로르샤흐 프로토콜에는 진실성에 의문을 갖게 하는 변수들이 존재한다. 높은 $Lambda$(1.33)는 다른 자료들과 피검자가 심각하게 와해되었다는 개념과는 일치하지 않는다. 게다가 적은 반응수와 많은 MOR(6)는 Meisner의 연구에서 정보를 제공받은 꾀병 집단이 보인 검사 결과와 비슷하다. 또한 손상 관련 주제를 반복하는 보속증("짓밟혀서 뭉개진 거미", "두 다리가 부러진 거미", "뭉개지고 짓밟히고, 부러지고, 치여서, 납작해진 박쥐", "두 야생 동물들이 죽은 다른 동물을 먹고 있어요. 갈기갈기 찢으면서요.")은 주제를 강조하려는 의식적 결정임을 의미한다. 이러한 것들이 심각하게 정서적으로 혼란되어 있을 것이라는 가정을 배제하는 것은 아니지만 다른 자료를 더 탐색해 봄으로써 주의를 기울여야 함을 나타낸다.

피검자의 우울 삽화는 지난 18개월 동안 호전되거나 해결되는 징후가 나타나지 않았다. 그리고 치료사를 한 달에 한 번만 만났고, 만날 때는 대개 비행, 날씨, 주식시장의 주제로 이야기하였다. 로르샤흐 검사에서 심각한 와해와 고통감을 시사하는 반면, 피검자의 과거력에서는 그런 징후가 없다.

피검자의 MMPI-2는 불일치하는 결과들에 대한 중요한 정보를 제공하고 있다. MMPI-2에서 F척도는 120T, $F(b)$척도는 112T, $F{-}K$ 지표는 +21로 피검자는 어려움을 과대보고하는 것으로 나타났다. 게다가 임상척도 6(116), 8(106), 2(102)의 매우 높은 T점수는 심각한 정서적 고통이 우울감과 불안, 초조에 더해진 상당한 공포, 걱정, 부적절한 정동으로 특징지어지는데, 피검자의 최근 과거력에는 이와 일치하는 내용들이 없다. 그러나 메타분석(Rogers, Sewell, Martin, & Vitacco, 2003) 결과, 진짜 우울한 정신과 환자들은 특히 F와 $F(b)$와 같은 타당도 척도에서 극도의 높은 점수가 나타나는데, 이 역시 고려해야 한다.

따라서 로르샤흐와 MMPI-2 검사 결과는 피검자가 입원 대상자일 가능성과 동시에 꾀병일 가능성을 내포한다. 결과적으로 추가적인 평가 자원이 이용되어야 한다. 피검자와의 종합적 면담을 포함해 그의 삶에 있어 중요한 사람들, 특히 부인과 치료자에게 더 많은 정보를 얻는 것이 필요하다.

에필로그

정신과 의사는 광범위한 면담을 통해 피검자가 심각한 와해나 자살사고를 나타내는 지표는 없지만 보통 수준의 우울이 만연해 있다고 언급하였다. 더 이상의 정보는 얻을 수 없었다.

참고문헌

Albert, S., Fox, H., & Kahn, M. (1980). Faking psychosis on the Rorschach. *Journal of Personality Assessment, 44,* 115-119.

Arbisi, P. A., & Ben-Porath, Y. S. (1995). An MMPI-2 infrequent response scale for use with psychopathological populations: The Infrequency-Psychopathology Scale, *F(p)*. *Psychological Assessment, 7*(4), 424-431.

Berry, D. T., Baer, R. A., & Harris, M. J. (1991). Detection of malingering on the MMPI: A meta-analysis. *Clinical Psychology Review, 11,* 585-598.

Carp, A. L., & Shavzin, A. R. (1950). The susceptibility to falsification of the Rorschach psychodiagnostic technique. *Journal of Consulting Psychology, 14,* 230-233.

Easton, K., & Feigenbaum, K. (1967). An examination of an experimental set to fake the Rorschach test. *Perceptual and Motor Skills, 24,* 871-874.

Exner, J. E., & Ros i Plana, M. (1997). Rorschach and MMPI simulation of depression. *British Journal of Projective Psychology, 42*(1), 27-38.

Fosberg, I. A. (1938). Rorschach reactions under varied instructions. *Rorschach Research Exchange, 3,* 12-30.

Fosberg, I. A. (1941). An experimental study of the reliability of the Rorschach psychodiagnostic technique. *Rorschach Research Exchange, 5,* 72-84.

Fosberg, I. A. (1943). How do subjects attempt to fake results on the Rorschach test? *Rorschach Research Exchange, 7,* 119–121.

Frueh, B. C., & Kinder, B. N. (1994). The susceptibility of the Rorschach Inkblot Test to malingering of combat-related PTSD. *Journal of Personality Assessment, 62*(2), 280–298.

Ganellen, R. J., Wasyliw, O. E., Haywood, T. W., & Grossman, L. S. (1996). Can psychosis be malingered on the Rorschach? An empirical study. *Journal of Personality Assessment, 66*(1), 65–80.

Gibby, R. G. (1951). The stability of certain Rorschach variables under conditions of experimentally induced sets: The intellectual variables. *Journal of Projective Techniques, 15,* 3–25.

Gough, H. G. (1950). The F minus K dissimulation index for the MMPI. *Journal of Consulting Psychology, 13,* 408–413.

Hutt, M., Gibby, R. G., Milton, E. O., & Pottharst, K. (1950). The effect of varied experimental "sets" upon Rorschach test performance. *Journal of Projective Techniques, 14,* 181–187.

Keane, T. M., Caddell, J. M., & Taylor, K. L. (1988). Mississippi scale for combat-related posttraumatic stress disorder: Three studies in reliability and validity. *Journal of Consulting and Clinical Psychology, 56,* 85–90.

Meisner, S. (1988). Susceptibility of Rorschach distress correlates to malingering. *Journal of Personality Assessment, 52*(3), 564–571.

Meyer, R. G., & Deitsch, S. M. (1995). The assessment of malingering in psychodiagnostic evaluations: Research-based concepts and methods for consultants. *Consulting Psychology Journal: Practice and Research, 47*(4), 234–245.

Mittman, B. L. (1983). Judges' ability to diagnose schizophrenia on the Rorschach: The effect of malingering (Doctoral dissertation, Long Island University, 1983). *Dissertation Abstracts International, 44,* 1248B.

Netter, B. E., & Viglione, D. J. (1994). An empirical study of malingering schizophrenia on the Rorschach. *Journal of Personality Assessment, 62*(1), 45–57.

Perry, G. G., & Kinder, B. N. (1992). Susceptibility of the Rorschach to malingering: A schizophrenia analogue. In C. D. Spielberger & J. N. Butcher (Eds.), *Advances in personality assessment* (Vol. 9, pp. 127–140). Hillsdale, NJ: Erlbaum.

Rogers, R., Sewell, K. W., Martin, M. A., & Vitacco, M. J. (2003). Detection of feigned mental disorders: A meta-analysis of the MMPI-2 and malingering. *Assessment, 10*(2), 160–177.

제21장

긍정적 적응으로 가장하기

최대한 긍정적으로 보이는 것이 유리할 때가 많다. 양육권 심사 중인 이혼 부모는 양육 능력이 저평가되는 것을 피하기 위해 심리적 어려움 없이 잘 적응하고 있는 것처럼 보이기를 바랄 것이다. 고소득 일자리에 지원하는 구직자는 자신이 유능하고, 사교적이며, 스트레스에 대처하는 강인한 능력을 지니고 있는 것으로 보이고 싶어 할 것이다. 이러한 상황에서는 종합심리평가를 통해 심리적 어려움이 과소평가되었는지, 긍정적 적응으로 가장하고 있는지 확인하는 것이 중요하다.

Paulhus(1984)는 사회적으로 바람직한 응답이 예상될 때 평가 자료를 변별하여 이해할 수 있는 2요인 모델을 제안했다. 긍정적인 인상 관리(positive impression management), 즉 긍정적 왜곡(faking good)과 같은 타인-기만(other-deception)은 실제와 달리 자신을 아무런 문제가 없다고 묘사하여 평가하는 심리학자를 속이고자 하는 의식적인 시도이다. 반면 자기-기만(self-deception)은 자신의 보고가 정확하다고 진정으로 믿는 경우이다. Nichols와 Greene(1988) 연구에서 MMPI 타당도 척도 가운데 L척도가 타인-기만 요인에 대해서 유의미한 요인부하량을 보였다. 현재까지 타인-기만과 자기-기만을 변별하기 위해 초점을 맞춘 로르샤흐 연구는 전무하다.

언급된 것처럼, 타당성 문제를 평가할 때 중다기법 접근이 중요하다. 하지만 로르샤흐 검사와 MMPI 모두, 긍정적인 인상 관리에 대한 연구가 꾀병연구에 비해 양적으로 적고 영향력도 낮다(Bagby et al., 1997). 이에 비해 정신병리의 꾀병에 대한 연구는 그동안 광범위하게 이루어졌으며 연구 결과가 축적되어 왔다. 그럼에도 불구하고, 관련 문헌들과 2가지 사례를 살펴봄으로써 사회적으로 바람직한 응답이 포함된 경우 심리학자가 직면하게 될 문제에 대해 설명하고자 한다. 2가지 사례는 각각 양육권 심사와 직업-관련 상황에 관한 것이다.

긍정적 가장에 대한 평가

긍정적이고 바람직하게 보이도록 가장하는 시도와 관련된 로르샤흐 연구가 존재하기는 하지만, 매우 드물다. Fosberg(1938, 1943)는 로르샤흐 검사 시 피검자에게 좋은 인상과 나쁜 인상을 주도록 지시하는 역균형화 재검사 설계를 사용하여 로르샤흐 검사가 인상관리에 민감한지 처음으로 연구하였다. 연구 결과 검사 자료의 기본적인 구조적 특징은 변하지 않았고, 많은 변인들이 0.80을 넘는 재검사 신뢰도를 보였다. Carp와 Shavzin(1950) 역시 20명의 참가자를 대상으로 좋은 또는 나쁜 인상을 주도록 지시하는 역균형화 재검사 설계를 사용하였다. 그들은 집단 간 차이를 발견했지만, 검사 지시 조건에 따라 자료가 어떻게 변화되었는지 그 방향을 예측할 수는 없었다. Phares, Stewart와 Foster(1960)는 한 집단에는 표준화된 지시를 사용하였고, 두 번째 집단에는 특정한 정답과 오답이 정해져 있음을 추가적으로 알려 주었다. 연구자들은 집단 간 유의한 차이를 발견하지 못했고, 지시 조건에 따른 효과는 미미하다고 결론 내렸다.

Seamons, Howell, Carlisle과 Roe(1981)는 각각 정신병리의 심각도가 다른 48명을 대상으로 역균형화 재검사 설계로 로르샤흐를 시행하였다. 참가자들에게 첫 번째 시행에서는 정상인 것처럼 응답하고, 두 번째 시행에서는 심각한 정신질환이 있는 것처럼 응답하도록 요청하였다. 참가자들은 정상처럼 응답하도록 지시받았을 때, 평범반응이 더 빈번하였고 *es* 관련 변인, 부적절한 조합, 극적인 내용의 응답은 훨씬 적었다.

양육권 분쟁과정에서 사람들은 자신이 잘 적응하고 있는 것처럼 보이고자 한다. 이러한 맥락에서, 양육권 소송 중인 25쌍의 비환자군 남성과 여성의 프로토콜을 검토하고 비환자군 표본에서 추출한 동일한 크기의 무선표본과 비교하였다. 본질적으로, 양육권 소송 중인 50명의 점수 분포는 비환자군 자료와 거의 차이가 없었지만, 약간의 성차는 발견되었다. 25명의 남성 피검자는 평균 25개 반응으로, 비환자군 남성보다 조금 더 많았다. 반대로, 25명의 여성 피검자는 평균 19개 반응으로 비환자군 여성보다 약간 낮았다. 남성은 평균적으로 *EA*가 10.5(중앙값=9)로 대조군 표본보다 약간 높았고, 단 1명도 C 반응을 보이지 않았다. 남성의 *Zf*는 15.4였고, 이것은 대조군 표본이나 여성 집단보다 유의미하게 높았다. 양육권 소송 중인 50명의 자료에서 CDI가 유의한 사람은 없었으며, 단 2명, 남성 1명과 여성 1명만이 DEPI가 유의하였다. 남성 1명은 OBS가 유의하였다. 양육권 분쟁과정 중인 25쌍 표본의 빈도 자료는 〈표 21-1〉에 제시되어 있다.

〈표 21-1〉 양육권 소송 중인 정상 남성-여성 25쌍의 빈도 자료

변인	여성		남성		총합	
	N	%	N	%	N	%
Ambitent	6	24	8	32	14	28
D Score > 0	3	12	6	24	9	18
D Score < 0	4	16	4	16	8	16
Adjusted D Score > 0	3	12	6	24	9	18
Adjusted D Score < 0	2	8	3	12	5	10
FC > (CF+C)+2	2	8	5	20	4	8
FC > (CF+C)+1	9	36	8	32	17	34
CF+C > FC+1	8	32	6	24	14	28
CF+C > FC+2	3	12	3	12	6	12
X+% > .89	2	8	4	16	6	12
X+% < .70	11	44	9	36	20	40
Xu% > .20	12	48	10	40	22	44
X-% < .15	5	20	3	12	8	16
Popular < 4	3	12	2	8	5	10
Popular > 7	8	32	10	40	18	36
Lambda > 0.99	1	4	2	8	3	6
Zd > +3.0	5	20	8	32	13	26
Zd < -3.0	4	16	2	8	6	12
Mp > Ma	6	24	4	16	10	20
M- > 0	5	20	4	16	9	18
Sum 6 Spec Scores > 4	5	20	6	24	11	22
Intellectual Index > 3	16	64	14	56	30	60
Intellectual Index > 5	12	48	7	28	19	38
COP > 1	15	60	12	48	27	54
COP > 2	10	40	9	36	19	38
AG > 1	6	24	7	28	13	26
AG > 2	3	12	5	20	8	16
PER > 2	15	60	11	44	26	52
T = 0	5	20	4	16	9	18
T > 1	6	24	3	12	9	18
Pure H < 2	7	28	7	28	14	28
Pure H > 2	9	36	7	28	16	32
All human content > 6	8	32	9	36	17	34
Egocentricity Index < .33	5	20	4	16	9	18
Egocentricity Index > .44	8	32	6	24	14	28
Fr+rF > 0	5	20	4	16	9	18

소송 전에 시행된 기저선 자료가 없기 때문에 이 자료는 추측하는 것 이상으로 사용할 수는 없다. 양육권 소송 집단의 경우 양호한 적응을 가장하는 것이 일반적이기는 하나, 때로는 그 결과가 유리하지 않을 때도 있다. 〈표 21-1〉의 빈도 자료에서 양육권 소송 집단의 10%는 0보다 작은 Adj D를 보였고 12%는 FC보다 $CF+C$가 더 크며, 40%는 $X+\%$이 70% 미만이었고 16%는 $X-\%$가 15% 이상이며, 12%는 과소통합 경향이고 20%는 능동적인 인간운동 반응보다 수동적인 인간운동 반응이 많으며, 18%는 적어도 하나의 M-반응을 보였고 22%는 4개 이상의 특수점수를 받았으며, 18%는 재질반응을 하나도 보이지 않았고(T-less) 18%는 1개 이상의 반사반응을 하였으며, 46%는 자아중심성 지표가 평균 범위에서 벗어나 있다.

50개의 기록을 검토했을 때 최적의 기준과 비교하여 '취약점'으로 간주될 수 있는 특징 중 적어도 한 가지는 50명 모두 가지고 있었다. 그리고 50개 중 41개의 기록에서는 취약점으로 간주되는 특징을 3가지 이상 포함하기도 하였다. 비환자군의 프로토콜에서 몇 개의 취약점이 있는 경우는 흔하다. 그러나 만약 탁월한 긍정적인 적응을 성공적으로 가장한다면 어떠한 취약점도 나타나지 않을 것이다.

가장 흥미로운 발견은 양육권 소송 남녀의 주지화 지표, PER 특수점수, 평범반응의 수와 관련되는 것이다. 두 집단 모두 절반 이상의 사람들이 유의하게 높은 주지화 지표를 보였고, 전체 집단의 52%가 PER 반응을 2개 이상 보였다. 이 같은 높은 빈도는 수검 상황에서 성숙하고 세련되게 보이고자 하는 노력을 반영하는 것으로 보인다. 이러한 빈도는 규준 자료보다 훨씬 높은 것으로, 가장 좋은 모습을 보여 주고자 하는 상황적인 동기에 따른 것으로 가정하는 것이 타당하다. 비슷한 맥락에서 집단의 36%가 7개 이상의 평범반응을 보이는 등 비환자군 표본과 상당히 달랐다. 이러한 연구 결과는 Seamons 등(1981)의 결과와 일치하며, 잘하려고 시도하는 피검자는 명백한 단서에 반응하며 더 관습적인 응답을 한다는 것을 지지한다.

양호한 적응을 가장하는 주제와 관련된 연구는 미흡한 측면이 많고 불완전하다. 연구 자료를 종합하자면, 실제 건강한 적응적 요소를 지니지 않은 채 심리적으로 건강한 상태를 가장하는 것은 어려우며, 이처럼 가장할 때는 중요한 취약점이 로르샤흐에서 나타날 수 있음을 암시한다.

몇 가지 MMPI 척도와 지표는 긍정적인 가장을 평가하는 데 적합하다. 전통적으로, 부인(L)와 교정(K) 척도는 각각 순진한 수준 및 좀 더 미묘한 수준에서 어려움을 최소화하는 방어를 측정한다. $F-K$ 지표(Gough, 1950)는 증상의 과대 보고와 과소보고를 평가하는 데 사용되었다.

　Butcher와 Han(1995)은 매우 긍정적으로 자신을 묘사하는 경향성을 평가하기 위해 과장된 자기제시(S) 지표를 개발하였다. 저자들은 비행기 조종사의 남성 지원자와 MMPI-2 규준표본의 남성과 비교하여 S 지표를 구성하는 50개 문항을 확인하였다. 저자들은 S 지표의 상승이 비현실적으로 긍정적인 적응을 보고하는 것과 관련되며, 짜증, 화, 도덕적 결함을 부인하는 것과 연관되어 있다고 하였다. 그러나 로르샤흐와 같이, MMPI-2에서도 자신을 긍정적으로 묘사하는 맥락에서 적응-관련 문제들은 드러난다. Bagby, Nicholson, Buis, Radovanovic과 Fidler(1999)는 여성 58명, 남성 57명의 양육권 소송 당사자들을 검사하였고, 전체의 40%에서 임상적으로 유의한 점수($T > 64$)를 보이는 임상척도가 적어도 1개 이상 나타남을 발견하였다. 편집증(Pa)과 반사회성(Pd)은 각각 19%와 16%으로 가장 빈번하게 상승한 척도였다.

사례 20: 양육권 평가

　피검자는 36세 여성으로 8세 아들의 양육권 소송 중이며, 그녀와 전남편 두 사람 모두 아들에 대한 양육권 전체(full custody)를 요구하고 있다. 그녀는 경영대학 2년 과정을 수료하고 병원과 사회복지기관에서 일을 했으며 현재는 사회복지기관에서 행정 관리감독직을 맡고 있다.

　피검자의 부모님은 그녀가 12세 때 이혼하였고, 그 후 아버지와 거의 연락하지 않았다. 양친 모두 알코올중독의 과거력을 지니고 있고, 어머니는 조울증 증상으로 정신과 치료를 받았다. 여동생은 청소년 초기에 자살시도를 하였고, 10대 내내 주거 시설에서 거주하였으며, 이후 연락하고 있지 않다.

　피검자는 아버지에게 회초리나 벨트로 신체적 학대를 받았으며, 어머니로부터는 폭음으로 인한 정서적 학대를 받았다고 하였다. 피검자는 현재 어머니와는 연락하고 있다. 어머니는 재혼하였고, 어머니와 피검자의 관계는 호전되고 있다.

　피검자는 21세에 첫 번째 결혼을 하였다. 채 1년이 지나기 전에 아들을 출산하였고 그 후 얼마 지나지 않아 이혼하였는데 첫 남편에 대해 "모든 것을 통제하려고 하였다."라고 보고하였다. 피검자는 현재 14세인 첫아이의 양육권을 가지고 있다. 그녀는 5년 후에 현재 양육분쟁 중인 전남편과 두 번째 결혼을 하였고 둘째 아들을 낳았다. 이 결혼은 7년 만에 마무리되었고, 당시 양측 모두 공동 양육권에 동의하였다.

피검자는 전남편이 폭력적이고 심각한 알코올 문제가 있으며, 전남편의 위협적인 행동 때문에 경찰이 개입된 몇몇 사건을 이야기하였다. 결혼생활이 끝나갈 무렵 힘들었고, 전남편은 적어도 1건의 배우자 학대에 대한 죄를 인정했고, 여러 건의 실업사기로 유죄 판결이 내려진 상태였다. 전남편은 피검자에 대해 아이를 혼자 두고 외출하기도 하며 신용카드를 부적절하게 사용하는 등 무책임하다고 보고하였다. 피검자는 위조수표 사용과 음주운전, 2건의 전과기록이 있었다.

피검자는 두 번째 이혼 직후 세 번째 결혼을 하였고, 43세인 세 번째 남편에 대해 매우 긍정적으로 보고하였다. 피검자는 둘째 아들의 양육권 전체를 원하고 있으며, 현재 생활환경, 즉 자신의 두 아들과 현 남편의 두 딸로 이루어진 결합가족은 모두에게 더 나은 대안이 될 것이라고 주장하고 있다. 피검자는 전남편이 정서적으로나 경제적으로 현재 자신의 환경보다는 좋지 못하다고 주장하고 있다.

사례 20. 36세 여성

카드	반응	질문
I	1. 천사들이 춤을 추고 있어요. 평가자: 대부분의 사람들이 1개 이상의 반응을 봅니다.	평가자: (반응 반복) 피검자: 큐피드와 같은 천사예요. 날개와 머리가 작고 둥근 몸을 보세요. 평가자: 머리요? 피검자: 코, 눈, 날개, 작은 아기 몸, 팔, 팔, 그리고 다리.
	2. 고양이의 얼굴이 보여요. 좀 무서운 핼러윈 고양이.	평가자: (반응 반복) 피검자: 귀, 눈, 코, 입, 고양이 모양의 머리.
	3. 나방이 보여요.	평가자: (반응 반복) 피검자: 여기에 작은…… 나방의 해부적 구조는 모르지만 작은 나방의 더듬이로 추측돼요. 이건 날개, 이건 무늬 반점이요.
	4. 2명의 사람이 팔을 들고 서로에게 인사하며 함께 서 있어요. 이제 충분한가요? (평가자: 당신이 알아서 하시면 됩니다.)	평가자: (반응 반복) 피검자: 여기는 그들의 머리예요. 그들은 예복 또는 드레스를 입고 있어요. 이 선이 다리를 구분하고 있어요. 보세요. 팔은 이것처럼이요. (시연)

II	5. 음…… 네, 이번엔 두 마리 토끼가 서로 마주 보고 있어요. 아마도…… 토끼 발이 있고, 손을 들고 있어요.	평가자: (반응 반복) 피검자: 이건 토끼, 이건 토끼예요. 토끼들의 귀가 쫑긋 튀어 나와 있지 않고, 뒤로 젖혀 있어요. 저기는 귀, 여기도 귀이고, 머리, 앞 위쪽에 있는 여기가 발이에요. 이건 한 발로 서 있어요.
	6. 램찹의 구레나룻과 턱수염이 있는 남자의 얼굴이 보여요. 다 말한 것 같아요.	평가자: (반응 반복) 피검자: 눈, 코가 있고, 여기 큰 구레나룻이 자라서 턱수염이 되었어요. 마치 빅토리아 시대의 남자처럼요. 이것은 코의 밑부분이고 이건 입이에요.
III	7. 그것은 둘…… 음…… 음…… 2명의 여자가 보여요. 그들은 정말 분명해 보여요.	평가자: (반응 반복) 피검자: 다른 것을 볼 수 없어요. 당연히 그들의 머리와 옆모습. 이것은 가슴, 팔, 기울어진 허리, 구부러진 몸, 무릎, 하이힐, 손과 손이에요. 그녀는 마치 아프리카계 미국 민속예술품처럼 보여요. 당신도 그 피겨를 알고 있죠. 평가자: 아프리카계 미국 민속예술품이요? 피검자: 길고 가는 몸매, 가슴 부분에 과장된 곡선도요, 둥근 머리, 짧게 자른 머리, 그리고 당연히 그들은 까매요.
IV	8. 너구리 뒷모습. (웃음)	평가자: (반응 반복) 피검자: 공중에서 보는 것처럼 보세요. 수염이 있는 너구리 머리가 보이죠. 당신은 하얀색 표시가 위로 올라올 것 같이 보이죠. 만약 이것이 머리 꼭대기라고 추측한다면요. 이것은 몸이고 이것은 꼬리예요. 평가자: 공중에서요? 피검자: 왜냐면 당신이 밑으로 내려다본다면, 이것이 머리 꼭대기이고 이것은 거의 척추로 꼬리에서 끝나요.

	9. 카우보이 부츠.	평가자: (반응 반복)
		피검자: 크고 털로 덮인 박차, 아니, 그게 아니라…… 가죽바지 그리고 이건 뾰족한 발가락. 밖으로 튀어나온 뾰족한 힐.
		평가자: 털이요?
		피검자: 폭이 넓고, 울퉁불퉁한 모서리, 얼룩덜룩한 색깔. 털같이 보여요. 그건 너구리라고 얘기한 이유이기도 해요.
	10. 공중에서 내려다 본 소.	평가자: (반응 반복)
		피검자: 너구리와 반대로, 이것은 수공예 가게에서 볼 수 있는 소의 해골 같아요. 또는 미국 사막 영화 같은 풍경에서 색이 바랜 해골. 이건 선명도가 각기 달라서 해골처럼 보이지 않을 수도 있지만, 그냥 그게 떠올라요. 이건 귀, 눈, 그리고 소의 머리이고, 이것은 눈꺼풀이에요. 내가 말이라 하지 않고 소라고 하는 이유는 코가 좁지 않고 넓기 때문이에요.
		평가자: 저도 그렇게 볼 수 있도록 다시 설명해 주세요.
		피검자: 머리 때문이에요. 이것들은 다리이고 이것도. 이것은 척추를 떠오르게 해요. 나는 비버에서도 이것을 보았는데, 또 보네요.
V	11. 이것은 박쥐예요.	평가자: (반응 반복)
		피검자: 여기 2개의 작은 다리가 있어요. 여기에 박쥐의 긴 날개와 머리예요. 이건 박쥐의 등과 귀에요. 저것은 음파탐지를 위한 크고 좁은 귀에요.
VI	12. 여기에는 긴 수염을 가진 남자의 얼굴이요.	평가자: (반응 반복)
		피검자: 눈이 보이죠. 이건 수염이에요. 눈은 '토리노의 수의(Shroud of Turin)'처럼 음영이 진 것이에요. 선생님도 그 다큐멘터리를 봤다면요.
		평가자: 음영이요?
		피검자: 이것은 가운데가 회색과 검정색이에요. 검정색은 눈과 코이고, 거기에 수염이 있어요. 선생님도 그 얼굴이 보일 거예요.

	13. 곰가죽 깔개.	평가자: (반응 반복) 피검자: 이건 곰가죽 깔개로 보여요. 그냥 벽에 걸어 두는. 평가자: 어떻게 그렇게 보이나요? 피검자: 그 모양이요, 머리는 여기일 것 같고 털. 평가자: 털이요? 피검자: 음, 또 음영이네요. 각기 다른 색깔들, 울퉁불퉁한 모서리요.
	14. 인디언 토템.	평가자: (반응 반복) 피검자: 바로 여기, 여기에 토템 기둥이 있어요. 또 여기는 얼굴. 깃털이 있고 바깥쪽으로 뻗은 나무 팔 그리고 여기에는 깃털로 덮인 망토 또는 그려진 것이거나 진짜거나, 이것은 선생님이 뭘 보느냐에 달려 있어요. 평가자: 깃털이요? 피검자: 이것이 깃털들, 작은 새의 날개 같은 팔이에요. 그걸 명확하게 하는 선을 볼 수 있어요.
	15. 가오리.	평가자: (반응 반복) 피검자: 이것은 가오리, 입, 아니면 가오리의 어떤 것이거나. 몸의 모양이 가오리 같아요. 길고 좁은 꼬리와 넓은 모양. 이건 뾰족한 끝이에요. 더듬이나 뿔이라고 불리는지 모르지만, 저는 가오리에게 이처럼 작은 뾰족한 끝이 있는 것을 기억해요.
Ⅶ	16. 포니테일을 한두 명의 어린 소녀가 서로 마주 보고 있어요. 그게 다예요.	평가자: (반응 반복) 피검자: 옆모습 또는 구식의 장식 달린 팔찌. 이것은 이마, 앞머리, 머리카락, 그리고 여기는 포니테일, 거의 점프하는 것같이, 바람에 날리는 포니테일. 작은 들창코, 턱 그리고 몸통, 손, 허리. 그들의 치마예요.

Ⅷ	17. 네, 이것은 두 마리의 동물, 늑대나 그것과 비슷한 거요.	평가자: (반응 반복) 피검자: 바로 여기에 보이죠. 여기 머리, 앞발, 발이나 다리, 죄송해요, 다리, 다리, 다리, 다리, 그리고 길쭉하게 솟은 머리, 그게 늑대나 비슷한 것 같다고 한 이유예요. 이것은 솟은 털 같이 보여요. 평가자: 솟은 털이요? 피검자: 강아지나 이런 것처럼 서 있는 것 같아요.
	18. 일종의 인쇄물 혹은 기념품 담요.	평가자: (반응 반복) 피검자: 알죠, 그 SW 기념품 담요. 이것은 SW 디자인 모티브와 관련된 색깔 종류예요. 터키색, 산호색, 주황색 그리고 청회색, 그리고 당연히 늑대로 봤기 때문에 다 연상되는 것 같아요. 울퉁불퉁한 줄무늬 혹은 층(layer), 그리고 천을 생각하고 줄무늬라고 말했어요. 평가자: 층(layer)이요? 피검자: 미안해요. 색깔의 줄(rows)이요.
	19. 여기에 남자가 있어요. 큰 머리 장식과 가운을 걸친 얼굴이에요.	평가자: (반응 반복) 피검자: SW 인디언이 여기 전체예요. 여기 눈, 코, 그리고 이렇게 내려와 곡선이 되는지 보여줘요. 거기 선이 있고, 여기는 입, 그래서 얼굴과 어깨가 있어요. 얼굴은 길고 그리고 장군처럼 몸통으로 내려와요. 여기는 어깨이고 이건 가운. 가운이 어깨로 떨어지고, 만약 직물을 그린다면, 음영으로 가운이 떨어지는지 볼 수 있을 거예요. 여기 머리, 눈, 코, 그리고 이건 머리장식, 머리카락이 아닌, 뭘 쓰고 있어요.
	20. 여기는 나비.	평가자: (반응 반복) 피검자: 여기는 나누어진 날개이고 여기는 머리, 주황색, 산호색 부분 그리고 다리, 나비의 그 무엇 그리고 색깔. 색깔이 예뻐요.

IX	21. 해골.	평가자: (반응 반복)
		피검자: 해골의 둥근 정수리, 큰 이마를 가졌고 추측하기로 이렇게 내려와서, 이것이 이마예요. 이것이 눈구멍, 여기 그리고 여기.
		평가자: 눈구멍이라고 하셨나요?
		피검자: 구멍 그리고 바깥쪽 음영은 3차원으로 보이게 해요. 여기에는 선이요.
	22. 음, 심장과 폐.	평가자: (반응 반복)
		피검자: 여기 심장처럼 보여요, 심실 1, 2, 3, 4. 학교에 있던 심장과 폐의 사진이 생각났어요. 이것은 폐일 거예요. 심장과 폐로 봤어요. 심장, 심실, 이것, 그리고 폐로 봤어요.
	23. 불이 나오는 큰 해골 같아요. 아들의 비디오 게임이 떠오르네요. 열네 살짜리 우리 아들의 컴퓨터 비디오 게임.	평가자: (반응 반복)
		피검자: 이름은 모르겠어요. 여기 또 큰 해골이 있네요. 여기에서 불이 나오고 있어요. 불길, 주황색 불길.
		평가자: 해골이요?
		피검자: 그러니까 이것들이 눈이라면, 제 생각에 불길은 그의 머리에서 나오고 있어요. 그가 불타고 있는 게 아니라, 마치 불길을 입고 있는 것처럼요.
		평가자: 눈이요?
		피검자: 여기 해골에 말고요. 불길이 눈, 큰 눈에서부터 나오는 것 같아요. 이것은 코, 코의 구멍, 콧구멍. 불길이 눈에서 발사되어 나오는 것 같아요. 그가 불타는 게 아니고, 그가 하는 것처럼요.
X	24. 네. 남자의 얼굴이 보여요. 팔자수염, 선글라스, 빨간 머리.	평가자: (반응 반복)
		피검자: 여기 빨간 머리예요. 여기는 선글라스로 중간에서 만나고 머리카락 뒤로 가죠. 이건 코, 팔자수염이요.
	25. 종이 보여요.	평가자: (반응 반복)
		피검자: 바로 여기, 이것은 종이에요. 종의 모양이 보이죠. 이게 손잡이에요. 보세요.

26. 게가 보여요(D7).	평가자: (반응 반복)
	피검자: 이건 게예요. 모래게 색깔이고요. 모양도 그래요. 게 모양이고 긴 다리들이 바깥으로 나와 있어요. 정확히 긴 다리가 나올 것이라고 보이는 위치에서요.
27. 비버들이 보여요. 우리 아이들이 보는 만화 쇼에 화가 난 비버가 나와요. 그들이 여기에 있네요.	평가자: (반응 반복)
	피검자: 이게 작은 비버들이에요. 이건 작은 비버의 머리고 털이 수북한 꼬리가 있어요. 팔, 화난 비버들의 팔, 그들은 서 있고 털이 난 다리.
	평가자: 화가 난 비버라고 말씀하셨나요?
	피검자: 아니에요. 그들은 화가 난 것처럼 보이지 않아요. 그냥 서서 걸어 다니는 두 마리 비버에 대한 쇼일 뿐이지 화가 난 건 아니에요.

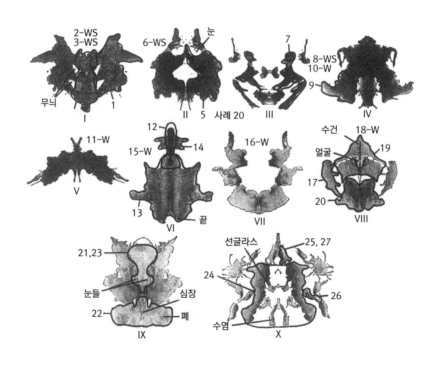

사례 20. 점수 계열

카드	반응 번호	위치	영역 번호	결정인	(2)	내용	평범 반응	Z	특수 점수
I	1	Dd+	99	Mao	2	(H)		6.0	COP,GHR
	2	WSo	1	Fo		(Ad)		3.5	
	3	WSo	1	Fo		A		3.5	
	4	D+	4	Mao	2	H,Cg		4.0	COP,GHR
II	5	D+	1	FMpo	2	A		3.0	INC
	6	WSo	1	F-		Hd		4.5	PHR
III	7	D+	9	FC'+	2	H,Cg,Art	P	3.0	GHR
IV	8	Wo	1	FD.FC'o		A		2.0	
	9	Do	6	FTo		Cg			
	10	Wo	1	FD-		A		2.0	
V	11	Wo	1	Fo		A	P	1.0	
VI	12	Ddo	99	FY-		Hd			PER,PHR
	13	Do	1	FTo		Ad,Hh	P		
	14	Do	8	FYo		Ay			
	15	Wo	1	Fu		A		2.5	
VII	16	W+	1	Ma.mpo	2	H,Cg	P	2.5	GHR
VIII	17	Do	1	Fo	2	A	P		
	18	Wo	1	CFo	2	Art,A	P	4.5	
	19	DS+	8	mp.FY-		Hd,Ay,Cg		4.0	PHR
	20	Do	2	FCo	2	A			
IX	21	DSo	8	FV-		An		5.0	
	22	Do	6	F-		An			PER
	23	DS+	8	ma.CF-		(Hd),Fi		5.0	PER,PHR
X	24	DdS+	99	FC-		Hd,Sc		6.0	PHR
	25	Do	8	F-	2	Id			
	26	Do	7	FCo	2	A			
	27	Do	8	Mpu	2	(A)			PER,GHR

사례 20. 구조적 요약

구조적 요약(상단부)				

반응영역	결정인 혼합	단일	반응내용	자살 지표
				YES..FV+VF+V+FD>2
		H = 3		NO ...Col-Shd Bl>0
Zf = 17	FD.FC′	M = 3	(H) = 1	NO ...Ego<.31, >.44
ZSum = 62.0	M.m	FM = 1	Hd = 4	NO ...MOR>3
ZEst = 56.0	m.FY	m = 0	(Hd) = 1	NO ...Zd> +−3.5
	m.CF	FC = 3	Hx = 0	YES..es>EA
W = 9		CF = 1	A = 10	NO ...CF+C>FC
D = 15		C = 0	(A) = 1	YES..X+%<.70
W+D = 24		Cn = 0	Ad = 1	YES..S>3
Dd = 3		FC′ = 1	(Ad) = 1	NO ...P<3 or >8
S = 7		C′F = 0	An = 2	NO ...Pure H<2
		C′ = 0	Art = 2	NO ...R<17
		FT = 2	Ay = 2	5 ......TOTAL

발달질

		단일(계속)	반응내용(계속)	**특수점수**
		TF = 0	Bl = 0		Lv1	Lv2
+ = 8		T = 0	Bt = 0	DV = 0x1 0x2
o = 19		FV = 1	Cg = 5	INC = 1x2 0x4
v/+ = 0		VF = 0	Cl = 0	DR = 0x3 0x6
v = 0		V = 0	Ex = 0	FAB = 0x4 0x7
		FY = 2	Fd = 0	ALOG = 0x5
		YF = 0	Fi = 1	CON = 0x7
		Y = 0	Ge = 0	Raw Sum6 = 1
		Fr = 0	Hh = 1	Wgtd Sum6 = 2

형태질

	FQx	MQual	W+D		
				rF = 0	Ls = 0
+	= 1	= 0	= 1	FD = 1	Na = 0
o	= 15	= 3	= 14	F = 8	Sc = 1	AB = 0	GHR = 5
u	= 2	= 1	= 2		Sx = 0	AG = 0	PHR = 5
−	= 9	= 0	= 7		Xy = 0	COP = 2	MOR = 0
none	= 0	= 0	= 0		Id = 1	CP = 0	PER = 4
				(2) = 11			PSV = 0

구조적 요약(하단부)			
비율, 백분율, 산출한 점수			

R = 27	L = 0.42		FC:CF+C = 3:2	COP = 2 AG = 0
			Pure C = 0	GHR:PHR = 5:5
EB = 4:3.5	EA = 7.5	EBPer = N/A	SumC′:WSumC = 2:3.5	a:p = 4:4
eb = 4:8	es = 12	D = 1	Afr = 0.69	Food = 0
	Adj es = 8	Adj D = 0	S = 7	SumT = 2
			Blends:R = 4:27	Hum Con = 9
FM = 1	C′ = 2	T = 2	CP = 0	Pure H = 3
m = 3	V = 1	Y = 3		PER = 4
				Iso Indx = 0.00

a:p = 4:4	Sum6 = 1	XA% = 0.67	Zf = 17.0	3r+(2)/R = 0.41
Ma:Mp = 3:1	Lv2 = 0	WDA% = 0.71	W:D:Dd = 9:15:3	Fr+rF = 0
2AB+Art+Ay = 4	WSum6 = 2	X−% = 0.33	W:M = 9:4	SumV = 1
MOR = 0	M− = 0	S− = 5	Zd = +6.0	FD = 2
	Mnone = 0	P = 6	PSV = 0	An+Xy = 2
		X+% = 0.59	DQ+ = 8	MOR = 0
		Xu% = 0.07	DQv = 0	H:(H)Hd(Hd) = 3:6

PTI = 2	DEPI = 4	CDI = 1	S−CON = 5	HVI = NO	OBS = NO

사례 20

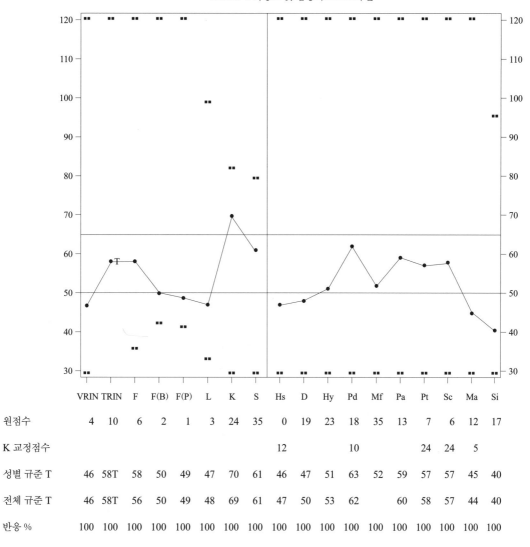

MMPI-2 타당도 및 임상척도 프로파일

	VRIN	TRIN	F	F(B)	F(P)	L	K	S	Hs	D	Hy	Pd	Mf	Pa	Pt	Sc	Ma	Si
원점수	4	10	6	2	1	3	24	35	0	19	23	18	35	13	7	6	12	17
K 교정점수									12			10			24	24	5	
성별 규준 T	46	58T	58	50	49	47	70	61	46	47	51	63	52	59	57	57	45	40
전체 규준 T	46	58T	56	50	49	48	69	61	47	50	53	62		60	58	57	44	40
반응 %	100	100	100	100	100	100	100	100	100	100	100	100	100	100	100	100	100	100

무응답(원점수): 0

F-K(원점수): -18

Welsh Code: 4-678 53/2190: K'+-F/L:

'그렇다' 응답 비율: 32%

'아니다' 응답 비율: 68%

프로파일 상승 정도: 53.1%

주: 각 척도별 T점수의 최댓값과 최솟값은 ■ ■로 표시되었음.

사례 20

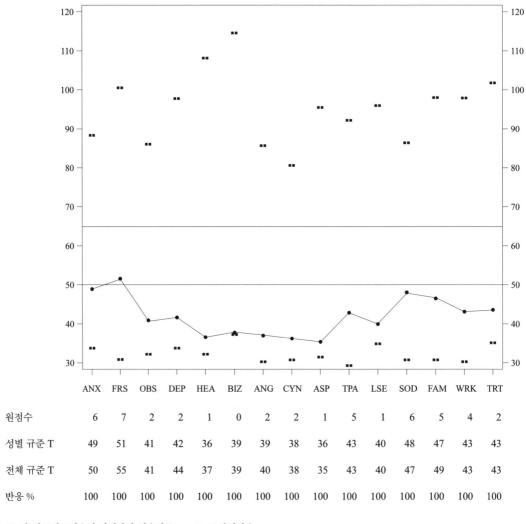

MMPI-2 내용척도 프로파일

	ANX	FRS	OBS	DEP	HEA	BIZ	ANG	CYN	ASP	TPA	LSE	SOD	FAM	WRK	TRT
원점수	6	7	2	2	1	0	2	2	1	5	1	6	5	4	2
성별 규준 T	49	51	41	42	36	39	39	38	36	43	40	48	47	43	43
전체 규준 T	50	55	41	44	37	39	40	38	35	43	40	47	49	43	43
반응 %	100	100	100	100	100	100	100	100	100	100	100	100	100	100	100

주: 각 척도별 T점수의 최댓값과 최솟값은 ■■로 표시되었음.

사례 20

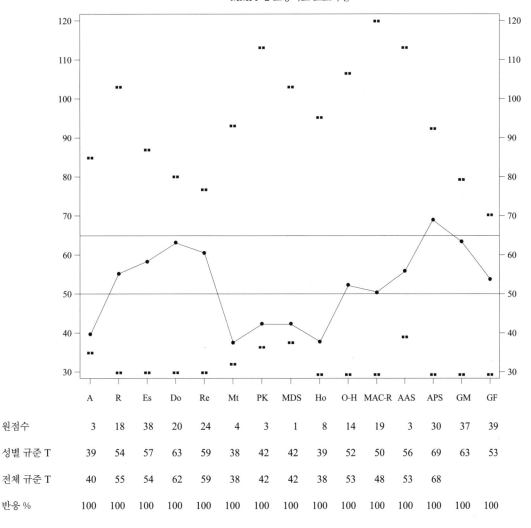

MMPI-2 보충척도 프로파일

	A	R	Es	Do	Re	Mt	PK	MDS	Ho	O-H	MAC-R	AAS	APS	GM	GF
원점수	3	18	38	20	24	4	3	1	8	14	19	3	30	37	39
성별 규준 T	39	54	57	63	59	38	42	42	39	52	50	56	69	63	53
전체 규준 T	40	55	54	62	59	38	42	42	38	53	48	53	68		
반응 %	100	100	100	100	100	100	100	100	100	100	100	100	100	100	100

주: 각 척도별 T점수의 최댓값과 최솟값은 ■ ■로 표시되었음.

사례 20: 개요

로르샤흐 및 MMPI-2 자료를 검토할 때 피검자는 세련된 방식으로 자신을 긍정적으로 드러내고 있다. 피검자의 로르샤흐 주지화 지표는 4이며 PER이 4, COP은 2, *AG* 반응은 없는데, 이는 피검자가 성숙하고, 지적이며 협조적인 사람으로 보이고자 하는 시도를 보여준다. MMPI의 *L*, *K*, *S*척도는 Bagby 등(1999)의 연구에서 양육권 평가 중인 58명의 여성 표본의 평균값과 약간 다르게 나타났다. 피검자는 *L*이 더 낮고, *K*는 더 높았다. 즉, 순박하기보다는 더 자아동조적인 방식으로 자신이 적응적으로 기능하고 있음을 드러내고자 하였다.

로르샤흐에서는 내재된 피검자의 어려움이 가장 분명하게 나타난다. 피검자는 7개의 공백반응이 있는데, 그중 4개 반응은 카드 II 이후에 나타났고, 5개 반응은 마이너스 형태질이었다. 피검자는 분노와 소외감과 같은 이슈를 최소화하기 위해 부단히 노력함에도 불구하고, 이러한 감정으로 혼란스러운 것 같다. 반응 27(카드 X)의 질문 단계에서, 피검자가 '화가 난'이라고 묘사한 만화 비버에 대해서 물었을 때, "아니에요, 그들은 화가 난 것처럼 보이지 않아요, 그냥 서서 걸어 다니는 비버에 대한 쇼일 뿐이지 화가 난 건 아니에요."라며 자신의 반응을 수정하였다. 상당히 낮은 MMPI 분노 지표(*ANG* = 39*T*)는 이러한 부인과 일맥상통한다. 로르샤흐의 재질반응과 MMPI의 *Hy2*(애정욕구)이 높게 나타나고 있어, 화가 치미는 소외감과 대인관계 욕구가 충돌할 수 있다. 피검자는 대인관계 속에서 지지받지 못한다고 느낄 때 화가 날 가능성이 높으며, 이는 청소년기로 접어드는 네 아이를 양육해야 하는 피검자에게는 잠재적인 취약점이 될 수 있다.

에필로그

결국 전남편이 공동양육권을 유지하되 둘째 아들은 피검자와 함께 생활하는 것으로 합의가 이루어졌다. 18개월 후 재평가하는 조건으로 연간 주말 24회, 여름 2주간 전남편의 방문 권한이 인정되었다.

사례 21: 직업-관련 평가

피검자는 32세 이혼한 여성으로 간호사 자격관리위원회의 조치에 따라 평가되었다. 피검자는 공인 간호사로 대도시 병원의 중환자실에서 상근직으로 일하고 있다. 피검자의 경우 환자와 관련된 문제는 보고되지 않았지만, 일련의 대인관계 문제로 인해 자격관리위원회에서 주시하고 있는 상황이다.

피검자는 4명의 자녀가 있는데, 첫아이는 17세에 출산한 혼외 자녀이며, 나머지 3명의 아이들은 최근 이혼한 결혼생활 중 26세, 28세, 그리고 30세에 출산하였다. 그녀는 26세 때, 둘째 아이 출생 직후 심각한 산후 우울증을 겪으며 잠시 입원치료를 받았다. 외래로 매주 심리치료와 약물치료를 병행하며 우울증에서 벗어났다. 그러나 당시 자신을 치료하던 정신과 주치의에게 강한 매력을 느꼈고, 자주 그를 차로 집까지 데려다 주었다. 피검자는 종결하기 전 몇 회기 동안 치료실에 칼을 가지고 다녔고, 결국 주치의에게 협박 편지를 썼다. 이것으로 피검자는 괴롭힘 혐의로 체포되었고, '협박' 행위로 유죄 판결을 받았다. 그 이후 피검자는 5년 동안 집행유예 상태로 지내 왔으며, 향후 더 이상의 문제를 일으키지 않는다면 피검자에 대한 판결이 중범죄에서 경범죄로 경감되는 조건이었다.

피검자는 자신의 우울증으로 인해 환자 관리나 다른 전문적 업무수행에는 어려움이 없다고 보고하였다. 유죄 선고 이후, 다른 정신과 의사에게 6개월 동안 치료를 다시 받았다. 그 즈음 피검자의 정신과적 문제가 자격관리위원회에 보고되었고 (피검자는 이전에 치료했던 정신과 의사가 했다고 의심하였다.) 간호사 공인 면허는 집행유예의 기간 동안 '특수한 (special)' 범주로 분류되었다.

1년 전 피검자는 회사 동료와 정서적으로 깊은 관계를 맺었지만, 몇 개월 후 관계가 악화되어 자주 말싸움을 하였고, 결국 업무 중에 그를 구타하는 사건이 발생하였다. 그는 피검자의 정신과 과거력과 '특수한' 면허 상태에 대해 알고 있는 슈퍼바이저에게 이 사건을 보고하였다. 슈퍼바이저는 재발 가능성에 대해 우려했고 병원 인사과 대표와 자격관리위원회의 회의가 진행되는 동안 피검자에게 정직 처분을 내렸다. 슈퍼바이저 또한 타인에게 침해적이고 괴롭히는 피검자와 관계 어려움이 있다고 보고하였다. 그 결과 간호사 자격관리위원회는 그녀의 면허를 취소해야 하는지, 정지해야 하는지, 현재 상태를 지속해야 하는지에 대해 평가를 의뢰하였다.

피검자는 1남 4녀의 막내이다. 피검자의 아버지는 자녀들 모두에게 굉장히 엄격하였고, 체벌도 하였는데, 특히 피검자 바로 위의 언니에게 더욱 심했다고 한다. 그녀의 어머니는 이러한 상황에 한 번도 개입한 적이 없는 전형적으로 수동적인 사람이었다고 한다. 피검자의 오빠는 43세로 작은 농장을 운영하고 있다. 언니 중 한 명은 미혼이며 선천성 심장질환을 앓고 있다. 다른 언니는 기혼으로 두 자녀를 두었다. 큰 언니는 이혼하고 비서로 일하고 있다. 직계 가족 중 심각한 정신과 질환을 앓은 사람은 없었지만, 그녀의 고모가 몇 년 전에 입원을 했는데, 아마도 조현병을 앓았던 것으로 추정된다.

피검자는 16세에 임신했음에도 불구하고 평균 이상의 좋은 성적으로 18세에 고등학교를 졸업하였다. 그 당시, 가족은 그녀를 임산부 기숙시설로 보냈다. 피검자는 17세 때 출산한 아이를 입양시켰고, 아이를 보낸 후 4개월 정도 우울했으며 잠시 자살사고가 있었다고 보고하였다. 피검자는 미래 언젠가는 그 아이를 만날 수 있기를 희망하였다.

고등학교 졸업 후, 피검자는 간호사 프로그램에 입학하여 21세에 훈련을 마쳤다. 그녀는 상근직으로 근무하였고 경력은 우수했다. 24세경, 두 살 연상의 남성과 결혼했으나 이내 그가 애정을 표현하지도 않고 가정에 책임을 다하지 않는다는 것을 깨달았다. 남편은 영업직으로 근무시간 대부분 출장을 다녔다. 피검자는 남편을 사랑하지 않는다고 느꼈지만 막내의 출생 직후까지 결혼생활을 유지했다. 피검자는 전남편에 대해 아이 양육과 경제적인 문제를 함께 책임지는 '좋은 사람'이라고 묘사했다. 현재 피검자는 37세 독신남과 두 달 전부터 만나고 있는 중이다.

피검자는 중환자실(ICU) 간호사로서 자신의 일을 매우 좋아한다고 말한다. "나는 이 일을 아주 잘해요. 나는 일을 잘하고 다른 간호사들과도 잘 어울린다고 생각해요. 때로는 나 자신과 타인에 대한 기대가 너무 높아 힘들기는 하죠." 피검자는 친한 친구가 몇몇 있으며 대부분 직장동료라고 한다. 피검자는 부모님에 대해 양가적으로 느끼지만 자주 찾아뵙는다고 한다.

피검자는 이 평가를 반드시 받아야 하는 것에 짜증났지만, 협조적이었고 개방적으로 자신의 과거, 감정, 가치관, 태도와 경험에 대해 이야기하였다. 피검자는 다른 사람들을 믿기 어렵고, 권위자들에 대해 지나치게 의심하게 된다고 하였다. 그녀는 특히 슈퍼바이저와의 관계가 모호한 것이 참기 어려우며, 전반적으로 모든 사람들에게 기대가 높고 특히 동료들에게 그렇다고 하였다.

사례 21. 32세 여성

카드	반응	질문
I	1. 아마도 벌레라고 할 수 있겠군요. (평가자: 천천히 보시면 다른 것도 볼 수 있습니다.)	평가자: (반응 반복) 피검자: 가운데(D4), 이건 진짜 벌레가 아니고, 벌레의 x-ray 같아요. 평가자: x-ray요? 피검자: 맨 위에 작은 더듬이가 있는 벌레의 형태예요. 그러나 x-ray처럼 전체가 어두워요.
	2. 다른 것이요? 음…… 새처럼도 보이기도 해요. 그렇지만 좀 더 벌레 같아요.	평가자: (반응 반복) 피검자: 선생님은 이게 날개이고 가운데가 몸통으로 보일 거예요. 새처럼요.
II	3. 두 마리 동물들이 발을 서로 맞대고 있어요.	평가자: (반응 반복) 피검자: 전체예요. 양쪽으로 동물 한 마리씩, 발은 여기 아래예요(D3). 앞발(paws)은 여기(D4), 그리고 머리는 여기예요(D2). 큰 동물들. 평가자: 발을 서로 맞대고 있다고요? 피검자: 서로 밀치려 하는 것처럼요. 싸우는 것처럼, 아마도 두 마리 곰이 싸우는 것 같아요.
	4. 정말 이상한 동물 두 마리, 곰의 몸과 오리의 머리 같아요.	평가자: (반응 반복) 피검자: 네, 제가 처음에 곰이라고 말했죠. 그러나 그들은 진짜 이상한 동물 두 마리 같아요. 이 부분의 형태(D1)가 곰의 몸같이 보이지만 여기 위에는 오리의 머리 같아요.
III	5. (웃음) 당연히 2명의 사람이에요. 2명의 여자가 가슴을 내밀고 있고, 손은 양동이 위에 있어요.	평가자: (반응 반복) 피검자: 가슴을 보세요. 힐 혹은 신발은 여기요. 그들은 몸매가 가늘어요. 여자 같아요. 마치 무언가를 하고 있는 것처럼, 아마 여기 밑에 있는 양동이를 들려는 것 같아요. 예, 아마 양동이일 거예요. 그리고 들어 올리려고 해요.

IV	6. 마치 어떤 것의 뒤편에서 올려다 보는 것처럼, 선생님이 땅에 서서 어떤 생명체의 등 쪽을 보고 있는 것 같아요. 이것은 발바닥이에요. 선생님이 힘든 주말을 보내고 나서 보게 되는 것과 같죠. (웃음)	평가자: (반응 반복) 피검자: 전체예요. 땅에 서서 생명체를 올려다보는 것처럼요. 척추는 여기예요. 위로 올라갈수록 색이 변해요. 여기는 꼬리예요. 색깔이 변하는 것은 털 때문인 것 같아요. 그는 팔이 작고, 이건 머리 뒷부분이에요. 이것은 이상한 것이에요.
V	7. 그것은 나비.	평가자: (반응 반복) 피검자: 날개는 여기, 더듬이, 여기에 있는 것들은 등과 발이에요. 그냥 나비처럼 보여요.
VI	8. 선생님이 내려다보고 있어요. 여기에 뻗어 있는 고양이예요.	평가자: (반응 반복) 피검자: 고양이 머리는 여기예요(D3), 수염은 여기이고 다리는 뻗고 있는데 마치 다리를 쭉 뻗은 이상한 자세로 거기에 누워 있는 것 같아요. 등쪽 색깔이 털로 덮인 인상을 줘요.
	9. 또 여기 중간 부분은 척추처럼 보여요.	평가자: (반응 반복) 피검자: 여기 바로 가운데 아래요. 더 어두운 부분이 척추처럼 보여요. 마치 척추의 x-ray처럼요. 평가자: x-ray요? 피검자: x-ray처럼 어두워요. 어두운 색깔이 달라져요.
VII	10. 포니테일을 한두 명의 여자아이가 뽀뽀하고 싶은 표정을 짓고 있어요.	평가자: (반응 반복) 피검자: 포니테일을 한 여자아이들, 그들은 등을 돌리고 있어요. 주위를 둘러보는 것 같이요. 뽀뽀하고 싶은 사랑스러운 표정을 지으면서, 입술을 내밀고 있어요. 평가자: 더 자세히 설명해 주세요. 그들이 등을 돌리고 있다고요? 피검자: 아뇨, 저는 그렇게 말하지 않았어요. 저는 그들이 머리를 돌리고 있다고 했죠. 등은 서로를 향하고 있어요. 그리고 머리를 돌려 작별 인사를 하는 것 같은 표정을 짓고 있어요.
	∨11. 여기 하얀 부분은 램프의 갓처럼 보여요.	평가자: (반응 반복) 피검자: 여기 중간에요. 형태가 그래요.

VIII	< 12. 좀 정돈되어 보이는…… 바위 위를 걷고 있는 일종의 동물, 그게 반사되었어요.	평가자: (반응 반복) 피검자: 물에 반사되었어요. 이건 동물 형태, 바위 색깔, 반사된 상은 그림의 위아래가 바뀐 거예요. 평가자: 제가 모든 걸 제대로 볼 수 있도록 설명해 주세요. 피검자: 이것은 동물(D1), 머리와 다리가 보이죠. 저것은 바위예요(D4&D2의 반). 그것들은 각기 다른 색이에요. 파란색은 물이고 이 밑은 모두 같아요. 마치 반사된 상처럼요.
	13. 여기 작은 부분은 흉곽처럼 보여요.	평가자: (반응 반복) 피검자: 형태가 그래요. 갈비뼈 사이에 공간들을 보세요.
IX	< 14. 오토바이를 타고 언덕을 오르는 사람. 이것은 여기 있는 물에 반사되었어요.	평가자: (반응 반복) 피검자: 분홍색은 배기가스가 나오는 거예요. 여기 사람, 오토바이(D1), 바퀴의 모양으로 이해되지요. 주황색의 먼지 언덕, 그리고 모두 여기 이 아래는 반사된 거예요. 모양이 그렇군요. 또 꽤 다양한 색이 있어요.
X	15. 이것은 벌레 무리, 모두 다른 색깔이에요.	평가자: (반응 반복) 피검자: 윗부분은 두 마리의 검정 벌레, 아래쪽에 초록 메뚜기 두 마리, 여기에 거미(D1), 여기는 노란색 벌레(D2) 그리고 분홍색 애벌레(D9), 다른 초록 벌레는 이쪽 위에(D12), 많은 다채로운 색깔의 벌레들이에요.
	∨ 16. 거꾸로 했을 때 얼굴이 보여요.	평가자: (반응 반복) 피검자: 여기 눈썹은 아치 모양이에요. 심술궂게 생겼어요. 그 모습이, 여기 눈(D2), 눈썹(D10), 입(D3), 수염(D11), 그는 매우 심술궂어 보이는데, 화낼 때처럼 눈썹을 치켜뜨고 있어요. 여기 양쪽 측면은 고려하지 마세요. 이 부분만요(DdS22).

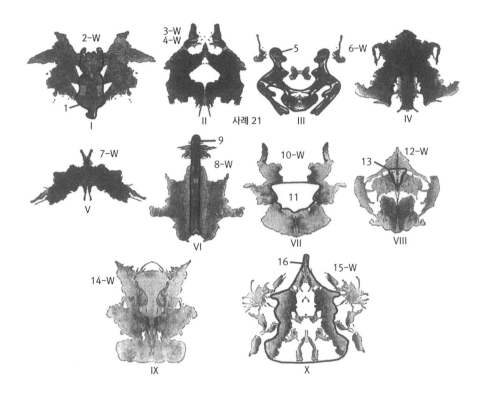

사례 21

사례 21. 점수 계열

카드	반응 번호	위치	영역 번호	결정인	(2)	내용	평범 반응	Z	특수 점수
I	1	Do	4	FYo		A,Xy			
	2	Wo	1	Fo		A		1.0	
II	3	W+	1	FMao	2	A		4.5	AG,PHR
	4	Wo	1	Fu	2	A		4.5	INC2
III	5	D+	1	Mao	2	H,Cg,Hh	P	3.0	COP,GHR
IV	6	Wo	1	FD.FTo		(A)		2.0	
V	7	Wo	1	Fo		A	P	1.0	
VI	8	Wo	1	FD.FMp.FTu		A		2.5	
	9	Do	5	FYo		Xy			
VII	10	W+	1	Mpo	2	H	P	2.5	GHR
	11	DSo	10	Fo		Hh			
VIII	12	W+	1	FMa.CF.Fro		A,Na	P	4.5	
	13	DSo	3	Fo		An			
IX	14	W+	1	Ma.Fr.CF.mao		H,Na,Sc		5.5	GHR
X	15	Wo	1	CF.C'Fo	2	A	P	5.5	
	16	DdSo	22	Mp−		Hd,Hx			AG,PHR

사례 21. 구조적 요약

구조적 요약(상단부)

반응영역	결정인 혼합	결정인 단일	반응내용	자살 지표
		H = 3		NO …FV+VF+V+FD > 2
				YES..Col-Shd Bl > 0
Zf = 11	FD.FT	M = 3	(H) = 0	YES..Ego < .31, > .44
ZSum = 36.5	FD.FM.FT	FM = 1	Hd = 1	NO …MOR > 3
ZEst = 34.5	FM.CF.Fr	m = 0	(Hd) = 0	NO …Zd > +−3.5
	M.Fr.CF.m	FC = 0	Hx = 1	YES..es > EA
W = 10	CF.C'F	CF = 0	A = 8	YES..CF+C > FC
D = 5		C = 0	(A) = 1	NO …X+% < .70
W+D = 15		Cn = 0	Ad = 0	NO …S > 3
Dd = 1		FC' = 0	(Ad) = 1	NO …P < 3 or > 8
S = 3		C'F = 0	An = 0	NO …Pure H < 2
		C' = 0	Art = 0	NO …R < 17
		FT = 0	Ay = 0	5 …… TOTAL

발달질

		단일	반응내용	특수점수
+ = 5		TF = 0	Bl = 0		Lv1	Lv2
o = 11		T = 0	Bt = 0	DV = 0x1	0x2
v/+ = 0		FV = 0	Cg = 1	INC = 0x2	1x4
v = 0		VF = 0	Cl = 0	DR = 0x3	0x6
		V = 0	Ex = 0	FAB = 0x4	0x7
		FY = 2	Fd = 0	ALOG = 0x5	
		YF = 0	Fi = 0	CON = 0x7	
		Y = 0	Ge = 0	Raw Sum6 = 1	

형태질

	FQx	MQual	W+D	단일	반응내용	Wgtd Sum6 = 4	
+	= 0	= 0	= 0	Fr = 0	Hh = 2		
o	= 13	= 3	= 13	rF = 0	Ls = 0	AB = 0	GHR = 3
u	= 2	= 0	= 2	FD = 0	Na = 2	AG = 2	PHR = 2
−	= 1	= 1	= 0	F = 5	Sc = 1	COP = 1	MOR = 0
none	= 0	= 0	= 0		Sx = 0	CP = 0	PER = 0
				(2) = 5	Xy = 2		PSV = 0
					Id = 0		

구조적 요약(하단부)

비율, 백분율, 산출한 점수

R = 16	L = 0.45			FC:CF+C = 0:3	COP=1 AG = 2
				Pure C = 0	GHR:PHR = 3:2
EB = 4:3.0	EA = 7.0	EBPer = N/A		SumC':WSumC = 1:3.0	a:p = 5:3
eb = 4:5	es = 9	D = 0		Afr = 0.45	Food = 0
	Adj es = 8	Adj D = 0		S = 3	SumT = 2
				Blends:R = 5:16	Hum Con = 4
FM = 3	C' = 1	T = 2		CP = 0	Pure H = 3
m = 1	V = 0	Y = 2			PER = 0
					Iso Indx = 0.25

a:p = 5:3	Sum6 = 1	XA% = 0.94	Zf = 11.0	3r+(2)/R = 0.69
Ma:Mp = 2:2	Lv2 = 1	WDA% = 1.00	W:D:Dd = 10:5:1	Fr+rF = 2
2AB+Art+Ay = 0	WSum6 = 4	X−% = 0.06	W:M = 10:4	SumV = 0
MOR = 0	M− = 1	S− = 1	Zd = +2.0	FD = 2
	Mnone = 0	P = 5	PSV = 0	An+Xy = 3
		X+% = 0.81	DQ+ = 5	MOR = 0
		Xu% = 0.13	DQv = 0	H:(H)Hd(Hd) = 3:1

PTI = 0	DEPI = 4	CDI = 2	S-CON = 5	HVI = NO	OBS = NO

사례 21

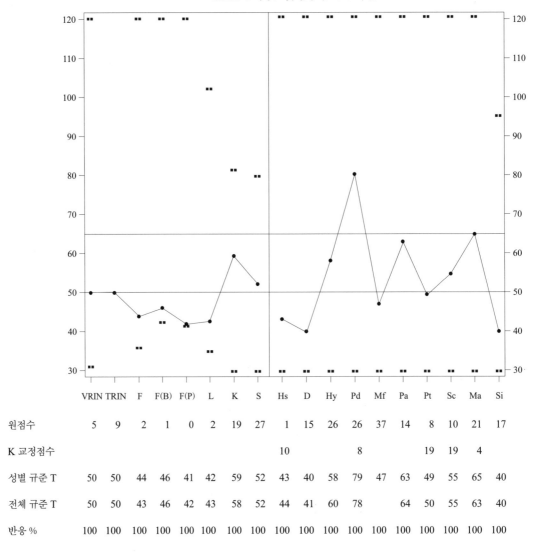

MMPI-2 타당도 및 임상척도 프로파일

	VRIN	TRIN	F	F(B)	F(P)	L	K	S	Hs	D	Hy	Pd	Mf	Pa	Pt	Sc	Ma	Si
원점수	5	9	2	1	0	2	19	27	1	15	26	26	37	14	8	10	21	17
K 교정점수									10			8			19	19	4	
성별 규준 T	50	50	44	46	41	42	59	52	43	40	58	79	47	63	49	55	65	40
전체 규준 T	50	50	43	46	42	43	58	52	44	41	60	78		64	50	55	63	40
반응 %	100	100	100	100	100	100	100	100	100	100	100	100	100	100	100	100	100	100

무응답(원점수): 0

F-K(원점수): -17

Welsh Code: 4'9+6-38/75120: K/FL:

'그렇다' 응답 비율: 35%

'아니다' 응답 비율: 65%

프로파일 상승 정도: 56.5%

주: 각 척도별 T점수의 최댓값과 최솟값은 ■ ■로 표시되었음.

사례 21

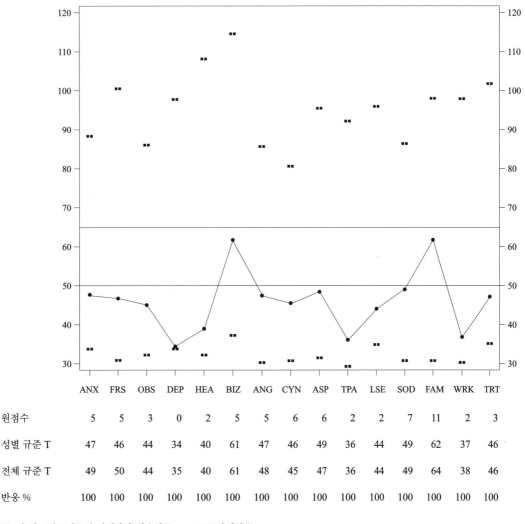

MMPI-2 내용척도 프로파일

	ANX	FRS	OBS	DEP	HEA	BIZ	ANG	CYN	ASP	TPA	LSE	SOD	FAM	WRK	TRT
원점수	5	5	3	0	2	5	5	6	6	2	2	7	11	2	3
성별 규준 T	47	46	44	34	40	61	47	46	49	36	44	49	62	37	46
전체 규준 T	49	50	44	35	40	61	48	45	47	36	44	49	64	38	46
반응 %	100	100	100	100	100	100	100	100	100	100	100	100	100	100	100

주: 각 척도별 T점수의 최댓값과 최솟값은 ■ ■로 표시되었음.

사례 21

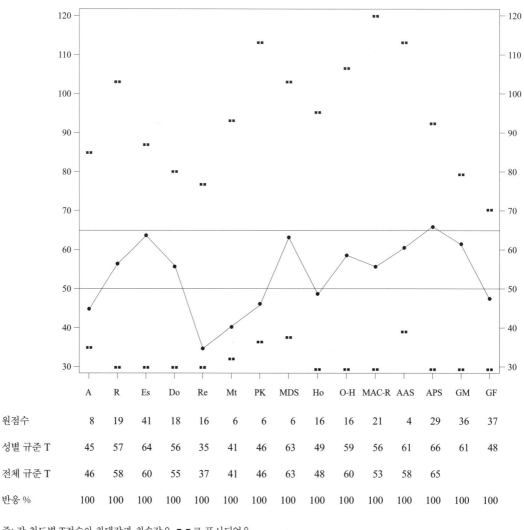

MMPI-2 보충척도 프로파일

	A	R	Es	Do	Re	Mt	PK	MDS	Ho	O-H	MAC-R	AAS	APS	GM	GF
원점수	8	19	41	18	16	6	6	6	16	16	21	4	29	36	37
성별 규준 T	45	57	64	56	35	41	46	63	49	59	56	61	66	61	48
전체 규준 T	46	58	60	55	37	41	46	63	48	60	53	58	65		
반응 %	100	100	100	100	100	100	100	100	100	100	100	100	100	100	100

주: 각 척도별 T점수의 최댓값과 최솟값은 ■ ■로 표시되었음.

사례 21: 개요

피검자의 경우, MMPI 프로파일에서 어려움을 최소화하려는 방어적 욕구를 분명히 보여 준다($F-K$ 지표$=-17$). 하지만 피검자의 Pd 척도의 T점수 79점은 권위와의 갈등이 그녀에게 지속되는 문제임을 암시한다. 이와 관련된 로르샤흐 자료는 3개의 공백반응과 2개의 AG 반응이다. 공백반응은 처음 두 카드에서는 나타나지 않았으며, 2개의 AG 반응은 1개의 COP 응답과 대조된다. 피검자는 정서적으로 자극되는 상황으로부터 거리를 유지하려 하지만($Afr=.45$), $FC:CF+C$는 0:3으로 그녀가 화가 나거나 반항심이 솟구칠 때, 정서 표현이 잘 조절되지 않음을 보여 준다. 3개의 CF 반응 가운데 2개가 반사반응을 포함하고 있다는 점을 고려할 때, 특히 피검자가 존중받지 못하는 상황에서 정서 표현이 조절되기 어려워 보인다. 이러한 결과는 피검자가 자기중심적임을 시사하고, MMPI에서 문제를 최소화하는 경향처럼 자신의 책임을 겉으로 통제 불가능한 사건으로 돌리는 외현화 가능성이 높다.

그러나 로르샤흐 및 MMPI-2 결과는 대부분 긍정적이다. MMPI-2에서 Pd 척도의 높은 T점수를 제외하고는 피검자의 방어적인 접근은 대부분의 척도에서 타당하게 양호한 적응을 보이는 T점수이거나 적어도 심각한 문제는 없다. 같은 맥락에서, 로르샤흐의 결과 또한 통제상의 두드러진 문제가 없으며, 정보처리 습관이 적절하고, 자극을 해석할 때 현실에 대한 합리적인 관심을 지니며, 대부분의 상황에서 사고가 명료하고 사회적 지각과 행동이 적절하였다. 피검자의 주된 문제는 자기중심성, 권위상과의 어려움, 소외감, 그리고 스트레스가 많은 상황에서 정서조절의 실패에서 비롯되는 것으로 보인다.

피검자의 검사 결과와 과거력을 비추어 봤을 때, 분노조절과 사회적인 민감성에 초점을 둔 특정 목표를 지닌 심리치료를 다시 제안하는 것이 합리적이다. 짧은 공백기가 있더라도 이러한 형태의 개입은 피검자와 동료 간에 일어났던 사건과 같은 일이 재발할 가능성을 줄일 수 있다.

에필로그

피검자의 일시적 정직 처분은 취소되었고, 집행유예 기간 동안 다시 '특수한(special)' 면허 상태의 조건으로 되돌아왔다. 이로서 '특수한' 상태로 남은 집행유예 기간(32개월) 동안 지속할 수 있게 되었다. 피검자는 분노조절에 초점을 맞춘 개입 프로그램을 다시 시작하라는 제안을 수용하였다. 이후 9개월 동안, 다른 사건은 보고되지 않았다.

참고문헌

Bagby, R. M., Nicholson, R. R., Buis, T., Radovanovic, H., & Fidler, B. (1999). Defensive responding on the MMPI-2 in family custody and access evaluations. *Psychological Assessment, 11*(1), 24-28.

Bagby, R. M., Rogers, R., Nicholson, R., Buis, T., Seeman, M., & Rector, N. (1997). Effectiveness of the MMPI-2 validity indicators in the detection of defensive responding in clinical and nonclinical samples. *Psychological Assessment, 9*(4), 406-413.

Butcher, J. N., & Han, K. (1995). Development of an MMPI-2 scale to assess the presentation of self in a superlative manner: The S scale. In J. N. Butcher & C. D. Spielberger (Eds.), *Advances in personality assessment* (Vol. 10, pp. 25-50). Hillsdale, NJ: Erlbaum.

Carp, A. L., & Shavzin, A. R. (1950). The susceptibility to falsification of the Rorschach psychodiagnostic technique. *Journal of Consulting Psychology, 14*, 230-233.

Exner, J. E. (1991). *The Rorschach: A Comprehensive System: Vol. 2. Interpretation* (2nd ed.). New York: Wiley.

Fosberg, I. A. (1938). Rorschach reactions under varied instructions. *Rorschach Research Exchange, 3*, 12-30.

Fosberg, I. A. (1943). How do subjects attempt fake results on the Rorschach test? *Rorschach Research Exchange, 7*, 119-121.

Gough, H. G. (1950). The F minus K dissimulation index for the MMPI. *Journal of Consulting Psychology, 14*, 408-413.

Nichols, D. S., & Greene, R. L. (1988, March). *Adaptive or defensive: An evaluation of Paulhus' two-factor model of social desirability responding in the MMPI with non-college samples.* Paper presented at the 23rd Annual Symposium on Recent Developments in the Use of the MMPI. St. Petersburg, FL.

Paulhus, D. L. (1984). Two-component models of socially desirable responding. *Journal of Personality and Social Psychology, 46*, 598-609.

Phares, E. J., Stewart, L. M., & Foster, J. M. (1960). Instruction variation and Rorschach performance. *Journal of Projective Techniques, 24*, 28-31.

Seamons, D. T., Howell, R. J., Carlisle, A. L., & Roe, A. V. (1981). Rorschach simulation of mental illness and normality by psychotic and non-psychotic legal offenders. *Journal of Personality Assessment, 45,* 130-135.

제6부

최신 비환자 규준 자료

제22장

새로운 비환자 표본 구축

다양한 특징의 반응 비율을 평가하고, 그 반응 비율이 로르샤흐 검사의 구조적 특징에 기여하는 관계성을 파악함으로써 로르샤흐 검사를 더 잘 이해할 수 있게 된다. 반응에 대한 채점 기호는 로르샤흐 자료의 구조적 배열을 형성하는 기초가 된다. 채점 기호는 반응의 특징을 확인하며 해석을 위한 실증적인 연계가 된다. 순차적으로, 채점 기호의 빈도는 구조적 자료를 이끌어 내는 바탕이 되며, 구조적 자료는 로르샤흐 검사를 해석하는 핵심적인 부분이다.

일반적으로 검사의(비환자) 규준 자료를 제시할 때 정보의 출처를 밝힌다. 규준 자료는 집단에 대한 기술적 자료로 각 개인의 점수를 비교할 수 있는 기준점을 제공한다. 무엇보다도 중요한 것은 일반적인 해석적 가설의 기반을 형성하는 것이며, 이때 편차 원리, 즉 기대되는 것과 다르게 나타난 결과에 초점을 맞추는 방식을 활용한다.

대부분의 규준 표본은 제한점이 있으며, 종합체계에 사용된 규준 표본도 예외가 아니다. 종합체계의 규준 표본에 사용된 비환자군 기록은 1973년에서 1986년까지, 대략 13년간 수집되었다. 가장 처음 발표된 비환자 표본은 뉴욕 대도시 지역에서 주로 수집된 200개 프로토콜로 구성되었다(Exner, 1974). 1976년부터 1986년 사이에 가용한 로르샤흐 기록이 1,100개 이상 축적되었다. 그동안 대표성을 확보하기 위해 표본을 층화하여 두 차례 개정하였다(Exner, 1985: Exner, Weiner, & Schuyler, 1976). 층화 준거에는 나이, 성별, 지역, 그리고 사회경제적 수준이 포함되었다. 1985년의 표본은 남녀 성비가 같은 600개 프로토콜로 확장되었고, 6개의 연령 범위, 5개의 지역, 3개의 사회경제적 수준에 따라 층화되었다.

1985년 표본은 어느 정도 만족스러웠지만, 반응수 14개 미만의 프로토콜은 타당하지 않을 가능성이 있다는 지적에 따라 1990년 세 번째 개정이 이루어졌다(Exner, 1988). 비환자군 프로토콜의 전체 자료에서 14개 미만의 응답 자료는 200개 이상이었고, 이 중 1985년 발표된 표본을 구성하는 600개의 프로토콜에는 74개가 포함되어 있었다. 이러한 기록들은 모두 폐기되었고, 700개의 개정된 표본이 성, 지역, 사회경제적 수준의 층화 준거로 선별되었다(Exner, 1990).

700개 표본은 층화 준거에 따라 표집했을 때, 우연히 200개 이상의 기록이 중복되어 포함되었다. 중복된 기록은 1999년에 발견되었고 이후 표본에서 제거되면서 층화에 사용되었던 인구학적 특징이 일부 유의하게 변경되었다. 따라서 개정본은 600개의 성인 비환자군 프로토콜로 표본 크기가 감소되었다(Exner, 2001). 네 번째 개정본에는 남성 300명, 여성 300명이며, 북부, 남부, 중서부, 남서부, 서부의 5개 지역 각각 피검자 120명씩 포함되었다. 표본은 사회경제적 수준에 따라 층화되어 있다. 각 지역별로 남녀 표본수를 일치시키려 하였으나, 쉽지 않았다. 남녀 표본수는 3개 지역에서는 거의 유사하나, 남서부 집단에서는 여성 72명, 남성 48명인 반면, 중서부 집단은 남성 74명, 여성 46명으로 차이가 있다.

비환자군 자료 수집의 설계

2001년 비환자 표본에서 나온 600개의 프로토콜은 42명의 검사자가 피검자 모집과 자료 수집을 시행하였다. 표본 크기로 인해 발생되는 문제점을 방지하기 위해 검사자마다 25개 이하 프로토콜을 시행하였다. 모든 피검자들은 자발적인 지원자로 구성되었다. 특별히 심리검사를 받아야 할 이유가 있는 사람은 없었고 구체적인 정신과적 과거력도 없었다. 피검자의 약 17%(101명)는 과거 심리학자나 학교상담사에게 8회기 이하(표본에 포함되기 위해 허용되는 최대치)의 상담을 받은 경험이 있었다. 그중 69명은 학업 혹은 직업적 이유로 상담을 받았고, 19명은 단기 부부상담을 받았으며, 13명은 가족구성원이나 친구의 상실로 단기 지지치료를 받은 적이 있었다.

피검자는 직장이나 협력기관에 배포된 우편물을 통해 모집되었다. 우편으로 보낸 공지문에서 이 프로젝트가 검사 표준화 연구의 일환임을 명시하였고, 결과에 관한 피드백 제공은 명시하지 않았다. 2001년 표본에서 600명의 피검자 중 409명은 주로 상사나 노조 임원의 독려로 직장을 통해 지원했으며, 대개 직장의 근무시간 중 검사가 시행되었다. 그 외 153명의 지원자는 학부모회, 야생동물 보호협회, 볼링동호회 등 소속된 모임 또는 동호회를 통해 자원했으며, 나머지 38명은 사회복지단체의 지원으로 모집되었다. 참여자 모두 감사 카드를 받았으나, 검사 참여에 대한 재정적 보상은 제공되지 않았다.

표본의 대표성

　규준 자료를 해석의 지침으로 사용할 때 직면하는 이슈는 자료가 실제로 비환자 집단을 대표하는가와 표본이 교차타당화되었는가 여부이다. Shaffer, Erdberg와 Haroian(1999)은 대학원생을 활용하여 123명의 비환자 지원자들을 검사하였다. 이들 결과의 상당수는 출간된 600명의 비환자 표본과 유사한 결과를 보였다. 그러나 두드러진 차이점이 일부 있었다. R의 평균은 20.83이고, 중앙값 18, 최빈값 14이나, 600명 표본에서는 대조적으로 R의 평균은 22.32, 중앙값 22, 최빈값 23이었다. 0.99보다 높은 람다 값은 Shaffer 등의 표본에서 51명(41%)이었으나, 600명 표본에서는 58명(10%)으로 나타났다. 두 표본 간 나타난 다른 큰 차이점은 Afr 평균값이 .48 vs .67이고, XA%는 .78 vs .92, WDA% .82 vs .94이다.

　XA%와 WDA%에 나타나는 표본 간 차이는 형태 사용과 관련된 다른 변인의 차이를 반영한다. $X+$% 평균은 .51 vs .77이며, Xu% 평균은 .28 vs .15이고, $X-$% 평균은 .21 vs .07로 나타났다. Shaffer 등의 표본에서 단 44명(36%)만이 1개 이상의 재질반응이 있었던 반면, 600명 표본에서는 490명(82%)으로 보고되었다. Shaffer 등의 표본에서는 거의 30%의 사람들이 1개 이상의 반사반응을 보인 반면, 600명 표본에서는 단지 8%만이 반사반응을 나타내었다. 게다가 Shaffer 등의 표본에서 $WSumC$, EA와 es의 평균은 600명 표본보다 대략 2% 낮게 나타났다. 흥미롭게도, Shaffer 등의 표본에 비환자군 283명을 포함하여 표본 크기를 늘렸을 때(Shaffer & Erdberg, 2001), 이들 변인의 값이 약간 변화했을 뿐이었다.

　Shaffer 등의 표본 자료와 2001년 종합체계의 600명 표본 자료는 서로 차이가 나타났고, 또한 2001년에 포함된 대부분의 프로토콜이 20년 전에 수집되었다. 이러한 사실을 기반으로, 로르샤흐 워크숍 연구위원회[1]는 2001년에 출간된 표본의 유용성을 확인하기 위해 새로운 비환자 표본의 수집을 제안하였다.

---

1) 제안할 당시 연구위원회의 위원은 Thomas Boll, Philip Erdberg, John Exner, Mark Hilsenroth, Gregory Meyer, William Perry와 Donal Viglione 등이었다.

새로운 표본 구축

새로운 비환자 표본을 구축하는 프로젝트는 1999년 가을에 착수되었으며, 1973~1986년 프로젝트와 본질적으로 동일한 설계와 배제 기준을 사용하였다. 하지만 이전 프로젝트와 새로운 표본 프로젝트의 연구모델에는 3가지 차이점이 있다. 1973년에서 1981년 동안 검사에 참여한 비환자의 약 75%는 주로 다양한 조사연구의 피검자로 모집되었다. 현 프로젝트에서는 원래의 우편 공지글을 약간 수정하고 이전의 모집 절차와 본질적으로 동일하게 진행하여, 기관 및 기업을 통해 피검자를 모집하였다(Exner, 2002). 두 번째 차이점은 정신과 약물처방 또는 불법 약물 사용과 관련된다. 1973년에서 1986년 사이에 검사한 피검자들에게는 약물사용이 확인되지 않았으나 현 프로젝트에서는 중요한 2가지 질문을 포함하였다. 프로젝트에 자원한 사람들 모두에게 검사가 실시되었지만, 장기적인 항정신성 약물 처방 과거력이 있는 피검자($N=7$)와 불법 약물을 정기적으로 사용했다고 시인한 피검자 ($N=4$)는 이 표본에서 배제되었다. 세 번째 차이점은 재정적 구조와 관련된다. 이전 프로젝트에서는 검사에 참여하는 사람들에게 참가비가 지불되지 않았다. 현 프로젝트에서는 지원자들에게 돈이 지불되지 않지만 피검자가 선택한 자선단체에 지원자의 이름으로 25달러를 기부하였다.

다양한 표본에서 추출된 1,100명 이상의 비환자군 기록의 원자료 풀(pool)을 구축하는데 10년 이상 소요되었다. 현 프로젝트도 거의 유사한 속도로 진행되고 있다. 프로젝트가 시작된 이후 약 6년 동안 22개 주[2]에서 약 500명의 피검자에게 29명의 숙련된 검사자가 검사를 시행하였고, 검사자 대부분 각각 12~25개 프로토콜을 수집하였다. 각 검사자는 자신이 수집한 기록을 채점하였고, 채점 결과는 로르샤흐 워크숍 본부에서 오류를 검토한 후 컴퓨터에 입력되었다. 오류가 있는 자료는 해당 검사자에게 피드백을 제공되었다.

더불어 프로토콜의 약 1/6은 로르샤흐 워크숍의 감독자가 다시 채점하였고, 정반응 일치(correct agreement) 백분율은 채점의 정확성 검토를 위해 기록되었다. 정반응 일치 백분율이 70개의 기록에서 계산되었으며, W, D, S, Dd, $DQ+$, DQo, M, 능동 및 수동 운동반응, $SumT$, $SumV$, 쌍반응, 반사반응, P, Z와 특수점수 INC, FAB, COP는 95~99%의 범위

---

2) 22개 주는 Alaska, Arizona, California, Connecticut, Delaware, Florida, Georgia, Iowa, Kentucky, Maryland, Massachusetts, Minnesota, Missouri, New Hampshire, New Jersey, New York, North Carolina, Tennessee, Texas, Virginia, Vermont, 그리고 West Virginia이다.

가 산출되었다. *DQv*/+, *DQv*, Pure *F*, *FM*, *m*, *FC*, *FD*와 형태질 *o*, *u*, -, 그리고 특수점수 *AG*, *DV*, MOR에서 정반응 일치율은 89~94%였다. *CF*, Pure *C*, *SumY*, *SumC'*와 특수점수 AB, *DR*, 그리고 형태질 +에서 정반응 일치율은 83~88% 수준으로 나타났다.

새로운 표본의 결과

현재 프로젝트에 포함된 초기 450명에 대한 채점 기호와 계산된 변인의 기술 통계치는 〈표 22-1〉에 제시되었다. 〈표 22-2〉는 450명에 관한 인구통계학적 정보와 함께 일반적인 해석 원칙과 관련된 절단점에 대한 빈도 자료를 보여 준다.

두 표본의 비교

새로운 표본인 450명의 비환자군에 대한 〈표 22-1〉의 변인 자료 대부분은 2001년에 발표된 600명의 비환자 표본과 유사하다. 하지만 두 집단 간의 일부 차이를 검토해 보면, 〈표 22-2〉에서 *L* 또는 *H*로 확인된 14개의 항목이 가지는 비례도수는 600명의 2001년 표본에 비해 7% 이상 차이가 있다. 이 항목들은 해석 단계에서 관례대로 검토하는 8개의 비, 빈도 및 비율과 관련이 있다(형태질, 유채색 사용, 발달질, 공백 반응, 정서비, 평범 반응, 협동 운동, 능동 및 수동 인간운동 반응).

〈표 22-3〉은 600명의 비환자 표본과 현재 프로젝트 450명의 17개 변인에 대한 자료가 포함되어 있다. 대부분 〈표 22-2〉에서 비율 차이가 7%보다 크다고 확인된 항목과 관련이 있다. 여기에 더하여 *R*과 *Lambda* 또한 앞서 설명한 Shaffer 등(1999)의 표본과 2001년의 600명 표본 사이에서 현저한 차이가 발견된 변인들과 관련 있다.

평균 차이를 확인하기 위해 *t* 검증을 시행할 경우 큰 표본 크기로 인해 자유도 역시 커지므로 결국 *p*값은 오해의 소지가 있거나 잘못 해석될 수 있다. 따라서 효과크기에 관한 정보를 제공하는 Cohen's *d*와 Pearson 상관을 사용하여 차이 검증하는 방법이 더 적절하다 (Cohen, 1992). 이는 〈표 22-3〉에 제시되어 있다.

〈표 22-1〉 450명 비환자군의 기술통계치

Variable	Mean	SD	Min	Max	Freq	Median	Mode	SK	KU
AGE	34.90	13.42	19.00	86.00	450	31.00	27.00	1.20	1.24
Years Education	14.00	1.99	8.00	21.00	450	14.00	12.00	0.91	0.89
R	23.36	5.68	14.00	59.00	450	23.00	22.00	1.89	6.75
W	9.10	3.70	2.00	37.00	450	8.00	8.00	2.12	9.48
D	12.66	4.75	0.00	36.00	448	13.00	14.00	0.29	1.92
Dd	1.60	[2.06]	0.00	21.00	317	1.00	1.00	3.77	24.48
S	2.37	[1.97]	0.00	17.00	407	2.00	1.00	2.27	9.69
DQ+	8.43	3.07	1.00	21.00	450	8.00	9.00	0.64	1.47
DQo	14.29	4.66	4.00	40.00	450	14.00	14.00	1.30	4.26
DQv	0.37	[0.72]	0.00	4.00	119	0.00	0.00	2.34	6.36
DQv/+	0.27	[0.61]	0.00	6.00	97	0.00	0.00	3.46	19.76
FQx+	0.54	[0.93]	0.00	7.00	153	0.00	0.00	2.32	7.87
FQxo	15.09	3.22	6.00	29.00	450	15.00	16.00	0.02	0.87
FQxu	4.85	2.93	0.00	24.00	448	4.00	4.00	1.99	7.10
FQx-	2.73	2.01	0.00	18.00	425	2.00	2.00	2.21	9.86
FAxNone	0.15	[0.41]	0.00	3.00	57	0.00	0.00	3.09	10.65
MQ+	0.42	[0.72]	0.00	4.00	136	0.00	0.00	1.71	2.54
MQo	3.74	1.79	0.00	9.00	443	4.00	3.00	0.29	−0.35
MQu	0.44	0.81	0.00	5.00	139	0.00	0.00	2.65	9.45
MQ-	0.23	[0.57]	0.00	5.00	81	0.00	0.00	3.48	17.58
MQNone	0.01	[0.08]	0.00	1.00	3	0.00	0.00	12.16	146.64
SQual-	0.58	[0.89]	0.00	6.00	182	0.00	0.00	2.13	6.33
M	4.83	2.18	0.00	12.00	449	5.00	4.00	0.44	0.18
FM	4.04	1.90	0.00	10.00	441	4.00	4.00	0.33	0.36
m	1.57	1.34	0.00	10.00	361	1.00	1.00	1.57	5.33
FC	2.97	1.78	0.00	11.00	416	3.00	2.00	0.59	0.71
CF	2.80	1.64	0.00	12.00	426	3.00	2.00	0.99	3.42
C	0.17	[0.45]	0.00	3.00	64	0.00	0.00	3.02	10.37
Cn	0.00	[0.07]	0.00	1.00	2	0.00	0.00	14.95	222.48
Sum Color	5.95	2.47	0.00	14.00	448	6.00	5.00	0.38	0.16
WSumC	4.54	1.98	0.00	15.00	448	4.50	4.00	0.74	2.06
SumC'	1.60	[1.33]	0.00	9.00	371	1.00	1.00	1.58	4.62
SumT	1.01	[0.69]	0.00	4.00	364	1.00	1.00	0.76	1.86
SumV	0.35	[0.77]	0.00	5.00	106	0.00	0.00	2.88	9.92
SumY	0.97	[1.20]	0.00	9.00	261	1.00	0.00	2.27	8.62
Sum Shading	3.94	2.45	0.00	21.00	445	3.00	3.00	2.24	8.97
Fr+rF	0.20	[0.67]	0.00	7.00	54	0.00	0.00	5.08	34.50
FD	1.43	[1.15]	0.00	8.00	360	1.00	1.00	1.21	3.10
F	7.91	3.70	0.00	32.00	449	7.00	7.00	1.56	6.00
(2)	8.82	3.08	2.00	30.00	450	9.00	8.00	1.54	7.18
3r+(2)/R	0.40	0.10	0.12	0.87	450	0.39	0.38	0.77	2.23
Lambda	0.58	0.37	0.00	2.33	449	0.47	0.50	1.56	2.82
FM+m	5.61	2.51	0.00	20.00	449	5.00	5.00	1.06	4.02
EA	9.37	3.00	2.00	24.00	450	9.50	8.00	0.51	1.64
es	9.55	4.01	2.00	34.00	450	9.00	8.00	1.91	8.12
D Score	−0.12	0.99	−7.00	3.00	142	0.00	0.00	−1.84	9.39
Adj D	0.19	0.83	−3.00	3.00	167	0.00	0.00	−0.19	3.07
a (active)	6.76	2.87	0.00	19.00	447	7.00	7.00	0.29	0.84
p (passive)	3.73	2.34	0.00	17.00	430	3.00	3.00	1.41	4.48
Ma	2.93	1.67	0.00	10.00	423	3.00	3.00	0.59	0.84
Mp	1.93	1.37	0.00	10.00	395	2.00	1.00	1.17	3.43
Intellect	2.17	2.15	0.00	15.00	360	2.00	1.00	1.78	4.82
Zf	13.45	4.22	2.00	41.00	450	13.00	14.00	1.81	6.72
Zd	0.25	3.71	−13.50	12.00	420	0.00	−2.00	0.06	0.79
Blends	5.56	2.55	0.00	20.00	446	5.00	5.00	0.77	2.88
Blends/R	0.24	0.10	0.00	0.71	446	0.24	0.17	0.43	1.03
Col−Shd Blends	0.67	[0.93]	0.00	6.00	207	0.00	0.00	2.02	6.35
Afr	0.61	0.17	0.18	1.42	450	0.60	0.50	0.45	1.22

〈표 22-1〉계속

Variable	Mean	SD	Min	Max	Freq	Median	Mode	SK	KU
Populars	6.28	1.53	1.00	12.00	450	6.00	7.00	0.02	0.69
XA%	0.88	0.07	0.57	1.00	450	0.89	0.88	−0.71	0.77
WDA%	0.91	0.06	0.69	1.00	450	0.91	0.95	−0.66	0.47
X+%	0.68	0.11	0.33	0.95	450	0.70	0.67	−0.58	0.20
X−%	0.11	0.07	0.00	0.38	425	0.11	0.10	0.72	0.73
Xu%	0.20	0.09	0.00	0.49	448	0.19	0.17	0.42	−0.01
Isolate/R	0.19	0.09	0.00	0.60	440	0.18	0.14	0.55	0.92
H	3.18	1.70	0.00	10.00	432	3.00	3.00	0.43	0.30
(H)	1.35	1.12	0.00	8.00	348	1.00	1.00	1.19	3.11
Hd	1.14	[1.26]	0.00	11.00	293	1.00	1.00	2.16	9.83
(Hd)	0.62	0.87	0.00	5.00	191	0.00	0.00	1.64	3.11
Hx	0.15	[0.50]	0.00	4.00	47	0.00	0.00	4.45	23.71
H+(H)+Hd+(Hd)	6.29	2.66	0.00	20.00	449	6.00	5.00	0.93	2.32
A	8.18	2.56	2.00	25.00	450	8.00	7.00	1.08	3.79
(A)	0.42	[0.69]	0.00	5.00	151	0.00	0.00	2.02	5.81
Ad	2.90	[1.65]	0.00	15.00	438	3.00	2.00	1.60	7.20
(Ad)	0.13	[0.38]	0.00	2.00	53	0.00	0.00	2.92	8.36
An	0.88	[1.05]	0.00	7.00	258	1.00	0.00	1.87	5.53
Art	1.19	1.42	0.00	14.00	282	1.00	0.00	2.60	15.24
Ay	0.56	[0.69]	0.00	4.00	211	0.00	0.00	1.23	1.98
Bl	0.24	[0.51]	0.00	3.00	93	0.00	0.00	2.25	5.40
Bt	2.22	1.52	0.00	7.00	388	2.00	2.00	0.47	−0.18
Cg	2.16	1.57	0.00	9.00	391	2.00	2.00	0.98	1.64
Cl	0.16	[0.41]	0.00	2.00	61	0.00	0.00	2.71	6.99
Ex	0.21	[0.47]	0.00	4.00	87	0.00	0.00	2.65	10.68
Fi	0.81	[0.84]	0.00	4.00	264	1.00	0.00	1.01	1.08
Food	0.26	[0.55]	0.00	3.00	99	0.00	0.00	2.21	5.16
Ge	0.14	[0.45]	0.00	3.00	45	0.00	0.00	3.81	15.82
Hh	1.24	1.06	0.00	5.00	327	1.00	1.00	0.69	0.10
Ls	0.93	1.04	0.00	9.00	275	1.00	1.00	2.11	9.71
Na	0.45	[0.81]	0.00	6.00	144	0.00	0.00	2.74	11.51
Sc	1.64	[1.41]	0.00	13.00	360	1.00	1.00	1.87	9.44
Sx	0.19	[0.53]	0.00	4.00	67	0.00	0.00	3.62	16.81
Xy	0.08	[0.28]	0.00	2.00	32	0.00	0.00	3.81	14.87
Idiographic	0.34	[0.65]	0.00	6.00	121	0.00	0.00	2.87	14.37
DV	0.34	[0.67]	0.00	5.00	117	0.00	0.00	2.84	12.10
INCOM	0.71	[0.93]	0.00	5.00	212	0.00	0.00	1.47	2.30
DR	0.85	[1.01]	0.00	7.00	251	1.00	0.00	1.89	6.82
FABCOM	0.45	[0.77]	0.00	6.00	147	0.00	0.00	2.39	9.13
DV2	0.00	[0.07]	0.00	1.00	2	0.00	0.00	14.95	222.48
INC2	0.06	[0.25]	0.00	2.00	23	0.00	0.00	4.74	24.02
DR2	0.03	[0.18]	0.00	1.00	15	0.00	0.00	5.21	25.33
FAB2	0.05	[0.24]	0.00	2.00	23	0.00	0.00	4.49	20.83
ALOG	0.04	[0.21]	0.00	1.00	20	0.00	0.00	4.43	17.76
CONTAM	0.00	[0.00]	0.00	0.00	0	−.−	0.00	−.−	−.−
Sum 6 Sp Sc	2.54	1.90	0.00	14.00	394	2.00	2.00	1.25	3.67
Lvl 2 Sp Sc	0.15	[0.39]	0.00	2.00	60	0.00	0.00	2.65	6.69
WSum6	7.12	5.74	0.00	38.00	394	6.00	0.00	1.49	3.99
AB	0.21	[0.56]	0.00	4.00	69	0.00	0.00	3.25	12.09
AG	0.89	1.02	0.00	7.00	254	1.00	0.00	1.46	3.34
COP	2.07	1.30	0.00	6.00	401	2.00	2.00	0.36	−0.24
CP	0.01	[0.11]	0.00	1.00	5	0.00	0.00	9.35	85.98
GOODHR	5.06	2.09	0.00	13.00	444	5.00	5.00	0.21	0.29
POORHR	2.12	1.81	0.00	15.00	380	2.00	1.00	1.71	6.43
MOR	0.93	[1.01]	0.00	6.00	267	1.00	0.00	1.35	2.85
PER	0.99	[1.10]	0.00	8.00	274	1.00	0.00	1.76	6.04
PSV	0.12	[0.38]	0.00	2.00	43	0.00	0.00	3.45	11.91

〈표 22-2〉 450명 비환자군의 인구통계학적 자료 및 36개 변인에 대한 빈도

DEMOGRAPHY VARIABLES

MARITAL STATUS		AGE			RACE	
Single.......... 145	32%	18–25.......... 119	26%	White 374	83%
Lives w/S.O.... 20	4%	26–35.......... 158	35%	Black 39	9%
Married........ 210	47%	36–45............85	19%	Hispanic.........30	7%
Separated........13	3%	46–55............45	10%	Asian 7	2%
Divorced 53	12%	56–65............26	6%	Other............. 0	0%
Widowed......... 9	2%	OVER 65 17	4%		

SEX		EDUCATION	
Male 220	49%	UNDER 12 8	2%
Female........ 230	51%	12 Years....... 117	26%
		13–15 Yrs 216	48%
		16+ Yrs....... 109	24%

RATIOS, PERCENTAGES AND SPECIAL INDICES

STYLES		FORM QUALITY DEVIATIONS	
Introversive................ 173	38%	XA% > .89.................. 203	45% **L**
Pervasive Introversive 27	6%	XA% < .70.................... 4	1%
Ambient......................80	18%	WDA% < .85.................72	16% **H**
Extratensive 138	31%	WDA% < .75.............. 7	2%
Pervasive Extratensive......20	4%	X+% < .55..................55	12% **H**
Avoidant 59	13%	Xu% > .20 202	45% **H**
....		X–% > .20 46	10%
		X–% > .30 4	1%

D–SCORES....................		FC:CF+C RATIO	
D Score > 0 64	14%	FC > (CF+C)+2.............68	15% **L**
D Score = 0 308	68%	FC > (CF+C)+1........... 118	26% **L**
D Score < 0 78	17%	(CF+C) > FC+1........... 117	26% **H**
D Score < –1 28	6%	(CF+C) > FC+2.............62	14% **H**

Adj D Score > 0............ 122	27%
Adj D Score = 0............ 283	63%
Adj D Score < 0..............45	10%
Adj D Score < –1............14	3%

Zd > +3.0 (Overincorp)....89	20%	S–Constellation Positive ... 11	2%
Zd < –3.0 (Underincorp)...64	14%	HVI Positive 20	4%
		OBS Positive................. 3	1%

PTI = 5.......................... 0	0%	DEPI = 7 2	0%	CDI = 5.................. 9	2%
PTI = 4.......................... 1	0%	DEPI = 6 16	4%	CDI = 4.................30	7%
PTI = 3.......................... 1	0%	DEPI = 5 44	10%		

MISCELLANEOUS VARIABLES

R < 17 26	6%	(2AB+Art+Ay) > 5.........35	8%
R > 27 65	14%	Populars < 4 16	4%
DQv > 2 8	2% **L**	Populars > 7 81	18% **L**
S > 2 169	38% **H**	COP = 0 49	11% **L**
SumT = 0......................86	19%	COP > 2 164	36%
SumT > 1 77	17%	AG = 0.......................... 196	44%
3r+(2)/R < .33..............89	20%	AG > 2........................32	7%
3r+(2)/R < .44.............. 134	30%	MOR > 2.......................30	7%
Fr+rF > 0 54	12%	Level 2 Sp.Sc. > 0...........60	13%
PureC > 0 64	14%	GHR > PHR 384	85%
PureC > 1 10	2%	Pure H < 2 76	17%
Afr < .40 41	9%	Pure H = 0....................18	4%
Afr < .50 107	24% **H**	p > a+1.......................44	10%
(FM+m) < Sum Shading...81	18%	Mp > Ma 103	23% **H**

H or L=Differs by more than 7% from sample of 600: (H=higher; L=lower)

〈표 22-3〉 현재 프로젝트의 450명 비환자군과 2001년 표본인 600명 비환자군에 대한 17개 변인 비교 자료

Variable	Mean	SD	Range	Freq	Median	Mode	Sk	Ku	d	r
R(600)	22.32	4.40	14-43	600	22	23	0.86	1.90		
T(450)	23.36	5.68	14-59	450	23	22	1.89	6.75	-.16	.08
Space(600)	1.57	1.28	0-10	514	1.00	1.00	4.00	24.01		
Space(450)	2.37	1.97	0-17	407	2.00	1.00	2.27	9.69	-.41	.20
FC(600)	3.56	1.88	0-9	580	3.00	3.00	0.38	-0.24		
FC(450)	2.97	1.78	0-11	416	3.00	2.00	0.59	0.71	.36	.18
CF(600)	2.41	1.31	0-7	564	2.00	3.00	0.29	-0.17		
CF(450)	2.80	1.64	0-12	426	3.00	2.00	0.99	3.42	-.26	.13
SumT(600)	0.95	0.61	0-4	490	1.00	1.00	0.83	3.33		
SumT(450)	1.01	0.69	0-4	364	1.00	1.00	0.76	1.86	-.04	.02
SumY(600)	0.61	0.96	0-10	262	0.00	0.00	3.53	23.46		
SumY(450)	0.97	1.20	0-9	261	1.00	0.00	2.27	8.62	-.25	.13
Mactive(600)	2.90	1.57	0-8	583	3.00	2.00	0.52	-0.26		
Mactive(450)	2.93	1.67	0-10	423	3.00	3.00	0.59	0.84	.00	.00
Mpassive(600)	1.42	1.03	0-5	493	1.00	1.00	0.53	-0.13		
Mpassive(450)	1.93	1.37	0-10	395	2.00	1.00	1.17	3.43	-.35	.18
EA(600)	8.66	2.38	2-18	600	9.00	9.50	-0.04	0.42		
EA(450)	9.37	3.00	2-24	450	9.50	8.00	0.51	1.64	-.20	.10
es(600)	8.34	2.99	3-31	600	8.00	7.00	1.43	6.58		
es(175)	9.55	4.01	2-34	450	9.00	8.00	1.91	8.12	-.22	.13
Lambda(600)	0.60	0.31	0.11-2.33	600	0.53	0.50	2.27	8.01		
Lambda(450)	0.58	0.37	0.00-2.33	450	0.47	0.50	1.56	2.82	.00	-.001
Afr(600)	0.67	0.16	0.23-1.29	600	0.67	0.67	0.35	0.65		
Afr(450)	0.61	0.17	0.18-1.42	450	0.60	0.50	0.45	1.22	.37	-.18
XA%(600)	0.92	0.06	0.57-1.00	600	0.94	0.96	-1.34	3.68		
XA%(450)	0.88	0.07	0.57-1.00	450	0.89	0.88	-0.71	0.77	.63	.30
WDA%(600)	0.94	0.06	0.54-1.00	600	0.95	1.00	-1.42	4.93		
WDA%(450)	0.91	0.06	0.69-1.00	450	0.91	0.95	-0.66	0.47	.47	.23
X+%(600)	0.77	0.09	0.35-1.00	600	0.78	0.80	-0.86	2.33		
X+%(450)	0.68	0.11	0.33-0.95	450	0.70	0.67	-0.58	0.20	-.82	.38
Xu%(600)	0.15	0.07	0.00-0.45	600	0.15	0.13	0.54	0.86		
Xu%(450)	0.20	0.09	0.00-0.49	448	0.19	0.17	0.42	-0.01	-.56	.27
X-%(600)	0.07	0.05	0.00-0.43	513	0.05	0.04	1.41	4.56		
X-%(450)	0.11	0.07	0.00-0.38	425	0.11	0.10	0.72	0.73	-.65	.31

〈표 22-3〉에 나와 있는 첫 번째 10가지 항목(R, S, FC, CF, $SumT$, $SumY$, Ma, Mp, EA, es) 은 모두 빈도 변인이다. 두 표본에서 10개 변인의 평균은 상당히 유사하다. Cohen(1992) 은 d점수나 Pearson 상관을 사용해 효과크기를 판단할 때 사용할 수 있는 기준을 제공하였 다. .20, .50 및 .80의 Cohen의 d는 각각 작은, 중간, 큰 효과크기의 범주에 해당하며, .10, .30 및 .50의 r 역시 동일한 의미를 지닌다.[3] 10개 변인 중 3개 변인(R, $SumT$, Ma)은 d가 .20 미만이며 r은 .10 미만이다. 다른 4개 변인(CF, $SumY$, EA, es)은 d가 .20~.26이며 r은 .10~.13 범위이다. 본질적으로 이러한 결과는 7개 변인에서 두 집단 간 차이가 작고 그다 지 중요하지 않음을 시사한다. 나머지 3개 변인(공백반응, FC, Mp)은 d가 각각 .41, .36 그 리고 .35이며, r은 .20, .18, 그리고 .18이었다. 이는 중간 정도의 효과크기를 나타내며 〈표 22-2〉에 밝혀진 표본 간의 차이와 관련된다.

예를 들어, d가 .36이고 r이 .18인 FC는 $FC:CF+C$이 〈표 22-2〉에 나와 있는 자료와 연 관된다. 새로운 표본의 FC 평균은 600명 표본의 FC 평균보다 0.5점 이상 낮다. 이에 더 하여 CF 평균이 약간 높아지면서 600명 표본에 나타난 67%와 비교할 때 새로운 표본에 서 단 41%만이 $CF+C$보다 큰 FC 값을 가진다(d=.41, r=.20). 이러한 결과는 흥미롭지만 $FC:CF+C$와 관련된 해석 지침 변경을 시사할 만한 근거는 제시하지 못한다. 마찬가지로 Mp는 d가 .35이며 r이 .18로 중간 정도의 효과크기를 나타내며, 이는 새로운 표본의 23% 가 $Ma:Mp$의 비율에서 Mp가 더 큰 값을 나타내고 있는 것으로 〈표 22-2〉에 제시된다. 이 는 600명 표본에서 15%만이 Mp가 크게 나타나는 대조적인 결과를 보이지만, $FC:CF+C$ 와 마찬가지로 이러한 차이로는 현재 해석 지침을 변경할 만한 충분한 근거가 되지 못한다.

공백 반응에 관한 자료는 해석적 맥락에서 훨씬 주목할 만하다. 2001년 표본의 S 평균 (1.57)은 새로운 표본(2.37)보다 거의 1점 낮고, d가 -.41이며 r이 .20으로 이는 중간 정도 의 효과크기를 나타낸다. 이러한 차이는 새로운 표본의 피검자들이 카드 I의 WS 반응(동 물얼굴 또는 가면)과 카드 II의 $DS5$ 반응(로켓 또는 우주선)을 더 많이 보였기 때문이다. 지 금까지의 해석 지침에 따르면 프로토콜에 3개의 S 반응은 그 개인이 환경에 대해 부정적 이거나 적대적인 것으로 추정한다(Exner, 2000, 2003). 그러나 새로운 표본에서 나온 결과

---

3) Cohen의 평가기준은 조작적으로 정의된 기준점으로 여겨야 한다. 이 기준점은 0 이상의 범위를 지닌 연속척도상의 평가기준이기보다는 더 높거나 더 낮은 점수로부터 효과크기를 판단하는 지침이 된다. Cohen은 특정 기준점이 표본크기나 표본 내 분산에 따라 달라질 수 있으므로 작은, 중간, 큰 효과크기 에 대한 범위를 고정하여 정의하는 것은 피한다.

에 따르면 앞의 해석적 가정은 다음의 경우에만 적용해야 함을 의미한다. 즉, *S*가 3개가 아닌 4개인 경우, 혹은 *S*가 3개라면 카드 I에서 일반적인 동물 얼굴이나 가면을, 그리고 카드 II에서 로켓이나 우주선 반응을 포함하지 않는 경우 적용 가능하다.

〈표 22-3〉의 나머지 7개 항목(*Lambda*, *Afr*, *XA*%, *WDA*%, *X*+%, *Xu*%, *X*-%)은 모두 비율 변인으로 두 표본 간 차이는 다양하게 나타난다. 이 중 *Lambda*는 *d*와 *r*이 0인데, 이는 본질적으로 두 집단 간 차이가 없음을 의미한다. 또 다른 변인인, Afr은 *d*가 .37이고 *r*이 −.18로, 중간 정도의 효과크기가 시사된다. 이는 두 집단 간 평균 차이가 .06이며, 새로운 표본의 최빈값은 .50으로, 600명 표본의 최빈값 .67과 다르다는 것을 의미한다. 두 표본 간의 Afr의 차이는 새로운 표본에서 600명 표본보다 내향형이 더 많이 포함되었고(38% vs 35%), 외향형이 상당히 적었기(31% vs 38%) 때문으로 보인다.

나머지 5개의 변인 자료는 보다 특징적인데, 모두 형태질과 관련된다. 새로운 표본의 *WDA*%와 *XA*%는 600명 표본보다 평균과 중앙값이 0.3~0.5점 더 낮았다. 600명 표본과 비교하여 새로운 표본의 변인 분포를 고려할 때, 역시 첨도가 두드러지게 낮아졌다. 즉, 600명 표본의 71%가 *XA*% .89 이상인 반면, 새로운 표본에서는 단지 45%만이 그러하였다. *WDA*%와 *XA*%의 *d*는 .47, .63이며 *r*은 .23, .30으로, 중간 정도의 효과크기를 나타내는데, 이는 차이가 있음을 나타낸다. 그러나 두 변인 간 차이가 그다지 크지 않으므로 해석적 지침을 개정할 필요는 없다.

나머지 3개의 변인 *X*+%, *Xu*%, *X*-%는 불일치가 크게 나타났다. 가장 큰 차이는 *X*+%에서 나타났는데, 450명 표본의 평균(.68)은 600명 표본보다 .09점 낮다. 또한 *X*+%의 최빈값은 .67로 600명 표본보다 .13점 낮으며, *d*는 −.82, *r*은 .38로 큰 효과크기를 나타낸다. *X*+%가 낮아지면, 대개는 *Xu*%와/또는 *X*-%가 증가한다. 600명 표본과 비교했을 때 450명 표본에서 *Xu*% 평균이 .06점 높았고 *X*-% 평균이 .04점 더 높은 것으로 나타났다. *Xu*%의 *d*(−.56)과 *r*(.27)은 중간 정도의 효과크기를 갖는 반면, *X*-%의 *d*(−.65)와 *r*(.31)은 중간 정도~큰 효과크기 수준이었다.

형태 사용과 관련한 결과는 두 표본 간 유의한 차이를 나타낸다. 그러나 Meyer(2001)가 언급하듯, 1990년 이전과 이후 자료의 형태질 점수 차이는 단순히 제1판의 형태질 표가 발표된 후 15년 동안의 개정과 확장을 거듭해 왔기 때문이다. 형태 사용과 관련한 두 표본 간 차이가 어디에 기인하는지 상관없이, 몇 가지 차이가 나타나므로 형태 사용과 관련된 일부 변인에 대한 해석적 원리가 검토되어야 한다.

이미 언급했듯이, 핵심적 형태질 변인인 *XA*%와 *WDA*%의 두 표본 간 차이는 중간 정도이며 그 두 변인의 해석적 기본 원칙을 바꿀 필요는 없다. 반면 $X+\%$와 $Xu\%$는 주목해야 한다. 만약 새로운 표본이 보다 대표성을 지닌다면, $X+\%$와 $Xu\%$ 해석 지침은 개정되는 것이 타당하다.

현재의 해석적 원칙 중 하나는 만약 $X+\%$가 .70~.85, $Xu\%$가 .10~.20 범위에 있다면, 그 피검자는 사회적 기대에 부합하게 행동하는 성향이 높음을 시사한다(Exner, 2000, 2003). 그런데 새로운 표본 자료에 기초하자면, $X+\%$의 범위는 .75~.85로 더 상향되어 범위가 좁아진다. 또한 "만약 $X+\%$가 .63~.74에 해당되고, $Xu\%$가 .17 이상이면, 사회적 기대에 대해 타당한 관심을 지니며 간혹 중재적 결정을 할 때 영향을 미친다"라는 새로운 원칙이 추가되어야 한다.

현재 해석적 원칙의 두 번째는 다음과 같다. 인지적 중재 군집에서 "$X+\%$가 .55~.69 범위이며 $Xu\%$가 .20 이상이면 피검자는 보통 사람들보다 사회의 요구나 기대를 무시하는 결정을 할 것이다(Exner, 2000, 2003)." 그러나 새로운 표본의 자료를 고려할 때 $X+\%$ 범위는 .55~.62로 좁혀지며, $Xu\%$는 .25 이상으로 높아져야 한다.

600명 표본과 새로운 표본의 $X-\%$ 차이로 인해 해석적 지침을 변경해야 하는가에 관한 이슈는 더 모호하다. 새로운 표본에서 $X-\%$ 평균(.11)은 600명 표본보다 .04점 높고, 중앙값(.11), 최빈값(.10)은 모두 .05점 높다. 이미 언급했듯, $d(-.65)$와 $r(.31)$은 중간 정도~큰 효과크기에 해당한다. 상당히 큰 d와 r은 마이너스 반응이 없는 반응 비율이 변화했기 때문이다. 즉, 새로운 표본에서는 단지 6%에 불과한 데 반해 600명 표본의 프로토콜에서는 15%가 그러했다. 이는 아마도 새로운 표본에서의 $X-\%$ 분포상 첨도가 600명 표본보다 거의 4점 낮다는 사실과 관련 있다. 두 표본 간 $X-\%$ 차이가 상당히 흥미롭기는 하지만, 이 변인에 대한 현재의 해석적 지침을 바꿀 필요는 없다.

두 표본에 대한 잠정적 결론

새로운 표본의 수는 아직 충분히 크지 않고, 600명 표본처럼 지역 분포나 SES 분포가 정확하게 층화되어 있지는 않다. 그럼에도 불구하고, 새로운 표본은 최근 자료라는 맥락상 많은 이점을 가지고 있다. 아마도 가장 중요한 결론은 형태 사용과 관련된 점을 제외하면 두 표본은 놀랍도록 비슷하다는 것이다. 이는 두 표본 모두 타당한 수준의 대표성을 나타낸다는 것을 지지한다. 두 표본 모두 반응 비율의 이해에 합리적인 근거를 제공한다. 또한 두 표본은 비환자 집단의 비율을 확인하는 기초자료를 제공하여 기대 범위 내에 있는지 범위 밖에 있는지 확인할 수 있고, 다양한 비율과 다른 지표들을 형성하여 많은 해석적 원칙을 발달시키는 구조적 자료의 핵심을 구성할 수 있다.

새로운 표본 자료는 6년 전 시작된 프로젝트로 아직 진행 중이다. 표본 크기는 아직 크지 않고, 기존의 종합체계 600명 표본의 비환자 자료를 대신할 만큼 층화되어 있지 않다. 향후 표본의 크기가 커지고 인구통계학적 층화가 충분히 이루어질 것이다. 이미 기술한 바와 같이 그럼에도 불구하고 새로운 표본 자료는 이미 상당한 유용성을 지니고 있다.

참고문헌

Cohen, J. (1992). A power primer. *Psychological Bulletin, 112,* 155–159.

Exner, J. E. (1974). *The Rorschach: A Comprehensive System.* New York: Wiley.

Exner, J. E. (1985). *A Rorschach workbook for the Comprehensive System* (2nd ed.). Bayville, NY: Rorschach Workshops.

Exner, J. E. (1988). Problems with brief Rorschach protocols. *Journal of Personality Assessment, 52*(4), 640–647.

Exner, J. E. (1990). *A Rorschach workbook for the Comprehensive System* (3rd ed.). Asheville, NC: Rorschach Workshops.

Exner, J. E. (2000). *A primer for Rorschach interpretation.* Asheville, NC: Rorschach Workshops.

Exner, J. E. (2001). *A Rorschach workbook for the Comprehensive System* (5th ed.). Asheville, NC: Rorschach Workshops.

Exner, J. E. (2002). A new nonpatient sample for the Rorschach Comprehensive System: A progress report. *Journal of Personality Assessment, 78,* 391–404.

Exner, J. E. (2003). *The Rorschach: A Comprehensive System: Vol. 1. Basic foundations and principles of interpretation* (4th ed.). New York: Wiley.

Exner, J. E., Weiner, I. B., & Schuyler, W. (1976). *A Rorschach workbook for the Comprehensive System.* Bayville, NY: Rorschach Workshops.

Meyer, G. J. (2001). Evidence to correct misperceptions about Rorschach norms. *Clinical Psychology: Science and Practice, 8,* 389–396.

Shaffer, T. W., & Erdberg, P. (2001, March). *An international symposium on Rorschach nonpatient data: Worldwide findings.* Annual meeting, Society of Personality Assessment,

Philadelphia.

Shaffer, T. W., Erdberg, P., & Haroian, J. (1999). Current nonpatient data for the Rorschach, WAIS-R, and MMPI-2. *Journal of Personality Assessment, 73,* 305-316.

제**23**장

카드 및 반응영역별 빈도 자료

2001년에 발표된 600명 비환자 표본과 새로운 비환자 표본의 차이를 검토하고 분석하는 과정에서 특정 카드와 특정 반응영역의 반응 빈도에 대한 두 집단 간 비교가 이루어졌다. 이 비교를 통해 두 집단 간의 명백한 차이에 관한 자세한 정보를 알 수 있다. 예를 들면, 제22장에서 언급했듯이, 새로운 표본에서 S 반응 평균이 증가한 것은 카드 I의 WS 반응과 카드 II의 $DS5$ 반응의 빈도가 높았기 때문이다.

카드 및 반응영역별 빈도 자료는 집단 간 비교에도 유용하지만, 각 10개 카드의 외형적 특징의 효과 혹은 가치에 대한 분명한 그림을 제공하기 때문에 더 큰 중요성을 지닌다. 로르샤흐 카드가 가진 자극으로서 영향력에 대한 이슈는 반응과정에 대한 문제로 직접적으로나 간접적으로 자주 논의되어 왔다. 예를 들어, Frank(1939)의 투사 가설(*projective hypothesis*)은 모든 카드가 모호하다는 가정에 기반하며, 그 모호성 때문에 수검자에게 반응을 요구했을 때 그 과정에서 투사가 주요한 요소가 된다.

Beck(1933, 1945)은 로르샤흐 카드마다 난이도 수준이 같지 않다는 개념을 처음 제안하였다. 따라서 Beck은 특정 카드의 W나 M 반응 해석이 다른 카드의 W나 M 반응에 대한 해석과 상당히 다를 수 있다고 주장하였다. 이 같은 Beck의 연구를 기반으로 Z점수 가중치 표가 만들어졌고, 이 표는 조직화 활동을 변별하는 데 현재까지 사용된다.

많은 연구자들은 다양한 카드의 자극 복잡성 혹은 난이도에 대해서 단순한 지표인 반응시간을 사용하였다. Meer(1955)는 이에 2개의 종속변수, 즉 반응의 수준 평정과 카드 난이도에 대해서 연구 참여자들의 주관적 판단을 추가하였다. 50명의 펜실베이니아 대학교 학부생들의 프로토콜에 기반하여 진행된 Meer의 연구 결과는 카드의 난이도 수준이 각각 다르다는 가설을 명백하게 지지하였는데, 특히 W 반응 또는 D 반응을 쉽게 형성할 수 있는가 또는 형성하기 어려운가에 따라 난이도가 분명히 달랐다. Meer는 카드 III이 반응하기 가장 쉬운 카드 중 하나이지만, 카드 전체를 통합하는 반응을 형성하기 가장 어려운 카드라고 보았다. 그는 카드 VIII에서도 비슷한 패턴을 발견하였다. Meer는 모호성이 가장 적은 카드 I과 V에서 W 반응을 형성하기 가장 쉽다고 결론지었다. Meer에 따르면 카드 II, VI, VII와 IX는 상대적으로 분명한 부분영역이 하나 이상이 있기 때문에 W 반응으로 통합하기 상당히 어렵고, 카드 X은 "상대적으로 분명한 형태를 여러 개 포함하고 있으므로" 전체로 통합하기 가장 어렵다고 보았다.

일부 연구자들은 반응산출 또는 반응내용에 영향을 미치는 특징을 이해하기 위하여 로르샤흐 카드의 색채 및 음영과 같은 자극 특징을 조작하였다(Baughman, 1959; Dubrovner, VonLackum, & Jost, 1950; Exner, 1959, 1961; Grayson, 1956; Perlman, 1951; Silva, 2002). Exner(1989) 역시 카드의 외형적 특징에 의한 반응과 투사된 특징을 포함하는 반응을 변별하기 위하여 이러한 접근법을 사용하였다.

일부 연구자들은 로르샤흐 카드에서 외형적 특징의 효과에 대해 '카드 속성(card pull)'이라는 맥락에서 논의하였다. 카드 속성은 1950년 Ranzoni, Grant와 Ives에 의해 처음 제기되었고, "피검자로 하여금 반점의 특정 측면을 사용하게 만드는 잉크 반점의 속성"으로 정의되었다. 저자들은 청소년 표본 194명을 대상으로 11~18세까지 일정한 시간 간격으로 재평가하여 반응의 빈도 자료를 수집하고, 위치 선택, 결정인 사용, 그리고 인간내용 반응과 동물내용 반응 등의 비율을 보고하였다. 연구 결과 카드 I, V와 VI에서 W 반응의 비율이 가장 높았고 카드 VIII, IX와 X에서는 D 반응 비율이 가장 높았다. Peterson과 Schilling(1983)은 투사의 전제 조건이 모호한 자극 혹은 비구조화된 자극이라고 강조하는 연구자들은 카드 속성을 무시하고 있다고 주장하였다. Peterson과 Schilling은 투사란 자극영역이 얼마나 구조화되어 있는지에 상관없이 발생한다고 지적하였다.

Weiner(1998)는 명시적(overt) 카드 속성과 내현적(covert) 카드 속성을 해석과 관련된 기본 전제로 삼았다. 그는 명시적 카드 속성을 잉크 반점의 많은 자극 특성에 대해 반응을 형성하고 대답할 때 즉각적으로 반응하는 것으로 정의하였으며, 이러한 기저 특징은 반응패턴의 편차를 탐지하는 데 유용하다고 제안하였다. Weiner는 내현적 카드 속성이란 의식적으로 자각하지 못하거나 검열과정 때문에 피검자가 거의 언급하지는 않지만 반응을 형성하는 과정에서 영향을 미치는 카드의 특징이라고 설명하였다. 그는 이러한 특징은 많은 반점들이 무엇처럼 보이는지와 관련되며 이러한 인식은 피검자의 성격 역동에 대한 정보를 얻을 수 있는 정보원이 된다고 언급하였다.

Exner(1996)는 로르샤흐 카드가 지니는 외형적 특징의 효과에 대해 지각 이론의 결정적 요소의 맥락에서 연구하였다(Attneave, 1954; Hochberg, 1988; Hochberg & McAlister, 1953).

결정적 요소는 외형적 환경에 대해 판단하거나 확인하는 변수(parameters)를 규정 또는 제한하는 자극 특징이다. Exner에 따르면 카드 I과 V의 윤곽영역, 카드 II와 III의 색채 특징, 카드 II의 색채와 공백의 관계와 같은 카드의 결정적인 자극 요소는 반응의 특정 범주 형성을 촉진하거나 제어한다. 또한 Exner는 어떻게 정신구조가 결정적 요소로 기능하여 로르샤흐 카드의 외형적 특징을 해석하는지 규명해 왔다.

Exner(2003)는 Rorschach가 1917년부터 1919년까지 연구를 진행하면서 잉크 반점에 있는 결정적 요인의 중요성을 인식했을 것으로 추정하였다. 당시 Rorschach는 상당한 예술적 기교를 사용하여 정밀한 잉크 반점을 만들어 내어, 수개월간 사용하였다. Rorschach는 정밀한 버전의 잉크 반점을 만드는 과정에서 종종 그림에 색채를 첨가하거나 수정했는데, 대부분은 원래의 반점보다 윤곽선을 더 많이 그려 넣었다. Rorschach는 각 그림에 변별되는 특징을 많이 포함시켜서 각 개인의 기억 흔적에 있는 대상과 유사하다고 쉽게 알아차릴 수 있도록 하였다. 어떤 의미에서, Rorschach는 일종의 숨은그림찾기 검사를 만들려고 노력하였고, 피검자가 그림의 전체 혹은 그림의 부분적 특징을 알아차리는 방식이 성격이나 병리의 요소와 관련되어 있다고 가정하였다.

로르샤흐의 외형적 특징과 관련된 연구들은 상대적으로 적었으며, 그러한 연구 대부분은 중간 크기의 표본으로 제한된 변인에 초점을 두고 분석되었다. 이러한 연구를 통해 카드의 난이도와 자극 요소의 영향력에 대해 유용하고 타당한 수준의 일관성 있는 정보를 얻었지만, 어떠한 연구도 로르샤흐 검사가 채점되어 부호화되는 특징의 전체적인 배열에 대한 정보는 제시하지는 않았다. 주된 이유는 많은 프로토콜의 누적된 합계를 산출하고 분석하는 기계를 사용하기 어려웠거나 감당하지 못했기 때문이다. 다행히, 1980년대 이후 컴퓨터 기술이 빠르게 발전하면서 이러한 작업이 매우 단순화되었고, 그 결과 대규모의 자료를 저장하고 쉽게 분석할 수 있게 되었다.

이 장의 나머지 영역은 대부분 빈도 자료에 대한 2가지의 표로 구성되어 있다. 첫 번째 표는 450명의 새로운 비환자 표본으로부터 나온 자료이다. 두 번째 표는 새로운 비환자 표본과 2001년 600명 비환자 표본을 합친 자료이다. 이 2가지의 표는 4개의 일반적 영역으로 나뉘어 있다. 첫 번째 영역은 〈표 23-1〉과 〈표 23-2〉로 6개 유형의 반응 위치영역에 대한 각 카드별 반응 빈도와 비율을 제시한다. 두 번째 영역은 〈표 23-3〉～〈표 23-6〉이며 발달질과 형태질에 대해 각 카드별 반응 빈도와 비율을 제시한다. 〈표 23-7〉～〈표 23-26〉은 각 카드 번호 및 위치영역별로 발달질과 형태질 채점의 빈도 자료와 혼합반응의 수를 보여 준다.

세 번째 영역은 〈표 23-27〉~〈표 23-28〉로, 각 표본에서 각 카드마다 채점된 결정인의 빈도와 비율이 요약되어 있다. 또한 〈표 23-29〉~〈표 23-48〉는 각 카드 번호와 위치영역별로 결정인 채점의 빈도를 보여 준다. 마지막 영역은 〈표 23-49〉와 〈표 23-50〉이며, 두 표본에서 각 카드별로 27개의 내용 채점에 대한 빈도를 포함한다. 또한 〈표 23-51〉~〈표 23-70〉은 각 표본의 카드 번호 및 위치영역별 내용 채점의 빈도를 제시한다. 〈표 23-49〉와 〈표 23-50〉은 비율 정보를 제시하지 않는데, 상당한 수(30% 이상)의 반응들이 다수의 내용을 포함하므로 비율 자료를 잘못 이해할 소지가 있기 때문이다. 종합적으로 볼 때, 본문의 표에 제시된 자료를 통해 10개 카드의 영향력이 있는 외형적 특징을 확인하는 데 상당히 유용하며, 일탈된 반응이나 독특한 반응을 확인하는 데 도움이 된다.

반응영역 카드별 빈도

〈표 23-1〉 450명 비환자군의 카드별 반응영역 선택 빈도

		반응영역 선택						합계
		W	WS	D	DS	DD	DDS	
카드 번호	1	521 47.8%	221 20.3%	273 25.0%	1 .1%	47 4.3%	27 2.5%	1090 100.0%
	2	218 20.4%	60 5.6%	558 52.1%	199 18.6%	20 1.9%	15 1.4%	1070 100.0%
	3	56 6.0%	16 1.7%	764 82.4%	31 3.3%	27 2.9%	33 3.6%	927 100.0%
	4	551 62.8%	12 1.4%	251 28.6%	5 .6%	56 6.4%	2 .2%	877 100.0%
	5	622 77.5%	0 .0%	138 17.2%	0 .0%	39 4.9%	4 .5%	803 100.0%
	6	313 35.1%	0 .0%	490 55.0%	0 .0%	85 9.5%	3 .3%	891 100.0%
	7	376 40.3%	51 5.5%	417 44.6%	53 5.7%	29 3.1%	8 .9%	934 100.0%
	8	431 40.2%	17 1.6%	513 47.8%	47 4.4%	53 4.9%	12 1.1%	1073 100.0%

9	285 26.2%	20 1.8%	587 54.1%	67 6.2%	80 7.4%	47 4.3%	1086 100.0%
10	308 17.5%	15 .9%	1293 73.4%	12 .7%	46 2.6%	87 4.9%	1761 100.0%
합계	3681 35.0%	412 3.9%	5284 50.3%	415 3.9%	482 4.6%	238 2.3%	10512 100.0%

〈표 23-2〉1,050명 비환자군의 카드별 반응영역 선택 빈도

		반응영역 선택						합계
		W	WS	D	DS	DD	DDS	
카드 번호	1	1250 51.3%	375 15.4%	653 26.8%	2 .1%	99 4.1%	58 2.4%	2437 100.0%
	2	463 19.8%	92 3.9%	1296 55.3%	399 17.0%	55 2.3%	39 1.7%	2344 100.0%
	3	203 10.2%	29 1.5%	1614 80.8%	46 2.3%	40 2.0%	66 3.3%	1998 100.0%
	4	1212 62.2%	13 .7%	609 31.3%	8 .4%	103 5.3%	3 .2%	1948 100.0%
	5	1433 77.1%	1 .1%	310 16.7%	1 .1%	109 5.9%	5 .3%	1859 100.0%
	6	658 31.7%	0 .0%	1237 59.6%	0 .0%	177 8.5%	5 .2%	2077 100.0%
	7	763 36.5%	132 6.3%	1022 48.8%	90 4.3%	73 3.5%	13 .6%	2093 100.0%
	8	1053 42.2%	21 .8%	1197 48.0%	101 4.0%	92 3.7%	31 1.2%	2495 100.0%
	9	703 28.5%	39 1.6%	1295 52.6%	185 7.5%	152 6.2%	90 3.7%	2464 100.0%
	10	727 16.8%	37 .9%	3297 76.2%	20 .5%	77 1.8%	169 3.9%	4327 100.0%
합계		8465 35.2%	739 3.1%	12530 52.1%	852 3.5%	977 4.1%	479 2.0%	24042 100.0%

반응영역 선택

6개 반응영역 선택의 비율은 두 자료에서 비슷하며, Meer(1955)가 보고한 W와 D영역의 비율과 대체적으로 일치한다. W나 WS 응답은 카드 V에서 75% 이상 나타나고, 카드 I과 IV에서는 60% 이상 나타난다. 이 카드들은 반응의 절반 이상이 전체 외형적 영역으로 반응된다. 카드 III은 다른 극단치를 보여 준다. 즉, 카드 III은 450명의 표본 중 반응의 8%만, 혼합된 표본에서는 12%만이 전체 영역을 포함했고, 약 85%는 D영역의 반응이었다.

두 표본의 카드 X에 대한 결과도 Meer(1955)의 보고와 유사하였다. 단지 18%만이 전체 영역 응답을 포함한 반면, 약 75%는 D 반응이었다. Meer의 연구 결과와 상당히 다른 차이를 보이는 것은 카드 VIII이다. Meer의 표본에서 카드 VIII에 대한 W 반응 빈도는 매우 낮았다. 반면에, 〈표 23-1〉과 〈표 23-2〉에서 나타난 표본에서는 약 42%의 W나 WS의 반응을, 약 52%의 D 반응을 보였다. 다른 카드보다 W나 WS 응답 비율이 상대적으로 낮은 카드는 카드 II, VI와 IX로, 각 표본에서 전체 영역 반응은 약 1/3 이하로 낮았다. 흥미롭게도, 카드 VI과 IX는 Dd 혹은 DdS 비율이 가장 높아 각 표본에서 약 10% 정도 보고되었다.

카드별 발달질

〈표 23-3〉 450명 비환자군의 카드별 DQ 기호의 빈도 및 비율

		발달질 기호				합계
		DQ+	DQo	DQv	DQv/+	
카드 번호	1	217 19.9%	866 79.4%	5 .5%	2 .2%	1090 100.0%
	2	607 56.7%	428 40.0%	27 2.5%	8 .7%	1070 100.0%
	3	523 56.4%	391 42.2%	13 1.4%	0 .0%	927 100.0%
	4	178 20.3%	685 78.1%	10 1.1%	4 .5%	877 100.0%
	5	102 12.7%	696 86.7%	3 .4%	2 .2%	803 100.0%
	6	144 16.2%	742 83.3%	2 .2%	3 .3%	891 100.0%

7	510 54.6%	379 40.6%	16 1.7%	29 3.1%	934 100.0%
8	458 42.7%	573 49.4%	32 3.0%	10 .9%	1073 100.0%
9	477 43.9%	537 49.4%	26 2.4%	46 4.2%	1086 100.0%
10	577 32.8%	1133 64.3%	32 1.8%	19 1.1%	1761 100.0%
합계	3793 36.1%	6430 61.2%	166 1.6%	123 1.2%	10512 100.0%

〈표 23-4〉 1,050명 비환자군의 카드별 DQ 기호의 빈도 및 비율

		발달질 기호				합계
		DQ+	DQo	DQv	DQv/+	
카드 번호	1	440 18.1%	1983 81.4%	11 .5%	3 .1%	2437 100.0%
	2	1350 57.6%	895 38.2%	87 3.7%	12 .5%	2344 100.0%
	3	1160 58.1%	793 39.7%	45 2.3%	0 .0%	1998 100.0%
	4	386 19.8%	1442 74.0%	108 5.5%	12 .6%	1948 100.0%
	5	202 10.9%	1651 88.8%	3 .2%	3 .2%	1859 100.0%
	6	324 15.6%	1738 83.7%	12 .6%	3 .1%	2077 100.0%
	7	1100 52.6%	848 40.5%	31 1.5%	114 5.4%	2093 100.0%
	8	991 39.7%	1287 51.6%	205 8.2%	12 .5%	2495 100.0%
	9	1060 43.0%	1203 48.8%	120 4.9%	81 3.3%	2464 100.0%
	10	1323 30.6%	2773 64.1%	122 2.8%	109 2.5%	4327 100.0%
합계		8336 34.7%	14613 60.8%	744 3.1%	349 1.5%	24042 100.0%

발달질

각 카드의 특정 영역에 대한 통합반응(Synthesis, *DQ+*) 대 단일대상(single object, *DQo*) 반응의 비율은 다양한 영역의 특징을 이해할 수 있는 기반을 제공한다. 〈표 23-3〉과 〈표 23-4〉를 살펴보면, 카드 I, IV, V와 VI의 *W* 반응에서 *DQo* 비율이 상당히 높다. 이는 전체 카드의 외형적 특징으로 쉽게 단일 대상을 인식한다는 것을 의미한다. 반대로, 카드 II, III, VII, VIII, IX와 X의 *W* 반응 대부분은 통합반응이다. 이는 이러한 영역들이 단일 대상으로 볼 만한 특징을 가지고 있지 않으며, 전체 영역을 통합하는 반응을 형성하기 위해서는 더 많은 정보처리와 개념화 노력이 요구된다는 것을 의미한다.

카드별 형태질

〈표 23-5〉 450명 비환자군의 형태질 기호의 빈도 및 비율

		형태질 기호					합계
		FQno	FQ-	FQu	FQo	FQ+	
카드 번호	1	1 .1%	71 6.5%	117 10.7%	881 80.8%	20 1.8%	1090 100.0%
	2	19 1.8%	96 9.0%	185 17.3%	729 68.1%	41 3.8%	1070 100.0%
	3	5 .5%	159 17.2%	113 12.2%	573 61.8%	77 8.3%	927 100.0%
	4	1 .1%	112 12.8%	196 22.3%	561 64.0%	7 .8%	877 100.0%
	5	1 .1%	64 8.0%	101 12.6%	629 78.3%	8 1.0%	803 100.0%
	6	0 .0%	81 9.1%	206 23.1%	596 66.9%	8 .9%	891 100.0%
	7	0 .0%	108 11.6%	191 20.4%	599 64.1%	36 3.9%	934 100.0%
	8	12 1.1%	136 12.7%	278 25.9%	625 58.2%	22 2.1%	1073 100.0%

	FQno	FQ-	FQu	FQo	FQ+	합계
9	12	169	302	591	12	1086
	1.1%	15.6%	27.8%	54.4%	1.1%	100.0%
10	15	233	494	1007	12	1761
	.9%	13.2%	28.1%	57.2%	.7%	100.0%
합계	66	1229	2183	6791	243	10512
	.6%	11.7%	20.8%	64.6%	2.3%	100.0%

〈표 23-6〉 1,050명 비환자군의 형태질 기호의 빈도 및 비율

		형태질 기호					합계
		FQno	FQ-	FQu	FQo	FQ+	
카드 번호	1	1	114	198	2078	46	2437
		.0%	4.7%	8.1%	85.3%	1.9%	100.0%
	2	37	153	306	1744	104	2344
		1.6%	6.5%	13.1%	74.4%	4.4%	100.0%
	3	18	355	217	1230	178	1998
		.9%	17.8%	10.9%	61.6%	8.9%	100.0%
	4	1	180	423	1306	38	1948
		.1%	9.2%	21.7%	67.0%	2.0%	100.0%
	5	1	120	242	1481	15	1859
		.1%	6.5%	13.0%	79.7%	.8%	100.0%
	6	1	146	413	1491	26	2077
		.0%	7.0%	19.9%	71.8%	1.3%	100.0%
	7	0	214	393	1427	59	2093
		.0%	10.2%	18.8%	68.2%	2.8%	100.0%
	8	24	260	637	1505	69	2495
		1.0%	10.4%	25.5%	60.3%	2.8%	100.0%
	9	23	291	501	1600	49	2464
		.9%	11.8%	20.3%	64.9%	2.0%	100.0%
	10	32	408	1015	2774	98	4327
		.7%	9.4%	23.5%	64.1%	2.3%	100.0%
합계		138	2241	4345	16636	682	24042
		.6%	9.3%	18.1%	69.2%	2.8%	100.0%

형태질

450명 비환자 표본과 600명 비환자 표본 간 5가지 형태질 요약점수($XA\%$, $WDA\%$, $X+\%$, $Xu\%$와 $X-\%$)의 평균과 분포에 상당한 차이가 존재하는 것에 대해 제22장에서 논의하였다. ⟨표 23-5⟩와 ⟨표 23-6⟩ 자료는 이러한 차이에 대한 몇 가지 추가 설명을 제공한다. 혼합 표본의 +와 o 반응 비율을 450명 표본과 비교했을 때, 7개 카드(I, IV, V, VI, VII, VIII와 X)에서 혼합 표본이 2~8% 정도 더 높았으며, 카드 IX에서는 12%가 더 높았다. 카드 III에서만 그 비율이 동일했다. 유사하게 혼합 표본과 450명 표본의 마이너스 반응 비율을 비교했을 때, 10개 중 9개의 카드에서 450명 표본이 1~4% 높았다. 역시 카드 III만 그 비율이 동일하였다.

두 표본 간 비율의 차이가 있지만, 일반적인 경향성은 유사하다. 각 표본에서 +와 o 반응의 가장 높은 비율은 카드 I, V, II의 순으로 나타났다. 반면, +와 o 반응 비율이 카드 VIII, IX, X에서 가장 낮게 나타났다. 유사하게 마이너스 반응 비율이 카드 III과 IX에서 가장 높은 반면, 카드 I에서 가장 낮았다.

카드별 DQ, FQ, 혼합반응과 반응영역

〈표 23-7〉450명 비환자군의 카드 I에 대한 DQ, FQ, 혼합반응 빈도(R=1090)

Loc		발달질				형태질					혼합반응
		DQ+	DQo	DQv	DQv/+	FQno	FQ−	FQu	FQo	FQ+	
Loc	W	127	609	4	2		23	61	641	17	91
	1	5	13				2	1	15		1
	2	11	49				2	14	44		1
	3		20				3	2	15		
	4	67	90				8	3	143	3	26
	7		19				1	7	11		
	21	1	3	1		1	2	1	1		
	22		1					1			
	23		1				1				
	24		5					1	4		
	25		1					1			
	26		1						1		
	28	3	2				3	2			
	29		1					1			
	30		2						2		
	31		1				1				
	35		1					1			
	99	3	47				25	21	4		

〈표 23-8〉1,050명 비환자군의 카드 I에 대한 DQ, FQ, 혼합반응 빈도(R=2437)

Loc		발달질				형태질					혼합반응
		DQ+	DQo	DQv	DQv/+	FQno	FQ−	FQu	FQo	FQ+	
Loc	W	289	1323	10	3		34	97	1451	43	226
	1	6	19				3	1	21		1
	2	16	143				6	23	130		2
	3		72				3	5	64		
	4	115	228				26	9	305	3	47
	7		56				1	10	45		
	21	1	4	1		1	3	1	1		
	22		2					2			
	23		2				2				
	24		15					2	13		
	25		1					1			
	26		18					2	16		
	28	5	4				3	5	1		
	29		14					3	11		
	30		4						4		
	31	1	4				2	3			
	35		1					1			
	99	7	73				31	33	16		2

〈표 23-9〉 450명 비환자군의 카드 II에 대한 DQ, FQ, 혼합반응 빈도(R=1070)

		발달질				형태질					
		DQ+	DQo	DQv	DQv/+	FQno	FQ−	FQu	FQo	FQ+	혼합반응
Loc	W	215	50	9	4	6	41	50	144	37	202
	1	111	44				5	4	144	2	42
	2	15	60	11		9	16	44	17		16
	3		158	6	1	4	11	35	115		19
	4	6	17				1	16	6		3
	5	124	52		1		3	5	169		124
	6	124	23	1	2		6	17	125	2	42
	7		1						1		1
	22	1	3				1	3			
	24	1						1			
	30		1					1			
	31		1				1				
	99	10	18				11	9	8		3

〈표 23-10〉 1,050명 비환자군의 카드 II에 대한 DQ, FQ, 혼합반응 빈도(R=2344)

		발달질				형태질					
		DQ+	DQo	DQv	DQv/+	FQno	FQ−	FQu	FQo	FQ+	혼합반응
Loc	W	439	100	11	5	6	65	66	368	50	419
	1	428	57				6	8	423	48	201
	2	31	148	26		24	25	67	86		49
	3	4	348	43	1	6	23	67	300		39
	4	8	28				3	23	10		4
	5	221	142	5	1	1	3	10	355		231
	6	167	32	2	4		7	26	166	6	66
	7		2						2		2
	22	19	4				1	22			
	24	1	1					1	1		
	30		1					1			
	31		1				1				
	99	32	34		1		19	15	33		22

〈표 23-11〉 450명 비환자군의 카드 III에 대한 DQ, FQ, 혼합반응 빈도(R=927)

		발달질			형태질					혼합반응
		DQ+	DQo	DQv	FQno	FQ-	FQu	FQo	FQ+	
Loc	W	60	12			21	8	28	15	46
	1	360	40			33	29	283	55	83
	2	10	66	12	5	19	32	32		13
	3	1	165			15	7	144		9
	5	1	14				9	6		2
	7	3	41	1		36	7	2		1
	8		3			3				
	9	64	14			1	2	68	7	9
	22		1					1		
	23	2	1				3			
	24	1	2			1	2			
	29	1	1			2				1
	31	1	4			1	2	2		
	32	1	6			2	2	3		
	33		1					1		
	34	2	1				1	2		
	35	1					1			
	99	15	19			25	7	2		6

〈표 23-12〉 1,050명 비환자군의 카드 III에 대한 DQ, FQ, 혼합반응 빈도(R=1988)

		발달질			형태질					혼합반응
		DQ+	DQo	DQv	FQno	FQ-	FQu	FQo	FQ+	
Loc	W	209	23			36	12	95	89	190
	1	782	53			45	36	674	80	161
	2	14	161	42	16	67	84	50		21
	3	5	331			36	18	282		16
	5	4	26			1	18	11		5
	7	4	92	1		84	11	2		3
	8		33			33				
	9	92	20			1	3	99	9	16
	22		2					2		
	23	2	2				3	1		
	24	2	2			2	2			
	29	1	1			2				1
	31	2	6			2	4	2		
	32	2	8			2	3	5		
	33		1					1		
	34	7	1				5	3		3
	35	2	1			1	2			
	99	32	30	2	2	43	15	4		12

〈표 23-13〉 450명 비환자군의 카드 IV에 대한 DQ, FQ, 혼합반응 빈도(R=877)

		발달질				형태질					혼합반응
		DQ+	DQo	DQv	DQv/+	FQno	FQ−	FQu	FQo	FQ+	
Loc	W	145	407	8	3	1	29	102	425	6	240
	1	5	60				25	28	12		5
	2	2	22	1			2	8	15		
	3	2	38				15	18	7		1
	4	9	35				1	10	33		2
	5	1	8		1		3	4	3		3
	6	3	19				2	6	14		2
	7	2	48					3	46	1	11
	21		1					1			
	29	1					1				
	30		3					3			1
	32		4				1	3			
	33		1					1			
	99	8	39	1			33	9	6		6

〈표 23-14〉 1,050명 비환자군의 카드 IV에 대한 DQ, FQ, 혼합반응 빈도(R=1948)

		발달질				형태질					혼합반응
		DQ+	DQo	DQv	DQv/+	FQno	FQ−	FQu	FQo	FQ+	
Loc	W	309	813	92	11	1	50	194	943	37	514
	1	10	175				50	74	61		10
	2	2	57	1			3	13	44		
	3	2	111	13			22	64	40		1
	4	14	58	1			2	21	50		5
	5	1	14		1		3	5	8		4
	6	30	33				2	11	50		6
	7	3	83				1	6	78	1	21
	10		8					5	3		
	21		4					1	3		
	22		1					1			
	26		1					1			
	29	1					1				
	30		6					6			1
	32		8				2	5	1		
	33		2					1	1		
	99	14	68	1			44	15	24		10

〈표 23-15〉 450명 비환자군의 카드 V에 대한 DQ, FQ, 혼합반응 빈도(R=803)

		발달질				형태질					혼합반응
		DQ+	DQo	DQv	DQv/+	FQno	FQ−	FQu	FQo	FQ+	
Loc	W	86	531	3	2	1	16	36	562	7	79
	1	4	7				2	3	6		2
	4	6	35				6	14	20	1	2
	6		5				1	4			
	7	2	36				11	18	9		
	9		4				3	1			
	10	1	38				5	13	21		1
	29	1	1				2				
	30		1				1				
	34		3				2	1			
	35		11				2	1	8		1
	99	2	24				13	10	3		3

〈표 23-16〉 1,050명 비환자군의 카드 V에 대한 DQ, FQ, 혼합반응 빈도(R=1859)

		발달질				형태질					혼합반응
		DQ+	DQo	DQv	DQv/+	FQno	FQ−	FQu	FQo	FQ+	
Loc	W	175	1253	3	3	1	25	86	1308	14	167
	1	9	16				2	5	18		4
	4	8	85				10	51	31	1	3
	6		15				9	6			
	7	2	85				17	31	39		
	9		4				3	1			
	10	3	84				10	35	42		4
	29	1	1				2				
	30		2				2				
	32		10					2	8		
	34		6				2	4			
	35		32				4	2	26		1
	99	4	58				34	19	9		6

〈표 23-17〉 450명 비환자군의 카드 VI에 대한 DQ, FQ, 혼합반응 빈도(R=891)

		발달질				형태질				
		DQ+	DQo	DQv	DQv/+	FQ−	FQu	FQo	FQ+	혼합반응
Loc	W	78	231	1	3	13	85	210	5	62
	1	6	212	1		13	11	195		11
	2	2	5			1	2	4		1
	3	16	179			7	42	146		4
	4	12	17			3	9	15	2	5
	5	3	6			3	5	1		2
	6	4					3	1		3
	8	14	5				4	14	1	5
	12	1	7				5	3		1
	21		2				1	1		
	22		2				1	1		
	23		4			1	3			
	24		15			5	8	2		1
	25		1				1			
	26		1				1			
	27		2			2				
	29		5			3	2			
	31		1				1			
	32		6			5	1			
	33	1	11			5	7			2
	99	7	30			20	14	3		3

〈표 23-18〉 1,050명 비환자군의 카드 VI에 대한 DQ, FQ, 혼합반응 빈도(R=2077)

		발달질				형태질					
		DQ+	DQo	DQv	DQv/+	FQno	FQ−	FQu	FQo	FQ+	혼합반응
Loc	W	156	489	10	3	1	31	176	442	8	106
	1	8	596	2			17	16	573		19
	2	2	25				11	7	9		1
	3	34	361				12	76	306	1	7
	4	42	56				4	16	62	16	33
	5	4	8				3	8	1		3
	6	6	2					6	2		4
	8	52	11					8	54	1	12
	12	1	27				1	10	17		2
	21		3					1	2		
	22		2					1	1		
	23	2	5				1	6			
	24		22				10	10	2		1
	25	1	11					12			
	26		2					2			
	27		4				2	2			
	29		7				4	3			
	31		6					3	3		
	32		18				9	9			
	33	1	15				6	10			2
	99	15	68				35	31	17		4

⟨표 23-19⟩ 450명 비환자군의 카드 VII에 대한 DQ, FQ, 혼합반응 빈도(R=934)

		발달질				형태질				
		DQ+	DQo	DQv	DQv/+	FQ-	FQu	FQo	FQ+	혼합반응
Loc	W	339	47	14	27	18	41	335	33	97
	1	59	23		1	6	9	67	1	8
	2	88	74	1		13	17	131	2	12
	3	6	84			18	44	28		5
	4	2	50	1		18	21	14		2
	5		6			1	5			1
	6	1	14			5	7	3		2
	7	1	41			3	26	13		
	8	2	5				7			1
	9	3	3			2	1	3		
	10		5			1	1	3		
	21		3			1	2			
	22	3	4		1	4	3	1		
	23	1	5			5	1			
	25		2			1	1			
	28		2			1	1			
	99	5	11			11	4	1		2

⟨표 23-20⟩ 1,050명 비환자군의 카드 VII에 대한 DQ, FQ, 혼합반응 빈도(R=2093)

		발달질				형태질				
		DQ+	DQo	DQv	DQv/+	FQ-	FQu	FQo	FQ+	혼합반응
Loc	W	687	75	24	109	38	98	704	55	238
	1	95	48		2	9	17	118	1	14
	2	277	240	1		22	34	459	3	41
	3	11	152			29	71	63		9
	4	3	113	5	2	30	66	27		8
	5	2	12			1	13			1
	6	1	44			31	11	3		3
	7	1	76			5	36	36		
	8	4	8				11	1		2
	9	4	5			2	2	5		
	10		6			1	1	4		
	21		17	1		3	13	2		
	22	3	4		1	4	3	1		
	23	1	6			5	2			
	25		2			1	1			
	28		4			2	2			
	99	11	36			31	12	4		7

〈표 23-21〉450명 비환자군의 카드 VIII에 대한 DQ, FQ, 혼합반응 빈도(R=1073)

Loc		발달질				형태질					혼합반응
		DQ+	DQo	DQv	DQv/+	FQno	FQ−	FQu	FQo	FQ+	
Loc	W	358	73	11	6	9	27	42	350	20	302
	1	54	78				3	9	119	1	32
	2	5	135	13	1	2	29	80	42	1	23
	3	1	48				3	5	41		
	4	7	89	1			25	51	21		13
	5	18	46	6	2	1	3	36	32		22
	6	3	22	1			11	7	8		3
	7		14				2	9	3		1
	8	1	13		1		7	7	1		2
	11		1						1		
	21	1	4					4	1		
	22	4	1					4	1		1
	24	1	2				1	2			
	25		2					2			
	29		3				1	2			
	30		2					2			
	32		4					2	2		
	33		11				1	9	1		
	99	5	25				23	5	2		5

〈표 23-22〉1,050명 비환자군의 카드 VIII에 대한 DQ, FQ, 혼합반응 빈도(R=2495)

Loc		발달질				형태질					혼합반응
		DQ+	DQo	DQv	DQv/+	FQno	FQ−	FQu	FQo	FQ+	
Loc	W	793	183	91	7	19	42	117	833	63	621
	1	80	208				10	13	263	2	59
	2	6	346	78	1	3	88	201	137	2	41
	3	1	85	22			3	32	73		1
	4	12	148	3			39	85	39		22
	5	74	73	10	3	2	3	73	82		47
	6	3	28	1			14	8	10		4
	7		96				10	46	40		1
	8	2	15		1		7	9	2		3
	11		2						2		
	21	1	4					4	1		
	22	5	4					5	4		1
	24	1	3				1	3			
	25		4					4			
	26		1						1		
	29		6				1	5			
	30	4	5				3	6			1
	32		11				2	3	6		1
	33		16				1	14	1		
	99	9	49				36	9	11	2	9

〈표 23-23〉 450명 비환자군의 카드 IX에 대한 DQ, FQ, 혼합반응 빈도(R=1086)

Loc		발달질				형태질					혼합반응
		DQ+	DQo	DQv	DQv/+	FQno	FQ-	FQu	FQo	FQ+	
Loc	W	186	62	18	39	9	28	63	204	1	142
	1	103	68	1	1	1	24	29	112	7	14
	2	10	32	1	3		2	14	29	1	12
	3	107	57		1		6	25	133	1	72
	4		30				3	8	19		2
	5		7				3	3	1		1
	6	32	32	3		2	17	21	27		30
	8	10	89		1		22	46	32		19
	9	3	29	1			3	17	13		1
	11	1	19	1			13	6	2		1
	12	8	4				1	8	3		5
	21		7				1	1	5		1
	22	4	17				8	9	4		5
	23		5	1				4	2		
	24		4				1	3			
	25		3				1	2			
	26		2				1	1			
	28		1				1				
	29		2					2			
	30	1						1			1
	31		5					5			
	32	1	3					4			2
	33		10				1	6	3		
	34		4					4			
	35		2					2			
	99	11	43		1		33	18	2	2	12

〈표 23-24〉 1,050명 비환자군의 카드 IX에 대한 DQ, FQ, 혼합반응 빈도(R=2646)

Loc		발달질				형태질					혼합반응
		DQ+	DQo	DQv	DQv/+	FQno	FQ-	FQu	FQo	FQ+	
Loc	W	439	154	78	71	15	50	89	585	3	314
	1	238	116	2	2	1	31	50	265	11	23
	2	13	41	1	4		2	17	39	1	16
	3	235	224	6	1	3	14	62	382	5	166
	4		77	2			5	15	59		3
	5		11				4	5	2		1
	6	46	53	6		4	23	38	40		41
	8	13	245		1		36	81	142		68
	9	4	55	1			22	23	15		6
	11	2	27	8			34	10	3		3
	12	29	7				2	11	6	17	25
	21		15				2	3	10		1
	22	5	39				14	16	14		6
	23		9	1				7	3		
	24		4				1	3			
	25		5	2			1	4	2		
	26		2				1	1			
	28		1				1				
	29		3					3			
	30	1	3					4			1
	31		8					6	2		
	32	1	3					4			2
	33		21				1	8	12		
	34		8				1		1		
	35		5					5			
	99	34	67	3	2		46	30	18	12	36

〈표 23-25〉 450명 비환자군의 카드 X에 대한 DQ, FQ, 혼합반응 빈도(R=1781)

Loc	W	발달질				형태질					혼합반응
		DQ+	DQo	DQv	DQv/+	FQno	FQ−	FQu	FQo	FQ+	
Loc	W	255	33	17	18	11	22	53	226	11	209
	1	16	159	5	1		6	33	142		18
	2	1	149	1			12	16	123		17
	3		102				7	19	76		4
	4	2	82				6	8	70		4
	5	1	32					1	32		1
	6	27	10	1		1	5	9	23		13
	7	4	114				14	24	80		21
	8	14	82				9	66	21		6
	9	57	100	6		2	34	91	36		51
	10	23	21				1	21	22		17
	11	102	40				13	83	45	1	34
	12	1	18	1			3	9	8		1
	13	1	47				8	29	11		8
	14		7				3	3	1		
	15	23	55				2	9	67		12
	21	2	6				3	1	4		
	22	22	30				49	3			15
	25	9	2						11		4
	28	1						1			1
	29	2	7				1	3	5		1
	30	1	1				2				
	33		4				1	2	1		
	34		1				1				
	99	13	31	1		1	31	10	3		10

〈표 23-26〉 1,050명 비환자군의 카드 X에 대한 DQ, FQ, 혼합반응 빈도(R=4327)

Loc	W	발달질				형태질					혼합반응
		DQ+	DQo	DQv	DQv/+	FQno	FQ−	FQu	FQo	FQ+	
Loc	W	536	54	66	108	21	34	92	540	77	465
	1	30	539	9	1	4	8	45	521	1	31
	2	6	433	4			27	40	374	2	87
	3		325				13	89	223		7
	4	3	162				8	13	144		7
	5	2	57				2	4	53		4
	6	98	25	2		2	8	22	93		28
	7	17	318				19	38	278		91
	8	21	165				17	140	29		8
	9	166	190	15		3	67	150	136	15	162
	10	30	38				1	30	37		24
	11	291	69	1			18	199	142	2	99
	12	1	29	2			9	13	10		1
	13	1	112				13	67	33		32
	14		15	16			12	18	1		
	15	33	87	4			4	14	106		17
	21	2	11				5	1	7		
	22	28	37				62	3			17
	25	12	2						14		4
	28	1						1			1
	29	3	13				1	4	10	1	2
	30	3	2				2	3			
	31	2		1			1		2		
	33		6				1	3	2		
	34		2				2				
	99	37	82	2		2	74	26	19		13

발달질

*D*영역의 반응 빈도는 상당히 다양하다. 9개 카드에는 높은 빈도로 단일 대상(*DQo*)을 인식하는 몇몇 *D*영역이 있다. 이는 그 영역의 결정적인 외형적 특징이 상대적으로 구별되며 명백하기 때문이다. 이 같은 *D*영역은 19개로, 카드 I의 *D4*, 카드 II의 *D3*, 카드 III의 *D3*, 카드 IV의 *D1*와 *D7*, 카드 VI의 *D1*와 *D3*, 카드 VII의 *D2*, *D3*와 *D4*, 카드 VIII의 *D1*, *D2*와 *D4*, 카드 IX의 *D3*와 *D8*, 카드 X의 *D1*, *D2*, *D3*과 *D7* 등이다. 13개의 *D*영역은 통합반응(*DQ+*)을 촉진하는 외형적 특징을 가지고 있다. 이 중 4개 영역, 카드 I의 *D4*, 카드 VII의 *D2*, 카드 VIII의 *D1*, 카드 IX의 *D3*는 역시 *DQo* 반응 빈도도 높게 나타나지만, 나머지 9개는 그렇지 않다. 나머지 9개 영역은 카드 II의 *DS5*, *D1*과 *D6*, 카드 III의 *D1*과 D9, 카드 VII의 *D1*, 카드 IX의 *D1*, 카드 X의 *D9*와 *D11*이다. 종합적으로, 이들 28개 영역에서 *D* 반응의 비율이 매우 높다.

형태질

카드별 자료(〈표 23-7〉~〈표 23-26〉)를 검토하면 마이너스 반응은 모든 카드의 거의 모든 영역에서 나타나지만, 8개 카드의 특정 외형적 영역에서 마이너스 반응의 빈도가 좀 더 높게 나타난다.

마이너스 반응은 카드 I의 *D4*, 카드 II의 *D2*와 *D3*, 카드 III의 *D7*, 카드 IV의 *D1*와 *D3*, 카드 V의 *D7*, 카드 VII의 *D3*와 *D4*, 카드 VIII의 *D2*와 *D4*, 카드 X의 *DdS22*에서 현저하게 높은 빈도를 보였다. 이들 영역에서 마이너스 반응이 더 빈번하게 나타나는 이유는 그 영역의 외형적 특징이 일반적으로 전체 영역 내에서 변별적이고 혹은 어느 정도 분리되어 있어, 처리과정에서 추가적인 검토가 쉽게 이루어질 수 있기 때문이다. 그러나 추가적인 검토를 하는 것이 왜 이 영역들을 잘못 식별하는지를 설명해 주지 않는다. 따라서 마이너스 반응의 범주에 관해 각 영역의 외형적 특징에 대해 보다 세밀한 연구가 필요하다.

혼합반응

　카드별 혼합반응의 비율은 표로 제시하지 않는다. 카드별 반응영역에 따른 혼합반응의 빈도가 〈표 23-7〉과 〈표 23-26〉에 제시되어 있다. 예상되듯이 각 표본에서 혼합반응의 가장 높은 비율은 색채 카드에서 주로 나타났고(카드 II＝44%, 카드 VIII＝33%, 카드 IX＝29%, 카드 X＝26%, 카드 III＝21%), 무채색 카드 중 카드 IV(29%)에서만 나타났다. 나머지 다른 무채색 카드에서 혼합반응은 현저히 낮은 비율을 보였다(카드 I＝11%, 카드 V＝14%, 카드 VI＝9%, 카드 VII＝15%).

카드별 결정인 빈도

〈표 23-27〉 450명 비환자군의 결정인 빈도 및 비율

카드		F	인간 운동			동물 운동			무생물 운동			색채			무채색	재질	통경	음영확산	FD	반사
			Ma	Mp	Ma-p	FMa	FMp	FMa-p	ma	mp	ma-p	FC	CF	C						
1	n	587	121	112	13	124	48	0	4	12	0	0	0	0	122	0	22	37	13	6
	%	53.9%	11.1%	10.3%	1.2%	11.4%	4.4%	.0%	.4%	1.1%	.0%	.0%	.0%	.0%	11.2%	.0%	2.0%	3.4%	1.2%	.6%
2	n	227	132	94	1	164	81	0	156	23	1	189	294	20	124	11	14	44	59	12
	%	21.2%	12.3%	8.8%	.1%	15.3%	7.6%	.0%	14.6%	2.1%	.1%	17.7%	27.5%	1.9%	11.6%	1.0%	1.3%	4.1%	5.5%	1.1%
3	n	219	385	88	2	28	27	1	5	29	0	147	46	17	95	1	7	12	29	2
	%	23.6%	41.5%	9.5%	.2%	3.0%	2.9%	.1%	.5%	3.1%	.0%	15.9%	5.0%	1.8%	10.2%	.1%	.8%	1.3%	3.1%	.2%
4	n	334	59	147	0	55	55	0	4	28	0	0	0	0	58	102	39	63	244	6
	%	38.1%	6.7%	16.8%	.0%	6.3%	6.3%	.0%	.5%	3.2%	.0%	.0%	.0%	.0%	6.6%	11.6%	4.4%	7.2%	27.8%	.7%
5	n	412	24	37	0	205	37	0	0	7	0	0	0	0	116	6	1	21	21	6
	%	51.3%	3.0%	4.6%	.0%	25.5%	4.6%	.0%	.0%	.9%	.0%	.0%	.0%	.0%	14.4%	.7%	.1%	2.6%	2.6%	.7%
6	n	359	11	31	0	21	16	0	27	57	0	0	0	0	27	302	15	82	43	8
	%	40.3%	1.2%	3.5%	.0%	2.4%	1.8%	.0%	3.0%	6.4%	.0%	.0%	.0%	.0%	3.0%	33.9%	1.7%	9.2%	4.8%	.9%
7	n	314	288	183	0	14	10	0	13	87	0	0	0	0	37	4	16	52	45	11
	%	33.6%	30.8%	19.6%	.0%	1.5%	1.1%	.0%	1.4%	9.3%	.0%	.0%	.0%	.0%	4.0%	.4%	1.7%	5.6%	4.8%	1.2%
8	n	241	13	6	0	401	43	0	25	21	1	291	325	11	39	12	11	37	21	26
	%	22.5%	1.2%	.6%	.0%	37.4%	4.0%	.0%	2.3%	2.0%	.1%	27.1%	30.3%	1.0%	3.6%	1.1%	1.0%	3.4%	2.0%	2.4%
9	n	273	171	61	0	34	28	0	93	49	1	240	301	12	30	10	26	59	86	9
	%	25.1%	15.7%	5.6%	.0%	3.1%	2.6%	.0%	8.6%	4.5%	.1%	22.1%	27.7%	1.1%	2.8%	.9%	2.4%	5.4%	7.9%	.8%
10	n	593	100	95	0	311	112	2	30	34	0	469	296	16	74	8	8	28	84	4
	%	33.7%	5.7%	5.4%	.0%	17.7%	6.4%	.1%	1.7%	1.9%	.0%	26.6%	16.8%	.9%	4.2%	.5%	.5%	1.6%	4.8%	.2%
합계	n	3559	1304	854	16	1357	457	3	357	347	3	1136	1262	76	722	456	159	435	645	90
	%	33.9%	12.4%	8.1%	.2%	12.9%	4.3%	.0%	3.4%	3.3%	.0%	12.7%	12.0%	.7%	6.9%	4.3%	1.5%	4.1%	6.1%	.9%

〈표 23-28〉 1,050명 비환자군의 정상인 빈도 및 비율

카드	인간 운동				동물 운동			무생물 운동			색채			무채색	재질	통경	음영 확산	FD	반사
	F	Ma	Mp	Ma-p	FMa	FMp	FMa-p	ma	mp	ma-p	FC	CF	C						
1	1331 54.6%	309 12.7%	189 7.8%	29 1.2%	277 11.4%	135 5.5%	0 .0%	5 .2%	22 .9%	0 .0%	0 .0%	0 .0%	0 .0%	281 11.5%	0 .0%	50 2.1%	71 2.9%	31 1.3%	13 .5%
2	437 18.6%	362 15.4%	157 6.7%	1 .0%	410 17.5%	172 7.3%	0 .0%	368 15.7%	46 2.0%	1 .0%	471 20.1%	627 26.7%	37 1.6%	258 11.0%	24 1.0%	25 1.1%	86 3.7%	82 3.5%	21 .9%
3	477 23.9%	893 44.7%	179 9.0%	3 .2%	50 2.5%	47 2.4%	2 .1%	11 .6%	47 2.4%	0 .0%	317 15.9%	164 8.2%	39 2.0%	186 9.3%	1 .1%	12 .6%	19 1.0%	58 2.9%	9 .5%
4	872 44.8%	129 6.6%	311 16.0%	0 .0%	108 5.5%	107 5.5%	0 .0%	8 .4%	72 3.7%	0 .0%	0 .0%	0 .0%	0 .0%	144 7.4%	159 8.2%	74 3.8%	119 6.1%	489 25.1%	14 .7%
5	918 49.4%	47 2.5%	99 5.3%	0 .0%	517 27.8%	110 5.9%	0 .0%	0 .0%	9 .5%	0 .0%	0 .0%	0 .0%	0 .0%	245 13.2%	9 .5%	3 .2%	45 2.4%	35 1.9%	11 .6%
6	828 39.9%	24 1.2%	55 2.6%	0 .0%	49 2.4%	23 1.1%	0 .0%	64 3.1%	108 5.2%	0 .0%	0 .0%	0 .0%	0 .0%	58 2.8%	779 37.5%	33 1.6%	146 7.0%	111 5.3%	13 .6%
7	719 34.4%	576 27.5%	430 20.5%	0 .0%	37 1.8%	23 1.1%	0 .0%	30 1.4%	156 7.5%	0 .0%	0 .0%	0 .0%	0 .0%	170 8.1%	29 1.4%	74 3.5%	86 4.1%	90 4.3%	20 1.0%
8	513 20.6%	23 .9%	8 .3%	0 .0%	791 31.7%	101 4.0%	0 .0%	41 1.6%	46 1.8%	1 .0%	839 33.6%	721 28.9%	23 .9%	97 3.9%	18 .7%	19 .8%	61 2.4%	38 1.5%	50 2.0%
9	583 23.7%	421 17.1%	126 5.1%	0 .0%	46 1.9%	48 1.9%	0 .0%	205 8.3%	79 3.2%	2 .1%	784 31.8%	567 23.0%	20 .8%	64 2.6%	15 .6%	45 1.8%	143 5.8%	149 6.0%	13 .5%
10	1594 36.8%	263 6.1%	182 4.2%	0 .0%	742 17.1%	286 6.6%	2 .0%	88 2.0%	58 1.3%	0 .0%	1103 25.5%	635 14.7%	31 .7%	143 3.3%	12 .3%	11 .3%	71 1.6%	292 6.7%	5 .1%
합계	8272 34.4%	3047 12.7%	1736 7.2%	33 .1%	3027 12.6%	1052 4.4%	4 .0%	820 3.4%	643 2.7%	4 .0%	3514 14.6%	2714 11.3%	150 .6%	1646 6.8%	1046 4.4%	346 1.4%	847 3.5%	1375 5.7%	169 .7%

결정인

〈표 23-27〉과 〈표 23-28〉에 제시된 자료에서 카드 I과 V는 반응의 절반이 F 반응이다. 흥미롭게도 F 반응이 가장 낮은 비율로 나타난 것은 카드 II와 VIII이다. 인간 운동 반응은 10개 카드에서 모두 나타났지만 카드 III과 VII에서 현저하게 더 높은 비율로 나타났다. 카드 IV는 인간운동의 수동운동 반응 비율이 유일하게 높았다. 동물운동 반응 또한 모든 카드에서 나타나는데, 카드 VIII, V, II와 X순으로 높게 나타나며, 카드 VII, III, IX 순으로 낮게 나타난다. 무생물운동 반응 또한 모든 카드에서 나타나지만, 카드 II와 IX에서 m 반응 비율이 가장 높다.

유채색 반응은 그러한 외형적 특징을 포함하고 있는 5개 카드에서 높은 빈도로 나타난다. 카드 VIII과 IX에서 반응의 절반 이상은 유채색 결정인을 더 많이 사용하며, 카드 II와 X에서 반응의 40%는 유채색 결정인을 포함한다. 반면 카드 III 반응은 1/4만이 유채색 결정인을 사용한다. 이는 회색-검은색의 $D9$ 또는 $D1$영역이 유채색 영역을 포함하지 않고도 쉽게 인간 형태로 보이기 때문이다. 무채색 반응 또한 모든 카드에 나타나지만, 대부분 카드 I, II, III와 V에서 나타났다.

재질 결정인 반응은 카드 VI에서 1/3 이상 나타났고, 카드 IV에서 10% 이상 나타났다. 재질 결정인 반응은 나머지 8개 카드 중 6개 카드에서 낮은 빈도를 보였고, 카드 III에서는 단 하나의 반응이, 카드 I에서는 재질 결정인 반응이 하나도 나타나지 않았다. 통경 결정인은 10개 카드에서 모두 나타났지만, 카드 IV, VI, VII과 IX에서 현저히 높은 빈도로 나타났고, 카드 V에서는 통경반응 빈도가 매우 낮았다. 이와 비슷하게, 음영확산 결정인도 10개 카드에서 모두 나타나는데 카드 IV, VI과 IX에서 가장 높은 비율을 보이고, 카드 II과 VII에서도 상당히 높았다. 재질, 통경, 확산과 같은 3유형의 음영반응은 카드 IV와 VI에서 가장 빈번하게 나타났다. 이는 두 카드의 외형적 특징이 10개 카드 반점 중 가장 다양하게 나타나고 있다는 것을 시사한다.

형태차원 반응은 10개의 카드에서 모두 나타나지만 카드 IV에서 약 4개 중 1개의 비율로 매우 높게 나타났다. 반사반응 역시 10개 카드에서 모두 나타나지만, 전반적으로 매우 낮은 빈도이다. 반사반응은 카드 VIII에서 가장 빈번하게 나타나며, 전체 반응의 2% 정도로 나타났다.

카드 및 반응영역별 결정인 빈도

〈표 23-29〉 450명 비환자군의 카드 I 결정인 빈도(R=1090)

Loc	F	인간운동 Ma	인간운동 Mp	인간운동 Ma-p	동물운동 FMa	동물운동 FMp	무생물운동 ma	무생물운동 mp	무채색 FC'	무채색 CF	통경 FV	통경 VF	음영확산 FY	음영확산 YF	FD	반사 Fr
W	403	58	40	13	118	34	3	11	109	6	7	1	16	11	11	4
1	4	5	4			5					1					1
2	42	8			4	5		1								
3	19					1										
4	41	49	65		1	1	1		2	1	13		6	1	2	
7	17					1			1							
21	3		1			1										
22	1															
23	1															
24	5															
25	1															
26	1															
28	3	1											1			
29	1															
30									2							
31	1		1													
35			1													
99	44		1		1				1				2			1

〈표 23-30〉 1,050명 비환자군의 카드 I 결정인 빈도(R=2437)

Loc	F	인간 운동			동물 운동		무생물 운동		무채색		통정		음영 확산			반사	
		Ma	Mp	Ma-p	FMa	FMp	ma	mp	FC'	CF	FV	VF	FY	YF	FD	Fr	rF
W	843	162	66	29	265	113	4	19	234	33	19	2	29	22	28	7	1
1	8	6	4			7											
2	130	12	1		6	8		2			1					2	
3	71					1											
4	98	126	115		3	1	1	1	3	2	27		12	1	3		
7	53					2			1								
21	4		1			1											
22	2																
23	2																
24	15																
25	1																
26	17								1								
28	7	1											1				
29	14								4								
30	4																
31			1														1
35			1														
99	62	2			3	2			3		1		6			2	

〈표 23-31〉 450명 비환자군의 카드 II 결정인 빈도(R=1070)

Loc	F	인간 운동			동물 운동		무생물 운동			색채			무채색			재질	통정		음영 확산			FD	반사
		Ma	Mp	Ma-p	FMa	FMp	ma	mp	ma-p	FC	CF	C	FC'	CF'	C'	FT	FV	VF	FY	YF	Y	FD	Fr
W	20	87	69	1	33	7	17	7	1	80	110	7	61	16	5	5	2	3	4	8		27	8
1	37	16	5		60	32		1		9	21	9	9	1		3			2			3	2
2	29	4	6		8	4	3	5		17	9	9					2		3	1	1	2	
3	66				1	5	5	4		69	20	4					3		4	2		1	
4	10	2	3				1						1	1			1		1			6	
5	37	2	1				128	1		1	117		3	9					6	2		9	
6	18	12	4		62	31	2	4		11	14		14	3		3	1	2	1	3		11	1
7	1	1						1															1
22	1	2																					
24	1																						
30	1																						
31	1																						
99	6	6	6		2	2				2	3		1						6				

〈표 23-32〉 1,050명 비환자군의 카드 II 결정인 빈도(R=2344)

Loc	인간 운동				동물 운동		무생물 운동			색채			무채색			제질	통경			음영 확산			FD	반사
	F	Ma	Mp	Ma-p	FMa	FMp	ma	mp	ma-p	FC	CF	C	FC'	CF'	C'	FT	FV	VF	V	FY	YF	Y	FD	Fr
W	28	224	94	1	73	12	29	11	1	223	183	7	121	28	5	8	3	5		7	13		39	13
1	46	59	34		228	106		1		78	95		24	1		11				7		2	4	5
2	51	12	9		17	6	31	5		26	59	24					2			5	1		2	
3	185		1		7	6	16	21		120	47	6		9		1	4			8	3		1	
4	19	2	4				1						2	1			2			1			8	
5	68	11	2				274	1		1	211		5	19			2		1	8	13		10	
6	24	19	6		83	37	6	6		17	25		20	6		4	3	3		1	5		17	1
7		2																						2
22	2	20						1			1													
24	1																							
30	1																							
31	1																							
99	11	13	7		2	5	11			6	6		5	12						11	1		1	

〈표 23-33〉 450명 비환자군의 카드 III 결정인 빈도(R=927)

Loc	F	인간 운동			동물 운동			무생물 운동		색채			무채색		제질	통정	음영 확산			반사
		Ma	Mp	Ma-p	FMa	FMp	FMa-p	ma	mp	FC	CF	C	FC'	CF'	FT	FV	FY	YF	FD	Fr
W	5	35	15	2	1	4			8	13	17	11	11	1	1	2	4		14	
1	25	305	38		7	6	1	2	4	19	10	1	59	3		2	4	1	12	
2	39	9	3			11			13	9	12	5								1
3	60				7	1			1	101	2					1			2	
5	11				2			2			2									
7	34		2			1			1				4			1	1	1	1	
8	2												1				1			
9	11	35	22		5	3		1	2				7							1
22	1												1							
23	1				2															
24	3		2								1									
29	4												1							
31	4																			
32	6		1																	
33	1																			
34	1		2		1															
35	1																			
99	16	1	3		3	1				5	2		5	3		1				

〈표 23-34〉 1,050명 비환자군의 카드 III 결정인 빈도(R=1998)

Loc	F	인간 운동			동물 운동			무생물 운동		색채			무채색		재질	통경	음영 확산				반사	
		Ma	Mp	Ma-p	FMa	FMp	FMa-p	ma	mp	FC	CF	C	FC'	CF	FT	FV	FY	YF	Y	FD	Fr	rF
W	9	144	52	3	4	6		1	12	46	115	22	27	1	1	3	4			25	1	1
1	33	684	73		10	13	2	4	5	37	13	2	110	6		4	6	1		21	3	
2	118	10	5			19			21	27	22	15							1		1	
3	125				12	2		5	2	196	6					2				7		
5	18				2				1	5	5											
7	78		2		4	1		1					8			1	2	1		2		
8	32																1					
9	15	50	30		8	5		1	3				14								2	
22													2									
23	1				3																	
24	4																					
29			2								1											
31	7												1									
32	7		2														1					
33	1																					
34			7		1	1			3													
35	3																					
99	26	5	6		6	1				6	2		10	7		2			2	3	1	

〈표 23-35〉 450명 비환자군의 카드 IV 결정인 빈도(R=877)

Loc	F	인간 운동		동물 운동		무생물 운동		무채색		재질		통경		음영 확산			FD	반사	
		Ma	Mp	FMa	FMp	ma	mp	FC'	CF	FT	TF	FV	VF	FY	YF	Y		Fr	rF
W	152	53	127	43	34	3	14	35	4	86	5	28	1	23	10	1	222	2	2
1	50	2		2	2			6				1		4			3		
2	15			2	3			2		1		2		5	1	1			
3	30				1			3				1		2	1		1		
4	22		2	1	6	1	8	2	1					4			1		
5	3			1	1			1				2		3			1		
6	15		1	1	1		1	1									1		
7	16	4	15	3	1		1	1		7							16		
21	1																		
29	1																		
30	2				1					1									
32	3		1																
33	1																		
99	23		1	2	6		4	1	1	2		4		9				2	

〈표 23-36〉 1,050명 비환자군의 카드 IV 결정인 빈도(R=1948)

Loc	F	인간 운동		동물 운동		무생물 운동		무채색		재질		통경		음영 확산			FD	반사	
		Ma	Mp	FMa	FMp	ma	mp	FC'	CF	FT	TF	FV	VF	FY	YF	Y		Fr	rF
W	401	104	276	83	66	7	52	90	6	133	9	54	2	54	22	1	450	6	5
1	149	2		7	15			8				2		5			7		
2	43			2	4			4		1		4		2					
3	100				1			18				1		6	1		1		
4	38		5	1	7	1	13	3	2					4	2		2		
5	6			1	1			2				2		6			2		
6	27	17	1	8	3		1	5				1		4			2		
7	35	6	23	4	2		1	4		9							25		
10	8																		
21	3		1																
22	1																		
26	1																		
29	1									1									
30	5				1														
32	6		2																
33	2																		
99	46		3	2	7		5	1	1	3	3	8		12				3	

〈표 23-37〉 450명 비환자군의 카드 V 결정인 빈도(R=803)

Loc	F	인간 운동		동물 운동		무생물 운동	무채색			재질		통경	음영 확산		FD	반사
		Ma	Mp	FMa	FMp	mp	FC'	CF	C'	FT	TF	FV	FY	YF	FD	Fr
W	291	22	25	182	27	5	107	2	1	3	1		14	2	14	6
1	4	2	3													4	
4	28		4	2	2	1	1						2	1	2	
6	5															
7	31		1	1	5											
9	3		1													
10	21			17	1										1	
29	1			1												
30			1													
34	2		1											1		
35	10						1						1			
99	16		1	2	2	1	2	2			2		1		1		

〈표 23-38〉 1,050명 비환자군의 카드 V 결정인 빈도(R=1859)

Loc	F	인간 운동		동물 운동		무생물 운동	무채색			재질		통정	음영 확산		FD	반사
		Ma	Mp	FMa	FMp	mp	FC'	CF	C'	FT	TF	FV	FY	YF	FD	Fr
W	611	44	75	487	92	7	208	4	2	4	2	1	32	2	21	11
1	12	3	6												8	
4	74		7	2	2	1	4						2	1	3	
6	15															
7	71		5	1	9								1			
9	3		1													
10	60			23	4		1								3	
29	1			1												
30			2													
32	10												2			
34	3		1				1						1			
35	31															
99	27		2	3	3	1	5	20		3		2	1	3		

〈표 23-39〉 450명 비환자군의 카드 VI 결정인 빈도(R=891)

Loc	F	인간 운동		동물 운동		무생물 운동		무채색		재질		통경		음영 확산		FD	반사
		Ma	Mp	FMa	FMp	ma	mp	FC'	CF	FT	TF	FV	VF	FY	YF	FD	Fr
W	96	2	9	8	4	17	39	6	6	125	5	2	1	26	7	22	7
1	28	2	1	2	2	1	11	1	1	166	4			5	6		
2	5					1								1	1		
3	153	1	5	7	1	3	2	4				1		19		3	
4	14	1	4		2	2	3	2		1				2	1	1	1
5	4			1				1		1		2		2	1		
6	4		1			2		1				2		1		2	
8	4		5		1	1								1		12	
12	2						1	1				7					
21	2																
22	2																
23	2	2															
24	9			2	4			1									
25	1		1														
26	1																
27	1			1													
29	4																
31	1															1	
32	5				1									1			
33	7		1		1			3						7		1	
99	21	3	4	3		1	1				1	1	1		1	1	

〈표 23-40〉 1,050명 비환자군의 카드 VI 결정인 빈도(R=2077)

| Loc | F | 인간 운동 | | 동물 운동 | | 무생물 운동 | | 무채색 | | 재질 | | 통경 | | 음영 확산 | | FD | 반사 |
		Ma	Mp	FMa	FMp	ma	mp	FC'	C'F	FT	TF	FV	VF	FY	YF		Fr
W	236	5	18	11	6	25	68	11	7	266	8	3	2	42	9	53	10
1	78	2	1	4	2	1	18	1	2	486	15			9	6		
2	23	1				1								2	1		
3	305	2	8	14	1	13	2	16				4		32		5	
4	49	1	5		2	20	16	3	2	1				3	24	2	3
5	5			1			1	3				2		2	1		
6	1		2			2		2						1		4	
8	17		12		2	1		2						1		42	
12	6					1	1	3				20					
21	3																
22	2																
23	2	3			2												
24	14			4	4			1									
25			2	10													
26	2																
27	1			3													
29	5																
31	6				1												
32	17															2	
33	10		1		1			3						1		2	
99	46	10	6	2	2		2	2		1	2	1	1	10	2	1	

〈표 23-41〉 450명 비환자군의 카드 VII 결정인 빈도(R=934)

Loc	F	인간 운동		동물 운동		무생물 운동		무채색		재질	통정		음영 확산		FD	반사
		Ma	Mp	FMa	FMp	ma	mp	FC'	CF	FT	FV	VF	FY	YF	FD	Fr
W	45	229	71	5		8	73	6	15	1	5	3	13	16	36	6
1	18	14	43	1	2	1	5			1	1		3			2
2	61	40	51	2	4	2	3	4		1	1		4			3
3	59	2	10	3	4		2	6			1		6	1	1	
4	44	1	2	1		1		3			1			1	1	
5	3		2	1			2							1		
6	10					1		2			3		2		1	
7	39							1							1	
8	1		2												4	
9	4		2													
10	5															
21	3															
22	5	1	1				1						1			
23	3		1	1												
25	2															
28	2															
99	10	1					1			1	1		3	1	1	

〈표 23-42〉 1,050명 비환자군의 카드 VII 결정인 빈도(R=2093)

Loc	F	인간 운동		동물 운동		무생물 운동		무채색		제질		통경		음영 확산		FD	반사
		Ma	Mp	FMa	FMp	ma	mp	FC'	C'F	FT	TF	FV	VF	FY	YF	FD	Fr
W	80	409	188	15	5	24	131	63	54	2	12	30	7	23	26	76	8
1	42	20	70	2	3	2	8			1		2		4		1	4
2	211	136	145	4	11	2	7	8	11	10		2		6			8
3	115	4	14	4	4		3	13				2		8	3	2	
4	81	2	2	3		1	1	11		2		22			5	1	
5	5			5			3	1							1		
6	34			1		1		1				5		5		1	
7	70							5								2	
8	2		4					2								6	
9	6		3														
10	6																
21	18																
22	5	1	1				1							1			
23	4	1	1	1													
25	2																
28	4																
99	34	4	2	2			2	1		2		4		3	1	1	

〈표 23-43〉 450명 비환자군의 카드 VIII 결정인 빈도(R=1073)

Loc	F	인간 운동		동물 운동		무생물 운동			색채			무채색			재질		통경		음영확산				반사
		Ma	Mp	FMa	FMp	ma	mp	ma-p	FC	CF	C	FC'	CF'	C'	FT	TF	FV	VF	FY	YF	Y	FD	Fr
W	15	5	3	286	30	3	7	1	158	202	7	3	9	1	4	1	2	2	4	5	2	13	26
1	43			75	5				25	13		1	1		1				2			1	
2	36		1		4		1		45	68	2				3	1	3	2	7	7			
3	38											10											
4	45	2		27	1	4	1		12	3	1	6	1		1		1		2	1		2	
5	16	1		4	3	16	10		20	20	1	2								1		1	
6	6			2			1		10	7		1			1					1			
7	2								11	1									1				
8	6						1		3	4		1							1	1			
11	1																						
21	2					2																	
22	1	3		1																			
24	1	1	1																				
25									2														
29	2											1											
30	2																						
32	2								2	4		2											
33	5								3	3													
99	18	1	1	6													1		2			1	

〈표 23-44〉 1,050명 비환자군의 카드 VIII 결정인 빈도(R=2495)

Loc	F	인간 운동		동물 운동		무생물 운동			색채			무채색			재질		통경		음영 확산				반사
		Ma	Mp	FMa	FMp	ma	mp	ma-p	FC	CF	C	FC'	CF'	C'	FT	TF	FV	VF	FY	YF	Y	FD	Fr
W	24	6	4	616	76	3	10	1	454	429	14	6	22	2	7	1	2	2	6	8	4	18	50
1	147			115	10				44	22	2	1	1		2				5			2	
2	77		1		5		1		169	179	3				3	2	4	8	12	11			
3	68								2			36			1				1			1	
4	73	6		40	4	6	4		18	7	2	11	1		1		2		2	1		7	
5	27	2		4	4	26	28		61	49	2	2					2		2	1		2	
6	7			3			1		12	9		2			1					1			
7	19				2				65	10		1							1				
8	7						2		3	5									2				
11	2																						
21	2					2																	
22	3	5		1																1			
24	1	1	2																				
25						4			4														
26	1											1											
29	5											1											
30	5			1								3											
32	8								2	6													
33	8																	1					
99	29	3	1	11					5	5		6	2						5			5	

〈표 23-45〉 450명 비환자군의 카드 IX 결정인 빈도(R=1086)

Loc	F	인간 운동		동물 운동		무생물 운동			색채			무채색		재질			통경			음영 확산				반사	
		Ma	Mp	FMa	FMp	ma	mp	ma-p	FC	CF	C	FC'	CF'	FT	TF	T	FV	VF	V	FY	YF	Y	FD	Fr	rF
W	11	8	10	10	11	68	24	1	84	177	9	1	2		1	1	7	2	1	8	20	1	30	3	1
1	50	73	27	5	4		3		9	6	1	1		1						1			5	1	1
2	2	2				6	3		14	26													3	1	
3	35	84	6	10	4	14	8		49	29		1		2						3	4		4		
4	13	1	1						7	8													2		
5	4								2														1		
6	10		1	2	2				23	26		21		2	1		3	2		1			23		
8	39		2		2		6		21	5	2						9	1		1			3	1	
9	24				1	1			4	3			1		1					9	4		1		
11	14		1	2					4	2		2								1			1		
12	1	2	1	2					5	5										1			1		
21	5								1																
22	13		4						1									1					6		
23	1		2																				1		
24	4			1																					
25	3																								
26	2																								
28	1																								
29	1			1																			1		
30									1	1															
31	4								1																
32							3		1	2															
33	9								1																
34	4																								
35	1									1															
99	22	1	6	2	4	3	1		13	8		1		1							4		4	1	

〈표 23-46〉 1,050명 비환자군의 카드 IX 결정인 빈도(R=2464)

Loc	F	인간 운동		동물 운동		무생물 운동			색채			무채색		재질			통경			음영 확산				반사	
		Ma	Mp	FMa	FMp	ma	mp	ma-p	FC	CF	C	FC'	CF'	FT	TF	T	FV	VF	V	FY	YF	Y	FD	Fr	rF
W	16	14	15	15	15	161	49	2	339	336	14	6	4		2	2	13	4	1	21	33	2	74	4	1
1	94	189	41	7	8	1	3		13	11	1	1						1		1			7	2	2
2	2	4				7	4		22	30			1	1							6		4	1	
3	123	187	31	13	5	27	8		172	59	3	1	1	3						3	6		7		
4	40	1	1						16	19			2							1			2		
5	6						1		3											1			2		
6	13		2	3	4	1			34	44	2			2	1	2	5	3	1	2			29	2	
8	115		2		2	2	8		86	6		39					10	1		52	4		4		
9	29				6	1			10	19										1			2		
11	17				1				14	15										1			2		
12	2	22	2	2					25	7		3			1						1		1		
21	11	2	1	2					1																
22	34		5						1	3			2										7		
23	1		2				2			3								1					2		
24	4																								
25	7																								
26	2			2													2								
28	1																								
29	1									1													1		
30	3								3																
31	5								1	2															
32							3																		
33	12								9	1															
34	8																								
35	2																			2	5	1			
99	35	2	24	2	7	5	1		35	14		4		1			3						5	1	

〈표 23-47〉 450명 비환자군의 카드 X 결정인 빈도(R=1761)

		인간 운동		동물 운동			무생물 운동		색채			무채색			재질		통경	음영 확산				반사	
Loc	F	Ma	Mp	FMa	FMp	FMa-p	ma	mp	FC	CF	C	FC'	C'F	C'	FT	T	FV	FY	YF	Y	FD	Fr	rF
W	11	28	9	133	7	2	21	9	115	156	12	5		1	2		3	3	2	1	52	1	1
1	130	3		16	8		1	6	17	15			1		2		1						
2	51			3	46			1	39	21													
3	86						2												4		12		
4	27			6	4				48	3													
5	16	2	10						5			1						3					
6	8	19	7	1			1		2		1	1						1			13		
7	45	5	2	47	1		1	2	38	2		1			1				1		1		
8	64	16		8	6				2			12	2					3					
9	34	6	29	8	10		1	1	78	29	2					1	1	2	1	1	1	2	
10	9		12	1	2		3	3	15	6		7					1	1					
11	30	12	1	79	7		3	1	3			33			1		1		2		3		
12	11			1				1	8	1													
13	17			1	12			1	17	6							1			1			
14	6															1							
15	2			3	6		1	4	28	46			1		1								
21	3	1		1					4														
22	16		10					3	23	8		5	2		1						1		
25	4	2	5					1	3								1						
28			1						1			2											
29	3		4		1				1														
30	1		1																				
33	1	1							1								1						
34	1																						
99	17	5	4	3	2			2	17	3	1	2						1					

〈표 23-48〉 1,050명 비환자군의 카드 X 결정인 빈도(R=4327)

Loc	F	인간 운동		동물 운동			무생물 운동		색채			무채색			재질		통정	음영 확산			FD	반사	
		Ma	Mp	FMa	FMp	FMa-p	ma	mp	FC	CF	C	FC'	CF'	C'	FT	T	FV	FY	YF	Y	FD	Fr	rF
W	17	43	15	191	13	2	54	17	269	407	20	8		1	4		5	3	3	2	220	1	1
1	459	4		64	9		2	10	27	26	4	1			2		1	3					
2	169	2	4	16	134			2	159	34			2		1			3	6				
3	262				2		3		27	2								2			34		
4	79			11	8				68	6													
5	25	5	15					2	11			2						3					
6	16	85	13	3	4		1	3	10	2	2								2		21		
7	117		3	176			1	3	118			1									1		
8	133	7		16	8		2		3			19			1			5					
9	61	59	84	13	36		5	2	195	63	3					2	2	4	4	1		3	
10	20	9	16	1	2			3	22	6		11	1				1	1			2		
11	54	18	1	236	14		20	2	5	1		81	2				1	1	19		9		
12	21			1					10	1					1								
13	33			2	44			2	49	13								1			1		
14	27								3								1						
15	3			5	9		1	6	56	60								1					
21	4	1		1					8														
22	22		11					3	27	9		5	2		1			2			2		
25	6	3	5					1	3														
28			1		1				1														
29	7		7						1			3									1		
30	4		1						3	1													
31	2	1							1														
33	2																	2					
34	2																						
99	49	26	6	6	2		2	2	30	4	2	4						4	2		1		

카드별 내용 빈도

〈표 23-49〉 450명 비환자군의 카드별 내용 빈도

카드	H	(H)	Hd	(Hd)	Hx	A	(A)	Ad	(Ad)	An	Art	Ay	Bl	Bt	Cg	Cl	Ex	Fi	Food	Geo	Hh	Idio	Ls	Na	Sc	Sx	Xy
1	208	65	31	102	2	508	18	92	28	23	21	3		14	133	5		11	1		3	7	4	5	18	5	1
2	138	36	58	21	12	296	8	199	6	38	34	14	84	9	165	17	6	186	2	5	11	12	17	18	202	22	3
3	446	16	28	20	10	196	11	53	3	74	46	4	15	5	239			24	3		222	43	39	2	40	15	7
4	31	240	17	8	6	156	96	182	3	17	15	7		152	68	2	2	4	1	4	14	5	16	10	23	3	5
5	49	9	40	4		602		58	1	9	19	3		13	46			1		1	4	1	6	3	12	2	5
6	26	13	29	5	1	126	5	399	1	12	39	176	1	15	22	4	4	6	4	4	27	6	37	16	94	11	1
7	314	31	152	29	6	122	6	72	4	23	85	20		4	68	33		5	5	14	110	8	58	32	75	11	1
8	7	4	18	17	4	614	2	56	1	95	95	15	1	1259	67	1	2	5	11	3	17	19	167	49	34	3	4
9	123	113	55	42	2	96	13	136	8	36	57	3	1	1174	103	8	66	99	56	10	138	15	31	45	126	5	4
10	88	81	86	29	23	967	32	56	4	68	126	8	6	354	61		16	22	35	19	13	36	43	22	115	9	3

〈표 23-50〉 1,050명 비환자군의 카드별 내용 빈도

카드	H	(H)	Hd	(Hd)	Hx	A	(A)	Ad	(Ad)	An	Art	Ay	Bl	Bt	Cg	Cl	Ex	Fi	Food	Geo	Hh	Idio	Ls	Na	Sc	Sx	Xy
1	478	108	102	133	3	1259	33	182	50	36	45	3		33	261	10		18	2	3	11	22	6	9	57	9	1
2	366	68	87	26	18	738	16	345	11	71	67	20	167	14	361	30	12	341	3	7	29	61	27	63	414	43	8
3	1025	26	42	33	13	352	34	135	5	132	97	6	35	32	401		2	63	16		429	119	94	2	66	24	13
4	50	541	33	11	9	321	155	448	7	24	44	9		350	158	2	2	9	3	6	43	16	26	17	35	3	10
5	119	27	85	9		1384	2	85	1	13	26	4		75	74	1		2	15	1	5	20	13	7	23	3	8
6	43	39	70	8	2	283	10	902	2	23	72	386	1	29	43	5	10	19	7	6	50	19	111	53	250	22	3
7	717	49	327	52	8	289	12	167	9	60	157	27		6	98	98		7	12	15	198	79	183	69	108	24	5
8	12	8	31	24	6	1375	5	134	4	220	300	20		582	161	1	2	8	17	16	29	74	324	93	58	4	6
9	302	348	107	96	6	157	39	208	18	71	102	5	2	439	189	12	154	182	96	16	390	28	76	86	191	12	7
10	277	159	147	42	30	2368	48	112	10	106	237	15	11	879	159		32	56	90	29	21	190	97	45	306	13	3

내용

이미 언급했듯이 〈표 23-49〉와 〈표 23-50〉에 백분율이 포함되지 않았는데, 이는 전체 반응의 1/3은 다수의 내용을 포함하고 있기 때문이며 비율 자료는 오해의 소지가 있다. 반응 내용 표에 대해 명백히 해야 할 또 다른 점이 있다. 600명 비환자군의 개정 표본은 2001년에 발표되었으나, 그 표본의 프로토콜 대부분은 1973~1983년의 기간에 수집되었다. 이 기간 동안, Hx와 Sc의 내용 채점은 사용되지 않았고 Sc 반응 대부분은 Idio로 채점되었다. 1989년 다른 연구를 진행하며 약 300개 프로토콜은 Sc 반응이 채점되었지만, 대략 300개 프로토콜은 그렇지 않았다. 결과적으로, 전체 표본의 Hx와 Sc 범주에 대한 빈도 자료는 실제보다 적게 표시되었고 Idio의 빈도는 실제보다 높게 나타났다. 새로운 450명 비환자 표본에서 나타난 3개 내용범주의 빈도 분포가 훨씬 신뢰롭다.

Hx를 제외한 인간내용 반응은 10개 카드에서 모두 나타났지만, 그 비율은 상당히 다양하다. 카드 III과 VII에서 인간내용 반응이 가장 많은 반면, 카드 VIII, VI와 V에서 가장 적었다. 해부(An) 반응은 모든 카드에서 나타났지만, 카드 III과 VIII에서 가장 많았다. 혈액(Bl) 반응은 오직 유채색 반점에서만 나타났으며 카드 II에서 가장 빈번하게 보였다. 구름(Cl) 내용은 8개 카드에서 나타나는데, 카드 VII에서 가장 흔히 보이고, 카드 I과 V에서는 나타나지 않았다. 폭발(Ex) 반응은 6개 카드에서 보였고, 카드 IX에서 가장 빈번하게 보고되었다. 불(Fi) 반응은 모든 카드에서 나타났지만 카드 II과 IX에서 가장 많았다. 유사하게, 음식(Fd) 반응도 모든 카드에서 보였으나, 카드 IX에서 더욱 빈번하게 보고되었다.

카드 및 반응영역별 내용 빈도

〈표 23-51〉 450명 비환자군의 카드 I 내용 빈도(R=1090)

Loc	H	(H)	Hd	(Hd)	Hx	A	(A)	Ad	(Ad)	An	Art	Ay	Bt	Cg	Cl	Fi	Food	Geo	Hh	Idio	Ls	Na	Sc	Sx	Xy
W	69	54	3	86	1	415	13	63	26	16	16	2	9	59	5	9		1	2	6	3	4	10		1
1	2		7			2		5					1	4							1				
2	2	7		2		37	5	5				1	2	4				1							
3			12			4		2					1						1						
4	135		3			19					2			64		2								2	
7				1		11		7																	
21					1	4																			
22			1																						
23											1													1	
24								1																	
25																							5		
26		1																							
28			1	1				3					1	2									1		
29																				1					
30		2																							
31			1																						
35																									
99	1	1	3	12		16		6	2	7	2		2									1	2	2	

〈표 23-52〉 1,050명 비환자군의 카드 I 내용 빈도(R=2437)

Loc	H	(H)	Hd	(Hd)	Hx	A	(A)	Ad	(Ad)	An	Art	Ay	Bt	Cg	Cl	Fi	Food	Geo	Hh	Idio	Ls	Na	Sc	Sx	Xy
W	190	90	8	111	2	1006	25	137	47	27	33	2	24	122	10	16	2		10	14	5	6	16		1
1	2		8			3		8					2	6							1				
2	4	11		2		114	8	11			4	1	4	7				3							
3	3		62			5		3					1						1						
4	281		14			49					3			121		2								2	
7				1		46		9																	
21					1	5																			
22			2																						
23											2													2	
24																									
25								1						1						2			13		
26		2																							
28			2	2				5					1	4						5		1	9		
29																									
30		4																					14		
31						2		1					1							1					
35			1																						
99	1	1	5	17		29		7	3	9	3											2	5	5	

〈표 23-53〉 450명 비환자군의 카드 II 내용 빈도(R=1070)

Loc	H	(H)	Hd	(Hd)	Hx	A	(A)	Ad	(Ad)	An	Art	Ay	Bl	Bt	Cg	Cl	Ex	Fi	Food	Geo	Hh	Idio	Ls	Na	Sc	Sx	Xy
W	112	29	21	12	8	51	1	12	3	15	18	2	33	2	123	6		58	1		6	5	2	11	21	6	1
1	12				2	63	3	75		1			18		16			5		3				2			
2		4	8	6		9	3	32	3	1	3	1	13		3	1		5		2		4	1		1	1	
3			6	1		125				8	5	1	13	3	1		4	4				1				5	
4	1		7							1		5			1		1				1		2		9	5	
5	1		2		1	1					2	4			3	7	1	111			3	1	2	4	163	1	
6	7	1	2			43	1	71		9	3	1	7	3	16	3		3	1			1	8	1	6	2	1
7					1	1																					
22	1										1												1				
24			1	1						1	1															1	
30				1				1																			
31																											
99	4	2	9			3		5		2	1			1	2						1		1		2	1	1

〈표 23-54〉 1,050명 비환자군의 카드 II 내용 빈도(R=2344)

Loc	H	(H)	Hd	(Hd)	Hx	A	(A)	Ad	(Ad)	An	Art	Ay	Bl	Bt	Cg	Cl	Ex	Fi	Food	Geo	Hh	Idio	Ls	Na	Sc	Sx	Xy
W	248	46	34	15	11	132	3	16	3	23	32	2	49	2	259	9		77	1		12	6	2	23	34	14	2
1	79	2	12		4	218	6	173	2	2	1		56		58			9		3	4	34		2	10	1	3
2		13	12	8		18	5	48	6	5	4	1	31		8	1		52		4		4	2		2	1	
3			10	1		287		4		21	16	2	17	5	1		7	14			1	2		16	2	12	
4	2	2	9							2	1	9			2		1				2	1	3		11	7	
5	1	1	2		1	2					4	4	12	5	3	14	4	183			8	11	4	18	328	3	
6	11	3	2			54	2	91		14	4	2			24	6		6	2		2	2	13	2	12	2	1
7					2	2																					
22	19		2	1		18		1			1												1				
24	2		1							1	1															2	
30				1																							
31								1																			
99	6	3	15			7		11		3	3		2	2	6						2	1	2	2	15	1	2

〈표 23-55〉 450명 비환자군의 카드 III 내용 빈도(R=927)

Loc	H	(H)	Hd	(Hd)	Hx	A	(A)	Ad	(Ad)	An	Art	Ay	Bl	Bt	Cg	Fi	Food	Hh	Idio	Ls	Na	Sc	Sx	Xy
W	43	5	10	2	4	9	2	5		5	19	3	4		25	10		22	1	3		4	5	
1	334	6	4	3	2	32	6	14	2	8	13	1		3	120	11	1	188	39	36	1	14	6	6
2	8	1	2	2	1	31	1	8		10	6		10		2			1				10		1
3			1		1	83	1	1		24	2		1	1	52							3	2	
5						8		1						1		2						5		
7			3	8		1		8		21	1				2								1	1
8								2																
9	57	3			2	17	1			1	3				27	1	1	7	2			4		
22						1																		
23						3											1							
24										1	1										1			
29	1									1	1													
31			2	1				5							3									
32			1							1					1									
33																		1						
34	1			1		1												1	1					
35	1																							
99	1	1	5	3		10		9	1	2				1	7			3					1	

〈표 23-56〉 1,050명 비환자군의 카드 III 내용 빈도(R=1998)

Loc	H	(H)	Hd	(Hd)	Hx	A	(A)	Ad	(Ad)	An	Art	Ay	Bl	Bt	Cg	Ex	Fi	Food	Hh	Idio	Ls	Na	Sc	Sx	Xy
W	182	7	16	6	6	20	2	6		8	60	5	8		53		43	9	54	33	5		9	7	
1	743	8	4	4	3	50	7	21	3	11	17	1		8	164		13	4	353	68	88	1	20	8	
2	11	1	4	4	1	88	1	12		22	9		25	17	6		1		2	8	1		17		
3			1		1	128	22	2		50	4		2	3	125								6	3	
5						13		3						1			5			4			9		
7			3	9		1		41		32	2				3									4	10
8								32																	1
9	79	5			2	26	2			1	3				35		1	2	12	2			5		
22						2																			
23						4												1							
24										2	1											1			
29	1									1	1														
31			2	2																2					
32			2	2				6		2															
33															1										
34	2	3		2		1													2	2	2				
35	2		1																						
99	5	2	9	6	6	19		12	2	3				3	10	2			6					2	2

〈표 23-57〉 450명 비환자군의 카드 IV 내용 빈도(R=877)

Loc	H	(H)	Hd	(Hd)	Hx	A	(A)	Ad	(Ad)	An	Art	Ay	Bt	Cg	Cl	Ex	Fi	Food	Geo	Hh	Idio	Ls	Na	Sc	Sx	Xy
W	23	207	5	5	5	107	88	59	3	6	11	3	131	33	2		2	1		11	3	5	7	12	1	2
1	1	1	2			11		36		6	1	2	4	1							2	2		2	1	
2						6		7					1	10					1			2				
3	3		2			3	1	24		3		1	5	2								1				
4	1		2		1	5		31			1	1	5			1				1		2	1	5		
5				1		5		2		1			1									1		1		2
6	1	1				1		3					1	13					2	1		1	1	1		
7	5	30				5	7	2						4												
21			1																							
29			1								1			1												
30			2					1																		
32			1					3																		
33																								1		
99	1	1	6	2		13		14		1	1		4	4		1	2		1	1		2	1	1	1	1

〈표 23-58〉 1,050명 비환자군의 카드 IV 내용 빈도(R=1948)

Loc	H	(H)	Hd	(Hd)	Hx	A	(A)	Ad	(Ad)	An	Art	Ay	Bt	Cg	Cl	Ex	Fi	Food	Geo	Hh	Idio	Ls	Na	Sc	Sx	Xy
W	36	467		7	7	226	139	110	5	8	37	4	312	73	2		6	2		17	3	7	11	18	1	4
1	2	1	3			42		117	1	6	1	2	9	1						3	12	2		3	1	
2						6		10					1	40					2	1		2				
3			2			4	1	103	1	4		1	8	3				1				1				
4	2	2	6		2	7		46			2	2	8	1		1				1		4	1	9		
5						5		3		2			3									2		1		4
6		18		2		5	2	7					3	26					3	17	1	4	4	1		
7	9	52				8	13	3						7						1						
10								8																		
21			4																					1		
22																										
26			1											1												
29			1							1	1															
30			3					3																		
32			2					6																		
33										1														1		
99	1	1	11	2		18		32		2	3		6	6		1	3		1	3		4	1	1	1	2

〈표 23-59〉 450명 비환자군의 카드 V 내용 빈도(R=803)

Loc	H	(H)	Hd	(Hd)	A	Ad	(Ad)	An	Art	Ay	Bt	Cg	Fi	Food	Geo	Hh	Idio	Ls	Na	Sc	Sx	Xy
W	46	7	1		545	6		7	10	3	2	42	1	1	1	3		1	3	3		4
1			7			2					5									1		
4	2	1	14	4	4	11	1		8		1					1		4		3		
6					2															3		
7	1	1			33	1		1	1			2								1		
9			2			1						1								1		
10					4	30					3						1			2		
29					2																	
30			1																			
34			1			1														1		
35			9			2																
99			5		12	4		1			2	1						1			1	1

〈표 23-60〉 1,050명 비환자군의 카드 Ⅴ 내용 빈도(R=1859)

Loc	H	(H)	Hd	(Hd)	A	(A)	Ad	(Ad)	An	Art	Ay	Bt	Cg	Cl	Fi	Food	Geo	Hh	Idio	Ls	Na	Sc	Sx	Xy
W	112	14	1		1269		10		10	11	4	4	70	1	2	2	1	3	1	3	6	8		6
1			17				4					11				1					1	1		
4	4	1	22	9	4		18	1		13		2				12		1	12	7		2		
6	6				4							1							4			6		
7	2	12			67	2	2		1	2			2									1		
9			2				1						1									1	1	
10			1		8		41					35							3	1		2		
29					2																			
30			2																					
32					10																			
34			1				1					2										2		
35			30				2											1						
99	1		9		20		6		2			20	1							2			2	2

〈표 23-61〉 450명 비환자군의 카드 Ⅵ 내용 빈도(R=891)

Loc	H	(H)	Hd	(Hd)	Hx	A	(A)	Ad	(Ad)	An	Art	Ay	Bl	Bt	Cg	Cl	Ex	Fi	Food	Geo	Hh	Idio	Ls	Na	Sc	Sx	Xy
W	12	3	2		1	55	5	155	1	2	25	33	1	4	10	3	2	3	1		11	1	13	10	62		
1	1	1	1			10		193		3	2			3					1	3	9	1		1	1	2	1
2						1					1										3			1	3		
3	3	3	2	1		33		21			4	4		5	6		2	2			1				8	2	
4	3		7	2		2		5			2	126		1	3	1						1	1	1	11		
5						3				2	1			1				1				1	1	1	2		
6	1											1			1							1	2		2		
8	3	2	4			4					3	12									1		11	1	1		
12			4								1												2			4	
21								2																			
22								2																			
23			2	2				2																			
24			3			4		5		5												1	2				
25		1																									
26								1																			
27			1					1																			
29			2																								
31						1																	1				
32			1			1		2															2	1	2	1	
33	1		1			3																	2	1	2	2	
99	2	3	4			9		10				4		1	1				2	1	2		2	1	2	2	

〈표 23-62〉 1,050명 비환자군의 카드 Ⅵ 내용 빈도(R=2077)

Loc W	H	(H)	Hd	(Hd)	Hx	A	(A)	Ad	(Ad)	An	Art	Ay	Bl	Bt	Cg	Cl	Ex	Fi	Food	Geo	Hh	Idio	Ls	Na	Sc	Sx	Xy
W	19	8	2		2	176	10	220	1	3	41	60	1	11	19	3	3	7	2		19	7	36	16	159	2	
1	1	1	1			16		571		3	3			4	1	1			1	4	10	1		1	1	2	1
2						4		2		1	1			1							6	1		1	10	3	
3	8	8	3	2		43		34	1	1	6	269		8	12			11			10	2	1		14	3	
4	4	4	34	4		4		7			11			1	3	1	7					1	1	29	46		
5						3				3	3			2								1	1	1	3		
6	2					6						2			2			1			1	2	4		2		
8	4	11									5	50			4								48		1		
12			6			5		1		1	2										2		12	1		6	
21								3																			
22								2																			
23			3					4																			
24			4			4		9						1						1		1	2				
25		2						10							1												
26								2																			
27			1					3		12																	
29			3	2		3						5											2				
31			2			1																			2	1	
32	1					3																3			3		
33			2			3		2															3	2	3	2	
99	4	9	9			15		32						1	1				4	1	2		2	2	9	3	2

〈표 23-63〉 450명 비환자군의 카드 VII 내용 빈도(R=934)

Loc	W	H	(H)	Hd	(Hd)	Hx	A	(A)	Ad	(Ad)	An	Art	Ay	Bt	Cg	Cl	Fi	Food	Geo	Hh	Idio	Ls	Na	Sc	Sx	Xy
W	265	21	11	7	5	10	1	1		8	43	2	2	42	29	4	4	9	84	6	46	25	65	1	1	
1	8	1	55	4	1	8		5		1	22	1		4	1					1	1		1	1	1	
2	32	5	55	7		50	3	10	1		11	2		6	1				1		1					
3	1	1	11	9		16	1	45	3	1	2			3	1			1	1							
4	2		2	1		27	1	4		8				4	1						2		4	3		
5								2		1						1			1		1	1				
6		2	3			1				3			1							1	1	3		4		
7			4			1		1			2	15	1	5					16			1				
8	2																				3	1	3	1		
9			2	1							1							2	1							
10			1							1	1								3		1			1		
21						2											1				1					
22	2	1				3								1				1			2					
23			1			1		2			1			2										1		
25			1			1															1			1		
28			1			1																				
99	2	2	5			2		2			2			1				1	3			1	2			

〈표 23-64〉 1,050명 비환자군의 카드 VII 내용 빈도(R=2093)

Loc	H	(H)	Hd	(Hd)	Hx	A	(A)	Ad	(Ad)	An	Art	Ay	Bt	Cg	Cl	Fi	Food	Geo	Hh	Idio	Ls	Na	Sc	Sx	Xy
W	546	32	19	11	6	20	5	14		13	93	3	2	56	79	6	11	10	131	67	134	57	93	2	1
1	18	3	90	7	2	13		13		1	28	1		7	2					1	2		1		
2	137	9	160	16		157	5	29	5		22	3		13	12			1	2	2	5				
3	1	2	17	14		24	1	84	4	2	4			5	3				12						3
4	3		2	2		50	1	9		10				7	2	1				7	25		7	3	3
5						3		4		1									2			3			
6		2	10			2		1		21			2							1		3	3	14	1
7			8			2		1				20	1	5					41		1	2			
8	4					1							1									2			
9			3	2						1	2							2	2		5				
10			2							1	2								3						
21			6			2		1						1					1	1	7		1		
22	2	1				3								2			1	1			2				
23			1			1		3			2													1	
25			1			1															2			1	
28			1			1																		1	
99	6		7			9		8		10	2			2				1	5	1		2	3	2	

〈표 23-65〉 450명 비환자군의 카드 VIII 내용 빈도(R=1073)

Loc	H	(H)	Hd	(Hd)	Hx	A	(A)	Ad	(Ad)	An	Art	Ay	Bl	Bt	Cg	Cl	Ex	Fi	Food	Geo	Hh	Idio	Ls	Na	Sc	Sx	Xy
W	4	3	4	11	4	335	2	7		21	68	7		192	6	1	2	4	5	1	4	7	107	45	6	1	3
1			1			132		1						32					1	1	1	4	10	1			
2		1		2		27		21		7	9		1	18	32				3	2	1	1	33	1	1	1	
3			1			2		1		44		1										1					
4	1		1			59		6	1	5	2	1		4	4			1	1			1	7		10		
5						20		1		1	8	3			15						9	5	1		13		
6			1			6		1		6	6			8	4				1		1		2			1	1
7						9		4															1				
8			1			2		1		5		2		1	1						1		2	1			
11										1																	
21										2													1				
22			4			2		1						1											2		
24	1		1					1																			
25								2																			
29			1																						2		
30						2																					
32						4																					
33						3		5		1	1			3									1	1			
99	1		3	4		11		4		2	1	1		3	5								2				

〈표 23-66〉 1,050명 비환자군의 카드 VIII 내용 빈도(R=2495)

Loc	H	(H)	Hd	(Hd)	Hx	A	(A)	Ad	(Ad)	An	Art	Ay	Bl	Bt	Cg	Cl	Ex	Fi	Food	Geo	Hh	Idio	Ls	Na	Sc	Sx	Xy
W	7	4	6	16	6	770	4	9	2	81	243	10	4	453	9	1	2	6	8	2	8	22	214	66	8	2	3
1						288		1						49					1		2	5	11	1			
2		1	3	2		96	1	46	1	9	16		3	56	91				5	14	1	1	69	22	6	1	
3			1			2		5		100		1										1					
4	2	3	1			92		9	1	5	3	3		7	8			2	1			6	16		13		
5						27		1		2	27	3			27						15	39	1		22		
6			1			7		1		9	8			9	4				1		1	1	2			1	1
7						44		35						2	13								2				
8			1			2		1		5		2		1	1						1		2	2			2
11										2																	
21										2																	
22			7			4		1						1									1				
24	1		2					1																			
25								4																			
26								1																			
29			1																1		1				4		
30						2		3			2													1	3		
32						10		1		1																	
33						5		8															1	1			
99	2		8	6		26		7		4	1	1		4	8								5				

〈표 23-67〉 450명 비환자군의 카드 IX 내용 빈도(R=1086)

Loc	H	(H)	Hd	(Hd)	Hx	A	(A)	Ad	(Ad)	An	Art	Ay	Bl	Bt	Cg	Cl	Ex	Fi	Food	Geo	Hh	Idio	Ls	Na	Sc	Sx	Xy
W	5	7	5	15	1	15	4	7	3	9	38	3	1	113	18	7	62	56	7	3	43	6	20	26	11		2
1	98	3	5		1	19		39	1	3	1			3	17				2	4	36	1	1	1	47		
2		2	1	4		4					4			22	1		1	6	1			1	3	5			
3	15	84		5		18	6	18	3	1	4			2	50		2	30	6	1	1	4	1	1	30	2	
4			11					5			1			2					10						1		
5	1					2				1	1							1			5	1	1		1		
6			7	2		7	1	4		5	2			11	5			1	24		38	1		2	4		
8		11	1			5		23		5	1			5	6			3			6	1			10		
9						2		1		3	2			6			1								16		
11			2			11				4				1	2	1		2		1	2	1		1	1		
12	1	1	2			2	2				1			2	1								2				
21			2	12				4																			
22			3	1				6						2							2	1			1		
23			1					1											1								
24			1					3																			
25						1		2							1												
26			1								1												1		1		
28			1																								
29																								4	1		
30	1			1				1															1				
31			3					1			1																
32						1		8																4			
33			1					4																		2	
34			2																							1	
35																											
99	2	5	8	2		8		10	1	4	1			5	2				2	2	7		1	4	2		2

〈표 23-68〉 1,050명 비환자군의 카드 IX 내용 빈도(R=2464)

Loc	H	(H)	Hd	(Hd)	Hx	A	(A)	Ad	(Ad)	An	Art	Ay	Bl	Bt	Cg	Cl	Ex	Fi	Food	Geo	Hh	Idio	Ls	Na	Sc	Sx	Xy
W	6	13	14	29	5	23	9	12	4	15	75	5	2	337	27	10	148	104	11	6	75	8	40	50	12		4
1	228	3	10		1	38	7	57	4	3	1			6	25		1	1	2	6	137	2	1	2	66		
2	2	4	1	5		5					4			30	1		1	8	1		1	1	3	7			
3	23	301		22		34	18	24	4	2	8			5	71		3	60	8		2	11	2	1	64		
4			37					7	1	1	1			12					20						1		
5	2					2				3	2							1					2		1	2	
6	1		10	4		10	1	6	1	8	2			15	7	1	1	1	42		8	1			6	1	
8		17	1			7		31	1	5	2			6	33	1	1	4			146	2	1	3	13		
9						3		6		18	2			8		1	1				7				20		1
11			3			15				7				2	14				5	2				2			
12	21	1				3	4				2			2	2			2	3				21	1	1		
21			7					7																			
22			3	32				8	1					3							2	1			2		
23			1	1		1		1		2						1			2								
24			1					3															2				
25								4							1										1		
26			1																								
28			1																								
29						2																				3	
30	1			1																			1		1		
31			3					2			1			2													
32								19																4			
33			1			1		7																			
34			1																								
35			2											1												4	2
99	20	9	10	2		13		14	2	7	2			10	8			1	2	2	12	2	3	16	3	2	2

〈표 23-69〉 450명 비환자군의 카드 X 내용 빈도(R=1761)

Loc	H	(H)	Hd	(Hd)	Hx	A	(A)	Ad	(Ad)	An	Art	Ay	Bl	Bt	Cg	Ex	Fi	Food	Geo	Hh	Idio	Ls	Na	Sc	Sx	Xy
W	10	8	6	9	10	184	16	4	1	2	64	2	1	156	10	15	11	3		4	3	18	6	16		2
1						165	1	1		1	3			10		1		2			1	1	8			
2				1		120	2	1	2	3	1			4	1			15					2	6		
3		1				6		3		14	6			33	1					1	3			37		
4			1			78	1	2		1				1	1									1		
5	15	2				1		15						1	2											
6	25	1	2	1		3				3	1	1			6			1		1		16	1	1	3	
7	2		1		1				1					3	1		1						1			
8		7		2	2	109	2	2						1							1	1		1		
9	12	41	3	2		81	4	5		20	2		5	4	31			8	13	2	9	4	3	3	1	
10	16	4	4			52	2	7		1	8			3	1					1	1	1		9	1	
11		8	1	1		90	2	3		16	9	3	3	58							13			29		1
12						15		1						4							1					
13						25		1						13				4	5			2				
14										1	1													6		
15						16						1		56	1		10			3	1			2	1	
21		1	1			1				2				4	2					1				1		
22	3		38	7	3			3			22							1	1					1	1	
25			7	4	1	1					3															
28			1	1				1							1						1					
29	1	6	1			1				1	3	1			1									1		
30			1											2												
33			1		1													1						1		
34			1							3																
99	4	2	19	1	5	10		7		3	3			1	4						2		1	3	3	

〈표 23-70〉 1,050명 비환자군의 카드 X 내용 빈도(R=4327)

Loc	H	(H)	Hd	(Hd)	Hx	A	(A)	Ad	(Ad)	An	Art	Ay	Bl	Bt	Cg	Ex	Fi	Food	Geo	Hh	Idio	Ls	Na	Sc	Sx	Xy
W	19	12	12	14	16	309	23	5	1	4	152	5	2	393	14	31	37	5		5	73	22	14	29		2
1				1		547	2	3		1	3			25		1		3			2	1	16			
2	4	2	2	1		357	2	2	2	4	1			8	3			49			3		4	13		
3			3			19		3		19	8			101	1			6		1	33			137		
4		2	3			153	2	4		1				1				1			1			1		
5	25	2				2		23	5	4	3			2	4										2	
6	96	3	5			7				1				16	23			2		2	1	62	2	2	4	
7	3		1		1	318	5	4	2			2		2	2		1	1					2	2		
8		10		3		164	5			32	3			8							1	2		2	2	
9	82	86	6	2		89	3	28		1	9	1	9	6	88		5	14	19	3	25	4	5	4	1	
10	23	6	10		3	15	2	8							1					1	2			15		
11		14	1	1		254	4	4		26	13	3		179							33			74		1
12						25		2						5							1					
13						66		2						28				5	9	5	2			3		
14	1		1			2				2	1	2					13				3	4				
15						25		5						91							2			20		
21		1	2			1				4	27	1		7	1			2	1	2				1		
22	5		47	7	3					1	4				4						1			1	1	
25			9	5	1																					
28				1																						
29	2	11		1		1		1			6	1			1					2				2		
30			1							6																
31			1		1																					
33			2											3				2						2		
34														3												
99	17	12	44	6	5	14	1	18		6	7			1	17						8	1	2	3	3	

요약

이 자료를 제시하기 위해 사용된 모형은 상당히 일반적인 것으로, 다양한 카드의 특정 영역에 대한 특정한 반응 유형에 대한 궁금증 또한 많이 남아 있다. 하지만 이 자료는 각 카드에 나타나는 독특한 특징, 즉 결정적인 외형적 요소가 강조되었다는 점에서 유용하다. 몇몇 자료에서 발견된 결과 중 특히 높은 빈도나 백분율에 관한 결과는 그다지 놀랍지 않다. 낮은 빈도의 자료는 각 카드에 나타난 드문 반응의 특징을 보여 준다는 점에서 흥미롭다.

이 자료를 통해 보다 더 자세한 분석이 가능하다. 각 카드의 첫 번째 반응의 반응영역과 결정인 그리고 내용의 맥락을 연구한다면 각 카드의 외형적 특징의 효과에 대한 정보를 더 얻을 수 있을 것이다. 이와 더불어 마이너스 반응과 드문 반응의 반응영역과 결정인 그리고 내용의 맥락에 대해 체계적으로 검토한다면, 이러한 반응 유형에 대한 해석적 지침을 개선하고 정교화시킬 수 있을 것이다. 새로운 비환자 표본크기가 충분히 커짐으로써, 이러한 주제들을 직접적으로 다루기 위한 기저 집단으로 비환자 표본 자료를 다양한 환자군의 반응과 비교할 수 있다면, 이러한 분석이 가능할 것이다.

참고문헌

Attneave, F. (1954). Some informational aspects of visual perception. *Psychological Review, 61,* 183-193.

Baughman, E. E. (1959). An experimental analysis of the relationship between stimulus structure and behavior in the Rorschach. *Journal of Projective Techniques, 23,* 134-183.

Beck, S. J. (1933). Configurational tendencies in Rorschach responses. *American Journal of Psychology, 45,* 433-443.

Beck, S. J. (1945). *Rorschach's Test: Vol. 2. A variety of personality pictures.* New York: Grune & Stratton.

Dubrovner, R. J., VonLackum, W. J., & Jost, H. (1950). A study of the effect of color on productivity and reaction time in the Rorschach Test. *Journal of Clinical Psychology, 6,* 331-336.

Exner, J. E. (1959). The influence of chromatic and achromatic color in the Rorschach. *Journal of Projective Techniques, 23,* 418-425.

Exner, J. E. (1961). Achromatic color in Cards IV and VI of the Rorschach. *Journal of Projective Techniques, 25,* 38–40.

Exner, J. E. (1989). Searching for projection in the Rorschach. *Journal of Personality Assessment, 53,* 520–536.

Exner, J. E. (1996). Critical bits and the Rorschach response process. *Journal of Personality Assessment, 67,* 464–477.

Exner, J. E. (2003). *The Rorschach: A Comprehensive System: Vol. 1. Basic foundations and principles of interpretation* (4th ed.). Hoboken, NJ: Wiley.

Frank, L. K. (1939). Projective methods for the study of personality. *Journal of Psychology, 8,* 389–413.

Grayson, H. M. (1956). Rorschach productivity and card preferences as influenced by experimental variation of color and shading. *Journal of Projective Techniques, 20,* 288–296.

Hochberg, J. (1988). Visual perception. In R. C. Atkinson, R. J. Herrnstein, G. Lindzey, & R. D. Luce (Eds.), *Stevens' handbook of experimental psychology* (2nd ed., Vol. 1, pp. 195–276). New York: Wiley.

Hochberg, J., & McAlister, E. (1953). A quantitative approach to figural "goodness." *Journal of Experimental Psychology, 46,* 361–364.

Meer, B. (1955). The relative difficulty of the Rorschach cards. *Journal of Projective Techniques, 19,* 43–53.

Perlman, J. A. (1951). Color and the validity of the Rorschach 8–9–10 percent. *Journal of Consulting Psychology, 15,* 122–126.

Peterson, C. A., & Schilling, K. M. (1983). Card pull in projective testing. *Journal of Personality Assessment, 47,* 265–275.

Ranzoni, J. H., Grant, M. Q., & Ives, V. (1950). Rorschach "card pull" in a normal adolescent population. *Journal of Projective Techniques, 14,* 107–133.

Silva, D. (2002). The effect of color on the productivity in Card X of the Rorschach. *Rorschachiana, 25,* 123–138.

Weiner, I. B. (1998). *Principles of Rorschach interpretation.* Mahwah, NJ: Erlbaum.

📇 찾아보기

〈인명〉

〈내용〉

저자 소개

존 엑스너(John E. Exner Jr.) 박사는 1953년부터 2006년 고인이 될 때까지 50여 년간 로르샤흐 검사에 관한 연구를 지속하였다. 그는 국제 로르샤흐 협회의 회장을 역임하였고, 스위스 베른에 있는 로르샤흐 기록 보관소와 박물관의 큐레이터로도 재직하였다. 그는 14권의 저서와 수많은 저널 그리고 워크숍과 프레젠테이션을 통해 로르샤흐 검사의 채점체계와 해석에 관한 지침을 제공해 왔다.

필립 에드버그(Philip Erdberg) 박사는 미국 전문가 심리학회에서 임상심리학 전문가 자격을 취득하였으며, 성격장애 평가영역에서 국제적으로 명망 있는 전문가이다. 그는 성격평가학회의 회장을 역임하였으며, 1995년 사회의 공헌기여상(Distinguished Contribution Award)을 수상하기도 하였다. 그는 치료, 교육 및 교정 장면에서 임상 및 연구 컨설턴트로 재직하고 있으며, 로르샤흐 연구위원회의 의장으로 활동하고 있다.

김도연(Kim Doh Yun)

이화여자대학교 심리학 박사

서울아산병원 정신건강의학과 임상심리 레지던트 수련

임상심리전문가, 정신건강임상심리사 1급

발달심리전문가, 놀이심리상담사 수련감독자, 모래놀이심리상담사 수련감독자

현 용문상담심리대학원대학교 아동청소년 임상 · 상담 전공 교수

김은경(Kim Eunkyung)

이화여자대학교 심리학 박사

삼성서울병원, 차의과대학 분당차병원 정신건강의학과 임상심리 수련

임상심리전문가, 정신건강임상심리사 1급

현 한양대학교구리병원 정신건강의학과 임상심리전문가 및 수련감독자

　　한양대학교 의예과 겸임교수

김현미(Kim Hyunmi)

이화여자대학교 심리학 박사

서울대학교병원 신경정신과, 소아정신과, 한림대학교 성심병원 정신건강의학과 임상심리 수련

세브란스 어린이병원 소아정신과 수련감독자

임상심리전문가, 정신건강임상심리사 1급

현 WiseMi 심리상담연구소 소장, 광화문 마음공간 심리상담센터 센터장

　　이화여자대학교 심리학과 겸임교수

옥정(Ok Jeung)

이화여자대학교 심리학 박사

강북삼성병원 정신건강의학과 임상심리 수련

임상심리전문가, 정신건강임상심리사 1급

놀이심리상담사 수련감독자, 모래놀이심리상담사 1급

현 서울사이버대학교 특수심리치료학과 교수

이혜란(Lee Hye Ran)

이화여자대학교 심리학 박사

신촌세브란스, 한양대병원 정신건강의학과, 서울대학교 어린이병원 소아 · 청소년 임상심리실

　　임상심리 수련

분당서울대학교병원 정신건강의학과 임상심리 수련감독자

임상심리전문가, 정신건강임상심리사 1급, 놀이심리상담사 수련감독자, 모래놀이심리상담사 1급

현 가천대학교 특수치료대학원 특수치료학과 심리인지치료 전공 조교수

EXNER가 설명하는

{ 사례를 통한
로르샤흐 해석 }

③

The Rorschach

Advanced Interpretation 3RD EDITION

2020년 4월 29일 1판 1쇄 발행
2021년 12월 10일 1판 2쇄 발행

지은이 • John E. Exner Jr. · Philip Erdberg
옮긴이 • 김도연 · 김은경 · 김현미 · 옥정 · 이혜란
펴낸이 • 김진환
펴낸곳 • (주)학지사
　　　　04031 서울특별시 마포구 양화로 15길 20 마인드월드빌딩
대표전화 • 02)330-5114　　팩스 • 02)324-2345
등록번호 • 제313-2006-000265호

홈페이지 • http://www.hakjisa.co.kr
페이스북 • https://www.facebook.com/hakjisabook

ISBN 978-89-997-2100-7 93180

정가 32,000원

역자와의 협약으로 인지는 생략합니다.
파본은 구입처에서 교환해 드립니다.

출판 · 교육 · 미디어기업 학지사

간호보건의학출판 학지사메디컬 www.hakjisamd.co.kr
심리검사연구소 인싸이트 www.inpsyt.co.kr
학술논문서비스 뉴논문 www.newnonmun.com
교육연수원 카운피아 www.counpia.com